KB186522

JPT® 최신기출

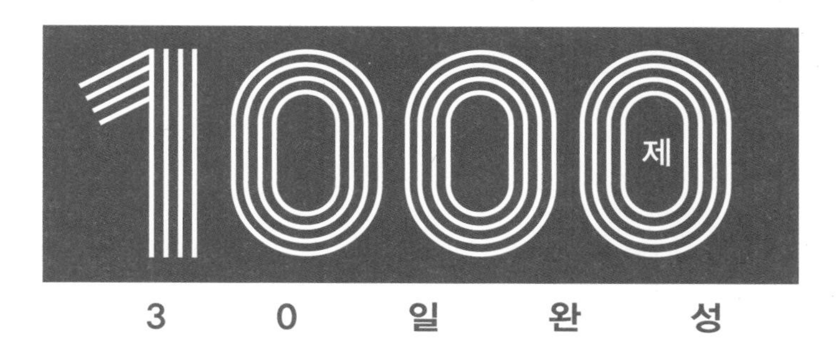

3 0 일 완 성

YBM 와이비엠 홀딩스

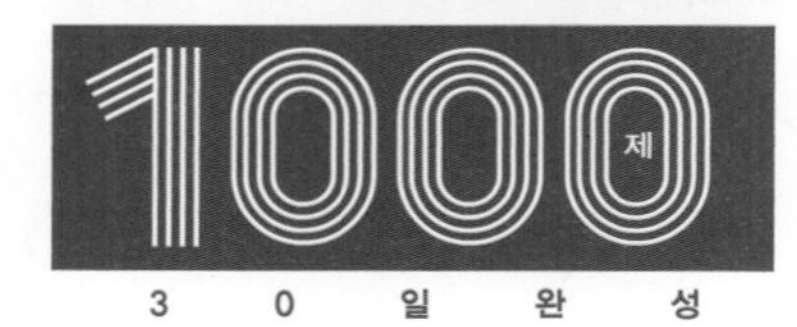

발행인 권오찬
펴낸곳 와이비엠홀딩스

기획 고성희
마케팅 정연철, 박천산, 고영노, 박찬경, 김동진, 김윤하
디자인 이미화, 박성희

초판 발행 2019년 10월 7일
11쇄 발행 2024년 8월 1일

신고일자 2012년 4월 12일
신고번호 제2012-000060호
주소 서울시 종로구 종로 104
전화 (02)2000-0154
팩스 (02)2271-0172
홈페이지 www.ybmbooks.com

ISBN 978-89-6348-168-5

무료 동영상강의 보는 방법

1.

YBM 홈페이지(www.ybmbooks.com)
검색창에 **[JPT 최신기출 1000제 30일 완성]**
입력

2.

[JPT 최신기출 1000제 30일 완성]
검색 결과 페이지에서 **[무료특강]**을
클릭

3.

동영상강의 목록에서 보고 싶은
[챕터를 클릭하면] 동영상강의가
재생

YouTube에서 'YBM Books' 채널을 구독하시면 모바일에서도 강의를 보실 수 있습니다.
(유튜브 사이트 혹은 앱에서 'YBM Books' 또는 'JPT 최신기출 1000제 30일 완성' 검색)

목차

이 책의 특징

1

'출제기관이 독점제공한' 최신기출문제 5회분 수록!

이 책에는 JPT 정기시험 최신기출문제 5회분이 수록되어 있습니다. 시험에 나온 JPT 문제로 실전 감각을 키워서 시험에 확실하게 대비합시다.

2

'핵심문제풀이 무료 동영상 10강'으로 실전 대비!

수험자가 가장 어려워하는 'PART2 질의 응답'과 'PART6 오문 정정' 중 핵심문제만을 선별하여 동영상에 담았습니다. JPT 전문강사의 상세한 문제풀이를 통해 더욱 효과적인 학습을 할 수 있습니다.

3

'정기시험 성우 음성'으로 실전 대비!

이 책에 수록된 5회분의 청해 음원은 모두 실제시험에서 나온 정기시험 성우의 음원입니다. 다양한 실전 연습을 위해 세 가지 버전(전체, 파트별, 문항별)의 음원을 무료로 제공합니다.

4

'기출 포인트'에 초점을 맞춘 명쾌한 해설!

문제집과 분리되는 형태의 해설집에는 청해 스크립트, 번역과 해설, 그리고 어휘가 일목요연하게 정리되어 있습니다. 기출 포인트에 초점을 맞춘 해설로, 궁금증을 해소할 수 있습니다.

5

'JPT 빈출 어휘 및 표현' 전격 수록!

해설집에 특별 부록으로, JPT 빈출 어휘 및 표현을 엄선하여 실었습니다. 시험 보기 직전, 총정리 단계에서 유용하게 활용할 수 있습니다.

JPT 구성 및 수험 정보

1. JPT란

JPT日本語能力試験(Japanese Proficiency Test)은 국내의 대표적인 일본어 능력 평가 시험으로, TOEIC 시험을 주관하는 YBM이 주관하고 시행·관리하고 있습니다. 학문적인 지식의 정도를 측정하기 위한 시험이 아니라, 언어 본래의 기능인 커뮤니케이션 능력을 측정하는 것을 목적으로 합니다. 급수 없이 하나의 TEST에 각 PART별로 난이도를 초급부터 고급까지 일정한 비율로 배분하여 출제함으로써 모든 수험자가 자신의 정확한 능력을 측정할 수 있게 한 국내 최초의 일본어 능력 평가 시험입니다.

2. 구성

구성	PART	PART별 내용	문항 수		시간	배점
청해	1	사진묘사	20	100	약 45분	495점
	2	질의응답	30			
	3	회화문	30			
	4	설명문	20			
독해	5	정답찾기	20	100	약 50분	495점
	6	오문정정	20			
	7	공란메우기	30			
	8	독해	30			
Total	8 PARTS		200		약 95분	990점

3. 접수

- 인터넷 접수: JPT 공식 홈페이지(https://www.jpt.co.kr)를 통해 접수
- 모바일 접수: YBM 공식 어플리케이션 또는 모바일 웹사이트(https://m.jpt.co.kr)를 통해 접수

4. 준비물

- 신분증: 규정 신분증만 가능(주민등록증, 운전면허증, 공무원증, 기간 만료 전의 여권 등)
- 필기구: 연필, 지우개 ※볼펜 및 사인펜 사용 불가

5. 진행 일정

09:20	입실(09:50 정각 이후에는 절대 입실 불가)
09:30~09:45	답안지 작성에 관한 오리엔테이션
09:45~09:50	수험자 휴식 시간
09:50~10:05	신분 확인 및 휴대폰 제출 ※방송 점검 실시
10:05~10:10	문제지 배부 및 파본 확인
10:10~10:55	청해(듣기평가)
10:55~11:45	독해(읽기평가)

※시험 진행 일정은 시험 당일 고사장 사정에 따라 실제 진행 시간과 다를 수 있습니다.

6. 성적 확인

1) JPT 성적은 JPT 홈페이지에 안내된 일자에 인터넷과 어플리케이션을 통해 확인 가능합니다.
2) 성적표 수령 방법(수험자 선택)
 ①우편 수령: 성적 발표 후 일괄적으로 출력해서 우편으로 발송. 약 7~10 영업일 소요
  ※JPT 성적표 수령 주소 변경은 시험 시행일로부터 4일 이내까지 가능합니다.
 ②온라인 수령: 인터넷 출력을 통해 성적 유효기간 내 1회 무료로 발급
  ※성적표 수령 방법은 회원, 비회원 모두 선택 가능하나, 온라인 출력의 경우는 회원만 가능합니다.

7. 新JLPT 대비 JPT 권장점수

JPT와 新JLPT 시험은 점수 채점 · 급수 합격 방식과 시험 체계 및 구성상의 차이점은 존재하나, JPT 활용에 객관적인 자료 제공을 목적으로 상관관계 분석 결과를 안내해 드립니다.

新JLPT	JPT 권장점수
N1	660점 이상
N2	525점 이상
N3	430점 이상
N4	375점 이상
N5	315점 이상

파트별 전략

PART 1 사진 묘사 | 1~20번

학습 전략 ▶ 사진에 대한 묘사로 적절한 설명을 고르는 형식으로, 청취력과 더불어 순간적인 판단력이 요구되는 파트입니다. 사진 묘사는 크게 1인 등장 사진, 2인 이상 등장 사진, 사물 및 동물 등장 사진, 풍경 및 상황 묘사 사진의 4개 유형으로 나눌 수 있습니다. 그 중 인물 등장 사진이 가장 많이 출제되므로, 자동사와 타동사별로 진행이나 상태를 나타내는 문법 정리가 필요하고 「ところ」 앞의 동사 형태에 따른 뜻 차이를 정리해 두어야 합니다. 이 파트는 어휘나 표현의 숙지 여부에 따라 점수에 큰 차이가 나므로, 문법 공부보다는 유형별로 빈출 어휘나 표현을 정리해 두어야 고득점이 가능합니다.

(A) この人は本を読んでいます。 (A) 이 사람은 책을 읽고 있습니다.
(B) この人は掃除をしています。 (B) 이 사람은 청소를 하고 있습니다.
(C) この人は電話をしています。 (C) 이 사람은 전화를 하고 있습니다.
(D) この人はビールを飲んでいます。 (D) 이 사람은 맥주를 마시고 있습니다.

▶ 이 사람의 동작에 주목할 것. 전화 통화를 하고 있으므로, 「電話(でんわ)」(전화)라는 단어를 연상할 수 있다. 정답은 (C)로, 나머지 선택지의 「本(ほん)を読(よ)む」(책을 읽다), 「掃除(そうじ)をする」(청소를 하다), 「ビールを飲(の)む」(맥주를 마시다)는 사진과 관련이 없는 표현이다.

PART 2 질의 응답 | 21~50번

학습 전략 ▶ 질문에 대한 적절한 응답을 찾는 형식으로, 문제지에 문제가 인쇄되어 있지 않습니다. 따라서 오로지 방송에서 나오는 성우의 음성만 듣고 풀어야 하기 때문에 응시자가 청해 파트 중 가장 어려워하는 파트입니다. 주요 출제 유형으로는 의문사형 질문, 예/아니요형 질문, 인사표현 및 정해진 문구, 일상생활 표현, 업무 및 비즈니스 표현의 5개 유형을 들 수 있습니다. 특히 40번 문제 이후에 출제되는 업무 및 비즈니스 표현은 평소 접해 보지 못한 어휘나 관용표현 등이 많이 나오므로, 고득점을 위해서는 이 부분에 대한 집중적인 학습이 필요합니다. 또한 최근 시험에서는 속도가 점점 빨라지고 있는 추세이므로, 일상적인 구어체 대화 속도에 익숙해지도록 일본 드라마나 영화를 많이 보는 노력이 필요합니다.

明日は何をしますか。 내일은 무엇을 해요?
(A) 土曜日です。 (A) 토요일이에요.
(B) 朝ご飯の後にします。 (B) 아침 식사 후에 해요.
(C) 友達の家に行きます。 (C) 친구 집에 가요.
(D) テニスをしました。 (D) 테니스를 쳤어요.

▶ 「何(なに)」(무엇)라는 의문사가 나오는 의문사형 문제이다. 여기서 「何(なに)」(무엇)는 상대방의 동작을 묻고 있고 시제는 미래이므로, 과거형으로 답한 (D)는 답이 될 수 없다. 정답은 친구 집에 간다고 한 (C)가 된다.

PART 3 회화문 | 51~80번

학습 전략 ▶ 남녀 간의 대화를 듣고 문제지에 수록된 문제를 읽고 푸는 형식입니다. 짧은 대화를 듣고 바로 문제지에 있는 문제를 읽고 풀어야 하므로 속독 능력이 필요한 파트입니다. 초반부에는 숫자 청취 및 인물을 설명하는 문제가 주로 나오고, 중반부에는 성별에 따른 의견 및 행동 구분과 대화 내용에 대한 이해 문제가, 후반부에는 업무 및 비즈니스에 관한 내용을 묻는 문제가 나옵니다. 문제지에 문제가 인쇄되어 있으므로, 문제를 미리 읽고 대화를 들으면 절대적으로 유리한 파트입니다. 따라서 파본 검사나 문제와 문제 사이의 시간을 잘 활용해 문제를 미리 읽고 들으면 좀 더 쉽게 정답을 찾을 수 있습니다. 그리고 남녀의 대화는 기본적으로 4문장으로 구성되어 있는데, 앞의 대화보다 뒤의 대화에서 정답과 관련된 내용이 많이 나오므로, 뒷부분을 집중해서 듣도록 합니다.

女: すみません。この辺に本屋がありますか。	여: 저기요. 이 근처에 서점이 있어요?
男: はい、駅の前にありますよ。	남: 예, 역 앞에 있어요.
女: 郵便局も本屋のそばにありますか。	여: 우체국도 서점 옆에 있어요?
男: いいえ。郵便局はあのデパートのとなりです。	남: 아니요. 우체국은 저 백화점 옆이에요.

郵便局はどこにありますか。

(A) 駅の前　(B) 本屋のとなり

(C) 本屋の前　(D) デパートのとなり

우체국은 어디에 있습니까?

(A) 역 앞　(B) 서점 옆

(C) 서점 앞　(D) 백화점 옆

▶ 대화문을 듣기 전에 문제를 먼저 읽어 둔다. 문제는 「郵便局(ゆうびんきょく)」(우체국)의 위치를 묻고 있으므로, 남자의 말에 주목한다. 남자는 두 번째 대화에서 우체국은 저 백화점 옆에 있다고 했으므로, 정답은 (D)가 된다.

PART 4 설명문 | 81~100번

학습 전략 ▶ 30초 내외의 지문을 듣고 3문항 또는 4문항에 답하는 형식으로, 4문항짜리 지문이 2개, 3문항짜리 지문이 4개로 총 6개의 지문이 출제됩니다. 주요 출제 유형으로는 인물 소개 및 일상생활, 공지 · 안내 및 소개, 뉴스 · 기사 및 이슈의 3개 유형을 들 수 있는데, 다른 파트와 마찬가지로 뒷부분으로 갈수록 난이도가 높아집니다. 그리고 파트 3 회화문과 마찬가지로 문제지에 문제가 인쇄되어 있으므로, 문제를 미리 읽고 지문을 들으면 절대적으로 유리한 파트입니다. 따라서 지문에서 문제에 해당하는 내용이 들리면 지문 청취와 동시에 문제를 풀 수 있도록 합니다.

山田さんは、もう8年間銀行に勤めています。去年結婚してから、奥さんと2人でテニスを始めました。日曜日の朝は、いつも近くの公園で練習しています。

야마다 씨는 벌써 8년간 은행에 근무하고 있습니다. 작년에 결혼하고 나서 부인과 둘이서 테니스를 시작했습니다. 일요일 아침은 항상 근처 공원에서 연습합니다.

(1) 山田さんは何年間銀行に勤めていますか。

(A) 4年間　(B) 6年間

(C) 8年間　(D) 10年間

(1) 야마다 씨는 몇 년간 은행에 근무하고 있습니까?

(A) 4년간　(B) 6년간

(C) 8년간　(D) 10년간

▶ 문제에 「何年間(なんねんかん)」(몇 년간)이라는 기간을 묻는 의문사가 있으므로, 지문을 들을 때 특히 숫자에 주의해서 들어야 한다. 첫 번째 문장에서 「8年間(はちねんかん)」(8년간)이라는 표현이 등장하므로, 정답은 (C)가 된다.

PART 5 정답 찾기 | 101~120번

학습 전략 ▶ 한자의 올바른 음독과 훈독, 같은 뜻의 표현이나 동일한 용법으로 쓰인 선택지를 고르는 형식입니다. 주요 출제 유형으로는 발음 및 한자 찾기, 대체표현 찾기, 뜻 및 용법 구분의 3개 유형을 들 수 있는데, 5분 정도 이내에 문제를 풀고 다음 파트로 넘어가야 합니다. 발음 및 한자찾기의 경우 동음이의어 관련 문제 이외에는 밑줄 부분만 보고 정답을 빨리 찾고 넘어가야 시간을 단축할 수 있습니다. 대체표현 찾기는 정답을 잘 모를 경우 선택지의 내용을 밑줄 부분에 하나씩 넣어서 해석해 보고, 가장 자연스러운 표현을 고르면 정답인 경우가 많습니다. 마지막으로 뜻 및 용법 구분은 보통 형태가 동일한 선택지를 고르면 대부분 정답인 경우가 많으므로, 문제 문장을 해석하려고 하지 말고 일단은 형태가 동일한 선택지가 있는지를 찾는 것이 급선무입니다.

私の趣味は旅行です。	제 취미는 여행입니다.
(A) しゅみ	(A) しゅみ
(B) しゅうみ	(B) しゅうみ
(C) じゅみ	(C) じゅみ
(D) じゅうみ	(D) じゅうみ

▶ 2자 한자의 발음을 찾는 문제로, 밑줄 부분의 「趣味」(취미)는 (A)의 「しゅみ」라고 읽는다. 장음이 아니라는 점에 주의한다.

PART 6 오문 정정 | 121~140번

학습 전략 ▶ 4개의 선택지 중 틀린 곳이나 문장의 흐름상 어색한 부분을 고르는 문제로, 독해 파트 중 응시자가 가장 어려워하는 파트입니다. 출제 유형은 크게 문법 오용과 어휘 오용으로 나눌 수 있는데, 20문항 중 15문항 이상이 문법 관련 문제이므로, 무엇보다도 문법 정리가 필요한 파트라고 할 수 있습니다. 문법표현 오용 문제는 JLPT N1이나 N2의 문법표현을 완벽하게 숙지하고 있어야 정답을 찾아낼 수 있으므로, 단기간에 고득점이 필요한 학습자는 일단 이 문법표현부터 암기해 두어야 합니다.

古いで きたないオフィスより、新しくてきれいな方がいい。
(A) (B) (C) (D)

오래되고 더러운 사무실보다 새것이고 깨끗한 쪽이 좋다.

▶ 오문 정정에서는 동사나 형용사의 활용에 대해 묻는 경우가 많으므로, 이에 주의해서 문장을 살펴봐야 한다. 정답은 (A)로, い형용사의 て형은 어미 「い」를 떼고 「くて」를 붙인다. 따라서 「古(ふる)いで」는 「古(ふる)くて」(오래되고)로 고쳐야 한다.

PART 7 공란 메우기 | 141~170번

학습 전략 ▶ 공란에 들어갈 적절한 어휘나 표현을 찾는 형식으로, 표현력과 문법, 그리고 작문 능력을 간접적으로 평가하는 파트입니다. 문법 관련 문제로는 품사별 활용 및 접속 형태, 문법표현 찾기 등이 있고, 어휘 관련 문제로는 명사와 부사, 동사 찾기가 있습니다. 그 외 기타 접속사나 의성어·의태어·관용표현 등도 출제되고 있으므로, 평소 의성어·의태어·관용표현이 나올 때마다 잘 체크하여 익혀 두어야 합니다.

休みの日にはどんな______をしますか。 쉬는 날에는 어떤 것을 합니까?
(A) ところ (A) 곳
(B) もの (B) 것
(C) こと (C) 것
(D) の (D) 것

▶ 형식명사에 관한 문제. (B), (C), (D)는 모두 '것'으로 해석할 수 있는데 「もの」는 '사물'을 대표해서 쓰고, 「こと」는 '일, 사실, 사항'을 대표해서 쓰며, 「の」는 '사람, 물건, 사항'을 대신해서 쓴다. 예를 들어 「一番(いちばん)運(うん)がいいのはたけし君(くん)です」(가장 운이 좋은 것은 다케시 군입니다)에서 「の」는 '사람'을 대신하고 있다. 정답은 (C)의 「こと」로, 여기서는 '일'을 대표해서 쓰였다.

PART 8 독해 | 171~200번

학습 전략 ▶ 장문의 글을 읽고 3문항 또는 4문항에 답하는 형식으로, 4문항짜리 지문이 6개, 3문항짜리 지문이 2개로 총 8개의 지문이 출제됩니다. 실제시험에서는 난이도보다 시간 배분 실패로 다 풀지 못하는 경우가 많으므로, 앞선 파트의 시간 배분에 신경을 써야 제시간에 다 풀 수 있습니다. 주요 출제 유형으로는 밑줄 문제, 공란 문제, 내용 일치 문제의 3개 유형을 들 수 있고, 내용으로는 인물 소개 및 일상생활, 설명문, 뉴스·기사 및 이슈로 나눌 수 있습니다. 특히 최근 시험에서는 일본에서 이슈가 되고 있는 내용들이 자주 출제되고 있으므로, 평소에 일본 관련 뉴스나 기사 등을 꾸준히 접하는 것이 중요합니다.

「サクラホテル」はお正月の3日間と、ゴールデンウイークの間は特別料金で1泊2食付きで2万円になります。①さらに、20名以上の団体でご利用いただきますと、特別料金の20パーセント割引になります。個人でも5日以上におけてお泊まりの場合は、10パーセント割引になります。

'사쿠라 호텔'은 설 사흘간과 황금연휴 동안은 특별요금으로, 1박 2식 포함으로 2만 엔이 됩니다. ①더욱이 20명 이상 단체로 이용하시면 특별요금의 20% 할인이 됩니다. 개인이라도 닷새 이상 묵으실 경우는 10% 할인이 됩니다.

(1) ①さらにと言い換えられるのは何ですか。 (1) ①더욱이와 바꿔 쓸 수 있는 것은 무엇입니까?
(A) それで (B) そして (A) 그래서 (B) 그리고
(C) それから (D) その上 (C) 그리고 (D) 게다가

▶ 유의어를 찾는 문제. 「さらに」는 '더욱이, 더 한층'이라는 뜻의 부사로, 이와 바꿔 쓸 수 있는 것은 (D)의 「その上(うえ)」(게다가)이다.

학습 스케줄

차근차근 30일 완성

1일	2일	3일	4일	5일	6일
TEST 1 PART 1~2	**TEST 1** PART 3~4	**TEST 1** PART 5~6	**TEST 1** PART 7~8	**TEST 1** 복습	**TEST 1** 총정리
7일	**8일**	**9일**	**10일**	**11일**	**12일**
TEST 2 PART 1~2	**TEST 2** PART 3~4	**TEST 2** PART 5~6	**TEST 2** PART 7~8	**TEST 2** 복습	**TEST 2** 총정리
13일	**14일**	**15일**	**16일**	**17일**	**18일**
TEST 3 PART 1~2	**TEST 3** PART 3~4	**TEST 3** PART 5~6	**TEST 3** PART 7~8	**TEST 3** 복습	**TEST 3** 총정리
19일	**20일**	**21일**	**22일**	**23일**	**24일**
TEST 4 PART 1~2	**TEST 4** PART 3~4	**TEST 4** PART 5~6	**TEST 4** PART 7~8	**TEST 4** 복습	**TEST 4** 총정리
25일	**26일**	**27일**	**28일**	**29일**	**30일**
TEST 5 PART 1~2	**TEST 5** PART 3~4	**TEST 5** PART 5~6	**TEST 5** PART 7~8	**TEST 5** 복습	**TEST 5** 총정리

속성 20일 완성

1일	2일	3일	4일	5일	6일
TEST 1 PART 1~4	**TEST 1** PART 5~8	**TEST 1** 복습	**TEST 1** 총정리	**TEST 2** PART 1~4	**TEST 2** PART 5~8
7일	**8일**	**9일**	**10일**	**11일**	**12일**
TEST 2 복습	**TEST 2** 총정리	**TEST 3** PART 1~4	**TEST 3** PART 5~8	**TEST 3** 복습	**TEST 3** 총정리
13일	**14일**	**15일**	**16일**	**17일**	**18일**
TEST 4 PART 1~4	**TEST 4** PART 5~8	**TEST 4** 복습	**TEST 4** 총정리	**TEST 5** PART 1~4	**TEST 5** PART 5~8
19일	**20일**				
TEST 5 복습	**TEST 5** 총정리				

점수 환산표

JPT 점수는 청해 점수와 독해 점수를 합한 점수가 되며 각 부분의 점수는 각각 최저 점수가 5점, 최고 점수가 495점으로, 총점은 최저 10점에서 최고 990점이 됩니다. 실제 JPT 시험에서는 총 정답수로 채점되는 것이 아니라, 특정한 통계처리에 의해 상대평가 방식으로 채점됩니다. 그러나 총 정답 수를 기준으로 점수 환산표를 통해 대략적인 점수를 알아볼 수는 있습니다.

1. 자신의 답안을 교재에 수록된 정답과 대조하여 채점한 후, 청해 파트와 독해 파트의 정답 수를 세어 각각의 총 정답 수를 아래의 표에 기입합니다.
2. 총 정답 수를 근거로, 점수 환산표를 이용하여 청해와 독해의 환산 점수대를 각각 알아봅니다.
3. 청해 환산 점수대와 독해 환산 점수대를 합산하여 총 환산 점수대를 산출합니다.

청해	
총 정답 수	환산 점수대
96~100	480~495
91~95	450~475
86~90	420~445
81~85	390~415
76~80	360~385
71~75	330~355
66~70	300~325
61~65	270~295
56~60	240~265
51~55	220~235
46~50	190~215
41~45	160~185
36~40	130~155
31~35	110~125
26~30	90~105
21~25	70~85
16~20	50~65
11~15	30~45
6~10	10~25
1~5	5
0	5

독해	
총 정답 수	환산 점수대
96~100	480~495
91~95	450~475
86~90	420~445
81~85	390~415
76~80	360~385
71~75	330~355
66~70	300~325
61~65	270~295
56~60	240~265
51~55	220~235
46~50	190~215
41~45	160~185
36~40	130~155
31~35	110~125
26~30	90~105
21~25	70~85
16~20	50~65
11~15	30~45
6~10	10~25
1~5	5
0	5

JPT 최신기출 1000제
TEST 1 ~ 5

JPT® 日本語能力試験

Japanese Proficiency Test

TEST
1

次の質問1番から質問100番までは聞き取りの問題です。
どの問題も1回しか言いませんから、よく聞いて答えを(A)、(B)、(C)、(D)の中から一つ選びなさい。答えを選んだら、それにあたる答案用紙の記号を黒くぬりつぶしなさい。

I. 次の写真を見て、その内容に合っている表現を(A)から(D)の中で一つ選びなさい。

例)

(A) この人は本を読んでいます。
(B) この人は掃除をしています。
(C) この人は電話をしています。
(D) この人はビールを飲んでいます。

答 (A), (B), (●), (D)

(1)

(2)

次のページに続く

(3)

(4)

(5)

佐藤さん
052-770-5079
Pass
ab25041
会議 14:00-
予約 18:00-
2人

(6)

Brian
MUSIC
FestivaL

次のページに続く

(7)

(8)

(9)

(10)

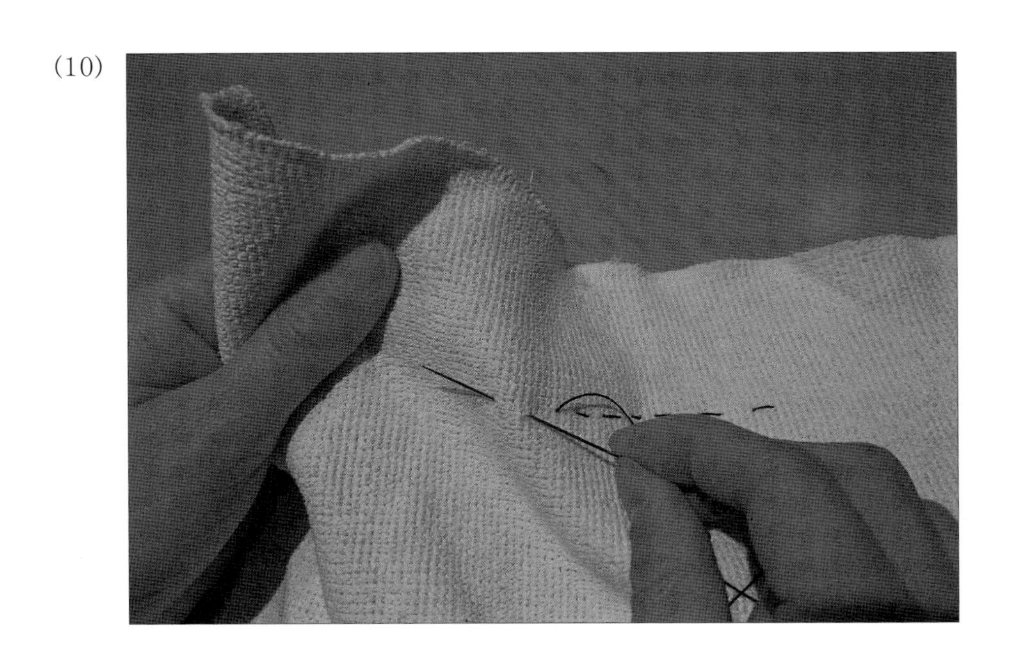

次のページに続く

(11)

(12)

(13)

(14)

次のページに続く

(15)

(16)

(17)

(18)

次のページに続く

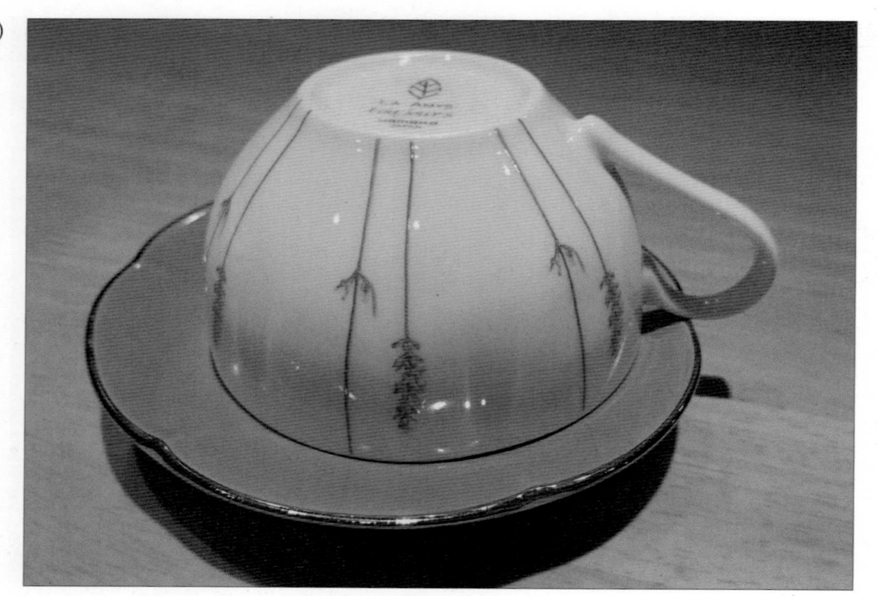

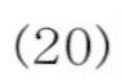

II. 次の言葉の返事として、もっとも適したものを(A)から(D)の中で一つ選びなさい。

例） 明日は何をしますか。
(A) 土曜日です。
(B) 朝ご飯の後にします。
(C) 友達の家に行きます。
(D) テニスをしました。

(21) 答えを答案用紙に書き入れなさい。

(22) 答えを答案用紙に書き入れなさい。

(23) 答えを答案用紙に書き入れなさい。

(24) 答えを答案用紙に書き入れなさい。

(25) 答えを答案用紙に書き入れなさい。

(26) 答えを答案用紙に書き入れなさい。

(27) 答えを答案用紙に書き入れなさい。

(28) 答えを答案用紙に書き入れなさい。

(29) 答えを答案用紙に書き入れなさい。

(30) 答えを答案用紙に書き入れなさい。

(31) 答えを答案用紙に書き入れなさい。

(32) 答えを答案用紙に書き入れなさい。

(33) 答えを答案用紙に書き入れなさい。

(34) 答えを答案用紙に書き入れなさい。

(35) 答えを答案用紙に書き入れなさい。

(36) 答えを答案用紙に書き入れなさい。

(37) 答えを答案用紙に書き入れなさい。

(38) 答えを答案用紙に書き入れなさい。

(39) 答えを答案用紙に書き入れなさい。

(40) 答えを答案用紙に書き入れなさい。

(41) 答えを答案用紙に書き入れなさい。

(42) 答えを答案用紙に書き入れなさい。

(43) 答えを答案用紙に書き入れなさい。

(44) 答えを答案用紙に書き入れなさい。

(45) 答えを答案用紙に書き入れなさい。

(46) 答えを答案用紙に書き入れなさい。

(47) 答えを答案用紙に書き入れなさい。

(48) 答えを答案用紙に書き入れなさい。

(49) 答えを答案用紙に書き入れなさい。

(50) 答えを答案用紙に書き入れなさい。

次のページに続く

III. 次の会話をよく聞いて、後の問いにもっとも適したものを(A)から(D)の中で一つ選びなさい。

例） 女：すみません。この辺に本屋がありますか。
男：はい。駅の前にありますよ。
女：郵便局も本屋のそばにありますか。
男：いいえ。郵便局はあのデパートのとなりです。

郵便局はどこにありますか。
(A) 駅の前
(B) 本屋のとなり
(C) 本屋の前
(D) デパートのとなり

(51) 男の人は、これからどうしますか。
(A) 女の人と帰る。
(B) 仕事を続ける。
(C) 1人で帰る。
(D) 会社へ行く。

(52) 女の人は、どうして田中さんのお姉さんを知っていますか。
(A) 田中さんに聞いたから
(B) お姉さんと友達だから
(C) 会ったことがあるから
(D) 同じ会社にいるから

(53) 男の人が今使っているのは、どんなパソコンですか。
(A) 新しいパソコン
(B) 借りたパソコン
(C) 修理したパソコン
(D) 壊れているパソコン

(54) 女の人は、どうして昨日あまり眠れませんでしたか。
(A) 遊びに行っていたから
(B) 家に帰らなかったから
(C) 病気で眠れなかったから
(D) 仕事をしていたから

(55) 男の人は、どうして「すみません」と言いましたか。
(A) お土産を買わなかったから
(B) 女の人からもらうことが多いから
(C) 仕事を手伝わなかったから
(D) 仕事を頼んだから

(56) 男の人について、正しいものはどれですか。
(A) 風邪を引いた。
(B) 会社に来られなかった。
(C) 服が濡れた。
(D) 財布を忘れた。

(57) 女の人は男の人に、どうしてノートを見るように言いましたか。

(A) 会議に出る人の名前が書いてあるから
(B) 準備の仕方が書いてあるから
(C) 会議室の番号が書いてあるから
(D) 会議で話したことが書いてあるから

(58) 女の人は男の人に、何を頼みましたか。

(A) 荷物を持って来ること
(B) 荷物を探すこと
(C) 車に荷物を載せること
(D) 車をここまで動かすこと

(59) 女の人は、何のためにケーキを用意しましたか。

(A) 誕生日のお祝いのため
(B) 課長にあげるため
(C) 皆に食べてもらうため
(D) 皆に売るため

(60) 女の人が驚いているのは、どうしてですか。

(A) 男の人が自転車に乗ったことがないから
(B) 男の人が海で自転車を無くしたから
(C) 男の人が毎日海まで走っているから
(D) 男の人が遠くの海まで自転車で行ったから

(61) 女の人は、どうして食べ過ぎましたか。

(A) 料理がおいしかったから
(B) お金がもったいないから
(C) 男の人が作った料理だから
(D) 残すのが嫌だったから

(62) 書類を作ることについて、女の人はどう思っていますか。

(A) 残業してまでやりたくない。
(B) 自分にはとてもできない。
(C) １人でも終えることができる。
(D) 誰かに手伝ってほしい。

(63) 2人は、これからどうしますか。

(A) 山田さんを待たずに食べる。
(B) 山田さんが来る前に注文する。
(C) 山田さんを迎えに行く。
(D) 山田さんに遅刻を注意する。

(64) 男の人は女の人に、何を注意されましたか。

(A) 資料が足りなかったこと
(B) 資料にミスがあったこと
(C) 資料をきちんと読んでいなかったこと
(D) 資料を配り忘れたこと

(65) 男の人は、何をしていますか。

(A) 棚の作り方を教えている。
(B) 棚を完成させている。
(C) 部品を届けている。
(D) 板に色を塗っている。

(66) 男の人は女の人に、何について注意しましたか。

(A) データの内容
(B) データの安全性
(C) 関係者の安全
(D) 報告が遅れたこと

次のページに続く

(67) 女の人は、どうしてイベントを楽しみにしていますか。

(A) 参加者が多いから
(B) 有名なイベントだから
(C) 男の人も参加するから
(D) 去年楽しかったから

(68) 男の人は、どうして困っていますか。

(A) 課長に呼び出されたから
(B) 教授を招待できなかったから
(C) 誘いを断られたから
(D) 予定が重なったから

(69) 女の人は男の人に、何を報告しましたか。

(A) 新製品が発売されること
(B) 新製品の案を発表すること
(C) 新たな問題が見つかったこと
(D) 今までの問題が解決したこと

(70) 男の人は、何を買いに行きますか。

(A) 明日から使う分のコピー用紙
(B) 今日必要な量のコピー用紙
(C) 荷物を入れるための大きな封筒
(D) 手紙を書くための便せん

(71) デザイナーについて、2人は何と言っていますか。

(A) 候補が多くて決められない。
(B) 別の人を探すしかない。
(C) 山田さんに代理を探してもらいたい。
(D) 山田さんを諦めきれない。

(72) 2人が話しているのは、どんなぬいぐるみですか。

(A) 形が本物のウサギにそっくりだ。
(B) 人気がなく売れ残りがちだ。
(C) 見た目があまりよくない。
(D) 触った感じが気持ちいい。

(73) 男の人は女の人に、何を聞きましたか。

(A) 自分に似合う服
(B) デザイナーの名前
(C) ファスナーの扱い方
(D) ひもを結ぶ場所

(74) 2人は高田君に対して、これから何をしますか。

(A) 連絡を取る。
(B) 追い掛ける。
(C) 急いで外出させる。
(D) 行動を見守る。

(75) 女の人は男の人に、どんな指示をしましたか。

(A) 屋根の掃除を終わらせる。
(B) 屋根に上って作業する。
(C) はしごを横にしておく。
(D) はしごを立て掛けておく。

(76) 男の人は、なぜ声が出せませんか。

(A) 大声を出し過ぎたから
(B) 風邪気味で調子が悪いから
(C) ひどい声だと言われたから
(D) 気持ちが興奮しているから

(77) 調査した会社について、どんなことがわかりましたか。

(A) 噂通り実績がないこと
(B) 予想より対応がいいこと
(C) 商品の品質は信頼できること
(D) 信頼関係が深まりそうにないこと

(78) 新人の鈴木君について、２人はどう思っていますか。

(A) 張り切るだけでは不十分だ。
(B) 失敗すると落ち込んで困る。
(C) 反省する態度に好感が持てる。
(D) 今後の成長が期待できる。

(79) 弁護士が来ることになった理由として、正しいものはどれですか。

(A) 組合からの働きかけがあった。
(B) 会社が社員から訴えられた。
(C) 上司に解雇された人がいた。
(D) 会社が弁護士に交渉した。

(80) 男の人は、鍵をどうしましたか。

(A) 偽造した。
(B) 勝手に持ち出した。
(C) 盗難に遭った。
(D) 紛失した。

次のページに続く

IV. 次の文章をよく聞いて、後の問いにもっとも適したものを(A)から(D)の中で一つ選びなさい。

例）山田さんは、もう8年間銀行に勤めています。去年結婚してから、奥さんと2人でテニスを始めました。日曜日の朝は、いつも家の近くの公園で練習しています。

(1) 山田さんは、何年間銀行に勤めていますか。

(A) 4年間
(B) 6年間
(C) 8年間
(D) 10年間

(2) 山田さんは、結婚してから何を始めましたか。

(A) テニス
(B) サッカー
(C) ゴルフ
(D) 野球

(81) この人は、これまでは通勤電車の中で何をしていましたか。

(A) 英語の勉強をしていた。
(B) スマホを見ていた。
(C) 新聞を読んでいた。
(D) 音楽を聞いていた。

(82) この人は、どうして1時間早い電車に変えましたか。

(A) 必ず座れるから
(B) 本が読めるから
(C) 友達に会えるから
(D) 早く仕事を始めるから

(83) この人は、通勤時間をどのように考えていますか。

(A) 体を休められる時間だ。
(B) 仕事の準備ができる時間だ。
(C) 好きなことができる時間だ。
(D) 一日の中で一番自由な時間だ。

(84) この人は今、通勤時間を変えて、どう思っていますか。

(A) 仕事を変えたい。
(B) 時間の使い方は大切だ。
(C) もっと早く変えればよかった。
(D) 変えても変えなくても同じだ。

(85) この人は、どんな時に焼肉屋に行きますか。

(A) 嫌なことがあった時
(B) 嬉しいことがあった時
(C) 気分を変えたい時
(D) 大きな仕事が終わった時

(86) この人がいつも行く焼肉屋は、どうして閉まっていましたか。

(A) 定休日だったから
(B) 店長が病気だったから
(C) 店が工事中だったから
(D) 肉が売り切れたから

(87) この人は、焼肉屋が閉まっていることを知ってどうしましたか。

(A) 家に帰った。
(B) 友達に電話した。
(C) お酒を飲みに行った。
(D) 同じ焼肉屋の２号店に行った。

(88) この人は、この焼肉屋の何がいいと言っていますか。

(A) 肉がおいしいこと
(B) 店内の雰囲気がいいこと
(C) おかずの種類が多いこと
(D) 無料のスープがおいしいこと

(89) 握手会は、どこで行われますか。

(A) 東側入口
(B) 西側入口
(C) 南側入口
(D) 中央入口

(90) 握手会で禁止されていることは、何ですか。

(A) 選手に贈り物を渡すこと
(B) 選手にサインを求めること
(C) 許可なく写真撮影をすること
(D) 許可なく選手に話しかけること

(91) 野球場内でごみが出た場合は、どうしますか。

(A) 持って帰る。
(B) 係員に渡す。
(C) ごみ箱に捨てる。
(D) ごみ袋を買う。

次のページに続く

(92) この会社で新しい制度を取り入れた目的は、何ですか。

(A) 社員同士の関係を深めるため
(B) 社員の労働時間を改善するため
(C) 社員のアイディアを集めるため
(D) 社員の不満を減らすため

(93) この会社では、新しい制度に参加するとどうなりますか。

(A) 手当が出る。
(B) 時給が上がる。
(C) 新しい企画に加われる。
(D) 新しい企画の予算が増える。

(94) この人は、社員にどんなことを期待していますか。

(A) 失敗を恐れないこと
(B) 前向きに取り組むこと
(C) 社員同士の交流を深めること
(D) 焦らず丁寧に仕事をすること

(95) 新しく発見された物質は、どんな性質がありますか。

(A) プラスチックを溶かす。
(B) プラスチックを分解する。
(C) 汚染物質を分解する。
(D) 汚染物質を凍らせる。

(96) 新しく発見された物質は、どんな問題に役立つと期待されていますか。

(A) 海洋汚染
(B) 大気汚染
(C) エネルギー問題
(D) ごみ処理問題

(97) 教授は、科学の研究においては、何が重要だと言っていますか。

(A) 細かな計画を練ること
(B) 慎重な分析を怠らないこと
(C) 予想外の結果を見逃さないこと
(D) 高度の知識を共有すること

(98) この人は、何が困難だと言っていますか。

(A) 活躍する人材を見定めること
(B) 採用条件を決めること
(C) 学生たちの本音を引き出すこと
(D) 何段階にも分けて面接を行うこと

(99) この人は、どうして個性を判別できないと言っていますか。

(A) 全員が同じ参考書を読んでいるから
(B) よくある質問には皆同じように答えるから
(C) 皆似た服装で面接に臨むから
(D) 面接という手法は古いから

(100) この人の会社で行っているグループ討議には、どんな特徴がありますか。

(A) 面接官は別室に移り学生だけで行う。
(B) 学生同士で互いを判定し合う。
(C) 面接官もグループの一員になる。
(D) 学生も交代で面接官になる。

これで聞き取りの問題は終わります。
それでは、次の質問101番から質問200番までの問題に答えなさい。
答案用紙に書き込む要領は聞き取りの場合と同じです。

次のページに続く

V. 下の______線の言葉の正しい表現、または同じ意味のはたらきをしている言葉を(A)から(D)の中で一つ選びなさい。

(101) 黒い雲が出てきたから、早く家に帰ろう。

(A) かぜ
(B) くも
(C) ゆき
(D) あめ

(102) 赤ちゃんの歯が生えてくるのはいつ頃ですか。

(A) いえて
(B) うえて
(C) はえて
(D) ふえて

(103) 彼は自分の感情を表現するのが苦手だ。

(A) かんせい
(B) がんじょう
(C) かんしょう
(D) かんじょう

(104) 運動して頭の中を空っぽにしたら、気分がすっきりした。

(A) のっぽ
(B) そっぽ
(C) からっぽ
(D) あきっぽ

(105) 彼は味方にすれば頼もしいが、敵に回すと恐ろしい。

(A) あじみ
(B) みほん
(C) まほう
(D) みかた

(106) あの教授は学生のことを親身になって考えてくれる。

(A) しんし
(B) しんみ
(C) おやみ
(D) しんけん

(107) 決勝戦だからといって、力まず、自然体でプレーしよう。

(A) りきまず
(B) たゆまず
(C) いどまず
(D) おしまず

(108) 今日は授業中、何度も先生にさされて参った。

(A) 差されて
(B) 刺されて
(C) 射されて
(D) 指されて

(109) どんな仕事でもやるからには、せいかを出したい。

(A) 成果
(B) 精華
(C) 聖火
(D) 製菓

(110) 通信会社を装ったふしんなメールにご注意ください。

(A) 不審
(B) 風刺
(C) 無心
(D) 負信

(111) 踏切事故のために朝から電車が止まっています。

(A) は
(B) に
(C) で
(D) の

(112) 突然そんなことを言われても困ります。

(A) いきなり
(B) もっとも
(C) たまに
(D) 別に

(113) 娘は最近忙しいようで、全然電話してこない。

(A) とみえて
(B) わりには
(C) からこそ
(D) 上に

(114) どうにか締め切りには間に合いそうだね。

(A) なんと
(B) なんとか
(C) なにしろ
(D) なんとなく

(115) けがは治りかけているが、まだ練習には参加できない。

(A) 治りつつあるが
(B) 治るどころか
(C) 治ったからといって
(D) 治らないことには

(116) そうやって誰にでも優しくするから、甘く見られるのよ。

(A) はめられる
(B) かみつかれる
(C) なめられる
(D) まるめこまれる

次のページに続く

(117) 文章を書くのは難しいが、おもしろい。

(A) 私は水泳が得意です。

(B) その質問の意味がわかりません。

(C) 買い物に行ったが、欲しい物はなかった。

(D) 今日はちょっと用事があるんですが。

(118) 宿題は先にやっておいた方がいいよ。

(A) 仕事が終わったら、近くで一杯やって行きませんか。

(B) 彼は故郷で、元気でやっているそうだ。

(C) 留守の間、ご近所さんが庭木に水をやっておいてくれた。

(D) この高校では音楽もスポーツも両方やっている生徒が多い。

(119) ただ友達と話しているだけで彼女は楽しいらしい。

(A) 近頃ただでインターネットが使える店が増えてきた。

(B) 連絡が取れない今はただ彼らの無事を祈るのみだ。

(C) 彼はただの一度も練習を休んだことがないという。

(D) ただの絵かと思ったら、有名な画家の作品だった。

(120) 今日は暑いから、エアコンをかけて寝よう。

(A) 兄は私に輪をかけてせっかちだ。

(B) 雪道では急ブレーキをかけてはいけません。

(C) 父は将棋にかけては誰にもひけをとらない。

(D) 彼はリーダーとしての手腕がまるでかけている。

VI. 下の＿＿＿線の(A)、(B)、(C)、(D)の言葉の中で正しくない言葉を一つ選びなさい。

(121) この店のケーキは安いでおいしいから、いつも客が並んでいます。
(A) この (B) 安い (C) 客 (D) 並んで

(122) パーティーでごちそうを食べ過ぎて、体がいっぱいです。
(A) パーティー (B) ごちそう (C) 過ぎて (D) 体

(123) 昨日会社の近くの公園を散歩していれば、課長の林さんに会いました。
(A) 近く (B) していれば (C) の (D) 会いました

(124) 学校の前で男の子と女の子が楽しそうな話しています。
(A) 前 (B) と (C) 楽しそうな (D) います

(125) 毎朝、会社に行って前に、駅の隣のコンビニで飲み物を買います。
(A) 毎朝 (B) 行って (C) 隣 (D) 買います

(126) これから健康のためで、お酒はやめることにします。
(A) これから (B) ためで (C) やめる (D) します

(127) 私が暮らせている町は、小さなお店がたくさんあって、人が集まって来ます。
(A) 暮らせて (B) 小さな (C) たくさん (D) 集まって

(128) 弟と一緒に使っている部屋が汚くて、母にひどく 叱らせた。
(A) 一緒に (B) 汚くて (C) ひどく (D) 叱らせた

(129) 母が縫ってくれた浴衣は、地味で思ったほどおしゃれではないでも、気に入っている。
(A) 縫って (B) 地味 (C) 思った (D) でも

(130) 昨夜から今朝のかけて、水道の工事が行われたそうだ。
(A) 昨夜 (B) の (C) 工事 (D) そうだ

次のページに続く

(131) なんで大変で、皆に反対されても、私は夢を諦めるつもりはない。
(A)　(B)　(C)　(D)

(132) 兄が一生懸命勉強を教えてくれたおかげで、試験の結果は思ったよりまあまあだった。
(A)　(B)　(C)　(D)

(133) お食事の用意ができましたので、皆様お部屋までお越しなさってください。
(A)　(B)　(C)　(D)

(134) 70過ぎの両親が元気な度に、温泉にでも連れて行ってあげたい。
(A)　(B)　(C)　(D)

(135) 重要な会議の向きに、居眠りなどやめてしっかり聞いていただきたい。
(A)　(B)　(C)　(D)

(136) インフルエンザが流行っているせいで、病院に来る患者は増えて一方だ。
(A)　(B)　(C)　(D)

(137) 彼は働く能力がありながら、職に働かず、近所の商店街をうろうろしている。
(A)　(B)　(C)　(D)

(138) やはり一流レストランは食器からすると、質がよくて高級感がある。
(A)　(B)　(C)　(D)

(139) 長引く不景気による業績の大幅な悪化で、将来の見通しが下りなくなった。
(A)　(B)　(C)　(D)

(140) 議員でもあろう人が、なぜ公衆の面前で未成年に暴力をふるってしまったのだろうか。
(A)　(B)　(C)　(D)

VII. 下の＿＿＿線に入る適当な言葉を(A)から(D)の中で一つ選びなさい。

(141) 窓を開ける＿＿＿＿＿、外は雨が降っていた。

(A) に
(B) を
(C) と
(D) で

(142) 父は、毎月雑誌を3＿＿＿＿＿買っている。

(A) 匹
(B) 冊
(C) 台
(D) 枚

(143) この仕事は好きだ＿＿＿＿＿、給料が安くて困る。

(A) でも
(B) ので
(C) そして
(D) けれども

(144) 大切なお皿が＿＿＿＿＿しまった。

(A) 割れて
(B) 別れて
(C) 開いて
(D) 倒れて

(145) 電車の中で騒ぐのは、＿＿＿＿＿だから、やめましょう。

(A) 安全
(B) 自由
(C) 迷惑
(D) 有名

次のページに続く

(146) その話を＿＿＿＿＿聞いたか、覚えていますか。

(A) だれ
(B) いつ
(C) どの
(D) どこ

(147) 彼女は、料理が＿＿＿＿＿得意ではない。

(A) そのまま
(B) しばらく
(C) なるべく
(D) それほど

(148) 私が電話した時、彼はちょうど会社を＿＿＿＿＿ところだった。

(A) 出て
(B) 出た
(C) 出ない
(D) 出よう

(149) 複雑な話をずっと聞いていたため、頭が＿＿＿＿＿なった。

(A) 痛
(B) 痛い
(C) 痛く
(D) 痛くて

(150) 疲れたなら、少し＿＿＿＿＿構いませんよ。

(A) 休むと
(B) 休めば
(C) 休んだら
(D) 休んでも

(151) 彼女は、誰よりも早く試験を終えた。＿＿＿＿＿、答えは全部合っていた。

(A) しかも
(B) それとも
(C) なぜなら
(D) それなら

(152) 先生が私たちのクラス会に＿＿＿＿＿とは、思っていませんでした。

(A) 伺う
(B) 存じ上げる
(C) お目にかける
(D) おいでくださる

(153) その荷物はトラックに＿＿＿＿＿ください。

(A) 縮んで
(B) 絞って
(C) 畳んで
(D) 積んで

(154) 最近、この＿＿＿＿＿のマンションは、若者に人気がある。

(A) 地図
(B) 地域
(C) 地理
(D) 各地

(155) 彼とは小学校時代から仲がよくて、今でも＿＿＿＿＿している。

(A) 幼く
(B) 惜しく
(C) 親しく
(D) 懐かしく

次のページに続く

(156) この本は、友人から________通り、とてもおもしろい。

(A) 聞く
(B) 聞いた
(C) 聞いて
(D) 聞こう

(157) これは個人情報だから、ファックスで送る________。

(A) わけにはいかない
(B) ということだ
(C) きりだ
(D) わけだ

(158) 先生のお書きになったものは、全て________しております。

(A) ご存じ
(B) ご覧
(C) 拝顔
(D) 拝読

(159) 彼は、今まで一緒にやってきた重要な仕事を途中で________。

(A) 立ち直った
(B) 放り出した
(C) 引き抜いた
(D) 割り引いた

(160) 話し合いは、________雰囲気の中で進められた。

(A) 幸いな
(B) 温暖な
(C) 良質な
(D) 和やかな

(161) ゆうべから＿＿＿＿体がだるくて、やる気が出ない。

(A) どうせ
(B) 何から
(C) 何だか
(D) どうにか

(162) 彼には、この仕事を＿＿＿＿抜くだけの力が残っていなかった。

(A) やり
(B) やる
(C) やって
(D) やった

(163) どんなに優れた計画でも、進め方＿＿＿＿うまくいかないこともある。

(A) 一方で
(B) 必死で
(C) 次第で
(D) 応じて

(164) 転勤したくはないが、会社の命令だから＿＿＿＿。

(A) してはならない
(B) せざるをえない
(C) するどころではない
(D) するというものではない

(165) ここ数日の大雨で、市内を流れる川が＿＿＿＿寸前となった。

(A) 封鎖
(B) 破裂
(C) 変貌
(D) 氾濫

次のページに続く

(166) 弁護士はもう目指していないのかと＿＿＿＿＿、今も必死で勉強を続けているそうだ。

(A) 思いきや
(B) ひきかえ
(C) あるまいし
(D) いざしらず

(167) このノートに＿＿＿＿＿いることは、全て真実です。

(A) 興されて
(B) 属されて
(C) 記されて
(D) 促されて

(168) 彼は、3ヵ国語を＿＿＿＿＿操る優れた人物だ。

(A) 違法に
(B) 自在に
(C) 機敏に
(D) 高尚に

(169) 今の自分の＿＿＿＿＿は、上司にも部下にも配慮が必要なつらい立場だ。

(A) ポジション
(B) フィクション
(C) デコレーション
(D) レクリエーション

(170) アンケートの結果を＿＿＿＿＿、商品開発を進める予定だ。

(A) 限りに
(B) 即して
(C) 踏まえて
(D) そばから

VIII. 下の文を読んで、後の問いにもっとも適した答えを(A)から(D)の中で一つ選びなさい。

(171～173)

ヨウコさんへ

お元気ですか。久しぶりにメールをします。今日は土曜日で仕事が休みでした。いとこと美術館へ行く約束がありましたが、朝起きたら頭が痛かったのでやめました。家で古いアルバムを見ていたら、ヨウコさんと撮った写真を見つけて、メールを書きたくなりました。でも書きたいことがたくさんあって全部書けません。よかったら、今度会いませんか。私の仕事は毎日５時頃終わります。週末は大抵家でゆっくりしていますから、ヨウコさんの都合がいい日を教えてください。電話番号を書いておきますから、連絡をもらえませんか。

アキコ(080-5xxx-67xx)

(171) アキコさんは、今日、何をする予定でしたか。

(A) ヨウコさんに会う。
(B) いとこと出かける。
(C) 仕事に行く。
(D) アルバイトをする。

(172) アキコさんは、どうしてメールを書いていますか。

(A) 仕事が休みで暇だったから
(B) 写真を見てヨウコさんを思い出したから
(C) ヨウコさんに相談したいことがあるから
(D) ヨウコさんに返事を出していなかったから

(173) この人は、ヨウコさんにどうしてほしいと言っていますか。

(A) 電話をしてほしい。
(B) メールをしてほしい。
(C) 住所を教えてほしい。
(D) 家に来てほしい。

次のページに続く

(174～177)

僕は大学を卒業して、4月から横浜の会社で働きます。今は、家族と一緒に住んでいますが、会社には遠くて通えないので、会社の近くのマンションに引っ越して、1人で住むことにしました。この間、駅前の不動産屋で2つの部屋を紹介してもらいました。1つは駅から歩いて25分かかりますが、静かな所にあります。もう1つは、駅からは10分で1階がコンビニなので便利です。家賃は同じで、大体同じぐらいの広さです。ちょっと考えて、僕は駅から遠い部屋を選びました。仕事を始めたら体を動かす時間が少なくなるから、毎日歩いた方がいいと思ったからです。食事は今までは母が作ってくれましたが、料理にも興味があるので自分で作りたいと思っています。でも忙しくなったら、部屋や台所を片付けなくなるんじゃないかとちょっと心配です。

(174) この人は、どうして引っ越しをするのですか。

(A) 両親の家は狭いから
(B) 大学に入ったから
(C) 会社が遠いから
(D) 1人で住みたいから

(175) この人は、どうして駅から遠い方の家を選びましたか。

(A) 運動のために歩きたいから
(B) 値段がちょっと安いから
(C) 部屋が新しくて広いから
(D) コンビニが近くにあるから

(176) この人は、どうして自分で食事を作りたいのですか。

(A) 嫌いな食べ物が多いから
(B) レストランに行くのが苦手だから
(C) 料理をするのはおもしろそうだから
(D) 今までもずっと自分で作っていたから

(177) この人は、仕事が忙しくなったら何が心配ですか。

(A) 休みの日に出かけなくなること
(B) 帰る時間が遅くなること
(C) 部屋が汚くなること
(D) 両親と会えなくなること

(178～180)

お知らせ
停留所の場所が変わりました！

ここにあった「西町３丁目」のバス停留所は、道路工事のため、
「**あちら** →→→」(西町郵便局の手前)に変わりました。
工事が終わるまで、ここの停留所は使えません。
日中、一部のバスの発車時間が変わりますので、ご注意ください。
10月31日に工事は終了して、その後すぐ、停留所はこの場所に戻ります。
お問い合わせは、オーケーバスお客様係 0120-5xx-29xxまで

(178) バスの停留所が、工事でどうなりましたか。

(A) 無くなった。
(B) 別の場所に移った。
(C) 名前が変わった。
(D) 場所がわからなくなった。

(179) 何に注意が必要だと言っていますか。

(A) 朝一番のバスの発車時間
(B) 昼間のバスの発車時間
(C) 最終バスの発車時間
(D) 反対側のバスの発車時間

(180) 工事終了後、停留所はどうなりますか。

(A) 郵便局の前になる。
(B) 元の場所に戻る。
(C) 全く別の場所になる。
(D) どうなるか決定していない。

次のページに続く

(181～184)

先日、係長の原さんがお嬢さんのバイオリンの先生を探していると聞いたので、昔私の妹が習っていた大山京子先生を紹介しようと思っています。妹は5歳から12歳まで大山先生のレッスンを受けていたのですが、先生のことが大好きで、毎回とても楽しそうに通っていました。いつも妹をレッスンに連れて行っていた母によれば、先生は厳しいけれど生徒たちへの愛情が深く、教え方も丁寧でわかりやすいので、生徒はもちろん、親にも人気があったそうです。妹は、中学校で始めたバスケットボールの練習が忙しくなり、レッスンは途中でやめてしまいましたが、社会人になった今でも暇さえあればバイオリンを弾いています。先ほど先生に連絡を取ってみたところ、今も横浜の自宅でバイオリンを教えていて、曜日と時間によっては一人なら都合が付けられるとのことでした。明日、係長に会ったらすぐに伝えようと思います。

(181) バイオリンのレッスンを受けたいと言っているのは、誰ですか。

(A) 原さん
(B) 原さんの娘さん
(C) 原さんのお姉さん
(D) 原さんの妹さん

(182) 大山先生は、誰から人気がありましたか。

(A) 生徒ではなく親から
(B) 親ではなく生徒から
(C) 生徒からも親からも
(D) 生徒や親より他の先生から

(183) この人の妹さんについて、正しいものはどれですか。

(A) 自由な時間がある時はいつもバイオリンを弾く。
(B) 社会人になっても時々レッスンを受けている。
(C) 中学生になってバイオリンを始めた。
(D) 今でも暇があれば、大山先生に習っている。

(184) 大山先生の教室は、現在どのような状況ですか。

(A) 満員で新入生は受け付けていない。
(B) 満員で1年以上待たなければ入れない。
(C) 曜日によっては数名の受け付けが可能だ。
(D) 一人以上の空きはない。

(185～188)

私は、以前からセーターをデザインして編んで、インターネットで売っています。子供の時からファッションに興味があって、高校生の頃は、自分で作ったおもしろい服を着て、よく両親に注意されていました。そんな時祖母だけが「似合うよ」と言ってくれました。その祖母が病気をしてから元気が無くなってしまったので、きれいな色のセーターを編んでプレゼントしました。それを着た祖母はとても素敵で嬉しそうでした。そこで、祖母にモデルになってもらって、私のサイトに作品を着た祖母の写真を載せることにしました。すると、大変話題になって問い合わせがたくさん来るようになりました。プロのファッションモデルではないところがいいそうです。元気になった祖母は、今では一緒に毛糸を買いに行ったり、お年寄りはどんな服が着やすいか教えてくれたりしています。私の祖父はもう亡くなっていますが、これからは、おじいちゃんたちにもおしゃれなセーターを紹介していきたいです。

(185) 以前、高校生のこの人が作った服を見て、家族はどうでしたか。

(A) 両親は関心を持ってくれた。
(B) 両親にしか褒められなかった。
(C) 祖母は関心を持ってくれなかった。
(D) 祖母しか理解してくれなかった。

(186) この人のネットの店は、どうして話題になったのですか。

(A) セーターの色が明るくてきれいだから
(B) セーターのデザインがおもしろいから
(C) 祖母をモデルとして使ったから
(D) プロのモデルが素敵な人だから

(187) この人のおばあさんについて、正しいものはどれですか。

(A) 以前より元気ではなくなった。
(B) 今はこの人に仕事のアドバイスをしている。
(C) ご主人をおしゃれにしようとしている。
(D) 自分も編み物を始めた。

(188) この人は、これからどんなことをしたいと言っていますか。

(A) お年寄りの男性向けのおしゃれも考えたい。
(B) お年寄りのモデルを増やしたい。
(C) 様々な年齢の人の服を作りたい。
(D) ネット以外にも店を持ちたい。

次のページに続く

(189〜192)

我が社では、昨年から毎週金曜日はできるだけ普段着で出社するカジュアルデー(Ｃデー)が実施されている。社長は、スーツを着ない日があることで伝統や規則に縛られない考え方が生まれやすくなると張り切っているが、僕自身はそれほど歓迎していない。実は僕の普段着はかなり変わっていて目立つので、仕事で着るには適さない。だから金曜日用に地味な普段着をわざわざ買っている。同僚の田中君もＣデー反対派だ。営業部で働く彼の取引先は、スーツでなければマナー違反だと考えているので、スーツを着ないなんてあり得ない。Ｃデーなんて無意味な決まり事だと言う。客観的に考えると、社員がスーツを着ない日があってもいいと思うが、毎週金曜日と決めることこそ頭が固いのではないか。仕事の内容や職業の種類に応じて、自由に判断できたらいい。そうすれば自由なアイディアが浮かぶ環境が生まれると思うのだ。

(189) 社長は、どうしてＣデーの実施を決めたのですか。

(A) 金曜日の仕事には動きやすい服がふさわしいから
(B) 社員がおしゃれに関心を持つようになるから
(C) 新しくて自由なアイディアが生まれると考えたから
(D) 服の色が明るいと職場が華やかになるから

(190) この人が自分の普段着を着て行かないのは、なぜですか。

(A) 普段着が大変個性的だから
(B) ファッションセンスに自信がないから
(C) 仕事にはスーツを着て行きたいから
(D) おしゃれな服を汚したくないから

(191) 田中君は、どうしてＣデー反対派なのですか。

(A) 社長が勝手に決めたことだから
(B) 仕事上、スーツを着ざるを得ないから
(C) 普段着を揃えるのにお金がかかるから
(D) だらしない服を着て来る人がいるから

(192) この人は、どのような案を持っていますか。

(A) 仕事に適切な普段着を会社が紹介する。
(B) Ｃデーの実施を毎月１回に減らす。
(C) 実現性がないルールは廃止する。
(D) スーツを着ない日を社員自身が決める。

(193～196)

ある新聞社が、コンビニにどんなサービスがあったら嬉しいか、というアンケートを取った。その結果一番多かったのは、新聞紙など資源になるごみの買い取りだった。50代の男性は、持ち込んだ量によってポイントを付けてその店での買い物に利用できるようにすれば、来店回数が増えて店にとっても都合がいいのではないかと提案している。その他の意見で興味深かったのは、10分単位で料金を払う貸しベッドを置いてほしいという意見だ。営業で疲れた時に気軽に休憩できるからだと言う。また、高齢者からは、店で買った弁当を食べながら長時間過ごせる(1)スペースの提供を求める声もあった。家に閉じこもりがちな高齢者に外食の機会を与えられるからだという。これからのコンビニは、ますます多くのサービス提供が望まれそうだが、そうなると今より多くのスタッフが必要となり、幅広い分野にわたる教育が求められそうだ。

(193) 資源になるごみの買い取りについて、どんな提案がありましたか。

(A) 買い取りをポイント化する。
(B) 地域共通のポイント制度を作る。
(C) 資源ごみと交換可能な商品を置く。
(D) 大量の場合は店が引き取りに行く。

(194) この人がおもしろいと思った意見は、コンビニに何を置くことですか。

(A) 隣の席と区切られたテーブルといす
(B) 店で買った飲み物が飲めるソファー
(C) 短時間から使用可能な有料の貸しベッド
(D) シャワーを浴びて着替えができるスペース

(195) 高齢者は、なぜ(1)スペースの提供を求めていますか。

(A) 友人との待ち合わせ場所になるから
(B) 外出のチャンスとなるから
(C) 買い物をしなくても休憩できるから
(D) 地域の情報提供の場になるから

(196) これからのコンビニには、何が求められそうだと言っていますか。

(A) 幅広い種類の品揃え
(B) 他のコンビニとの競争力
(C) 各商品に関する情報収集力
(D) 対応可能なスタッフ数とその教育

次のページに続く

(197～200)

いつも格別なお引き立てを賜り、ありがとうございます。本日は、当社の計測機器製品の価格改定についてお知らせがございます。当社では、これまで高品質の製品をできるだけ安い価格でお届けするため、経費削減に精一杯努めて参りました。しかしながら、近年の材料費の高騰により、これ以上現行の価格を維持することは極めて難しく、誠に不本意ながら４月１日出荷分より一部商品の値上げを決定致しました。当社と致しましては、お客様への影響を極力小さくすべく、生産終了予定の製品及び注文数が減少傾向にある製品を中心に価格改定を実施致しますので、何卒ご理解くださいますようお願い申し上げます。なお、改定後の価格一覧表は、追ってお送り致します。ご不明な点がございましたら、営業部の石田までご遠慮なくお問い合わせください。

(197) この会社は値上げを回避するため、これまでどのような努力をしてきましたか。

(A) コストの抑制
(B) 作業工程の見直し
(C) 新規販路の開拓
(D) 新技術の導入

(198) 今回の値上げの原因は、何ですか。

(A) 電気料金の高騰
(B) 輸入原料の輸送費の高騰
(C) 原材料の抜本的見直し
(D) 材料費の大幅な上昇

(199) 取引先への影響を最小限にするため、何をしますか。

(A) 生産終了品の修理代を下げる。
(B) 値上げする商品を限定する。
(C) 注文方法を簡略化する。
(D) 送料の一部を減額する。

(200) 近日中に何を送付しますか。

(A) 値上げに関する詫び状
(B) 製品の新価格のリスト
(C) 新製品の見本
(D) ４月発売製品の一覧表

JPT® 日本語能力試験

Japanese Proficiency Test

TEST
2

次の質問1番から質問100番までは聞き取りの問題です。
どの問題も1回しか言いませんから、よく聞いて答えを(A)、(B)、(C)、(D)の中から一つ選びなさい。答えを選んだら、それにあたる答案用紙の記号を黒くぬりつぶしなさい。

I. 次の写真を見て、その内容に合っている表現を(A)から(D)の中で一つ選びなさい。

例)

(A) この人は本を読んでいます。
(B) この人は掃除をしています。
(C) この人は電話をしています。
(D) この人はビールを飲んでいます。

■……答 (A), (B), (●), (D)

(1)

(2)

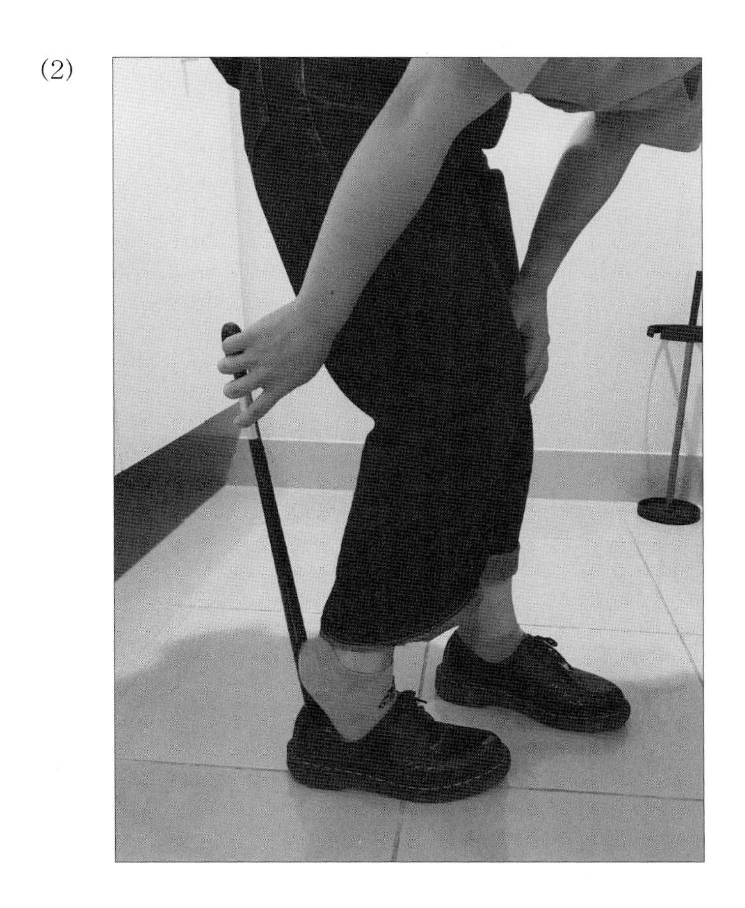

次のページに続く

(3)

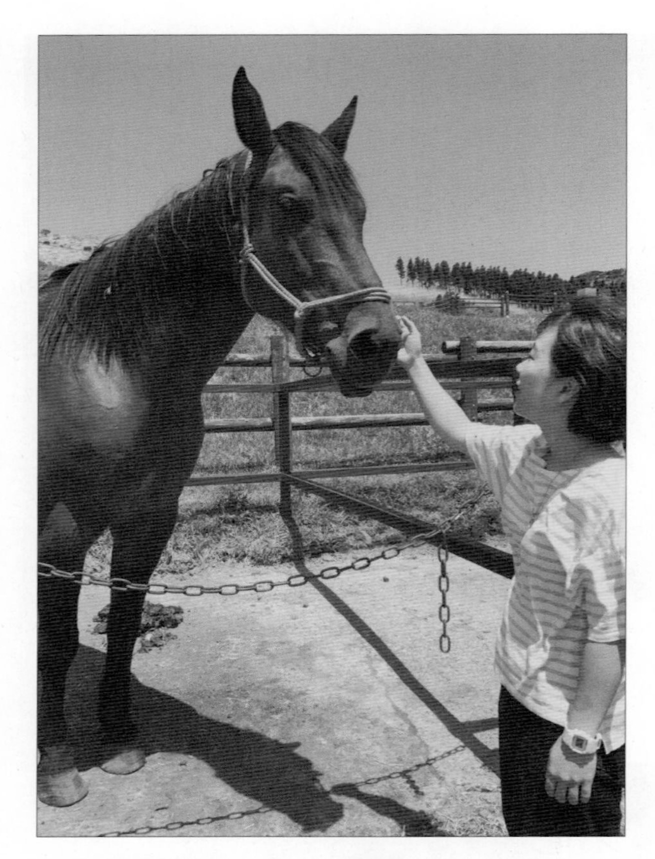

(4)

(5)

(6)

次のページに続く

(7)

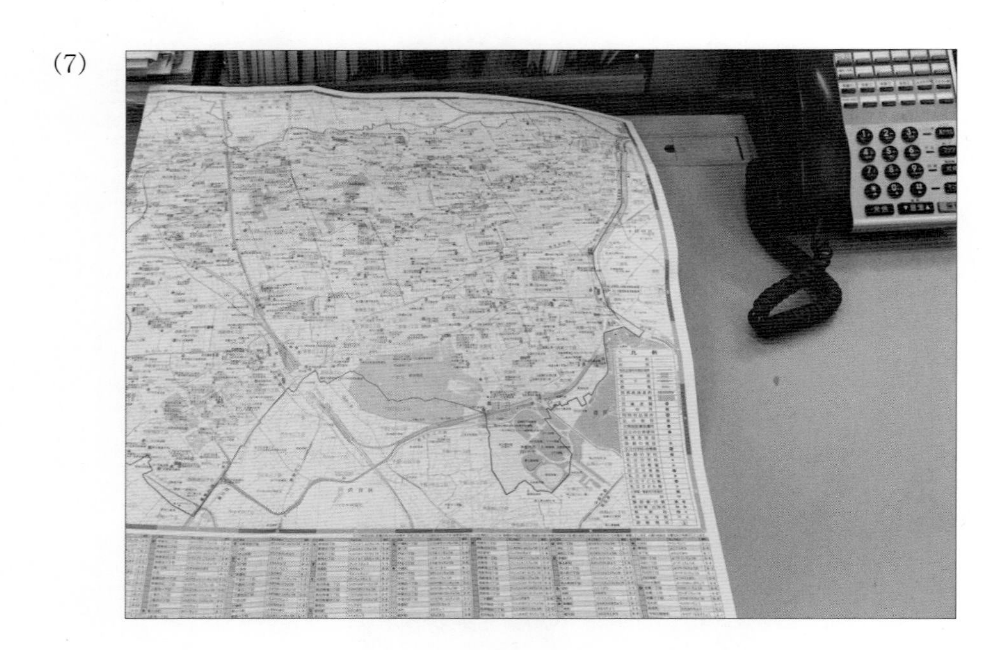

(8)

(9)

(10)

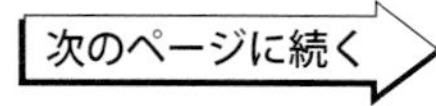
次のページに続く

(11)

(12)

(13)

(14)

次のページに続く

(15)

(16)

(17)

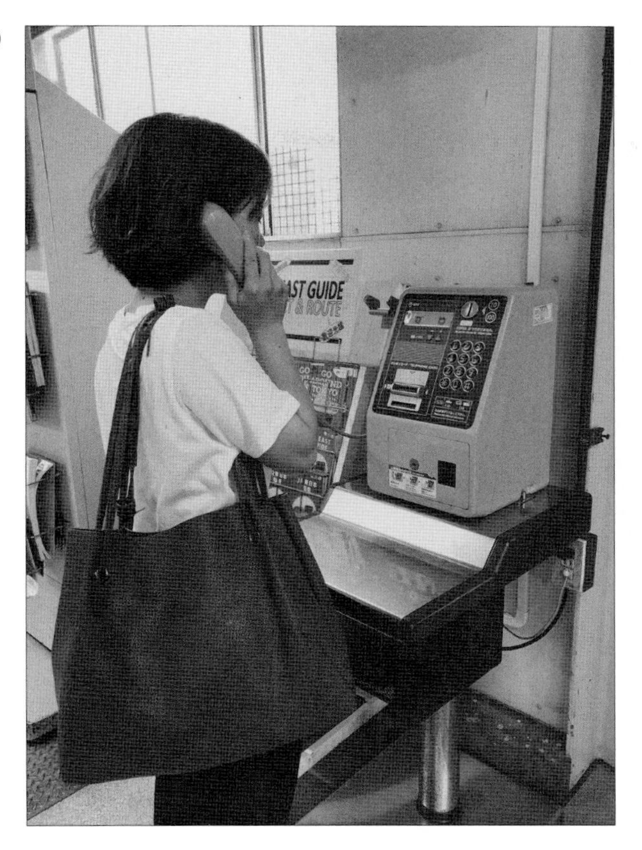

(18)

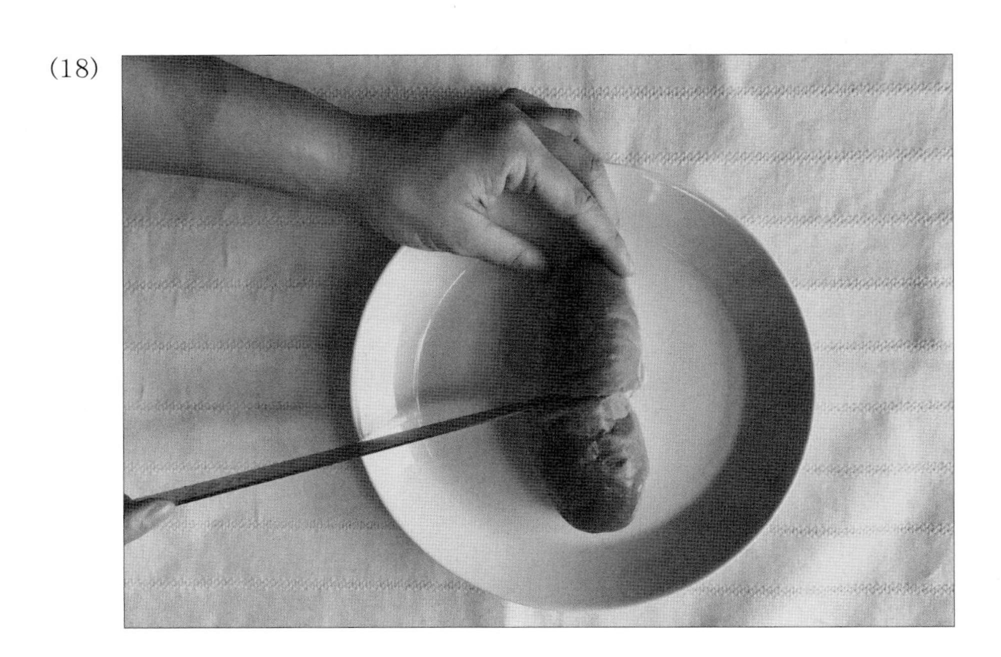

次のページに続く

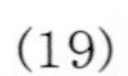
(19)

(20)

II. 次の言葉の返事として、もっとも適したものを(A)から(D)の中で一つ選びなさい。

例) 明日は何をしますか。
(A) 土曜日です。
(B) 朝ご飯の後にします。
(C) 友達の家に行きます。
(D) テニスをしました。

(21) 答えを答案用紙に書き入れなさい。
(22) 答えを答案用紙に書き入れなさい。
(23) 答えを答案用紙に書き入れなさい。
(24) 答えを答案用紙に書き入れなさい。
(25) 答えを答案用紙に書き入れなさい。
(26) 答えを答案用紙に書き入れなさい。
(27) 答えを答案用紙に書き入れなさい。
(28) 答えを答案用紙に書き入れなさい。
(29) 答えを答案用紙に書き入れなさい。
(30) 答えを答案用紙に書き入れなさい。
(31) 答えを答案用紙に書き入れなさい。
(32) 答えを答案用紙に書き入れなさい。
(33) 答えを答案用紙に書き入れなさい。
(34) 答えを答案用紙に書き入れなさい。
(35) 答えを答案用紙に書き入れなさい。
(36) 答えを答案用紙に書き入れなさい。
(37) 答えを答案用紙に書き入れなさい。
(38) 答えを答案用紙に書き入れなさい。
(39) 答えを答案用紙に書き入れなさい。
(40) 答えを答案用紙に書き入れなさい。
(41) 答えを答案用紙に書き入れなさい。
(42) 答えを答案用紙に書き入れなさい。
(43) 答えを答案用紙に書き入れなさい。
(44) 答えを答案用紙に書き入れなさい。
(45) 答えを答案用紙に書き入れなさい。
(46) 答えを答案用紙に書き入れなさい。
(47) 答えを答案用紙に書き入れなさい。
(48) 答えを答案用紙に書き入れなさい。
(49) 答えを答案用紙に書き入れなさい。
(50) 答えを答案用紙に書き入れなさい。

次のページに続く

III. 次の会話をよく聞いて、後の問いにもっとも適したものを(A)から(D)の中で一つ選びなさい。

例) 女：すみません。この辺に本屋がありますか。
男：はい。駅の前にありますよ。
女：郵便局も本屋のそばにありますか。
男：いいえ。郵便局はあのデパートのとなりです。

郵便局はどこにありますか。
(A) 駅の前
(B) 本屋のとなり
(C) 本屋の前
(D) デパートのとなり

(51) 2人は、いつレストランへ行きますか。
(A) 今日
(B) 明日
(C) 明後日
(D) 来週

(52) 2人は、この後どうしますか。
(A) エレベーターを待つ。
(B) 階段で行く。
(C) 次の階まで上る。
(D) バスに乗る。

(53) 男の人は、この後どうしますか。
(A) 社長に手紙を書く。
(B) 社長の部屋を教える。
(C) 女の人と出かける。
(D) 社長の荷物を運ぶ。

(54) 見学の人は、この後どうしますか。
(A) 会議室で待つ。
(B) 食事をする。
(C) 食堂に行く。
(D) 外に出る。

(55) 誰がカメラを持って行きますか。
(A) 男の人
(B) 女の人
(C) この2人以外の人
(D) 2人で一緒に

(56) 2人は、いつ話しますか。
(A) 今から
(B) 今日の夕方
(C) 明日の午前
(D) 明日の5時

(57) 2人は、どんな写真を見ていますか。

(A) 男の子の赤ちゃんの写真
(B) 女の子の赤ちゃんの写真
(C) 女の人の息子さんの写真
(D) 女の人の娘さんの写真

(58) 女の人は、どんなパンを持っていますか。

(A) 買って来たパン
(B) 自分で作ったパン
(C) 女の人のお姉さんが作ったパン
(D) 女の人のお姉さんが買ったパン

(59) 女の人は、どうして遅くなりましたか。

(A) 夫の会社に行ったから
(B) 夫と出かけたから
(C) 財布を探していたから
(D) 家に帰ったから

(60) 店について正しいものは、どれですか。

(A) 店の主人は、外国人だ。
(B) 主人が食器を作っている。
(C) 外国で集めた食器がある。
(D) メニューは多いが、量が少ない。

(61) 女の人は、お客様が来たらどうしますか。

(A) 男の人を呼びに行く。
(B) 部屋まで連れて行く。
(C) 昼食を運ぶ。
(D) コーヒーを出す。

(62) 女の人は、箱をどうしますか。

(A) 売る。
(B) 捨てる。
(C) 荷物を入れる。
(D) 人にあげる。

(63) 男の人は、会議がどうなると言っていますか。

(A) 早く終わる。
(B) 午後も続く。
(C) 長くなる。
(D) 無くなる。

(64) 男の人は、この後どうしますか。

(A) きれいな字で書く。
(B) お知らせを貼る。
(C) ペンを買いに行く。
(D) 字を太くする。

(65) 女の人は、何を忘れましたか。

(A) 会場の案内
(B) バスの切符
(C) 入場に必要なチケット
(D) 会場で払うお金

(66) 男の人は、この後どうしますか。

(A) 小包を出しに行く。
(B) 女の人に小包を届けさせる。
(C) 池田さんに電話する。
(D) 池田さんに小包を届ける。

次のページに続く

(67) 男の人が手伝ってもらわないのは、どうしてですか。

(A) 皆忙しいから

(B) 今日は他に仕事がないから

(C) 捨てるかどうか自分で判断したいから

(D) 自分の家で書類を整理するから

(68) 2人の仕事について、正しいものはどれですか。

(A) 残業はもうできない。

(B) あと数日間、忙しい。

(C) 月末は、残業がない。

(D) 最近何日かは暇だった。

(69) 移転先について、何と言っていますか。

(A) ビル内に店がない。

(B) 建物が古い。

(C) 周りには店がない。

(D) 賑やかな場所に位置する。

(70) この店について、何と言っていますか。

(A) 安い上に薬も買える。

(B) 食品の質が高い。

(C) 大型スーパーの中にある。

(D) 日用品と食品以外は扱わない。

(71) 来週３階の作業を手伝うのは、誰ですか。

(A) 女の人

(B) 一度辞めた人

(C) 事務所のアルバイト

(D) 新しく来る人

(72) 女の人が箱を置いたのは、どこですか。

(A) 事務所の隅

(B) 倉庫の中

(C) 階段の前

(D) 荷物用の通路

(73) 女の人は、支払いについて何と言っていますか。

(A) 機械を使う方が得だ。

(B) 窓口で払うと早い。

(C) 手数料はかからない。

(D) 機械で扱えない金額だ。

(74) 第2日曜は、誰が出勤しますか。

(A) 男の人

(B) 女の人

(C) 女の人に頼まれた人

(D) 男の人が頼んだ人

(75) 井上さんから新商品について、どんな話がありましたか。

(A) 製造を担当したい。
(B) 技術者を紹介してほしい。
(C) 販売方法を変えたい。
(D) 取引を始めたい。

(76) 男の人は、オフィスでの通信について何と言っていますか。

(A) 携帯電話は使えない。
(B) 若者も電話を使うべきだ。
(C) 固定電話は不要だ。
(D) メールだけでは不十分だ。

(77) 男の人の出張費について合っているものは、どれですか。

(A) 前もって払われる。
(B) 自分で払って、後で精算する。
(C) ３万円以上は、自分で払う。
(D) 旅行会社に支払われる。

(78) 男の人にとって、何が意外でしたか。

(A) 女の人がマラソンに出たこと
(B) 観光以外の収入を得たこと
(C) 運動に関心が高まっていること
(D) 土地の名産品が売れたこと

(79) ホテルの企画は、どのようなものですか。

(A) 宿泊料を安くして利用者を増やす。
(B) インターネットでの予約を割引する。
(C) 宿泊無料券を贈り物用として売り出す。
(D) 宿泊客に宣伝用の写真を提供させる。

(80) 男の人は、工場長としてどのような人を必要としていますか。

(A) 工場を管理する能力の高い人
(B) 現地の事情に精通した人
(C) コミュニケーションが得意な人
(D) 会社経営を専門とする人

次のページに続く

IV. 次の文章をよく聞いて、後の問いにもっとも適したものを(A)から(D)の中で一つ選びなさい。

例）　山田さんは、もう8年間銀行に勤めています。去年結婚してから、奥さんと2人でテニスを始めました。日曜日の朝は、いつも家の近くの公園で練習しています。

(1) 山田さんは、何年間銀行に勤めていますか。

(A) 4年間
(B) 6年間
(C) 8年間
(D) 10年間

(2) 山田さんは、結婚してから何を始めましたか。

(A) テニス
(B) サッカー
(C) ゴルフ
(D) 野球

(81) この人は、どうして病院に電話をしましたか。

(A) 医者と話したいから
(B) 今日病院に行きたいから
(C) 何時に開くか聞きたいから
(D) 駅からの行き方を聞きたいから

(82) この人の体の調子は、今どうですか。

(A) 熱は下がったが、お腹が痛い。
(B) お腹が痛くて食事ができない。
(C) 食事はできるが、頭が痛い。
(D) 熱はあるが、食事はできる。

(83) どうして佐藤先生がいいと言っていますか。

(A) 注射が上手だから
(B) 仲のいい友達だから
(C) いつも診てもらっているから
(D) 友達にいい医者だと言われたから

(84) この人は、この後どうしますか。

(A) 薬屋で薬を買って飲む。
(B) 前にもらった薬を飲んで寝る。
(C) 予約の時間まで待つ。
(D) すぐ病院へ行く。

(85) この人が紹介しているのは、どんなアイスクリームですか。

(A) 体重が気になる人も安心して食べられる。
(B) 子供に人気のキャラクターが付いている。
(C) 甘すぎないのが好きな人に向いている。
(D) 高級な材料を使用している。

(86) 一番人気があるのは、どんな味のアイスクリームですか。

(A) チョコレート味
(B) メロン味
(C) バナナ味
(D) イチゴ味

(87) どうして今日だけ特別価格で売りますか。

(A) このスーパーでは初めて販売するから
(B) このスーパーの広告に出したから
(C) 昨日発売を開始したばかりだから
(D) アイスクリーム会社の記念日だから

(88) アイスクリームを４箱買うと、どんなサービスがありますか。

(A) 氷を付けてもらえる。
(B) バッグのプレゼントがある。
(C) アイスクリームをもう１個もらえる。
(D) スーパーの割引券がもらえる。

(89) どうして電車はしばらく止まりますか。

(A) 今地震が起きたから
(B) 大雨で安全に運転できるかわからないから
(C) 次の駅の建物が火事だから
(D) 踏切の安全について確認が必要だから

(90) 乗車中の客に、どんなお願いをしていますか。

(A) 気を付けて駅まで歩いてほしい。
(B) お年寄りを座らせてほしい。
(C) 電車内にいてほしい。
(D) 窓を開けないでほしい。

(91) 具合が悪い人がいたら、どうしますか。

(A) 誰かが運転席に知らせに行く。
(B) 自分の携帯電話で駅員を呼ぶ。
(C) 電車内の電話で駅員を呼ぶ。
(D) 非常ボタンを押す。

次のページに続く

(92) この人は、どうやってパーティーのことを知りましたか。

(A) 自宅に知らせが届いた。

(B) 同じ高校に進んだ弟から聞いた。

(C) 友達が知らせてくれた。

(D) 高校のホームページを見た。

(93) この人は、何が残念でしたか。

(A) 当時の野球部キャプテンが会社員になったこと

(B) 当時の野球部キャプテンが野球を止めていたこと

(C) 女子生徒の憧れだった人が参加しなかったこと

(D) 女子生徒の憧れだった人がずいぶん変わっていたこと

(94) 担任だった先生は、今どうしていますか。

(A) 既に定年退職した。

(B) 当時と同じ高校で担任を持っている。

(C) 当時と同じ高校で副校長になった。

(D) 他の高校の校長になった。

(95) この会社は今日、なぜ休業していますか。

(A) 社内の設備を交換するから

(B) 社内の設備を修理しているから

(C) 社内で防災訓練を行うから

(D) 社内の騒音防止工事をするから

(96) 明日の営業はどうなると言っていますか。

(A) 通常と同じ営業時間だ。

(B) 半日だけ営業する。

(C) 一部の部署だけ営業する。

(D) 臨時休業する。

(97) 今日商品を注文したい場合、どうなりますか。

(A) ネットで注文すれば明日配達できる。

(B) ネットで注文できるが、配達は来週だ。

(C) メールで担当者に直接注文できる。

(D) メールで受け付けるが、処理は来週だ。

(98) この人が昨日行ったのはどんなスーパーですか。

(A) 工事を終え、新しくなったスーパー
(B) もうすぐ閉店するスーパー
(C) 8月にできたばかりのスーパー
(D) 会社帰りによく立ち寄るスーパー

(99) スーパーの2階はどのようなスペースですか。

(A) 惣菜コーナーと、それらを食べられるスペース
(B) 様々な国の食事を楽しめるレストラン
(C) 購入した商品を目の前で調理してくれるスペース
(D) 簡単な調理を教えてくれるスペース

(100) スーパーの狙いは何ですか。

(A) お年寄りも楽しめるスペースを確保すること
(B) 平日の夜にも家族の利用客を増やすこと
(C) 一人当たりの消費金額を増やすこと
(D) 休日の混雑を緩和させること

これで聞き取りの問題は終わります。
それでは、次の質問101番から質問200番までの問題に答えなさい。
答案用紙に書き込む要領は聞き取りの場合と同じです。

次のページに続く

V. 下の＿＿＿線の言葉の正しい表現、または同じ意味のはたらきをしている言葉を(A)から(D)の中で一つ選びなさい。

(101) テニスの練習で腕が痛くなった。

(A) あし
(B) て
(C) うで
(D) こし

(102) 今年の夏は、異常に暑かった。

(A) いじょう
(B) いいじょう
(C) いじゅ
(D) いしょ

(103) 息子は１年で背が10cmも伸びた。

(A) こびた
(B) まびた
(C) そびた
(D) のびた

(104) 学生時代の思い出は、永遠に忘れない。

(A) えいえん
(B) えんえん
(C) えいえい
(D) えんえい

(105) それまでの緊張が和らいだのか、彼女はほっとした表情を見せた。

(A) やすらいだ
(B) やわらいだ
(C) あらいだ
(D) わらいだ

(106) 父は古本屋を営んでいる。

(A) ひるなんで
(B) いとなんで
(C) あきんで
(D) えいんで

(107) 飛行機は滑走路に向かって動き出した。

(A) けっそろ
(B) こうそうろ
(C) かっそうろ
(D) けっそろう

(108) 今回のテストの結果は、今までで<u>さいてい</u>だった。

(A) 最底
(B) 最低
(C) 取底
(D) 取低

(109) 先日の報告にあやまりがありましたので訂正します。

(A) 誤り
(B) 謝り
(C) 訓り
(D) 議り

(110) 彼女はいさぎよく罪を認めた。

(A) 潔く
(B) 清く
(C) 癖く
(D) 涼く

(111) 私は、ピアノなら弾けます。

(A) 弾いてあげます
(B) 弾いてもかまわないです
(C) 弾くことができます
(D) 弾かなければならないです

(112) 私は、料理が下手な上に掃除も嫌いだ。

(A) 下手なのに加えて
(B) 下手ではないが
(C) 下手だから
(D) 下手な割に

(113) 彼女くらい努力する人はいない。

(A) でも
(B) ほど
(C) こそ
(D) さえ

(114) どうして、はさみをテーブルの上に置きっぱなしなの。

(A) 置いたのにないの
(B) 置いていないの
(C) 置いたはずなの
(D) 置いたままなの

(115) 準備ができ次第、始めましょう。

(A) できたから
(B) できるなら
(C) できれば
(D) できたらすぐ

(116) 父は、苦労をものともせず人生を歩み続けた人だ。

(A) 苦労もろくにせず
(B) 苦労に負けそうになりながら
(C) 苦労を問題にしないで
(D) 苦労にもまして

次のページに続く

(117) ここにカバンを置くな。

(A) 明日の試合に出る人は、絶対遅刻するな。

(B) ここにコートを掛けたのは誰かな。

(C) 海外旅行に行きたいな。

(D) 彼なら必ず約束の時間に来るな。

(118) この服は、夏向きだと思う。

(A) 北向きの部屋は、嫌だ。

(B) 風の向きが変わった。

(C) そこの椅子の向きを変えてください。

(D) これは、専門家向きの講義でしたね。

(119) 返事をぐずぐず引き延ばしても、結果は一緒だ。

(A) 鼻をぐずぐずさせて、風邪でも引いたの。

(B) ぐずぐずした天気が続いている。

(C) ぐずぐずしていないで、早く起きなさい。

(D) いつまでもぐずぐず言っていると彼に嫌われるよ。

(120) 誰もこの部屋に入らないように見張りをたてておこう。

(A) 彼女、聞き耳をたてているよ。

(B) 最近はアンテナをたてている家は少ない。

(C) 新装開店だから、看板をたてて宣伝をしよう。

(D) この裁判は弁護士をたてて争うことにした。

VI. 下の＿＿＿線の(A)、(B)、(C)、(D)の言葉の中で正しくない言葉を一つ選びなさい。

(121) 昨日初めて居酒屋へ飲むに行きました。料理もおいしかったし、店のサービスもよかったです。
(A) 初めて　(B) 飲む　(C) おいしかった　(D) よかった

(122) スーパーで、バナナ2本とりんごを3台買って帰りました。
(A) で　(B) 本　(C) 台　(D) 買って

(123) 今は昔と違って細かいお金がなくて、カードでジュースが買える。
(A) 違って　(B) 細かい　(C) なくて　(D) が

(124) 仕事が忙しくて疲れていますが、今度の週末、天気がいいと、ドライブがしたいです。
(A) 忙しくて　(B) が　(C) いいと　(D) したいです

(125) あとで私が片付けますから、本は机の上に置きておいてください。
(A) あとで　(B) が　(C) は　(D) 置きて

(126) 渋谷に大きなイベントがあったので、友達を誘って行ってみました。
(A) に　(B) 大きな　(C) を　(D) みました

(127) 先生は先月からお酒をやめているとおっしゃって、全くいただきませんでした。
(A) から　(B) やめて　(C) 全く　(D) いただきませんでした

(128)「日本料理の中で、どちらが一番好きですか」と聞かれたので、「天ぷらです」と答えました。
(A) で　(B) どちら　(C) 聞かれた　(D) と

(129) 来週まで、先生がお書きになったお本をお借りしてもいいでしょうか。
(A) まで　(B) お書きになった　(C) お　(D) お借りしても

(130) 年上の人にとって、そんな言い方をするべきではないと後輩に注意した。
(A) とって　(B) 言い方　(C) する　(D) 注意した

次のページに続く

(131) ふるさとは、帰った度に新しいビルが建設されていて、まるで別の町のようだ。
(A) 帰った (B) 新しい (C) 建設 (D) まるで

(132) 肉かぎり食べていると、栄養のバランスが悪くなって体によくない。
(A) かぎり (B) と (C) バランス (D) に

(133) 勉強というのは、するとするほどおもしろくなってくる奥が深いものだ。
(A) いう (B) すると (C) おもしろく (D) 深い

(134) 大会に出場するからこそ、最後まで あきらめないで 絶対に優勝したい。
(A) こそ (B) まで (C) あきらめないで (D) 絶対に

(135) これからもチャンスはあるのだから、たった一度の失敗をいつまでも気にするものはない。
(A) これから (B) たった (C) いつまでも (D) もの

(136) そのバンドは2年前にCDを発売した以来、国内のみならず 海外でもファンを増やしている。
(A) した (B) のみならず (C) 海外 (D) 増やしている

(137) 安全管理が不十分だったために、大量の個人情報が外部に漏らしてしまった。
(A) 不 (B) ために (C) 大量 (D) 漏らして

(138) ありがたいお願いで恐縮ですが、駅まで車に乗せて行っていただけないでしょうか。
(A) ありがたい (B) 恐縮 (C) 乗せて (D) いただけない

(139) 彼の話を熱心に聞いているまねをしていたが、本当は少しも興味が湧かない内容だった。
(A) 熱心に (B) まね (C) 少しも (D) 湧かない

(140) 要領がいい彼女は、仕事を与えられるそばから 手頃よく こなしていく。
(A) 要領 (B) そばから (C) 手頃よく (D) こなして

VII. 下の＿＿＿線に入る適当な言葉を(A)から(D)の中で一つ選びなさい。

(141) 庭の木に＿＿＿＿＿鳥が止まっていた。

(A) 珍しい
(B) 難しい
(C) 優しい
(D) 涼しい

(142) そのバスは２時に東京駅＿＿＿＿＿出ました。

(A) を
(B) で
(C) へ
(D) が

(143) 引っ越すので＿＿＿＿＿をいくつか新しく買います。

(A) 都合
(B) 家事
(C) 用意
(D) 家具

(144) 忙しい時に課長から用事を＿＿＿＿＿。

(A) 贈られた
(B) 頼まれた
(C) 配られた
(D) 運ばれた

(145) 昨日の３時、会議室には誰も＿＿＿＿＿。

(A) ありました
(B) ありませんでした
(C) いました
(D) いませんでした

次のページに続く

(146) 社員には体も心も＿＿＿＿＿生活を送ってほしい。

(A) 親切な

(B) 熱心な

(C) 有名な

(D) 健康な

(147) あの＿＿＿＿＿は、どちらの会社からいらっしゃったのですか。

(A) 手

(B) 方

(C) 兄

(D) 様

(148) こんな大雨では、犬も散歩に＿＿＿＿＿たがらない。

(A) 行く

(B) 行き

(C) 行か

(D) 行って

(149) 値段を上げた＿＿＿＿＿を説明してください。

(A) 理由

(B) 予定

(C) 興味

(D) 準備

(150) 田中さん、熱があるなら早く＿＿＿＿＿よ。

(A) 帰ることになっています

(B) 帰ったことがあります

(C) 帰ったほうがいいです

(D) 帰ってさしあげます

(151) 自分の＿＿＿＿で、メールの宛先を間違えてしまった。

(A) 不注意
(B) 不可能
(C) 不幸
(D) 不足

(152) 向こうのホームにいる友人に手を＿＿＿＿。

(A) 掃いた
(B) 踏んだ
(C) 振った
(D) 渡した

(153) 要らない物を捨てたら、部屋がとても＿＿＿＿した。

(A) しっかり
(B) すっかり
(C) がっかり
(D) すっきり

(154) 試合中の小さなミスから＿＿＿＿は厳しいものになった。

(A) 状況
(B) 場所
(C) 経験
(D) 毎度

(155) 雨の中、友人を１時間も待たせてしまい、本当に＿＿＿＿ことをした。

(A) うらやましい
(B) 易しい
(C) 申し訳ない
(D) 騒がしい

次のページに続く

(156) あなたを信用している＿＿＿＿＿この秘密を教えるのです。

(A) にしても

(B) からこそ

(C) ほかなく

(D) に限って

(157) 私は小さい頃、病気＿＿＿＿＿で、よく熱を出していた。

(A) かけ

(B) きり

(C) がち

(D) まま

(158) このスポーツクラブはタオルもシャツもレンタルできるので＿＿＿＿＿行ける。

(A) 手軽に

(B) 好調に

(C) 勝手に

(D) 必死に

(159) 部長は＿＿＿＿＿顔で、取引が中止になったことを伝えた。

(A) 快い

(B) 賢い

(C) 著しい

(D) 険しい

(160) 支払いが３ヵ月以上遅れている会社に＿＿＿＿＿の電話をかけた。

(A) 厳守

(B) 判断

(C) 催促

(D) 納得

(161) 言われたことだけをするような＿＿＿＿の姿勢ではいけない。

(A) 向かい
(B) 後方
(C) 受け身
(D) 水平

(162) 私は２年後には、社長のいすを息子に＿＿＿＿つもりでいる。

(A) 返る
(B) 譲る
(C) 転がす
(D) 広げる

(163) たまには規則を破ってもいいとは、教師の立場＿＿＿＿言えない。

(A) 上
(B) 気味
(C) まで
(D) あまり

(164) 思い通りにいかないからと怒り出すような子供＿＿＿＿ことはやめてほしい。

(A) らしい
(B) っぽい
(C) だけの
(D) こその

(165) 事故の被害者は医師の適切な＿＿＿＿で無事に助かった。

(A) 干渉
(B) 指図
(C) 処置
(D) 実現

次のページに続く

(166) 1万円もするこの料理、原価は＿＿＿＿2千円くらいだろう。

(A) しみじみ
(B) ようやく
(C) とっくに
(D) せいぜい

(167) 彼が人形を上手に＿＿＿＿と、小学生たちは大喜びした。

(A) 操る
(B) 装う
(C) 補う
(D) 保つ

(168) 相手のミスを指摘したつもりが自分の勘違いだとわかり、＿＿＿＿。

(A) 煩わしかった
(B) 名残惜しかった
(C) 決まり悪かった
(D) 思いがけなかった

(169) 女性に年齢を聞いておいてもっと年上だと思っていたなんて、失礼＿＿＿＿。

(A) だらけだ
(B) にすぎない
(C) 極まりない
(D) にあたらない

(170) 疲れていたのか、座席に座る＿＿＿＿眠ってしまった。

(A) や否や
(B) べく
(C) わりに
(D) ものなら

VIII. 下の文を読んで、後の問いにもっとも適した答えを(A)から(D)の中で一つ選びなさい。

(171～173)

私が働いているクリーニング屋は、小さい町にあります。周りに会社や工場がたくさんあるので、仕事で着る服が多く出されます。マンションやアパートはあまりありませんが、昔からある古い家は多いです。お客さんは、昔からうちに来てくれている人たちです。2週間に１回くらい来る奥さんは、いつもご主人のスーツを出しに来ます。シャツは、私の店に持って来たことがありませんでした。しかし、この間、スーツとシャツの両方をクリーニングに出してきました。「(1)珍しいですね」と言うと、「アイロンが壊れてしまって」と答えました。次の日、私はシャツにきれいにアイロンをかけて奥さんに渡しました。それからは、奥さんは時々シャツもクリーニングに出してくれるようになりました。「自分でするよりきれいだから」と言ってくれました。私はとても嬉しかったです。

(171) この人が働いている店は、どんな町にありますか。

(A) 会社や工場がある大きい町
(B) 会社や工場がある小さい町
(C) マンションやアパートが多い、大きい町
(D) マンションやアパートが多い、小さい町

(172) 何が(1)珍しいのですか。

(A) 奥さんがこの店に来たこと
(B) 奥さんが自分でアイロンをかけること
(C) 奥さんがシャツを店に持って来たこと
(D) 奥さんがアイロンを壊したこと

(173) この人は、どうして嬉しかったのですか。

(A) 自分の仕事を褒められたから
(B) アイロンのかけ方を習いたいと言われたから
(C) 値段の高い服の仕事が増えたから
(D) 奥さんが何度も来てくれるから

次のページに続く

(174～177)

私には、5つ年下の大学生の弟がいます。弟は大学の近くに、私は会社の近くに一人で住んでいて、二人とも忙しいので、去年はお正月と夏休みにしか会いませんでした。今日その弟から、アメリカの大学に留学することが決まったと、電話がかかってきました。弟は普通小さな声で静かに話すのですが、今日はいつもの2倍ぐらいの声で話していて、彼がどんなに喜んでいるかがよくわかりました。中学生の頃から、いつかアメリカの大学で宇宙の研究がしたいと言って、一生懸命頑張っていたので、私もとても嬉しいです。お祝いのプレゼントは何がいいかと聞いたら、「丈夫なスーツケースと明るい色のネクタイが欲しい」と答えました。スーツケースは、インターネットで買って弟の家に送ろうと思います。ネクタイは一緒に選びたいので、2人の予定が合う時に買い物に行こうと約束しました。私の会社は、アメリカ大使館の近くにあるので、弟がビザを取りに来る日がいいと思っています。

(174) この人は去年、いつ弟さんと会いましたか。

(A) お正月だけ
(B) お正月と夏休み
(C) 春休みと夏休み
(D) 春休みとお正月

(175) この人は、どうして弟さんがとても喜んでいることがわかりましたか。

(A) 何回も同じことを言ったから
(B) いつもより大きい声で話したから
(C) 泣きながら電話をかけてきたから
(D) 1日に2度も電話してきたから

(176) 弟さんは、どんなスーツケースを欲しがっていますか。

(A) 明るい色のスーツケース
(B) 大きなスーツケース
(C) 軽いスーツケース
(D) 壊れにくいスーツケース

(177) この人は、弟さんといつ買い物に行こうと考えていますか。

(A) この人が弟さんの家の近くに行く時
(B) この人がアメリカ大使館に行く時
(C) 弟さんがこの人の会社の近くに来る時
(D) 弟さんがこの人の家に泊まりに来る時

(178～180)

京都店 店長 中西様

おはようございます。昨日の店長会議で、来月行われる新レジシステムの本社研修について説明しましたが、言い忘れていた点がありましたのでお知らせします。
まず、この研修は全社員が対象ではありません。京都店からは、3名の出席をお願いします。店長には必ず出席してもらわなければなりませんが、あとの2名は、お客様に迷惑がかからないよう店の事情を考えて、店長がお決めください。
出席する人が決まったら、できるだけ早く私までメールでお知らせください。また、この研修を受けた社員は、それぞれの店で講師となって、学んだ内容を他の社員に教えることになっています。どうぞよろしくお願いします。

本社 教育部 村井

(178) 村井さんは、どうしてメールをしましたか。

(A) 電話がかからなかったから
(B) 間違った情報を伝えたから
(C) 資料を配るのを忘れたから
(D) 伝えるべき事を伝えなかったから

(179) 京都店から研修に参加するのは、どのような人ですか。

(A) 店長と、自分で行きたいと言った２名
(B) 店長と、店長が選んだ２名
(C) 店長が選んだ３名
(D) 教育部が選んだ３名

(180) 研修に参加しない人は、新システムについて誰から習いますか。

(A) 研修に行った社員
(B) 研修の時の講師
(C) 本社から来る講師
(D) 本社の先輩社員

次のページに続く

(181～184)

私は子供の頃から器用で、色々な物を自分で作って楽しんでいました。社会人になった今も、何か作りたいとよく思いますが、家で作ると後片付けが面倒くさいので(1)やっていません。でも、どこかで作れるチャンスがないかと思っていたところ、店の中で革の財布やバッグを作れる(2)喫茶店があると聞いて行ってみました。道具も貸してくれるし、わからないところがあったら教えてくれる人がいるので、とても人気があるそうです。私はその店で５時間ぐらいかけてポケットがたくさんある財布を作りました。デザインもいいし、便利だしとても気に入っています。でも、また行きたいかと聞かれたらあまり行きたくないと答えます。店に来ていたほとんどの客は、友達とおしゃべりしながら楽しい時間を過ごすことが目的のようで、私には賑やか過ぎました。私はおしゃべりなどしないで、一人で集中して物を作りたいのです。

(181) この人はどんな子供でしたか。

(A) いたずらでよく叱られていた。
(B) 細かい作業が好きだった。
(C) 体を動かすことが得意だった。
(D) 人前で話すのが苦手だった。

(182) この人は、どうして(1)やっていませんか。

(A) 片付けるのが嫌だから
(B) 家に道具がないから
(C) 忙しくて暇がないから
(D) やり方がよくわからないから

(183) この人は、(2)喫茶店でどんな物を作りましたか。

(A) 荷物をたくさんしまえるかばん
(B) 道具をしまうのに便利な箱
(C) かわいいポケットが付いている服
(D) 物を分けて入れられる財布

(184) この人は、どうして(2)喫茶店にあまり行きたくないのですか。

(A) 気に入った物が作れないから
(B) 一人で静かに作業ができないから
(C) 作るのに時間がかかったから
(D) 友達とおしゃべりができないから

(185～188)

　この前、友達の田中さんの家に遊びに行った時、ギターが置いてありました。私は学生の時にギターが好きで自分で学んで弾いていたことがありました。でも、受験勉強をしなければならなかったのでやめてしまいました。田中さんにその話をすると、田中さんはもうこのギターは使わないから私にくれると言うのです。私は喜んでもらって帰りました。家で弾いているうちに、もっとちゃんと弾けるようになりたいと思って、ギター教室に通うことにしました。ちゃんと習ってみたら、今までの弾き方では全然だめだとわかりました。指が自分の思っているように動かなくてやめたくなる時もありますが、練習していると、それまでできなかったことができるようになる時があって、とても嬉しくなります。練習してもっとうまくなったら、ずっと欲しいと思っているギターを買って、家族に聞かせたいと思います。

(185) この人は、昔どうしてギターをやめたのですか。

(A) 飽きたから
(B) 難しかったから
(C) 指をけがしたから
(D) 勉強が忙しくなったから

(186) 田中さんは、自分のギターをどうしましたか。

(A) この人にあげた。
(B) この人に貸した。
(C) 他の友達にあげた。
(D) 他の友達に貸した。

(187) この人は、どんな時にギターが嫌になると言っていますか。

(A) 指先が痛くなる時
(B) 指がうまく動かない時
(C) 好きじゃない曲を弾く時
(D) 曲が難し過ぎる時

(188) この人はギターが上手になったら、どうしたいと思っていますか。

(A) 田中さんに聞かせたい。
(B) 自分で曲を作りたい。
(C) コンサートを開きたい。
(D) 新しいギターを買いたい。

次のページに続く

(189～192)

スポーツショップ「スター」新宿北口支店　閉店のお知らせ

スポーツショップ「スター」は、新宿駅北側地域開発に伴う区画整理のため、今月末で閉店することになりました。開店以来約５年間、誠にありがとうございました。残り1ヵ月間、お客様への感謝の気持ちを込めて、閉店セールを行います。

セール中の価格は、全ての商品が定価の半額になります。ポイントカードのポイントは、通常は500ポイントごとの利用になっておりますが、セール中は１ポイントを1円としてご利用が可能です。ポイントは閉店後は無効となりますのでご注意ください。また、今お持ちのお買い物券は、当店閉店後、「スター」新宿駅前支店でご利用になれます。

なお、ネットショップは、引き続き営業しております。

(189) このスポーツショップは、なぜ閉店しますか。

(A) 利益が上がらなかったから
(B) 近所に大型店がオープンしたから
(C) 客とトラブルがあったから
(D) 今の場所にいられなくなったから

(190) セール中、ポイントは、どう扱われますか。

(A) 利用できず無効になる。
(B) 500円単位で利用できる。
(C) 100円単位で利用できる。
(D) 1円単位で利用できる。

(191) お買い物券は、どのように使用できますか。

(A) セール期間中のみ、店で使える。
(B) 関連の店のお買い物券と交換できる。
(C) 閉店後も別の支店で使える。
(D) 使用しない場合、現金化できる。

(192) ネットショップは、どうなりますか。

(A) これまで通り利用可能だ。
(B) 閉店の１週間前まで申し込める。
(C) 閉店と同時に利用できなくなる。
(D) この日限りで利用できなくなる。

(193～196)

私の経営しているスーパーが今力を入れているのは移動式スーパーだ。品物をトラックに積んで、店があまりない不便な地域を回っている。私たちを待っていてくれるのは、一人暮らしや高齢者施設のお年寄りだ。電話を受け自宅に配達するサービスもやっているのだが利用は少なく、お年寄りたちは移動式スーパーに集まる。きっと実際に商品を見て、選んで、かごに入れるという少しわくわくする気分を味わいたいのだろう。特に女性の方が生き生きと買い物をしている。長年主婦として買い物をした時の感覚が戻るのかもしれない。

実は、移動式スーパーは準備が非常に大変である。その日の天候に合わせて売れそうな品物を選ばなければならない。それでも続けているのは、お年寄りの方たちに「買い物」という楽しみの一つを提供したいからだ。これからもお年寄りのたくさんの笑顔に出会えるよう励んでいきたい。

(193) お年寄りは、なぜ移動式スーパーに行って買い物をするのですか。

(A) ネットで買うと送料がかかるから
(B) 品物を手に取って選びたいから
(C) 電話注文は受け付けていないから
(D) 店まで歩いた方が健康にいいから

(194) この人は、なぜ特に女性が生き生きと買い物をすると言っていますか。

(A) おしゃれな服や化粧品が買えるから
(B) 店員とおしゃべりするのが楽しいから
(C) 昔の感覚を思い出すから
(D) 他の店より安くてお得だから

(195) この人は、移動式スーパーのどんなところが大変だと言っていますか。

(A) 悪天候でも休業できないこと
(B) お年寄りは味の好みがうるさいこと
(C) 日によって違う商品を選ぶこと
(D) 一日に何軒も回らなければならないこと

(196) この人が願っているのは、何ですか。

(A) お年寄りが買い物を楽しむこと
(B) 高齢者ばかりの地域が減ること
(C) 移動式スーパーが儲かるビジネスになること
(D) 男性のお年寄りも買い物の喜びを知ること

次のページに続く

(197～200)

先日、生まれて初めて歌舞伎を見に行って来た。選んだのは、『歌舞伎鑑賞教室』といって、初心者向けに行われるものである。初めの30分間はあらすじや表現方法の解説を聞き、残りの１時間で名場面を鑑賞した。実際の役者による解説は、ユーモアを含めていて、非常にわかりやすく、生で見る演劇はさすがに迫力があった。これまで少し堅苦しく感じていた歌舞伎の世界だったが、身近に感じることができた。

実は私が歌舞伎を見てみようと思い立ったのには理由がある。仕事柄海外に行くことが多いのだが、滞在中に出会った人々に日本について聞かれる度に、自分が日本の伝統芸能について無知なことに気付かされ、肩身の狭い思いをしていたからだ。今回劇場に足を運び、英語で説明をする歌舞伎鑑賞教室が定期的に行われていることも知った。もうすぐ外国人の友人が来日するので、是非連れて行こうと思っている。

(197) 歌舞伎鑑賞教室とは、どのようなものですか。

(A) 歌舞伎についての概要を聞いた後、舞台に立ってみる。
(B) 作品の大まかな内容を聞いた後、山場を鑑賞する。
(C) 初心者が理解しやすいよう制作されたビデオを鑑賞する。
(D) 初心者向けに書き換えられた歌舞伎を見る。

(198) この人は、今まで歌舞伎についてどのように思っていましたか。

(A) 初めての人には難しくて近寄りがたい。
(B) 過剰な人気で行こうにも行けない。
(C) 誰でも楽しめる伝統芸能である。
(D) 格好が奇抜で好ましくない。

(199) この人は、海外でどんな体験をしましたか。

(A) 言葉が通じず、苛立たしい思いをした。
(B) 海外の文化を知らず、情けない思いをした。
(C) 自国の文化を知らず、決まりの悪い思いをした。
(D) 日本の文化に興味のない人が多く、空しい思いをした。

(200) この人は、歌舞伎鑑賞教室についてこれからどうするつもりですか。

(A) 友人同伴で、英語版の鑑賞教室に行く。
(B) 友人にどの鑑賞教室に行きたいか聞いておく。
(C) 友人にも自分が行ったのと同じ鑑賞教室を勧める。
(D) 鑑賞教室の実施日に合わせて外国から友人を呼ぶ。

JPT® 日本語能力試験

Japanese Proficiency Test

TEST
3

次の質問1番から質問100番までは聞き取りの問題です。
どの問題も1回しか言いませんから、よく聞いて答えを(A)、(B)、(C)、(D)の中から一つ選びなさい。答えを選んだら、それにあたる答案用紙の記号を黒くぬりつぶしなさい。

I. 次の写真を見て、その内容に合っている表現を(A)から(D)の中で一つ選びなさい。

例)

(A) この人は本を読んでいます。
(B) この人は掃除をしています。
(C) この人は電話をしています。
(D) この人はビールを飲んでいます。

答 (A), (B), (●), (D)

(1)

(2)

次のページに続く

(3)

(4)

(5)

(6)

次のページに続く

(7)

(8)

(9)

(10)

次のページに続く

(11)

(12)

(13)

(14)

次のページに続く

(15)

(16)

(17)

(18)

次のページに続く

(19)

(20)

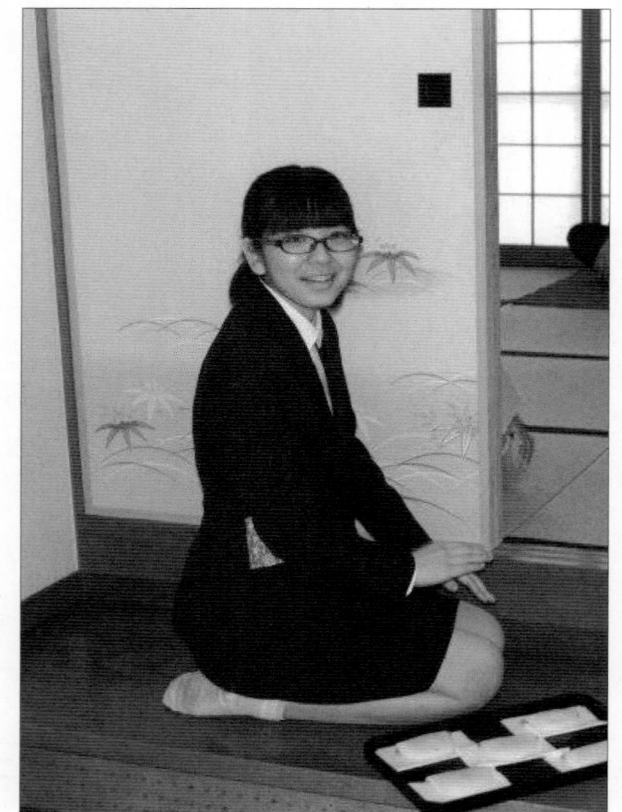

II. 次の言葉の返事として、もっとも適したものを(A)から(D)の中で一つ選びなさい。

例) 明日は何をしますか。
(A) 土曜日です。
(B) 朝ご飯の後にします。
(C) 友達の家に行きます。
(D) テニスをしました。

(21) 答えを答案用紙に書き入れなさい。
(22) 答えを答案用紙に書き入れなさい。
(23) 答えを答案用紙に書き入れなさい。
(24) 答えを答案用紙に書き入れなさい。
(25) 答えを答案用紙に書き入れなさい。
(26) 答えを答案用紙に書き入れなさい。
(27) 答えを答案用紙に書き入れなさい。
(28) 答えを答案用紙に書き入れなさい。
(29) 答えを答案用紙に書き入れなさい。
(30) 答えを答案用紙に書き入れなさい。
(31) 答えを答案用紙に書き入れなさい。
(32) 答えを答案用紙に書き入れなさい。
(33) 答えを答案用紙に書き入れなさい。
(34) 答えを答案用紙に書き入れなさい。
(35) 答えを答案用紙に書き入れなさい。
(36) 答えを答案用紙に書き入れなさい。
(37) 答えを答案用紙に書き入れなさい。
(38) 答えを答案用紙に書き入れなさい。
(39) 答えを答案用紙に書き入れなさい。
(40) 答えを答案用紙に書き入れなさい。
(41) 答えを答案用紙に書き入れなさい。
(42) 答えを答案用紙に書き入れなさい。
(43) 答えを答案用紙に書き入れなさい。
(44) 答えを答案用紙に書き入れなさい。
(45) 答えを答案用紙に書き入れなさい。
(46) 答えを答案用紙に書き入れなさい。
(47) 答えを答案用紙に書き入れなさい。
(48) 答えを答案用紙に書き入れなさい。
(49) 答えを答案用紙に書き入れなさい。
(50) 答えを答案用紙に書き入れなさい。

次のページに続く

III. 次の会話をよく聞いて、後の問いにもっとも適したものを(A)から(D)の中で一つ選びなさい。

例) 女：すみません。この辺に本屋がありますか。
男：はい。駅の前にありますよ。
女：郵便局も本屋のそばにありますか。
男：いいえ。郵便局はあのデパートのとなりです。

郵便局はどこにありますか。
(A) 駅の前
(B) 本屋のとなり
(C) 本屋の前
(D) デパートのとなり

(51) 男の人は、何を選んでいますか。
(A) 料理
(B) 飲み物
(C) 服
(D) カードの色

(52) 男の人は、子供の時どこで遊んでいましたか。
(A) 海
(B) 山
(C) 川
(D) 家

(53) 男の人は、どうして自分でアイロンをかけましたか。
(A) 一人で住んでいるから
(B) お金がかからないから
(C) 奥さんが病気だから
(D) 奥さんが出張中だから

(54) 男の人は、この後何をしますか。
(A) タクシーを探す。
(B) 電話をかける。
(C) バスを待つ。
(D) 女の人を呼ぶ。

(55) 2人が行くカレー屋は、どこにありますか。
(A) 事務所の1階
(B) 会社の裏
(C) 駅のビルの地下
(D) デパート

(56) 吉田さんは、どうして会社を辞めたいのですか。
(A) 会社が遠いから
(B) 給料が悪いから
(C) 仕事が大変だから
(D) 合わない人がいるから

(57) 太田さんは、どうしてビールを飲みませんか。

(A) 車を運転するから
(B) 酒が苦手だから
(C) すぐ帰るから
(D) 体によくないから

(58) 男の人が住んでいる寮のいいところは、何ですか。

(A) 近所にコンビニがある。
(B) 食事がおいしい。
(C) 駅に近い。
(D) 家具がある。

(59) 男の人は、女の人に何を頼みましたか。

(A) 会議室の予約
(B) 飛行機の予約
(C) 食事の用意
(D) 荷物の配達

(60) 女の人は、どうして木村さんが欠席だと思っていますか。

(A) 忙しそうだったから
(B) 体調がよくなさそうだったから
(C) 予定が合わないと言っていたから
(D) 今日は祭日だから

(61) 男の人は、どうしてトレーニングをしているのですか。

(A) 大会に出場するから
(B) 体重を減らすため
(C) 自転車通勤を始めるため
(D) 自転車の旅を計画中だから

(62) 女の人は、どうしてお祝いしようと言っていますか。

(A) 中島君が試験に合格したから
(B) 中島君が課長になったから
(C) 後輩の誕生日だから
(D) 後輩に子供が生まれたから

(63) 2人は、明日晴れたらどこへ行きますか。

(A) 遊園地
(B) 水族館
(C) 野球場
(D) 屋外の美術館

(64) 井田さんは、これから何をしに行きますか。

(A) 海外へ出張に行く。
(B) 人を迎えに行く。
(C) 営業に行く。
(D) 会議に行く。

次のページに続く

(65) 女の人は、何に驚きましたか。

(A) 土地の値上がり
(B) 技術の進歩
(C) 前回の調査結果
(D) 街の変化

(66) 男の人の会社では、毎朝何をしていますか。

(A) 掃除
(B) 体操
(C) ミーティング
(D) スピーチ

(67) 女の人が今週中に決定できると言っているのは、何ですか。

(A) 新商品
(B) 作品の題名
(C) 予算
(D) 訪問の順番

(68) 男の人は、この後何をしますか。

(A) 書き直しをする。
(B) 間違いを直す。
(C) 追加記入する。
(D) 消しゴムを買う。

(69) 男の人のスマホは、今どんな状態ですか。

(A) 使用できない。
(B) カバーがない。
(C) 新品と同様だ。
(D) ひびがある。

(70) 女の人は、どうして心配していますか。

(A) 退職金の話を聞いたから
(B) 会社移転の噂があるから
(C) 関西に出店するから
(D) 男の人が異動するから

(71) パンフレットについて、正しいものはどれですか。

(A) 使用言語は日本語のみだ。
(B) 翻訳が間に合わない。
(C) 訂正箇所がある。
(D) 海外送付用の物だ。

(72) 設計図は、どこにありましたか。

(A) 現場
(B) 倉庫の中
(C) 金庫
(D) ファイルの中

(73) 男の人は、どうして困っていますか。

(A) 自分では対応できないから
(B) 約束した客が来ないから
(C) 女の人が取り消しの手続きをしたから
(D) 内線が繋がらないから

(74) 写真の男の人は、どんな人ですか。

(A) 付き合いの長い人
(B) 本社で働いている人
(C) 男の人と仲よしの人
(D) 常に応援してくれる人

(75) 男の人は、女の人に何を頼みましたか。

(A) グラフの訂正
(B) 表の削除
(C) データの分析
(D) レポートの再提出

(76) 新しい課長について、正しいものはどれですか。

(A) 大人しい人だ。
(B) 無口な人だ。
(C) 大阪出身だ。
(D) 東北出身だ。

(77) 女の人が提供するアプリケーションは何ができますか。

(A) 客観的な調査
(B) 商品チェック
(C) 健康の自己管理
(D) 社内の自動清掃

(78) 2人の会社でどんな問題が起きましたか。

(A) 契約の破棄
(B) 写真の無断掲載
(C) 副業の斡旋
(D) 違法取引

(79) 女の人が手配する会場では、何が行われますか。

(A) 株主総会
(B) 役員会
(C) 緊急会議
(D) 採用試験

(80) 男の人は、この後何を確認しますか。

(A) 申請済みの書類
(B) 出張費の入力表
(C) 出張の移動距離
(D) 精算の提出方法

次のページに続く

IV. 次の文章をよく聞いて、後の問いにもっとも適したものを(A)から(D)の中で一つ選びなさい。

例） 山田さんは、もう8年間銀行に勤めています。去年結婚してから、奥さんと2人でテニスを始めました。日曜日の朝は、いつも家の近くの公園で練習しています。

(1) 山田さんは、何年間銀行に勤めていますか。

(A) 4年間
(B) 6年間
(C) 8年間
(D) 10年間

(2) 山田さんは、結婚してから何を始めましたか。

(A) テニス
(B) サッカー
(C) ゴルフ
(D) 野球

(81) この人は、どうして日記を書いていますか。

(A) 自分の生活を書きたいから
(B) 文を書くのが好きだから
(C) 暇な時間が多いから
(D) 静かな時間を作りたいから

(82) この人は、いつ日記を書きますか。

(A) 朝、起きてすぐ
(B) 会社の昼休み
(C) 仕事が終わった後
(D) 夜、寝る前

(83) この人は、何を使って日記を書きますか。

(A) 鉛筆
(B) 色鉛筆
(C) ボールペン
(D) シャープペンシル

(84) この人は、どんなノートを使っていますか。

(A) 大きくて軽いノート
(B) きれいなデザインのノート
(C) 鞄に入る大きさのノート
(D) 鍵が付いているノート

(85) 白い薬は、どんな効果がありますか。

(A) 胃を守る。
(B) よく眠れる。
(C) かぜを治す。
(D) 頭痛を止める。

(86) 白い薬は、いつ飲みますか。

(A) 朝と昼と夜
(B) 朝と昼
(C) 昼と夜
(D) 夜だけ

(87) 今日もらう薬について、どんなことに気を付けますか。

(A) 食事の前に飲むこと
(B) 薬を最後まで飲むこと
(C) 他の薬と一緒に飲まないこと
(D) 頭痛が治ったら飲まないこと

(88) この人が、次に病院に行くのはいつですか。

(A) 来週の水曜日
(B) 来週の木曜日
(C) 再来週の水曜日
(D) 再来週の木曜日

(89) この人は、どうして両替した方がいいと言っていますか。

(A) 現金しか使えない店があるから
(B) 現金の方が安く買い物ができるから
(C) 日本のクレジットカードは使えないから
(D) 現金の方が無駄な買い物をしないから

(90) この店で両替すると、どんなサービスが受けられますか。

(A) 旅行用の枕がもらえる。
(B) 中国のお土産がもらえる。
(C) 両替したお金を配達してくれる。
(D) ホテルの食事を割引してくれる。

(91) インターネットでの申し込みは、どうして 面倒なのですか。

(A) 店に書類を送らなければならないから
(B) 多くのお金は替えられないから
(C) 本人を確認する必要があるから
(D) 質問が大量にあるから

次のページに続く

(92) この人の友人は、これまでどんな生活をしていましたか。

(A) 仕事はもとより私生活も充実した生活
(B) 仕事よりも趣味を第一にした生活
(C) 何よりも家庭を大切にした生活
(D) 仕事だけに集中した生活

(93) この人の友人と一緒に学んでいるのは、どんな人たちですか。

(A) 半数以上が20代の若者
(B) 半分ぐらいが農家の若者
(C) ほとんどが退職した高齢者
(D) ほとんどが二十歳以下の学生

(94) この人は、どうして嬉しくなりましたか。

(A) 友人が大きく変わったから
(B) 友人が別の仕事に就いたから
(C) 友人に研修に誘われたから
(D) 友人が収穫した野菜をくれたから

(95) 一般の人でも科学実験ができるようになったのは、なぜですか。

(A) 国の支援が拡大したから
(B) 一般の人が扱える実験道具ができたから
(C) 専門家が教える教室が増えたから
(D) 実験方法が公開されるようになったから

(96) この人が参加したサークルでは、何を生み出そうとしていますか。

(A) 人工的に作った食用の肉
(B) おもしろい形をした野菜
(C) 自然界では珍しい色の花
(D) 甘さの強い果物

(97) この人は、サークルに参加してどうだったと言っていますか。

(A) 楽しくて仕方なかった。
(B) 途中で飽きてしまった。
(C) 疑問だらけだった。
(D) 緊張の連続だった。

(98) この人の会社では、何が変わりましたか。

(A) 男女の賃金格差が無くなった。
(B) 会社の保養施設の利用が可能になった。
(C) 非正規社員の研修が増えた。
(D) 非正規社員の待遇が改善された。

(99) この人の会社の社長は、どのような考えを持っていますか。

(A) 会社は社会に貢献すべき存在だ。
(B) 意欲のない社員は会社には不要だ。
(C) 社員を生かせるかどうかは会社次第だ。
(D) 顧客よりも社員を重視したい。

(100) この人は、今回の変更についてどう考えていますか。

(A) 評価に値する。
(B) 不合理なことだ。
(C) 改善の余地がある。
(D) 時期が不適切だ。

これで聞き取りの問題は終わります。
それでは、次の質問101番から質問200番までの問題に答えなさい。
答案用紙に書き込む要領は聞き取りの場合と同じです。

次のページに続く

V. 下の＿＿＿線の言葉の正しい表現、または同じ意味のはたらきをしている言葉を(A)から(D)の中で一つ選びなさい。

(101) その車は、南へ走って行きました。

(A) ひがし
(B) にし
(C) きた
(D) みなみ

(102) 駅の前に新しいビルが完成した。

(A) けんせい
(B) けんさい
(C) かんせい
(D) かんさい

(103) 弟は、東京で下宿しています。

(A) かすく
(B) かしゅく
(C) げすく
(D) げしゅく

(104) ドレスの生地を選ぶのに、半日かかった。

(A) きち
(B) きじ
(C) せいち
(D) せいじ

(105) 息子は、今年になって数学の成績が著しく上がった。

(A) いちじるしく
(B) はなばなしく
(C) ずうずうしく
(D) あつかましく

(106) 彼は、いつも手際よく仕事を片付けていく。

(A) てさい
(B) てぎわ
(C) しゅさい
(D) しゅぎわ

(107) 彼女は、3ヵ国語を自由に操る。

(A) あやつる
(B) たずさえる
(C) つかさどる
(D) ひきいる

(108) 運ばれて来た箱を、この場所につんでください。

(A) 突んで
(B) 連んで
(C) 積んで
(D) 責んで

(109) カラスは、とてもりこうな鳥だ。

(A) 理工
(B) 理公
(C) 利効
(D) 利口

(110) 私は昨年肝臓を患い、酒をたつ決心をした。

(A) 経つ
(B) 断つ
(C) 裁つ
(D) 発つ

(111) 電車内で子供が泣き出したら、どうしますか。

(A) 泣きたがったら
(B) 泣き始めたら
(C) 泣き続けたら
(D) 泣き終わったら

(112) この歌を聞く度に、母を思い出す。

(A) 聞いたからには
(B) 聞いたとたん
(C) 聞くついでに
(D) 聞くといつも

(113) そのニュースは、ご存じですか。

(A) 信じられますか
(B) 驚きましたか
(C) 知っていますか
(D) 発表しますか

(114) 10年間使ったにしては、このバッグはきれいだ。

(A) わりには
(B) ことなく
(C) どころか
(D) ものなら

(115) 相手をいらいらさせようと、意図的にゆっくり話した。

(A) うっかり
(B) 無理やり
(C) わざと
(D) やたら

(116) 先週オープンした店に、大勢の人が一挙に押し寄せた。

(A) 一向に
(B) 一気に
(C) 一心に
(D) 一様に

次のページに続く

(117) 一人で決められないので、兄にでも相談します。

(A) 彼は、この町のことは何でも知っています。
(B) 明日は、雨でもキャンプに行きます。
(C) まずは、お茶でも飲みませんか。
(D) この本は、小学生でも読めます。

(118) 私は、その店でよく買い物をします。

(A) 子供の頃は、妹とよくけんかしました。
(B) こんな寒い日によく来てくれました。
(C) 大事なことなので、もう一度よく調べてください。
(D) 食べる前によく手を洗いましょう。

(119) 高速道路の上でガソリンが切れるなんて最悪だ。

(A) その刀は、とてもよく切れるんだって。
(B) 自分が絶対に正しいと言い切れるのかい。
(C) あんな太いロープが切れるなんて信じられないね。
(D) 品物が切れる前に注文しておいてよ。

(120) 彼がそこまでするとは想像していなかった。

(A) 彼とはもう20年以上の付き合いだ。
(B) あなたにとって愛とは何ですか。
(C) あなたとはもう二度と会いたくない。
(D) あの人の恋人があなたとは驚きだ。

VI. 下の＿＿＿線の(A)、(B)、(C)、(D)の言葉の中で正しくない言葉を一つ選びなさい。

(121) 日曜日には犬を運んで、近くの公園を1時間ぐらい散歩します。
(A) 運んで (B) 近く (C) 1時間 (D) します

(122) かぜを引いて熱があったので、週末はどこへも 遊ぶに行きませんでした。
(A) 引いて (B) あった (C) どこへも (D) 遊ぶ

(123) 父は最近、寒い日に帽子をつけて 出かけるようになった。
(A) 最近 (B) 日 (C) つけて (D) 出かける

(124) 田中さんは野菜がきらいなようです。いつも野菜しか 残していますから。
(A) は (B) きらい (C) しか (D) 残して

(125) あの子は他の子が持っているおもちゃを欲しくて、よく泣いている。
(A) あの (B) 持って (C) 欲しくて (D) よく

(126) 毎日でなくてもいいですから、まだ少し運動した方がいいです。
(A) でなくても (B) です (C) まだ (D) した

(127) 今朝は晴れているのに昼から急に雨になって、傘がなくて困った。
(A) 晴れている (B) 急に (C) なって (D) が

(128) 父の誕生日に姉がピアノを弾いて、母と私が父の好きに歌を歌った。
(A) 誕生日 (B) 弾いて (C) 好きに (D) 歌った

(129) 暑い日が続いておりますが、いかが ご過ごしでしょうか。
(A) 暑い (B) おります (C) いかが (D) ご

(130) たばこが値上がりしたのをもとに、彼はついにたばこをやめる決心をした。
(A) 値上がり (B) もとに (C) ついに (D) 決心

次のページに続く

(131) さっき挨拶した女性と話したことがあるのですが、どんなに名前が思い出せません。
(A) さっき (B) こと (C) どんなに (D) 思い出せません

(132) 会社人になったばかりの後輩に、是非読んでもらいたい本がある。
(A) 会社人 (B) ばかり (C) 是非 (D) もらいたい

(133) そんな わがままなうわさは、信じない方がいいに決まっている。
(A) そんな (B) わがままな (C) 信じない (D) に

(134) 午後2時より本社会議室にわたって、新製品の販売計画についての会議を行います。
(A) 本社 (B) わたって (C) 新製品 (D) 行います

(135) 彼はスポーツにかけては、学校で一番だと自信をかけているだろう。
(A) かけては (B) 一番 (C) かけて (D) だろう

(136) 高価な物を買う際は、私一人では決めず、主人と相談して上で決定する。
(A) 高価な (B) 買う (C) 決めず (D) 相談して

(137) 残念につき、我々はその提案を受け入れるわけにはいかなかった。
(A) につき (B) 我々 (C) 受け入れる (D) いかなかった

(138) 彼女に親切に忠告をしたつもりだったが、感謝されるどころか、逆に破られてしまった。
(A) 忠告 (B) つもり (C) 感謝される (D) 破られて

(139) 必死で受験勉強している妹に悪いと思うつつ、友人を家に呼んで、大騒ぎをしてしまった。
(A) 必死 (B) 受験勉強 (C) 思う (D) 大騒ぎ

(140) 喫煙を全面的に禁止しろとは言わないまでも、ひたすら飲食店では禁煙にするべきだ。
(A) 喫煙 (B) 全面的 (C) 言わない (D) ひたすら

VII. 下の＿＿＿＿線に入る適当な言葉を(A)から(D)の中で一つ選びなさい。

(141) 大切なカップを＿＿＿＿＿しまった。

(A) 割って
(B) 落ちて
(C) 切って
(D) 壊れて

(142) ＿＿＿＿＿魚を買うなら、あの店が一番ですよ。

(A) 新鮮な
(B) 丁寧な
(C) 熱心な
(D) 真っ青な

(143) 暗くなってきましたね。＿＿＿＿＿帰りましょうか。

(A) しばらく
(B) ずっと
(C) だんだん
(D) そろそろ

(144) オリンピック会場は、選手を見るために集まった人で＿＿＿＿＿だった。

(A) 両方
(B) 待ち合わせ
(C) 出席
(D) 満員

(145) 初めて10キロを走った時はとても＿＿＿＿＿。

(A) 広かった
(B) 苦しかった
(C) 冷たかった
(D) 狭かった

次のページに続く

(146) ゴミ拾いにボランティアの方がこんなに________くれるとは思わなかった。

(A) 集めて
(B) 集まって
(C) 片付いて
(D) 片付けて

(147) 皆さん準備はいいですか。________、出発しましょう。

(A) または
(B) それから
(C) そうして
(D) それでは

(148) 歯が________歯医者に行きました。

(A) 強かったので
(B) 危なかったので
(C) 痛かったので
(D) 難しかったので

(149) こちらに鈴木さんがいらっしゃるとお________したのですが。

(A) 聞く
(B) 聞き
(C) 聞いて
(D) 聞いた

(150) 今日の新聞、________見ましたか。うちの社長が出ているそうですよ。

(A) もう
(B) まだ
(C) どこか
(D) あまり

(151) 昔、塩は大変高価で＿＿＿＿＿物だった。

(A) 平和な

(B) 器用な

(C) 盛んな

(D) 貴重な

(152) 彼はどんな仕事でも＿＿＿＿＿やってくれる。

(A) 嫌で

(B) 嫌なら

(C) 嫌がらないで

(D) 嫌がって

(153) それは周りの人ではなく、＿＿＿＿＿が決めるべき問題だ。

(A) 本人

(B) 独身

(C) 中身

(D) 選択

(154) 土曜日は午後３時＿＿＿＿＿なら空いていますよ。

(A) 以下

(B) 以降

(C) 万一

(D) 年中

(155) お金があるからといって幸せ＿＿＿＿＿。

(A) 向きだ

(B) な恐れがある

(C) なわけにはいかない

(D) とは限らない

次のページに続く

(156) お客様は指が＿＿＿＿＿いらっしゃるので、このような指輪がとてもお似合いです。

(A) 細い
(B) 細いと
(C) 細くて
(D) 細かった

(157) 真実が明らかになるに＿＿＿＿＿、彼に味方する人はますます減っていった。

(A) よって
(B) 対して
(C) 反して
(D) つれて

(158) 事件発生から2年が＿＿＿＿＿したが、犯人は捕まっていない。

(A) 経過
(B) 過程
(C) 観察
(D) 実際

(159) マンションの建築は、近くの住民に騒音被害を＿＿＿＿＿。

(A) 引き上げた
(B) もたらした
(C) 深めた
(D) ふくらませた

(160) 鈴木課長は＿＿＿＿＿性格で、上司からも部下からも好かれている。

(A) オープンな
(B) オーバーな
(C) フリーな
(D) モダンな

(161) 改善点はありますが、＿＿＿＿＿結論が出てほっとしましたね。

(A) あいにく
(B) かえって
(C) そのうち
(D) ひとまず

(162) 才能あふれる彼を見ると、素晴らしい将来を期待＿＿＿＿＿にはいられない。

(A) して
(B) しないで
(C) せず
(D) せよ

(163) いくらお客様とはいえ、全ての要望に＿＿＿＿＿ことは不可能です。

(A) 関する
(B) 際する
(C) つける
(D) 応える

(164) その美容院は、スタッフの技術は＿＿＿＿＿対応の丁寧さが人気の秘密だ。

(A) もとより
(B) もとに
(C) ばかりに
(D) ともに

(165) この国の景気は昨年の増税の影響で＿＿＿＿＿状態が続いている。

(A) 雨だれ
(B) いざこざ
(C) うずまき
(D) 足踏み

次のページに続く

(166) スター選手の突然の引退発表に会場全体が＿＿＿＿＿。

(A) とどこおった
(B) どよめいた
(C) とぼけた
(D) とりまいた

(167) パーティーに訪れる人を見て、自分が＿＿＿＿＿な所にいるような感じがした。

(A) 未開
(B) 耳障り
(C) 場違い
(D) 有頂天

(168) 当院は今年度患者が6％減少したが、経営努力により＿＿＿＿＿黒字を確保した。

(A) 辛うじて
(B) 極めて
(C) 先だって
(D) 甚だ

(169) 聞くとも＿＿＿＿＿ラジオを聞いていたら、衝撃的なニュースが飛び込んできた。

(A) なしに
(B) なくて
(C) ないで
(D) なくては

(170) 彼女の画期的な研究結果は、科学分野に＿＿＿＿＿医療分野にまで影響を与えた。

(A) かたわら
(B) あいまって
(C) ひきかえ
(D) とどまらず

VIII. 下の文を読んで、後の問いにもっとも適した答えを(A)から(D)の中で一つ選びなさい。

(171～173)

土曜日、スーパーへ買い物に行きました。家の近くにもスーパーはありますが、自転車で駅前のスーパーへ行きました。その店は値段は高いですが、他の店にないおもしろい品物があるので、よく行きます。私はそこで外国のチョコレートを買いました。日曜日は、どこへも行きませんでしたが、友達が遊びに来てくれました。2人で昼ご飯を作って食べた後、土曜日に買ったチョコレートを食べました。とてもおいしかったです。友達は夕方帰ったので、晩ご飯は一人で食べて、ゲームをして寝ました。

(171) この人は、どうやって駅前のスーパーに行きましたか。

(A) 歩いて
(B) 自転車で
(C) 車で
(D) バスで

(172) この人は、どうして駅前のスーパーへ行きましたか。

(A) 他のスーパーより近いから
(B) 歩いて行くことができるから
(C) 珍しい物が買えるから
(D) 他の店より安いから

(173) この人は、日曜日の昼ご飯をどうしましたか。

(A) 友達と一緒に作った。
(B) 友達と駅前で食べた。
(C) 友達に買って来てもらった。
(D) スーパーに買いに行った。

次のページに続く

(174～177)

10年前、母とイタリア旅行に行った時、私は素敵なバッグを見つけて、欲しくなりました。色もデザインも好きでしたが、一番の理由は、その(1)バッグを作っていたおじいさんが優しくてまじめそうな人だったからです。私は自分で買うつもりでしたが、母がプレゼントしてくれました。でも、そのバッグのポケットがこの間壊れてしまったので、修理の店に持って行きました。すると直すには１万円かかると言われました。バッグは２万円だったのに。母は、そのバッグはもう古いから捨てて、新しいのを買った方がいいと言いました。私は迷いましたが、修理はしないでこのまま使うことにしました。あのおじいさんが一生懸命作ったバッグですから、ちょっと不便だけれどまだ使っていきたいのです。

(174) この人は、どうして(1)バッグが欲しいと思いましたか。

(A) 使いやすそうなデザインだったから
(B) 日本では買えないような値段だったから
(C) バッグを作っていた人をいいと思ったから
(D) 日本で人気がある有名な店だったから

(175) (1)バッグの修理代は、買った時の値段と比べてどうでしたか。

(A) 半分だった。
(B) ２倍だった。
(C) ほとんど同じだった。
(D) とても安かった。

(176) この人のお母さんは、壊れたバッグについて何と言いましたか。

(A) まだ使えるなら、使った方がいい。
(B) 古いから、捨てた方がいい。
(C) もっといい物をプレゼントしてあげる。
(D) 旅行の思い出だから捨てないでほしい。

(177) この人は、壊れたバッグをどうしましたか。

(A) 使わないで飾っておくことにした。
(B) 少し使いにくいが使うことにした。
(C) 不便なので新しい物に替えた。
(D) 大切な物だから修理を頼んだ。

(178～180)

会議や電話をしている時に、「えっ、今何と言いましたか」と聞かれることがあります。私は自分の声があまり好きではなくて、声が小さくなってしまう時があるのです。そのことで悩んでいると、先輩から自分の声を録音して聞いてみるといいと言われました。誰でも鏡に映る自分を見て服装を直します。(1)声も同じで、録音して聞いて直すことでよくなっていくはずだとアドバイスをしてくれました。そこで、仕事で電話をする時、机の上にスマホを置いて自分の声だけを録音してみました。最初はとても嫌でしたが、聞いているうちに自信がない時に声が小さくなって速いスピードで話していることに気が付きました。これからはそこに注意しようと思います。それから、自分の声の中にも、好きな声やいいと思える部分があるはずだから、その声を覚えておいて、その声に近づけるように話して録音してみるのもいいと言われました。何度も繰り返しているうちにその声で話せるようになるそうなので、やってみようと思います。

(178) この人は、どんなことで悩んでいますか。

(A) 自分の意見が言えないこと
(B) 自分の声が時々小さくなること
(C) 仕事の電話が苦手なこと
(D) 会議をうまく進められないこと

(179) (1)声も同じとは、どういうことですか。

(A) いつもきれいにしておくこと
(B) 今の健康の状態が出ること
(C) 人によって好き嫌いがあること
(D) 自分でチェックして直せること

(180) この人は、これから何をしようとしていますか。

(A) 話すスピードを速くする。
(B) 先輩の話を録音する。
(C) 人前で自信を持って話す。
(D) 自分の好きな声を探す。

次のページに続く

(181～184)

私は、先月から週に１度料理教室に通っています。本当は、男性向けのクラスに入りたかったのですが、私が申し込みに行った時はもう満員だったので、あきらめて普通の初級クラスに入りました。もしかしたら男性は私１人かもしれないと思っていましたが、男女の生徒数は大体同じで、少しびっくりしました。

私は、おととし結婚するまでずっと家族と一緒に住んでいて、食事は母や姉に作ってもらっていましたし、結婚後は全て妻が用意してくれていたので、料理は学校の授業でやったくらいでした。食べることは大好きですが、作ることには全く関心がありませんでした。ところが、昨年妻が１週間入院したことがあって、それをきっかけに「人に頼りきりではいけない」と考えるようになりました。最初は包丁もうまく使えませんでしたが、暇さえあれば家で練習しているので、今では簡単な食事なら一人で作れるようになりました。いつか家でパーティーを開いて、家族や友人に私の料理を食べてもらいたいと思っています。

(181) この人は、どうして男性向けのクラスに入れませんでしたか。

(A) 日程が合わなかったから
(B) 講師がいなかったから
(C) 満員になっていたから
(D) 独身の人しか入れないから

(182) この人が教室に通い始めて驚いたことは、何ですか。

(A) 初級クラスの割にレベルが高いこと
(B) 生徒の半数ほどが男性であること
(C) 思った以上に女性が多いこと
(D) 先生の男女の割合が同じであること

(183) この人の結婚前の料理経験について、正しいものはどれですか。

(A) 料理店でアルバイトをしたことがある。
(B) 学校の授業でさえやったことがない。
(C) たまに母や姉と料理を作っていた。
(D) 自炊をしたことはない。

(184) この人は、どのような目標を持っていますか。

(A) 将来子供のためにお弁当を作る。
(B) 客を招待して自分の料理を出す。
(C) 料理のコンテストに出場する。
(D) 妻が病気の時は代わりに食事を作る。

(185～188)

私は医者です。しかし、患者は人でも動物でもありません。おもちゃです。壊れたおもちゃを元の通りに直すのが私の仕事です。私は小学校の先生をしていましたが、年を取って仕事を辞めた後、子供たちの顔を見なくなりました。それはとても(1)寂しいことでした。ですから様々なおもちゃと、その直し方について勉強できる学校に通いました。今は市の図書館の中で、「おもちゃの病院」を開いています。病院には毎日子供たちが壊れたおもちゃを持って来て、入院させます。新しいおもちゃを買ってもらえないわけではありません。そのおもちゃが子供にとって、他の物では代わりにならない大切な物だからです。私のような医者は、日本にたくさんいます。みんな、壊れた物を捨てるのではなくて、直して大事にずっと使っていてほしいという気持ちを持っています。ですから、入院費は無料です。

(185) この人の前の仕事は、何でしたか。

(A) 学校の先生
(B) おもちゃ屋
(C) 動物病院の医者
(D) 医者

(186) この人にとって、何が(1)寂しいことだったのですか。

(A) 子供たちが成長したこと
(B) 子供たちと会えなくなったこと
(C) 他の同僚たちが辞めていったこと
(D) 病気になって仕事ができなくなったこと

(187) どうして子供たちは、おもちゃを「入院」させるのですか。

(A) 両親が捨てさせないから
(B) 新しい物を買ってもらえないから
(C) 物を入院させることがおもしろいから
(D) 新しいおもちゃでは代わりにならないから

(188) この人は、子供たちにどんなことを望んでいますか。

(A) 珍しいおもちゃを持って来てほしい。
(B) 少しでも入院費を払ってもらいたい。
(C) 物を長く大切にしてもらいたい。
(D) おもちゃの医者になってほしい。

次のページに続く

(189～192)

藤井よし子 先生

はじめまして。あさひ商事の高田幸二と申します。私共は、大阪に本社を置き、主に食品を扱っている商社です。この度、社員向けの講演会を開催することになり、是非藤井先生にご講演をお願いしたくご連絡させていただきました。昨年出版された先生のご著書『日本の食卓の真実』は、社内でも大変話題になっております。先生のお考えを直接伺うことができれば、社員にとってこんなに幸せなことはありません。日程につきましては９月中旬を予定しておりますが、お引き受けいただけるなら、可能な限り先生のご都合に合わせたいと考えております。講演料など諸条件も含めてご説明に伺わせていただきたいと存じます。ご多忙中大変恐縮ですが、お時間をいただくことは可能でしょうか。お返事をお待ちしております。どうぞよろしくお願い申し上げます。

あさひ商事 高田幸二

(189) 講演会は、誰を対象にしたのですか。

(A) あさひ商事の社員
(B) 食品加工会社の社員
(C) 高田さんの会社の取引先
(D) 藤井先生の会社で働く人

(190) 藤井先生は、昨年何をしましたか。

(A) 出版会社に投資した。
(B) ある書籍を発行した。
(C) 話題の本の著者と話した。
(D) 社員と直接意見交換をした。

(191) 講演会の日程について、正しいものはどれですか。

(A) 社員へのアンケート結果に基づいて決める。
(B) できるだけ社員の希望に応じて設定する。
(C) 藤井先生の都合には合わせかねる。
(D) 藤井先生の予定次第で変わり得る。

(192) 高田さんは、この後どうしたいと言っていますか。

(A) 藤井先生に企画書を送付したい。
(B) 直接藤井先生に会って話したい。
(C) 藤井先生の著書を読んでみたい。
(D) 講演会で使用する資料の送付をお願いしたい。

(193〜196)

私は、機械部品を製造しているスター工業で営業の仕事をしている。昨日、これまで全く取引のないさくら機械という食品加工機械のメーカーから、我が社の部品の使用を検討していると連絡があった。さくら機械はタイに輸出する新しい機械を製造するため、現在海外で実績のある部品メーカーを探しているとのことだった。どのようにして我が社を知ったのかを聞いたらエース社の社長から紹介されたとのことだった。エース社は、私が担当している取引先で、私は以前から我が社の製品がアジア向けの機械に多く使われていることをアピールしていた。先週訪問した時に思い切って「(1)私共の商品がお役に立てそうな会社がありましたら、是非紹介してください」と言ったことが、今回の結果につながったと思われる。私の上司は常に「お客様が紹介してくれた相手とは契約が成立する確率が高いので、どんどん紹介をお願いしろ」と何度も言っていた。私は、そんなことを頼んだらお客様はきっと嫌がるだろうと考えて、ずっと勇気が出せずにいた。しかし、今回の事でその効果を実感し、今後は他の取引先にも積極的にやっていこうと思った。

(193) さくら機械は、この人にどのような事を伝えましたか。

(A) エース社の社長を紹介してほしい。
(B) 機械の部品をタイから輸入したい。
(C) この人の会社との取引を考えている。
(D) スター工業の部品を使うことが決まった。

(194) エース社は、この人からどのような情報を得ていましたか。

(A) さくら機械がタイに輸出する機械の製造を始める。
(B) さくら機械が海外で実績のある会社を探している。
(C) スター工業がアジアに営業所を持っている。
(D) スター工業の部品がアジアで使用されている。

(195) (1)私共とはどの会社のことですか。

(A) スター工業
(B) さくら機械
(C) エース社とスター工業
(D) エース社とさくら機械

(196) この人は、なぜこれまで上司の指示に消極的でしたか。

(A) 取引先が気を悪くすると思っていたから
(B) 成果が出るわけがないと思っていたから
(C) 一度大きな失敗をしたことがあるから
(D) この上司のことをあまり好きではないから

次のページに続く

(197～200)

筆記用具として鉛筆を使う人は減っている。だが鉛筆は、力の入れ具合や持つ角度で濃さや太さの調整が可能で、線に表情を出すこともできるのだからすごい。しかし、大人の手には短くなった鉛筆は使いにくい。芯が折れるからポケットやかばんにそのまま入れて持ち歩くのも難しい。そんな不便さを解消する文房具が、『鉛筆補助軸』だ。昔は庶民の愛用品だった。短くなった鉛筆を金属製の先端部分に差し込んで固定すれば、3センチくらいになったものでもしっかり握って使える。だが、最近はそれよりずっと高級感があって見た目は万年筆のような風情のある商品が登場した。外側は植物性の素材で作られており、手によく馴染んでしっとりした質感がある。金属の重みで先端に重心が来るので、書き心地がとてもいい。ただ一つ難を言うとすれば、価格だろう。鉛筆の補助軸にこれだけの金をかける人が果たしてどれほどいるか。とはいえ、見た目のよさと使い心地を両立させていて、鉛筆を見直すきっかけにはなりそうだ。

(197) 鉛筆の利点は、何だと言っていますか。

(A) 絵画を描いた時に表情を込められること
(B) 老若男女誰でも自在に使いこなせること
(C) 小刀で自分好みの太さの芯が削れること
(D) 書き方次第で線に味が出せること

(198) 鉛筆の難点は、何だと言っていますか。

(A) 引っ掛けどころがなくて持ち歩けないこと
(B) 芯がむき出しで携帯に向かないこと
(C) 芯の状態が使用中に変化すること
(D) 芯の太さを調節できないこと

(199) 最近発売された鉛筆補助軸の欠点は、何だと言っていますか。

(A) 新品の鉛筆には適さないこと
(B) 先端部分に重心が来ること
(C) 手頃な値段ではないこと
(D) 見た目が安っぽいこと

(200) 本文の内容について、正しくないものはどれですか。

(A) 従来の補助軸は、長さ3センチの鉛筆でも取り付け可能だ。
(B) 従来の補助軸は、誰もが購入できる物ではなかった。
(C) 新しい補助軸は、書いている時に安定感がある。
(D) 新しい補助軸は、握った時の感触がいい。

JPT® 日本語能力試験

Japanese Proficiency Test

TEST
4

次の質問1番から質問100番までは聞き取りの問題です。
どの問題も1回しか言いませんから、よく聞いて答えを(A)、(B)、(C)、(D)の中から一つ選びなさい。答えを選んだら、それにあたる答案用紙の記号を黒くぬりつぶしなさい。

I. 次の写真を見て、その内容に合っている表現を(A)から(D)の中で一つ選びなさい。

例）

(A) この人は本を読んでいます。
(B) この人は掃除をしています。
(C) この人は電話をしています。
(D) この人はビールを飲んでいます。

■……答 (A), (B), (●), (D)

(1)

(2)

次のページに続く

(3)

(4)

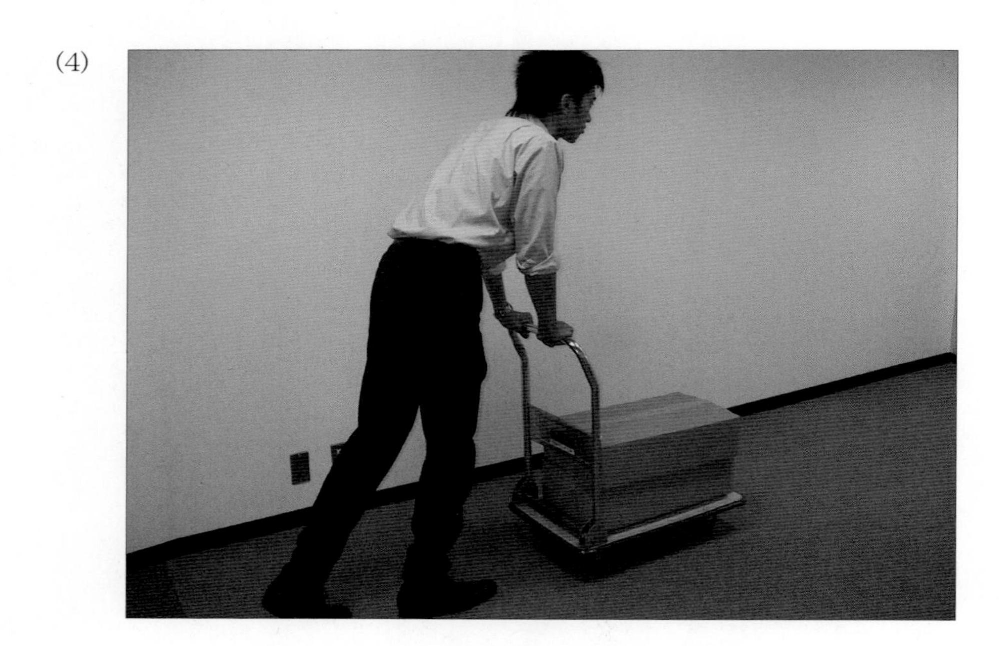

(5)

(6)

次のページに続く

최신기출 4

(7)

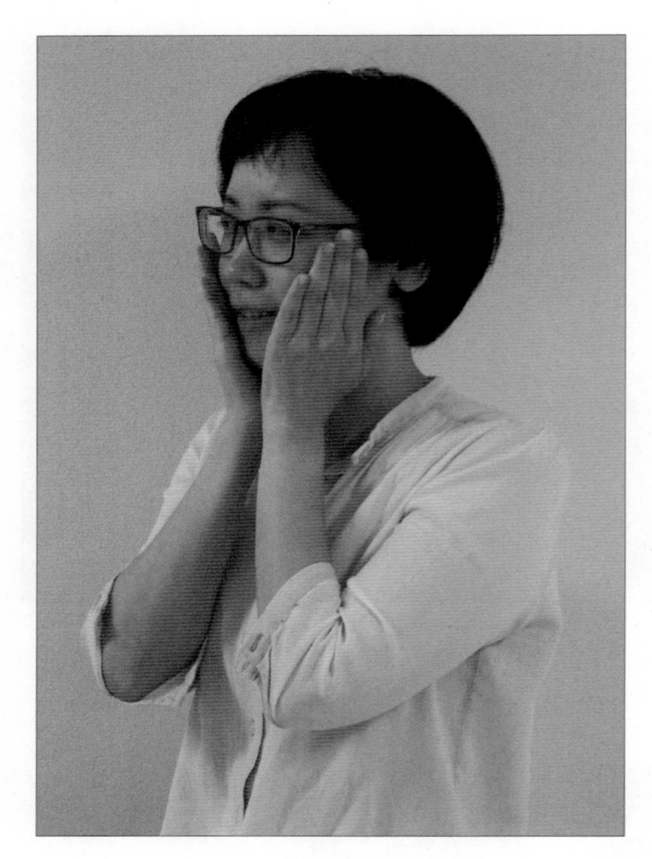

(8)

(9)

(10)

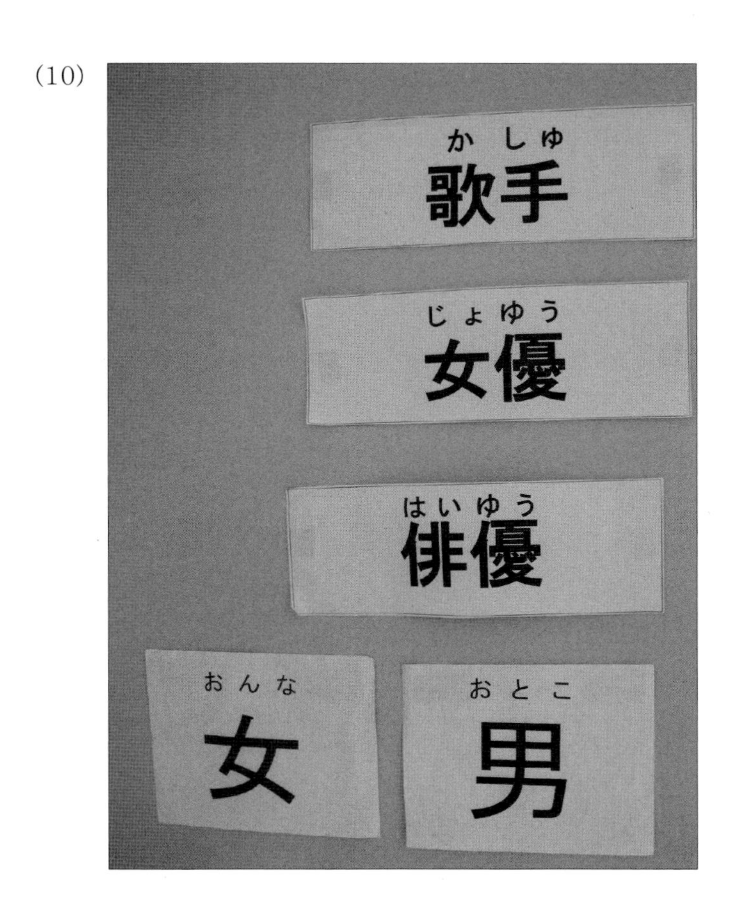

次のページに続く

(11)

(12)

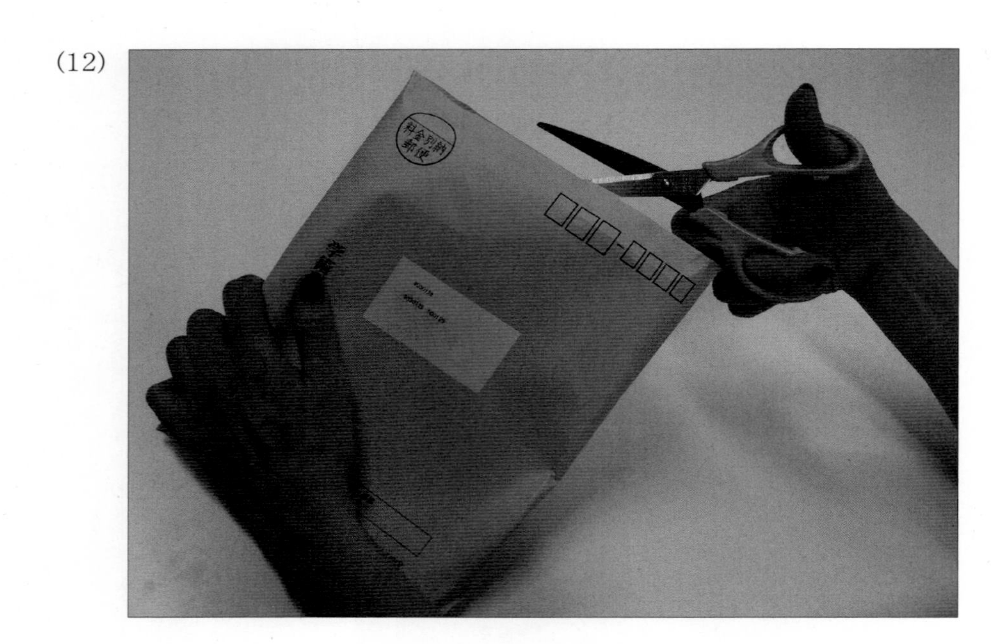

(13)

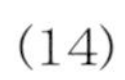
(14)

次のページに続く

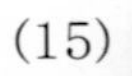

(16)

(17)

(18)

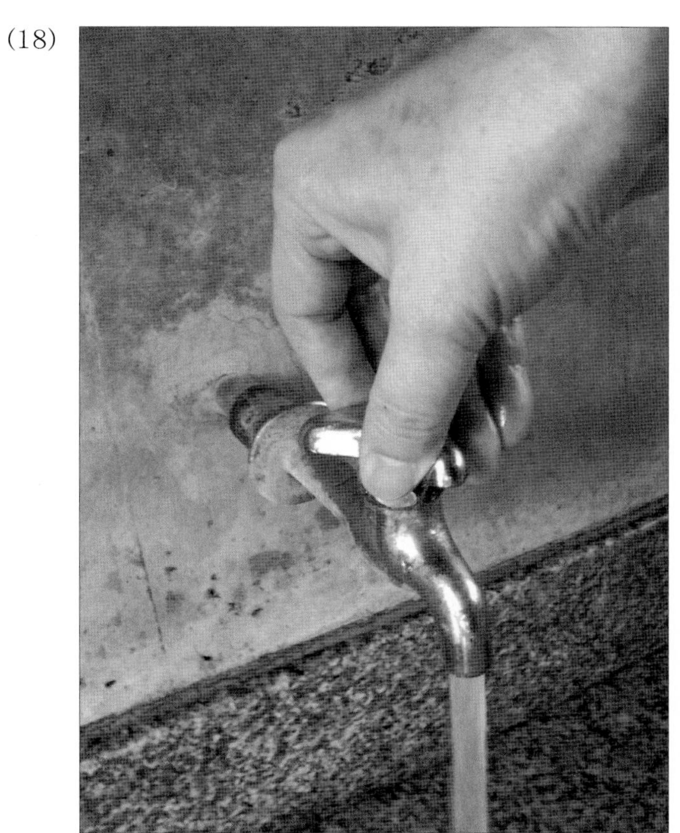

次のページに続く

(19)

(20)

II. 次の言葉の返事として、もっとも適したものを(A)から(D)の中で一つ選びなさい。

例） 明日は何をしますか。
(A) 土曜日です。
(B) 朝ご飯の後にします。
(C) 友達の家に行きます。
(D) テニスをしました。

(21) 答えを答案用紙に書き入れなさい。
(22) 答えを答案用紙に書き入れなさい。
(23) 答えを答案用紙に書き入れなさい。
(24) 答えを答案用紙に書き入れなさい。
(25) 答えを答案用紙に書き入れなさい。
(26) 答えを答案用紙に書き入れなさい。
(27) 答えを答案用紙に書き入れなさい。
(28) 答えを答案用紙に書き入れなさい。
(29) 答えを答案用紙に書き入れなさい。
(30) 答えを答案用紙に書き入れなさい。
(31) 答えを答案用紙に書き入れなさい。
(32) 答えを答案用紙に書き入れなさい。
(33) 答えを答案用紙に書き入れなさい。
(34) 答えを答案用紙に書き入れなさい。
(35) 答えを答案用紙に書き入れなさい。
(36) 答えを答案用紙に書き入れなさい。
(37) 答えを答案用紙に書き入れなさい。
(38) 答えを答案用紙に書き入れなさい。
(39) 答えを答案用紙に書き入れなさい。
(40) 答えを答案用紙に書き入れなさい。
(41) 答えを答案用紙に書き入れなさい。
(42) 答えを答案用紙に書き入れなさい。
(43) 答えを答案用紙に書き入れなさい。
(44) 答えを答案用紙に書き入れなさい。
(45) 答えを答案用紙に書き入れなさい。
(46) 答えを答案用紙に書き入れなさい。
(47) 答えを答案用紙に書き入れなさい。
(48) 答えを答案用紙に書き入れなさい。
(49) 答えを答案用紙に書き入れなさい。
(50) 答えを答案用紙に書き入れなさい。

次のページに続く

III. 次の会話をよく聞いて、後の問いにもっとも適したものを(A)から(D)の中で一つ選びなさい。

例）女：すみません。この辺に本屋がありますか。
男：はい。駅の前にありますよ。
女：郵便局も本屋のそばにありますか。
男：いいえ。郵便局はあのデパートのとなりです。

郵便局はどこにありますか。
(A) 駅の前
(B) 本屋のとなり
(C) 本屋の前
(D) デパートのとなり

(51) 女の人は、何を飲むと言っていますか。
(A) 熱いお茶
(B) 熱いコーヒー
(C) 冷たいお茶
(D) 冷たいコーヒー

(52) 女の人は、何を見に行きますか。
(A) 玄関のかぎ
(B) 2階の電気
(C) トイレの電気
(D) 事務所の窓

(53) 2人は、この後どうしますか。
(A) 後ろの席に座る。
(B) 入口の近くに行く。
(C) 出口のそばに立つ。
(D) 他の人を席に座らせる。

(54) 男の人は、いつまでに手紙を書きますか。
(A) 金曜日の朝
(B) 月曜日の朝
(C) 金曜日の夕方
(D) 月曜日の夕方

(55) 男の人は、この後何をしますか。
(A) 車の鍵を取る。
(B) 部屋の鍵を開ける。
(C) 車を借りる予約をする。
(D) ノートに名前を書く。

(56) 女の人が教えてもらうことは、何ですか。
(A) コピーの仕方
(B) 紙の注文の仕方
(C) 紙のある場所
(D) 機械の名前

(57) 男の人は、傘をどうしますか。

(A) 取りに帰る。
(B) 玄関に置く。
(C) 受付に預ける。
(D) 持って中に入る。

(58) 男の人は、これからどうしますか。

(A) 鈴木さんに会う。
(B) 鈴木さんに電話する。
(C) 女の人に電話する。
(D) 女の人と出かける。

(59) 2人は部屋の温度について、何と言っていますか。

(A) 暖かくて気持ちがいい。
(B) 暖房は消さない方がいい。
(C) 暖房は要らない。
(D) 暑いとは言えない。

(60) 広告は、どこに貼りますか。

(A) ドア
(B) テーブル
(C) 会社の入口
(D) 掲示板

(61) 女の人は、どんな連絡をしますか。

(A) 明日の予約の確認
(B) 今日の予約の確認
(C) 予約の人数の確認
(D) 時間の変更

(62) 女の人は、これからどうしますか。

(A) 毛布を受け取る。
(B) ヒーターをつける。
(C) 温かいものを飲む。
(D) 部屋の中に入る。

(63) 男の人は、何と言っていますか。

(A) クイズ大会で勝つ。
(B) クイズ大会の司会をする。
(C) クイズを作るのが好きだ。
(D) クイズ番組を見に行く。

(64) 女の人は、隣の町のキャラクターについて、どんな問い合わせをしますか。

(A) 誰が考えたのか
(B) どこで買えるのか
(C) 作った人に会えるか
(D) 会社の商品に使えるか

(65) 男の人は、雨の日にどうすると言っていますか。

(A) 店を休みにする。
(B) 商品を安くする。
(C) 割引券をプレゼントする。
(D) 傘を割引して売る。

(66) 男の人が頼まれたことは、何ですか。

(A) 要らない書類を片付けること
(B) 書類を誰かに作らせること
(C) 女の人に書類を送ること
(D) 無くなった書類を探すこと

次のページに続く

(67) 男の人について、正しいものはどれですか。

(A) 営業成績が伸び続けている。

(B) 注意されてばかりだ。

(C) 仕事に悩んでいる。

(D) 努力して営業成績を上げた。

(68) 男の人が使った物は、どれですか。

(A) 薄い手袋

(B) 厚い手袋

(C) 値段の高い手袋

(D) 長く使える手袋

(69) 女の人は、この後どうしますか。

(A) 故障の状況を見に行く。

(B) 生産の停止の期間を相談する。

(C) 現状を本社に伝える。

(D) 不足な材料を補う。

(70) 男の人のパソコンは、なぜ使えませんでしたか。

(A) 壊れたから

(B) やり方が間違っていたから

(C) 線の繋ぎ方がわからなかったから

(D) 線が繋がっていなかったから

(71) 資料はどうすることにしましたか。

(A) ファイルに綴じてもらう。

(B) パソコンに保存してもらう。

(C) 大きい袋に入れて渡す。

(D) ホチキスで綴じて渡す。

(72) 男の人は、この後どうしますか。

(A) 車を止めて店に入る。

(B) 駐車場を出る。

(C) 駐車場に入るのを諦める。

(D) 駐車料金を払う。

(73) 2人は、荷物をどうしますか。

(A) 女の人が預かる。

(B) 受付に置いておく。

(C) 男の人が会場に届ける。

(D) 皆で1階まで運ぶ。

(74) 男の人は、ネットの商品の評価をどうだと言っていますか。

(A) 信用できるとは言えない。

(B) 信用できないものばかりでもない。

(C) 利用者の声は参考になる。

(D) 不確かだが、ないよりはいい。

(75) 女の人は、どんな広告の場面をイメージしていますか。

(A) 犬が車から顔を出す場面
(B) 猫が車内でのんびりする場面
(C) 犬が猫と仲よくする場面
(D) 猫が車を見送る場面

(76) 男の人が驚いたことは、何ですか。

(A) 会社の周りをロボットが歩いていること
(B) ロボットがお茶のサービスをすること
(C) ロボットがロボットを作っていること
(D) ロボット用の飲み物が売られていること

(77) 前に使っていた運送会社は、どうなりましたか。

(A) 倒産してしまった。
(B) 運送料が値上がりした。
(C) ドライバーがストを始めた。
(D) 配達地域が限られることになった。

(78) どんな料理について、話していますか。

(A) 女の人の料理をアレンジしたもの
(B) ネットで注文したもの
(C) ネットで作り方を検索したもの
(D) 前に作って冷凍しておいたもの

(79) 会話の内容と合っているものは、どれですか。

(A) 荷物に納品書を入れて送ればいい。
(B) 納品の明細は、メールで知らせればいい。
(C) 請求書を発行する必要はない。
(D) 請求内容は、メールで送らない方がいい。

(80) 女の人はスプーンについて、何を褒められましたか。

(A) 角度に着目したこと
(B) 歪みを修正したこと
(C) 質を追求したこと
(D) 芸術性を見出したこと

次のページに続く

IV. 次の文章をよく聞いて、後の問いにもっとも適したものを(A)から(D)の中で一つ選びなさい。

例） 山田さんは、もう8年間銀行に勤めています。去年結婚してから、奥さんと2人でテニスを始めました。日曜日の朝は、いつも家の近くの公園で練習しています。

(1) 山田さんは、何年間銀行に勤めていますか。

(A) 4年間
(B) 6年間
(C) 8年間
(D) 10年間

(2) 山田さんは、結婚してから何を始めましたか。

(A) テニス
(B) サッカー
(C) ゴルフ
(D) 野球

(81) りかさんとこの人は、どんな関係ですか。

(A) 同じアパートに住んでいる人
(B) 小さい時からの友達
(C) 学生の時の友達
(D) 子供の友達

(82) この人は、どうして引っ越しを手伝いましましたか。

(A) 隆さんが日本にいなかったから
(B) 隆さんが風邪を引いたから
(C) この人が大きい車を持っているから
(D) この人が引っ越しの日に暇だったから

(83) マンションは、どんな所にありますか。

(A) 海が近くて便利な所
(B) 景色がよくて緑が多い所
(C) 山が見えて空気がきれいな所
(D) 窓から山も海もよく見える所

(84) りかさんは、マンションについてどう思っていますか。

(A) 1人で生活するには広い。
(B) 駅から遠くて不便だ。
(C) 今からここに住みたい。
(D) ここに住むのが楽しみだ。

(85) 消防署から、どんな連絡がありましたか。

(A) 隣のビルで変な臭いがする。
(B) 隣のビルから煙が出ている。
(C) 川の近くの会社で変な臭いがする。
(D) 川の近くの会社から煙が出ている。

(86) どうして今は危険がないと言えますか。

(A) かなり離れた場所で起きているから
(B) 状態がよくなってきたから
(C) ほとんど風が吹いていない状態だから
(D) 風がこのビルに向かって吹いていないから

(87) 社員の人たちは、今、どうしますか。

(A) ビルから外へ出ない。
(B) 逃げる準備をする。
(C) 仕事を早く片付ける。
(D) 家に帰る準備をする。

(88) 安全な場所へ移る時の注意は、何ですか。

(A) 自分のパソコンを持って出ること
(B) 全てのパソコンのスイッチを切ること
(C) 重要な物だけを持って出ること
(D) 訓練の時以上に急ぐこと

(89) この人は、家庭訪問の前、どうして緊張しましたか。

(A) 先生と初めて話すから
(B) 怖い先生だという噂だから
(C) 先生に怒られると思ったから
(D) 先生から何を聞かれるか心配だったか

(90) 訪問に来た先生は、どうしましたか。

(A) 部屋に上がって、ゆっくり話した。
(B) 部屋に上がったが、お茶は飲まなかった。
(C) 部屋に上がらず、少しだけ話した。
(D) 部屋に上がらず、30分くらい話した。

(91) 家庭訪問の後、どんな気持ちになりましたか。

(A) 先生の性格がまだわからなくて不安だ。
(B) 先生ともっと話したかった。
(C) 色々心配しなくてもよかった。
(D) 来年の家庭訪問がもっと心配だ。

次のページに続く

(92) この社内旅行は、いつ行われていますか。

(A) 3年に1回、社長が決めた時期
(B) 年に1度同じ時期
(C) 2年おきに紅葉の時期
(D) 毎年桜の時期

(93) カラオケ大会に出たい人は、いつ申し込みますか。

(A) 今すぐ
(B) 乾杯の前
(C) 乾杯の後
(D) カラオケ大会が始まる時

(94) カラオケ大会では、順位はどうやって決めますか。

(A) 会場内全員の投票
(B) 部長以上の投票
(C) 参加者同士のじゃんけん
(D) 機械の採点

(95) パンフレット用の写真を撮影するのは、どんな人ですか。

(A) 新人として入社した人
(B) 宣伝部で撮影が得意な人
(C) 社員として雇ったカメラマン
(D) 社員ではないカメラマン

(96) 撮影時、社員はどうしたらいいと言っていますか。

(A) 服装に気を配る。
(B) カメラは気にせず仕事をする。
(C) 楽しそうに笑顔で仕事をする。
(D) 周囲の人と話し合う様子を見せる。

(97) パンフレット完成後、宣伝部は何を行いますか。

(A) 周辺地域の環境調査を行う。
(B) 新人募集用のビデオを製作する。
(C) 現在のホームページを改良する。
(D) 会社初のホームページ作成に取りかかる。

(98) この会には、誰が出席していますか。

(A) 毎年この企画に携わっている人
(B) 去年の企画に携わった人
(C) 各町会で祭りに関わっている人
(D) 各町会で祭りの参加を希望している人

(99) 去年、おみこしの担ぎ手不足の対策を実行して、結果はどうでしたか。

(A) 予想を上回る人数が集まった。
(B) 必要な人数は集まらなかった。
(C) 観光客からの参加希望が多くて助かった。
(D) 高齢者の参加を許可して好評だった。

(100) 今年は、どんな対策を考えていますか。

(A) 地元の新聞に担ぎ手募集広告を掲載する。
(B) インターネットで担ぎ手を募集する。
(C) 他の町内会に依頼して若者に来てもらう。
(D) 近隣の大学に担ぎ手募集ポスターを貼る。

これで聞き取りの問題は終わります。
それでは、次の質問101番から質問200番までの問題に答えなさい。
答案用紙に書き込む要領は聞き取りの場合と同じです。

次のページに続く

V. 下の＿＿＿線の言葉の正しい表現、または同じ意味のはたらきをしている言葉を(A)から(D)の中で一つ選びなさい。

(101) 毎日バスで学校に通っています。

(A) まいにち
(B) まいび
(C) まえにち
(D) まえび

(102) 若い時は夢中で仕事をした。

(A) ゆめちょう
(B) ゆめじゅう
(C) むちゅう
(D) むなか

(103) ご心配いただきまして、ありがとうございます。

(A) しはい
(B) しばい
(C) しんばい
(D) しんぱい

(104) 昨夜、大雪だったので、今朝は普段より早めに出勤した。

(A) ふだん
(B) ふたん
(C) へったん
(D) へいだん

(105) 息子の運転は乱暴で困る。

(A) らんぼ
(B) らんぼう
(C) れんぼ
(D) れんぼう

(106) 姉は趣味と実益を兼ねた副業をしている。

(A) かねた
(B) つらねた
(C) そこねた
(D) たばねた

(107) 肥満より運動不足の方が、健康上のリスクが高いと言われている。

(A) こまん
(B) こまみ
(C) びまん
(D) ひまん

(108) 誕生日にはなたばをもらった。

(A) 花活
(B) 花札
(C) 花束
(D) 花単

(109) 私は毎朝、窓を開けてかんきをする。

(A) 乾汽
(B) 環期
(C) 寒記
(D) 換気

(110) 彼の主張はどくだんと偏見以外の何物でもない。

(A) 独断
(B) 独段
(C) 毒断
(D) 毒弾

(111) 先生はお酒が好きで、よくお飲みになるそうです。

(A) さしあげる
(B) いただく
(C) 召し上がる
(D) いらっしゃる

(112) この映画は子供はもとより大人も楽しめる。

(A) 更に
(B) 別だが
(C) もちろん
(D) どうかわからないが

(113) 会社で決められた規則は、守るべきだ。

(A) 守らなければならない
(B) 守った方がいい
(C) 守るだろう
(D) 守るわけがない

(114) 会議に必要な資料は、予め用意しておきました。

(A) もう一度
(B) まとめて
(C) 前もって
(D) 必ず

(115) 到着が早朝だったにもかかわらず、同僚は空港まで迎えに来てくれた。

(A) 早朝だったにせよ
(B) 早朝だったのに
(C) 早朝だったところで
(D) 早朝だったとしても

(116) 息子は育ち盛りで、何を作っても料理を出すそばから食べてしまう。

(A) 出すや否や
(B) 出すと思いきや
(C) 作りがてら
(D) 作ったが最後

(117) テストは鉛筆で書きましょう。

(A) この料理は手で食べます。
(B) 夫は隣の町の工場で働いています。
(C) パーティーは来週の日曜日でいいですか。
(D) 弟は一人で学校まで行きます。

次のページに続く

(118) 彼女には3年前に会ったきりだ。

(A) 泣きたければ、思いっきり泣けばいい。

(B) あなたと二人きりで、話がしたかった。

(C) 英語の勉強は高校で勉強したきりで、ほとんど忘れた。

(D) 私は、昨日から付ききりで息子の世話をしている。

(119) 私の収入が少ないばかりに、妻に苦労をかけている。

(A) 彼は先月入社したばかりだ。

(B) ダイエットをしていると、かえって甘いものばかりに目が行く。

(C) 印鑑を忘れたばかりに、役所で書類がもらえなかった。

(D) ガス代ばかりか電気代も値上がりしそうだ。

(120) 優秀だった彼が抜けた穴を埋めるのは、大変だ。

(A) 赤字を埋めるために、貯金を切り崩さなければならない。

(B) 来年は、我が家の庭を花で埋めるつもりだ。

(C) この大きな劇場を観客で埋めることが私の夢だ。

(D) 使用後の廃棄物を土の中に埋めることは許されない。

VI. 下の＿＿＿線の(A)、(B)、(C)、(D)の言葉の中で正しくない言葉を一つ選びなさい。

(121) 今朝は起きたのが遅くて、食事をする時間がなかったので、何か食べていません。
(A) 起きた (B) 遅くて (C) する (D) か

(122) すみませんが、田中さんに、何時でもいいから事務所に参るように伝えてください。
(A) が (B) でも (C) 事務所 (D) 参る

(123) 急いでいたので、ドアにかぎをかかるのを忘れていた。
(A) 急いでいた (B) ドア (C) かかる (D) を

(124) 公園に咲いている花の名前を調べるためで、図書館に行くつもりです。
(A) 咲いている (B) 調べる (C) で (D) つもり

(125) 冷たいジュースが冷蔵庫の中にいますから、いつ飲んでもいいですよ。
(A) 冷たい (B) の (C) います (D) 飲んでも

(126) 去年の誕生日にケーキを焼いてくれたのは、私が尊敬な叔母でした。
(A) の (B) ケーキ (C) くれた (D) 尊敬な

(127) 猫が外に出たいから、少しだけドアを開けてやったら 喜んで出て行った。
(A) 出たい (B) 少しだけ (C) やったら (D) 喜んで

(128) スポーツ大会は10時からですが、参加する人は8時に集合する はずになっています。
(A) スポーツ (B) 参加する (C) 集合する (D) はず

(129) 先程 ご説明しました製品は、こちらの工場でご覧になります。
(A) 先程 (B) ご (C) 製品 (D) なります

(130) この仕事を今日中に 終えることなんて、どんなに頑張ればできない相談だ。
(A) に (B) 終える (C) 頑張れば (D) 相談

次のページに続く

(131) この寒さで、庭に置かれていたバケツの水が、からからに凍ってしまった。
(A) (B) (C) (D)

(132) これから就職する企業に求めることはどんなことか、学生にアルファベットをとった。
(A) (B) (C) (D)

(133) 1週間にわたる行われた地域のお祭りで、父はカラオケ大会に出場して、優勝しました。
(A) (B) (C) (D)

(134) 働いて働くほどアルバイト料は増えるが、その反面、自由な時間が減るのが辛い。
(A) (B) (C) (D)

(135) イベントの準備でつき、本日の営業時間は午前中のみとさせていただきます。
(A) (B) (C) (D)

(136) 非愉快なことがあっても、この曲を聞いているうちに気持ちが晴れて、穏やかな気分になる。
(A) (B) (C) (D)

(137) 新しくできた市民会館は、交通の便のよさを加えて、設備が素晴らしいと評判になっている。
(A) (B) (C) (D)

(138) マスコミの一方的な報道に振り回され、危うく真実を見つめるところだった。
(A) (B) (C) (D)

(139) お盆に帰省する車で、高速道路の徐行がひどいというニュースが朝から流れている。
(A) (B) (C) (D)

(140) 使用済みの医療器具は、その棚の片隅に固まっておいてください。
(A) (B) (C) (D)

VII. 下の＿＿＿線に入る適当な言葉を(A)から(D)の中で一つ選びなさい。

(141) たくさん歩きましたから、お腹が＿＿＿＿。

(A) あきました
(B) すきました
(C) こみました
(D) もちました

(142) 部屋の掃除をしたら、とても＿＿＿＿なりました。

(A) きれい
(B) きれいで
(C) きれいでは
(D) きれいに

(143) この辺は昼間でもあまり人が通らない＿＿＿＿所です。

(A) 立派な
(B) 無理な
(C) 静かな
(D) 親切な

(144) 先月行ったアメリカ旅行は＿＿＿＿です。

(A) 楽しい
(B) 楽しくない
(C) 楽しくて
(D) 楽しかった

(145) ここに、薬は1日3回飲むと書いて＿＿＿＿。

(A) します
(B) あります
(C) みます
(D) しまいます

次のページに続く

(146) 田中さんからプレゼントを＿＿＿＿＿。

(A) いただきました

(B) くれました

(C) あげました

(D) いたしました

(147) 今日、何時に会議が＿＿＿＿＿わかりません。

(A) ある

(B) あるか

(C) あります

(D) あるかどうか

(148) 何かをたたく＿＿＿＿＿がします。

(A) 声

(B) 体

(C) 角

(D) 音

(149) このカードは、黒＿＿＿＿＿青のペンを使って書いてください。

(A) しかし

(B) または

(C) それで

(D) けれど

(150) 将来、家を買う＿＿＿＿＿、今は頑張って働いています。

(A) ために

(B) ような

(C) なら

(D) まま

(151) 社長が＿＿＿＿＿、会議は始められません。

(A) 来たからこそ
(B) 来てからでないと
(C) 来たおかげで
(D) 来ているうちに

(152) 今日は天気がいいので、洗濯物をベランダに＿＿＿＿＿。

(A) 掛かった
(B) 絞った
(C) 干した
(D) 傾いた

(153) 社長は、海外に支店を作ることについて＿＿＿＿＿的な考えを持っている。

(A) 否定
(B) 比較
(C) 評価
(D) 分別

(154) 木村さんは緊張しているように見えたが、先生の質問には＿＿＿＿＿と答えた。

(A) ますます
(B) わくわく
(C) ふらふら
(D) すらすら

(155) 昨日の試合に負けたのが残念で＿＿＿＿＿。

(A) あるしかない
(B) ほかない
(C) ならない
(D) ようがない

次のページに続く

(156) 明日は朝早く出かけるから、もう＿＿＿＿＿いけないよ。

(A) 寝たら
(B) 寝るなら
(C) 寝るとか
(D) 寝なくちゃ

(157) 部長が遅れて来ることは＿＿＿＿＿ないことだ。

(A) めったに
(B) まもなく
(C) いきなり
(D) せっかく

(158) 以前付き合っていた彼女が結婚しようが＿＿＿＿＿、私には関係ない。

(A) したいが
(B) しまいが
(C) しないが
(D) すべきか

(159) ＿＿＿＿＿後ろを振り向くと、黒い猫が私をじっと見ていた。

(A) ごく
(B) なお
(C) ほぼ
(D) ふと

(160) うちの社長は＿＿＿＿＿は若いが、来月で60歳を迎えるというから驚きだ。

(A) 見込み
(B) 見覚え
(C) 見かけ
(D) 見通し

(161) 自分にも責任があるのに、部下の失敗を責めてしまったことを________。

(A) 備えている
(B) 解いている
(C) 悔やんでいる
(D) 慰めている

(162) 友達の小川さんは金遣いが________稼いだ金もすぐ使ってしまう。

(A) 危うくて
(B) 憎くて
(C) 快くて
(D) 荒くて

(163) その先生の講義はすでに知っているものばかりで________だった。

(A) 退屈
(B) 正確
(C) 忠実
(D) 素直

(164) 彼は教師の仕事をする________、小説を書いている。

(A) かたがた
(B) かたわら
(C) に加えて
(D) に応じて

(165) 友達と駅のホームで________いたら、駅員に注意された。

(A) まみれて
(B) ふざけて
(C) おだてて
(D) うらやんで

次のページに続く

(166) この記事は彼の名誉に＿＿＿＿＿ことなので、訴訟を起こすこともあり得る。

(A) かかわる
(B) つかえる
(C) 相まった
(D) 至る

(167) このスキー場は＿＿＿＿＿が急な上級者コースが多い。

(A) 打撃
(B) 形勢
(C) 傾斜
(D) 山脈

(168) 部長は5時＿＿＿＿＿に仕事を終え、事務所を出て行った。

(A) きっかり
(B) まちまち
(C) とぼとぼ
(D) じっくり

(169) 今日は冬至、＿＿＿＿＿1年で最も日照時間が短い日だ。

(A) とはいえ
(B) おまけに
(C) すなわち
(D) ゆえに

(170) そのお年寄りの恵まれなかった幼少時代の身の上話を聞いて、涙を＿＿＿＿＿。

(A) 余儀なくされた
(B) 禁じ得なかった
(C) 極まりなかった
(D) 相違なかった

VIII. 下の文を読んで、後の問いにもっとも適した答えを(A)から(D)の中で一つ選びなさい。

(171～173)

先週の日曜日、テニスをしていてけがをしてしまいました。今もまだ、うまく歩くことができませんが、会社には行かなければなりません。足が痛いので通勤は、とても大変です。私は毎日会社までバスで通っていますが、バスに乗る時、足が上がらなくて、とても大変なのです。他にも色々なことに時間がかかりますから、いつもは8時に家を出ますが、今は7時15分に出ています。でも、けがも悪いことばかりではありません。いいこともあります。それは、家族や会社の人たちの優しさを感じたことです。私が歩かなくてもいいように皆が助けてくれます。けがが治ったら、何かお礼をしたいと思っています。

(171) この人は、いつけがをしましたか。

(A) バスに乗っていた時
(B) テニスをしていた時
(C) 階段を上っていた時
(D) 友達を手伝っていた時

(172) この人は、今は何時に家を出ていますか。

(A) 7時
(B) 7時15分
(C) 8時
(D) 8時15分

(173) どうして、けがが悪いことばかりではないと言っていますか。

(A) 家で仕事ができるようになったから
(B) 周りの人の優しさを知ったから
(C) けがについて勉強ができたから
(D) 通勤の時間が短くなったから

次のページに続く

(174～177)

山中太郎 様

先週は、お忙しい中、夫のためにお見舞いに来てくださいましてありがとうございました。夫は、山中様とお会いすることができて本当に嬉しかったようで、前よりずっと明るくなって、看護師さんや家族ともよく話をするようになりました。来週の週末に退院することが決まったのですが、それが決まってからは食事を残すことも無くなりました。また、嫌いな運動のトレーニングにも、自分から行くようになりました。退院後すぐに仕事に戻ることはできませんが、お医者様から「このままなら、桜が咲く頃には会社に行けるようになるでしょう」というお言葉をいただいたので、山中様に早くお知らせしたくて、手紙を書きました。本当にありがとうございました。

2018年11月24日　　古田良子

(174) 山中さんのお見舞いの後、古田さんのご主人はどう変わりましたか。

(A) よく食べるようになった。
(B) 早く起きるようになった。
(C) 会話をするようになった。
(D) せきをしなくなった。

(175) 古田さんのご主人は、いつ退院する予定ですか。

(A) 3日後　(B) 今週の週末
(C) 来週の初め　(D) 来週の終わり

(176) 古田さんのご主人がやりたがらなかったことは、何ですか。

(A) 注射をしてもらうこと　(B) シャワーを浴びること
(C) 体を動かす練習をすること　(D) テレビでニュースを見ること

(177) お医者さんは、古田さんにどのようなことを伝えましたか。

(A) 春頃には元の生活に戻れるだろう。
(B) 将来もっといい薬が発明されるだろう。
(C) 桜が咲くまでには退院できるだろう。
(D) 有名な病院に入院できるだろう。

(178～180)

　現在、多くの人がパソコンを使用しています。仕事で使っている人もいれば、趣味で使っている人もいます。私はパソコンがうまく使えない人たちから、電話やメールで相談を受ける仕事をしています。まだ始めたばかりですが、相談は増える一方で、毎日100人くらい受け付けています。パソコンの使い方をよく知らない相手に対しては、専門的な言葉は使わないようにしています。時間がかかりますが、その人が私の説明を理解してパソコンが動いた時は、この仕事をやっていてよかったと思います。時々、私よりもパソコンに詳しい人が問い合わせてきます。その内容が難しくてどうしてもアドバイスできない時は、代わりに先輩に答えてもらいます。悔しいですが、お客さんを待たせるわけにはいかないからです。私にとっては、今は毎日が勉強です。

(178) この人は、どんな仕事をしていますか。

(A) 客にパソコンの使い方のアドバイスをする。
(B) 客の家へパソコンの修理に行く。
(C) 客に合うパソコンを紹介する。
(D) 客が求めるパソコンを探す。

(179) この人は、仕事の時、何に注意していますか。

(A) できるだけ短時間で終わらせること
(B) 同僚より多くの客を受け付けること
(C) 相手に合わせて使う言葉を変えること
(D) 1人の客にできるだけ時間をかけること

(180) どんな時、この人は仕事を先輩に代わってもらいますか。

(A) 自分では答えられない時
(B) ミスをしてしまった時
(C) 客が怒っている時
(D) 客が外国人の時

次のページに続く

(181～184)

私はアナウンサーの仕事をしています。先日、女優のSさんと番組でお話しする機会がありました。Sさんはお父さんが芸能人で、幼い頃はよくお父さんと遊んでいたといいます。そんな彼女が芸能人になりたいと言った時、お父さんは「どんな仕事でも大変だけど、自分で決めたなら頑張りなさい」と言ったそうです。私はその話を聞いて、私の父と似ていると思いました。私の父は会社員ですが、仕事がとても忙しくて、あまり一緒に遊んでくれませんでした。それでも父は、たまに家族を動物園か遊園地に連れて行ってくれました。そこで、私や妹だけでなく母までが喜ぶのを見て、父も嬉しそうでした。父は、「興味を持ったら何でもやってみるのが一番だ」と言って、アナウンサーになりたいと言った私をいつも応援してくれました。今でも父は私のいい相談相手です。Sさんと私は職業は違いますが、いつも娘を応援する親の姿は同じなのだと思いました。

(181) 芸能人になろうとしたSさんに、お父さんは何と言いましたか。

(A) 芸能人は楽な仕事だからいい。
(B) 途中で嫌になったら辞めればいい。
(C) 楽ではないが一生懸命やるといい。
(D) 自分と同じ仕事だから嬉しい。

(182) この人のお父さんは、遊園地に行ってどうでしたか。

(A) 家族の様子を見て喜んでいた。
(B) 家族が遊んでいる間、本を読んでいた。
(C) つまらなそうに家族に付いて来た。
(D) 自分が真っ先に乗り物に乗っていた。

(183) この人のお父さんは、この人にどんなことを言ってくれましたか。

(A) 海外旅行でたくさんの経験をしてほしい。
(B) 一つのことを深く研究するのが大切だ。
(C) 関心のあることは試すのがいい。
(D) 友達をたくさん作ることが大切だ。

(184) Sさんとこの人に共通していることは、何ですか。

(A) 父と遊んだ思い出がたくさんあること
(B) 今も父と過ごす時間が多いこと
(C) 自分を応援する父がいること
(D) 父が芸能人であること

(185～188)

自動車メーカーに勤めている弟が、「会社のバスケットボールチームの応援に行くけれど、一緒に行かないか」と誘ってくれたので、昨日生まれて初めてバスケットボールの試合を見に行きました。昨日は特別に高校生以下の子供は入場無料だと聞いていたので、小学6年生の娘も連れて行きました。これまで私はサッカーにしか興味がなくて、バスケットボールについては何も知りませんでしたが、試合の会場はサッカーグラウンドより狭くて、全体がよく見えました。しかも、選手たちの一つ一つの動作のスピードがよく伝わってきておもしろかったです。それに攻撃と守りが何度も入れ替わるので目を離す暇がなくて、時間の経つのがすごく速く感じました。ある選手のファンになった娘は、彼の名前が書かれたタオルを弟に買ってもらって、喜んでいます。娘が「また見に行きたい」と言うので、来月の試合も弟に頼んでチケットを取ってもらうことにしました。私も今からわくわくしています。

(185) この人は、どこのチームを応援しに行きましたか。

(A) この人が働いている会社
(B) この人が乗っている車のメーカー
(C) 弟の同級生の会社
(D) 弟が勤めている企業

(186) この人は、どうして娘を連れて行きましたか。

(A) 子供はただで見られるから
(B) 子供は安い値段で見られるから
(C) 子供が一緒だといい席で見られるから
(D) 子供は特別なプレゼントがもらえるから

(187) この人は、時間が速く過ぎたように感じた理由は何だと言っていますか。

(A) 選手たちがとても速く動いていたこと
(B) 会場の応援がすごく盛り上がっていたこと
(C) 応援していたチームがずっと攻めていたこと
(D) 攻める側と守る側が何度も入れ替わったこと

(188) この人の娘が買ってもらったタオルには、何が書かれていますか。

(A) 応援したチーム名
(B) 応援したチームの選手全員の名前
(C) 娘の気に入った選手の名前
(D) 弟がファンになった選手名

次のページに続く

(189～192)

私は今、仕事のことで悩んでいる。大学卒業後ある食品会社に就職し、7年間ずっと宣伝部で広告関係の仕事をしてきた。入社前からあこがれていた仕事だったので、どんなに大変でも迷うことなく精一杯頑張ってきた。上司や同僚にも恵まれ、取引先との関係もうまくいっており、このまま順調に経験を積んでいけるものだと思っていた。

ところが、半年前突然大阪の営業部に転勤になり、状況が大きく変わった。転勤後しばらくは新しい仕事を覚えることに必死で、自分の将来について深く考える暇はなかった。しかし、最近何とか一人前に仕事ができるようになり、少し余裕ができたからか、自分にはやはり広告の仕事が向いているのではないかという思いが急に湧いてきた。営業の仕事に魅力を感じないわけではなく、営業部の人間関係に不満があるわけでもないが、(1)この思いは日ごとに大きくなっている。今の会社を辞めて、広告関係の会社に再就職することも真剣に検討し始めた。しかしながら、これは私の人生の重大な選択になるので、家族や友人の意見も参考にしながら、焦らず慎重に考えたいと思う。

(189) この人は、なぜ宣伝部の仕事を頑張ることができたのですか。

(A) 一流企業の一員としてのプライドがあるから
(B) 仕事量に釣り合う給料をもらっていたから
(C) 職場の先輩が常に励ましてくれたから
(D) 就職する前から希望していた仕事だったから

(190) この人は、営業部にどのような気持ちを抱いていますか。

(A) 営業部の仕事には魅力的な部分もある。
(B) 営業部の先輩や同僚ともっと親しくなりたい。
(C) 営業部内の雰囲気にはなかなか慣れない。
(D) 会社の中で最も重要な部署である。

(191) (1)この思いとは、どのような思いですか。

(A) 今の会社は自分に向いていない。
(B) 自分は広告の仕事に適している。
(C) 不満を感じつつ働くのはよくない。
(D) 早く周囲の人に認められたい。

(192) この人の意見として、本文の内容と合っているものは、どれですか。

(A) 取引先との人間関係が最も大切だ。
(B) 宣伝部は営業部に比べて労働環境がいい。
(C) 入社した以上、最後まで働き続けるべきだ。
(D) 今後どうするかは、結論を急ぐべきではない。

(193～196)

私の手は母にそっくりで、指が短くて色が黒い。その上冬になると乾燥してカサカサになる。若い頃はこの手が嫌いで、格好よく見せようと指輪をしてみたりしたが似合わず、その度に決まって母を恨んでいた。そんな話を友人にすると、彼女は私の手を見て、働き者の手だと言った。それを聞いて、私は母の手を思い出した。

私の両親は40代の頃飲食店を始めた。景気が悪い時だっただけに、商売がうまくいくのか心配したが、私は高い学費の大学に入学し、一人暮らしまでさせてもらった。どれだけの金がかかったかと思うと今更ながら胸が痛くなる。卒業後、私は東京で仕事を始め、両親に感謝の気持ちを伝えることもなく、また、母の働く姿をじっくり見ることもなかった。だが、久々に帰省した際、母の手を見ると、色が黒くて短い指先には小さな傷が無数についていた。私が学生の頃、母の手はもう少しきれいだったと思う。家族のために懸命に働いてきた母の手、誇るべき母の手の傷。それを思うと、手の形や少々の傷で不満を言う自分が、(1)恥ずかしくなった。

최신기출 4

(193) この人が冬に特別気にすることは、何ですか。

(A) 日焼けをすること
(B) 手が荒れやすいこと
(C) 肌の薬が無くなること
(D) 骨折しやすくなること

(194) この人は、なぜ母親を恨んだのですか。

(A) 欲しい物を買ってくれなかったから
(B) 悩みを聞いてくれなかったから
(C) 病院に連れて行ってくれなかったから
(D) 母の手と自分の手がそっくりだから

(195) この人は、両親に対して何を申し訳なく思っていますか。

(A) 希望の大学に入れなかったこと
(B) 大学時代、たくさん出費させたこと
(C) 学生時代、反抗ばかりしていたこと
(D) 店の手伝いをしなかったこと

(196) この人は、なぜ(1)恥ずかしくなったのですか。

(A) 自分はくだらないことで悩んでいるから
(B) 自分は小さい傷に痛みを感じているから
(C) 母親ほど体調管理をしていないから
(D) 母親に感謝の気持ちを伝えていなかったから

次のページに続く

(197～200)

先日、ある中学生がバスの中で大人のさりげない気遣いに感動した、という投書を読んだ。その内容は、ある夏の日の話だ。部活を終えたその中学生は、疲れ果ててバスに乗り帰路についていた。バスの車内は込んでいて席はほぼ満席、彼はぼんやりとつり革につかまっていた。あるバス停で3人の高齢者が乗って来たが、席がなくて気の毒だと思っていた。すると、あちこちに座っていた3人の大人がすっと席を立ったという。その何気ない行動がなんともスマートで、感銘を受けたという話である。これを読んだ後、過去の私の苦い体験がよみがえった。それはJR線に乗って、座っていた時のこと。ある駅から乗って来た女性を見て、私はすぐさま席を立ち座席を譲ったのだが、その女性に拒まれてしまったのである。立ってしまった席がぽっかりと空いたまま、非常に居心地が悪い時間が過ぎたのを覚えている。しかし、今思う。私もさりげなく席を立てばよかったのだ。私の行為はあからさまで、先の大人たちのような気遣いが自分には足りなかったのだと、この投書に教えられたような気がした。

(197) この中学生は、どんな様子でバスに乗っていましたか。

(A) 朝のラッシュ時、眠気と戦っていた。
(B) 夕方のラッシュ時、座席に座って寝入っていた。
(C) 帰宅中、非常に疲れた状態で立っていた。
(D) 塾帰り、空腹状態だった。

(198) この中学生は、大人の何に感動しましたか。

(A) 自然なふるまい
(B) 大っぴらな態度
(C) 子供への気配り
(D) あからさまな親切

(199) この人の苦い経験とは何ですか。

(A) 座席を譲って説教されたこと
(B) 座席を譲ったのに断られたこと
(C) 座席を譲れず、ただ時間だけが過ぎたこと
(D) 座席を譲るのが嫌で、寝たふりをしたこと

(200) この人は今、どう思っていますか。

(A) 自分の配慮の足りなさに気付き、反省している。
(B) 当時の自分のしぐさはさりげなかったと思う。
(C) 投書を目にしなければ過去の体験を思い出さずに済んだ。
(D) この中学生には自分のような体験をしてほしくない。

JPT® 日本語能力試験

Japanese Proficiency Test

TEST
5

次の質問1番から質問100番までは聞き取りの問題です。
どの問題も1回しか言いませんから、よく聞いて答えを(A)、(B)、(C)、(D)の中から一つ選びなさい。答えを選んだら、それにあたる答案用紙の記号を黒くぬりつぶしなさい。

I. 次の写真を見て、その内容に合っている表現を(A)から(D)の中で一つ選びなさい。

例）

(A) この人は本を読んでいます。
(B) この人は掃除をしています。
(C) この人は電話をしています。
(D) この人はビールを飲んでいます。

答 (A), (B), (●), (D)

(9)

(10)

次のページに続く

(11)

(12)

(13)

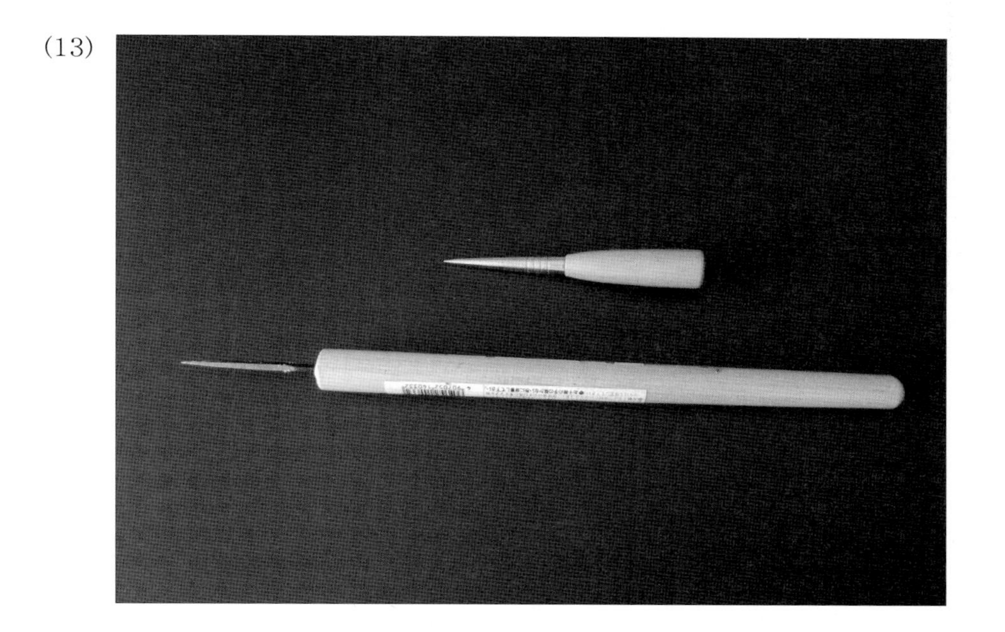

(14)

次のページに続く

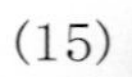
(15)

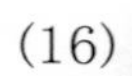
(16)

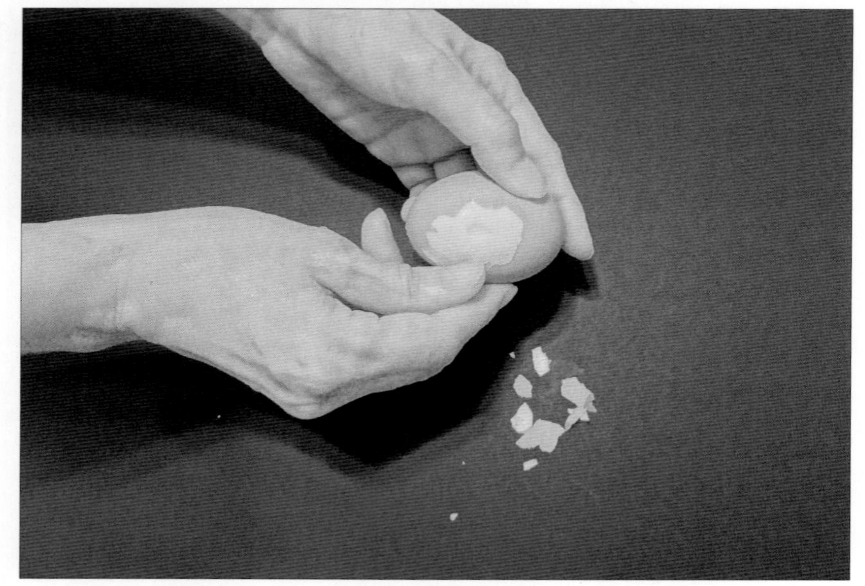

(17)

(18)

次のページに続く

(19)

(20)

II. 次の言葉の返事として、もっとも適したものを(A)から(D)の中で一つ選びなさい。

例）明日は何をしますか。
(A) 土曜日です。
(B) 朝ご飯の後にします。
(C) 友達の家に行きます。
(D) テニスをしました。

(21) 答えを答案用紙に書き入れなさい。
(22) 答えを答案用紙に書き入れなさい。
(23) 答えを答案用紙に書き入れなさい。
(24) 答えを答案用紙に書き入れなさい。
(25) 答えを答案用紙に書き入れなさい。
(26) 答えを答案用紙に書き入れなさい。
(27) 答えを答案用紙に書き入れなさい。
(28) 答えを答案用紙に書き入れなさい。
(29) 答えを答案用紙に書き入れなさい。
(30) 答えを答案用紙に書き入れなさい。
(31) 答えを答案用紙に書き入れなさい。
(32) 答えを答案用紙に書き入れなさい。
(33) 答えを答案用紙に書き入れなさい。
(34) 答えを答案用紙に書き入れなさい。
(35) 答えを答案用紙に書き入れなさい。
(36) 答えを答案用紙に書き入れなさい。
(37) 答えを答案用紙に書き入れなさい。
(38) 答えを答案用紙に書き入れなさい。
(39) 答えを答案用紙に書き入れなさい。
(40) 答えを答案用紙に書き入れなさい。
(41) 答えを答案用紙に書き入れなさい。
(42) 答えを答案用紙に書き入れなさい。
(43) 答えを答案用紙に書き入れなさい。
(44) 答えを答案用紙に書き入れなさい。
(45) 答えを答案用紙に書き入れなさい。
(46) 答えを答案用紙に書き入れなさい。
(47) 答えを答案用紙に書き入れなさい。
(48) 答えを答案用紙に書き入れなさい。
(49) 答えを答案用紙に書き入れなさい。
(50) 答えを答案用紙に書き入れなさい。

次のページに続く

III. 次の会話をよく聞いて、後の問いにもっとも適したものを(A)から(D)の中で一つ選びなさい。

例) 女：すみません。この辺に本屋がありますか。
男：はい。駅の前にありますよ。
女：郵便局も本屋のそばにありますか。
男：いいえ。郵便局はあのデパートのとなりです。

郵便局はどこにありますか。
(A) 駅の前
(B) 本屋のとなり
(C) 本屋の前
(D) デパートのとなり

(51) 男の人は、女の人に何を頼みましたか。
(A) 窓を開けること
(B) 窓を閉めること
(C) クーラーをつけること
(D) クーラーを止めること

(52) 女の人は、この後何をしますか。
(A) 花瓶を片付ける。
(B) 花瓶を取りに行く。
(C) 花瓶を飾る。
(D) 花瓶を選ぶ。

(53) 男の人は、何を買いましたか。
(A) セーターとシャツ
(B) セーター2枚
(C) セーター1枚
(D) シャツ1枚

(54) 田中さんがまだ来ない理由は、どれですか。
(A) 特急に乗れなかったから
(B) 電車が止まっているから
(C) 車で事故を起こしたから
(D) 間違った電車に乗ったから

(55) 男の人は、なぜ傘を持つように言っていますか。
(A) 傘を郵便で送るから
(B) 郵便局で借りた傘だから
(C) 雨が降るらしいから
(D) 雨が降っているから

(56) 2人は、どんな話をしていますか。
(A) 外国で食べたい食べ物
(B) 外国人に人気の日本の料理
(C) 日本で流行っている居酒屋
(D) 好きな居酒屋のメニュー

(57) どうして山田さんはマスクをしていますか。

(A) 寒いから
(B) 怪我をしたから
(C) 歯が痛いから
(D) 風邪を引いたから

(58) 男の人は、この後何をしますか。

(A) 椅子を運ぶ。
(B) 椅子を貸してあげる。
(C) 隣の部屋を掃除する。
(D) 会議に出る。

(59) 女の人は、どんな部屋ならいいですか。

(A) 畳の部屋
(B) 広い部屋
(C) きれいな部屋
(D) 明るい部屋

(60) 2人が嬉しいのは、なぜですか。

(A) 仕事が休みだから
(B) 早く仕事が終わるから
(C) 客がたくさん来るから
(D) 客に褒められたから

(61) 男の人は、どうして困っていますか。

(A) 原稿が完成していないから
(B) 原稿を読んでもらえないから
(C) 締め切りが早くなったから
(D) テーマが難しいから

(62) 男の人は、この後どうしますか。

(A) 本を探す。
(B) 本棚の整理をする。
(C) 中国語を習う。
(D) 女の人を手伝う。

(63) 女の人は、新聞をどうやって読んでいますか。

(A) コンビニで買って読む。
(B) 家で新聞を取って読む。
(C) 会社にある新聞を読む。
(D) スマホで読む。

(64) 男の人は、誰から絵葉書をもらいましたか。

(A) 留学生
(B) 海外旅行のガイド
(C) 教師をしている友人
(D) 画家の友人

(65) 女の人は、資料館で何を見ましたか。

(A) 漫画の歴史
(B) 町の歴史
(C) 町の子供の写真
(D) 町の子供の作品

(66) 女の人は、何を説明していますか。

(A) 配達が有料だということ
(B) 配達の料金が上がったこと
(C) 配達が遅れること
(D) 配達をしていないこと

次のページに続く

(67) 2人は、ホームページについてどう思っていますか。

(A) 前よりわかりやすくなった。
(B) 少しもよくなっていない。
(C) いい加減だ。
(D) まあまあだ。

(68) 女の人は、どうしてお礼を言いましたか。

(A) 発言を褒められたから
(B) 実力を評価してもらえたから
(C) 開会式に招待されたから
(D) いいアドバイスをもらったから

(69) 修理代は、なぜただでしたか。

(A) 簡単な修理だから
(B) 友達の店だから
(C) 保険で修理できたから
(D) 知り合いが直してくれたから

(70) 女の人は、下町についてどう言っていますか。

(A) 何度も訪ねたい魅力がある。
(B) 魅力が乏しくなっている。
(C) 古い店ばかりで魅力的だ。
(D) 再開発したらよくなる。

(71) 女の人の提案は、新人にどんな効果があると言っていますか。

(A) 緊張せずに対応できる。
(B) 緊張して説明を聞くようになる。
(C) 先輩社員と対等に話せる。
(D) 礼儀正しい社員になる。

(72) 女の人は、どうして売れなくなってきたと考えていますか。

(A) マスコミが取り上げないから
(B) 同じような品が発売されたから
(C) 買う人の好みが変わったから
(D) 他の物より質が劣るから

(73) 女の人は、出発の遅れをどう思いましたか。

(A) 無責任だ。
(B) 勘違いだ。
(C) ごまかせない。
(D) 仕方がない。

(74) 男の人の予約は、どうなりますか。

(A) 部屋数の追加はできない。
(B) 部屋数を増やせる。
(C) 日程の変更はできる。
(D) キャンセルになる。

(75) 女の人は、どんなことを勧めていますか。

(A) 学費の要らない学校に行くこと
(B) 奨学金をもらうこと
(C) 退職せずに資格を取得すること
(D) 福祉以外の仕事にすること

(76) 2人の会社の給料は、どうなりましたか。

(A) 大幅に上がった。
(B) わずかに上がった。
(C) 変化がない。
(D) 少し下がった。

(77) 男の人は、農家の人の何に驚きましたか。

(A) 果物の研究に熱心なこと
(B) 販売方法に詳しいこと
(C) 果物作りに苦労が多いこと
(D) 農家の儲けが大きいこと

(78) 会話の内容と合っているのは、どれですか。

(A) ニュース映像はプロに限る。
(B) 報道に市民の視点が不可欠だ。
(C) 市民が情報を提供する時代だ。
(D) スマホの普及はマスコミのおかげだ。

(79) 男の人の見通しは、女の人のと比べてどう言えますか。

(A) 楽観的だ。
(B) 悲観的だ。
(C) 合理的だ。
(D) 不確実だ。

(80) 女の人は、会社の何が気がかりですか。

(A) 同業者との競争が激しいこと
(B) 損失の大きい部門があること
(C) 事業拡大の時期を逃したこと
(D) 倒産の危機にあること

次のページに続く

IV. 次の文章をよく聞いて、後の問いにもっとも適したものを(A)から(D)の中で一つ選びなさい。

例） 山田さんは、もう8年間銀行に勤めています。去年結婚してから、奥さんと2人でテニスを始めました。日曜日の朝は、いつも家の近くの公園で練習しています。

(1) 山田さんは、何年間銀行に勤めていますか。

(A) 4年間
(B) 6年間
(C) 8年間
(D) 10年間

(2) 山田さんは、結婚してから何を始めましたか。

(A) テニス
(B) サッカー
(C) ゴルフ
(D) 野球

(81) この人は、誰と話していますか。

(A) 課長
(B) 社長
(C) 田島さん
(D) 鈴木さん

(82) この人は、どうして遅れているのですか。

(A) 朝、お腹が痛かったから
(B) 乗る電車を間違えたから
(C) 電車が事故で遅れているから
(D) 寝坊をしたから

(83) この人は、会議はどうするつもりですか。

(A) 最初から出席する。
(B) 途中から出席する。
(C) 他の人に出てもらう。
(D) 会議の時間を変えてもらう。

(84) 会議室に準備をする物は、何ですか。

(A) テレビ
(B) パソコン
(C) ホワイトボード
(D) 飲み物

(85) 会場は今、どのような状況ですか。

(A) 説明会が始まるところ
(B) 説明会が終わるところ
(C) 休憩時間に入るところ
(D) 休憩時間が終わるところ

(86) 質問がある人は、どうしますか。

(A) この人に話を聞きに行く。
(B) 別の日にこの人と会う。
(C) 会場にいる営業担当の人に聞く。
(D) 今、手を挙げて質問する。

(87) 客は、会場の後ろの方で何ができますか。

(A) 新製品を安く買うことができる。
(B) 新製品を使ってみることができる。
(C) パソコンの使い方を教えてもらえる。
(D) 割引会員になることができる。

(88) 出口では、何をしますか。

(A) 係に書類を返す。
(B) 名刺を置く。
(C) アンケートを出す。
(D) 次回の申し込みをする。

(89) 居酒屋は今、どんな状態ですか。

(A) 営業ができないほど焼けてしまった。
(B) ほとんど焼けたが、営業は続けられそうだ。
(C) 一部焼けただけだが、営業はできない。
(D) 別のビルに移って、営業を始めた。

(90) この人は、居酒屋で何を楽しんでいましたか。

(A) 歌を歌うこと
(B) 他の客と話しながら飲むこと
(C) 珍しい酒を飲むこと
(D) 居酒屋のご夫婦とおしゃべりすること

(91) 火事の原因は、何だと言っていますか。

(A) タバコの火を消し忘れたこと
(B) アイロンをつけたままにしたこと
(C) ガスの火を消し忘れたこと
(D) ヒーターを消し忘れたこと

次のページに続く

(92) 今日は、研修の何日目ですか。

(A) 1日目
(B) 2日目
(C) 3日目
(D) 4日目

(93) なぜ、話す長さを短くした方がいいのですか。

(A) 聞いている人が理解しやすいから
(B) 聞いている人が話に集中できるから
(C) 話す人が内容を覚えやすいから
(D) 話し方がうまいという印象を与えられるから

(94) 初めて声に出して話してみるのは、どの段階がいいですか。

(A) 内容が全て決まった後
(B) 内容が半分ぐらいできた頃
(C) 原稿を作り始めてすぐ
(D) 原稿がほとんど完成する頃

(95) マラソン大会の会場は今、どんな天気ですか。

(A) 今にも雨が降りそうな空だ。
(B) 雲一つなく晴れている。
(C) ざあざあ降りだ。
(D) 細かい雨が降っている。

(96) 小学生以下のマラソンは、なぜ中止になりましたか。

(A) 参加人数が少ないから
(B) 安全性に問題があるから
(C) 時間が足りないから
(D) 参加者からの要望があったから

(97) 成績がよかった人は、何をしますか。

(A) テレビ局のインタビューに答える。
(B) 雑誌に載せる写真撮影に協力する。
(C) 県が開催する大会に出場する。
(D) ニュース番組に出る。

(98) この人は、出産後どうしましたか。

(A) 親の仕事を継いだ。
(B) 前の会社の同僚と起業した。
(C) 以前勤務していた会社に戻った。
(D) 在宅ワークを始めた。

(99) この人は、今の仕事についてどう思っていますか。

(A) 残業が多くて辟易している。
(B) 時間内にこなせる量で助かっている。
(C) 希望が叶って満足だ。
(D) やり甲斐がなく不満が募っている。

(100) この人は、なぜ複雑な気持ちを抱いているのですか。

(A) なかなかキャリアを積めないから
(B) 子供を構ってあげられないから
(C) 家事が疎かになるから
(D) 同期が自分の上司だから

これで聞き取りの問題は終わります。
それでは、次の質問101番から質問200番までの問題に答えなさい。
答案用紙に書き込む要領は聞き取りの場合と同じです。

次のページに続く

V. 下の＿＿＿線の言葉の正しい表現、または同じ意味のはたらきをしている言葉を(A)から(D)の中で一つ選びなさい。

(101) 私は家事が嫌いだ。

(A) いえごと
(B) いえじ
(C) かじ
(D) かごと

(102) 次の駅には、11時に到着する。

(A) とちゃく
(B) とっちゃ
(C) とうちょく
(D) とうちゃく

(103) プレゼントを受け取った息子は、涙を流して喜んだ。

(A) うつして
(B) なおして
(C) とおして
(D) ながして

(104) この店には、世界各国の飲料水が置かれている。

(A) いんりょうすい
(B) いんりょみず
(C) いりょうすい
(D) いりょうみず

(105) 足りない電力を補うのは、簡単ではない。

(A) おこなう
(B) こきなう
(C) おぎなう
(D) こごなう

(106) 私の母は、小柄です。

(A) こがら
(B) しょうがら
(C) しょうから
(D) こから

(107) 状況が好転してきた。

(A) すきころ
(B) ようでん
(C) よしてん
(D) こうてん

(108) 英語が話せることは、就職する時にやくだった。

(A) 約発った
(B) 役立った
(C) 約達った
(D) 役経った

(109) この大きい荷物をかつぐのは無理だ。

(A) 積ぐ
(B) 負ぐ
(C) 担ぐ
(D) 背ぐ

(110) 駅のいしつぶつ取扱所には、色々な落し物が届いている。

(A) 遺失物
(B) 意志通物
(C) 石室物
(D) 遺執物

(111) 安かったら、あの店でパソコンを買います。

(A) 安いから
(B) 安いので
(C) 安いと
(D) 安ければ

(112) 書きかけの手紙が、机の上に置いてある。

(A) 書き終わった
(B) 書いている途中の
(C) 書いたばかりの
(D) 書こうとしている

(113) これは、幼稚園の子供向けに作られたカバンです。

(A) 子供と一緒に
(B) 子供として
(C) 子供だから
(D) 子供用に

(114) 夫は迷ったあげく、会社を辞めることにした。

(A) 迷った末に
(B) 迷った上に
(C) 迷ったくせに
(D) 迷ったにもかかわらず

(115) 詳しい話を聞かないことには、判断できない。

(A) 聞いたところで
(B) 聞く限りでは
(C) 聞かなければ
(D) 聞かないからといって

(116) あと3点で合格できたかと思うと悔しい限りだ。

(A) 悔しくなる
(B) 悔しくてたまらない
(C) 悔しがるしまつだ
(D) 悔しくなるに違いない

(117) 橋を渡ると郵便局があります。

(A) 母は、勉強しない弟を叱った。
(B) そのハサミを取ってください。
(C) いつも公園を通って家に帰ります。
(D) 朝は、いつもコーヒーを飲みます。

次のページに続く

(118) 私は毎朝、花に水をやっている。

(A) 弟は今、宿題をやっている。

(B) 母が公園の鳩に時々えさをやっている。

(C) 私は小さい時から色々なスポーツをやっている。

(D) 祖母は、横浜でパン屋をやっている。

(119) 仕事が成功するかは、私次第なのは理解している。

(A) 先輩には事の次第を伝えた。

(B) 予約は、定員になり次第締め切ります。

(C) 考え方次第で人生は何とかなるものだ。

(D) 急ぎで確認したいことがあり、伺った次第です。

(120) 我が校の歴史は、教師と生徒が一体となって作られてきた。

(A) この不毛な話し合いは、一体いつまで続くのだろう。

(B) 寺の奥には、仏像が一体置かれていた。

(C) この勝負、一体何のためにするのだ。

(D) 理想と現実は、表裏一体だ。

VI. 下の＿＿＿線の(A)、(B)、(C)、(D)の言葉の中で正しくない言葉を一つ選びなさい。

(121) 部屋の中の空気(A)がよくない(B)ですから、窓を(C) 開いて(D)おいてください。

(122) 携帯電話をかけ(A)ながら、自転車を(B)乗るの(C)はとても危険(D)です。

(123) 私はマリアさんに「こんばんは」をイタリア語で(A)何と(B)言うか(C)教えてくれました(D)。

(124) 時間を大事に(A) 使い(B)たいですから、休みの日だったら(C) 早く(D)起きます。

(125) 姉が(A)友達のために(B)作ったケーキを、全部で(C)弟が食べてしまいました(D)。

(126) この財布はポケットが多くて(A) 使え(B)やすいし、デザインもかわいい(C)し、とても気に入って(D)います。

(127) 朝は晴れて(A)いたので傘を差さないで(B)出かけたら、帰る(C)時に雨に降られて(D)困りました。

(128) 今週の(A)金曜日は用事がある(B)から、毎週楽しみに(C)しているテレビドラマが見えません(D)。

(129) 地球環境のことを考えるなら(A)、プラスチック(B)のストローは使用(C)するわけ(D)ではないと思う。

(130) 食事の時間が無(A)規則な上に(B)、屋外(C)での作業が続いたために(D)、体調が悪くなってしまった。

최신기출 5

次のページに続く

(131) 同僚に言われるまで、今日ミーティングがあるということをすっきり忘れていた。
(A) (B) (C) (D)

(132) 酔っ払っていたので、スーツを着たきり眼鏡も取らずに朝まで寝てしまった。
(A) (B) (C) (D)

(133) 好きな味は人において様々だろうが、何を食べても作ってくれた人に対する感謝の気持ちが必要だ。
(A) (B) (C) (D)

(134) 足の速さにかかっては、彼の右に出る者はいないが、彼は決してそれを自慢することはない。
(A) (B) (C) (D)

(135) これは、この辺りでは冬になるとどこの家でも作るスープです。冷めるうちに召し上がってください。
(A) (B) (C) (D)

(136) 台風の接近に伴い、関東地方では海側を中心に大雨になる恐れにあります。
(A) (B) (C) (D)

(137) 海外で水道の水をうっかり飲んだばかりで、お腹を壊してひどい目に遭った。
(A) (B) (C) (D)

(138) 相手は前回の優勝者なんだから、自己ベストの記録を出したとしてもどうにか勝てっこないよ。
(A) (B) (C) (D)

(139) 注意されたにもかかわらず、彼は態度を改めなかったのだから、首になるのはやむを得るだろう。
(A) (B) (C) (D)

(140) 我が社では、事故の再発防止に真剣に 取り扱っていきたいと思っております。
(A) (B) (C) (D)

VII. 下の＿＿＿線に入る適当な言葉を(A)から(D)の中で一つ選びなさい。

(141) ここに名前を＿＿＿＿＿ください。

(A) 書く
(B) 書いて
(C) 書いた
(D) 書こう

(142) 甘い物だったら何＿＿＿＿＿好きです。

(A) か
(B) を
(C) でも
(D) なら

(143) 家の＿＿＿＿＿で野菜を育てています。

(A) 庭
(B) 畳
(C) 道路
(D) 南口

(144) 妹は3時に東京駅に＿＿＿＿＿。

(A) 使います
(B) 探します
(C) 集めます
(D) 着きます

(145) この試験に鉛筆は＿＿＿＿＿が、ボールペンを持って来ていますか。

(A) 覚えません
(B) 要りません
(C) 比べません
(D) できません

次のページに続く

(146) 来週からすごく寒くなるので、＿＿＿＿＿コートを出しました。

(A) 薄い

(B) 厚い

(C) 濃い

(D) 浅い

(147) これは、私が海で＿＿＿＿＿魚です。

(A) 飼った

(B) 使った

(C) 釣った

(D) 割った

(148) 昨夜は久しぶりに友達と会い、楽しくて飲み＿＿＿＿＿しまった。

(A) やすくして

(B) たがって

(C) くれて

(D) すぎて

(149) お正月は、どのホテルも＿＿＿＿＿でいっぱいだ。

(A) 都合

(B) 場所

(C) 予約

(D) 説明

(150) その作家は、3日間ほとんど寝ないで小説を書き＿＿＿＿＿いた。

(A) やめて

(B) 始めて

(C) 出して

(D) 続けて

(151) 休日はどこへも出かけず、家で＿＿＿＿＿していています。

(A) どきどき

(B) すらすら

(C) ぎりぎり

(D) ごろごろ

(152) 帰りはいつかわからないので、切符は＿＿＿＿＿分だけ買っておく。

(A) 片道

(B) 宛先

(C) 前期

(D) 高価

(153) 彼はこのプロジェクトにおいて＿＿＿＿＿人物だ。

(A) 当然な

(B) 無事な

(C) 可能な

(D) 重要な

(154) 真っ白いスカートにコーヒーを＿＿＿＿＿しまった。

(A) 植えて

(B) 広めて

(C) こぼして

(D) やって

(155) 家族の＿＿＿＿＿で毎日元気に働くことができる。

(A) 恐れ

(B) おかげ

(C) まとめ

(D) お代わり

次のページに続く

(156) 真面目な彼がカンニングをする＿＿＿＿＿。

(A) わけがない
(B) とみえる
(C) ようもない
(D) しかない

(157) 雨の日に山道で転び、泥＿＿＿＿＿になってしまった。

(A) こそ
(B) たび
(C) ばかり
(D) だらけ

(158) 銀行でお金を借りるには様々な＿＿＿＿＿が必要だ。

(A) 投書
(B) 手続き
(C) 手当
(D) 方式

(159) 結論をいつまでも＿＿＿＿＿月曜日には答えを出してほしい。

(A) 持ち上げず
(B) 飲み込まず
(C) 盛り上げず
(D) 引き延ばさず

(160) ＿＿＿＿＿していると他の会社に契約を取られてしまいますよ。

(A) じろじろ
(B) ぴかぴか
(C) ぐずぐず
(D) げらげら

(161) 今期の業績は________でまだまだ伸びていくと思われる。

(A) 急激
(B) 好調
(C) 高等
(D) 早速

(162) 予防注射をした日は________運動はしないでください。

(A) 著しい
(B) 優しい
(C) 激しい
(D) 惜しい

(163) あんなに大きな会社が倒産するとは、信じ________話だ。

(A) 得る
(B) 抜く
(C) きれる
(D) がたい

(164) 賃金のうち家族手当は、家族の人数に________支払われる。

(A) 応じて
(B) 限って
(C) 沿って
(D) 反して

(165) あの会社の社員は、社長という王様に仕える________のようだ。

(A) 証人
(B) 主任
(C) 家来
(D) 赤面

次のページに続く

(166) 月曜日からずっと残業で、週末は＿＿＿＿＿起き上がれなかった。

(A) なだめて
(B) ばてて
(C) ねだって
(D) ずれて

(167) 母が留守の時、父は＿＿＿＿＿手つきで料理を作ってくれた。

(A) そっけない
(B) しぶとい
(C) たくましい
(D) ぎこちない

(168) ＿＿＿＿＿畳み方のせいで、彼の服はいつもしわだらけだ。

(A) 雑な
(B) 微かな
(C) 惨めな
(D) 豊かな

(169) 会社の未来を＿＿＿＿＿今、この事業を始めるべきだ。

(A) 考えるどころか
(B) 考えがてら
(C) 考えればこそ
(D) 考えないまでも

(170) 祖母が苦労した子供の頃の話は、涙＿＿＿＿＿語れない。

(A) なしには
(B) ながらに
(C) たりとも
(D) にあって

Ⅷ. 下の文を読んで、後の問いにもっとも適した答えを(A)から(D)の中で一つ選びなさい。

(171～173)

昨日、夜9時頃、マンションの上の部屋から、大きな音がしました。そんな音を聞くのは初めてだったのでびっくりしました。今朝になって、上の部屋に住んでいる人が、小さな子供を連れて家に来ました。いつもはうるさくしないように気を付けているけれど、ゆうべは友達が来ていて、楽しくて走ってしまったと言って謝っていました。大きい音の理由がわかってよかったです。うちはマンションの3階ですが、うちもうるさく思われているかもしれないので、これからは家族で気を付けようと思います。

(171) この人は、音を聞いてどうしてびっくりしましたか。

(A) 誰かが倒れたと思ったから
(B) 寝ている時に急に音がしたから
(C) 聞いたことがない音だったから
(D) 何かが落ちてくると思ったから

(172) 今朝、この人の家に誰が来ましたか。

(A) 上の階の人
(B) 下の階の人
(C) 隣の人
(D) この人の友達

(173) この人は、これからどうしようと思っていますか。

(A) 近所の人とあいさつをしよう。
(B) 近所へ迷惑はかけないようにしよう。
(C) 長い時間留守にはしないようにしよう。
(D) 毎日家族で話し合おう。

次のページに続く

(174～177)

私の家では犬を一匹飼っています。名前はコロと言います。3年前、家に来ました。公園の駐車場に捨てられていたコロを、近所に住んでいる田中さんが拾って来ました。田中さんは飼いたいと思いましたが、家に猫がいるのでだめだと思ったそうです。田中さんは、私が犬が好きなことを知っていました。ですから、私なら飼うかもしれないと思って電話をくれました。私は、少し考えましたが、前から飼ってみたかったので飼うことにしました。コロは、家に来てしばらく、えさをやってもあまり食べないでずっと寝ていました。心配しましたが、だんだん食べるようになって、散歩もできるようになりました。今では家族皆コロのことが大好きです。これからも大切に育てたいと思っています。

(174) 犬は、どこに捨てられていましたか。

(A) 学校
(B) 図書館
(C) 公園の駐車場
(D) 家の駐車場

(175) 田中さんは、どうして犬を飼えないと思いましたか。

(A) 飼う場所がないから
(B) 家族が反対したから
(C) 犬が苦手だから
(D) 猫を飼っているから

(176) 田中さんは、何を知っていましたか。

(A) 犬を飼うのは難しいこと
(B) 猫を飼うのは難しいこと
(C) この人が犬が好きなこと
(D) この人が昔、犬を捨てたこと

(177) コロがこの人の家に来た時は、どんな様子でしたか。

(A) たくさんえさを食べた。
(B) あまり元気がなかった。
(C) 嬉しそうだった。
(D) 病気だった。

(178～180)

昨日、市の観光課の会議が開かれて、観光ガイドについての話し合いが行われました。現在、市内のお寺や有名な建物を見学する際、観光客はガイドサービスを申し込むことができます。料金は無料で、ガイドをする人たちはボランティアです。会議では、このサービスを有料にするべきかどうかについて話し合いました。
課長は、市には有名な場所がたくさんあるわけではないので、観光客からお金をもらうのなら、案内を頼む人が減るのではないかと心配していました。でも、私は、町にたくさん観光客を呼ぶにはプロのガイドが必要だと思います。ガイドの話がおもしろければ、話題にもなるし、客もガイド料がもったいないとは思わないでしょう。会議で話し合った結果、来月から、プロのガイドの研修が始まることになりました。

(178) 会議では、何について話し合いましたか。

(A) ガイドの人数を増やすかどうか
(B) ガイドに交通費を払うかどうか
(C) ガイド料を値上げするかどうか
(D) ガイド料を取るかどうか

(179) 課長は、何を心配していましたか。

(A) 観光客が他の町に行ってしまうこと
(B) 観光客が案内を頼まなくなること
(C) ホテルの数が足りなくなること
(D) 子供向けの有名な場所が少ないこと

(180) この人は、ガイドについてどう思っていますか。

(A) プロである必要がある。
(B) ボランティアで十分だ。
(C) 趣味でできるサービスだ。
(D) ガイド料がもったいない。

次のページに続く

(181～184)

《記念セールのお知らせ》

チーズの専門店「チズチーズ」は、これまで皆様に、生産された場所や生産した人の顔がわかる、安心で安全なチーズをお届けして参りました。おかげ様で、今月は開店から1年。
これまで応援してくださった皆様に感謝申し上げます。
明日から記念セールを行います。セールの間、店内の全ての商品が10パーセント引きです。
また、千円以上買われた方には、チーズクッキーを差し上げます。
そして、開店１年を記念して、今月からはネットでの注文も、お受けすることになりました。皆様からのご注文をお待ちしております。

https://www.chizuchizu@xxx.xx.jp　　　電話：0xx-2x-59xx

チーズ専門店　チズチーズ

(181) この店で売るチーズは、どんなチーズですか。

(A) どこで誰が作ったかわかるチーズ
(B) どうやって作られたかわかるチーズ
(C) 専門家に選ばれた特別なチーズ
(D) 客が選んだ人気のチーズ

(182) セール中の価格は、どうなりますか。

(A) 一部の商品が割引価格だ。
(B) 店内の全商品が割引価格だ。
(C) 毎日10番目までの客が割引になる。
(D) この広告を持って行くと割引になる。

(183) 千円以上買うと、どんなサービスがありますか。

(A) 買った商品の配達をしてもらえる。
(B) チーズに合うワインがもらえる。
(C) 好きなチーズがもらえる。
(D) チーズのお菓子がもらえる。

(184) 今月からこの店で何が始まりましたか。

(A) インターネット販売
(B) ワインの販売
(C) チーズ料理のレストラン
(D) チーズの料理教室

(185～188)

先日、中学時代の同級生の松田さんがふるさとの長野県で美容院を開店しました。昨夜は開店記念パーティーが開かれて、私も招待されました。パーティーの料理は、私の兄が経営するレストランが担当したので、私はパーティーの開始1時間前に行って、料理を運んだり並べたりするのを手伝いました。松田さんは東京の専門学校を卒業して、横浜の美容院で8年間働いていましたが、今回ふるさとで店を持つため、長野に帰って来ました。横浜ではカットの実力をつけるため、休日にもよく練習していたそうです。私も何度か髪を切ってもらったことがありますが、彼女の技術はとてもレベルが高いと思います。

一般に、新しい美容院は開店後半年間が最も重要だそうです。その間にどれだけお客様を増やせるかで、お店がうまくいくかどうかが決まるといいます。松田さんは、パーティーの最後に「お客様に笑顔になっていただくことを一番大切にして、私も笑顔で頑張ります」とあいさつしたのですが、彼女の笑顔がずっと見られるように、私も知人に宣伝するなどしてできるだけ協力したいと思っています。

(185) この人は、パーティーが始まる前に何を手伝いましたか。

(A) 招待状を配ること　(B) 椅子や机を並べること
(C) CDを用意すること　(D) 食べ物の準備をすること

(186) 松田さんは、どこの出身ですか。

(A) 長野　(B) 横浜
(C) 東京　(D) 名古屋

(187) この人は、何を高く評価していますか。

(A) パーティーの料理
(B) 同級生のスピーチの能力
(C) 松田さんのカットの技術
(D) 専門学校の教育レベル

(188) 本文の内容と合っているものは、どれですか。

(A) 松田さんが美容師になって、半年過ぎた。
(B) この人は、店の宣伝に協力するつもりはない。
(C) 店の成功には、最初の6ヵ月が非常に大事だ。
(D) 最初の半年間は客が少ないに決まっている。

次のページに続く

(189～192)

毎朝6時、私は郊外から市内の職場に向かってハンドルを握っている。道路は既に込み始めているため、スピードは常に時速10キロから20キロ。これが一日のストレスの始まりだ。それなら、公共交通機関で通勤すればいいと友人たちは言う。実際私だってそう思ってバスと電車を乗り継いで通勤してみたことがあるが、3日で諦めた。ちょうどいい時刻に会社に着こうと家を出たら、バスは渋滞に引っかかり、電車は満員で、会社に着いた時はぐったりしてしまったのだ。2日目は早めに家を出てみたが、乗り換えの時に急な雨に降られて、ひどい目に遭った。3日目は何とか順調だったが、結局、どうせ早めに家を出るのなら好きな音楽や語学学習のCDを聞きながら、座って通勤する方がまだいいという結論に達したというわけだ。更に都合のいいことに、取引先との夕食の席で、アルコールを断りやすい。元々お酒は強くないので、これは本当に助かっている。そんなわけで、私は車通勤を続けているのである。

(189) この人は、毎朝何にストレスを感じますか。

(A) 早朝出勤
(B) のろのろ運転
(C) マナーの悪い運転手
(D) 工事中の道路

(190) 公共交通機関での通勤について、この人は何と言っていますか。

(A) 考えただけで疲れて実行しなかった。
(B) 実行したが、自分には合わなかった。
(C) 通勤手当が出ないのでやめた。
(D) 途中で同僚に会うのが面倒でやめた。

(191) この人はなぜ、車での通勤を選びましたか。

(A) 家を出る時刻が遅くてもいいから
(B) 家を早く出れば渋滞がないから
(C) 車内で好きなことができるから
(D) 運転そのものが好きだから

(192) この人は、何が都合がいいと言っていますか。

(A) 運転を理由に酒を断れること
(B) 運転すると言って先に帰れること
(C) 一人で好きな時間に通勤できること
(D) 常に座って通勤できること

(193～196)

大学の卒業記念に海外旅行で思い出作りをする人は多い。私もその一人になるはずだった。パスポートを用意し、友達とどこへ行こうか色々調べていた時、1枚の写真が目に入った。その写真は父が大学生の時に行った四国のある港町の写真だった。父は四国を何日かかけて歩いて回ったそうだ。父は、何を思いながら足を運んだのか。リュックサックを背負って歩く父の姿が浮かんだ。この写真の父と同じ年になった私は、父と同じ道を通り、一人でこの港町を訪ねたくなった。この急でわがままな思いを伝えると友達はあきれて、他の友達を誘って海外旅行に行った。私は一人、リュックサック姿で東京駅を発った。四国に入り、全て自分の足でとは行かなかったが、写真と同じ港町にゴールすることができた。父と同じ景色が見られたことは何より嬉しかったが、旅行の間に出会った店の人たちや他の旅行者との出会いの素晴らしさは、予想外のものだった。家に帰って初めて父に四国旅行の話をした。行った理由も話すと「海外旅行をしてくればよかったのに」と言ったが、続けて「日焼けして顔が黒くなったがいい顔しているな」と言い、微笑みを浮かべた。それを見て私もさらに嬉しくなった。

(193) この人は、卒業記念に何をするつもりでしたか。

(A) 一人で自転車の旅をすること
(B) 一人で日本の島を巡ること
(C) 友達の出身地を巡ること
(D) 友達と海外へ行くこと

(194) この人は、なぜ計画を変えましたか。

(A) 昔、行きたいと思っていた所を思い出したから
(B) 友達にアドバイスをされたから
(C) お父さんが旅行にいい場所を教えてくれたから
(D) お父さんがしたような旅行をしたくなったから

(195) この人にとって予想外だったことは、どんなことでしたか。

(A) 旅行中に様々な人たちと出会えたこと
(B) 全て自分の足で歩けたこと
(C) 港町の風景が素晴らしかったこと
(D) 国内でも外国のような風景に出会えたこと

(196) この人は、四国旅行を終えてどう感じていますか。

(A) 海外旅行に行った方がよかった。
(B) お父さんの反応に満足している。
(C) お父さんに旅行の話をしなければよかった。
(D) 今度はお父さんと旅行がしたい。

次のページに続く

(197〜200)

私は子供の頃からK電鉄のファンだ。乗り物図鑑で初めて鮮やかな赤い車両を見た時、格好いいと思った。そして、他社にはない特長を知るにつれ、ますますその魅力に取りつかれていった。K電鉄は、他の鉄道よりレールの幅が広いため、安定した走行ができるのが特長だ。また、多くの鉄道会社では、電車の運行をコンピューターが管理する自動システムを導入しているが、K電鉄では状況に応じて手動管理に切り替えることができる。何かトラブルが起きた時、線路や信号の切り替えなどを人間が判断して処理できるので、融通が利かない自動システムより遅延が少ないと言われている。

来年、私はK電鉄に入社する。半年前に就職活動を始めた時、一つだけ不安材料があった。それは、鉄道マニアは採用されにくいという噂だった。先輩によれば、面接で鉄道に関する細かい知識をやたらと披露したり、愛を語るのは逆効果だということだった。私はその忠告を守り、何とか難関を突破できたのだ。憧れの会社に入社したからには、運転士になって乗客に快適な乗り心地を提供できるようになりたい。

(197) この人がK電鉄のファンになったきっかけは、何ですか。

(A) 乗り物専門の本で見たこと
(B) 鉄道好きの先輩がいたこと
(C) K電鉄の模型をもらったこと
(D) K電鉄の沿線に住んでいたこと

(198) K電鉄はなぜ、電車の遅延が少ないのですか。

(A) ラッシュの運転本数が少ないから
(B) 最先端のコンピューター技術を使っているから
(C) 線路の幅が他の会社より広いから
(D) 人間が手作業で対応しているから

(199) 就職面接の際、先輩はどんなアドバイスをしましたか。

(A) 時間にルーズではないことを強調する。
(B) 鉄道の知識をアピールしすぎない。
(C) 運転士になりたいという熱意を見せる。
(D) 質問に、はきはきと答える。

(200) 本文の内容と合っていないものは、どれですか。

(A) K電鉄の運行は、完全に自動システムによって管理されている。
(B) K電鉄の走行が安定しているのは、線路の幅のおかげである。
(C) この人は幼い頃、K電鉄の車両に魅了された。
(D) この人はK電鉄の入社面接で、鉄道ファンであることを伏せた。

ANSWER SHEET

JPT® 최신기출 1000제 30일 완성 TEST 1

Japanese Proficiency Test

수험번호						

응시일자 : 20 년 월 일

성명	한글	
	한자	
	영자	

좌석번호						
Ⓐ	Ⓑ	Ⓒ	Ⓓ	Ⓔ		
①	②	③	④	⑤	⑥	⑦

聴解

NO.	ANSWER				NO.	ANSWER				NO.	ANSWER				NO.	ANSWER				NO.	ANSWER			
	A	B	C	D		A	B	C	D		A	B	C	D		A	B	C	D		A	B	C	D
1	ⓐ	ⓑ	ⓒ	ⓓ	21	ⓐ	ⓑ	ⓒ	ⓓ	41	ⓐ	ⓑ	ⓒ	ⓓ	61	ⓐ	ⓑ	ⓒ	ⓓ	81	ⓐ	ⓑ	ⓒ	ⓓ
2	ⓐ	ⓑ	ⓒ	ⓓ	22	ⓐ	ⓑ	ⓒ	ⓓ	42	ⓐ	ⓑ	ⓒ	ⓓ	62	ⓐ	ⓑ	ⓒ	ⓓ	82	ⓐ	ⓑ	ⓒ	ⓓ
3	ⓐ	ⓑ	ⓒ	ⓓ	23	ⓐ	ⓑ	ⓒ	ⓓ	43	ⓐ	ⓑ	ⓒ	ⓓ	63	ⓐ	ⓑ	ⓒ	ⓓ	83	ⓐ	ⓑ	ⓒ	ⓓ
4	ⓐ	ⓑ	ⓒ	ⓓ	24	ⓐ	ⓑ	ⓒ	ⓓ	44	ⓐ	ⓑ	ⓒ	ⓓ	64	ⓐ	ⓑ	ⓒ	ⓓ	84	ⓐ	ⓑ	ⓒ	ⓓ
5	ⓐ	ⓑ	ⓒ	ⓓ	25	ⓐ	ⓑ	ⓒ	ⓓ	45	ⓐ	ⓑ	ⓒ	ⓓ	65	ⓐ	ⓑ	ⓒ	ⓓ	85	ⓐ	ⓑ	ⓒ	ⓓ
6	ⓐ	ⓑ	ⓒ	ⓓ	26	ⓐ	ⓑ	ⓒ	ⓓ	46	ⓐ	ⓑ	ⓒ	ⓓ	66	ⓐ	ⓑ	ⓒ	ⓓ	86	ⓐ	ⓑ	ⓒ	ⓓ
7	ⓐ	ⓑ	ⓒ	ⓓ	27	ⓐ	ⓑ	ⓒ	ⓓ	47	ⓐ	ⓑ	ⓒ	ⓓ	67	ⓐ	ⓑ	ⓒ	ⓓ	87	ⓐ	ⓑ	ⓒ	ⓓ
8	ⓐ	ⓑ	ⓒ	ⓓ	28	ⓐ	ⓑ	ⓒ	ⓓ	48	ⓐ	ⓑ	ⓒ	ⓓ	68	ⓐ	ⓑ	ⓒ	ⓓ	88	ⓐ	ⓑ	ⓒ	ⓓ
9	ⓐ	ⓑ	ⓒ	ⓓ	29	ⓐ	ⓑ	ⓒ	ⓓ	49	ⓐ	ⓑ	ⓒ	ⓓ	69	ⓐ	ⓑ	ⓒ	ⓓ	89	ⓐ	ⓑ	ⓒ	ⓓ
10	ⓐ	ⓑ	ⓒ	ⓓ	30	ⓐ	ⓑ	ⓒ	ⓓ	50	ⓐ	ⓑ	ⓒ	ⓓ	70	ⓐ	ⓑ	ⓒ	ⓓ	90	ⓐ	ⓑ	ⓒ	ⓓ
11	ⓐ	ⓑ	ⓒ	ⓓ	31	ⓐ	ⓑ	ⓒ	ⓓ	51	ⓐ	ⓑ	ⓒ	ⓓ	71	ⓐ	ⓑ	ⓒ	ⓓ	91	ⓐ	ⓑ	ⓒ	ⓓ
12	ⓐ	ⓑ	ⓒ	ⓓ	32	ⓐ	ⓑ	ⓒ	ⓓ	52	ⓐ	ⓑ	ⓒ	ⓓ	72	ⓐ	ⓑ	ⓒ	ⓓ	92	ⓐ	ⓑ	ⓒ	ⓓ
13	ⓐ	ⓑ	ⓒ	ⓓ	33	ⓐ	ⓑ	ⓒ	ⓓ	53	ⓐ	ⓑ	ⓒ	ⓓ	73	ⓐ	ⓑ	ⓒ	ⓓ	93	ⓐ	ⓑ	ⓒ	ⓓ
14	ⓐ	ⓑ	ⓒ	ⓓ	34	ⓐ	ⓑ	ⓒ	ⓓ	54	ⓐ	ⓑ	ⓒ	ⓓ	74	ⓐ	ⓑ	ⓒ	ⓓ	94	ⓐ	ⓑ	ⓒ	ⓓ
15	ⓐ	ⓑ	ⓒ	ⓓ	35	ⓐ	ⓑ	ⓒ	ⓓ	55	ⓐ	ⓑ	ⓒ	ⓓ	75	ⓐ	ⓑ	ⓒ	ⓓ	95	ⓐ	ⓑ	ⓒ	ⓓ
16	ⓐ	ⓑ	ⓒ	ⓓ	36	ⓐ	ⓑ	ⓒ	ⓓ	56	ⓐ	ⓑ	ⓒ	ⓓ	76	ⓐ	ⓑ	ⓒ	ⓓ	96	ⓐ	ⓑ	ⓒ	ⓓ
17	ⓐ	ⓑ	ⓒ	ⓓ	37	ⓐ	ⓑ	ⓒ	ⓓ	57	ⓐ	ⓑ	ⓒ	ⓓ	77	ⓐ	ⓑ	ⓒ	ⓓ	97	ⓐ	ⓑ	ⓒ	ⓓ
18	ⓐ	ⓑ	ⓒ	ⓓ	38	ⓐ	ⓑ	ⓒ	ⓓ	58	ⓐ	ⓑ	ⓒ	ⓓ	78	ⓐ	ⓑ	ⓒ	ⓓ	98	ⓐ	ⓑ	ⓒ	ⓓ
19	ⓐ	ⓑ	ⓒ	ⓓ	39	ⓐ	ⓑ	ⓒ	ⓓ	59	ⓐ	ⓑ	ⓒ	ⓓ	79	ⓐ	ⓑ	ⓒ	ⓓ	99	ⓐ	ⓑ	ⓒ	ⓓ
20	ⓐ	ⓑ	ⓒ	ⓓ	40	ⓐ	ⓑ	ⓒ	ⓓ	60	ⓐ	ⓑ	ⓒ	ⓓ	80	ⓐ	ⓑ	ⓒ	ⓓ	100	ⓐ	ⓑ	ⓒ	ⓓ

読解

NO.	ANSWER				NO.	ANSWER				NO.	ANSWER				NO.	ANSWER				NO.	ANSWER			
	A	B	C	D		A	B	C	D		A	B	C	D		A	B	C	D		A	B	C	D
101	ⓐ	ⓑ	ⓒ	ⓓ	121	ⓐ	ⓑ	ⓒ	ⓓ	141	ⓐ	ⓑ	ⓒ	ⓓ	161	ⓐ	ⓑ	ⓒ	ⓓ	181	ⓐ	ⓑ	ⓒ	ⓓ
102	ⓐ	ⓑ	ⓒ	ⓓ	122	ⓐ	ⓑ	ⓒ	ⓓ	142	ⓐ	ⓑ	ⓒ	ⓓ	162	ⓐ	ⓑ	ⓒ	ⓓ	182	ⓐ	ⓑ	ⓒ	ⓓ
103	ⓐ	ⓑ	ⓒ	ⓓ	123	ⓐ	ⓑ	ⓒ	ⓓ	143	ⓐ	ⓑ	ⓒ	ⓓ	163	ⓐ	ⓑ	ⓒ	ⓓ	183	ⓐ	ⓑ	ⓒ	ⓓ
104	ⓐ	ⓑ	ⓒ	ⓓ	124	ⓐ	ⓑ	ⓒ	ⓓ	144	ⓐ	ⓑ	ⓒ	ⓓ	164	ⓐ	ⓑ	ⓒ	ⓓ	184	ⓐ	ⓑ	ⓒ	ⓓ
105	ⓐ	ⓑ	ⓒ	ⓓ	125	ⓐ	ⓑ	ⓒ	ⓓ	145	ⓐ	ⓑ	ⓒ	ⓓ	165	ⓐ	ⓑ	ⓒ	ⓓ	185	ⓐ	ⓑ	ⓒ	ⓓ
106	ⓐ	ⓑ	ⓒ	ⓓ	126	ⓐ	ⓑ	ⓒ	ⓓ	146	ⓐ	ⓑ	ⓒ	ⓓ	166	ⓐ	ⓑ	ⓒ	ⓓ	186	ⓐ	ⓑ	ⓒ	ⓓ
107	ⓐ	ⓑ	ⓒ	ⓓ	127	ⓐ	ⓑ	ⓒ	ⓓ	147	ⓐ	ⓑ	ⓒ	ⓓ	167	ⓐ	ⓑ	ⓒ	ⓓ	187	ⓐ	ⓑ	ⓒ	ⓓ
108	ⓐ	ⓑ	ⓒ	ⓓ	128	ⓐ	ⓑ	ⓒ	ⓓ	148	ⓐ	ⓑ	ⓒ	ⓓ	168	ⓐ	ⓑ	ⓒ	ⓓ	188	ⓐ	ⓑ	ⓒ	ⓓ
109	ⓐ	ⓑ	ⓒ	ⓓ	129	ⓐ	ⓑ	ⓒ	ⓓ	149	ⓐ	ⓑ	ⓒ	ⓓ	169	ⓐ	ⓑ	ⓒ	ⓓ	189	ⓐ	ⓑ	ⓒ	ⓓ
110	ⓐ	ⓑ	ⓒ	ⓓ	130	ⓐ	ⓑ	ⓒ	ⓓ	150	ⓐ	ⓑ	ⓒ	ⓓ	170	ⓐ	ⓑ	ⓒ	ⓓ	190	ⓐ	ⓑ	ⓒ	ⓓ
111	ⓐ	ⓑ	ⓒ	ⓓ	131	ⓐ	ⓑ	ⓒ	ⓓ	151	ⓐ	ⓑ	ⓒ	ⓓ	171	ⓐ	ⓑ	ⓒ	ⓓ	191	ⓐ	ⓑ	ⓒ	ⓓ
112	ⓐ	ⓑ	ⓒ	ⓓ	132	ⓐ	ⓑ	ⓒ	ⓓ	152	ⓐ	ⓑ	ⓒ	ⓓ	172	ⓐ	ⓑ	ⓒ	ⓓ	192	ⓐ	ⓑ	ⓒ	ⓓ
113	ⓐ	ⓑ	ⓒ	ⓓ	133	ⓐ	ⓑ	ⓒ	ⓓ	153	ⓐ	ⓑ	ⓒ	ⓓ	173	ⓐ	ⓑ	ⓒ	ⓓ	193	ⓐ	ⓑ	ⓒ	ⓓ
114	ⓐ	ⓑ	ⓒ	ⓓ	134	ⓐ	ⓑ	ⓒ	ⓓ	154	ⓐ	ⓑ	ⓒ	ⓓ	174	ⓐ	ⓑ	ⓒ	ⓓ	194	ⓐ	ⓑ	ⓒ	ⓓ
115	ⓐ	ⓑ	ⓒ	ⓓ	135	ⓐ	ⓑ	ⓒ	ⓓ	155	ⓐ	ⓑ	ⓒ	ⓓ	175	ⓐ	ⓑ	ⓒ	ⓓ	195	ⓐ	ⓑ	ⓒ	ⓓ
116	ⓐ	ⓑ	ⓒ	ⓓ	136	ⓐ	ⓑ	ⓒ	ⓓ	156	ⓐ	ⓑ	ⓒ	ⓓ	176	ⓐ	ⓑ	ⓒ	ⓓ	196	ⓐ	ⓑ	ⓒ	ⓓ
117	ⓐ	ⓑ	ⓒ	ⓓ	137	ⓐ	ⓑ	ⓒ	ⓓ	157	ⓐ	ⓑ	ⓒ	ⓓ	177	ⓐ	ⓑ	ⓒ	ⓓ	197	ⓐ	ⓑ	ⓒ	ⓓ
118	ⓐ	ⓑ	ⓒ	ⓓ	138	ⓐ	ⓑ	ⓒ	ⓓ	158	ⓐ	ⓑ	ⓒ	ⓓ	178	ⓐ	ⓑ	ⓒ	ⓓ	198	ⓐ	ⓑ	ⓒ	ⓓ
119	ⓐ	ⓑ	ⓒ	ⓓ	139	ⓐ	ⓑ	ⓒ	ⓓ	159	ⓐ	ⓑ	ⓒ	ⓓ	179	ⓐ	ⓑ	ⓒ	ⓓ	199	ⓐ	ⓑ	ⓒ	ⓓ
120	ⓐ	ⓑ	ⓒ	ⓓ	140	ⓐ	ⓑ	ⓒ	ⓓ	160	ⓐ	ⓑ	ⓒ	ⓓ	180	ⓐ	ⓑ	ⓒ	ⓓ	200	ⓐ	ⓑ	ⓒ	ⓓ

ANSWER SHEET

JPT® 최신기출 1000제 30일 완성 TEST 2

Japanese Proficiency Test

수험번호						

성명	한글	
	한자	
	영자	

좌석번호
Ⓐ Ⓑ Ⓒ Ⓓ Ⓔ
① ② ③ ④ ⑤ ⑥ ⑦

응시일자 : 20　　년　　월　　일

聴解

NO.	ANSWER				NO.	ANSWER				NO.	ANSWER				NO.	ANSWER				NO.	ANSWER			
	A	B	C	D		A	B	C	D		A	B	C	D		A	B	C	D		A	B	C	D
1	ⓐ	ⓑ	ⓒ	ⓓ	21	ⓐ	ⓑ	ⓒ	ⓓ	41	ⓐ	ⓑ	ⓒ	ⓓ	61	ⓐ	ⓑ	ⓒ	ⓓ	81	ⓐ	ⓑ	ⓒ	ⓓ
2	ⓐ	ⓑ	ⓒ	ⓓ	22	ⓐ	ⓑ	ⓒ	ⓓ	42	ⓐ	ⓑ	ⓒ	ⓓ	62	ⓐ	ⓑ	ⓒ	ⓓ	82	ⓐ	ⓑ	ⓒ	ⓓ
3	ⓐ	ⓑ	ⓒ	ⓓ	23	ⓐ	ⓑ	ⓒ	ⓓ	43	ⓐ	ⓑ	ⓒ	ⓓ	63	ⓐ	ⓑ	ⓒ	ⓓ	83	ⓐ	ⓑ	ⓒ	ⓓ
4	ⓐ	ⓑ	ⓒ	ⓓ	24	ⓐ	ⓑ	ⓒ	ⓓ	44	ⓐ	ⓑ	ⓒ	ⓓ	64	ⓐ	ⓑ	ⓒ	ⓓ	84	ⓐ	ⓑ	ⓒ	ⓓ
5	ⓐ	ⓑ	ⓒ	ⓓ	25	ⓐ	ⓑ	ⓒ	ⓓ	45	ⓐ	ⓑ	ⓒ	ⓓ	65	ⓐ	ⓑ	ⓒ	ⓓ	85	ⓐ	ⓑ	ⓒ	ⓓ
6	ⓐ	ⓑ	ⓒ	ⓓ	26	ⓐ	ⓑ	ⓒ	ⓓ	46	ⓐ	ⓑ	ⓒ	ⓓ	66	ⓐ	ⓑ	ⓒ	ⓓ	86	ⓐ	ⓑ	ⓒ	ⓓ
7	ⓐ	ⓑ	ⓒ	ⓓ	27	ⓐ	ⓑ	ⓒ	ⓓ	47	ⓐ	ⓑ	ⓒ	ⓓ	67	ⓐ	ⓑ	ⓒ	ⓓ	87	ⓐ	ⓑ	ⓒ	ⓓ
8	ⓐ	ⓑ	ⓒ	ⓓ	28	ⓐ	ⓑ	ⓒ	ⓓ	48	ⓐ	ⓑ	ⓒ	ⓓ	68	ⓐ	ⓑ	ⓒ	ⓓ	88	ⓐ	ⓑ	ⓒ	ⓓ
9	ⓐ	ⓑ	ⓒ	ⓓ	29	ⓐ	ⓑ	ⓒ	ⓓ	49	ⓐ	ⓑ	ⓒ	ⓓ	69	ⓐ	ⓑ	ⓒ	ⓓ	89	ⓐ	ⓑ	ⓒ	ⓓ
10	ⓐ	ⓑ	ⓒ	ⓓ	30	ⓐ	ⓑ	ⓒ	ⓓ	50	ⓐ	ⓑ	ⓒ	ⓓ	70	ⓐ	ⓑ	ⓒ	ⓓ	90	ⓐ	ⓑ	ⓒ	ⓓ
11	ⓐ	ⓑ	ⓒ	ⓓ	31	ⓐ	ⓑ	ⓒ	ⓓ	51	ⓐ	ⓑ	ⓒ	ⓓ	71	ⓐ	ⓑ	ⓒ	ⓓ	91	ⓐ	ⓑ	ⓒ	ⓓ
12	ⓐ	ⓑ	ⓒ	ⓓ	32	ⓐ	ⓑ	ⓒ	ⓓ	52	ⓐ	ⓑ	ⓒ	ⓓ	72	ⓐ	ⓑ	ⓒ	ⓓ	92	ⓐ	ⓑ	ⓒ	ⓓ
13	ⓐ	ⓑ	ⓒ	ⓓ	33	ⓐ	ⓑ	ⓒ	ⓓ	53	ⓐ	ⓑ	ⓒ	ⓓ	73	ⓐ	ⓑ	ⓒ	ⓓ	93	ⓐ	ⓑ	ⓒ	ⓓ
14	ⓐ	ⓑ	ⓒ	ⓓ	34	ⓐ	ⓑ	ⓒ	ⓓ	54	ⓐ	ⓑ	ⓒ	ⓓ	74	ⓐ	ⓑ	ⓒ	ⓓ	94	ⓐ	ⓑ	ⓒ	ⓓ
15	ⓐ	ⓑ	ⓒ	ⓓ	35	ⓐ	ⓑ	ⓒ	ⓓ	55	ⓐ	ⓑ	ⓒ	ⓓ	75	ⓐ	ⓑ	ⓒ	ⓓ	95	ⓐ	ⓑ	ⓒ	ⓓ
16	ⓐ	ⓑ	ⓒ	ⓓ	36	ⓐ	ⓑ	ⓒ	ⓓ	56	ⓐ	ⓑ	ⓒ	ⓓ	76	ⓐ	ⓑ	ⓒ	ⓓ	96	ⓐ	ⓑ	ⓒ	ⓓ
17	ⓐ	ⓑ	ⓒ	ⓓ	37	ⓐ	ⓑ	ⓒ	ⓓ	57	ⓐ	ⓑ	ⓒ	ⓓ	77	ⓐ	ⓑ	ⓒ	ⓓ	97	ⓐ	ⓑ	ⓒ	ⓓ
18	ⓐ	ⓑ	ⓒ	ⓓ	38	ⓐ	ⓑ	ⓒ	ⓓ	58	ⓐ	ⓑ	ⓒ	ⓓ	78	ⓐ	ⓑ	ⓒ	ⓓ	98	ⓐ	ⓑ	ⓒ	ⓓ
19	ⓐ	ⓑ	ⓒ	ⓓ	39	ⓐ	ⓑ	ⓒ	ⓓ	59	ⓐ	ⓑ	ⓒ	ⓓ	79	ⓐ	ⓑ	ⓒ	ⓓ	99	ⓐ	ⓑ	ⓒ	ⓓ
20	ⓐ	ⓑ	ⓒ	ⓓ	40	ⓐ	ⓑ	ⓒ	ⓓ	60	ⓐ	ⓑ	ⓒ	ⓓ	80	ⓐ	ⓑ	ⓒ	ⓓ	100	ⓐ	ⓑ	ⓒ	ⓓ

読解

NO.	ANSWER				NO.	ANSWER				NO.	ANSWER				NO.	ANSWER				NO.	ANSWER			
	A	B	C	D		A	B	C	D		A	B	C	D		A	B	C	D		A	B	C	D
101	ⓐ	ⓑ	ⓒ	ⓓ	121	ⓐ	ⓑ	ⓒ	ⓓ	141	ⓐ	ⓑ	ⓒ	ⓓ	161	ⓐ	ⓑ	ⓒ	ⓓ	181	ⓐ	ⓑ	ⓒ	ⓓ
102	ⓐ	ⓑ	ⓒ	ⓓ	122	ⓐ	ⓑ	ⓒ	ⓓ	142	ⓐ	ⓑ	ⓒ	ⓓ	162	ⓐ	ⓑ	ⓒ	ⓓ	182	ⓐ	ⓑ	ⓒ	ⓓ
103	ⓐ	ⓑ	ⓒ	ⓓ	123	ⓐ	ⓑ	ⓒ	ⓓ	143	ⓐ	ⓑ	ⓒ	ⓓ	163	ⓐ	ⓑ	ⓒ	ⓓ	183	ⓐ	ⓑ	ⓒ	ⓓ
104	ⓐ	ⓑ	ⓒ	ⓓ	124	ⓐ	ⓑ	ⓒ	ⓓ	144	ⓐ	ⓑ	ⓒ	ⓓ	164	ⓐ	ⓑ	ⓒ	ⓓ	184	ⓐ	ⓑ	ⓒ	ⓓ
105	ⓐ	ⓑ	ⓒ	ⓓ	125	ⓐ	ⓑ	ⓒ	ⓓ	145	ⓐ	ⓑ	ⓒ	ⓓ	165	ⓐ	ⓑ	ⓒ	ⓓ	185	ⓐ	ⓑ	ⓒ	ⓓ
106	ⓐ	ⓑ	ⓒ	ⓓ	126	ⓐ	ⓑ	ⓒ	ⓓ	146	ⓐ	ⓑ	ⓒ	ⓓ	166	ⓐ	ⓑ	ⓒ	ⓓ	186	ⓐ	ⓑ	ⓒ	ⓓ
107	ⓐ	ⓑ	ⓒ	ⓓ	127	ⓐ	ⓑ	ⓒ	ⓓ	147	ⓐ	ⓑ	ⓒ	ⓓ	167	ⓐ	ⓑ	ⓒ	ⓓ	187	ⓐ	ⓑ	ⓒ	ⓓ
108	ⓐ	ⓑ	ⓒ	ⓓ	128	ⓐ	ⓑ	ⓒ	ⓓ	148	ⓐ	ⓑ	ⓒ	ⓓ	168	ⓐ	ⓑ	ⓒ	ⓓ	188	ⓐ	ⓑ	ⓒ	ⓓ
109	ⓐ	ⓑ	ⓒ	ⓓ	129	ⓐ	ⓑ	ⓒ	ⓓ	149	ⓐ	ⓑ	ⓒ	ⓓ	169	ⓐ	ⓑ	ⓒ	ⓓ	189	ⓐ	ⓑ	ⓒ	ⓓ
110	ⓐ	ⓑ	ⓒ	ⓓ	130	ⓐ	ⓑ	ⓒ	ⓓ	150	ⓐ	ⓑ	ⓒ	ⓓ	170	ⓐ	ⓑ	ⓒ	ⓓ	190	ⓐ	ⓑ	ⓒ	ⓓ
111	ⓐ	ⓑ	ⓒ	ⓓ	131	ⓐ	ⓑ	ⓒ	ⓓ	151	ⓐ	ⓑ	ⓒ	ⓓ	171	ⓐ	ⓑ	ⓒ	ⓓ	191	ⓐ	ⓑ	ⓒ	ⓓ
112	ⓐ	ⓑ	ⓒ	ⓓ	132	ⓐ	ⓑ	ⓒ	ⓓ	152	ⓐ	ⓑ	ⓒ	ⓓ	172	ⓐ	ⓑ	ⓒ	ⓓ	192	ⓐ	ⓑ	ⓒ	ⓓ
113	ⓐ	ⓑ	ⓒ	ⓓ	133	ⓐ	ⓑ	ⓒ	ⓓ	153	ⓐ	ⓑ	ⓒ	ⓓ	173	ⓐ	ⓑ	ⓒ	ⓓ	193	ⓐ	ⓑ	ⓒ	ⓓ
114	ⓐ	ⓑ	ⓒ	ⓓ	134	ⓐ	ⓑ	ⓒ	ⓓ	154	ⓐ	ⓑ	ⓒ	ⓓ	174	ⓐ	ⓑ	ⓒ	ⓓ	194	ⓐ	ⓑ	ⓒ	ⓓ
115	ⓐ	ⓑ	ⓒ	ⓓ	135	ⓐ	ⓑ	ⓒ	ⓓ	155	ⓐ	ⓑ	ⓒ	ⓓ	175	ⓐ	ⓑ	ⓒ	ⓓ	195	ⓐ	ⓑ	ⓒ	ⓓ
116	ⓐ	ⓑ	ⓒ	ⓓ	136	ⓐ	ⓑ	ⓒ	ⓓ	156	ⓐ	ⓑ	ⓒ	ⓓ	176	ⓐ	ⓑ	ⓒ	ⓓ	196	ⓐ	ⓑ	ⓒ	ⓓ
117	ⓐ	ⓑ	ⓒ	ⓓ	137	ⓐ	ⓑ	ⓒ	ⓓ	157	ⓐ	ⓑ	ⓒ	ⓓ	177	ⓐ	ⓑ	ⓒ	ⓓ	197	ⓐ	ⓑ	ⓒ	ⓓ
118	ⓐ	ⓑ	ⓒ	ⓓ	138	ⓐ	ⓑ	ⓒ	ⓓ	158	ⓐ	ⓑ	ⓒ	ⓓ	178	ⓐ	ⓑ	ⓒ	ⓓ	198	ⓐ	ⓑ	ⓒ	ⓓ
119	ⓐ	ⓑ	ⓒ	ⓓ	139	ⓐ	ⓑ	ⓒ	ⓓ	159	ⓐ	ⓑ	ⓒ	ⓓ	179	ⓐ	ⓑ	ⓒ	ⓓ	199	ⓐ	ⓑ	ⓒ	ⓓ
120	ⓐ	ⓑ	ⓒ	ⓓ	140	ⓐ	ⓑ	ⓒ	ⓓ	160	ⓐ	ⓑ	ⓒ	ⓓ	180	ⓐ	ⓑ	ⓒ	ⓓ	200	ⓐ	ⓑ	ⓒ	ⓓ

ANSWER SHEET

JPT® 최신기출 1000제 30일 완성 TEST 3

Japanese Proficiency Test

수험번호						

응시일자 : 20 　년 　월 　일

성명	한글	
	한자	
	영자	

좌석번호
Ⓐ Ⓑ Ⓒ Ⓓ Ⓔ
① ② ③ ④ ⑤ ⑥ ⑦

聴解

NO.	ANSWER				NO.	ANSWER				NO.	ANSWER				NO.	ANSWER				NO.	ANSWER			
	A	B	C	D		A	B	C	D		A	B	C	D		A	B	C	D		A	B	C	D
1	ⓐ	ⓑ	ⓒ	ⓓ	21	ⓐ	ⓑ	ⓒ	ⓓ	41	ⓐ	ⓑ	ⓒ	ⓓ	61	ⓐ	ⓑ	ⓒ	ⓓ	81	ⓐ	ⓑ	ⓒ	ⓓ
2	ⓐ	ⓑ	ⓒ	ⓓ	22	ⓐ	ⓑ	ⓒ	ⓓ	42	ⓐ	ⓑ	ⓒ	ⓓ	62	ⓐ	ⓑ	ⓒ	ⓓ	82	ⓐ	ⓑ	ⓒ	ⓓ
3	ⓐ	ⓑ	ⓒ	ⓓ	23	ⓐ	ⓑ	ⓒ	ⓓ	43	ⓐ	ⓑ	ⓒ	ⓓ	63	ⓐ	ⓑ	ⓒ	ⓓ	83	ⓐ	ⓑ	ⓒ	ⓓ
4	ⓐ	ⓑ	ⓒ	ⓓ	24	ⓐ	ⓑ	ⓒ	ⓓ	44	ⓐ	ⓑ	ⓒ	ⓓ	64	ⓐ	ⓑ	ⓒ	ⓓ	84	ⓐ	ⓑ	ⓒ	ⓓ
5	ⓐ	ⓑ	ⓒ	ⓓ	25	ⓐ	ⓑ	ⓒ	ⓓ	45	ⓐ	ⓑ	ⓒ	ⓓ	65	ⓐ	ⓑ	ⓒ	ⓓ	85	ⓐ	ⓑ	ⓒ	ⓓ
6	ⓐ	ⓑ	ⓒ	ⓓ	26	ⓐ	ⓑ	ⓒ	ⓓ	46	ⓐ	ⓑ	ⓒ	ⓓ	66	ⓐ	ⓑ	ⓒ	ⓓ	86	ⓐ	ⓑ	ⓒ	ⓓ
7	ⓐ	ⓑ	ⓒ	ⓓ	27	ⓐ	ⓑ	ⓒ	ⓓ	47	ⓐ	ⓑ	ⓒ	ⓓ	67	ⓐ	ⓑ	ⓒ	ⓓ	87	ⓐ	ⓑ	ⓒ	ⓓ
8	ⓐ	ⓑ	ⓒ	ⓓ	28	ⓐ	ⓑ	ⓒ	ⓓ	48	ⓐ	ⓑ	ⓒ	ⓓ	68	ⓐ	ⓑ	ⓒ	ⓓ	88	ⓐ	ⓑ	ⓒ	ⓓ
9	ⓐ	ⓑ	ⓒ	ⓓ	29	ⓐ	ⓑ	ⓒ	ⓓ	49	ⓐ	ⓑ	ⓒ	ⓓ	69	ⓐ	ⓑ	ⓒ	ⓓ	89	ⓐ	ⓑ	ⓒ	ⓓ
10	ⓐ	ⓑ	ⓒ	ⓓ	30	ⓐ	ⓑ	ⓒ	ⓓ	50	ⓐ	ⓑ	ⓒ	ⓓ	70	ⓐ	ⓑ	ⓒ	ⓓ	90	ⓐ	ⓑ	ⓒ	ⓓ
11	ⓐ	ⓑ	ⓒ	ⓓ	31	ⓐ	ⓑ	ⓒ	ⓓ	51	ⓐ	ⓑ	ⓒ	ⓓ	71	ⓐ	ⓑ	ⓒ	ⓓ	91	ⓐ	ⓑ	ⓒ	ⓓ
12	ⓐ	ⓑ	ⓒ	ⓓ	32	ⓐ	ⓑ	ⓒ	ⓓ	52	ⓐ	ⓑ	ⓒ	ⓓ	72	ⓐ	ⓑ	ⓒ	ⓓ	92	ⓐ	ⓑ	ⓒ	ⓓ
13	ⓐ	ⓑ	ⓒ	ⓓ	33	ⓐ	ⓑ	ⓒ	ⓓ	53	ⓐ	ⓑ	ⓒ	ⓓ	73	ⓐ	ⓑ	ⓒ	ⓓ	93	ⓐ	ⓑ	ⓒ	ⓓ
14	ⓐ	ⓑ	ⓒ	ⓓ	34	ⓐ	ⓑ	ⓒ	ⓓ	54	ⓐ	ⓑ	ⓒ	ⓓ	74	ⓐ	ⓑ	ⓒ	ⓓ	94	ⓐ	ⓑ	ⓒ	ⓓ
15	ⓐ	ⓑ	ⓒ	ⓓ	35	ⓐ	ⓑ	ⓒ	ⓓ	55	ⓐ	ⓑ	ⓒ	ⓓ	75	ⓐ	ⓑ	ⓒ	ⓓ	95	ⓐ	ⓑ	ⓒ	ⓓ
16	ⓐ	ⓑ	ⓒ	ⓓ	36	ⓐ	ⓑ	ⓒ	ⓓ	56	ⓐ	ⓑ	ⓒ	ⓓ	76	ⓐ	ⓑ	ⓒ	ⓓ	96	ⓐ	ⓑ	ⓒ	ⓓ
17	ⓐ	ⓑ	ⓒ	ⓓ	37	ⓐ	ⓑ	ⓒ	ⓓ	57	ⓐ	ⓑ	ⓒ	ⓓ	77	ⓐ	ⓑ	ⓒ	ⓓ	97	ⓐ	ⓑ	ⓒ	ⓓ
18	ⓐ	ⓑ	ⓒ	ⓓ	38	ⓐ	ⓑ	ⓒ	ⓓ	58	ⓐ	ⓑ	ⓒ	ⓓ	78	ⓐ	ⓑ	ⓒ	ⓓ	98	ⓐ	ⓑ	ⓒ	ⓓ
19	ⓐ	ⓑ	ⓒ	ⓓ	39	ⓐ	ⓑ	ⓒ	ⓓ	59	ⓐ	ⓑ	ⓒ	ⓓ	79	ⓐ	ⓑ	ⓒ	ⓓ	99	ⓐ	ⓑ	ⓒ	ⓓ
20	ⓐ	ⓑ	ⓒ	ⓓ	40	ⓐ	ⓑ	ⓒ	ⓓ	60	ⓐ	ⓑ	ⓒ	ⓓ	80	ⓐ	ⓑ	ⓒ	ⓓ	100	ⓐ	ⓑ	ⓒ	ⓓ

読解

NO.	ANSWER				NO.	ANSWER				NO.	ANSWER				NO.	ANSWER				NO.	ANSWER			
	A	B	C	D		A	B	C	D		A	B	C	D		A	B	C	D		A	B	C	D
101	ⓐ	ⓑ	ⓒ	ⓓ	121	ⓐ	ⓑ	ⓒ	ⓓ	141	ⓐ	ⓑ	ⓒ	ⓓ	161	ⓐ	ⓑ	ⓒ	ⓓ	181	ⓐ	ⓑ	ⓒ	ⓓ
102	ⓐ	ⓑ	ⓒ	ⓓ	122	ⓐ	ⓑ	ⓒ	ⓓ	142	ⓐ	ⓑ	ⓒ	ⓓ	162	ⓐ	ⓑ	ⓒ	ⓓ	182	ⓐ	ⓑ	ⓒ	ⓓ
103	ⓐ	ⓑ	ⓒ	ⓓ	123	ⓐ	ⓑ	ⓒ	ⓓ	143	ⓐ	ⓑ	ⓒ	ⓓ	163	ⓐ	ⓑ	ⓒ	ⓓ	183	ⓐ	ⓑ	ⓒ	ⓓ
104	ⓐ	ⓑ	ⓒ	ⓓ	124	ⓐ	ⓑ	ⓒ	ⓓ	144	ⓐ	ⓑ	ⓒ	ⓓ	164	ⓐ	ⓑ	ⓒ	ⓓ	184	ⓐ	ⓑ	ⓒ	ⓓ
105	ⓐ	ⓑ	ⓒ	ⓓ	125	ⓐ	ⓑ	ⓒ	ⓓ	145	ⓐ	ⓑ	ⓒ	ⓓ	165	ⓐ	ⓑ	ⓒ	ⓓ	185	ⓐ	ⓑ	ⓒ	ⓓ
106	ⓐ	ⓑ	ⓒ	ⓓ	126	ⓐ	ⓑ	ⓒ	ⓓ	146	ⓐ	ⓑ	ⓒ	ⓓ	166	ⓐ	ⓑ	ⓒ	ⓓ	186	ⓐ	ⓑ	ⓒ	ⓓ
107	ⓐ	ⓑ	ⓒ	ⓓ	127	ⓐ	ⓑ	ⓒ	ⓓ	147	ⓐ	ⓑ	ⓒ	ⓓ	167	ⓐ	ⓑ	ⓒ	ⓓ	187	ⓐ	ⓑ	ⓒ	ⓓ
108	ⓐ	ⓑ	ⓒ	ⓓ	128	ⓐ	ⓑ	ⓒ	ⓓ	148	ⓐ	ⓑ	ⓒ	ⓓ	168	ⓐ	ⓑ	ⓒ	ⓓ	188	ⓐ	ⓑ	ⓒ	ⓓ
109	ⓐ	ⓑ	ⓒ	ⓓ	129	ⓐ	ⓑ	ⓒ	ⓓ	149	ⓐ	ⓑ	ⓒ	ⓓ	169	ⓐ	ⓑ	ⓒ	ⓓ	189	ⓐ	ⓑ	ⓒ	ⓓ
110	ⓐ	ⓑ	ⓒ	ⓓ	130	ⓐ	ⓑ	ⓒ	ⓓ	150	ⓐ	ⓑ	ⓒ	ⓓ	170	ⓐ	ⓑ	ⓒ	ⓓ	190	ⓐ	ⓑ	ⓒ	ⓓ
111	ⓐ	ⓑ	ⓒ	ⓓ	131	ⓐ	ⓑ	ⓒ	ⓓ	151	ⓐ	ⓑ	ⓒ	ⓓ	171	ⓐ	ⓑ	ⓒ	ⓓ	191	ⓐ	ⓑ	ⓒ	ⓓ
112	ⓐ	ⓑ	ⓒ	ⓓ	132	ⓐ	ⓑ	ⓒ	ⓓ	152	ⓐ	ⓑ	ⓒ	ⓓ	172	ⓐ	ⓑ	ⓒ	ⓓ	192	ⓐ	ⓑ	ⓒ	ⓓ
113	ⓐ	ⓑ	ⓒ	ⓓ	133	ⓐ	ⓑ	ⓒ	ⓓ	153	ⓐ	ⓑ	ⓒ	ⓓ	173	ⓐ	ⓑ	ⓒ	ⓓ	193	ⓐ	ⓑ	ⓒ	ⓓ
114	ⓐ	ⓑ	ⓒ	ⓓ	134	ⓐ	ⓑ	ⓒ	ⓓ	154	ⓐ	ⓑ	ⓒ	ⓓ	174	ⓐ	ⓑ	ⓒ	ⓓ	194	ⓐ	ⓑ	ⓒ	ⓓ
115	ⓐ	ⓑ	ⓒ	ⓓ	135	ⓐ	ⓑ	ⓒ	ⓓ	155	ⓐ	ⓑ	ⓒ	ⓓ	175	ⓐ	ⓑ	ⓒ	ⓓ	195	ⓐ	ⓑ	ⓒ	ⓓ
116	ⓐ	ⓑ	ⓒ	ⓓ	136	ⓐ	ⓑ	ⓒ	ⓓ	156	ⓐ	ⓑ	ⓒ	ⓓ	176	ⓐ	ⓑ	ⓒ	ⓓ	196	ⓐ	ⓑ	ⓒ	ⓓ
117	ⓐ	ⓑ	ⓒ	ⓓ	137	ⓐ	ⓑ	ⓒ	ⓓ	157	ⓐ	ⓑ	ⓒ	ⓓ	177	ⓐ	ⓑ	ⓒ	ⓓ	197	ⓐ	ⓑ	ⓒ	ⓓ
118	ⓐ	ⓑ	ⓒ	ⓓ	138	ⓐ	ⓑ	ⓒ	ⓓ	158	ⓐ	ⓑ	ⓒ	ⓓ	178	ⓐ	ⓑ	ⓒ	ⓓ	198	ⓐ	ⓑ	ⓒ	ⓓ
119	ⓐ	ⓑ	ⓒ	ⓓ	139	ⓐ	ⓑ	ⓒ	ⓓ	159	ⓐ	ⓑ	ⓒ	ⓓ	179	ⓐ	ⓑ	ⓒ	ⓓ	199	ⓐ	ⓑ	ⓒ	ⓓ
120	ⓐ	ⓑ	ⓒ	ⓓ	140	ⓐ	ⓑ	ⓒ	ⓓ	160	ⓐ	ⓑ	ⓒ	ⓓ	180	ⓐ	ⓑ	ⓒ	ⓓ	200	ⓐ	ⓑ	ⓒ	ⓓ

ANSWER SHEET

JPT® 최신기출 1000제 30일 완성 TEST 4

Japanese Proficiency Test

수험번호

응시일자 : 20 년 월 일

성명	
한글	
한자	
영자	

좌석번호

Ⓐ Ⓑ Ⓒ Ⓓ Ⓔ
① ② ③ ④ ⑤ ⑥ ⑦

聴 解

NO.	ANSWER				NO.	ANSWER				NO.	ANSWER				NO.	ANSWER				NO.	ANSWER			
	A	B	C	D		A	B	C	D		A	B	C	D		A	B	C	D		A	B	C	D
1	ⓐ	ⓑ	ⓒ	ⓓ	21	ⓐ	ⓑ	ⓒ	ⓓ	41	ⓐ	ⓑ	ⓒ	ⓓ	61	ⓐ	ⓑ	ⓒ	ⓓ	81	ⓐ	ⓑ	ⓒ	ⓓ
2	ⓐ	ⓑ	ⓒ	ⓓ	22	ⓐ	ⓑ	ⓒ	ⓓ	42	ⓐ	ⓑ	ⓒ	ⓓ	62	ⓐ	ⓑ	ⓒ	ⓓ	82	ⓐ	ⓑ	ⓒ	ⓓ
3	ⓐ	ⓑ	ⓒ	ⓓ	23	ⓐ	ⓑ	ⓒ	ⓓ	43	ⓐ	ⓑ	ⓒ	ⓓ	63	ⓐ	ⓑ	ⓒ	ⓓ	83	ⓐ	ⓑ	ⓒ	ⓓ
4	ⓐ	ⓑ	ⓒ	ⓓ	24	ⓐ	ⓑ	ⓒ	ⓓ	44	ⓐ	ⓑ	ⓒ	ⓓ	64	ⓐ	ⓑ	ⓒ	ⓓ	84	ⓐ	ⓑ	ⓒ	ⓓ
5	ⓐ	ⓑ	ⓒ	ⓓ	25	ⓐ	ⓑ	ⓒ	ⓓ	45	ⓐ	ⓑ	ⓒ	ⓓ	65	ⓐ	ⓑ	ⓒ	ⓓ	85	ⓐ	ⓑ	ⓒ	ⓓ
6	ⓐ	ⓑ	ⓒ	ⓓ	26	ⓐ	ⓑ	ⓒ	ⓓ	46	ⓐ	ⓑ	ⓒ	ⓓ	66	ⓐ	ⓑ	ⓒ	ⓓ	86	ⓐ	ⓑ	ⓒ	ⓓ
7	ⓐ	ⓑ	ⓒ	ⓓ	27	ⓐ	ⓑ	ⓒ	ⓓ	47	ⓐ	ⓑ	ⓒ	ⓓ	67	ⓐ	ⓑ	ⓒ	ⓓ	87	ⓐ	ⓑ	ⓒ	ⓓ
8	ⓐ	ⓑ	ⓒ	ⓓ	28	ⓐ	ⓑ	ⓒ	ⓓ	48	ⓐ	ⓑ	ⓒ	ⓓ	68	ⓐ	ⓑ	ⓒ	ⓓ	88	ⓐ	ⓑ	ⓒ	ⓓ
9	ⓐ	ⓑ	ⓒ	ⓓ	29	ⓐ	ⓑ	ⓒ	ⓓ	49	ⓐ	ⓑ	ⓒ	ⓓ	69	ⓐ	ⓑ	ⓒ	ⓓ	89	ⓐ	ⓑ	ⓒ	ⓓ
10	ⓐ	ⓑ	ⓒ	ⓓ	30	ⓐ	ⓑ	ⓒ	ⓓ	50	ⓐ	ⓑ	ⓒ	ⓓ	70	ⓐ	ⓑ	ⓒ	ⓓ	90	ⓐ	ⓑ	ⓒ	ⓓ
11	ⓐ	ⓑ	ⓒ	ⓓ	31	ⓐ	ⓑ	ⓒ	ⓓ	51	ⓐ	ⓑ	ⓒ	ⓓ	71	ⓐ	ⓑ	ⓒ	ⓓ	91	ⓐ	ⓑ	ⓒ	ⓓ
12	ⓐ	ⓑ	ⓒ	ⓓ	32	ⓐ	ⓑ	ⓒ	ⓓ	52	ⓐ	ⓑ	ⓒ	ⓓ	72	ⓐ	ⓑ	ⓒ	ⓓ	92	ⓐ	ⓑ	ⓒ	ⓓ
13	ⓐ	ⓑ	ⓒ	ⓓ	33	ⓐ	ⓑ	ⓒ	ⓓ	53	ⓐ	ⓑ	ⓒ	ⓓ	73	ⓐ	ⓑ	ⓒ	ⓓ	93	ⓐ	ⓑ	ⓒ	ⓓ
14	ⓐ	ⓑ	ⓒ	ⓓ	34	ⓐ	ⓑ	ⓒ	ⓓ	54	ⓐ	ⓑ	ⓒ	ⓓ	74	ⓐ	ⓑ	ⓒ	ⓓ	94	ⓐ	ⓑ	ⓒ	ⓓ
15	ⓐ	ⓑ	ⓒ	ⓓ	35	ⓐ	ⓑ	ⓒ	ⓓ	55	ⓐ	ⓑ	ⓒ	ⓓ	75	ⓐ	ⓑ	ⓒ	ⓓ	95	ⓐ	ⓑ	ⓒ	ⓓ
16	ⓐ	ⓑ	ⓒ	ⓓ	36	ⓐ	ⓑ	ⓒ	ⓓ	56	ⓐ	ⓑ	ⓒ	ⓓ	76	ⓐ	ⓑ	ⓒ	ⓓ	96	ⓐ	ⓑ	ⓒ	ⓓ
17	ⓐ	ⓑ	ⓒ	ⓓ	37	ⓐ	ⓑ	ⓒ	ⓓ	57	ⓐ	ⓑ	ⓒ	ⓓ	77	ⓐ	ⓑ	ⓒ	ⓓ	97	ⓐ	ⓑ	ⓒ	ⓓ
18	ⓐ	ⓑ	ⓒ	ⓓ	38	ⓐ	ⓑ	ⓒ	ⓓ	58	ⓐ	ⓑ	ⓒ	ⓓ	78	ⓐ	ⓑ	ⓒ	ⓓ	98	ⓐ	ⓑ	ⓒ	ⓓ
19	ⓐ	ⓑ	ⓒ	ⓓ	39	ⓐ	ⓑ	ⓒ	ⓓ	59	ⓐ	ⓑ	ⓒ	ⓓ	79	ⓐ	ⓑ	ⓒ	ⓓ	99	ⓐ	ⓑ	ⓒ	ⓓ
20	ⓐ	ⓑ	ⓒ	ⓓ	40	ⓐ	ⓑ	ⓒ	ⓓ	60	ⓐ	ⓑ	ⓒ	ⓓ	80	ⓐ	ⓑ	ⓒ	ⓓ	100	ⓐ	ⓑ	ⓒ	ⓓ

読 解

NO.	ANSWER				NO.	ANSWER				NO.	ANSWER				NO.	ANSWER				NO.	ANSWER			
	A	B	C	D		A	B	C	D		A	B	C	D		A	B	C	D		A	B	C	D
101	ⓐ	ⓑ	ⓒ	ⓓ	121	ⓐ	ⓑ	ⓒ	ⓓ	141	ⓐ	ⓑ	ⓒ	ⓓ	161	ⓐ	ⓑ	ⓒ	ⓓ	181	ⓐ	ⓑ	ⓒ	ⓓ
102	ⓐ	ⓑ	ⓒ	ⓓ	122	ⓐ	ⓑ	ⓒ	ⓓ	142	ⓐ	ⓑ	ⓒ	ⓓ	162	ⓐ	ⓑ	ⓒ	ⓓ	182	ⓐ	ⓑ	ⓒ	ⓓ
103	ⓐ	ⓑ	ⓒ	ⓓ	123	ⓐ	ⓑ	ⓒ	ⓓ	143	ⓐ	ⓑ	ⓒ	ⓓ	163	ⓐ	ⓑ	ⓒ	ⓓ	183	ⓐ	ⓑ	ⓒ	ⓓ
104	ⓐ	ⓑ	ⓒ	ⓓ	124	ⓐ	ⓑ	ⓒ	ⓓ	144	ⓐ	ⓑ	ⓒ	ⓓ	164	ⓐ	ⓑ	ⓒ	ⓓ	184	ⓐ	ⓑ	ⓒ	ⓓ
105	ⓐ	ⓑ	ⓒ	ⓓ	125	ⓐ	ⓑ	ⓒ	ⓓ	145	ⓐ	ⓑ	ⓒ	ⓓ	165	ⓐ	ⓑ	ⓒ	ⓓ	185	ⓐ	ⓑ	ⓒ	ⓓ
106	ⓐ	ⓑ	ⓒ	ⓓ	126	ⓐ	ⓑ	ⓒ	ⓓ	146	ⓐ	ⓑ	ⓒ	ⓓ	166	ⓐ	ⓑ	ⓒ	ⓓ	186	ⓐ	ⓑ	ⓒ	ⓓ
107	ⓐ	ⓑ	ⓒ	ⓓ	127	ⓐ	ⓑ	ⓒ	ⓓ	147	ⓐ	ⓑ	ⓒ	ⓓ	167	ⓐ	ⓑ	ⓒ	ⓓ	187	ⓐ	ⓑ	ⓒ	ⓓ
108	ⓐ	ⓑ	ⓒ	ⓓ	128	ⓐ	ⓑ	ⓒ	ⓓ	148	ⓐ	ⓑ	ⓒ	ⓓ	168	ⓐ	ⓑ	ⓒ	ⓓ	188	ⓐ	ⓑ	ⓒ	ⓓ
109	ⓐ	ⓑ	ⓒ	ⓓ	129	ⓐ	ⓑ	ⓒ	ⓓ	149	ⓐ	ⓑ	ⓒ	ⓓ	169	ⓐ	ⓑ	ⓒ	ⓓ	189	ⓐ	ⓑ	ⓒ	ⓓ
110	ⓐ	ⓑ	ⓒ	ⓓ	130	ⓐ	ⓑ	ⓒ	ⓓ	150	ⓐ	ⓑ	ⓒ	ⓓ	170	ⓐ	ⓑ	ⓒ	ⓓ	190	ⓐ	ⓑ	ⓒ	ⓓ
111	ⓐ	ⓑ	ⓒ	ⓓ	131	ⓐ	ⓑ	ⓒ	ⓓ	151	ⓐ	ⓑ	ⓒ	ⓓ	171	ⓐ	ⓑ	ⓒ	ⓓ	191	ⓐ	ⓑ	ⓒ	ⓓ
112	ⓐ	ⓑ	ⓒ	ⓓ	132	ⓐ	ⓑ	ⓒ	ⓓ	152	ⓐ	ⓑ	ⓒ	ⓓ	172	ⓐ	ⓑ	ⓒ	ⓓ	192	ⓐ	ⓑ	ⓒ	ⓓ
113	ⓐ	ⓑ	ⓒ	ⓓ	133	ⓐ	ⓑ	ⓒ	ⓓ	153	ⓐ	ⓑ	ⓒ	ⓓ	173	ⓐ	ⓑ	ⓒ	ⓓ	193	ⓐ	ⓑ	ⓒ	ⓓ
114	ⓐ	ⓑ	ⓒ	ⓓ	134	ⓐ	ⓑ	ⓒ	ⓓ	154	ⓐ	ⓑ	ⓒ	ⓓ	174	ⓐ	ⓑ	ⓒ	ⓓ	194	ⓐ	ⓑ	ⓒ	ⓓ
115	ⓐ	ⓑ	ⓒ	ⓓ	135	ⓐ	ⓑ	ⓒ	ⓓ	155	ⓐ	ⓑ	ⓒ	ⓓ	175	ⓐ	ⓑ	ⓒ	ⓓ	195	ⓐ	ⓑ	ⓒ	ⓓ
116	ⓐ	ⓑ	ⓒ	ⓓ	136	ⓐ	ⓑ	ⓒ	ⓓ	156	ⓐ	ⓑ	ⓒ	ⓓ	176	ⓐ	ⓑ	ⓒ	ⓓ	196	ⓐ	ⓑ	ⓒ	ⓓ
117	ⓐ	ⓑ	ⓒ	ⓓ	137	ⓐ	ⓑ	ⓒ	ⓓ	157	ⓐ	ⓑ	ⓒ	ⓓ	177	ⓐ	ⓑ	ⓒ	ⓓ	197	ⓐ	ⓑ	ⓒ	ⓓ
118	ⓐ	ⓑ	ⓒ	ⓓ	138	ⓐ	ⓑ	ⓒ	ⓓ	158	ⓐ	ⓑ	ⓒ	ⓓ	178	ⓐ	ⓑ	ⓒ	ⓓ	198	ⓐ	ⓑ	ⓒ	ⓓ
119	ⓐ	ⓑ	ⓒ	ⓓ	139	ⓐ	ⓑ	ⓒ	ⓓ	159	ⓐ	ⓑ	ⓒ	ⓓ	179	ⓐ	ⓑ	ⓒ	ⓓ	199	ⓐ	ⓑ	ⓒ	ⓓ
120	ⓐ	ⓑ	ⓒ	ⓓ	140	ⓐ	ⓑ	ⓒ	ⓓ	160	ⓐ	ⓑ	ⓒ	ⓓ	180	ⓐ	ⓑ	ⓒ	ⓓ	200	ⓐ	ⓑ	ⓒ	ⓓ

ANSWER SHEET

JPT® 최신기출 1000제 30일 완성 TEST 5

Japanese Proficiency Test

수험번호						

응시일자 : 20 년 월 일

성명		
	한글	
	한자	
	영자	

좌석번호
Ⓐ Ⓑ Ⓒ Ⓓ Ⓔ
① ② ③ ④ ⑤ ⑥ ⑦

聴 解

NO.	ANSWER				NO.	ANSWER				NO.	ANSWER				NO.	ANSWER				NO.	ANSWER			
	A	B	C	D		A	B	C	D		A	B	C	D		A	B	C	D		A	B	C	D
1	ⓐ	ⓑ	ⓒ	ⓓ	21	ⓐ	ⓑ	ⓒ	ⓓ	41	ⓐ	ⓑ	ⓒ	ⓓ	61	ⓐ	ⓑ	ⓒ	ⓓ	81	ⓐ	ⓑ	ⓒ	ⓓ
2	ⓐ	ⓑ	ⓒ	ⓓ	22	ⓐ	ⓑ	ⓒ	ⓓ	42	ⓐ	ⓑ	ⓒ	ⓓ	62	ⓐ	ⓑ	ⓒ	ⓓ	82	ⓐ	ⓑ	ⓒ	ⓓ
3	ⓐ	ⓑ	ⓒ	ⓓ	23	ⓐ	ⓑ	ⓒ	ⓓ	43	ⓐ	ⓑ	ⓒ	ⓓ	63	ⓐ	ⓑ	ⓒ	ⓓ	83	ⓐ	ⓑ	ⓒ	ⓓ
4	ⓐ	ⓑ	ⓒ	ⓓ	24	ⓐ	ⓑ	ⓒ	ⓓ	44	ⓐ	ⓑ	ⓒ	ⓓ	64	ⓐ	ⓑ	ⓒ	ⓓ	84	ⓐ	ⓑ	ⓒ	ⓓ
5	ⓐ	ⓑ	ⓒ	ⓓ	25	ⓐ	ⓑ	ⓒ	ⓓ	45	ⓐ	ⓑ	ⓒ	ⓓ	65	ⓐ	ⓑ	ⓒ	ⓓ	85	ⓐ	ⓑ	ⓒ	ⓓ
6	ⓐ	ⓑ	ⓒ	ⓓ	26	ⓐ	ⓑ	ⓒ	ⓓ	46	ⓐ	ⓑ	ⓒ	ⓓ	66	ⓐ	ⓑ	ⓒ	ⓓ	86	ⓐ	ⓑ	ⓒ	ⓓ
7	ⓐ	ⓑ	ⓒ	ⓓ	27	ⓐ	ⓑ	ⓒ	ⓓ	47	ⓐ	ⓑ	ⓒ	ⓓ	67	ⓐ	ⓑ	ⓒ	ⓓ	87	ⓐ	ⓑ	ⓒ	ⓓ
8	ⓐ	ⓑ	ⓒ	ⓓ	28	ⓐ	ⓑ	ⓒ	ⓓ	48	ⓐ	ⓑ	ⓒ	ⓓ	68	ⓐ	ⓑ	ⓒ	ⓓ	88	ⓐ	ⓑ	ⓒ	ⓓ
9	ⓐ	ⓑ	ⓒ	ⓓ	29	ⓐ	ⓑ	ⓒ	ⓓ	49	ⓐ	ⓑ	ⓒ	ⓓ	69	ⓐ	ⓑ	ⓒ	ⓓ	89	ⓐ	ⓑ	ⓒ	ⓓ
10	ⓐ	ⓑ	ⓒ	ⓓ	30	ⓐ	ⓑ	ⓒ	ⓓ	50	ⓐ	ⓑ	ⓒ	ⓓ	70	ⓐ	ⓑ	ⓒ	ⓓ	90	ⓐ	ⓑ	ⓒ	ⓓ
11	ⓐ	ⓑ	ⓒ	ⓓ	31	ⓐ	ⓑ	ⓒ	ⓓ	51	ⓐ	ⓑ	ⓒ	ⓓ	71	ⓐ	ⓑ	ⓒ	ⓓ	91	ⓐ	ⓑ	ⓒ	ⓓ
12	ⓐ	ⓑ	ⓒ	ⓓ	32	ⓐ	ⓑ	ⓒ	ⓓ	52	ⓐ	ⓑ	ⓒ	ⓓ	72	ⓐ	ⓑ	ⓒ	ⓓ	92	ⓐ	ⓑ	ⓒ	ⓓ
13	ⓐ	ⓑ	ⓒ	ⓓ	33	ⓐ	ⓑ	ⓒ	ⓓ	53	ⓐ	ⓑ	ⓒ	ⓓ	73	ⓐ	ⓑ	ⓒ	ⓓ	93	ⓐ	ⓑ	ⓒ	ⓓ
14	ⓐ	ⓑ	ⓒ	ⓓ	34	ⓐ	ⓑ	ⓒ	ⓓ	54	ⓐ	ⓑ	ⓒ	ⓓ	74	ⓐ	ⓑ	ⓒ	ⓓ	94	ⓐ	ⓑ	ⓒ	ⓓ
15	ⓐ	ⓑ	ⓒ	ⓓ	35	ⓐ	ⓑ	ⓒ	ⓓ	55	ⓐ	ⓑ	ⓒ	ⓓ	75	ⓐ	ⓑ	ⓒ	ⓓ	95	ⓐ	ⓑ	ⓒ	ⓓ
16	ⓐ	ⓑ	ⓒ	ⓓ	36	ⓐ	ⓑ	ⓒ	ⓓ	56	ⓐ	ⓑ	ⓒ	ⓓ	76	ⓐ	ⓑ	ⓒ	ⓓ	96	ⓐ	ⓑ	ⓒ	ⓓ
17	ⓐ	ⓑ	ⓒ	ⓓ	37	ⓐ	ⓑ	ⓒ	ⓓ	57	ⓐ	ⓑ	ⓒ	ⓓ	77	ⓐ	ⓑ	ⓒ	ⓓ	97	ⓐ	ⓑ	ⓒ	ⓓ
18	ⓐ	ⓑ	ⓒ	ⓓ	38	ⓐ	ⓑ	ⓒ	ⓓ	58	ⓐ	ⓑ	ⓒ	ⓓ	78	ⓐ	ⓑ	ⓒ	ⓓ	98	ⓐ	ⓑ	ⓒ	ⓓ
19	ⓐ	ⓑ	ⓒ	ⓓ	39	ⓐ	ⓑ	ⓒ	ⓓ	59	ⓐ	ⓑ	ⓒ	ⓓ	79	ⓐ	ⓑ	ⓒ	ⓓ	99	ⓐ	ⓑ	ⓒ	ⓓ
20	ⓐ	ⓑ	ⓒ	ⓓ	40	ⓐ	ⓑ	ⓒ	ⓓ	60	ⓐ	ⓑ	ⓒ	ⓓ	80	ⓐ	ⓑ	ⓒ	ⓓ	100	ⓐ	ⓑ	ⓒ	ⓓ

読 解

NO.	ANSWER				NO.	ANSWER				NO.	ANSWER				NO.	ANSWER				NO.	ANSWER			
	A	B	C	D		A	B	C	D		A	B	C	D		A	B	C	D		A	B	C	D
101	ⓐ	ⓑ	ⓒ	ⓓ	121	ⓐ	ⓑ	ⓒ	ⓓ	141	ⓐ	ⓑ	ⓒ	ⓓ	161	ⓐ	ⓑ	ⓒ	ⓓ	181	ⓐ	ⓑ	ⓒ	ⓓ
102	ⓐ	ⓑ	ⓒ	ⓓ	122	ⓐ	ⓑ	ⓒ	ⓓ	142	ⓐ	ⓑ	ⓒ	ⓓ	162	ⓐ	ⓑ	ⓒ	ⓓ	182	ⓐ	ⓑ	ⓒ	ⓓ
103	ⓐ	ⓑ	ⓒ	ⓓ	123	ⓐ	ⓑ	ⓒ	ⓓ	143	ⓐ	ⓑ	ⓒ	ⓓ	163	ⓐ	ⓑ	ⓒ	ⓓ	183	ⓐ	ⓑ	ⓒ	ⓓ
104	ⓐ	ⓑ	ⓒ	ⓓ	124	ⓐ	ⓑ	ⓒ	ⓓ	144	ⓐ	ⓑ	ⓒ	ⓓ	164	ⓐ	ⓑ	ⓒ	ⓓ	184	ⓐ	ⓑ	ⓒ	ⓓ
105	ⓐ	ⓑ	ⓒ	ⓓ	125	ⓐ	ⓑ	ⓒ	ⓓ	145	ⓐ	ⓑ	ⓒ	ⓓ	165	ⓐ	ⓑ	ⓒ	ⓓ	185	ⓐ	ⓑ	ⓒ	ⓓ
106	ⓐ	ⓑ	ⓒ	ⓓ	126	ⓐ	ⓑ	ⓒ	ⓓ	146	ⓐ	ⓑ	ⓒ	ⓓ	166	ⓐ	ⓑ	ⓒ	ⓓ	186	ⓐ	ⓑ	ⓒ	ⓓ
107	ⓐ	ⓑ	ⓒ	ⓓ	127	ⓐ	ⓑ	ⓒ	ⓓ	147	ⓐ	ⓑ	ⓒ	ⓓ	167	ⓐ	ⓑ	ⓒ	ⓓ	187	ⓐ	ⓑ	ⓒ	ⓓ
108	ⓐ	ⓑ	ⓒ	ⓓ	128	ⓐ	ⓑ	ⓒ	ⓓ	148	ⓐ	ⓑ	ⓒ	ⓓ	168	ⓐ	ⓑ	ⓒ	ⓓ	188	ⓐ	ⓑ	ⓒ	ⓓ
109	ⓐ	ⓑ	ⓒ	ⓓ	129	ⓐ	ⓑ	ⓒ	ⓓ	149	ⓐ	ⓑ	ⓒ	ⓓ	169	ⓐ	ⓑ	ⓒ	ⓓ	189	ⓐ	ⓑ	ⓒ	ⓓ
110	ⓐ	ⓑ	ⓒ	ⓓ	130	ⓐ	ⓑ	ⓒ	ⓓ	150	ⓐ	ⓑ	ⓒ	ⓓ	170	ⓐ	ⓑ	ⓒ	ⓓ	190	ⓐ	ⓑ	ⓒ	ⓓ
111	ⓐ	ⓑ	ⓒ	ⓓ	131	ⓐ	ⓑ	ⓒ	ⓓ	151	ⓐ	ⓑ	ⓒ	ⓓ	171	ⓐ	ⓑ	ⓒ	ⓓ	191	ⓐ	ⓑ	ⓒ	ⓓ
112	ⓐ	ⓑ	ⓒ	ⓓ	132	ⓐ	ⓑ	ⓒ	ⓓ	152	ⓐ	ⓑ	ⓒ	ⓓ	172	ⓐ	ⓑ	ⓒ	ⓓ	192	ⓐ	ⓑ	ⓒ	ⓓ
113	ⓐ	ⓑ	ⓒ	ⓓ	133	ⓐ	ⓑ	ⓒ	ⓓ	153	ⓐ	ⓑ	ⓒ	ⓓ	173	ⓐ	ⓑ	ⓒ	ⓓ	193	ⓐ	ⓑ	ⓒ	ⓓ
114	ⓐ	ⓑ	ⓒ	ⓓ	134	ⓐ	ⓑ	ⓒ	ⓓ	154	ⓐ	ⓑ	ⓒ	ⓓ	174	ⓐ	ⓑ	ⓒ	ⓓ	194	ⓐ	ⓑ	ⓒ	ⓓ
115	ⓐ	ⓑ	ⓒ	ⓓ	135	ⓐ	ⓑ	ⓒ	ⓓ	155	ⓐ	ⓑ	ⓒ	ⓓ	175	ⓐ	ⓑ	ⓒ	ⓓ	195	ⓐ	ⓑ	ⓒ	ⓓ
116	ⓐ	ⓑ	ⓒ	ⓓ	136	ⓐ	ⓑ	ⓒ	ⓓ	156	ⓐ	ⓑ	ⓒ	ⓓ	176	ⓐ	ⓑ	ⓒ	ⓓ	196	ⓐ	ⓑ	ⓒ	ⓓ
117	ⓐ	ⓑ	ⓒ	ⓓ	137	ⓐ	ⓑ	ⓒ	ⓓ	157	ⓐ	ⓑ	ⓒ	ⓓ	177	ⓐ	ⓑ	ⓒ	ⓓ	197	ⓐ	ⓑ	ⓒ	ⓓ
118	ⓐ	ⓑ	ⓒ	ⓓ	138	ⓐ	ⓑ	ⓒ	ⓓ	158	ⓐ	ⓑ	ⓒ	ⓓ	178	ⓐ	ⓑ	ⓒ	ⓓ	198	ⓐ	ⓑ	ⓒ	ⓓ
119	ⓐ	ⓑ	ⓒ	ⓓ	139	ⓐ	ⓑ	ⓒ	ⓓ	159	ⓐ	ⓑ	ⓒ	ⓓ	179	ⓐ	ⓑ	ⓒ	ⓓ	199	ⓐ	ⓑ	ⓒ	ⓓ
120	ⓐ	ⓑ	ⓒ	ⓓ	140	ⓐ	ⓑ	ⓒ	ⓓ	160	ⓐ	ⓑ	ⓒ	ⓓ	180	ⓐ	ⓑ	ⓒ	ⓓ	200	ⓐ	ⓑ	ⓒ	ⓓ

memo

memo

JPT® 최신기출

정답 및 해설

YBM 와이비엠 홀딩스

목차

JPT 최신기출 1000제
TEST 1 정답 및 해설

PART 1

1 (C)	**2** (B)	**3** (A)	**4** (D)	**5** (C)	**6** (B)	**7** (C)	**8** (D)	**9** (D)	**10** (A)
11 (B)	**12** (D)	**13** (D)	**14** (B)	**15** (D)	**16** (C)	**17** (B)	**18** (D)	**19** (D)	**20** (D)

PART 2

21 (C)	**22** (D)	**23** (A)	**24** (A)	**25** (D)	**26** (C)	**27** (B)	**28** (A)	**29** (A)	**30** (D)
31 (D)	**32** (B)	**33** (D)	**34** (A)	**35** (C)	**36** (B)	**37** (A)	**38** (D)	**39** (C)	**40** (B)
41 (A)	**42** (C)	**43** (B)	**44** (D)	**45** (C)	**46** (D)	**47** (A)	**48** (B)	**49** (A)	**50** (D)

PART 3

51 (A)	**52** (C)	**53** (B)	**54** (D)	**55** (B)	**56** (C)	**57** (B)	**58** (A)	**59** (A)	**60** (D)
61 (D)	**62** (C)	**63** (B)	**64** (B)	**65** (A)	**66** (B)	**67** (D)	**68** (D)	**69** (D)	**70** (B)
71 (B)	**72** (D)	**73** (C)	**74** (A)	**75** (C)	**76** (A)	**77** (C)	**78** (D)	**79** (A)	**80** (D)

PART 4

81 (D)	**82** (B)	**83** (C)	**84** (B)	**85** (D)	**86** (C)	**87** (D)	**88** (D)	**89** (A)	**90** (C)
91 (B)	**92** (C)	**93** (A)	**94** (B)	**95** (B)	**96** (A)	**97** (C)	**98** (A)	**99** (B)	**100** (C)

PART 5

101 (B)	**102** (C)	**103** (D)	**104** (C)	**105** (D)	**106** (B)	**107** (A)	**108** (D)	**109** (A)	**110** (A)
111 (C)	**112** (A)	**113** (A)	**114** (B)	**115** (A)	**116** (C)	**117** (C)	**118** (D)	**119** (B)	**120** (B)

PART 6

121 (B)	**122** (D)	**123** (B)	**124** (C)	**125** (B)	**126** (B)	**127** (A)	**128** (D)	**129** (D)	**130** (B)
131 (A)	**132** (D)	**133** (D)	**134** (B)	**135** (B)	**136** (D)	**137** (B)	**138** (B)	**139** (D)	**140** (A)

PART 7

141 (C)	**142** (B)	**143** (D)	**144** (A)	**145** (C)	**146** (B)	**147** (D)	**148** (B)	**149** (C)	**150** (D)
151 (A)	**152** (D)	**153** (D)	**154** (B)	**155** (C)	**156** (B)	**157** (A)	**158** (D)	**159** (B)	**160** (D)
161 (C)	**162** (A)	**163** (C)	**164** (B)	**165** (D)	**166** (A)	**167** (C)	**168** (B)	**169** (A)	**170** (C)

PART 8

171 (B)	**172** (B)	**173** (A)	**174** (C)	**175** (A)	**176** (C)	**177** (C)	**178** (B)	**179** (B)	**180** (B)
181 (B)	**182** (C)	**183** (A)	**184** (D)	**185** (D)	**186** (C)	**187** (B)	**188** (A)	**189** (C)	**190** (A)
191 (B)	**192** (D)	**193** (A)	**194** (C)	**195** (B)	**196** (D)	**197** (A)	**198** (D)	**199** (B)	**200** (B)

PART 1 | 사진 묘사

01 인물의 동작 및 상태(2인 이상 등장)

(A) スキーをしています。

(B) テニスをしています。

(C) サッカーをしています。

(D) バレーをしています。

(A) 스키를 타고 있습니다.
(B) 테니스를 치고 있습니다.
(C) 축구를 하고 있습니다.
(D) 배구를 하고 있습니다.

해설 | 사진의 인물들이 어떤 스포츠를 하고 있는지를 정확하게 듣는 것이 포인트. 사람들이 운동장에 모여 축구를 하고 있으므로, 정답은 (C)가 된다.

어휘 | スキーをする 스키를 타다 テニスをする 테니스를 치다 サッカー 축구 バレー 배구 *「バレーボール」의 준말

02 인물의 동작 및 상태(1인 등장)

(A) 写真を撮っています。

(B) マイクを使っています。

(C) セーターを着ています。

(D) 携帯電話を見ています。

(A) 사진을 찍고 있습니다.
(B) 마이크를 사용하고 있습니다.
(C) 스웨터를 입고 있습니다.
(D) 휴대전화를 보고 있습니다.

해설 | 남자의 동작에 주목해야 한다. 남자는 마이크를 들고 뭔가 말하고 있으므로, 정답은 (B)가 된다. 사진을 찍고 있는 모습이 아니고, 스웨터가 아닌 연미복을 입고 있으며, 휴대전화도 보이지 않는다. 따라서 나머지 선택지는 답이 될 수 없다.

어휘 | 写真(しゃしん) 사진 撮(と)る (사진을) 찍다 マイク 마이크 使(つか)う 쓰다, 사용하다 セーター 스웨터 着(き)る (옷을) 입다 携帯電話(けいたいでんわ) 휴대전화 見(み)る 보다

03 인물의 동작 및 상태(2인 이상 등장)

(A) 絵を描いています。

(B) 本を読んでいます。

(C) 飲み物を飲んでいます。

(D) 魚を釣っています。

(A) 그림을 그리고 있습니다.
(B) 책을 읽고 있습니다.
(C) 음료를 마시고 있습니다.
(D) 물고기를 낚고 있습니다.

해설 | 사람들이 간이의자에 앉아서 그림을 그리고 있는 사진이므로, 정답은 (A)가 된다. 책이나 음료는 보이지 않고, 낚시를 하고 있는 상황도 아니므로, 나머지 선택지는 답이 될 수 없다.

어휘 | 絵(え) 그림 描(か)く (그림을) 그리다 本(ほん) 책 読(よ)む 읽다 飲(の)み物(もの) 음료 飲(の)む 마시다 魚(さかな) 물고기 釣(つ)る 낚다

04 인물의 동작 및 상태(1인 등장)

(A) 勉強をしています。

(B) 買い物をしています。

(C) 洗濯をしています。

(D) 料理をしています。

(A) 공부를 하고 있습니다.
(B) 쇼핑을 하고 있습니다.
(C) 세탁을 하고 있습니다.
(D) 요리를 하고 있습니다.

해설 | 여자의 동작에 주목해야 한다. 여자는 부엌에서 요리를 하고 있으므로, 정답은 (D)가 된다. 공부나 쇼핑, 세탁은 여자의 동작과 맞지 않으므로, 답이 될 수 없다.

어휘 | 勉強(べんきょう) 공부 買(か)い物(もの) 쇼핑, 장을 봄 洗濯(せんたく) 세탁 料理(りょうり) 요리

05 사물의 상태

(A) パソコンの横に鏡があります。
(B) パソコンが何台も並んでいます。
(C) パソコンにメモが貼ってあります。
(D) 鞄の中にパソコンが入っています。

(A) 컴퓨터 옆에 거울이 있습니다.
(B) 컴퓨터가 몇 대나 놓여 있습니다.
(C) 컴퓨터에 메모가 붙여져 있습니다.
(D) 가방 안에 컴퓨터가 들어 있습니다.

해설 | 노트북 모니터의 가장자리에 메모가 붙여져 있는 사진이므로, 정답은 (C)가 된다. 노트북은 한 대만 놓여 있고, 거울이나 가방 또한 보이지 않으므로, 나머지 선택지는 답이 될 수 없다.

어휘 | パソコン (개인용) 컴퓨터 *「パーソナルコンピューター」의 준말
横(よこ) 옆 鏡(かがみ) 거울
何台(なんだい) 몇 대 *「～台(だい)」- ～대
～も ～(이)나 *강조를 나타냄 並(なら)ぶ (나란히) 늘어서다, 놓여 있다
メモ 메모 貼(は)る 붙이다 타동사+てある ～해져 있다
鞄(かばん) 가방 中(なか) 안 入(はい)る 들다

06 인물의 동작 및 상태(2인 이상 등장)

(A) 全員でお辞儀をしています。
(B) グループで楽器を演奏しています。
(C) 皆でダンスをしています。
(D) 山登りをしています。

(A) 전원이 함께 인사를 하고 있습니다.
(B) 그룹으로 악기를 연주하고 있습니다.
(C) 모두 함께 춤을 추고 있습니다.
(D) 등산을 하고 있습니다.

해설 | 남자 세 명이 모여서 악기를 연주하고 있는 사진이므로, 정답은 (B)가 된다. 인사를 하고 있는 상황은 아니고, 춤을 추거나 등산을 하고 있지도 않으므로, 나머지 선택지는 답이 될 수 없다.

어휘 | 全員(ぜんいん) 전원 お辞儀(じぎ) 머리를 숙여서 인사함
グループ 그룹 楽器(がっき) 악기 演奏(えんそう) 연주
皆(みんな)で 모두 함께 ダンスをする 춤을 추다
山登(やまのぼ)り 등산

07 사물의 상태

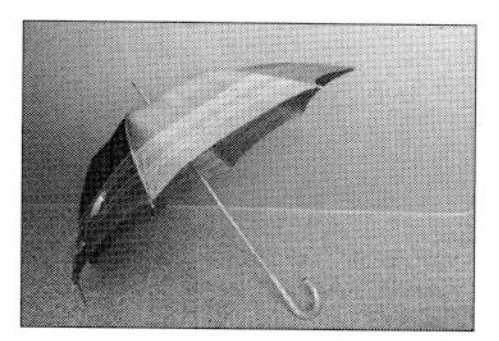

(A) 傘を机に掛けています。
(B) 傘が畳んであります。
(C) 傘が開いて置いてあります。
(D) 傘が閉じてあります。

(A) 우산을 책상에 걸고 있습니다.
(B) 우산이 접혀 있습니다.
(C) 우산이 펴져서 놓여 있습니다.
(D) 우산이 접혀 있습니다.

해설 | 우산이 어떤 상태로 놓여 있는지에 주목해야 한다. 우산은 활짝 펴진 상태로 놓여 있으므로, 정답은 (C)가 된다.

어휘 | 傘(かさ) 우산 机(つくえ) 책상 掛(か)ける 걸다
畳(たた)む 접다 타동사+てある ～해져 있다
開(ひら)く (닫혀 있던 것이) 열리다, 펴지다 置(お)く 놓다, 두다
閉(と)じる (펼친 것을) 접다

08 인물의 동작 및 상태(1인 등장)

(A) 首を曲げています。
(B) 手を挙げています。
(C) 頭を触っています。
(D) 腰に手を当てています。

(A) 고개를 기울이고 있습니다.
(B) 손을 들고 있습니다.
(C) 머리를 만지고 있습니다.
(D) 허리에 손을 대고 있습니다.

해설 | 남자의 뒷모습 사진으로, 남자가 어떤 동작을 취하고 있는지에 주목해야 한다. 남자는 허리에 손을 대고 있으므로, 정답은 (D)가 된다.

어휘 | 首(くび) 목, 고개 曲(ま)げる 기울이다, 갸우뚱하다
手(て) 손 挙(あ)げる 들다 頭(あたま) 머리
触(さわ)る (가볍게) 닿다, 손을 대다, 만지다 腰(こし) 허리
当(あ)てる (가져다) 대다

09 인물의 동작 및 상태(2인 이상 등장)

(A) 大勢(おおぜい)の人(ひと)が二人(ふたり)を見(み)ています。
(B) 二人(ふたり)は体操(たいそう)をしています。
(C) 二人(ふたり)ともポケットに手(て)を入(い)れています。
(D) 二人(ふたり)は向(む)かい合(あ)って座(すわ)っています。

(A) 많은 사람이 두 사람을 보고 있습니다.
(B) 두 사람은 체조를 하고 있습니다.
(C) 두 사람 모두 주머니에 손을 넣고 있습니다.
(D) 두 사람은 마주보고 앉아 있습니다.

해설 | 마주보고 앉은 두 남자가 장기를 두고 있는 사진이므로, 정답은 (D)가 된다. 주위에 사람의 모습은 보이지 않으므로 (A)는 답이 될 수 없고, 체조를 하고 있지도 않으므로 (B) 역시 오답이며, 두 남자의 손은 모두 밖으로 나와 있으므로 (C)도 답이 될 수 없다.

어휘 | 大勢(おおぜい) 많은 사람, 여럿 見(み)る 보다
体操(たいそう) 체조 ～とも ～모두 ポケット 주머니
入(い)れる 넣다 向(む)かい合(あ)う 마주보다 座(すわ)る 앉다

10 인물의 동작 및 사물의 상태(1인 등장)

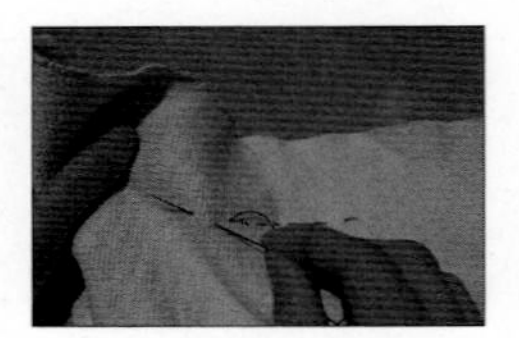

(A) 布(ぬの)を縫(ぬ)っています。
(B) 編(あ)み物(もの)をしています。
(C) アイロンを使(つか)っています。
(D) 糸(いと)を巻(ま)いています。

(A) 천을 바느질하고 있습니다.
(B) 뜨개질을 하고 있습니다.
(C) 다리미를 사용하고 있습니다.
(D) 실을 감고 있습니다.

해설 | 사진 속의 사물과 인물의 동작에 주목해야 한다. 천을 바느질하고 있는 사진이므로, 정답은 (A)가 된다.

어휘 | 布(ぬの) 천 縫(ぬ)う 꿰매다, 바느질하다
編(あ)み物(もの) 뜨개질 アイロン 다리미
使(つか)う 쓰다, 사용하다 糸(いと) 실 巻(ま)く 감다

11 인물의 동작 및 상태(1인 등장)

(A) 袋(ふくろ)の中身(なかみ)が見(み)えています。
(B) 両手(りょうて)に荷物(にもつ)を持(も)っています。
(C) 足元(あしもと)にバッグを置(お)いています。
(D) 足(あし)を広(ひろ)げて立(た)っています。

(A) 봉지의 내용물이 보이고 있습니다.
(B) 양손에 짐을 들고 있습니다.
(C) 발밑에 백을 놓고 있습니다.
(D) 다리를 벌리고 서 있습니다.

해설 | 인물의 동작에 주목해야 한다. 사진 속의 인물은 양손에 짐을 들고 있으므로 정답은 (B)가 된다. 봉지 안의 내용물은 보이지 않고, 가방과 봉지를 양손에 든 채로 다리를 모으고 있으므로, 나머지 선택지는 답이 될 수 없다.

어휘 | 袋(ふくろ) 봉지, 봉투 中身(なかみ) 내용물
見(み)える 보이다 両手(りょうて) 양손 荷物(にもつ) 짐
持(も)つ 가지다, 들다 足元(あしもと) 발밑 バック 백, 가방
置(お)く 놓다, 두다 足(あし) 다리 広(ひろ)げる 벌리다
立(た)つ 서다

12 사물의 상태

(A) 全(すべ)ての扉(とびら)が開(あ)いています。
(B) 車(くるま)の周囲(しゅうい)に人(ひと)が集(あつ)まっています。
(C) トラックにスピーカーが付(つ)いています。
(D) 後方(こうほう)のドアが開(あ)いています。

(A) 모든 문이 열려 있습니다.
(B) 차 주위에 사람이 모여 있습니다.
(C) 트럭에 스피커가 달려 있습니다.
(D) 뒤쪽 문이 열려 있습니다.

해설 | 차 상태에 주목해야 한다. 사진 속의 차는 뒤쪽 문만 열려 있고, 스피커는 달려 있지 않으며 사람의 모습도 보이지 않는다. 따라서 정답은 뒤쪽 문이 열려 있다고 한 (D)가 된다.

어휘 | 全(すべ)て 모두, 전부 扉(とびら) 문 開(あ)く 열리다
車(くるま) 차 周囲(しゅうい) 주위 集(あつ)まる 모이다
トラック 트럭 スピーカー 스피커 付(つ)く 붙다, 달리다
後方(こうほう) 후방, 뒤쪽 ドア 문

13 사물의 상태

(A) ダムから水(みず)が流(なが)れています。
(B) 水筒(すいとう)から水(みず)が漏(も)れています。
(C) バケツに水(みず)が溜(た)まっています。
(D) 蛇口(じゃぐち)から水(みず)が出(で)ています。

(A) 댐에서 물이 흐르고 있습니다.
(B) 물통에서 물이 새고 있습니다.
(C) 양동이에 물이 모여 있습니다.
(D) 수도꼭지에서 물이 나오고 있습니다.

해설 | 사진 속 사물의 정확한 명칭을 알고 있어야 정답을 찾을 수 있다. 사진 속 사물은 '수도꼭지'로, 「蛇口(じゃぐち)」라고 한다. 정답은 (D)로, 댐이나 물통, 양동이라고 한 나머지 선택지는 답이 될 수 없다.

어휘 | ダム 댐 水(みず) 물 流(なが)れる 흐르다
水筒(すいとう) 물통 漏(も)れる 새다 バケツ 양동이
溜(た)まる (한곳에) 모이다 出(で)る 나오다

14 사물의 상태

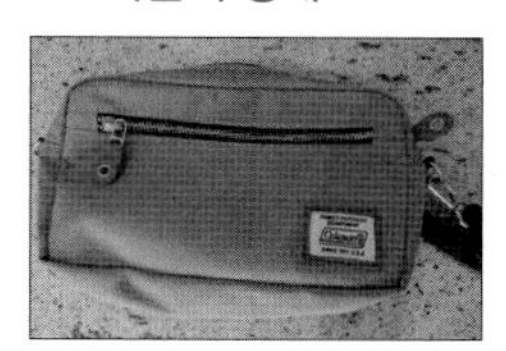

(A) ボタンを留(と)めています。
(B) ファスナーが閉(し)まっています。
(C) 生地(きじ)が破(やぶ)れています。
(D) リュックサックが置(お)いてあります。

(A) 단추를 채우고 있습니다.
(B) 지퍼가 닫혀 있습니다.
(C) 옷감이 찢어져 있습니다.
(D) 배낭이 놓여 있습니다.

해설 | 「ファスナー」(파스너, 지퍼)라는 단어를 알아듣는 것이 포인트. 지퍼가 채워져 있는 손가방이므로, 정답은 (B)가 된다. (D)는 「リュックサック」(륙색, 배낭)라는 사물의 명칭이 틀렸다.

어휘 | ボタン 단추 留(と)める 잠그다, 채우다 閉(し)まる 닫히다
生地(きじ) 옷감 破(やぶ)れる 찢어지다 置(お)く 놓다, 두다
타동사+てある ~해져 있다

15 인물의 동작 및 상태(2인 이상 등장)

(A) 体(からだ)を捩(ねじ)っている人(ひと)がいます。
(B) 足(あし)を伸(の)ばしている人(ひと)がいます。
(C) 肩(かた)を組(く)んでいる人(ひと)がいます。
(D) しゃがんでいる人(ひと)がいます。

(A) 몸을 비틀고 있는 사람이 있습니다.
(B) 다리를 뻗고 있는 사람이 있습니다.
(C) 어깨동무를 하고 있는 사람이 있습니다.
(D) 쭈그리고 앉아 있는 사람이 있습니다.

해설 | 인물의 동작이나 자세를 나타내는 동사에 주목해야 한다. 사진 속 여자 중 한 사람은 의자에 앉아 있고, 두 사람은 쭈그리고 앉아 있으므로, 정답은 (D)가 된다.

어휘 | 体(からだ) 몸, 신체 捩(ねじ)る 비틀다
足(あし)を伸(の)ばす 다리를 뻗다
肩(かた)を組(く)む 어깨동무를 하다 しゃがむ 쭈그리고 앉다

16 사물의 상태

(A) 瓶(びん)が倒(たお)れています。
(B) 瓶(びん)が割(わ)れています。
(C) 缶(かん)が潰(つぶ)れています。
(D) 缶(かん)が積(つ)み上(あ)げられています。

(A) 병이 쓰러져 있습니다.
(B) 병이 깨져 있습니다.
(C) 캔이 찌그러져 있습니다.
(D) 캔이 쌓아 올려져 있습니다.

해설 | 사진 속 사물은 캔이므로, 병이라고 한 (A)와 (B)는 우선 정답에서 제외된다. 그리고 캔은 하나만 놓여 있고 찌그러져 있는 상태이므로, 정답은 (C)가 된다.

어휘 | 瓶(びん) 병 倒(たお)れる 쓰러지다, 넘어지다
割(わ)れる 깨지다 缶(かん) 캔 潰(つぶ)れる 찌그러지다
積(つ)み上(あ)げる 쌓아 올리다

17 풍경 및 상황 묘사

(A) 自転車にカバーを付けています。
(B) 自転車が道路の端に止めてあります。
(C) 屋根付きの自転車置き場です。
(D) 壁に自転車が吊るしてあります。

(A) 자전거에 덮개를 씌우고 있습니다.
(B) 자전거가 도로 가장자리에 세워져 있습니다.
(C) 지붕이 달린 자전거 두는 곳입니다.
(D) 벽에 자전거가 매달려 있습니다.

해설 | 자전거가 도로 가장자리에 세워져 있는 사진이므로, 정답은 (B)가 된다.

어휘 | 自転車(じてんしゃ) 자전거 カバー 커버, 덮개
付(つ)ける 씌우다 道路(どうろ) 도로 端(はし) 끝, 가장자리
止(と)める 세우다 타동사+てある ~해져 있다
屋根付(やねつ)き 지붕이 달림
自転車置(じてんしゃお)き場(ば) (역이나 상점 근처에 마련한) 자전거 두는 곳 壁(かべ) 벽 吊(つ)るす 매달다

18 사물의 형태

(A) 花柄のブラウスです。
(B) 無地のシャツです。
(C) 襟があるシャツです。
(D) 縞模様の服です。

(A) 꽃무늬 블라우스입니다.
(B) 무늬가 없는 셔츠입니다.
(C) 옷깃이 있는 셔츠입니다.
(D) 줄무늬 옷입니다.

해설 | 옷의 형태에 주목해야 한다. 옷깃이 없는 줄무늬 티셔츠이므로, 정답은 (D)가 된다.

어휘 | 花柄(はながら) 꽃무늬 ブラウス 블라우스
無地(むじ) 무늬가 없음 シャツ 셔츠 襟(えり) 옷깃
縞模様(しまもよう) 줄무늬 服(ふく) 옷

19 사물의 상태

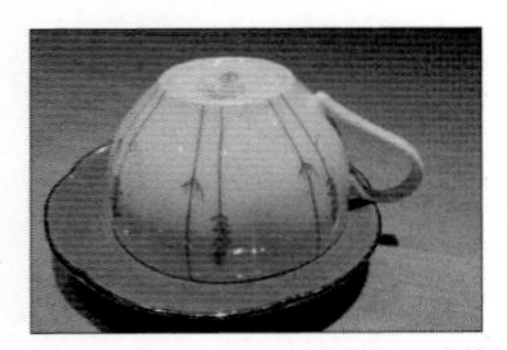

(A) カップが粉々に砕けています。
(B) カップの縁が欠けています。
(C) カップにひびが入っています。
(D) カップが伏せてあります。

(A) 컵이 산산조각으로 깨져 있습니다.
(B) 컵의 테두리가 이가 빠져 있습니다.
(C) 컵에 금이 가 있습니다.
(D) 컵이 엎어 놓여 있습니다.

해설 | 컵의 상태에 주목해야 한다. 사진 속의 컵은 흠집 하나 없이 온전한 상태로 엎어 놓여 있으므로, 정답은 (D)가 된다.

어휘 | カップ (손잡이가 달린) 컵 粉々(こなごな) 산산조각이 남
砕(くだ)ける 깨지다 縁(ふち) 가장자리, 테두리
欠(か)ける (밥공기 등의) 이가 빠지다 ひびが入(はい)る 금이 가다
伏(ふ)せる 뒤집어 놓다, 엎어 놓다

20 인물의 동작 및 상태(2인 이상)

(A) のこぎりで切断しています。
(B) 木材を束ねています。
(C) 釘を抜いています。
(D) 金槌を使っています。

(A) 톱으로 절단하고 있습니다.
(B) 목재를 다발로 묶고 있습니다.
(C) 못을 빼고 있습니다.
(D) 쇠망치를 사용하고 있습니다.

해설 | 여자아이가 쇠망치를 사용해 뭔가를 만들고 있는 사진이다. 정답은 (D)로, 사진 속에 톱은 보이지 않으므로 (A)는 오답이고, 목재를 다발로 묶거나 못을 빼고 있는 모습도 아니므로, (B)와 (C) 또한 답이 될 수 없다.

어휘 | のこぎり 톱 切断(せつだん) 절단 木材(もくざい) 목재
束(たば)ねる 다발로 묶다 釘(くぎ) 못 抜(ぬ)く 빼다
金槌(かなづち) 쇠망치 使(つか)う 쓰다, 사용하다

21 의문사형 질문

授業(じゅぎょう)は何時(なんじ)からですか。
(A) 来週(らいしゅう)までです。
(B) 3月(さんがつ)までです。
(C) 8時半(はちじはん)からです。
(D) 明後日(あさって)からです。

수업은 몇 시부터예요?
(A) 다음 주까지요.
(B) 3월까지요.
(C) 8시 반부터요.
(D) 모레부터요.

해설 | 수업이 몇 시부터 시작되는지 묻고 있으므로, 시간으로 응답한 선택지를 고르면 된다. 적절한 응답은 8시 반부터라고 시간으로 답한 (C)가 된다.

어휘 | 授業(じゅぎょう) 수업 何時(なんじ) 몇 시 ~から ~부터 来週(らいしゅう) 다음 주 半(はん) 반 明後日(あさって) 모레

22 일상생활 표현

先生(せんせい)、大学(だいがく)に合格(ごうかく)しました。
(A) これからは注意(ちゅうい)してください。
(B) 本当(ほんとう)にすみませんでした。
(C) どうもありがとうございます。
(D) それはおめでとうございます。

선생님, 대학에 합격했어요.
(A) 앞으로는 주의해 주세요.
(B) 정말로 죄송했어요.
(C) 정말로 감사해요.
(D) 그거 축하해요.

해설 | 대학에 합격해서 기뻐하고 있는 상황이다. 적절한 응답은 축하한다고 한 (D)가 된다. (C)는 상대방이 대학 합격을 축하한다고 했을 때 할 수 있는 응답이다.

어휘 | 大学(だいがく) 대학 合格(ごうかく) 합격 これから 이제부터, 앞으로 注意(ちゅうい) 주의, 조심

23 일상생활 표현

買(か)って来(き)た牛乳(ぎゅうにゅう)は、どうしましょうか。
(A) 冷蔵庫(れいぞうこ)に入(い)れてください。
(B) 銀行(ぎんこう)に預(あず)けてください。
(C) ナイフで切(き)ってください。
(D) 財布(さいふ)にしまってください。

사 온 우유는 어떻게 할까요?
(A) 냉장고에 넣어 주세요.
(B) 은행에 맡겨 주세요.
(C) 칼로 잘라 주세요.
(D) 지갑 안에 넣어 주세요.

해설 | 「牛乳(ぎゅうにゅう)」(우유)가 포인트로, 사 온 우유를 어떻게 해야 하는지 묻고 있다. 적절한 응답은 냉장고에 넣어 달라고 한 (A)로, 나머지 선택지는 질문과는 거리가 먼 응답이다.

어휘 | 買(か)う 사다 冷蔵庫(れいぞうこ) 냉장고 入(い)れる 넣다 銀行(ぎんこう) 은행 預(あず)ける 맡기다 ナイフ 칼 切(き)る 자르다 財布(さいふ) 지갑 しまう 안에 넣다, 간수하다

24 일상생활 표현

すみません、田中(たなか)さんを探(さが)しているんですけど…。
(A) えっと、さっきまでそこにいたけど。
(B) えっと、怪我(けが)はしてないよね。
(C) それなら、その廊下(ろうか)の向(む)こうにあるよ。
(D) それなら、不動産屋(ふどうさんや)で相談(そうだん)してみれば。

죄송합니다, 다나카 씨를 찾고 있는데요….
(A) 음-, 조금 전까지 거기에 있었는데.
(B) 음-, 부상은 입지 않았네.
(C) 그거라면 그 복도 맞은편에 있어.
(D) 그거라면 부동산에서 상담해 보는 게 어때?

해설 | 다나카라는 사람을 찾고 있는 상황으로, 적절한 응답은 '조금 전까지 거기 있었는데'라며 의아해하고 있는 (A)가 된다. (C)는 어떤 물건을 찾을 때, (D)는 집 등을 구할 때 할 수 있는 응답이므로, 부적절하다.

어휘 | 探(さが)す 찾다 えっと 음-, 저기 *말을 곧 하지 못하고 망설일 때 내는 소리 さっき 조금 전, 아까 怪我(けが) 부상, 상처 廊下(ろうか) 복도 向(む)こう 맞은편 不動産屋(ふどうさんや) 부동산(가게) 相談(そうだん) 상담, 상의, 의논

25 일상생활 표현

今朝(けさ)は、雨(あめ)と風(かぜ)が強(つよ)かったですね。
(A) ええ、相手(あいて)の選手(せんしゅ)が弱(よわ)かったんです。
(B) ええ、もうお腹一杯(なかいっぱい)になりました。
(C) ええ、負(ま)けるとは思(おも)いませんでした。
(D) ええ、傘(かさ)も差(さ)せないくらいでした。

오늘 아침은 비와 바람이 강했죠.
(A) 네, 상대 선수가 약했어요.
(B) 네, 이제 배가 불러요.
(C) 네, 질 거라고는 생각하지 못했어요.
(D) 네, 우산도 쓸 수 없을 정도였어요.

해설 | 오늘 아침은 비와 바람이 강했다고 했으므로, 적절한 응답은 우산도 쓸 수 없을 정도였다고 한 (D)가 된다. (A)와 (C)는 문제의 「強(つよ)い」(강하다, 세다)를 응용한 오답이다.

어휘 | 今朝(けさ) 오늘 아침 雨(あめ) 비 風(かぜ) 바람

相手(あいて) 상대　選手(せんしゅ) 선수　弱(よわ)い 약하다
もう 이제, 벌써　お腹(なか)一杯(いっぱい)になる 배가 부르다
負(ま)ける 지다, 패하다　傘(かさ) 우산
差(さ)す (우산 등을) 쓰다, 받치다

26 일상생활 표현

今日(きょう)、昼食(ちゅうしょく)はどうなさいますか。
(A) テレビで応援(おうえん)するつもりですよ。
(B) 後(あと)で面接(めんせつ)すると伝(つた)えておいてください。
(C) 近(ちか)くで弁当(べんとう)でも買(か)って来(き)ます。
(D) 急(いそ)いで呼(よ)び出(だ)しておいてください。

오늘 점심은 어떻게 하세요?
(A) TV로 응원할 생각이에요.
(B) 나중에 면접을 보겠다고 전해 두세요.
(C) 근처에서 도시락이라도 사 올게요.
(D) 서둘러 불러내 두세요.

해설 | 점심을 어떻게 할 것인지 묻고 있다. 적절한 응답은 근처에서 도시락이라도 사 오겠다고 한 (C)가 된다.

어휘 | 昼食(ちゅうしょく) 중식, 점심
テレビ 텔레비전, TV *「テレビジョン」의 준말
応援(おうえん) 응원　동사의 보통형+つもりだ ~할 생각[작정]이다
後(あと)で 나중에　面接(めんせつ) 면접
伝(つた)える 전하다, 전달하다　~ておく ~해 놓다[두다]
近(ちか)く 근처　弁当(べんとう) 도시락　急(いそ)ぐ 서두르다
呼(よ)び出(だ)す 호출하다, 불러내다

27 예/아니요형 질문

山田(やまだ)さんは、ご兄弟(きょうだい)はいらっしゃるのですか。
(A) はい、友人(ゆうじん)は多(おお)い方(ほう)だと思(おも)います。
(B) はい、兄(あに)と姉(あね)が一人(ひとり)ずつおります。
(C) いえ、合計(ごうけい)で2千人(にせんにん)ほどになります。
(D) いえ、同僚(どうりょう)はたったの3人(さんにん)だけです。

야마다 씨는 형제분은 계신가요?
(A) 예, 친구는 많은 편이라고 생각해요.
(B) 예, 형과 누나가 한 명씩 있어요.
(C) 아뇨, 합계로 2천 명 정도가 돼요.
(D) 아뇨, 동료는 겨우 세 사람뿐이에요.

해설 | 「兄弟(きょうだい)」(형제)가 포인트로, 형제가 있는지 묻고 있다. 적절한 응답은 형과 누나가 한 명씩 있다고 한 (B)가 된다.

어휘 | いらっしゃる 계시다 *「いる」((사람이) 있다)의 존경어
友人(ゆうじん) 친구　多(おお)い 많다　兄(あに) 오빠, 형
姉(あね) 언니, 누나　~ずつ ~씩　おる (사람이) 있다 *「いる」의 겸양어
合計(ごうけい) 합계　~ほど ~정도　同僚(どうりょう) 동료
たった 겨우, 단지　~だけ ~만, ~뿐

28 의문사형 질문

この製品(せいひん)の材料(ざいりょう)は何(なん)ですか。
(A) 鉄(てつ)とプラスチックです。

(B) 名刺(めいし)と万年筆(まんねんひつ)です。
(C) 切符売(きっぷう)り場(ば)と改札口(かいさつぐち)です。
(D) 動物園(どうぶつえん)と博物館(はくぶつかん)です。

이 제품의 재료는 뭐예요?
(A) 철과 플라스틱이요.
(B) 명함과 만년필이요.
(C) 매표소와 개찰구요.
(D) 동물원과 박물관이요.

해설 | 「材料(ざいりょう)」(재료)라는 단어가 포인트로, 제품의 재료가 무엇인지 묻고 있다. 적절한 응답은 철과 플라스틱이라고 한 (A)가 된다.

어휘 | 製品(せいひん) 제품　鉄(てつ) 철　プラスチック 플라스틱
名刺(めいし) 명함　万年筆(まんねんひつ) 만년필
切符売(きっぷう)り場(ば) 매표소　改札口(かいさつぐち) 개찰구
動物園(どうぶつえん) 동물원　博物館(はくぶつかん) 박물관

29 일상생활 표현

ご職業(しょくぎょう)をお聞(き)きしてもよろしいですか。
(A) 教育関係(きょういくかんけい)の仕事(しごと)をしています。
(B) キリスト教(きょう)を信(しん)じています。
(C) いつも冗談(じょうだん)ばかり言(い)っています。
(D) とてものんびりとした性格(せいかく)です。

직업을 여쭤봐도 될까요?
(A) 교육관계 일을 하고 있어요.
(B) 기독교를 믿고 있어요.
(C) 항상 농담만 하고 있어요.
(D) 아주 느긋한 성격이에요.

해설 | 「職業(しょくぎょう)」(직업)라는 단어가 포인트로, 무슨 일을 하는지 묻고 있다. 적절한 응답은 교육관계 일을 하고 있다고 한 (A)로, (B)는 종교를 물었을 때 할 수 있는 응답이므로 부적절하다.

어휘 | お+동사의 ます형+する ~하다, ~해 드리다 *겸양표현
聞(き)く 묻다　よろしい 좋다, 괜찮다 *「いい・よい」의 공손한 표현
教育(きょういく) 교육　関係(かんけい) 관계
仕事(しごと) 일　キリスト教(きょう) 크리스트교, 기독교
信(しん)じる 믿다　いつも 늘, 항상　冗談(じょうだん) 농담
~ばかり ~만, ~뿐　のんびり 느긋한　性格(せいかく) 성격

30 예/아니요형 질문

人前(ひとまえ)で演奏(えんそう)なさるのは、初(はじ)めてなんですか。
(A) 今(いま)まで法律(ほうりつ)で禁止(きんし)されていたんです。
(B) 展覧会(てんらんかい)に出(だ)したことは一度(いちど)もないんです。
(C) ええ、ただ原稿(げんこう)を読(よ)むだけだから、簡単(かんたん)ですよ。
(D) ええ、最近楽器(さいきんがっき)を始(はじ)めたばかりなので…。

남 앞에서 연주하시는 건 처음인가요?
(A) 지금까지 법률로 금지되어 있었거든요.
(B) 전람회에 출품한 적은 한번도 없거든요.
(C) 네, 단지 원고를 읽을 뿐이니까 간단해요.
(D) 네, 최근 악기를 막 시작한 참이어서….

해설 | 남 앞에서 연주하는 것이 처음인지 묻고 있다. (A)는 법률 이야기를 하고 있으므로 부적절하고, (B)와 (C) 역시 전람회 출품 여부나 원고에 대해 말하고 있으므로 답이 될 수 없다. 적절한 응답은 최근 악기를 막 시작했다면서 연주가 처음인 이유를 말한 (D)가 된다.

어휘 | 人前(ひとまえ) 남 앞 演奏(えんそう) 연주
初(はじ)めて 처음(으로) 法律(ほうりつ) 법률 禁止(きんし) 금지
展覧会(てんらんかい) 전람회 出(だ)す 내다, 출품하다
동사의 た형+ことがない ~한 적이 없다 一度(いちど)も 한번도
ただ 단지, 그저 原稿(げんこう) 원고 読(よ)む 읽다
簡単(かんたん)だ 간단하다 最近(さいきん) 최근, 요즘
楽器(がっき) 악기 始(はじ)める 시작하다
동사의 た형+ばかりだ 막 ~한 참이다, ~한 지 얼마 안 되다

31 의문사형 질문

その作業、いつ頃終了しますか。
(A) ええと、まもなく到着する予定です。
(B) ええと、ずっと営業していますよ。
(C) うーん、電話が発明される前のことです。
(D) うーん、夜中までかかりそうです。

그 작업, 언제쯤 종료돼요?
(A) 음-, 곧 도착할 예정이에요.
(B) 음-, 계속 영업하고 있어요.
(C) 으-음, 전화가 발명되기 전의 일이에요.
(D) 으-음, 밤중까지 걸릴 것 같아요.

해설 | 「いつ」(언제)라는 의문사가 포인트로, 작업이 언제쯤 종료되는지 묻고 있다. 적절한 응답은 밤중까지 걸릴 것 같다고 한 (D)가 된다.

어휘 | 作業(さぎょう) 작업 いつ頃(ごろ) 언제쯤
終了(しゅうりょう) 종료 ええと 음-, 저기 *말을 곧 하지 못하고 망설일 때 내는 소리 まもなく 곧, 머지않아
到着(とうちゃく) 도착 予定(よてい) 예정 ずっと 쭉, 계속
営業(えいぎょう) 영업 電話(でんわ) 전화 発明(はつめい) 발명
前(まえ) 전, 이전 夜中(よなか) 밤중 かかる (시간이) 걸리다
동사의 ます형+そうだ ~일[할] 것 같다 *양태

32 업무 및 비즈니스 표현

この書類、漢字の間違いがありましたよ。
(A) 先週修理に出したばかりなんですけどね。
(B) 申し訳ありません、気付きませんでした。
(C) この夏の低温が原因だと思うのですが…。
(D) おかげ様で無事に行ってまいりました。

이 서류, 한자가 틀린 곳이 있었어요.
(A) 지난주에 막 수리를 맡겼는데요.
(B) 죄송해요, 알아차리지 못했어요.
(C) 이 여름의 저온이 원인이라고 생각하는데요….
(D) 덕분에 무사히 다녀 왔어요.

해설 | 서류에 한자가 틀린 곳이 있었다고 지적하고 있는 상황이다. 적절한 응답은 죄송하다면서 알아차리지 못했다고 한 (B)가 된다.

어휘 | 書類(しょるい) 서류 漢字(かんじ) 한자
間違(まちが)い 틀림 修理(しゅうり)に出(だ)す 수리를 맡기다
気付(きづ)く 깨닫다, 알아차리다 夏(なつ) 여름
低温(ていおん) 저온 原因(げんいん) 원인
おかげ様(さま)で 덕분에 無事(ぶじ)だ 무사하다
～てまい(参)る ~해 오다 *「～てくる」의 겸양표현

33 예/아니요형 질문

このパンフレット、いただいてもよろしいですか。
(A) いえ、どなたでも出場できます。
(B) いえ、どの席も無料です。
(C) ええ、検査の必要はありません。
(D) ええ、ご自由にお持ちください。

이 팸플릿, 가져도 되나요?
(A) 아뇨, 어느 분이든지 출전할 수 있어요.
(B) 아뇨, 어느 좌석이나 무료예요.
(C) 네, 검사할 필요는 없어요.
(D) 네, 자유롭게 가져가세요.

해설 | 「いただく」((남에게) 받다)는 「もらう」의 겸양어로, 팸플릿을 받아도 되는지, 즉, 가져도 되는지 묻고 있는 상황이다. 적절한 응답은 자유롭게 가져가라고 한 (D)가 된다.

어휘 | パンフレット 팸플릿 どなた 어느 분
出場(しゅつじょう) 출장, (경기 등에) 출전함 席(せき) 좌석, 자리
無料(むりょう) 무료 検査(けんさ) 검사 必要(ひつよう) 필요
自由(じゆう)だ 자유롭다 お+동사의 ます형+ください ~해 주십시오 *존경표현 持(も)つ 가지다, 소유하다

34 의문사형 질문

今度の旅行、旅費はどれくらいなの(?)。
(A) 安い航空券だから、20万ぐらいかな。
(B) 3泊か4泊になると思うよ。
(C) 目的地までは12時間くらいだよ。
(D) 郵送だから、切手代だけで済んだよ。

이번 여행, 여비는 어느 정도야?
(A) 싼 항공권이니까 20만(엔) 정도일 걸?
(B) 3박이나 4박이 될 거라고 생각해.
(C) 목적지까지는 12시간 정도야.
(D) 우송이니까, 우표값만으로 해결되었어.

해설 | 「旅費(りょひ)」(여비)와 「どれくらい」(어느 정도)라는 의문사가 포인트로, 이번 여행의 여비가 얼마나 될지를 묻고 있다. 정답은 싼 항공권이라 20만(엔) 정도일 거라고 한 (A)로, (B)는 체류 기간, (C)는 소요 시간, (D)는 보내는 방법에 대해 말하고 있으므로, 부적절하다.

어휘 | 今度(こんど) 이번 旅行(りょこう) 여행 安(やす)い 싸다
航空券(こうくうけん) 항공권 3泊(さんぱく) 3박 *「～泊(はく)」- ~박
目的地(もくてきち) 목적지 郵送(ゆうそう) 우송 切手(きって) 우표
～代(だい) ~값 済(す)む 끝나다, 해결되다

35 일상생활 표현

来年の春は花粉が多いそうですね。
(A) 国内では流行しないことを祈ります。

(B) ろうそくを準備しといた方がいいですね。
(C) 私はアレルギーがひどいので、心配です。
(D) 値上がりの原因はそれだったんですね。

내년 봄에는 꽃가루가 많대요.
(A) 국내에서는 유행하지 않기를 빌어요.
(B) 양초를 준비해 두는 편이 좋겠네요.
(C) 저는 알레르기가 심해서 걱정이에요.
(D) 가격 인상의 원인은 그거였군요.

해설 | 「花粉(かふん)」은 '화분, 꽃가루'라는 뜻으로, 내년 봄에 꽃가루가 많다는 이야기를 들었다고 했다. 정답은 본인은 알레르기가 심해서 걱정이라고 한 (C)로, (A)는 독감 등 전염병이 유행한다는 이야기를 들었을 때, (B)는 정전이 예보되었을 때 할 수 있는 응답이므로, 부적절하다.

어휘 | 来年(らいねん) 내년 春(はる) 봄 多(おお)い 많다
품사의 보통형+そうだ ~라고 한다 *전문 国内(こくない) 국내
流行(りゅうこう) 유행 祈(いの)る 빌다, 기원하다
ろうそく 양초 準備(じゅんび) 준비
~とく ~해 놓다[두다] *「~ておく」의 회화체 표현
동사의 た형+方(ほう)がいい ~하는 편[쪽]이 좋다
アレルギー 알레르기 ひどい 심하다 心配(しんぱい)だ 걱정이다
値上(ねあ)がり 가격 인상, 값이 오름 原因(げんいん) 원인

36 일상생활 표현

退院されて、その後の体調はいかがですか。
(A) うん、エンジンの故障だったよ。
(B) うん、もうすっかりいいよ。
(C) うん、ちょっと足りないかな。
(D) うん、よく売れているみたいだよ。

퇴원하시고 그 후 몸 상태는 어떠세요?
(A) 응, 엔진 고장이었어.
(B) 응, 이제 완전히 좋아.
(C) 응, 조금 부족하려나.
(D) 응, 잘 팔리고 있는 것 같아.

해설 | 「体調(たいちょう)」(몸 상태, 컨디션)와 「退院(たいいん)」(퇴원)이라는 단어가 포인트로, 퇴원 후의 몸 상태에 대해 묻고 있다. 적절한 응답은 이제 완전히 좋아졌다고 한 (B)가 된다.

어휘 | その後(ご) 그 후 いかがですか 어떠십니까? *「どうですか」(어떻습니까?)의 공손한 표현 エンジン 엔진
故障(こしょう) 고장 もう 이제 すっかり 완전히
足(た)りない 모자라다, 부족하다 よく 잘 売(う)れる (잘) 팔리다
~みたいだ ~인 것 같다

37 일상생활 표현

昨日、終電に乗ったら一駅寝過ごしちゃったのよ。
(A) 終点まで行かないだけよかったんじゃない(?)。
(B) 電波が届かない場所にいたんじゃないの。
(C) あんなに大きな脱線事故は初めてだよね。
(D) ラッシュアワーの車内では用心しないと。

어제 막차를 탔는데 자다가 한 역 지나 버렸어.
(A) 종점까지 가지 않은 만큼 잘된 거 아니야?
(B) 전파가 닿지 않는 장소에 있었던 거 아니야?
(C) 그렇게 큰 탈선사고는 처음이지?
(D) 러시아워의 차내에서는 조심해야 해.

해설 | 「終電(しゅうでん)」은 '(전철의) 막차', 「寝過(ねす)ごす」는 '늦잠 자다, 일어나야 할 시간이 지나서도 일어나지 못해 정시에 시간을 맞추지 못하다'라는 뜻이다. 즉, 막차를 탔는데 자다가 내릴 역을 한 역 지나 버렸다는 말이므로, 적절한 응답은 종점까지 가지 않았으니 그나마 다행인 거 아니냐고 한 (A)가 된다.

어휘 | 乗(の)る (탈것에) 타다 一駅(ひとえき) 한 역
終点(しゅうてん) 종점 電波(でんぱ) 전파 届(とど)く 닿다, 미치다
場所(ばしょ) 장소 あんなに (서로 알고 있는) 그렇게
大(おお)きな 큰 脱線(だっせん) 탈선 事故(じこ) 사고
初(はじ)めて 처음(으로) ラッシュアワー 러시아워
車内(しゃない) 차내 用心(ようじん) 조심, 주의
~ないと(いけない) ~하지 않으면 안 된다, ~해야 한다

38 일상생활 표현

彼は遠慮するってことを知らないのよね。
(A) 何事にも慎重なタイプですね。
(B) 消毒しておいたから、大丈夫です。
(C) ほんと、皆が認める理想的な上司ですよ。
(D) ほんと、厚かましいといったらありませんね。

그는 사양하는 걸 모르네.
(A) 무슨 일에나 신중한 타입이네요.
(B) 소독해 두었으니까, 괜찮아요.
(C) 정말 모두가 인정하는 이상적인 상사예요.
(D) 정말 뻔뻔스럽기 짝이 없죠.

해설 | 「遠慮(えんりょ)する」(사양하다)라는 단어가 포인트. 그는 사양이라는 것을 모른다고 했으므로, 적절한 응답은 정말 뻔뻔스럽기 짝이 없다며 동의하고 있는 (D)가 된다. 참고로, 「~といったらない」는 '그렇게 ~일 수가 없다, ~하기 짝이 없다'라는 뜻으로, 주로 감정을 강조할 때 쓴다.

어휘 | 知(し)る 알다 何事(なにごと) 어떤 일, 무슨 일
慎重(しんちょう)だ 신중하다 タイプ 타입 消毒(しょうどく) 소독
~ておく~해 놓다[두다] 大丈夫(だいじょうぶ)だ 괜찮다
ほんと 정말 *「ほんとう(本当)」의 축약표현 皆(みんな) 모두
認(みと)める 인정하다 理想的(りそうてき)だ 이상적이다
上司(じょうし) 상사 厚(あつ)かましい 뻔뻔스럽다, 염치없다

39 일상생활 표현

あ、スマホの電源が切れそうだわ…。
(A) 燃料は余裕を持って入れておかないと。
(B) 毎月買い換えるなんて、面倒くさいね。
(C) 予備のバッテリーがあるから、貸そうか。
(D) 丁寧に結び直しておかないと、また解けるよ。

아, 스마트폰 전원이 꺼질 것 같아….
(A) 연료는 여유를 가지고 넣어 둬야 해.

(B) 매달 새로 사서 바꾸라니, 번거롭네.
(C) 예비 배터리가 있으니까, 빌려 줄까?
(D) 정성껏 다시 묶어 두지 않으면 또 풀려.

해설 | 「スマホ」(스마트폰)와 「電源(でんげん)が切(き)れる」(전원이 끊어지다[꺼지다])라는 표현이 포인트. 스마트폰의 전원이 곧 나갈 것 같다고 했으므로, 적절한 응답은 예비 배터리가 있는데 빌려 줄지 물은 (C)가 된다.

어휘 | 동사의 ます형+そうだ ~일[할] 것 같다 *양태
燃料(ねんりょう) 연료 余裕(よゆう) 여유 入(い)れる 넣다
毎月(まいつき) 매달 買(か)い換(か)える 새로 사서 바꾸다
~なんて ~라니 面倒(めんどう)くさい (아주) 귀찮다, 번거롭다
予備(よび) 예비 バッテリー 배터리 貸(か)す 빌려 주다
丁寧(ていねい)だ 정성스럽다
結(むす)ぶ 매다, 묶다 동사의 ます형+直(なお)す 다시 ~하다
解(ほど)ける (잡아맨 것이) 풀리다

40 일상생활 표현

この地域は地下水が豊富だそうですね。
(A) ええ、発電は火力が中心です。
(B) ええ、飲料水としても使えるんです。
(C) はい、下水に流しています。
(D) はい、まとめて燃やしています。

이 지역은 지하수가 풍부하다면서요?
(A) 네, 발전은 화력이 중심이에요.
(B) 네, 음료수로서도 사용할 수 있어요.
(C) 예, 하수로 흐르게 하고 있어요.
(D) 예, 한데 모아서 태우고 있어요.

해설 | 지하수가 풍부하다는 이야기를 들었다고 했다. 이에 대한 적절한 응답은 음료수로서도 사용할 수 있다고 지하수의 용도를 말한 (B)가 된다. (A)는 발전 양식, (C)는 사용한 물의 처리 방식에 대한 응답이므로 부적절하다. 또한 지하수는 태울 수 있는 대상도 아니므로, (D) 역시 답이 될 수 없다.

어휘 | 地域(ちいき) 지역 地下水(ちかすい) 지하수
豊富(ほうふ)だ 풍부하다 품사의 보통형+そうだ ~라고 한다 *전문
発電(はつでん) 발전 火力(かりょく) 화력 中心(ちゅうしん) 중심
飲料水(いんりょうすい) 음료수 ~としても ~로서도
使(つか)う 쓰다, 사용하다 下水(げすい) 하수
流(なが)す 흘리다, 흐르게 하다 まとめる 한데 모으다
燃(も)やす 태우다

41 예/아니요형 질문

インフルエンザで寝込んでいたんですか。
(A) はい、ひどい高熱が続いて参りましたよ。
(B) はい、海外での休暇を十分楽しみました。
(C) いえ、傷口はもう完全に塞がりましたから。
(D) いえ、こんなに熱中したのは初めてです。

인플루엔자로 몸져누워 있었나요?
(A) 예, 심한 고열이 계속되어서 맥을 못췄어요.
(B) 예, 해외에서의 휴가를 충분히 즐겼어요.
(C) 아뇨, 상처는 이제 완전히 아물었으니까요.
(D) 아뇨, 이렇게 열중한 건 처음이에요.

해설 | 「インフルエンザ」(인플루엔자)와 「寝込(ねこ)む」((병으로) 오래 자리에 눕다, 몸져눕다)라는 단어가 포인트. 정답은 심한 고열이 계속되어서 맥을 못췄다고 한 (A)로, 여기서 「参(まい)る」는 '맥을 못추다'라는 뜻으로 쓰였다.

어휘 | ひどい 심하다 高熱(こうねつ) 고열
続(つづ)く 이어지다, 계속되다 海外(かいがい) 해외
休暇(きゅうか) 휴가 十分(じゅうぶん) 충분히
楽(たの)しむ 즐기다 傷口(きずぐち) 상처(입은) 자리
完全(かんぜん)だ 완전하다 塞(ふさ)がる 닫히다, 아물다
こんなに 이렇게 熱中(ねっちゅう) 열중 初(はじ)めて 처음(으로)

42 업무 및 비즈니스 표현

今回の契約交渉は、随分と長引きましたね。
(A) あっと言う間に通り過ぎちゃいましたからね。
(B) 大急ぎで避難したから、無事だったんですよ。
(C) 何遍も足を運んでようやく契約に至ったんです。
(D) いつの間にか地球温暖化が進んでいたんですね。

이번 계약 교섭은 꽤 오래 끌었죠?
(A) 눈 깜짝할 사이에 통과해 버렸으니까요.
(B) 몹시 서둘러 피난해서 무사했었어요.
(C) 몇 번이나 가서 겨우 계약에 이르렀어요.
(D) 어느샌가 지구온난화가 진행되고 있었군요.

해설 | 「長引(ながび)く」는 '오래[질질] 끌다, 지연되다'라는 뜻으로, 이번에는 계약을 체결하는 데 꽤 시간이 걸렸다고 했다. 이에 대한 응답으로 적절한 것은 몇 번이나 가서 겨우 계약을 성사시켰다고 한 (C)로, 「足(あし)を運(はこ)ぶ」는 '발걸음을 옮기다, 가다'라는 뜻이다.

어휘 | 今回(こんかい) 이번 契約(けいやく) 계약
交渉(こうしょう) 교섭 随分(ずいぶん)と 꽤, 상당히
あっと言(い)う間(ま)に 눈 깜짝할 사이에
通(とお)り過(す)ぎる 통과하다, 지나가다
大急(おおいそ)ぎ 몹시 서두름 避難(ひなん) 피난
無事(ぶじ)だ 무사하다 何遍(なんべん) 몇 번, 여러 번
ようやく 겨우, 간신히 至(いた)る 이르다
いつの間(ま)にか 어느샌가
地球温暖化(ちきゅうおんだんか) 지구온난화
進(すす)む 나아가다, 진행되다

43 일상생활 표현

この話は絶対に内緒よ。
(A) わかった、至急報告しておくよ。
(B) わかった、誰にも漏らさないよ。
(C) わかった、ネットで広めておくよ。
(D) わかった、掲示板に掲示しておくよ。

이 이야기는 절대로 비밀이야.
(A) 알았어, 급히 보고해 둘게.
(B) 알았어, 누구에게도 누설하지 않을게.
(C) 알았어, 인터넷으로 퍼뜨려 둘게.

(D) 알았어. 게시판에 게시해 둘게.

해설 | 「内緒(ないしょ)」(비밀)라는 단어가 포인트. 이 이야기는 절대로 비밀이라고 했으므로, 정답은 누구에게도 누설하지 않겠다고 한 (B)가 된다. 나머지 선택지는 모두 누설하겠다는 내용이므로 답이 될 수 없다.

어휘 | 絶対(ぜったい)に 절대로, 꼭 至急(しきゅう) 급히
報告(ほうこく) 보고 〜ておく 〜해 놓다[두다]
漏(も)らす 누설하다, 입밖에 내다
ネット 인터넷 *「インターネット」의 준말
広(ひろ)める 널리 퍼지게 하다 掲示板(けいじばん) 게시판

44 일상생활 표현

彼(かれ)はなぜ突然(とつぜん)バンドを辞(や)めたのかしら。
(A) オリンピック出場(しゅつじょう)を諦(あきら)めたからじゃないの。
(B) 定年退職(ていねんたいしょく)まで待(ま)てない事情(じじょう)があったんだよ。
(C) 研究費(けんきゅうひ)の不正使用(ふせいしよう)が問題(もんだい)になったからだよ。
(D) 他(ほか)のメンバーとトラブルがあったみたいだよ。

그는 왜 갑자기 밴드를 그만둔 걸까?
(A) 올림픽 출전을 단념했기 때문 아니야?
(B) 정년퇴직까지 기다릴 수 없는 사정이 있었어.
(C) 연구비 부정사용이 문제가 되었기 때문이야.
(D) 다른 멤버와 트러블이 있었던 것 같아.

해설 | 「バンド」(밴드, 악단)라는 단어가 포인트. 갑자기 밴드를 왜 그만 두었는지 궁금해하고 있으므로, 그 이유가 될 만한 선택지를 고르면 된다. 정답은 다른 멤버와 문제가 있었던 것 같다고 한 (D)로, (A)의 올림픽 출전, (B)의 정년퇴직, (C)의 연구비 부정사용은 「辞(や)める」(일자리를)그만두다)를 응용한 오답이다.

어휘 | なぜ 왜, 어째서 突然(とつぜん) 돌연, 갑자기
オリンピック 올림픽 出場(しゅつじょう) 출장, (경기 등에) 출전함
諦(あきら)める 체념하다, 단념하다 定年(ていねん) 정년
退職(たいしょく) 퇴직 待(ま)つ 기다리다 事情(じじょう) 사정
研究費(けんきゅうひ) 연구비 不正(ふせい) 부정
使用(しよう) 사용 問題(もんだい) 문제 他(ほか) 다른 (사람)
メンバー 멤버 トラブル 트러블, 문제 〜みたいだ 〜인 것 같다

45 업무 및 비즈니스 표현

部長(ぶちょう)、この企画(きかく)はどうしても通(とお)してもらいたいんです。
(A) よし、通行許可(つうこうきょか)を取(と)っておくよ。
(B) よし、そっと寝(ね)かしておいてあげるよ。
(C) よし、私(わたし)からも重役(じゅうやく)を説得(せっとく)してみるよ。
(D) よし、私(わたし)が前(まえ)もって潰(つぶ)しておくよ。

부장님, 이 기획은 꼭 통과시켜 줬으면 합니다.
(A) 좋아, 통행허가를 받아 둘게.
(B) 좋아, 살짝 재워 둬 줄게.
(C) 좋아, 나도 중역을 설득해 볼게.
(D) 좋아, 내가 미리 부셔 둘게.

해설 | 通(とお)す는 '(의안 등을) 통과시키다', 「〜てもらいたい」는 '(남에게) 〜해 받고 싶다', 즉 '〜해 주었으면 좋겠다'라는 뜻으로, 기획

이 꼭 통과되기를 바라고 있다. (A)는 「通(とお)す」((의안 등을) 통과시키다)를 응용한 오답이고, (B)의 「寝(ね)かす」(재우다)와 (D)의 「潰(つぶ)す」(부수다)는 문제와는 전혀 관련이 없는 말이다. 정답은 본인도 중역을 설득해 보겠다고 한 (C)가 된다.

어휘 | 部長(ぶちょう) 부장 企画(きかく) 기획
どうしても 무슨 일이 있어도, 꼭 よし 좋아 *승인·결의·격려를 나타냄 通行(つうこう) 통행 許可(きょか) 허가
取(と)る 받다, 얻다 そっと 살짝 重役(じゅうやく) 중역
説得(せっとく) 설득 前(まえ)もって 미리, 사전에

46 일상생활 표현

ここに陳列(ちんれつ)されている仏像(ぶつぞう)は、国宝級(こくほうきゅう)のものばかりです。
(A) こんなに美(うつく)しい夜景(やけい)は見(み)たことありませんよ。
(B) 最先端科学(さいせんたんかがく)の結晶(けっしょう)が集(あつ)まっているんですね。
(C) これだけの野生動物(やせいどうぶつ)を飼育(しいく)するのは大変(たいへん)ですね。
(D) 歴史的価値(れきしてきかち)の高(たか)いものばかりなんですね。

여기에 진열되어 있는 불상은 국보급 불상뿐이에요.
(A) 이렇게 아름다운 야경은 본 적 없어요.
(B) 최첨단 과학의 결정이 모여 있군요.
(C) 이 정도의 야생동물을 사육하는 건 힘들겠네요.
(D) 역사적 가치가 높은 것뿐이군요.

해설 | 「仏像(ぶつぞう)」(불상)와 「国宝級(こくほうきゅう)」(국보급)라는 단어가 포인트로, 진열되어 있는 불상은 다 국보급뿐이라고 했다. 정답은 역사적 가치가 높은 것뿐이라고 부연설명하고 있는 (D)로, (A)의 '야경', (B)의 '최첨단 과학의 결정', (C)의 '야생동물'은 문제와는 전혀 관련이 없는 내용이다.

어휘 | 陳列(ちんれつ) 진열 〜ばかり 〜만, 〜뿐 こんなに 이렇게
美(うつく)しい 아름답다 夜景(やけい) 야경
동사의 た형+こと(が)ない 〜한 적(이) 없다
最先端(さいせんたん) 최첨단 科学(かがく) 과학
結晶(けっしょう) 결정 集(あつ)まる 모이다
野性動物(やせいどうぶつ) 야생동물 飼育(しいく) 사육
大変(たいへん)だ 힘들다 歴史的(れきしてき)だ 역사적이다
価値(かち) 가치 高(たか)い 높다

47 일상생활 표현

関税(かんぜい)を上(あ)げる上(あ)げないで揉(も)めているようですね。
(A) 貿易戦争(ぼうえきせんそう)にまで発展(はってん)しなければいいけれど。
(B) そんなに巨大(きょだい)なクレーンがあるのかなあ。
(C) 武力(ぶりょく)に訴(うった)えても何(なん)の解決(かいけつ)にもならないのに。
(D) このタイミングで消費税(しょうひぜい)の引(ひ)き上(あ)げとはね。

관세를 올리느냐 마느냐로 옥신각신하고 있는 것 같네요.
(A) 무역전쟁으로까지 발전하지 않으면 좋으련만.
(B) 그렇게 거대한 크레인이 있는 걸까?
(C) 무력에 호소해도 아무런 해결도 되지 않을 텐데.
(D) 이 타이밍에서 소비세 인상이라니 말이야.

해설 | 「関税(かんぜい)」(관세)와 「揉(も)める」(옥신각신하다)라는 단어가 포인트로, 관세 인상에 대한 마찰을 보며 걱정하고 있는 상황이다. 적

절한 응답은 무역전쟁으로까지 발전하지 않으면 좋겠다고 한 (A)로, (B)는 「上(あ)げる」(올리다, 인상하다), (C)는 「揉(も)める」(옥신각신하다)를 응용한 오답이고, (D)는 「消費税(しょうひぜい)」(소비세)에 대한 내용이므로 답이 될 수 없다.

어휘 | 貿易(ぼうえき) 무역 戦争(せんそう) 전쟁
発展(はってん) 발전 そんなに 그렇게 巨大(きょだい)だ 거대하다
クレーン 크레인 武力(ぶりょく) 무력 訴(うった)える 호소하다
解決(かいけつ) 해결 タイミング 타이밍 引(ひ)き上(あ)げ 인상
～とは ～라니

48 일상생활 표현

あの大臣の発言はちんぷんかんぷんだったわ。
(A) 洒落が利いたコメントだったね。
(B) 意味不明で支離滅裂だったね。
(C) 的を射た言葉だったね。
(D) 颯爽とした態度がいいね。

저 장관의 발언은 종잡을 수 없었어.
(A) 멋진 논평이었지.
(B) 의미가 분명하지 않아서 종잡을 수 없었지.
(C) 요점을 정확하게 파악한 말이었지.
(D) 당당한 태도가 좋네.

해설 | 「ちんぷんかんぷん」(종잡을 수 없음, 횡설수설)이라는 단어가 포인트. 장관이 무슨 말을 하는지 종잡을 수 없었다고 했으므로, 적절한 응답은 의미가 분명하지 않아서 종잡을 수 없었다고 한 (B)가 된다.

어휘 | 大臣(だいじん) 대신, 장관 発言(はつげん) 발언
洒落(しゃれ)が利(き)く 멋지다 コメント 코멘트, 논평
意味(いみ) 의미 不明(ふめい)だ 불명하다, 분명하지 않다
支離滅裂(しりめつれつ) 지리멸렬, 종잡을 수 없음
的(まと)を射(い)る 요점을 정확하게 파악하다
颯爽(さっそう) (사람의 동작과 모습이) 당당함, 씩씩함
態度(たいど) 태도

49 일상생활 표현

課長、新築住宅を購入なさったんですか。
(A) ああ、30年ローンなんで先が思いやられるよ。
(B) ああ、思ったよりも高額で処分できたよ。
(C) ああ、これからは家賃収入で暮らせるよ。
(D) ああ、築100年の古民家なんだ。

과장님, 신축주택을 구입하셨어요?
(A) 아-, 30년 융자라 앞날이 걱정돼.
(B) 아-, 생각했던 것보다도 고액으로 처분할 수 있었어.
(C) 아-, 앞으로는 집세 수입으로 살 수 있어.
(D) 아-, 지은 지 100년 된 오래된 민가야.

해설 | 신축주택을 구입했는지 묻고 있다. (B)는 고액으로 처분했다고 했으므로 문제와는 반대되는 대답이고, (C)와 (D)는 각각 집세 수입과 오래된 민가에 대해 이야기하고 있으므로 역시 오답이다. 정답은 융자 상환을 걱정하고 있는 (A)로, 「先(さき)が思(おも)いやられる」는 '앞날이 걱정되다'라는 의미다.

어휘 | 課長(かちょう) 과장 新築(しんちく) 신축
住宅(じゅうたく) 주택 購入(こうにゅう) 구입
なさる 하시다 *「する」(하다)의 존경어 ローン 융자
高額(こうがく) 고액 処分(しょぶん) 처분
これから 이제부터, 앞으로 家賃(やちん) 집세
収入(しゅうにゅう) 수입 暮(く)らす 살다, 생활하다
古民家(こみんか) (옛날에 지은) 오래된 민가

50 업무 및 비즈니스 표현

当社を志望した動機を述べてください。
(A) 受験校中、一番偏差値が高かったんです。
(B) 賛否が分かれたので、多数決で決まりました。
(C) 家柄に申し分がなかったのが理由です。
(D) 御社の掲げる経営理念に共鳴いたしました。

우리 회사를 지망한 동기를 말해 주세요.
(A) 시험을 치르는 학교 중 가장 편차치가 높았어요.
(B) 찬반이 갈라져서 다수결로 결정되었어요.
(C) 집안이 나무랄 데가 없었던 게 이유예요.
(D) 귀사가 내거는 경영이념에 공감했어요.

해설 | 이 회사에 지망하게 된 동기를 묻고 있다. (A)는 회사가 아닌 학교를 지망하게 된 이유이므로 답이 될 수 없고, 다수결로 결정되었다는 (B)와 집안이 나무랄 데 없었다는 (C)는 지망 동기와는 거리가 먼 응답이다. 정답은 이 회사의 경영이념에 공감해서 지망하게 되었다고 한 (D)가 된다.

어휘 | 当社(とうしゃ) 당사, 이[우리] 회사 志望(しぼう) 지망
動機(どうき) 동기 述(の)べる 말하다, 진술하다
受験(じゅけん) 수험, 입시, 시험을 치름
偏差値(へんさち) 편차치, 편찻값 *검사 결과와 집단의 평균값과의 차이를 나타내는 수치 高(たか)い 높다
賛否(さんぴ) 찬부, 찬반 分(わ)かれる 갈라지다, 나누어지다
多数決(たすうけつ) 다수결 決(き)まる 정해지다, 결정되다
家柄(いえがら) 집안, 가문
申(もう)し分(ぶん)がない 나무랄 데가 없다 理由(りゆう) 이유
御社(おんしゃ) 귀사 *상대방 회사를 높이는 말
掲(かか)げる 내걸다, 내세우다 経営(けいえい) 경영
理念(りねん) 이념 共鳴(きょうめい) 공명, 공감
いたす 하다 *「する」의 겸양어

51 성별에 따른 의견 및 행동 구분

女 今日(きょう)は、仕事(しごと)はもう終(お)わりましたか。
男 はい、今(いま)終(お)わったところです。
女 では、よかったら一緒(いっしょ)に帰(かえ)りませんか。
男 ええ、そうしましょう。
여 오늘은 일은 이제 끝났어요?
남 예, 지금 막 끝난 참이에요.
여 그럼, 괜찮으면 함께 돌아가지 않을래요?
남 네, 그러죠.

男(おとこ)の人(ひと)は、これからどうしますか。
(A) 女(おんな)の人(ひと)と帰(かえ)る。
(B) 仕事(しごと)を続(つづ)ける。
(C) 1人(ひとり)で帰(かえ)る。
(D) 会社(かいしゃ)へ行(い)く。

남자는 이제부터 어떻게 합니까?
(A) 여자와 돌아간다.
(B) 일을 계속한다.
(C) 혼자서 돌아간다.
(D) 회사에 간다.

해설 | 남자의 대화에 주목해야 한다. 여자는 남자에게 같이 돌아가자고 제안했고 남자는 그러자고 했으므로, 정답은 (A)가 된다.

어휘 | 仕事(しごと) 일 もう 이제 終(お)わる 끝나다
동사의 た형+ところだ 막 ~한 참이다 では 그렇다면, 그럼
一緒(いっしょ)に 함께 帰(かえ)る 돌아가다
続(つづ)ける 계속하다 1人(ひとり)で 혼자서 会社(かいしゃ) 회사

52 대화 내용에 대한 이해

男 あの女(おんな)の人(ひと)は誰(だれ)ですか。
女 田中(たなか)さんのお姉(ねえ)さんですよ。
男 お姉(ねえ)さんのこと、知(し)っているんですか。
女 ええ、前(まえ)に会(あ)ったことがあるんです。
남 저 여자는 누구예요?
여 다나카 씨의 언니예요.
남 언니를 알고 있나요?
여 네, 전에 만난 적이 있거든요.

女(おんな)の人(ひと)は、どうして田中(たなか)さんのお姉(ねえ)さんを知(し)っていますか。
(A) 田中(たなか)さんに聞(き)いたから
(B) お姉(ねえ)さんと友達(ともだち)だから
(C) 会(あ)ったことがあるから
(D) 同(おな)じ会社(かいしゃ)にいるから

여자는 어째서 다나카 씨의 언니를 알고 있습니까?
(A) 다나카 씨에게 들었기 때문에
(B) 언니와 친구이기 때문에
(C) 만난 적이 있기 때문에
(D) 같은 회사에 있기 때문에

해설 | 여자의 대화에 주목해야 한다. 여자가 다나카 씨의 언니를 알고 있는 이유는 전에 만난 적이 있기 때문이다. 따라서 정답은 (C)가 된다.

어휘 | 誰(だれ) 누구 お姉(ねえ)さん (남의) 언니, 누나
知(し)る 알다 前(まえ) 전, 이전 会(あ)う 만나다
동사의 た형+ことがある ~한 적이 있다 聞(き)く 듣다
友達(ともだち) 친구 同(おな)じだ 같다

53 대화 내용에 대한 이해

女 あれ(?)、パソコンが変(か)わりましたね。
男 ええ、あれは壊(こわ)れてしまって。
女 新(あたら)しく買(か)ったんですか。
男 いえ、直(なお)す間(あいだ)だけ、借(か)りているんです。
여 어? 컴퓨터가 바뀌었네요.
남 네, 그건 고장 나 버려서요.
여 새로 산 거예요?
남 아뇨, 고치는 동안만 빌렸어요.

男(おとこ)の人(ひと)が今(いま)使(つか)っているのは、どんなパソコンですか。
(A) 新(あたら)しいパソコン
(B) 借(か)りたパソコン
(C) 修理(しゅうり)したパソコン
(D) 壊(こわ)れているパソコン

남자가 지금 사용하고 있는 것은 어떤 컴퓨터입니까?
(A) 새 컴퓨터
(B) 빌린 컴퓨터
(C) 수리한 컴퓨터
(D) 고장 나 있는 컴퓨터

해설 | 남자가 지금 사용하고 있는 컴퓨터가 어떤 컴퓨터인지 묻고 있으므로, 컴퓨터에 대한 내용을 잘 들어야 한다. 남자는 새로 샀냐는 여자의 말에 고치는 동안만 빌렸다고 했으므로, 정답은 (B)가 된다.

어휘 | パソコン (개인용) 컴퓨터 *「パーソナルコンピューター」의 준말
変(か)わる 바뀌다 あれ (서로 알고 있는) 그것
壊(こわ)れる 고장 나다 新(あたら)しい 새롭다 買(か)う 사다
直(なお)す 고치다, 수리하다 ~間(あいだ) ~동안
借(か)りる 빌리다 使(つか)う 쓰다, 사용하다 修理(しゅうり) 수리

54 대화 내용에 대한 이해

男 眠そうだね。昨夜あまり眠れなかったの(?)。
女 うん、遅くまで仕事してたから。
男 体によくないよ。今日は早く帰って家で寝たら(?)。
女 そうね。そうするわ。

남 졸린 것 같네. 어젯밤에 별로 못 잤어?
여 응, 늦게까지 일했으니까.
남 몸에 좋지 않아. 오늘은 일찍 돌아가서 집에서 자는 게 어때?
여 그러네. 그렇게 할게.

女の人は、どうして昨日あまり眠れませんでしたか。
(A) 遊びに行っていたから
(B) 家に帰らなかったから
(C) 病気で眠れなかったから
(D) 仕事をしていたから

여자는 어째서 어제 별로 잘 수 없었습니까?
(A) 놀러 갔었기 때문에
(B) 집에 돌아가지 않았기 때문에
(C) 아파서 잘 수 없었기 때문에
(D) 일을 하고 있었기 때문에

해설 | 여자의 첫 번째 대화에 주목해야 한다. 어제 늦게까지 일했기 때문에 별로 잘 수 없었다고 했으므로, 정답은 (D)가 된다.

어휘 | 眠(ねむ)い 졸리다
い형용사의 어간+そうだ ~일[할] 것 같다, ~인 듯하다 *양태
昨夜(ゆうべ) 어젯밤 あまり (부정의 말을 수반하여) 그다지, 별로
眠(ねむ)る 자다, 잠자다 遅(おそ)くまで 늦게까지
仕事(しごと) 일 体(からだ) 몸, 신체 早(はや)く 일찍
帰(かえ)る 돌아가다 寝(ね)る 자다
~たら ~하는 게 어때? *완곡하게 명령하거나 권고할 때 씀
遊(あそ)ぶ 놀다 동사의 ます형+に ~하러 *동작의 목적
病気(びょうき) 병

55 성별에 따른 의견 및 행동 구분

女 これ、旅行のお土産です。
男 いつもいただいてばかりですみません。
女 いえ、いつも仕事を手伝ってもらっているので。
男 そんなことないですよ。

여 이거, 여행 선물이에요.
남 항상 받기만 해서 죄송해요.
여 아뇨, 늘 일을 도움받고 있어서요.
남 그렇지 않아요.

男の人は、どうして「すみません」と言いましたか。
(A) お土産を買わなかったから
(B) 女の人からもらうことが多いから
(C) 仕事を手伝わなかったから
(D) 仕事を頼んだから

남자는 어째서 '죄송해요'라고 말했습니까?
(A) 선물을 사지 않았기 때문에
(B) 여자에게 받은 일이 많기 때문에
(C) 일을 돕지 않았기 때문에
(D) 일을 부탁했기 때문에

해설 | 여자가 남자에게 여행선물을 건넸더니, 남자는 늘 받기만 해서 죄송하다고 했다. 따라서 정답은 (B)가 된다.

어휘 | 旅行(りょこう) 여행 お土産(みやげ) 선물
いただく (남에게) 받다 *「もらう」의 겸양어
手伝(てつだ)う 돕다, 도와주다 ~てもらう (남에게) ~해 받다
そんなことない 그렇지 않다 多(おお)い 많다 頼(たの)む 부탁하다

56 대화 내용에 대한 이해

女 すごい雨ね。駅からの道、大変だったんじゃない(?)。
男 うん、服がすごく濡れちゃったよ。
女 このタオル、使う(?)。
男 ありがとう。借りるね。

여 비가 굉장하네. 역에서 오는 길, 힘들지 않았어?
남 응, 옷이 몹시 젖어 버렸어.
여 이 타월, 쓸래?
남 고마워. 좀 빌릴게.

男の人について、正しいものはどれですか。
(A) 風邪を引いた。
(B) 会社に来られなかった。
(C) 服が濡れた。
(D) 財布を忘れた。

남자에 대해서 맞는 것은 어느 것입니까?
(A) 감기에 걸렸다.
(B) 회사에 올 수 없었다.
(C) 옷이 젖었다.
(D) 지갑을 두고 왔다.

해설 | 남자의 첫 번째 대화에 주목해야 한다. 옷이 몹시 젖어 버렸다고 했으므로, 정답은 (C)가 된다.

어휘 | すごい 굉장하다 雨(あめ) 비 駅(えき) 역 道(みち) 길
大変(たいへん)だ 힘들다 服(ふく) 옷 すごく 굉장히, 몹시
濡(ぬ)れる 젖다 タオル 타월, 수건 使(つか)う 쓰다, 사용하다
借(か)りる 빌리다 風邪(かぜ)を引(ひ)く 감기에 걸리다
財布(さいふ) 지갑 忘(わす)れる (물건을) 잊고 두고 오다

57 대화 내용에 대한 이해

女 会議の準備をしているんですか。
男 はい、でもよくわからなくて。
女 それなら、このノートにやり方が書いてありますよ。どうぞ。
男 ありがとうございます。

여 회의 준비를 하고 있나요?
남 예, 하지만 잘 몰라서.
여 그러면 이 노트에 방식이 적혀 있어요. 여기요.
남 감사합니다.

女の人は男の人に、どうしてノートを見るように言いましたか。

(A) 会議に出る人の名前が書いてあるから
(B) 準備の仕方が書いてあるから
(C) 会議室の番号が書いてあるから
(D) 会議で話したことが書いてあるから

여자는 남자에게 어째서 노트를 보라고 말했습니까?
(A) 회의에 참석하는 사람의 이름이 적혀 있기 때문에
(B) 준비 방식이 적혀 있기 때문에
(C) 회의실 번호가 적혀 있기 때문에
(D) 회의에서 이야기한 것이 적혀 있기 때문에

해설 | 남자에게 노트를 보라고 말한 이유는 여자의 두 번째 대화에 나온다. 노트에 회의 준비 방식이 적혀 있기 때문이므로, 정답은 (B)가 된다.

어휘 | 会議(かいぎ) 회의 準備(じゅんび) 준비
わかる 알다, 이해하다 ノート 노트 やり方(かた) (하는) 방식[방법]
書(か)く (글씨·글을) 쓰다 타동사+てある ~해져 있다
どうぞ 무언가를 허락하거나 권할 때 쓰는 말
~ように ~하도록, ~하라고 出(で)る (모임 등에) 나오다, 참석하다
名前(なまえ) 이름 仕方(しかた) 하는 방법, 수단, 방식
会議室(かいぎしつ) 회의실 番号(ばんごう) 번호
話(はな)す 말하다, 이야기하다

58 성별에 따른 의견 및 행동 구분

女 吉田さん、悪いけど荷物を運んでくれる(?)。
男 いいですよ。どこにあるんですか。
女 外に止まってる車から降ろして、ここに持って来て。
男 わかりました。

여 요시다 씨, 미안한데 짐을 옮겨 줄래?
남 좋아요. 어디에 있나요?
여 밖에 서 있는 차에서 내려서 여기로 가져와.
남 알겠어요.

女の人は男の人に、何を頼みましたか。

(A) 荷物を持って来ること
(B) 荷物を探すこと
(C) 車に荷物を載せること
(D) 車をここまで動かすこと

여자는 남자에게 무엇을 부탁했습니까?
(A) 짐을 가져오는 것
(B) 짐을 찾는 것
(C) 차에 짐을 싣는 것
(D) 차를 여기까지 옮기는 것

해설 | 여자의 대화에 주목해야 한다. 여자는 남자에게 밖에 세워 둔 차에서 짐을 내려서 이리로 가져다 달라고 부탁했으므로, 정답은 (A)가 된다.

어휘 | 悪(わる)い 미안하다 荷物(にもつ) 짐
運(はこ)ぶ 운반하다, 옮기다 ~てくれる (남이 나에게) ~해 주다
外(そと) 밖, 바깥 止(と)まる 멈추다, 서다 車(くるま) 차
降(お)ろす (위에서 아래로) 옮기다, 내리다 持(も)つ 가지다, 들다
頼(たの)む 부탁하다 探(さが)す 찾다 載(の)せる (짐을) 싣다
動(うご)かす 움직이게 하다, 옮기다

59 대화 내용에 대한 이해

女 課長、よかったらこのケーキ、召し上がりますか。
男 ありがとう。どうしたんですか。
女 今日、佐藤さんの誕生日なので、皆で買ったんです。
男 それはいいですね。佐藤さんも喜んだでしょう。

여 과장님, 괜찮으면 이 케이크, 드시겠어요?
남 고마워요. 어디서 난 거예요?
여 오늘 사토 씨 생일이어서 모두 함께 샀어요.
남 그거 좋네요. 사토 씨도 기뻐했겠어요.

女の人は、何のためにケーキを用意しましたか。

(A) 誕生日のお祝いのため
(B) 課長にあげるため
(C) 皆に食べてもらうため
(D) 皆に売るため

여자는 무엇을 위해서 케이크를 준비했습니까?
(A) 생일 축하를 위해
(B) 과장에게 주기 위해
(C) 모두가 먹게 하기 위해
(D) 모두에게 팔기 위해

해설 | 여자가 케이크를 준비한 이유는 여자의 두 번째 대화에 나온다. 사토 씨 생일이어서 모두 함께 케이크를 샀다고 했으므로, 정답은 (A)가 된다.

어휘 | 課長(かちょう) 과장 ケーキ 케이크

召(め)し上(あ)がる 드시다 *「食(た)べる」(먹다)의 존경어
誕生日(たんじょうび) 생일 皆(みんな)で 모두 함께
買(か)う 사다 喜(よろこ)ぶ 기뻐하다 用意(ようい) 준비
お祝(いわ)い 축하 あげる (남에게) 주다 売(う)る 팔다

60 대화 내용에 대한 이해

女 高橋さんって、よく自転車(じてんしゃ)に乗(の)るんですか。

男 ええ、昨日(きのう)も海(うみ)まで自転車(じてんしゃ)で行(い)って来(き)ました。

女 え、海(?)、すごく遠(とお)いじゃないですか。

男 はい。運動(うんどう)になっていいですよ。

여 다카하시 씨는 자주 자전거를 타나요?
남 네, 어제도 바다까지 자전거로 갔다 왔어요.
여 네? 바다요? 굉장히 멀지 않아요?
남 예, 운동이 되어서 좋아요.

女(おんな)の人(ひと)が驚(おどろ)いているのは、どうしてですか。
(A) 男(おとこ)の人(ひと)が自転車(じてんしゃ)に乗(の)ったことがないから
(B) 男(おとこ)の人(ひと)が海(うみ)で自転車(じてんしゃ)を無(な)くしたから
(C) 男(おとこ)の人(ひと)が毎日海(まいにちうみ)まで走(はし)っているから
(D) 男(おとこ)の人(ひと)が遠(とお)くの海(うみ)まで自転車(じてんしゃ)で行(い)ったから

여자가 놀라고 있는 것은 어째서입니까?
(A) 남자가 자전거를 탄 적이 없기 때문에
(B) 남자가 바다에서 자전거를 분실했기 때문에
(C) 남자가 매일 바다까지 달리고 있기 때문에
(D) 남자가 멀리 바다까지 자전거로 갔기 때문에

해설 | 여자는 남자에게 자주 자전거를 타느냐고 물었고, 남자는 어제도 바다까지 자전거로 갔다 왔다고 했다. 이에 여자는 바다라면 굉장히 멀지 않느냐고 놀라고 있으므로, 정답은 (D)가 된다.

어휘 | よく 자주 自転車(じてんしゃ) 자전거 乗(の)る (탈것에) 타다
昨日(きのう) 어제 海(うみ) 바다 遠(とお)い 멀다
運動(うんどう) 운동 無(な)くす 잃다, 분실하다
走(はし)る (탈것이) 달리다

61 대화 내용에 대한 이해

女 はあ、食(た)べ過(す)ぎで苦(くる)しいわ。

男 無理(むり)して食(た)べることなかったのに。

女 でも、せっかくお店(みせ)の人(ひと)が作(つく)ってくれたのに、残(のこ)したら悪(わる)いじゃない。

男 まあ、そうだね。残(のこ)すのはもったいないね。

여 하, 과식해서 괴로워.
남 무리해서 먹을 필요 없었는데.
여 하지만 애써서 가게 사람이 만들어 줬는데 남기면 미안하잖아.
남 뭐 그렇긴 하네. 남기는 건 아깝지.

女(おんな)の人(ひと)は、どうして食(た)べ過(す)ぎましたか。
(A) 料理(りょうり)がおいしかったから

(B) お金(かね)がもったいないから
(C) 男(おとこ)の人(ひと)が作(つく)った料理(りょうり)だから
(D) 残(のこ)すのが嫌(いや)だったから

여자는 어째서 과식했습니까?
(A) 요리가 맛있었기 때문에
(B) 돈이 아깝기 때문에
(C) 남자가 만든 요리이기 때문에
(D) 남기는 것이 싫었기 때문에

해설 | 여자가 과식한 이유는 여자의 두 번째 대화에 나온다. 애써서 가게 사람이 만들어 준 요리를 남기면 미안하지 않느냐고 했으므로, 정답은 (D)가 된다.

어휘 | 食(た)べ過(す)ぎ 과식 苦(くる)しい 힘들다, 괴롭다
無理(むり) 무리 ~こと(は)ない ~할 필요(는) 없다
~のに ~는데(도) せっかく 애써서 店(みせ) 가게
作(つく)る 만들다 残(のこ)す 남기다 悪(わる)い 미안하다
もったいない 아깝다 食(た)べ過(す)ぎる 과식하다
料理(りょうり) 요리 おいしい 맛있다 嫌(いや)だ 싫다

62 성별에 따른 의견 및 행동 구분

男 明日(あした)までにこの書類(しょるい)、できそうですか。

女 今日残業(きょうざんぎょう)して、何(なん)とか間(ま)に合(あ)わせます。

男 誰(だれ)かに手伝(てつだ)ってもらうように言(い)いましょうか。

女 ありがとうございます。でも、大丈夫(だいじょうぶ)です。

남 내일까지 이 서류, 할 수 있을 것 같아요?
여 오늘 야근해서 어떻게든 시간에 맞출게요.
남 누군가에게 도와주라고 할까요?
여 고마워요. 하지만 괜찮아요.

書類(しょるい)を作(つく)ることについて、女(おんな)の人(ひと)はどう思(おも)っていますか。
(A) 残業(ざんぎょう)してまでやりたくない。
(B) 自分(じぶん)にはとてもできない。
(C) 1人(ひとり)でも終(お)えることができる。
(D) 誰(だれ)かに手伝(てつだ)ってほしい。

서류를 작성하는 것에 대해서 여자는 어떻게 생각하고 있습니까?
(A) 야근해서까지 하고 싶지 않다.
(B) 자신에게는 도저히 불가능하다.
(C) 혼자서라도 끝낼 수 있다.
(D) 누군가가 도와주었으면 한다.

해설 | 여자의 생각을 묻고 있다. 힘들면 누군가에게 도와주라고 하겠다는 남자의 제안에 대해 여자는 고맙지만 괜찮다고 했다. 따라서 정답은 (C)가 된다.

어휘 | ~までに ~까지 *완료 書類(しょるい) 서류
できる 할 수 있다 残業(ざんぎょう) 잔업, 야근
何(なん)とか 어떻게든, 그럭저럭
間(ま)に合(あ)わせる 시간에 맞추다
手伝(てつだ)う 돕다, 도와주다 大丈夫(だいじょうぶ)だ 괜찮다
作(つく)る 만들다, 작성하다 やる 하다

동사의 ます형+たい ~하고 싶다 自分(じぶん) 자신, 나
とても (부정의 말을 수반하여) 도저히 終(お)える 끝내다
~てほしい ~해 주었으면 하다

63 대화 내용에 대한 이해

男 山田さん、遅いですね。店がわからないのかな。
女 いえ、今こっちに向かっているそうです。
男 そうですか。じゃあ、先に料理を注文しておきましょうか。
女 そうですね。

남 야마다 씨, 늦네요. 가게를 모르는 걸까?
여 아뇨, 지금 이쪽으로 오고 있대요.
남 그래요? 그럼, 먼저 요리를 주문해 둘까요?
여 그러죠.

2人は、これからどうしますか。
(A) 山田さんを待たずに食べる。
(B) 山田さんが来る前に注文する。
(C) 山田さんを迎えに行く。
(D) 山田さんに遅刻を注意する。

두 사람은 이제부터 어떻게 합니까?
(A) 야마다 씨를 기다리지 않고 먹는다.
(B) 야마다 씨가 오기 전에 주문한다.
(C) 야마다 씨를 마중 나간다.
(D) 야마다 씨에게 지각을 주의를 준다.

해설 | 야마다 씨라는 사람이 약속 시간에 늦고 있는 상황이다. 야마다 씨가 가게를 못 찾아서 늦는 거 아니냐는 남자의 말에 여자는 이쪽으로 오고 있는 중이라고 했다. 이 말에 남자는 그럼 먼저 요리를 주문해 두는 것이 어떻겠느냐고 여자에게 물었고 여자도 이에 동의했으므로, 정답은 (B)가 된다.

어휘 | 遅(おそ)い 늦다 店(みせ) 가게 こっち 이쪽
向(む)かう 향하다, (향해) 가다
품사의 보통형+そうだ ~라고 한다 *전문 先(さき)に 먼저
料理(りょうり) 요리 注文(ちゅうもん) 주문 待(ま)つ 기다리다
~ずに ~하지 않고 동사의 기본형+前(まえ)に ~하기 전에
迎(むか)える (사람을) 맞다, 마중하다
동사의 ます형+に ~하러 *동작의 목적 遅刻(ちこく) 지각
注意(ちゅうい)する 주의를 주다

64 대화 내용에 대한 이해

女 山本さん、この資料、ちゃんと見直しましたか。
男 はい、そのつもりですが…。
女 いくつか間違えていましたよ。
男 すみません。すぐ確認して直します。

여 야마모토 씨, 이 자료, 제대로 다시 봤어요?
남 예, 그렇게 했는데요….
여 몇 군데인가 틀렸어요.
남 죄송합니다. 바로 확인하고 고치겠습니다.

男の人は女の人に、何を注意されましたか。
(A) 資料が足りなかったこと
(B) 資料にミスがあったこと
(C) 資料をきちんと読んでいなかったこと
(D) 資料を配り忘れたこと

남자는 여자에게 무엇을 주의받았습니까?
(A) 자료가 부족했던 것
(B) 자료에 실수가 있었던 것
(C) 자료를 제대로 읽지 않았던 것
(D) 깜빡하고 자료를 나누어 주는 것을 잊은 것

해설 | 여자의 두 번째 대화에 나오는 「間違(まちが)える」(잘못하다, 틀리다)라는 단어가 포인트. 여자가 남자에게 자료에서 몇 군데인가 틀린 곳이 있다고 지적하고 있는 상황이므로, 정답은 (B)가 된다.

어휘 | 資料(しりょう) 자료 ちゃんと 제대로, 확실히
見直(みなお)す 다시 보다, 재검토하다 つもり 생각, 작정
いくつ 몇 개 すぐ 곧, 바로 確認(かくにん) 확인
直(なお)す 고치다, 정정하다 足(た)りない 모자라다, 부족하다
ミス 실수, 잘못 きちんと 제대로, 확실히
配(くば)る 나누어 주다, 배포하다
동사의 ます형+忘(わす)れる 깜빡하고 ~하기를 잊다

65 성별에 따른 의견 및 행동 구분

女 先輩、棚が届いたんですが、組み立て方がわからなくて。
男 ああ、見てあげるよ。どれどれ。
女 この部品をどこにどうすればいいのか…。
男 ええと、あの板に付けて留めればいいんだよ。

여 선배, 선반이 도착했는데, 조립방법을 몰라서요.
남 아-, 봐 줄게. 어디 말이야?
여 이 부품을 어디에 어떻게 하면 되는 건지….
남 음-, 저 판자에 달아서 고정시키면 돼.

男の人は、何をしていますか。
(A) 棚の作り方を教えている。
(B) 棚を完成させている。
(C) 部品を届けている。
(D) 板に色を塗っている。

남자는 무엇을 하고 있습니까?
(A) 선반 만드는 법을 알려 주고 있다.
(B) 선반을 완성시키고 있다.
(C) 부품을 전하고 있다.
(D) 판자에 색을 칠하고 있다.

해설 | 남자의 대화에 주목해야 한다. 남자는 선반을 조립하는 방법을 여자에게 가르쳐 주고 있으므로, 정답은 (A)가 된다.

어휘 | 先輩(せんぱい) 선배 棚(たな) 선반
届(とど)く (보낸 물건이) 도착하다
組(く)み立(た)て方(かた) 조립방법
～てあげる (내가 남에게) ～해 주다 部品(ぶひん) 부품
板(いた) 판자 付(つ)ける 붙이다, 달다
留(と)める 고정시키다, 붙박아 움직이지 않게 하다
作(つく)り方(かた) 만드는 법 教(おし)える 가르치다, 알려 주다
完成(かんせい) 완성 届(とど)ける 전하다, 닿게 하다
色(いろ) 색, 색깔 塗(ぬ)る 바르다, 칠하다

66 대화 내용에 대한 이해

男 このデータは誰でも見られるんですか。
女 ええ、誰でも見られるようにしてあります。
男 それは安全面で怖いですね。何か起こってからでは遅いですよ。
女 わかりました。では、関係者以外は見られないようにします。

남 이 데이터는 누구든지 볼 수 있는 건가요?
여 네, 누구든지 볼 수 있도록 되어 있어요.
남 그건 안전면에서 무섭네요. 무슨 일인가 일어나고 나서는 늦어요.
여 알겠어요. 그럼, 관계자 이외는 볼 수 없도록 할게요.

男の人は女の人に、何について注意しましたか。
(A) データの内容
(B) データの安全性
(C) 関係者の安全
(D) 報告が遅れたこと

남자는 여자에게 무엇에 대해서 주의를 주었습니까?
(A) 데이터의 내용
(B) 데이터의 안전성
(C) 관계자의 안전
(D) 보고가 늦어진 것

해설 | 데이터 열람에 대해서 이야기를 나누고 있다. 현재 데이터는 누구든지 볼 수 있으므로, 남자는 이 점이 안전면에서 무섭다고 지적했다. 따라서 정답은 (B)가 된다.

어휘 | データ 데이터 誰(だれ)でも 누구든지 見(み)る 보다
～ように ～하도록 安全面(あんぜんめん) 안전면
怖(こわ)い 무섭다, 두렵다 何(なに)か 뭔가, 무슨 일인가
起(お)こる 일어나다, 발생하다 ～てから ～하고 나서, ～한 후에
遅(おそ)い 늦다 関係者(かんけいしゃ) 관계자 以外(いがい) 이외
注意(ちゅうい)する 주의를 주다 内容(ないよう) 내용
安全性(あんぜんせい) 안전성 報告(ほうこく) 보고
遅(おく)れる 늦다, 늦어지다

67 대화 내용에 대한 이해

男 来月の会社のイベント、もう申し込んだ(?)。
女 うん。今年は参加者が多いみたいよ。
男 そうなんだ。去年すごく盛り上がってたからね。
女 そうなのよ。だから、今年も今から楽しみだね。

남 다음 달 회사 이벤트, 벌써 신청했어?
여 응. 올해는 참가자가 많은 것 같아.
남 그렇구나. 작년에 굉장히 분위기가 고조되었으니까 말이야.
여 그러게. 그래서 올해도 지금부터 기대되네.

女の人は、どうしてイベントを楽しみにしていますか。
(A) 参加者が多いから
(B) 有名なイベントだから
(C) 男の人も参加するから
(D) 去年楽しかったから

여자는 어째서 이벤트를 기대하고 있습니까?
(A) 참가자가 많기 때문에
(B) 유명한 이벤트이기 때문에
(C) 남자도 참가하기 때문에
(D) 작년에 즐거웠기 때문에

해설 | 여자가 이벤트를 기대하고 있는 이유는 대화 후반부에 나온다. 작년에 굉장히 분위기가 고조되었기 때문에 올해도 그럴 것이라고 기대하고 있는 것이므로, 정답은 (D)가 된다.

어휘 | イベント 이벤트 もう 이미, 벌써
申(もう)し込(こ)む 신청하다 今年(ことし) 올해
参加者(さんかしゃ) 참가자 多(おお)い 많다
～みたいだ ～인 것 같다 去年(きょねん) 작년 すごく 굉장히, 몹시
盛(も)り上(あ)がる (기세·분위기 등이) 고조되다 だから 그래서
楽(たの)しみ 기다려짐, 고대 有名(ゆうめい)だ 유명하다
楽(たの)しい 즐겁다

68 대화 내용에 대한 이해

男 明後日、新しい課長の歓迎会があるでしょ(?)。
女 うん。それがどうかしたの(?)。
男 実はその日、お世話になった大学の教授にも呼ばれちゃってて。
女 それは困ったわね。

남 모레, 새 과장님 환영회가 있죠?
여 응, 그게 왜?
남 실은 그 날, 신세를 진 대학의 교수님도 부르셔서요.
여 그거 곤란하네.

男の人は、どうして困っていますか。
(A) 課長に呼び出されたから

(B) 教授(きょうじゅ)を招待(しょうたい)できなかったから
(C) 誘(さそ)いを断(ことわ)られたから
(D) 予定(よてい)が重(かさ)なったから

남자는 어째서 곤란해하고 있습니까?
(A) 과장에게 호출을 받았기 때문에
(B) 교수를 초대할 수 없었기 때문에
(C) 권유를 거절당했기 때문에
(D) 예정이 겹쳤기 때문에

해설 | 남자의 대화에 주목해야 한다. 남자는 새로 온 과장의 환영회가 있는 날에 대학의 교수도 자신을 불렀다고 했으므로, 예정이 겹쳐서 곤란해하고 있음을 알 수 있다. 따라서 정답은 (D)가 된다.

어휘 | 明後日(あさって) 모레 新(あたら)しい 새롭다
歓迎会(かんげいかい) 환영회 実(じつ)は 실은
お世話(せわ)になる 신세를 지다 大学(だいがく) 대학
教授(きょうじゅ) 교수 呼(よ)ぶ 부르다
困(こま)る 곤란하다, 난처하다 呼(よ)び出(だ)す 호출하다, 불러내다
招待(しょうたい) 초대 誘(さそ)い 권유 断(ことわ)る 거절하다
予定(よてい) 예정 重(かさ)なる 겹치다

69 대화 내용에 대한 이해

女 課長(かちょう)、先週(せんしゅう)会議(かいぎ)でお話(はな)しした新製品(しんせいひん)の案(あん)のことなんですが。
男 ああ、その後(ご)、問題点(もんだいてん)はどうなりましたか。
女 はい、すべて解決(かいけつ)しました。
男 それはよかった。では、このまま話(はなし)を進(すす)めてください。

여 과장님, 지난주 회의에서 말씀드렸던 신제품 안 말인데요.
남 아-. 그 후에 문제점은 어떻게 됐어요?
여 예, 전부 해결했어요.
남 그거 잘됐네. 그럼. 이대로 이야기를 진행해 주세요.

女(おんな)の人(ひと)は男(おとこ)の人(ひと)に、何(なに)を報告(ほうこく)しましたか。
(A) 新製品(しんせいひん)が発売(はつばい)されること
(B) 新製品(しんせいひん)の案(あん)を発表(はっぴょう)すること
(C) 新(あら)たな問題(もんだい)が見(み)つかったこと
(D) 今(いま)までの問題(もんだい)が解決(かいけつ)したこと

여자는 남자에게 무엇을 보고했습니까?
(A) 신제품이 발매되는 것
(B) 신제품 안을 발표하는 것
(C) 새로운 문제가 발견된 것
(D) 지금까지의 문제가 해결된 것

해설 | 여자의 대화에 주목해야 한다. 여자는 남자에게 지난주 회의에서 이야기했던 신제품의 문제점을 모두 해결했다고 했으므로, 정답은 (D)가 된다.

어휘 | 先週(せんしゅう) 지난주 会議(かいぎ) 회의
お+동사의 ます형+する ~하다, ~해 드리다 *겸양표현
話(はな)す 말하다, 이야기하다 新製品(しんせいひん) 신제품

案(あん) 안 その後(ご) 그 후 問題点(もんだいてん) 문제점
すべて 모두, 전부 解決(かいけつ) 해결 このまま 이대로
進(すす)める 진행하다 報告(ほうこく) 보고
発売(はつばい) 발매 発表(はっぴょう) 발표 新(あら)ただ 새롭다
見(み)つかる 발견되다, 찾게 되다 今(いま)まで 지금까지

70 성별에 따른 의견 및 행동 구분

女 あ、どうしよう。コピー用紙(ようし)が切(き)れちゃったわ。
男 明日(あした)届(とど)くんだけど、今日(きょう)使(つか)う分(ぶん)だけ、今(いま)買(か)ってこようか。
女 うん、じゃあ、悪(わる)いけど、ついでに郵便局(ゆうびんきょく)でこの小包(こづつみ)出(だ)してきてくれる(?)。
男 いいよ。

여 아, 어떻게 하지? 복사용지가 떨어져 버렸어.
남 내일 도착하는데, 오늘 사용할 분량만 지금 사 올까?
여 응, 그럼, 미안한데, 가는 김에 우체국에서 이 소포 보내고 와 줄래?
남 알았어.

男(おとこ)の人(ひと)は、何(なに)を買(か)いに行(い)きますか。
(A) 明日(あした)から使(つか)う分(ぶん)のコピー用紙(ようし)
(B) 今日(きょう)必要(ひつよう)な量(りょう)のコピー用紙(ようし)
(C) 荷物(にもつ)を入(い)れるための大(おお)きな封筒(ふうとう)
(D) 手紙(てがみ)を書(か)くための便(びん)せん

남자는 무엇을 사러 갑니까?
(A) 내일부터 사용할 분량의 복사용지
(B) 오늘 필요한 양의 복사용지
(C) 짐을 넣기 위한 큰 봉투
(D) 편지를 쓰기 위한 편지지

해설 | 복사용지를 다 썼는데, 주문한 복사용지는 내일 도착하는 상황이다. 남자는 여자에게 오늘 쓸 분량만 사 올지 물었고, 이에 여자는 그게 좋겠다고 했으므로, 정답은 (B)가 된다. 「明日(あした)」(내일) 부분만 듣고 (A)를 정답으로 고르지 않도록 주의한다.

어휘 | コピー用紙(ようし) 복사용지 切(き)れる 떨어지다, 다 되다
届(とど)く (보낸 물건이) 도착하다 使(つか)う 쓰다, 사용하다
分(ぶん) 분, 분량 ~だけ ~만, ~뿐 買(か)う 사다
悪(わる)い 미안하다 ~ついでに ~하는 김에
郵便局(ゆうびんきょく) 우체국 小包(こづつみ) 소포
出(だ)す 보내다, 부치다 ~てくれる (남이 나에게) ~해 주다
必要(ひつよう)だ 필요하다 量(りょう) 양 荷物(にもつ) 짐
入(い)れる 넣다 大(おお)きな 큰 封筒(ふうとう) (편지·서류) 봉투
手紙(てがみ) 편지 書(か)く (글씨·글을) 쓰다 便(びん)せん 편지지

71 대화 내용에 대한 이해

男 イベントのポスターを描いてくれるデザイナーは決まりましたか。
女 それが、依頼していた山田さんがスケジュールの都合で無理だそうで…。
男 そうですか…。じゃ、諦めてまた他の人を探すよりほかないですね。
女 ええ、これから急いで当たってみます。
남 이벤트 포스터를 그려 줄 디자이너는 정해졌어요?
여 그게 의뢰했던 야마다 씨가 스케줄 사정으로 무리라고 해서….
남 그래요…? 그럼, 단념하고 또 다른 사람을 찾을 수밖에 없겠군요.
여 네, 지금부터 서둘러 알아볼게요.

デザイナーについて、2人は何と言っていますか。
(A) 候補が多くて決められない。
(B) 別の人を探すしかない。
(C) 山田さんに代理を探してもらいたい。
(D) 山田さんを諦めきれない。

디자이너에 대해서 두 사람은 뭐라고 말하고 있습니까?
(A) 후보가 많아서 결정할 수 없다.
(B) 다른 사람을 찾을 수밖에 없다.
(C) 야마다 씨가 대리를 찾아 주면 좋겠다.
(D) 야마다 씨를 완전히 단념할 수 없다.

해설 | 포스터 의뢰 건에 대해서 이야기를 나누고 있다. 여자가 야마다 씨라는 디자이너는 스케줄상 포스터를 그릴 수 없다고 하자, 남자는 그럼 다른 사람을 찾을 수밖에 없겠다고 했다. 따라서 정답은 (B)가 된다.

어휘 | イベント 이벤트 ポスター 포스터 描(か)く (그림을) 그리다
デザイナー 디자이너 決(き)まる 정해지다, 결정되다
依頼(いらい) 의뢰 スケジュール 스케줄 都合(つごう) 사정, 형편
無理(むり)だ 무리이다 諦(あきら)める 체념하다, 단념하다
他(ほか) 다른 (사람) 探(さが)す 찾다
～よりほかない ～할 수밖에 없다 急(いそ)ぐ 서두르다
当(あ)たる 알아보다 候補(こうほ) 후보 決(き)める 정하다, 결정하다
別(べつ) 다름 ～しかない ～할 수밖에 없다 代理(だいり) 대리
～てもらいたい (남에게) ～해 받고 싶다, (남이) ～해 주었으면 좋겠다
동사의 ます형+き(切)れない 완전히[끝까지] ～할 수 없다

72 대화 내용에 대한 이해

女 このウサギのぬいぐるみ、ふわふわで触りたくなるわね。
男 でしょう(?)。今うちの会社で力を入れている商品だよ。
女 そうなんだ。毛は本物みたいにふさふさしてて、かわいいわ。
男 店に出してはすぐ売り切れる人気商品なんだよ。
여 이 토끼 봉제인형, 푹신푹신해서 만지고 싶어지네.
남 그렇지? 지금 우리 회사에서 힘을 쏟고 있는 상품이야.
여 그렇구나. 털은 진짜처럼 탐스러워서 귀여워.
남 가게에 내놓으면 바로 다 팔리는 인기상품이야.

2人が話しているのは、どんなぬいぐるみですか。
(A) 形が本物のウサギにそっくりだ。
(B) 人気がなく売れ残りがちだ。
(C) 見た目があまりよくない。
(D) 触った感じが気持ちいい。

두 사람이 이야기하고 있는 것은 어떤 봉제인형입니까?
(A) 모양이 진짜 토끼를 꼭 닮았다.
(B) 인기가 없어서 팔리지 않고 남기 쉽다.
(C) 겉모습이 별로 좋지 않다.
(D) 만진 느낌이 기분 좋다.

해설 | 「ふわふわ」(푹신푹신, 부드럽게 부푼 모양), 「ふさふさ」(많은 가닥이 탐스럽게 매달림)라는 의태어가 포인트. 이 회사의 토끼 봉제인형은 푹신푹신하고, 털은 진짜처럼 탐스러워서 바로 품절되는 인기상품이라고 했다. 선택지 중 이와 부합하는 내용은 (D)이다.

어휘 | ウサギ 토끼 ぬいぐるみ 봉제인형
触(さわ)る (가볍게) 닿다, 손을 대다, 만지다
うち 우리 力(ちから)を入(い)れる (하는 일에) 힘을 쏟다
商品(しょうひん) 상품 毛(け) 털 本物(ほんもの) 진짜
～みたいに ～처럼 かわいい 귀엽다 店(みせ) 가게
出(だ)す 내놓다 売(う)り切(き)れる 다 팔리다 人気(にんき) 인기
形(かたち) 모양, 형태 ～にそっくりだ ～을 꼭 닮다
売(う)れ残(のこ)る (상품이) 팔리지 않고 남다
동사의 ます형+がちだ (자칫) ～하기 쉽다, 자주 ～하다
見(み)た目(め) 외견, 겉모습
あまり (부정의 말을 수반하여) 그다지, 별로 感(かん)じ 느낌
気持(きも)ちいい 기분 좋다

73 대화 내용에 대한 이해

男 すみません、この服着てみたんですが、ここに付いているファスナーは何ですか。
女 ああ、それは飾りとして付いてるんですよ。
男 へえ、変わった服ですね。
女 ええ、そのデザイン、今流行ってるんですよ。
남 저기요, 이 옷 입어 봤는데, 여기에 붙어 있는 지퍼는 뭐예요?
여 아-, 그건 장식으로 달려 있는 거예요.
남 허, 독특한 옷이네요.
여 네, 그 디자인, 지금 유행하고 있어요.

男の人は女の人に、何を聞きましたか。
(A) 自分に似合う服
(B) デザイナーの名前
(C) ファスナーの扱い方
(D) ひもを結ぶ場所

남자는 여자에게 무엇을 물었습니까?
(A) 자신에게 어울리는 옷
(B) 디자이너의 이름
(C) 지퍼의 취급방법
(D) 끈을 묶는 장소

해설 | 남자의 첫 번째 대화에 나오는「ファスナー」는 '파스너, 지퍼'를
말한다. 남자는 옷에 붙어 있는 지퍼를 보고 그 용도를 여자에게 물었
고, 여자는 그냥 장식에 불과하다고 했다. 즉, 남자가 알고 싶었던 것은
지퍼의 쓰임새였으므로, 정답은 (C)가 된다.

어휘 | 服(ふく) 옷 着(き)る (옷을) 입다 付(つ)く 붙다, 달리다
飾(かざ)り 장식 ～として ～로서
へえ 허 *감탄하거나 놀랐을 때 내는 소리
変(か)わった 색다른, 독특한 デザイン 디자인
流行(はや)る 유행하다 聞(き)く 묻다 似合(にあ)う 어울리다
デザイナー 디자이너 名前(なまえ) 이름
扱(あつか)い方(かた) 취급방법 ひも 끈 結(むす)ぶ 매다, 묶다
場所(ばしょ) 장소

74 성별에 따른 의견 및 행동 구분

女 あれ、高田君(たかだくん)ったら、取引先(とりひきさき)に持(も)って行(い)く書
類(るい)、ここに置(お)きっぱなしだけど。

男 え(!)、大変(たいへん)だよ。今出(いまで)たばかりだから、追(お)い
掛(か)けようか。

女 その前(まえ)に電話(でんわ)しない(?)。まだ電車(でんしゃ)に乗(の)る前(まえ)
だと思(おも)うから。

男 そうだね。間(ま)に合(あ)うといいけど。

여 어머, 다카다 군도 참. 거래처에 가져갈 서류, 여기에 둔 채로인
데.
남 뭐! 큰일이야. 지금 막 나간 참이니까, 뒤쫓아 갈까?
여 그 전에 전화하지 않을래? 아직 전철을 타기 전이라고 생각하
니까.
남 그러네. 늦지 않으면 좋으련만.

2人(ふたり)は高田君(たかだくん)に対(たい)して、これから何(なに)をしますか。
(A) 連絡(れんらく)を取(と)る。
(B) 追(お)い掛(か)ける。
(C) 急(いそ)いで外出(がいしゅつ)させる。
(D) 行動(こうどう)を見守(みまも)る。

두 사람은 다카다 군에 대해서 이제부터 무엇을 합니까?
(A) 연락을 취한다.
(B) 뒤쫓아 간다.
(C) 서둘러 외출시킨다.
(D) 행동을 지켜본다.

해설 | 다카다 군이 거래처에 가져갈 서류를 두고 나간 상황이다. 뒤쫓
아 가려는 남자에게 여자는 전철을 타기 전일 테니 우선 전화해 보라고
했고, 이에 남자는 그렇게 하겠다고 했다. 따라서 정답은 (A)가 된다.

어휘 | あれ 어, 어머 *놀라거나 의외로 여길 때 내는 소리
명사+ったら ～도 참 *친밀감이나 가벼운 비난의 뜻을 나타냄

取引先(とりひきさき) 거래처 書類(しょるい) 서류
置(お)く 놓다, 두다 동사의 ます형+っぱなし ～한 채로, ～상태로
大変(たいへん)だ 큰일이다 出(で)る 나가다
동사의 た형+ばかりだ 막 ～한 참이다, ～한 지 얼마 안 되다
追(お)い掛(か)ける 뒤쫓아 가다 電話(でんわ)する 전화를 하다
電車(でんしゃ) 전철 乗(の)る (탈것에) 타다
間(ま)に合(あ)う 시간에 맞게 대다, 늦지 않다

75 대화 내용에 대한 이해

女 外(そと)のはしご、まだ使(つか)っていますか。

男 いえ、さっき屋根(やね)の掃除(そうじ)で使(つか)ったんですが、
もう終(お)わりました。

女 じゃあ、立(た)て掛(か)けたままだと危(あぶ)ないので、寝(ね)
かせておいてください。

男 はい、わかりました。

여 밖에 있는 사다리, 아직 쓰고 있나요?
남 아뇨, 조금 전에 지붕 청소에 썼는데, 이제 끝났어요.
여 그럼, 기대어 세워 놓은 채로는 위험하니까, 눕혀 두세요.
남 예, 알겠어요.

女(おんな)の人(ひと)は男(おとこ)の人(ひと)に、どんな指示(しじ)をしましたか。
(A) 屋根(やね)の掃除(そうじ)を終(お)わらせる。
(B) 屋根(やね)に上(のぼ)って作業(さぎょう)する。
(C) はしごを横(よこ)にしておく。
(D) はしごを立(た)て掛(か)けておく。

여자는 남자에게 어떤 지시를 했습니까?
(A) 지붕 청소를 끝낸다.
(B) 지붕에 올라가서 작업한다.
(C) 사다리를 눕혀 둔다.
(D) 사다리를 기대어 세워 둔다.

해설 | 여자의 대화에 주목해야 한다. 여자는 남자에게 사다리를 기대어
세워 놓은 채로는 위험하니까 눕혀 두라고 했으므로, 정답은 (C)가 된다.

어휘 | 外(そと) 밖, 바깥 はしご 사다리 使(つか)う 쓰다, 사용하다
さっき 조금 전, 아까 屋根(やね) 지붕 掃除(そうじ) 청소
終(お)わる 끝나다 立(た)て掛(か)ける 기대어 세워 놓다
동사의 た형+まま ～한 채, ～상태로 危(あぶ)ない 위험하다
寝(ね)かせる 눕히다 指示(しじ) 지시 上(のぼ)る 오르다, 올라가다
作業(さぎょう) 작업 横(よこ)にする 눕히다

76 대화 내용에 대한 이해

女 ひどい声(こえ)ね。どうしたの(?)。

男 昨日(きのう)サッカーの試合見(しあいみ)に行(い)って、興奮(こうふん)しちゃ
ってさ。

女 声(こえ)を張(は)り上(あ)げて、応援(おうえん)したってわけね。

男 そう。それで、声(こえ)がかれちゃったんだ。

여　목소리가 심하네. 어떻게 된 거야?
남　어제 축구 시합 보러 가서 흥분해 버려서 말이야.
여　소리를 지르며 응원했다는 말이구나.
남　맞아. 그래서 목소리가 쉬어 버렸어.

<ruby>男<rt>おとこ</rt></ruby>の<ruby>人<rt>ひと</rt></ruby>は、なぜ<ruby>声<rt>こえ</rt></ruby>が<ruby>出<rt>だ</rt></ruby>せませんか。
(A) <ruby>大声<rt>おおごえ</rt></ruby>を<ruby>出<rt>だ</rt></ruby>し<ruby>過<rt>す</rt></ruby>ぎたから
(B) <ruby>風邪気味<rt>かぜぎみ</rt></ruby>で<ruby>調子<rt>ちょうし</rt></ruby>が<ruby>悪<rt>わる</rt></ruby>いから
(C) ひどい<ruby>声<rt>こえ</rt></ruby>だと<ruby>言<rt>い</rt></ruby>われたから
(D) <ruby>気持<rt>きも</rt></ruby>ちが<ruby>興奮<rt>こうふん</rt></ruby>しているから

남자는 왜 목소리를 낼 수 없습니까?
(A) 큰 소리를 너무 많이 냈기 때문에
(B) 감기 기운으로 컨디션이 좋지 않기 때문에
(C) 심한 목소리라는 말을 들었기 때문에
(D) 기분이 흥분되어 있기 때문에

해설 | 남자의 목소리가 나오지 않는 이유는 축구 시합을 보러 가서 흥분한 나머지 소리를 지르며 응원했기 때문이다. 따라서 정답은 (A)가 된다.

어휘 | ひどい 심하다　声(こえ) 목소리　サッカー 축구
試合(しあい) 시합　동사의 ます형+に ～하러 *동작의 목적
興奮(こうふん) 흥분　張(は)り上(あ)げる (소리를) 지르다
応援(おうえん) 응원　～わけ ～인 셈[것]임 *부드러운 단정을 나타냄
かれる (목이) 쉬다　大声(おおごえ) 큰 소리　出(だ)す 내다
동사의 ます형+過(す)ぎる 너무 ～하다
風邪気味(かぜぎみ) 감기기, 감기 기운　調子(ちょうし) 상태, 컨디션

77 대화 내용에 대한 이해

女　あの<ruby>会社<rt>かいしゃ</rt></ruby>と<ruby>取引<rt>とりひき</rt></ruby>しても<ruby>大丈夫<rt>だいじょうぶ</rt></ruby>なんでしょうか…。
男　<ruby>実<rt>じつ</rt></ruby>は、あまりいい<ruby>噂<rt>うわさ</rt></ruby>を<ruby>聞<rt>き</rt></ruby>かないので、<ruby>調査<rt>ちょうさ</rt></ruby>してみたんですが。
女　それでどうでしたか。
男　<ruby>噂<rt>うわさ</rt></ruby>はさておき、<ruby>扱<rt>あつか</rt></ruby>っている<ruby>商品<rt>しょうひん</rt></ruby>の<ruby>質<rt>しつ</rt></ruby>は<ruby>間違<rt>まちが</rt></ruby>いないようですよ。

여　그 회사와 거래해도 괜찮을까요…?
남　실은 별로 좋은 소문을 못 들어서 조사해 봤는데요.
여　그래서 어땠어요?
남　소문은 그렇다 치고 취급하고 있는 상품 질은 틀림없는 것 같아요.

<ruby>調査<rt>ちょうさ</rt></ruby>した<ruby>会社<rt>かいしゃ</rt></ruby>について、どんなことがわかりましたか。
(A) <ruby>噂通<rt>うわさどお</rt></ruby>り<ruby>実績<rt>じっせき</rt></ruby>がないこと
(B) <ruby>予想<rt>よそう</rt></ruby>より<ruby>対応<rt>たいおう</rt></ruby>がいいこと
(C) <ruby>商品<rt>しょうひん</rt></ruby>の<ruby>品質<rt>ひんしつ</rt></ruby>は<ruby>信頼<rt>しんらい</rt></ruby>できること
(D) <ruby>信頼関係<rt>しんらいかんけい</rt></ruby>が<ruby>深<rt>ふか</rt></ruby>まりそうにないこと

조사한 회사에 대해서 어떤 것을 알 수 있었습니까?
(A) 소문대로 실적이 없는 것
(B) 예상보다 대응이 좋은 것
(C) 상품 품질은 신뢰할 수 있는 것
(D) 신뢰관계가 깊어질 것 같지 않은 것

해설 | 남자의 대화에 주목해야 한다. 처음에 남자는 그 회사에 대해서 별로 좋은 소문을 못 들어서 부정적이었는데, 마지막 대화에서 소문은 그렇다 치고 상품의 질은 틀림없는 것 같다고 했다. 따라서 정답은 (C)가 된다.

어휘 | あの (서로 알고 있는) 그　取引(とりひき) 거래
大丈夫(だいじょうぶ)だ 괜찮다　実(じつ)は 실은
あまり (부정의 말을 수반하여) 그다지, 별로　噂(うわさ) 소문
調査(ちょうさ) 조사　～はさておき ～은 그렇다 치고[제쳐 두고]
扱(あつか)う 다루다, 취급하다　商品(しょうひん) 상품
質(しつ) 질　間違(まちが)いない 틀림없다
～ようだ ～인 것 같다, ～인 듯하다　명사+通(どお)り ～대로
実績(じっせき) 실적　予想(よそう) 예상　～より ～보다
対応(たいおう) 대응　品質(ひんしつ) 품질　信頼(しんらい) 신뢰
関係(かんけい) 관계　深(ふか)まる 깊어지다
동사의 ます형+そうにない ～일[할] 것 같지 않다

78 대화 내용에 대한 이해

男　<ruby>新人<rt>しんじん</rt></ruby>の<ruby>鈴木<rt>すずき</rt></ruby><ruby>君<rt>くん</rt></ruby>、<ruby>今日<rt>きょう</rt></ruby>はずいぶん<ruby>張<rt>は</rt></ruby>り<ruby>切<rt>き</rt></ruby>ってるね。
女　<ruby>実<rt>じつ</rt></ruby>は<ruby>昨日<rt>きのう</rt></ruby>、<ruby>失敗<rt>しっぱい</rt></ruby>をして<ruby>落<rt>お</rt></ruby>ち<ruby>込<rt>こ</rt></ruby>んでたのよ。
男　へえ。でも、それをばねに<ruby>立<rt>た</rt></ruby>ち<ruby>直<rt>なお</rt></ruby>ったんだ。
女　うん。<ruby>彼<rt>かれ</rt></ruby>はこれからもっと<ruby>伸<rt>の</rt></ruby>びるわね。

남　신입인 스즈키 군, 오늘은 아주 의욕이 넘치네.
여　실은 어제 실수를 해서 침울해져 있었어.
남　허. 하지만 그걸 계기로 다시 일어섰구나.
여　응. 스즈키 군은 앞으로 더욱 신장하겠지.

<ruby>新人<rt>しんじん</rt></ruby>の<ruby>鈴木<rt>すずき</rt></ruby><ruby>君<rt>くん</rt></ruby>について、<ruby>2人<rt>ふたり</rt></ruby>はどう<ruby>思<rt>おも</rt></ruby>っていますか。
(A) <ruby>張<rt>は</rt></ruby>り<ruby>切<rt>き</rt></ruby>るだけでは<ruby>不十分<rt>ふじゅうぶん</rt></ruby>だ。
(B) <ruby>失敗<rt>しっぱい</rt></ruby>すると<ruby>落<rt>お</rt></ruby>ち<ruby>込<rt>こ</rt></ruby>んで<ruby>困<rt>こま</rt></ruby>る。
(C) <ruby>反省<rt>はんせい</rt></ruby>する<ruby>態度<rt>たいど</rt></ruby>に<ruby>好感<rt>こうかん</rt></ruby>が<ruby>持<rt>も</rt></ruby>てる。
(D) <ruby>今後<rt>こんご</rt></ruby>の<ruby>成長<rt>せいちょう</rt></ruby>が<ruby>期待<rt>きたい</rt></ruby>できる。

신입인 스즈키 군에 대해서 두 사람은 어떻게 생각하고 있습니까?
(A) 의욕이 넘치는 것만으로는 충분하지 않다.
(B) 실수하면 침울해져서 곤란하다.
(C) 반성하는 태도에 호감을 가질 수 있다.
(D) 앞으로의 성장을 기대할 수 있다.

해설 | 두 사람은 신입인 스즈키 군에 대해서 실수를 해서 침울해져 있었지만, 이를 극복하고 다시 일어섰다는 점에 기특해하며 앞으로 더욱 발전할 것이라고 했다. 따라서 정답은 (D)가 된다.

어휘 | 新人(しんじん) 신입, 신참　ずいぶん 아주, 매우
張(は)り切(き)る 의욕이 넘치다　実(じつ)は 실은
失敗(しっぱい) 실패, 실수　落(お)ち込(こ)む (기분이) 침울해지다
ばね 계기　立(た)ち直(なお)る 다시 일어서다, 회복하다

これから 이제부터, 앞으로 もっと 더, 더욱
伸(の)びる 늘다, 신장하다
不十分(ふじゅうぶん)だ 불충분하다, 충분하지 않다
困(こま)る 곤란하다, 난처하다 反省(はんせい) 반성
態度(たいど) 태도 好感(こうかん) 호감
今後(こんご) 금후, 앞으로 成長(せいちょう) 성장
期待(きたい) 기대

79 대화 내용에 대한 이해

男 うちの会社に社員の相談を受ける弁護士が来るそうですね。
女 ええ、組合の人が会社に交渉したみたいですよ。
男 何でですか。
女 過去に上司に解雇をほのめかされた人が何人かいたそうなんです。

남 우리 회사에 사원 상담을 받을 변호사가 온대요.
여 네, 조합 사람이 회사에 교섭한 것 같아요.
남 어째서요?
여 과거에 상사에게 해고를 암시받은 사람이 몇 사람인가 있었대요.

弁護士が来ることになった理由として、正しいものはどれですか。
(A) 組合からの働きかけがあった。
(B) 会社が社員から訴えられた。
(C) 上司に解雇された人がいた。
(D) 会社が弁護士に交渉した。

변호사가 오게 된 이유로 맞는 것은 어느 것입니까?
(A) 조합으로부터의 입김이 있었다.
(B) 회사가 사원에게 고소당했다.
(C) 상사에게 해고된 사람이 있었다.
(D) 회사가 변호사에게 교섭했다.

해설 | 회사에 변호사가 오게 된 이유는 여자의 첫 번째 대화에 나온다. 조합 사람이 회사에 교섭한 것 같다고 했으므로, 정답은 (A)가 된다.

어휘 | うち 우리 社員(しゃいん) 사원
相談(そうだん) 상담, 상의, 의논 受(う)ける (어떤 행위를) 받다
弁護士(べんごし) 변호사 품사의 보통형+そうだ ~라고 한다 *전문
組合(くみあい) 조합 交渉(こうしょう) 교섭
何(なん)で 어째서, 무엇 때문에, 왜 過去(かこ) 과거
上司(じょうし) 상사 解雇(かいこ) 해고
ほのめかす 넌지시 비치다, 암시하다
働(はたら)きかけ (적극적인) 작용, (상대편이 응하도록) 손을 씀, 입김
訴(うった)える 소송하다, 고소하다

80 대화 내용에 대한 이해

女 まだ倉庫の鍵は見つかりませんか。
男 すみません。3日ほど前に使ってここに返却したはずなんですが…。
女 いつもはここに保管してあるんですか。
男 はい。取り敢えず、予備の鍵を借りて来ます。

여 아직 창고 열쇠는 발견되지 않았나요?
남 죄송해요. 사흘쯤 전에 쓰고 여기에 반납했을 텐데요….
여 평소에는 여기에 보관되어 있나요?
남 예. 일단 예비 열쇠를 빌려 올게요.

男の人は、鍵をどうしましたか。
(A) 偽造した。
(B) 勝手に持ち出した。
(C) 盗難に遭った。
(D) 紛失した。

남자는 열쇠를 어떻게 했습니까?
(A) 위조했다.
(B) 멋대로 반출했다.
(C) 도난을 당했다.
(D) 분실했다.

해설 | 두 사람의 대화를 통해 창고 열쇠는 남자가 사흘쯤 전에 쓰고 반납했는데, 현재 보이지 않는 상태이므로 분실했다는 것을 알 수 있다. 따라서 정답은 (D)가 된다.

어휘 | 倉庫(そうこ) 창고 鍵(かぎ) 열쇠
見(み)つかる 발견되다, 찾게 되다 返却(へんきゃく) 반납
~はずだ (당연히) ~할 것[터]이다 保管(ほかん) 보관
取(と)り敢(あ)えず 일단, 우선 予備(よび) 예비 借(か)りる 빌리다
偽造(ぎぞう) 위조 勝手(かって)だ 제멋대로이다, 마음대로이다
持(も)ち出(だ)す 반출하다, 가지고 나오다
盗難(とうなん)に遭(あ)う 도난을 당하다 紛失(ふんしつ) 분실

PART 4 | 설명문

81~84 나의 통근 시간

皆さんは、朝の通勤時間に何をしていますか。[81]私の場合、これまでは音楽を聞いていました。電車がとても込んでいて、本や新聞を出して読むことができなかったからです。でも最近は、1時間早い電車に乗るようにしています。[82]その時間なら電車が空いているので、本を読むことができるからです。[83]今では朝の通勤時間は、読みたかった本を読む、楽しい読書の時間になりました。[84]通勤時間を変えてみて「時間をどのように使うかは大切なことだ」と感じています。

여러분은 아침 통근 시간에 무엇을 하고 있습니까? [81]제 경우, 지금까지는 음악을 듣고 있었습니다. 전철이 아주 붐벼서 책이나 신문을 꺼내서 읽을 수 없었기 때문입니다. 하지만 최근에는 1시간 이른 전철을 타도록 하고 있습니다. [82]그 시간이라면 전철이 비어 있어서 책을 읽을 수 있기 때문입니다. [83]지금은 아침 통근 시간은 읽고 싶었던 책을 읽는 즐거운 독서 시간이 되었습니다. [84]통근 시간을 바꿔 보고 '시간을 어떻게 사용할지는 중요한 일이다'라고 느끼고 있습니다.

어휘 | 朝(あさ) 아침 通勤(つうきん) 통근, 출퇴근
時間(じかん) 시간 場合(ばあい) 경우 これまで 지금까지
音楽(おんがく) 음악 聞(き)く 듣다 電車(でんしゃ) 전철
込(こ)む 붐비다, 혼잡하다 本(ほん) 책 新聞(しんぶん) 신문
出(だ)す 꺼내다 読(よ)む 읽다 最近(さいきん) 최근, 요즘
早(はや)い (시간이) 이르다, 빠르다 乗(の)る (탈것에) 타다
~ようにする ~하도록 하다 空(す)く (빈자리가) 나다, 한산해지다
동사의 ます형+たい ~하고 싶다 楽(たの)しい 즐겁다
読書(どくしょ) 독서 変(か)える 바꾸다, 변경하다
使(つか)う 쓰다, 사용하다 大切(たいせつ)だ 중요하다
感(かん)じる 느끼다

81 この人は、これまでは通勤電車の中で何をしていましたか。
(A) 英語の勉強をしていた。
(B) スマホを見ていた。
(C) 新聞を読んでいた。
(D) 音楽を聞いていた。

81 이 사람은 지금까지는 통근 전철 안에서 무엇을 하고 있었습니까?
(A) 영어 공부를 하고 있었다.
(B) 스마트폰을 보고 있었다.
(C) 신문을 읽고 있었다.
(D) 음악을 듣고 있었다.

해설 | 두 번째 문장에서 정답을 찾을 수 있다. 이 사람은 지금까지는 통근 전철 안에서 음악을 듣고 있었다고 했으므로, 정답은 (D)가 된다.

어휘 | 英語(えいご) 영어 勉強(べんきょう) 공부 スマホ 스마트폰

82 この人は、どうして1時間早い電車に変えましたか。
(A) 必ず座れるから
(B) 本が読めるから
(C) 友達に会えるから
(D) 早く仕事を始めるから

82 이 사람은 어째서 1시간 이른 전철로 바꿨습니까?
(A) 반드시 앉을 수 있기 때문에
(B) 책을 읽을 수 있기 때문에
(C) 친구를 만날 수 있기 때문에
(D) 일찍 일을 시작하기 때문에

해설 | 이 사람이 1시간 이른 전철로 바꾼 이유는 그 시간이라면 전철이 비어 있어 책을 읽을 수 있기 때문이라고 했다. 따라서 정답은 (B)가 된다.

어휘 | 必(かなら)ず 꼭, 반드시 座(すわ)る 앉다
友達(ともだち) 친구 会(あ)う 만나다 仕事(しごと) 일
始(はじ)める 시작하다

83 この人は、通勤時間をどのように考えていますか。
(A) 体を休められる時間だ。
(B) 仕事の準備ができる時間だ。
(C) 好きなことができる時間だ。
(D) 一日の中で一番自由な時間だ。

83 이 사람은 통근 시간을 어떻게 생각하고 있습니까?
(A) 몸을 쉴 수 있는 시간이다.
(B) 업무 준비를 할 수 있는 시간이다.
(C) 좋아하는 것을 할 수 있는 시간이다.
(D) 하루 중에서 가장 자유로운 시간이다.

해설 | 예전의 통근 시간에는 전철이 붐벼서 책이나 신문을 읽고 싶어도 읽지 못했는데, 지금은 읽고 싶었던 책을 읽는 즐거운 독서 시간이 되었다고 했다. 즉, 이 사람은 지금의 통근 시간을 자신이 좋아하는 것을 할 수 있는 시간으로 생각하고 있다는 것을 알 수 있으므로, 정답은 (C)가 된다.

어휘 | 体(からだ) 몸, 신체 休(やす)む 쉬다 準備(じゅんび) 준비
できる 할 수 있다 好(す)きだ 좋아하다 一日(いちにち) 하루
一番(いちばん) 가장, 제일 自由(じゆう)だ 자유롭다

84 この人は今、通勤時間を変えて、どう思っていますか。
(A) 仕事を変えたい。
(B) 時間の使い方は大切だ。

(C) もっと早く変えればよかった。
(D) 変えても変えなくても同じだ。

84 이 사람은 지금 통근 시간을 바꾸고 어떻게 생각하고 있습니까?
(A) 일을 바꾸고 싶다.
(B) 시간 사용법은 중요하다.
(C) 더 일찍 바꿨으면 좋았었다.
(D) 바꿔도 바꾸지 않아도 같다.

해설 | 마지막 문장에서 통근 시간을 바꿔 보고 '시간을 어떻게 사용할지는 중요한 일이다'라고 느꼈다고 했으므로, 정답은 (B)가 된다.

어휘 | 使(つか)い方(かた) 사용법 もっと 더, 더욱
同(おな)じだ 같다

85~88 단골 불고기집

この間、会社の同僚と焼肉屋に行きました。[85]私は大きな仕事が片付いた後は、いつも同じ店に焼肉を食べに行きます。この間も、3ヵ月にわたる仕事が終わったのでその店に向かったのですが、その日は店が閉まっていました。定休日でもないのにどうしたのかと思ったら、「[86]店の工事のため休みます」と書かれた紙が貼ってありました。[87]2号店があるとの案内もあったので、その日はそちらに行って食べることができました。私がこの店を気に入っているのは、[88]サービスに出てくるスープがとてもおいしいからです。

요전에 회사 동료와 불고기집에 갔었습니다. [85]저는 큰 일이 처리된 후에는 항상 같은 가게에 불고기를 먹으러 갑니다. 지난번에도 3개월에 걸친 일이 끝나서 그 가게로 갔는데, 그 날은 가게가 닫혀 있었습니다. 정기휴일도 아닌데 왜 그런가 했더니 '[86]가게 공사 때문에 쉽니다'라고 적힌 종이가 붙여져 있었습니다. [87]2호점이 있다는 안내도 있어서 그 날은 그쪽에 가서 먹을 수 있었습니다. 제가 이 가게를 마음에 들어 하는 것은 [88]서비스로 나오는 국이 아주 맛있기 때문입니다.

어휘 | この間(あいだ) 요전, 지난번 同僚(どうりょう) 동료
焼肉屋(やきにくや) 불고기집 大(おお)きな 큰
片付(かたづ)く 처리되다 同(おな)じだ 같다 店(みせ) 가게
동사의 ます형+に ~하러 *동작의 목적 ~にわたる ~에 걸친
終(お)わる 끝나다 向(むか)う 향하다, (향해) 가다
閉(し)まる 닫히다 定休日(ていきゅうび) 정기휴일
~かと思(おも)ったら ~인가 싶더니[했더니] 工事(こうじ) 공사
명사+の+ため ~때문에 休(やす)む 쉬다 紙(かみ) 종이
貼(は)る 붙이다 타동사+てある ~해져 있다
~号店(ごうてん) ~호점 案内(あんない) 안내
気(き)に入(い)る 마음에 들다 サービス 서비스
出(で)る 나오다 スープ 수프, 국 おいしい 맛있다

85 この人は、どんな時に焼肉屋に行きますか。
(A) 嫌なことがあった時
(B) 嬉しいことがあった時
(C) 気分を変えたい時
(D) 大きな仕事が終わった時

85 이 사람은 어떤 때에 불고기집에 갑니까?
(A) 싫은 일이 있었을 때
(B) 기쁜 일이 있었을 때
(C) 기분을 바꾸고 싶을 때
(D) 큰 일이 끝났을 때

해설 | 두 번째 문장에서 정답을 찾을 수 있다. 이 사람은 큰 일이 처리된 후에는 항상 같은 가게에 불고기를 먹으러 간다고 했으므로, 정답은 (D)가 된다.

어휘 | 嫌(いや)だ 싫다 嬉(うれ)しい 기쁘다 気分(きぶん) 기분
変(か)える 바꾸다

86 この人がいつも行く焼肉屋は、どうして閉まっていましたか。
(A) 定休日だったから
(B) 店長が病気だったから
(C) 店が工事中だったから
(D) 肉が売り切れたから

86 이 사람이 항상 가는 불고기집은 어째서 닫혀 있었습니까?
(A) 정기휴일이었기 때문에
(B) 점장이 아팠기 때문에
(C) 가게가 공사 중이었기 때문에
(D) 고기가 다 팔렸기 때문에

해설 | 불고기집이 닫혀 있었던 이유는 가게가 공사 중이었기 때문이므로, 정답은 (C)가 된다.

어휘 | 店長(てんちょう) 점장 病気(びょうき) 병
~中(ちゅう) ~중 肉(にく) 고기 売(う)り切(き)れる 다 팔리다

87 この人は、焼肉屋が閉まっていることを知ってどうしましたか。
(A) 家に帰った。
(B) 友達に電話した。
(C) お酒を飲みに行った。
(D) 同じ焼肉屋の2号店に行った。

87 이 사람은 불고기집이 닫혀 있는 것을 알고 어떻게 했습니까?
(A) 집으로 돌아갔다.
(B) 친구에게 전화했다.
(C) 술을 마시러 갔다.
(D) 같은 불고기집 2호점에 갔다.

해설 | 이 사람은 안내를 통해 이 불고기집의 2호점이 있다는 것을 알고 그쪽으로 가서 먹었다고 했다. 따라서 정답은 (D)가 된다.

어휘 | 帰(かえ)る 돌아가다 友達(ともだち) 친구
電話(でんわ)する 전화하다 お酒(さけ) 술 飲(の)む (술을) 마시다

동사의 ます형+に ~하러 *동작의 목적

88 この人は、この焼肉屋の何がいいと言っていますか。
(A) 肉がおいしいこと
(B) 店内の雰囲気がいいこと
(C) おかずの種類が多いこと
(D) 無料のスープがおいしいこと

88 이 사람은 이 불고기집의 무엇이 좋다고 말하고 있습니까?
(A) 고기가 맛있는 것
(B) 가게 안의 분위기가 좋은 것
(C) 반찬의 종류가 많은 것
(D) 무료인 국이 맛있는 것

해설 | 이 사람이 이 불고기집을 마음에 들어하는 이유는 맨 마지막 문장에 나온다. 서비스로 나오는 국이 아주 맛있기 때문이라고 했으므로, 정답은 (D)가 된다.

어휘 | 店内(てんない) 가게 안 雰囲気(ふんいき) 분위기
おかず 반찬 種類(しゅるい) 종류 無料(むりょう) 무료

89~91 야구장의 안내방송

皆様、けやき野球場へようこそ。本日の試合は午後5時開始です。[89]午後4時から、東側入口前で選手との握手会を行いますので皆様お集まりください。また、握手会の際、[90]許可なしに写真を撮影することは禁止しておりますので、ご協力をお願いいたします。けやき野球場では、皆様が気持ちよく楽しめるように、係員が野球場内を回ってごみを集めております。[91]ごみ箱はございませんので、係員が通った時にお渡しください。

여러분, 게야키 야구장에 잘 오셨습니다. 오늘 시합은 오후 5시 개시입니다. [89]오후 4시부터 동쪽 입구 앞에서 선수와의 악수회를 하므로, 여러분 모여 주십시오. 또한 악수회 때 [90]허가 없이 사진을 촬영하는 것은 금지되어 있으니, 협력을 부탁드립니다. 게야키 야구장에서는 여러분이 기분 좋게 즐길 수 있도록 담당자가 야구장 안을 돌며 쓰레기를 모으고 있습니다. [91]쓰레기통은 없으니, 담당자가 지나갈 때 건네주십시오.

어휘 | 皆様(みなさま) 여러분 野球場(やきゅうじょう) 야구장
ようこそ 잘 오셨습니다 *상대의 방문을 환영할 때 하는 말
試合(しあい) 시합 午後(ごご) 오후 開始(かいし) 개시
東側(ひがしがわ) 동쪽 入口(いりぐち) 입구 前(まえ) 앞
選手(せんしゅ) 선수 握手会(あくしゅかい) 악수회
行(おこな)う 하다, 행하다, 실시하다
お+동사의 ます형+ください ~해 주십시오 *존경표현
集(あつ)まる 모이다 ~際(さい) ~때 許可(きょか) 허가
~なしに ~없이 写真(しゃしん) 사진 撮影(さつえい) 촬영
禁止(きんし) 금지 ~ておる ~하고 있다 *「~ている」의 겸양표현
協力(きょうりょく) 협력 楽(たの)しむ 즐기다 ~ように ~하도록
係員(かかりいん) 담당자 回(まわ)る 돌다 ごみ 쓰레기
集(あつ)める 모으다 ごみ箱(ばこ) 쓰레기통
ござる 있다 *「ある」의 정중어 通(とお)る 지나가다
渡(わた)す 건네다, 건네주다

89 握手会は、どこで行われますか。
(A) 東側入口
(B) 西側入口
(C) 南側入口
(D) 中央入口

89 악수회는 어디에서 합니까?
(A) 동쪽 입구
(B) 서쪽 입구
(C) 남쪽 입구
(D) 중앙 입구

해설 | 위치를 나타내는 표현을 잘 들어야 한다. 악수회는 오후 4시부터 야구장의 동쪽 입구 앞에서 한다고 했으므로, 정답은 (A)가 된다.

어휘 | 西側(にしがわ) 서쪽 南側(みなみがわ) 남쪽
中央(ちゅうおう) 중앙

90 握手会で禁止されていることは、何ですか。
(A) 選手に贈り物を渡すこと
(B) 選手にサインを求めること
(C) 許可なく写真撮影をすること
(D) 許可なく選手に話しかけること

90 악수회에서 금지되어 있는 것은 무엇입니까?
(A) 선수에게 선물을 건네는 것
(B) 선수에게 사인을 요구하는 것
(C) 허가 없이 사진촬영을 하는 것
(D) 허가 없이 선수에게 말을 거는 것

해설 | 악수회에서 금지되어 있는 것은 허가 없이 사진을 촬영하는 것이라고 했다. 따라서 정답은 (C)가 된다.

어휘 | 贈(おく)り物(もの) 선물 渡(わた)す 건네다, 건네주다
サイン 사인 求(もと)める 요구하다 話(はな)しかける 말을 걸다

91 野球場内でごみが出た場合は、どうしますか。
(A) 持って帰る。
(B) 係員に渡す。
(C) ごみ箱に捨てる。
(D) ごみ袋を買う。

91 야구장 안에서 쓰레기가 나온 경우는 어떻게 합니까?
(A) 가지고 돌아간다.
(B) 담당자에게 건넨다.
(C) 쓰레기통에 버린다.
(D) 쓰레기봉투를 산다.

해설 | 마지막 문장에서 쓰레기통은 없으니, 담당자가 지나갈 때 건네 주라고 했다. 따라서 정답은 (B)가 된다.

어휘 | 捨(す)てる 버리다 ごみ袋(ぶくろ) 쓰레기봉투 買(か)う 사다

92~94 새로운 제도 도입

では、今月から我が社が導入する制度について社長の私からお話ししましょう。それは新商品のアイディアを出した人に報酬を与えるというものです。最近人気商品が出ていないので、[92]とにかくアイディアを数多く収集することが目的です。[93]どんなアイディアでも1件提出するごとに、500円の報酬を出します。[94]私は、皆さんが会社の一員として、積極的に動いてくれることを期待します。皆さんの何かいい物を作ろうという情熱こそ、いい商品を生み出すことに繋がるのです。

그럼, 이달부터 우리 회사가 도입할 제도에 대해서 사장인 제가 말씀드리지요. 그것은 신제품 아이디어를 낸 사람에게 보수를 준다는 것입니다. 최근 인기상품이 나오고 있지 않으므로, [92]어쨌든 아이디어를 수많이 수집하는 것이 목적입니다. [93]어떤 아이디어라도 한 건 제출할 때마다 500엔의 보수를 지불합니다. [94]저는 여러분이 회사의 일원으로서 적극적으로 움직여 줄 것을 기대합니다. 여러분의 뭔가 좋은 물건을 만들려는 정열이야말로, 좋은 상품을 만들어 내는 것으로 이어지는 것입니다.

어휘 | 今月(こんげつ) 이달 我(わ)が社(しゃ) 우리 회사
導入(どうにゅう) 도입 制度(せいど) 제도
~について ~에 대해서 社長(しゃちょう) 사장
お+동사의 ます형+する ~하다, ~해 드리다 *겸양표현
新商品(しんしょうひん) 신상품 アイディア 아이디어
出(だ)す ①내다 ②(돈을) 내다, 지불하다 報酬(ほうしゅう) 보수
与(あた)える (남에게) 주다 最近(さいきん) 최근, 요즘
人気(にんき) 인기 出(で)る 나오다 とにかく 어쨌든, 여하튼
数多(かずおお)く 수많이 収集(しゅうしゅう) 수집
目的(もくてき) 목적 1件(いっけん) 한 건 *「~件(けん)」- ~건
提出(ていしゅつ) 제출 ~ごとに ~마다 一員(いちいん) 일원
積極的(せっきょくてき)だ 적극적이다 動(うご)く 움직이다
~てくれる (남이 나에게) ~해 주다 期待(きたい) 기대
皆(みな)さん 여러분 *「皆様(みなさま)」보다 허물없는 말투
作(つく)る 만들다 情熱(じょうねつ) 정열 ~こそ ~야말로
生(う)み出(だ)す 새로 만들어 내다 繋(つな)がる 이어지다, 연결되다

92 この会社で新しい制度を取り入れた目的は、何ですか。
(A) 社員同士の関係を深めるため
(B) 社員の労働時間を改善するため
(C) 社員のアイディアを集めるため
(D) 社員の不満を減らすため

92 이 회사에서 새 제도를 도입한 목적은 무엇입니까?
(A) 사원끼리의 관계를 깊게 하기 위해
(B) 사원의 노동시간을 개선하기 위해
(C) 사원의 아이디어를 모으기 위해
(D) 사원의 불만을 줄이기 위해

해설 | 이 회사에서 새 제도를 도입한 이유는 중반부에 나온다. 사원들의 아이디어를 많이 모집하는 것이 목적이라고 했으므로, 정답은 (C)가 된다.

어휘 | 取(と)り入(い)れる 도입하다 ~同士(どうし) ~끼리
関係(かんけい) 관계 深(ふか)める 깊게 하다
労働時間(ろうどうじかん) 노동시간 改善(かいぜん) 개선
不満(ふまん) 불만 減(へ)らす 줄이다

93 この会社では、新しい制度に参加するとどうなりますか。
(A) 手当が出る。
(B) 時給が上がる。
(C) 新しい企画に加われる。
(D) 新しい企画の予算が増える。

93 이 회사에서는 새 제도에 참가하면 어떻게 됩니까?
(A) 수당이 나온다.
(B) 시급이 오른다.
(C) 새 기획에 참여할 수 있다.
(D) 새 기획의 예산이 늘어난다.

해설 | 이 회사의 새 제도는 신제품 아이디어를 낸 사람에게 보수를 주는 것으로, 어떤 아이디어라도 한 건 제출할 때마다 500엔의 보수를 지불한다고 했다. 따라서 정답은 (A)가 된다.

어휘 | 参加(さんか) 참가 手当(てあて) 수당 時給(じきゅう) 시급
上(あ)がる (수입 따위가) 오르다 加(くわ)わる 참여하다, 참가하다
予算(よさん) 예산 増(ふ)える 늘다, 늘어나다

94 この人は、社員にどんなことを期待していますか。
(A) 失敗を恐れないこと
(B) 前向きに取り組むこと
(C) 社員同士の交流を深めること
(D) 焦らず丁寧に仕事をすること

94 이 사람은 사원에게 어떤 것을 기대하고 있습니까?
(A) 실패를 두려워하지 않는 것
(B) 적극적으로 대처하는 것
(C) 사원끼리의 교류를 깊게 하는 것
(D) 초조해하지 말고 신중하게 일을 하는 것

해설 | 후반부에서 여러분이 회사의 일원으로서 적극적으로 움직여 줄 것을 기대한다고 했으므로, 정답은 (B)가 된다.

어휘 | 失敗(しっぱい) 실패, 실수 恐(おそ)れる 두려워하다
前向(まえむ)き (사고방식이) 적극적임
取(と)り組(く)む 진지하게 일에 대처하다 交流(こうりゅう) 교류
焦(あせ)る 안달하다, 초조하게 굴다 ~ず(に) ~하지 않고, ~하지 말고
丁寧(ていねい)だ (주의 깊고) 신중하다

95~97 플라스틱 분해 물질

[95]この度ある大学の研究チームがプラスチックを分解して無害な状態にする働きのある新しい物質を発見しました。この発見は、[96]近年問題になっている海の深刻な汚染問題の解決にも繋がるだろうと、大きな期待が寄せられています。この研究チームの大学教授によると、[97]この物質は他の物質を探す過程で偶然見つかったもので、科学の研究においてはこのような思いがけない発見を見落とさないことが非常に重要だとのことでした。

[95]이번에 어느 대학의 연구팀이 플라스틱을 분해해서 무해한 상태로 하는 작용이 있는 새 물질을 발견했습니다. 이 발견은 [96]요즘 문제가 되고 있는 바다의 심각한 오염문제 해결로도 이어질 것이라고 큰 기대가 모아지고 있습니다. 이 연구팀의 대학교수에 따르면 [97]이 물질은 다른 물질을 찾는 과정에서 우연히 발견된 것으로, 과학 연구에서는 이러한 뜻밖의 발견을 간과하지 않는 것이 대단히 중요하다고 합니다.

어휘 | この度(たび) 이번 ある 어느 大学(だいがく) 대학
研究(けんきゅう)チーム 연구팀 プラスチック 플라스틱
分解(ぶんかい) 분해 無害(むがい)だ 무해하다
状態(じょうたい) 상태 働(はたら)き 작용 新(あたら)しい 새롭다
物質(ぶっしつ) 물질 発見(はっけん) 발견
近年(きんねん) 근래, 요즘 問題(もんだい) 문제 海(うみ) 바다
深刻(しんこく)だ 심각하다 汚染(おせん) 오염
解決(かいけつ) 해결 繋(つな)がる 이어지다, 연결되다
期待(きたい) 기대 寄(よ)せる 한곳에 모으다
教授(きょうじゅ) 교수 ～によると ～에 의하면, ～에 따르면
探(さが)す 찾다 過程(かてい) 과정 偶然(ぐうぜん) 우연히
見(み)つかる 발견되다, 찾게 되다 科学(かがく) 과학
～においては ～에 있어서는, ～에서는
思(おも)いがけない 뜻밖이다, 의외이다 見落(みお)とす 간과하다
非常(ひじょう)に 대단히, 매우 重要(じゅうよう)だ 중요하다
～とのことだ ～라고 한다 *전문

95 新しく発見された物質は、どんな性質がありますか。

(A) プラスチックを溶かす。
(B) プラスチックを分解する。
(C) 汚染物質を分解する。
(D) 汚染物質を凍らせる。

95 새롭게 발견된 물질은 어떤 성질이 있습니까?
(A) 플라스틱을 녹인다.
(B) 플라스틱을 분해한다.
(C) 오염물질을 분해한다.
(D) 오염물질을 얼린다.

해설 | 첫 번째 문장에서 정답을 찾을 수 있다. 이번에 어느 대학의 연구팀이 플라스틱을 분해해서 무해한 상태로 하는 작용이 있는 물질을 발견했다고 했으므로, 정답은 (B)가 된다.

어휘 | 性質(せいしつ) 성질 溶(と)かす 녹이다 凍(こお)る 얼다

96 新しく発見された物質は、どんな問題に役立つと期待されていますか。

(A) 海洋汚染
(B) 大気汚染
(C) エネルギー問題
(D) ごみ処理問題

96 새롭게 발견된 물질은 어떤 문제에 도움이 된다고 기대되고 있습니까?
(A) 해양오염
(B) 대기오염
(C) 에너지문제
(D) 쓰레기 처리문제

해설 | 이번에 새롭게 발견된 물질은 플라스틱을 무해한 상태로 분해해서 바다의 심각한 오염문제 해결로도 이어질 것이라고 큰 기대가 모아지고 있다고 했다. 따라서 정답은 (A)가 된다.

어휘 | 役立(やくだ)つ 도움이 되다 海洋(かいよう) 해양
大気(たいき) 대기 エネルギー 에너지 ごみ 쓰레기
処理(しょり) 처리

97 教授は、科学の研究においては、何が重要だと言っていますか。

(A) 細かな計画を練ること
(B) 慎重な分析を怠らないこと
(C) 予想外の結果を見逃さないこと
(D) 高度の知識を共有すること

97 교수는 과학 연구에서는 무엇이 중요하다고 말하고 있습니까?
(A) 세세한 계획을 짜는 것
(B) 신중한 분석을 게을리 하지 않는 것
(C) 예상외의 결과를 놓치지 않는 것
(D) 고도의 지식을 공유하는 것

해설 | 마지막 문장에서 이번에 새롭게 발견된 물질은 다른 물질을 찾는 과정에서 우연히 발견된 것으로, 과학 연구에서는 이런 뜻밖의 발견을 간과하지 않는 것이 대단히 중요하다고 했다. 따라서 정답은 (C)가 된다.

어휘 | 細(こま)かだ 세세하다 計画(けいかく) 계획
練(ね)る (생각·방안 등을) 짜다, 다듬다
慎重(しんちょう)だ 신중하다 分析(ぶんせき) 분석
怠(おこた)る 게을리 하다 予想外(よそうがい) 예상외
結果(けっか) 결과 見逃(みのが)す 놓치다, 간과하다
高度(こうど) 고도, 정도가 매우 높음 知識(ちしき) 지식
共有(きょうゆう) 공유

98~100 우리 회사만의 면접 방법

私は人事部で新卒者の採用に携わっています。面接に来る多くの学生の中から、[98]入社後、立派に働き会社に貢献してくれる人材を探し出すのは困難です。多くの学生は、マニュアル本を参考に用意周到に面接の準備をして来ます。そのため、[99]定番の質問では、誰もが似たような回答をするので、個性を判別できません。そこで我が社では、面接にグループ討議を取り入れています。[100]討議の特徴は、面接官も討議に加わるというところです。1つのテーマについて一緒に討議することで学生の個性を間近で感じ、評価することができるのです。

저는 인사부에서 그 해 졸업자 채용에 종사하고 있습니다. 면접에 오는 많은 학생 중에서 [98]입사 후 훌륭하게 일하고 회사에 공헌해 줄 인재를 찾아내는 것은 어렵습니다. 많은 학생은 매뉴얼 책을 참고로 용의주도하게 면접 준비를 해서 옵니다. 그 때문에 [99]자주 하는 질문에는 누구나가 비슷한 대답을 해서 개성을 판별할 수 없습니다. 그래서 우리 회사에서는 면접에 그룹토의를 도입하고 있습니다. [100]토의의 특징은 면접관도 토의에 참가한다는 점입니다. 하나의 주제에 대해서 함께 토론함으로써 학생의 개성을 아주 가까이에서 느끼고 평가할 수 있습니다.

어휘 | 人事部(じんじぶ) 인사부 新卒者(しんそつしゃ) 그 해 졸업자
採用(さいよう) 채용 携(たずさ)わる (어떤 일에) 종사하다
面接(めんせつ) 면접 学生(がくせい) 학생, (특히) 대학생
入社(にゅうしゃ) 입사 立派(りっぱ)だ 훌륭하다
働(はたら)く 일하다 貢献(こうけん) 공헌
~てくれる (남이 나에게) ~해 주다 人材(じんざい) 인재
探(さが)し出(だ)す 찾아내다 困難(こんなん)だ 곤란하다, 어렵다
マニュアル本(ほん) 매뉴얼 책 参考(さんこう) 참고
用意周到(よういしゅうとう) 용의주도 準備(じゅんび) 준비
定番(ていばん) 유행에 좌우되지 않고 안정된 매상을 유지하는 상품, 뭔가 자주 하는 것 質問(しつもん) 질문
似(に)る 닮다, 비슷하다 回答(かいとう) 회답, 대답
個性(こせい) 개성 判別(はんべつ) 판별
グループ討議(とうぎ) 그룹토의
取(と)り入(い)れる 받아들이다, 도입하다 特徴(とくちょう) 특징
面接官(めんせつかん) 면접관 加(くわ)わる 참여하다, 참가하다
テーマ 테마, 주제 ~について ~에 대해서
一緒(いっしょ)に 함께 間近(まぢか) (시간이나 거리가) 아주 가까움
感(かん)じる 느끼다 評価(ひょうか) 평가

98 この人は、何が困難だと言っていますか。
(A) 活躍する人材を見定めること
(B) 採用条件を決めること
(C) 学生たちの本音を引き出すこと
(D) 何段階にも分けて面接を行うこと

98 이 사람은 무엇이 어렵다고 말하고 있습니까?
(A) 활약할 인재를 보고 정하는 것
(B) 채용조건을 결정하는 것
(C) 학생들의 본심을 끌어내는 것
(D) 몇 단계나 나눠서 면접을 실시하는 것

해설 | 첫 번째 문장에서 정답을 찾을 수 있다. 입사 후 훌륭하게 일하고 회사에 공헌해 줄 인재를 찾아내는 것이 어렵다고 했으므로, 정답은 (A)가 된다.

어휘 | 活躍(かつやく) 활약 人材(じんざい) 인재
見定(みさだ)める 보고 정하다 条件(じょうけん) 조건
決(き)める 정하다, 결정하다 本音(ほんね) 본심
引(ひ)き出(だ)す 끌어내다 分(わ)ける 나누다
行(おこな)う 하다, 행하다, 실시하다

99 この人は、どうして個性を判別できないと言っていますか。
(A) 全員が同じ参考書を読んでいるから
(B) よくある質問には皆同じように答えるから
(C) 皆似た服装で面接に臨むから
(D) 面接という手法は古いから

99 이 사람은 왜 개성을 판별할 수 없다고 말하고 있습니까?
(A) 전원이 같은 참고서를 읽고 있기 때문에
(B) 자주 하는 질문에는 모두 똑같이 대답하기 때문에
(C) 모두 비슷한 복장으로 면접에 임하기 때문에
(D) 면접이라는 수법은 오래되었기 때문에

해설 | 중반부에서 면접에서 자주 하는 질문에는 누구나가 비슷한 대답을 해서 개성을 판별할 수 없다라고 했으므로, 정답은 (B)가 된다.

어휘 | 全員(ぜんいん) 전원 参考書(さんこうしょ) 참고서
答(こた)える 대답하다 皆(みんな) 모두 服装(ふくそう) 복장
臨(のぞ)む 임하다 手法(しゅほう) 수법 古(ふる)い 오래되다

100 この人の会社で行っているグループ討議には、どんな特徴がありますか。
(A) 面接官は別室に移り学生だけで行う。
(B) 学生同士で互いを判定し合う。
(C) 面接官もグループの一員になる。
(D) 学生も交代で面接官になる。

100 이 사람의 회사에서 실시하고 있는 그룹토의에는 어떤 특징이 있습니까?
(A) 면접관은 별실로 이동하고 학생만으로 실시한다.
(B) 학생끼리 서로를 서로 판정한다.
(C) 면접관도 그룹의 일원이 된다.
(D) 학생도 교대로 면접관이 된다.

해설 | 이 사람의 회사에서 실시하고 있는 그룹토의의 특징은 면접관도 토의에 참가한다는 점이므로, 정답은 (C)가 된다.

어휘 | 特徴(とくちょう) 특징 別室(べっしつ) 별실
移(うつ)る 옮기다, 이동하다 互(たが)い 서로 判定(はんてい) 판정
동사의 ます형+合(あ)う 서로 ~하다 一員(いちいん) 일원
交代(こうたい) 교대

101 1자 한자 발음 찾기

검은 구름이 나오기 시작했으니까, 일찍 집에 돌아가자.

해설 | 「雲」은 '구름'이라는 뜻으로, (B)의 「くも」라고 읽는다. (A)의 「かぜ(風)」는 '바람', (C)의 「ゆき(雪)」는 '눈', (D)의 「あめ(雨)」는 '비'라는 뜻이다.

어휘 | 黒(くろ)い 검다 出(で)る 나오다
～てくる ~해 오다, ~하기 시작하다 早(はや)く 일찍
家(いえ) 집 帰(かえ)る 돌아가다

102 동사 발음 찾기

아기의 이가 나기 시작하는 것은 언제쯤이에요?

해설 | 「生える」는 '(이·털·수염 등이) 나다, 자라다'라는 뜻의 동사로, (C)의 「はえる」라고 읽는다.

어휘 | 赤(あか)ちゃん 아기 歯(は) 이, 치아 いつ頃(ごろ) 언제쯤
い(癒)える 낫다, 아물다 う(植)える 심다 ふ(増)える 늘다, 늘어나다

103 2자 한자 발음 찾기

그는 자신의 감정을 표현하는 것이 서투르다.

해설 | 「感情」은 '감정'이라는 뜻으로, (D)의 「かんじょう」라고 읽는다.

어휘 | 自分(じぶん) 자신, 나 表現(ひょうげん) 표현
苦手(にがて)だ 서투르다, 잘 못하다 かんせい(完成) 완성
がんじょう(頑丈)だ 단단하다, 튼튼하다 かんしょう(鑑賞) 감상

104 1자 한자 발음 찾기

운동해서 머릿속을 텅 비게 했더니, 기분이 개운했다.

해설 | 「空っぽ」는 '(속이) 텅 빔'이라는 뜻으로, (C)의 「からっぽ」라고 읽는다.

어휘 | 運動(うんどう) 운동 頭(あたま) 머리 中(なか) 안, 속
～にする ~로 하다 気分(きぶん) 기분 すっきり 상쾌함, 개운함
のっぽ 키가 큼, 또는 키다리 そっぽ 딴 데, 다른 데

105 2자 한자 발음 찾기

그는 아군으로 하면 믿음직스럽지만, 적으로 돌리면 무섭다.

해설 | 「味方」은 '아군'이라는 뜻으로, (D)의 「みかた」라고 읽는다.

어휘 | 彼(かれ) 그, 그 사람 頼(たの)もしい 믿음직스럽다
敵(てき) 적 回(まわ)す 돌리다 恐(おそ)ろしい 무섭다, 두렵다
あじみ(味見) 맛을 봄 みほん(見本) 견본 まほう(魔法) 마법

106 2자 한자 발음 찾기

저 교수는 학생을 육친처럼 생각해 준다.

해설 | 「親身」은 '육친, 근친, (육친처럼) 친절한 모양'이라는 뜻으로, (B)의 「しんみ」라고 읽는다.

어휘 | 教授(きょうじゅ) 교수 学生(がくせい) 학생, (특히) 대학생
考(かんが)える 생각하다 ～てくれる (남이 나에게) ~해 주다
しんし(紳士) 신사 しんけん(真剣)だ 진지하다

107 동사 발음 찾기

결승전이라고 해서 힘주지 말고, 자연체로 경기하자.

해설 | 「力む」는 '힘주다, 힘을 모으다'라는 뜻의 동사로, (A)의 「りきむ」라고 읽는다.

어휘 | 決勝戦(けっしょうせん) 결승전
～からといって ~라고 해서 ～ず(に) ~하지 않고, ~하지 말고
自然体(しぜんたい) 자연체 *유도 등에서 유연하고 자연스럽게 선 자세
プレー 플레이, 경기 たゆ(弛)む 긴장감이 풀리다
いど(挑)む 도전하다, 맞서다 お(惜)しむ 아쉬워하다

108 동사 한자 찾기

오늘은 수업 중에 몇 번이나 선생님에게 지목을 받아 곤란했다.

해설 | 선택지는 모두 「さす」라고 읽는 동사로, 문장의 내용상 '지목하다'라는 뜻의 동사가 와야 한다. 정답은 (D)의 「指す」로, (A)의 「差す」는 '가리다, (우산 따위를) 쓰다', (B)의 「刺す」는 '찌르다', (C)의 「射す」는 '(광선·그림자가) 비치다'라는 뜻이다.

어휘 | 授業(じゅぎょう) 수업 何度(なんど)も 몇 번이나
先生(せんせい) 선생님 参(まい)る 맥을 못 추다, 곤란하다

109 명사 한자 찾기

어떤 일이라도 하는 이상은 성과를 내고 싶다.

해설 | 선택지는 모두 「せいか」라고 읽는 한자어로, 문장의 내용상 '성과'라는 뜻의 한자어가 와야 한다. 정답은 (A)의 「成果」로, (B)의 「精華」는 '정화, 정수', (C)의 「聖火」는 '성화', (D)의 「製菓」는 '제과'라는 뜻이다.

어휘 | どんな 어떤 仕事(しごと) 일 やる 하다
～からには ~하는[한] 이상은 出(だ)す 내다

110 な형용사 한자 찾기

통신회사를 가장한 의심스러운 메일에 주의해 주십시오.

해설 | 「ふしん」은 '의심스러움, 수상함'이라는 뜻의 な형용사로, 한자로는 (A)의 「不審」이라고 쓴다.

어휘 | 通信会社(つうしんがいしゃ) 통신회사
装(よそお)う 가장하다, 그런 체하다 メール 메일
ご+한자명사+ください ~해 주십시오 *존경표현
注意(ちゅうい) 주의, 조심 風刺(ふうし) 풍자
無心(むしん)だ 무심하다, 아무 생각이 없다

111 대체표현 찾기

건널목 사고 때문에 아침부터 전철이 서 있습니다.

(A) 은
(B) 에
(C) 로
(D) 의

해설 | 「명사+の+ために」는 '~때문에'라는 뜻으로, 원인이나 이유를 나타낼 때 사용하는 표현이다. 선택지 중 바꿔 쓸 수 있는 것은 (C)의 「～で」(~(으)로)로, 원인이나 이유를 나타낸다.

어휘 | 踏切(ふみきり) (철도의) 건널목 事故(じこ) 사고
朝(あさ) 아침 電車(でんしゃ) 전철 止(と)まる 멈추다, 서다

112 대체표현 찾기

갑자기 그런 말을 해도 곤란합니다.

(A) 갑자기
(B) 가장
(C) 가끔
(D) 별로

해설 | 「突然(とつぜん)」은 '돌연, 갑자기'라는 뜻의 부사로, 선택지 중 바꿔 쓸 수 있는 것은 (A)의 「いきなり」(돌연, 갑자기)이다.

어휘 | 困(こま)る 곤란하다, 난처하다 もっと(最)も 가장, 제일
たまに 가끔 別(べつ)に (부정의 말을 수반하여) 별로, 특별히

113 대체표현 찾기

딸은 요즘 바쁜 듯 전혀 전화를 주지 않는다.

(A) 듯 (보여서)
(B) 에 비해서는
(C) 이기 때문에
(D) 데다가

해설 | 「~ようで」는 조동사 「~ようだ」(~인 것 같다, ~인 듯하다)의 연용형으로, '~인 것 같아서, ~인 듯'이라는 뜻이다. 선택지 중 바꿔 쓸 수 있는 것은 (A)의 「~とみえる」(~한 듯 보이다)이다.

어휘 | 娘(むすめ) 딸 最近(さいきん) 최근, 요즘
忙(いそが)しい 바쁘다
全然(ぜんぜん) (부정의 말을 수반하여) 전연, 전혀
電話(でんわ)する 전화하다 ~わり(割)には ~에 비해서는, ~치고는
~からこそ ~이기 때문에, ~이므로
~上(うえ)に ~인 데다가, ~에 더해

114 대체표현 찾기

어떻게든 마감에는 늦지 않을 것 같네.

(A) 어떻게
(B) 어떻게든
(C) 어쨌든
(D) 왠지 모르게

해설 | 「どうにか」는 '어떻게든, 그럭저럭'이라는 뜻으로, 이래저래 궁리하거나 노력하는 모양을 나타낸다. 선택지 중 바꿔 쓸 수 있는 것은 (B)의 「なん(何)とか」(어떻게든, 그럭저럭)이다.

어휘 | 締(し)め切(き)り 마감
間(ま)に合(あ)う 시간에 맞게 대다, 늦지 않다
동사의 ます형+そうだ ~일[할] 것 같다 *양태 なん(何)と 어떻게
なに(何)しろ 어쨌든, 여하튼 なん(何)となく 왠지 모르게, 어쩐지

115 대체표현 찾기

부상은 낫기 시작하고 있지만, 아직 연습에는 참가할 수 없다.

(A) 낫고 있지만
(B) 낫기는커녕
(C) 나았다고 해서
(D) 낫지 않고서는

해설 | 「동사의 ます형+かける」는 '~하기 시작하다'라는 뜻으로, 「治(なお)りかけているが」는 '낫기 시작하고 있지만'이라는 뜻이 된다. 선택지 중에서 바꿔 쓸 수 있는 것은 (A)의 「治(なお)りつつあるが」(낫고 있지만)으로, 「동사의 ます형+つつある」는 '~하고 있다'라는 뜻이다.

어휘 | けが(怪我) 부상, 상처 治(なお)る 낫다, 치료되다
まだ 아직 練習(れんしゅう) 연습 参加(さんか) 참가
~どころか ~은커녕 ~からといって ~라고 해서
~ないことには ~하지 않고서는, ~하지 않으면

116 대체표현 찾기

그렇게 누구에게나 상냥하게 대하니까, 만만하게 보여지는 거야.

(A) 속는
(B) 물리는
(C) 얕보이는
(D) 농락당하는

해설 | 문제의 「甘(あま)い」는 '무르다, 만만하다'라는 뜻의 い형용사로, 「甘(あま)く見(み)られる」는 '(남에게) 만만하게 보여지다'라는 뜻이 된다. 선택지 중 바꿔 쓸 수 있는 것은 (C)의 「な(嘗)められる」(깔보이다, 얕보이다)로, '깔보다, 얕보다'라는 뜻의 동사 「な(嘗)める」의 수동형이다.

어휘 | 誰(だれ)にでも 누구에게나 優(やさ)しい 상냥하다, 다정하다
はめる 속이다 か(噛)みつ(付)く 달려들어 물다
まる(丸)めこ(込)む 구워삶다, 농락하다

117 「が」의 용법 구분

글을 쓰는 것은 어렵지만, 재미있다.

(A) 저는 수영을 잘합니다.
(B) 그 질문의 의미를 모르겠습니다.
(C) 쇼핑하러 갔지만, 갖고 싶은 물건은 없었다.
(D) 오늘은 좀 볼일이 있습니다만.

해설 | 문제의 「~が」는 '~이지만'이라는 뜻으로, 역접을 나타내는 접속조사로 사용되고 있다. 선택지 중 이와 같은 뜻으로 쓰인 것은 (C)로, (A)와 (B)는 '~을[를]'이라는 뜻의 격조사로 대상을 나타내고, (D)는 '~만'이라는 뜻으로 문말에 접속하여 부드럽게 표현하는 완곡의 용법으로 쓰였다.

어휘 | 文章(ぶんしょう)を書(か)く 글을 쓰다 難(むずか)しい 어렵다
おもしろ(面白)い 재미있다 水泳(すいえい) 수영
得意(とくい)だ 잘하다, 자신 있다 質問(しつもん) 질문
意味(いみ) 의미 わかる 알다, 이해하다 買(か)い物(もの) 쇼핑, 장을 봄
동작성명사+に ~하러 *동작의 목적 欲(ほ)しい 갖고 싶다
用事(ようじ) 볼일, 용무

118 「やる」의 뜻 구분

숙제는 먼저 해 두는 편이 좋아.

(A) 일이 끝나면 근처에서 한잔하고 가지 않을래요?
(B) 그는 고향에서 건강하게 지내고 있다고 한다.
(C) 집을 비운 동안에 이웃분이 정원수에 물을 주어 놔 주었다.
(D) 이 고등학교에서는 음악도 스포츠도 양쪽 다 하고 있는 학생이 많다.

해설 | 문제의 「やる」는 '(어떤 행위·무엇인가를) 하다'라는 뜻으로, 선택지 중 이와 같은 뜻으로 쓰인 것은 (D)이다. (A)는 '(술을) 하다, 마시다', (B)는 '살아가다, 생활해 나가다', (C)는 '(손아랫사람이나 동물·식물에) 주다'라는 뜻으로 쓰였다.

어휘 | 宿題(しゅくだい) 숙제 先(さき)に 먼저
~ておく ~해 놓다[두다]
동사의 た형+方(ほう)がいい ~하는 편[쪽]이 좋다

仕事(しごと) 일 終(お)わる 끝나다 近(ちか)く 근처
一杯(いっぱい) (술) 한잔 故郷(ふるさと) 고향
元気(げんき)だ 건강하다 품사의 보통형+そうだ~라고 한다 *전문
留守(るす) 부재중, 집을 비움 間(あいだ) 동안 近所(きんじょ) 이웃집
庭木(にわき) 정원수 ~てくれる (남이 나에게) ~해 주다
高校(こうこう) 고교, 고등학교 *「高等学校(こうとうがっこう)」의 준말
音楽(おんがく) 음악 両方(りょうほう) 양쪽
生徒(せいと) (중 · 고교) 학생

119 「ただ」의 의미 구분

그저 친구와 이야기하고 있는 것만으로 그녀는 즐거운 것 같다.

(A) 요즘 공짜로 인터넷을 사용할 수 있는 가게가 늘어났다.
(B) 연락이 닿지 않는 지금은 그저 그들의 무사를 기원할 뿐이다.
(C) 그는 단 한 번도 연습을 쉰 적이 없다고 한다.
(D) 보통 그림인가 했더니, 유명한 화가의 작품이었다.

해설 | 문제의 「ただ」는 '그저'라는 뜻으로, 선택지 중 이와 같은 뜻으로 쓰인 것은 (B)이다. (A)는 '공짜', (C)는 '단', (D)는 '보통, 예사'라는 뜻으로 쓰였다.

어휘 | 友達(ともだち) 친구 話(はな)す 말하다, 이야기하다
~だけ ~만, ~뿐 彼女(かのじょ) 그녀 楽(たの)しい 즐겁다
~らしい ~인 것 같다 近頃(ちかごろ) 요즘, 최근
インターネット 인터넷 使(つか)う 쓰다, 사용하다 店(みせ) 가게
増(ふ)える 늘다, 늘어나다 ~てくる ~해 오다, ~하기 시작하다
連絡(れんらく)が取(と)れる 연락이 닿다 今(いま) 지금
彼(かれ)ら 그들 無事(ぶじ)だ 무사하다 祈(いの)る 빌다, 기원하다
~のみ ~만, ~뿐 一度(いちど)も (부정의 말을 수반하여) 한 번도
練習(れんしゅう) 연습 休(やす)む 쉬다
동사의 た형+ことがない ~한 적이 없다 絵(え) 그림
~かと思(おも)ったら ~인가 싶더니[했더니]
有名(ゆうめい)だ 유명하다 画家(がか) 화가 作品(さくひん) 작품

120 「かける」의 의미 구분

오늘은 더우니까, 에어컨을 켜고 자자.

(A) 형은 나보다 한층 더 성급하다.
(B) 눈길에서는 급브레이크를 걸어서는 안 됩니다.
(C) 아버지는 장기에 관해서는 누구에게도 뒤지지 않는다.
(D) 그는 리더로서의 수완이 통 모자란다.

해설 | 문제의 「かける」는 '(도구나 기계 등을 움직여) 작동시키다'라는 뜻으로, 선택지 중 이와 같은 뜻으로 쓰인 것은 (B)이다. (A)는 「輪(わ)をかける」의 형태로 '한층 더~하다'라는 뜻의 관용표현이고, (C)는 「~にかけては」의 형태로 '~에 관해서는', (D)는 '부족하다, 모자라다'라는 뜻으로, 한자로는 「欠(か)ける」라고 쓴다.

어휘 | 暑(あつ)い 덥다 エアコンをかける 에어컨을 켜다
寝(ね)る 자다 兄(あに) 오빠, 형 せっかちだ 성급하다
雪道(ゆきみち) 눈길 急(きゅう)ブレーキをかける 급브레이크를 걸다
~てはいけない ~해서는 안 된다 父(ちち) 아버지
将棋(しょうぎ) 장기 ひ(引)けをと(取)る 남에게 뒤지다
リーダー 리더 ~として ~로서 手腕(しゅわん) 수완
まるで (부정의 말을 수반하여) 전혀, 전연, 통

PART 6 | 오문 정정

121 활용 오용 (B) 安(やす)いで → 安(やす)くて

이 가게의 케이크는 싸고 맛있어서 항상 손님이 줄을 서 있습니다.

해설 | い형용사의 활용 형태를 묻는 문제로, い형용사가 문장 안에서 '~이고, ~여서'라는 뜻으로 연결되려면 「어간+くて」라는 형태가 되어야 한다. 따라서 (B)의 「安(やす)いで」는 「安(やす)くて」(싸고)로 고쳐야 한다.

어휘 | 店(みせ) 가게 ケーキ 케이크 いつも 늘, 항상
客(きゃく) 손님 並(なら)ぶ (줄을) 서다

122 명사 오용 (D) 体(からだ) → お腹(なか)

파티에서 맛있는 음식을 과식해서 배가 부릅니다.

해설 | 문장의 내용상 '배가 부르다'라는 표현이 와야 한다. '배가 부르다'는 「お腹(なか)がいっぱいだ」라고 하므로, (D)의 「体(からだ)」(몸, 신체)는 「お腹(なか)」((신체의) 배)로 고쳐야 한다.

어휘 | パーティー 파티 ごちそう(馳走) 맛있는 음식
食(た)べ過(す)ぎる 과식하다

123 가정법 오용 (B) していれば → していると

어제 회사 근처의 공원을 산책하고 있다가 과장인 하야시 씨를 만났습니다.

해설 | (B)의 「~ば」(~면)는 주로 과거의 유감스러운 행동 등을 나타낼 때 사용하는 가정법으로 문장과는 맞지 않다. 문장의 내용상 (B)에는 '~하자, ~했더니'라는 뜻의 발견을 나타내는 「~と」가 와야 하므로, (B)의 「していれば」는 「していると」로 고쳐야 한다. .

어휘 | 近(ちか)く 근처 公園(こうえん) 공원 散歩(さんぽ) 산책
課長(かちょう) 과장 会(あ)う 만나다

124 활용 오용 (C) 楽(たの)しそうな → 楽(たの)しそうに

학교 앞에서 남자아이와 여자아이가 즐거운 듯이 이야기하고 있습니다.

해설 | 양태의 「~そうだ」(~일[할] 것 같다, ~인 듯하다)의 활용 형태를 묻는 문제로, 「~そうだ」는 な형용사와 같은 형태로 활용한다. 따라서 뒤에 오는 동사를 수식하기 위해서는 「~に」의 형태를 취해야 하므로, (C)의 「楽(たの)しそうな」(즐거운 듯한)는 「楽(たの)しそうに」(즐거운 듯이)로 고쳐야 한다.

어휘 | 学校(がっこう) 학교 前(まえ) 앞 男(おとこ)の子(こ) 남자아이
女(おんな)の子(こ) 여자아이 楽(たの)しい 즐겁다
い형용사의 어간+そうだ ~일[할] 것 같다, ~인 듯하다 *양태

125 접속 형태 오용 (B) 行(い)って → 行(い)く

매일 아침 회사에 가기 전에 역 옆의 편의점에서 음료를 삽니다.

해설 | (B)의 「~前(まえ)に」는 '~하기 전에'라는 뜻의 표현으로, 동사의 기본형에 접속한다. 따라서 (B)의 「行(い)って」(가서)는 「行(い)く」(가다)로 고쳐야 한다.

어휘 | 毎朝(まいあさ) 매일 아침 会社(かいしゃ) 회사 駅(えき) 역
隣(となり) 옆 コンビニ 편의점 *「コンビニエンスストア」의 준말
飲(の)み物(もの) 음료 買(か)う 사다

126 표현 오용 (B) ためで → ために

이제부터 건강을 위해서 술은 끊기로 하겠습니다.

해설 | '~위해서'라는 뜻으로, 목적을 나타낼 때는 「~ために」의 형태로 나타낸다. 따라서 (B)의 「~ためで」는 「~ために」(~위해서)로 고쳐야 한다. 참고로, 「~ために」가 명사에 접속할 때는 「명사+の+ために」의 형태를 취한다는 것도 알아 두자.

어휘 | これから 이제부터, 앞으로 健康(けんこう) 건강
お酒(さけ) 술 や(止)める 그만두다, 끊다
동사의 보통형+ことにする ~하기로 하다

127 뜻 오용 (A) 暮(く)らせて → 暮(く)らして

제가 살고 있는 마을은 작은 가게가 많이 있어서 사람이 모여듭니다.

해설 | (A)의 「暮(く)らせる」는 '살 수 있다'라는 뜻으로, 「暮(く)らす」(살다, 생활하다)의 가능형이다. 문장의 내용상 (A)에는 '살다, 생활하다'라는 뜻의 동사가 와야 하므로, (A)의 「暮(く)らせて」(살 수 있고)는 「暮(く)らして」(살고)로 고쳐야 한다.

어휘 | 町(まち) 마을, 동네 小(ちい)さな 작은 店(みせ) 가게
たくさん 많이 集(あつ)まる 모이다

128 표현 오용 (D) 叱(しか)らせた → 叱(しか)られた

남동생과 함께 쓰고 있는 방이 지저분해서 어머니에게 호되게 야단맞았다.

해설 | (D)의 「叱(しか)らせる」는 '야단치게 하다'라는 뜻으로, 「叱(しか)る」(꾸짖다, 야단치다)의 사역형이다. 문장의 내용상 (D)에는 사역형이 아닌 '야단맞다'라는 뜻의 수동형이 와야 하므로, (D)의 「叱(しか)らせた」(야단치게 했다)는 「叱(しか)られた」(야단맞았다)로 고쳐야 한다.

어휘 | 弟(おとうと) 남동생 一緒(いっしょ)に 함께
使(つか)う 쓰다, 사용하다 部屋(へや) 방
汚(きたな)い 더럽다, 지저분하다 母(はは) 어머니
ひどい 심하다, 호되다

129 표현 오용 (D) でも → が

어머니가 지어 준 유카타는 수수해서 생각했던 것만큼 멋지지는 않지만 마음에 든다.

해설 | 문장의 내용상 (D)에는 '~이지만'이라는 역접을 나타내는 조사가 와야 하므로, (D)의 「~でも」(~라도)는 「~が」로 고쳐야 한다.

어휘 | 縫(ぬ)う (옷을) 짓다, 꿰매다
~てくれる (남이 나에게) ~해 주다
浴衣(ゆかた) 유카타 *(목욕 후 또는 여름철에 입는) 무명 홑옷
地味(じみ)だ 수수하다 思(おも)う 생각하다 ~ほど ~만큼
おしゃれ(洒落)だ 멋지다, 세련되다 気(き)に入(い)る 마음에 들다

130 표현 오용 (B) の→に

어젯밤부터 오늘 아침에 걸쳐서 수도공사가 실시되었다고 한다.

해설 | 문장의 내용상 대체적인 범위를 나타내는 표현이 와야 한다. 이에 해당하는 표현은 「~から~にかけて」(~부터 ~에 걸쳐서)이므로, (B)의 「の」는 「に」로 고쳐야 한다.

어휘 | 昨夜(ゆうべ) 어젯밤 今朝(けさ) 오늘 아침
水道(すいどう) 수도 工事(こうじ) 공사
行(おこな)う 하다, 행하다, 실시하다
품사의 보통형+そうだ ~라고 한다 *전문

131 표현 오용 (A) なんで → たとえ

설령 힘들고 모두가 반대할지라도 나는 꿈을 단념할 생각은 없다.

해설 | (A)의 「なん(何)で」(왜, 무엇 때문에, 어째서)는 원인·이유 등을 물을 때 쓰는 부사이므로, 문장과는 맞지 않는다. 문장의 내용상 (A)에는 가정조건을 나타내는 부사가 와야 하므로, (A)의 「なんで」는 「たとえ」(설사, 설령)로 고쳐야 한다. 참고로, 「たとえ~ても」라고 하면 '설령 ~할지라도'라는 뜻이다.

어휘 | 大変(たいへん)だ 힘들다 反対(はんたい) 반대
夢(ゆめ) 꿈 諦(あきら)める 체념하다, 단념하다 つもり 생각, 작정

132 표현 오용 (D) まあまあだった → よかった

형이 열심히 공부를 가르쳐 준 덕분에 시험 결과는 생각했던 것보다 좋았다.

해설 | (D)의 「まあまあ」(그저 그런 정도, 그럭저럭)는 불충분하나 그 정도로 참아야 함을 나타내는 표현이므로, 문장과는 맞지 않는다. 문장의 내용상 (D)에는 '(생각보다) 결과가 좋았다'라는 뜻의 표현이 와야 하므로, (D)는 「よかった」(좋았다)로 고쳐야 한다.

어휘 | 兄(あに) 오빠, 형 一生懸命(いっしょうけんめい) 열심히
勉強(べんきょう) 공부 ~おかげで ~덕분에
教(おし)える 가르치다, 교육하다 試験(しけん) 시험
結果(けっか) 결과 思(おも)ったより 생각했던 것보다

133 표현 오용 (D) お越(こ)しなさって → お越(こ)し

식사 준비가 되었으니, 여러분 방으로 오십시오.

해설 | 존경표현에 대한 이해를 묻는 문제. (D)의 「お越(こ)し」(오심)는 이미 존경어로, 「越(こ)す」(오시다)라는 동사에 존경의 「お」를 붙이고 명사화한 것이다. 여기에 '하시다'라는 뜻의 존경어 「なさる」를 붙여서 이중경어가 되어 있다. 따라서 '~해 주십시오'라는 뜻으로 존경어를 만드는 공식인 「お+동사의 ます형+ください」를 써서 (D)는 「お越(こ)し」로 고쳐야 한다.

어휘 | 食事(しょくじ) 식사 用意(ようい) 준비
できる 다 되다, 완성되다 部屋(へや) 방

134 표현 오용 (B) 度(たび)に → うちに

일흔이 넘으신 부모님이 건강한 동안에 온천에라도 데리고 가고 싶다.

해설 | (B)의 「~度(たび)に」는 '~할 때마다'라는 뜻으로, 일회성이 아닌 반복적으로 같은 상황이 되는 경우에 쓰는 표현이다. (B)에는 '(어떤 상태가 지속되는) 동안에'라는 뜻의 표현이 와야 하므로, (B)의 「~度(たび)に」(~할 때마다)는 「~うちに」(~동안에, ~사이에)로 고쳐야 한다.

어휘 | ~過(す)ぎ (시간·나이 등을 나타내는 명사에 붙어서) 때가 지나감
両親(りょうしん) 양친, 부모
元気(げんき)だ 건강하다 温泉(おんせん) 온천
連(つ)れる 데리고 가다 ~てあげる (내가 남에게) ~해 주다

135 표현 오용 (B) 向き → ため

중요한 회의이기 때문에 조는 행동 등 그만두고 제대로 들어 주면 좋겠다.

해설 | (B)의 「向(む)き」는 '적합, 적격'이라는 뜻으로, 적합성 여부를 나타내는 표현이다. 문장의 내용상 (B)에는 원인이나 이유를 나타내는 표현이 와야 하므로, (B)의 「向(む)き」는 「～ため」(～때문)로 고쳐야 한다.

어휘 | 重要(じゅうよう)だ 중요하다 会議(かいぎ) 회의
居眠(いねむ)り 앉아서 졺, 말뚝잠 や(止)める 그만두다, 중지하다
しっかり 제대로, 확실히 聞(き)く 듣다
～ていただきたい (남에게) ～해 받고 싶다, (남이) ～해 주었으면 좋겠다 *「～てもらいたい」의 겸양표현

136 접속 형태 오용 (D) 増えて → 増える

인플루엔자가 유행하고 있는 탓에 병원에 오는 환자는 늘기만 한다.

해설 | 「～一方(いっぽう)だ」(～할 뿐이다, ～하기만 하다)는 어떤 변화가 한쪽으로만 진행되는 것을 나타내는 표현으로, 동사의 기본형에 접속한다. 따라서 (D)의 「増(ふ)えて」는 「増(ふ)える」(늘다, 늘어나다)로 고쳐야 한다.

어휘 | インフルエンザ 인플루엔자 流行(はや)る 유행하다
～せいで ～탓에 病院(びょういん) 병원 患者(かんじゃ) 환자

137 표현 오용 (B) 働かず → 就かず

그는 일할 능력이 있으면서도 취직하지 않고 근처 상점가를 얼쩡거리고 있다.

해설 | '취직하다'라는 뜻의 표현은 「職(しょく)に就(つ)く」라고 한다. 따라서 (B)의 「働(はたら)かず」(일하지 않고)는 「就(つ)かず」(하지 않고)로 고쳐야 한다.

어휘 | 働(はたら)く 일하다 能力(のうりょく) 능력
동사의 ます형+ながら ～이지만, ～이면서도
近所(きんじょ) 근처, 부근 商店街(しょうてんがい) 상점가
うろうろ 어정버정, 얼쩡얼쩡

138 표현 오용 (B) からすると → からして

역시 일류 레스토랑은 식기부터가 질이 좋고 고급스러운 느낌이 있다.

해설 | (B)의 「～からすると」는 '～로 보면'이라는 뜻으로, 어떤 입장에서 판단하고 평가한다는 판단의 근거를 나타내는 표현이다. 문장의 내용상 (B)에는 예시의 뜻을 나타내는 표현이 와야 하므로, 「～からして」(～부터가, ～을 첫 번째 예로써)로 고쳐야 한다.

어휘 | やはり 역시 一流(いちりゅう) 일류
レストラン 레스토랑 食器(しょっき) 식기 質(しつ) 질
高級感(こうきゅうかん) 고급감, 고급스러운 느낌

139 표현 오용 (D) 下りなく → つかなく[立たなく]

오래 가는 불경기에 의한 실적의 대폭적인 악화로 장래의 전망이 서지 않게 되었다.

해설 | '전망[예측]이 서지 않다'라는 뜻의 표현은 「見通(みとお)しがつかない[立(た)たない]」라고 한다. 따라서 (B)의 「下(お)りなく」는 「つかなく[立(た)たなく]」로 고쳐야 한다.

어휘 | 長引(ながび)く 오래 끌다 不景気(ふけいき) 불경기
～による ～에 의한, ～에 따른 業績(ぎょうせき) 업적, 실적
大幅(おおはば)だ 대폭적이다 悪化(あっか) 악화
将来(しょうらい) 장래

140 표현 오용 (A) でも → とも

명색이 의원인 사람이 왜 대중 앞에서 미성년에게 폭력을 휘둘러 버린 걸까?

해설 | '명색이 ～인'이라는 뜻의 표현은 「직업명+ともあろう」로 나타낸다. 따라서 (A)의 「～でも」는 「～とも」로 고쳐야 한다.

어휘 | 議員(ぎいん) 의원 なぜ 왜, 어째서
公衆(こうしゅう) 공중, 대중 面前(めんぜん) 면전, (남의) 앞
未成年(みせいねん) 미성년
暴力(ぼうりょく)をふ(振)るう 폭력을 휘두르다

PART 7 | 공란 메우기

141 적절한 표현 찾기

창문을 열자, 밖은 비가 내리고 있었다.

해설 | 문장의 내용상 공란에는 '~하자, ~했더니'와 같은 발견의 뜻을 지닌 표현이 와야 한다. 이 표현은 「동사의 기본형+と」로 나타내므로, 정답은 (C)가 된다.

어휘 | 窓(まど) 창문 開(あ)ける 열다 外(そと) 밖, 바깥
雨(あめ) 비 降(ふ)る (비·눈 등이) 내리다, 오다

142 적절한 조수사 찾기

아버지는 매달 잡지를 세 권 사고 있다.

해설 | 「雑誌(ざっし)」(잡지)를 세는 조수사는 「~冊(さつ)」(~권)이므로, 정답은 (B)가 된다.

어휘 | 父(ちち) 아버지 毎月(まいつき) 매달 買(か)う 사다
~匹(ひき) ~마리 *짐승·물고기·벌레 등을 세는 말
~台(だい) ~대 *차·기계 등을 세는 말
~枚(まい) ~장 *종이 등 얇고 평평한 것을 세는 말

143 적절한 표현 찾기

이 일은 좋아하지만, 급여가 싸서 곤란하다.

해설 | 문장의 내용상 공란에는 역접을 나타내는 접속조사가 와야 한다. 정답은 (D)의 「けれども」로, '~이지만'이라는 뜻이다.

어휘 | 仕事(しごと) 일 好(す)きだ 좋아하다
給料(きゅうりょう) 급료, 급여 安(やす)い 싸다
困(こま)る 곤란하다, 난처하다 ~でも ~라도
~ので ~이기 때문에 そして 그리고

144 적절한 동사 찾기

소중한 접시가 깨져 버렸다.

해설 | 공란 앞의 「お皿(さら)」(접시)와 어울리는 동사를 찾으면 된다. 정답은 (A)의 「割(わ)れる」로, '깨지다'라는 뜻이다.

어휘 | 大切(たいせつ)だ 소중하다 別(わか)れる 헤어지다
開(あ)く 열리다 倒(たお)れる 쓰러지다, 넘어지다

145 적절한 표현 찾기

전철 안에는 떠드는 건 폐가 되니까 하지 맙시다.

해설 | 문제는 '전철 안에서 떠드는 건 ~가 되니까 하지 맙시다'라는 내용이므로, 공란에는 남에게 피해를 준다는 뜻의 말이 와야 한다. 정답은 (C)의 「迷惑(めいわく)」로, '폐'라는 뜻이다.

어휘 | 電車(でんしゃ) 전철 騒(さわ)ぐ 떠들다
や(止)める 그만두다, 관두다 安全(あんぜん)だ 안전하다
自由(じゆう)だ 자유롭다 有名(ゆうめい)だ 유명하다

146 적절한 표현 찾기

그 이야기를 언제 들었는지 기억하고 있어요?

해설 | 선택지의 뜻과 접속을 모두 따져 봐야 하는 문제로, 정답은 (B)의 「いつ」(언제)가 된다. (A)의 「だれ」(누구)는 뒤에 조사 「に」가 접속해서 '누구에게'가 되어야 하고, (D)의 「どこ」(어디)도 뒤에 조사 「で」가 접속해서 '어디에서'가 되어야 문장이 성립한다.

어휘 | 話(はなし) 이야기 聞(き)く 듣다 覚(おぼ)える 기억하다
どの 어느

147 적절한 부사 찾기

그녀는 요리를 그다지 잘하지 못한다.

해설 | 공란 뒤에 「得意(とくい)ではない」(잘하지 못한다)라는 부정표현이 있으므로, 공란에는 부정의 말을 수반하는 부사가 와야 한다. 정답은 (D)의 「それほど」로, '그다지, 별로'라는 뜻이다.

어휘 | 彼女(かのじょ) 그녀 料理(りょうり) 요리
得意(とくい)だ 잘하다, 자신 있다 そのまま 그대로
しばらく 잠깐, 잠시 なるべく 되도록, 가능한 한

148 적절한 접속 찾기

내가 전화했을 때 그는 마침 회사를 막 나온 참이었다.

해설 | 공란 뒤의 「ところだ」는 동사의 た형에 접속하여 '막 ~한 참이다'라는 뜻을 나타낸다. 따라서 정답은 (B)의 「出(で)た」가 된다. 참고로, 「ところだ」는 앞에 오는 말의 접속 형태에 따라 그 뜻이 달라진다. 「동사의 기본형+ところだ」는 '~하려던 참이다', 「~ているところだ」는 '~하고 있는 중이다'라는 뜻을 나타내므로, 접속 형태를 주의 깊게 봐야 한다.

어휘 | 電話(でんわ)する 전화하다 ちょうど 마침
会社(かいしゃ) 회사 出(で)る 나오다

149 적절한 접속 찾기

복잡한 이야기를 계속 듣고 있었기 때문에 머리가 아파졌다.

해설 | い형용사의 활용 형태를 묻는 문제로, 공란 뒤의 「なった」라는 동사를 수식하기 위해서는 「~く」라는 부사형의 형태가 되어야 한다. 따라서 정답은 (C)의 「痛(いた)く」(아파)가 된다.

어휘 | 複雑(ふくざつ)だ 복잡하다 話(はなし) 이야기 ずっと 쭉, 계속
~ため ~때문에 頭(あたま) 머리 痛(いた)い 아프다

150 적절한 접속 찾기

피곤하면 조금 쉬어도 상관이 없어요.

해설 | '~해도 상관이 없다'라는 뜻의 표현을 묻는 문제로, 「~ても構(かま)わない」라고 한다. 따라서 정답은 (D)의 「休(やす)んでも」(쉬어도)가 된다.

어휘 | 疲(つか)れる 지치다, 피로해지다
~なら~라면 *주로 상대방에게 뭔가를 권유, 추천, 충고할 때 씀
少(すこ)し 조금, 약간 休(やす)む 쉬다, 휴식하다

151 적절한 접속사 찾기

그녀는 누구보다도 일찍 시험을 끝냈다. 게다가 답은 전부 맞았다.

해설 | 문장의 내용상 공란에는 첨가를 나타내는 접속사가 와야 한다. 정답은 (A)의 「しかも」로, '게다가'라는 뜻이다.

어휘 | 誰(だれ)よりも 누구보다도 早(はや)く 일찍, 빨리
試験(しけん) 시험 終(お)える 끝내다 答(こた)え (문제의) 답

全部(ぜんぶ) 전부 合(あ)う 맞다 それとも 아니면, 혹은
なぜなら 왜냐하면 それなら 그렇다면

152 적절한 존경어 찾기

선생님이 우리 학급모임에 오시다니 생각지 못했습니다.

해설 | 공란 앞에 「先生(せんせい)」(선생님)라는 단어가 있으므로 존경어가 와야 하고, 문장의 내용상 '오시다'라는 뜻의 동사가 와야 한다. 따라서 정답은 (D)의 「おいでくださる」(오시다)로, 「来(く)る」(오다)의 존경어이다.

어휘 | クラス会(かい) 학급모임 ～とは ～하다니 *놀람
伺(うかが)う 여쭙다, 듣다, 찾아뵙다 *「聞(き)く」(묻다, 듣다), 「訪(おとず)れる」(방문하다)의 겸양어
存(ぞん)じ上(あ)げる 알다, 생각하다 *「知(し)る」, 「思(おも)う」의 겸양어
お目(め)にかける 보여 드리다 *「見(み)せる」(보이다, 보여 주다)의 겸양어

153 적절한 동사 찾기

그 짐은 트럭에 실어 주십시오.

해설 | 공란 앞의 「トラック」(트럭)와 어울리는 동사를 찾는다. (A)의 「縮(ちぢ)む」는 '줄다, 작아지다', (B)의 「絞(しぼ)る」는 '짜다, 쥐어짜다', (C)의 「畳(たた)む」는 '개다, 접다', (D)의 「積(つ)む」는 '(물건을) 쌓다, (짐을) 싣다'라는 뜻이므로, 정답은 (D)가 된다.

어휘 | 荷物(にもつ) 짐

154 적절한 표현 찾기

최근 이 지역의 (중·고층) 아파트는 젊은이에게 인기가 있다.

해설 | 공란 뒤의 「マンション」(맨션, (중·고층) 아파트)과 어울리는 표현을 찾는다. 정답은 (B)의 「地域(ちいき)」로, '지역'이라는 뜻이다.

어휘 | 最近(さいきん) 최근, 요즘 若者(わかもの) 젊은이
人気(にんき) 인기 地図(ちず) 지도 地理(ちり) 지리
各地(かくち) 각지

155 적절한 い형용사 찾기

그와는 초등학교 시절부터 사이가 좋아서 지금도 친하게 지내고 있다.

해설 | 「仲(なか)がよくて、今(いま)でも～している」(사이가 좋아서 지금도 ～지내고 있다)라는 내용과 어울리는 い형용사를 찾는다. (A)의 「幼(おさな)い」는 '어리다, 유치하다', (B)의 「惜(お)しい」는 '아깝다, 애석하다', (C)의 「親(した)しい」는 '친하다', (D)의 「懐(なつ)かしい」는 '그립다'라는 뜻이므로, 정답은 (C)가 된다.

어휘 | 小学校時代(しょうがっこうじだい) 초등학교 시절
仲(なか) 사이, 관계 今(いま)でも 지금도

156 적절한 접속 찾기

이 책은 친구에게서 들었던 대로 매우 재미있다.

해설 | 공란 뒤의 「～通(とお)り」는 '～대로'라는 뜻으로, 이 책이 재미있다는 것은 이미 친구에게 들어서 알고 있었다는 뜻이 된다. 따라서 공란에는 동사의 た형이 와야 하므로, 정답은 (B)의 「聞(き)いた」(들었던)이 된다.

어휘 | 本(ほん) 책 友人(ゆうじん) 친구 とても 아주, 매우
おもしろ(面白)い 재미있다

157 적절한 문법표현 찾기

이건 개인정보니까, 팩스로 보낼 수는 없다.

해설 | 문장의 내용상 공란에는 '～할 수는 없다'라는 뜻으로, 불가능을 나타내는 표현이 와야 한다. 따라서 정답은 (A)의 「～わけにはいかない」가 된다.

어휘 | 個人情報(こじんじょうほう) 개인정보 ファックス 팩스
送(おく)る 보내다 ～ということだ ～라고 한다 *전문
～きりだ ～뿐이다 ～わけだ ～인 셈[것]이다 *부드러운 단정을 나타냄

158 적절한 겸양어 찾기

선생님께서 쓰신 것은 모두 배독하고 있습니다.

해설 | 공란 뒤에 「～しております」(～하고 있습니다)라는 「～しています」의 겸양표현이 있으므로, 공란에는 겸양어가 와야 한다. 선택지 중 (C)의 「拝顔(はいがん)」(배안, 뵈옴)과 (D)의 「拝読(はいどく)」(배독, 삼가 읽음)가 겸양어인데, 문제는 선생님이 쓰신 것은 모두 보고 있다고 했으므로, 정답은 (D)가 된다.

어휘 | 書(か)く (글씨·글을) 쓰다
お+동사의 ます형+になる ～하시다 *존경표현
全(すべ)て 모두, 전부 ご存(ぞん)じ 아심 ご覧(らん) 보심

159 적절한 복합동사 찾기

그는 지금까지 함께 해 왔던 중요한 일을 도중에 집어치웠다.

해설 | 공란 앞의 「重要(じゅうよう)な仕事(しごと)を途中(とちゅう)で～」(중요한 일을 도중에～)라는 내용과 어울리는 복합동사를 찾는다. (A)의 「立(た)ち直(なお)る」는 '회복되다', (B)의 「放(ほう)り出(だ)す」는 '집어치우다, 중도에서 그만두다', (C)의 「引(ひ)き抜(ぬ)く」는 '빼돌리다, 스카웃하다', (D)의 「割(わ)り引(び)く」는 '할인하다, 값을 깎다'라는 뜻이므로, 정답은 (B)가 된다.

어휘 | 今(いま)まで 지금까지 一緒(いっしょ)に 함께 やる 하다
重要(じゅうよう)だ 중요하다 途中(とちゅう) 도중

160 적절한 な형용사 찾기

교섭은 화기애애한 분위기 속에서 진행되었다.

해설 | 공란 뒤의 「雰囲気(ふんいき)」(분위기)와 어울리는 な형용사를 찾는다. (A)의 「幸(さいわ)いだ」는 '다행이다', (B)의 「温暖(おんだん)だ」는 '(기후가) 온난하다', (C)의 「良質(りょうしつ)だ」는 '양질이다, 질이 좋다', (D)의 「和(なご)やかだ」는 '부드럽다, 화기애애하다'라는 뜻이므로, 정답은 (D)가 된다.

어휘 | 話(はな)し合(あ)い 의논, 교섭 進(すす)める 진행하다

161 적절한 부사 찾기

어젯밤부터 웬일인지 몸이 나른해서 의욕이 나지 않는다.

해설 | 문장의 내용상 공란에는 원인·이유 등을 잘 모르는 모양을 나타내는 부사가 와야 한다. 정답은 (C)의 「何(なん)だか」로, '웬일인지, 어쩐지'라는 뜻이다.

어휘 | ゆうべ(昨夜) 어젯밤 だるい 나른하다 やる気(き) 할 마음, 의욕
出(で)る 나다, 생기다 どうせ 어차피, 결국
どうにか 어떻게든, 그럭저럭

162 적절한 접속 찾기

그에게는 이 일을 끝까지 해낼 만큼의 능력이 남아 있지 않았다.

해설 | 공란 뒤의 「～抜(ぬ)く」는 동사의 ます형에 접속해서 '끝까지 ～해내다'라는 뜻을 나타낸다. 따라서 정답은 (A)의 「やり」가 된다.

어휘 | 仕事(しごと) 일 力(ちから) 힘, 능력 残(のこ)る 남다

163 적절한 문법표현 찾기

아무리 훌륭한 계획이라도 진행방식에 따라 잘 되지 않는 경우도 있다.

해설 | 문장의 내용상 공란에는 일이 되어 가는 형편을 나타내는 표현이 와야 한다. 정답은 (C)의 「～次第(しだい)で」(～에 따라, ～나름으로)로, 명사에 접속한다.

어휘 | どんなに 아무리 優(すぐ)れる 뛰어나다, 우수하다, 훌륭하다
計画(けいかく) 계획 進(すす)め方(かた) 진행방식
うまくいく 잘 되다, 순조롭게 진행되다
～一方(いっぽう)で ～하는 한편으로
必死(ひっし)だ 필사적이다

164 적절한 문법표현 찾기

전근하고 싶지는 않지만, 회사 명령이니까 하지 않을 수 없다.

해설 | 문장의 내용상 공란에는 부득이하게 그렇게 해야 됨을 나타내는 표현이 와야 한다. 정답은 (B)의 「～せざるをえ(得)ない」(～하지 않을 수 없다)가 되는데, 원래 '～하지 않을 수 없다'라는 뜻의 표현은 「동사의 ない형+ざるをえ(得)ない」의 형태로 나타낸다. 하지만 「する」(하다)에 접속할 때는 예외적으로 「～せざるをえ(得)ない」라고 하므로 주의하자.

어휘 | 転勤(てんきん) 전근 会社(かいしゃ) 회사
命令(めいれい) 명령 ～てはならない ～해서는 안 된다
～どころではない ～할 상황이 아니다
～というものではない ～이라고는 할 수 없다

165 적절한 표현 찾기

요 며칠의 큰비로 시내를 흐르는 강이 범람 직전이 되었다.

해설 | 큰비가 며칠째 계속 내리면 강은 넘치게 될 것이다. 따라서 공란에는 '범람'이라는 뜻의 표현이 들어가야 하므로, 정답은 (D)의 「氾濫(はんらん)」(범람)이 된다.

어휘 | ここ 요, 요새
数日(すうじつ) 수일, (이삼 일 또는 사오 일의) 며칠
大雨(おおあめ) 큰비 市内(しない) 시내 流(なが)れる 흐르다
川(かわ) 강 寸前(すんぜん) 직전 封鎖(ふうさ) 봉쇄
破裂(はれつ) 파열 変貌(へんぼう) 변모

166 적절한 문법표현 찾기

변호사는 이제 목표로 하고 있지 않은 건가 라고 생각했는데 뜻밖에도 지금도 필사적으로 공부를 계속하고 있다고 한다.

해설 | 문장의 내용상 공란에는 예상외의 사태가 발생됨을 나타내는 표현이 와야 하므로, 정답은 (A)의 「～かと思(おも)いきや」(～라고 생각했는데 뜻밖에도)가 된다. 참고로, (B)는 「～にひきかえ」의 형태로 '～와는 반대로', (C)는 「～ではあるまいし」의 형태로 '～은 아닐 텐데', (D)는 「～はいざしらず」의 형태로 '～은 어떨지 모르겠지만'이라는 뜻의 표현이다.

어휘 | 弁護士(べんごし) 변호사 もう 이제
目指(めざ)す 목표로 하다, 지향하다 必死(ひっし)だ 필사적이다
勉強(べんきょう) 공부 続(つづ)ける 계속하다
품사의 보통형+そうだ ～라고 한다 *전문

167 적절한 동사 찾기

이 노트에 적혀 있는 것은 전부 진실입니다.

해설 | 공란 앞의 「ノート」(노트)와 어울리는 동사를 찾는다. (A)의 「興(おこ)す」는 '일으키다, 흥하게[성하게] 하다', (B)의 「属(ぞく)する」는 '속하다', (C)의 「記(しる)す」는 '적다, 쓰다, 기록하다', (D)의 「促(うなが)す」는 '재촉하다, 독촉하다'라는 뜻이다. 정답은 (C)로, 「記(しる)される」(적히다)는 「記(しる)す」의 수동형이다.

어휘 | 全(すべ)て 모두, 전부 真実(しんじつ) 진실

168 적절한 표현 찾기

그는 3개 국어를 마음대로 구사하는 뛰어난 인물이다.

해설 | 「3ヵ国語(さんかこくご)を～操(あやつ)る」(3개 국어를 ～구사하다)와 어울리는 표현을 찾는다. (A)의 「違法(いほう)に」는 '위법적으로', (B)의 「自在(じざい)に」는 '자재로, 마음대로', (C)의 「機敏(きびん)に」는 '기민하게', (D)의 「高尚(こうしょう)に」는 '고상하게'라는 뜻이므로, 정답은 (B)가 된다.

어휘 | ～ヵ国語(かこくご) ～개 국어 操(あやつ)る (말 등을) 구사하다
優(すぐ)れる 뛰어나다, 우수하다, 훌륭하다 人物(じんぶつ) 인물

169 적절한 가타카나어 찾기

지금의 내 지위는 상사에게도 부하에게도 배려가 필요한 괴로운 입장이다.

해설 | 공란 뒷부분에서 상사나 부하에게 배려가 필요한 괴로운 입장이라고 했으므로, 이 사람은 중간관리자라는 것을 알 수 있다. 따라서 공란에는 (A)의 「ポジション」(포지션, (직무상의) 지위)이 들어가야 한다.

어휘 | 今(いま) 지금 自分(じぶん) 자신, 나 上司(じょうし) 상사
部下(ぶか) 부하 配慮(はいりょ) 배려 必要(ひつよう)だ 필요하다
つら(辛)い 괴롭다, 힘들다 立場(たちば) 입장
フィクション 픽션, 허구, 가공 デコレーション 데코레이션, 장식
レクリエーション 레크리에이션

170 적절한 동사 찾기

앙케트 결과에 입각해 상품 개발을 진행할 예정이다.

해설 | 문장의 내용상 공란에는 '판단의 근거로 삼다, 입각하다'라는 뜻의 표현이 와야 한다. 정답은 (C)의 「踏(ふ)まえて」(입각해)로, 「～を踏(ふ)まえて」(～에 입각하여)의 형태로 쓰인다는 점에 주의한다. 참고로, (B)의 「即(そく)して」도 '입각하여'라는 뜻인데 「～に即(そく)して」(～에 입각하여)의 형태로 조사 「に」를 수반한다.

어휘 | アンケート 앙케트 結果(けっか) 결과 商品(しょうひん) 상품
開発(かいはつ) 개발 進(すす)める 진행하다 予定(よてい) 예정
～を限(かぎ)りに ～을 끝으로 即(そく)する 딱 들어맞다
～そばから ～하자마자 바로 *반복적이고 규칙적인 일에 사용

171~173 안부 메일

ヨウコさんへ

お元気ですか。久しぶりにメールをします。今日は土曜日で仕事が休みでした。[171]いとこと美術館へ行く約束がありましたが、朝起きたら頭が痛かったのでやめました。家で古いアルバムを見ていたら、[172]ヨウコさんと撮った写真を見つけて、メールを書きたくなりました。でも書きたいことがたくさんあって全部書けません。よかったら、今度会いませんか。私の仕事は毎日5時頃終わります。週末は大抵家でゆっくりしていますから、ヨウコさんの都合がいい日を教えてください。[173]電話番号を書いておきますから、連絡をもらえませんか。

アキコ(080-5xxx-67xx)

요코 씨에게

잘 지내요? 오랜만에 메일을 보내요. 오늘은 토요일이라 일이 쉬는 날이었어요. [171]사촌과 미술관에 갈 약속이 있었지만, 아침에 일어나니 머리가 아파서 그만뒀어요. 집에서 오래된 앨범을 보고 있다가 [172]요코 씨와 찍은 사진을 발견하고 메일을 쓰고 싶어졌어요. 하지만 쓰고 싶은 게 많이 있어서 전부 쓸 수 없어요. 괜찮으면 이 다음에 만나지 않을래요? 제 일은 매일 5시쯤 끝나요. 주말은 대개 집에서 느긋하게 쉬니까, 요코 씨 사정이 괜찮은 날을 알려 주세요. [173]전화번호를 써 둘 테니 연락을 주지 않을래요?

아키코(080-5xx-67xx)

어휘 | お元気(げんき)ですか 안녕하십니까? 잘 지내십니까?
久(ひさ)しぶりだ 오랜만이다 メールをする 메일을 보내다
土曜日(どようび) 토요일 仕事(しごと) 일 休(やす)み 쉼, 휴일
いとこ(従兄弟) 사촌 美術館(びじゅつかん) 미술관
約束(やくそく) 약속 朝(あさ) 아침 起(お)きる 일어나다, 기상하다
頭(あたま) 머리 痛(いた)い 아프다
や(止)める 그만두다, 관두다 古(ふる)い 오래되다
アルバム 앨범 撮(と)る (사진을) 찍다 写真(しゃしん) 사진
見(み)つける 찾아내다, 발견하다 全部(ぜんぶ) 전부
今度(こんど) 이 다음 会(あ)う 만나다 終(お)わる 끝나다
週末(しゅうまつ) 주말 大抵(たいてい) 대개, 보통
ゆっくりする 느긋하게 쉬다 都合(つごう) 사정, 형편
教(おし)える 가르치다, 알려 주다
電話番号(でんわばんごう) 전화번호 ～ておく ～해 놓다[두다]
連絡(れんらく) 연락
もらえませんか (남에게) 받을 수 없어요?, (남이) 주지 않을래요?

171 アキコさんは、今日、何をする予定でしたか。
(A) ヨウコさんに会う。
(B) いとこと出かける。
(C) 仕事に行く。
(D) アルバイトをする。

171 아키코 씨는 오늘 무엇을 할 예정이었습니까?
(A) 요코 씨를 만난다.
(B) 사촌과 외출한다.
(C) 일하러 간다.
(D) 아르바이트를 한다.

해설 | 초반부에서 '사촌과 미술관에 갈 약속이었지만, 머리가 아파서 그만뒀어요'라고 했으므로, 정답은 (B)가 된다.

어휘 | 出(で)かける 나가다, 외출하다
동작성명사+に ～하러 *동작의 목적 アルバイト 아르바이트

172 アキコさんは、どうしてメールを書いていますか。
(A) 仕事が休みで暇だったから
(B) 写真を見てヨウコさんを思い出したから
(C) ヨウコさんに相談したいことがあるから
(D) ヨウコさんに返事を出していなかったから

172 아키코 씨는 어째서 메일을 쓰고 있습니까?
(A) 일이 쉬는 날이라 한가했기 때문에
(B) 사진을 보고 요코 씨를 떠올렸기 때문에
(C) 요코 씨에게 상의하고 싶은 것이 있기 때문에
(D) 요코 씨에게 답장을 보내지 않았기 때문에

해설 | 중반부에서 '요코 씨와 찍은 사진을 발견하고 메일을 쓰고 싶어졌어요'라고 했으므로, 정답은 (B)가 된다.

어휘 | 暇(ひま)だ 한가하다
思(おも)い出(だ)す (잊고 있던 것을) 생각해 내다, 떠올리다
相談(そうだん) 상담, 상의, 의논
返事(へんじ)を出(だ)す 답장을 보내다

173 この人は、ヨウコさんにどうしてほしいと言っていますか。
(A) 電話をしてほしい。
(B) メールをしてほしい。
(C) 住所を教えてほしい。
(D) 家に来てほしい。

173 이 사람은 요코 씨에게 어떻게 해 주었으면 한다고 말하고 있습니까?
(A) 전화를 해 주었으면 한다.
(B) 메일을 보내 주었으면 한다.
(C) 주소를 알려 주었으면 한다.
(D) 집에 와 주었으면 한다.

해설 | 마지막 문장에서 '전화번호를 써 둘 테니 연락을 줄래요?'라고 했으므로, 정답은 (A)가 된다.

어휘 | ~てほしい ~해 주었으면 하다 電話(でんわ)をする 전화를 하다 住所(じゅうしょ) 주소 家(いえ) 집 来(く)る 오다

174~177 이사

僕は大学を卒業して、4月から横浜の会社で働きます。今は、家族と一緒に住んでいますが、[174]会社には遠くて通えないので、会社の近くのマンションに引っ越して、1人で住むことにしました。この間、駅前の不動産屋で2つの部屋を紹介してもらいました。1つは駅から歩いて25分かかりますが、静かな所にあります。もう1つは、駅からは10分で1階がコンビニなので便利です。家賃は同じで、大体同じぐらいの広さです。ちょっと考えて、僕は駅から遠い部屋を選びました。[175]仕事を始めたら体を動かす時間が少なくなるから、毎日歩いた方がいいと思ったからです。食事は今までは母が作ってくれましたが、[176]料理にも興味があるので自分で作りたいと思っています。でも[177]忙しくなったら、部屋や台所を片付けなくなるんじゃないかとちょっと心配です。

나는 대학을 졸업하고, 4월부터 요코하마에 있는 회사에서 일합니다. 지금은 가족과 함께 살고 있는데, [174]회사에는 멀어서 다닐 수 없기 때문에 회사 근처의 (중·고층) 아파트로 이사해서 혼자서 살기로 했습니다. 요전에 역 앞의 부동산에서 두 개의 방을 소개받았습니다. 하나는 역에서 걸어서 25분 걸리지만, 조용한 곳에 있습니다. 또 하나는 역에서는 10분으로 1층이 편의점이어서 편리합니다. 집세는 같고, 대략 같은 정도의 넓이입니다. 조금 생각하고 나는 역에서 먼 방을 골랐습니다. [175]일을 시작하면 몸을 움직일 시간이 적어지니까, 매일 걷는 편이 좋다고 생각했기 때문입니다. 식사는 지금까지는 어머니가 만들어 줬지만, [176]요리에도 흥미가 있기 때문에 직접 만들고 싶다고 생각합니다. 하지만 [177]바빠지면 방이랑 부엌을 치우지 않게 되지 않을까 조금 걱정입니다.

어휘 | 僕(ぼく) 나 *남자의 자칭 大学(だいがく) 대학
卒業(そつぎょう) 졸업 働(はたら)く 일하다 家族(かぞく) 가족
一緒(いっしょ)に 함께 住(す)む 살다, 거주하다 遠(とお)い 멀다
通(かよ)う (학교·직장에) 다니다 近(ちか)く 근처
マンション 맨션, (중·고층) 아파트 引(ひ)っ越(こ)す 이사하다
1人(ひとり)で 혼자서 동사의 보통형+ことにする ~하기로 하다
この間(あいだ) 요전, 지난번 駅前(えきまえ) 역 앞
不動産屋(ふどうさんや) 부동산(가게) 部屋(へや) 방
紹介(しょうかい) 소개 ~てもらう (남에게) ~해 받다
歩(ある)く 걷다 かかる (시간이) 걸리다 静(しず)かだ 조용하다
所(ところ) 곳, 장소 もう1(ひと)つ 또 하나
1階(いっかい) 1층 *「~階(かい)」- ~층
コンビニ 편의점 *「コンビニエンスストア」의 준말
便利(べんり)だ 편리하다 家賃(やちん) 집세 同(おな)じだ 같다
大体(だいたい) 대개, 대략 広(ひろ)さ 넓이 考(かんが)える 생각하다
選(えら)ぶ 고르다, 선택하다 始(はじ)める 시작하다
体(からだ) 몸, 신체 動(うご)かす 움직이다 時間(じかん) 시간
少(すく)ない 적다 동사의 た형+方(ほう)がいい ~하는 편[쪽]이 좋다
食事(しょくじ) 식사 母(はは) 어머니 作(つく)る 만들다
~てくれる (남이 나에게) ~해 주다 料理(りょうり) 요리
興味(きょうみ) 흥미 自分(じぶん)で 직접, 스스로
忙(いそが)しい 바쁘다 台所(だいどころ) 부엌
片付(かたづ)ける 치우다, 정리하다 心配(しんぱい)だ 걱정이다

174 この人は、どうして引っ越しをするのですか。
(A) 両親の家は狭いから
(B) 大学に入ったから
(C) 会社が遠いから
(D) 1人で住みたいから

174 이 사람은 어째서 이사를 하는 것입니까?
(A) 부모님의 집은 좁기 때문에
(B) 대학에 들어갔기 때문에
(C) 회사가 멀기 때문에
(D) 혼자서 살고 싶기 때문에

해설 | 이 사람이 이사를 하는 이유는 두 번째 문장에 나온다. '회사에는 멀어서 다닐 수 없기 때문에 회사 근처의 (중·고층) 아파트로 이사해서 혼자서 살기로 했습니다'라고 했으므로, 정답은 (C)가 된다.

어휘 | 両親(りょうしん) 양친, 부모 狭(せま)い 좁다 入(はい)る 들어가다, 입학하다

175 この人は、どうして駅から遠い方の家を選びましたか。
(A) 運動のために歩きたいから
(B) 値段がちょっと安いから
(C) 部屋が新しくて広いから
(D) コンビニが近くにあるから

175 이 사람은 어째서 역에서 먼 쪽의 집을 골랐습니까?
(A) 운동을 위해서 걷고 싶기 때문에
(B) 가격이 조금 싸기 때문에
(C) 새 방이고 넓기 때문에
(D) 편의점이 근처에 있기 때문에

해설 | 이 사람이 역에서 먼 쪽의 집을 고른 이유는 후반부에 나온다. 일을 시작하면 몸을 움직일 시간이 적어지니까, 매일 걷는 편이 좋다고 생각했기 때문이므로, 정답은 (A)가 된다.

어휘 | 運動(うんどう) 운동 명사+の+ために ~을 위해서
値段(ねだん) 가격 安(やす)い 싸다 新(あたら)しい 새롭다
広(ひろ)い 넓다

176 この人は、どうして自分で食事を作りたいのですか。
(A) 嫌いな食べ物が多いから
(B) レストランに行くのが苦手だから

(C) 料理(りょうり)をするのはおもしろそうだから

(D) 今(いま)までもずっと自分(じぶん)で作(つく)っていたから

176 이 사람은 어째서 직접 식사를 만들고 싶어하는 것입니까?
(A) 싫어하는 음식이 많기 때문에
(B) 레스토랑에 가는 것이 거북스럽기 때문에
(C) 요리를 하는 것은 재미있을 것 같기 때문에
(D) 지금까지도 쭉 직접 만들었기 때문에

해설 | 후반부에서 '요리에도 흥미가 있기 때문에 직접 만들고 싶다고 생각합니다'라고 했으므로, 정답은 (C)가 된다.

어휘 | 嫌(きら)いだ 싫어하다 食(た)べ物(もの) 음식
多(おお)い 많다 レストラン 레스토랑
苦手(にがて)だ 거북스럽다 おもしろ(面白)い 재미있다
い형용사의 어간+そうだ ～일[할] 것 같다, ～인 듯하다 *양태
ずっと 쭉, 계속

177 この人(ひと)は、仕事(しごと)が忙(いそが)しくなったら何(なに)が心配(しんぱい)ですか。
(A) 休(やす)みの日(ひ)に出(で)かけなくなること
(B) 帰(かえ)る時間(じかん)が遅(おそ)くなること
(C) 部屋(へや)が汚(きたな)くなること
(D) 両親(りょうしん)と会(あ)えなくなること

177 이 사람은 일이 바빠지면 무엇이 걱정입니까?
(A) 쉬는 날에 외출하지 않게 되는 것
(B) 돌아오는 시간이 늦어지는 것
(C) 방이 더러워지는 것
(D) 부모님과 만날 수 없게 되는 것

해설 | 마지막 문장에서 '바빠지면 방이랑 부엌을 치우지 않게 되지 않을까 조금 걱정입니다'라고 했으므로, 정답은 (C)가 된다.

어휘 | 休(やす)みの日(ひ) 쉬는 날, 휴일
出(で)かける 나가다, 외출하다 帰(かえ)る 돌아오다
遅(おそ)い 늦다 汚(きたな)い 더럽다 会(あ)う 만나다

178~180 버스 정류소 변경 알림

お知(し)らせ
178停留所(ていりゅうじょ)の場所(ばしょ)が変(か)わりました!

ここにあった「西町(にしまちさんちょうめ)3丁目」のバス停留所(ていりゅうじょ)は、
道路工事(どうろこうじ)のため、「あちら→→→」(西町郵便局(にしまちゆうびんきょく)の
手前(てまえ))に変(か)わりました。
工事(こうじ)が終(お)わるまで、ここの停留所(ていりゅうじょ)は使(つか)えません。
179日中(にっちゅう)、一部(いちぶ)のバスの発車時間(はっしゃじかん)が変(か)わります
ので、ご注意(ちゅうい)ください。
18010月(じゅうがつ)31日(さんじゅういちにち)に工事(こうじ)は終了(しゅうりょう)して、その後(ご)
すぐ、停留所(ていりゅうじょ)はこの場所(ばしょ)に戻(もど)ります。
お問(と)い合(あ)わせは、オーケーバスお客様係(きゃくさまがかり)
0120-5xx-29xxまで

알림
178정류소 장소가 바뀌었습니다!

여기에 있던 '니시마치 3쵸메' 버스 정류소는 도로공사 때문에
'저쪽 ──→'(니시마치 우체국 바로 앞)으로 바뀌었습니다.
공사가 끝날 때까지 여기 정류소는 사용할 수 없습니다.
179낮에 일부 버스의 발차시간이 바뀌므로 주의해 주십시오.
18010월 31일에 공사는 종료하며 그 후 바로
정류소는 이 장소로 되돌아옵니다.
문의는 오케이버스 고객 담당 0120-5xx-29xx로

어휘 | お知(し)らせ 알림 停留所(ていりゅうじょ) 정류소
場所(ばしょ) 장소 変(か)わる 바뀌다, 변하다 バス 버스
道路(どうろ) 도로 工事(こうじ) 공사 あちら 저쪽
郵便局(ゆうびんきょく) 우체국 手前(てまえ) 바로 앞
終(お)わる 끝나다 ～まで ～까지 使(つか)う 쓰다, 사용하다
日中(にっちゅう) 낮, 주간 一部(いちぶ) 일부
発車(はっしゃ) 발차 時間(じかん) 시간
ご+한자명사+ください ～해 주십시오 *존경표현
注意(ちゅうい) 주의, 조심 終了(しゅうりょう) 종료, 끝남
その後(ご) 그 후 すぐ 곧, 바로 戻(もど)る 되돌아오다
問(と)い合(あ)わせ 문의 お客様(きゃくさま) 손님
～係(がかり) ～담당(자)

178 バスの停留所(ていりゅうじょ)が、工事(こうじ)でどうなりましたか。
(A) 無(な)くなった。
(B) 別(べつ)の場所(ばしょ)に移(うつ)った。
(C) 名前(なまえ)が変(か)わった。
(D) 場所(ばしょ)がわからなくなった。

178 버스 정류소가 공사로 어떻게 되었습니까?
(A) 없어졌다.
(B) 다른 장소로 옮겼다.
(C) 이름이 바뀌었다.
(D) 장소를 알 수 없게 되었다.

해설 | 두 번째 문장에서 '정류소 장소가 바뀌었습니다'라고 했으므로, 정답은 (B)가 된다.

어휘 | 無(な)くなる 없어지다 別(べつ) 다름
移(うつ)る 옮기다, 이동하다 名前(なまえ) 이름
わかる 알다, 이해하다

179 何(なに)に注意(ちゅうい)が必要(ひつよう)だと言(い)っていますか。
(A) 朝一番(あさいちばん)のバスの発車時間(はっしゃじかん)
(B) 昼間(ひるま)のバスの発車時間(はっしゃじかん)
(C) 最終(さいしゅう)バスの発車時間(はっしゃじかん)
(D) 反対側(はんたいがわ)のバスの発車時間(はっしゃじかん)

179 무엇에 주의가 필요하다고 말하고 있습니까?
(A) 아침 첫 번째 버스의 발차시간
(B) 낮 버스의 발차시간
(C) 막차의 발차시간
(D) 반대쪽 버스의 발차시간

해설 | 중반부에서 '낮에 일부 버스의 발차시간이 바뀌므로 주의해 주십시오'라고 했으므로, 정답은 (B)가 된다.

어휘 | 一番(いちばん) (순번의) 첫 번째
最終(さいしゅう)バス 마지막 버스, 막차
反対側(はんたいがわ) 반대쪽

180 工事終了後、停留所はどうなりますか。
(A) 郵便局の前になる。
(B) 元の場所に戻る。
(C) 全く別の場所になる。
(D) どうなるか決定していない。

180 공사 종료 후 정류소는 어떻게 됩니까?
(A) 우체국 앞이 된다.
(B) 원래 장소로 되돌아간다.
(C) 전혀 다른 장소가 된다.
(D) 어떻게 될지 결정하지 않았다.

해설 | 마지막 부분에서 '10월 31일에 공사는 종료되며 그 후 바로 정류소는 이 장소로 되돌아옵니다'라고 했으므로, 정답은 (B)가 된다.

어휘 | 元(もと) 전, 이전, 원래
全(まった)く (부정의 말을 수반하여) 전혀 決定(けってい) 결정

181~184 바이올린 레슨 소개

先日、[181]係長の原さんがお嬢さんのバイオリンの先生を探していると聞いたので、昔私の妹が習っていた大山京子先生を紹介しようと思っています。[183]妹は5歳から12歳まで大山先生のレッスンを受けていたのですが、先生のことが大好きで、毎回とても楽しそうに通っていました。いつも妹をレッスンに連れて行っていた母によれば、[182]先生は厳しいけれど生徒たちへの愛情が深く、教え方も丁寧でわかりやすいので、生徒はもちろん、親にも人気があったそうです。[183]妹は、中学校で始めたバスケットボールの練習が忙しくなり、レッスンは途中でやめてしまいましたが、社会人になった今でも暇さえあればバイオリンを弾いています。先ほど先生に連絡を取ってみたところ、[184]今も横浜の自宅でバイオリンを教えていて、曜日と時間によっては一人なら都合が付けられるとのことでした。明日、係長に会ったらすぐに伝えようと思います。

요전에 [181]계장인 하라 씨가 딸의 바이올린 선생님을 찾고 있다고 들어서 옛날에 제 여동생이 배웠던 오야마 교코 선생님을 소개하려고 생각하고 있습니다. [183]여동생은 5살부터 12살까지 오야마 선생님 레슨을 받았는데, 선생님을 아주 좋아해서 매번 매우 즐겁게 다녔습니다. 항상 여동생을 레슨에 데리고 갔던 어머니에 따르면 [182]선생님은 엄하지만, 학생들에 대한 애정이 깊고 교수법도 정성스럽고 이해하기 쉬워서 학생은 물론이고 부모님에게도 인기가 있었다고 합니다. [183]여동생은 중학교에서 시작한 농구 연습이 바빠져 레슨은 도중에 그만둬 버렸지만, 사회인이 된 지금도 시간만 있으면 바이올린을 켜고 있습니다. 아까 선생님께 연락을 취해 봤더니 [184]지금도 요코하마의 자택에서 바이올린을 가르치고 있고, 요일과 시간에 따라서는 한 명이라면 시간을 낼 수 있다고 했습니다. 내일 계장님을 만나면 바로 전하려고 생각합니다.

어휘 | 先日(せんじつ) 요전, 전번 係長(かかりちょう) 계장
お嬢(じょう)さん (남의) 딸, 따님 バイオリン 바이올린
探(さが)す 찾다 昔(むかし) 옛날 妹(いもうと) 여동생
習(なら)う 배우다, 익히다 紹介(しょうかい) 소개
5歳(ごさい) 5세 *「~歳(さい)」- ~세, ~살
~から~まで ~부터 ~까지 レッスン 레슨
受(う)ける (어떤 행위를) 받다 大好(だいす)きだ 아주 좋아하다
毎回(まいかい) 매회, 매번 楽(たの)しい 즐겁다
通(かよ)う 다니다 連(つ)れる 데리고 가다 母(はは) 어머니
~によれば ~에 의하면, ~에 따르면
厳(きび)しい 엄하다, 엄격하다 ~けれど ~하지만
生徒(せいと) (중·고교) 학생 愛情(あいじょう) 애정
深(ふか)い 깊다 教(おし)え方(かた) 가르치는 법, 교수법
丁寧(ていねい)だ 정성스럽다 わかる 알다, 이해하다
동사의 ます형+やすい ~하기 쉽다[편하다]
~はもちろん ~은 물론 親(おや) 부모 人気(にんき) 인기
품사의 보통형+そうだ ~라고 한다 *전문
中学校(ちゅうがっこう) 중학교 始(はじ)める 시작하다
バスケットボール 농구 練習(れんしゅう) 연습
忙(いそが)しい 바쁘다 途中(とちゅう) 도중
や(止)める 그만두다, 관두다 社会人(しゃかいじん) 사회인
暇(ひま) (한가한) 짬, 시간 ~さえ~ば ~만 ~하면
弾(ひ)く (악기를) 치다, 켜다, 연주하다
連絡(れんらく)を取(と)る 연락을 취하다
동사의 た형+ところ ~한 결과, ~했더니
自宅(じたく) 자택 教(おし)える 가르치다, 교육하다
曜日(ようび) 요일 時間(じかん) 시간 ~によっては ~에 따라서는
都合(つごう)が付(つ)けられる 시간을 낼 수 있다
~とのことだ ~라고 한다 *전문 すぐに 바로
伝(つた)える 전하다, 전달하다

181 バイオリンのレッスンを受けたいと言っているのは、誰ですか。
(A) 原さん
(B) 原さんの娘さん
(C) 原さんのお姉さん
(D) 原さんの妹さん

181 바이올린 레슨을 받고 싶다고 말하고 있는 것은 누구입니까?

(A) 하라 씨
(B) 하라 씨의 딸
(C) 하라 씨의 누나
(D) 하라 씨의 여동생

해설 | 첫 번째 문장에서 '계장인 하라 씨가 딸의 바이올린 선생님을 찾고 있다고 들어서'라고 했으므로, 정답은 (B)가 된다.

어휘 | 娘(むすめ)さん (남의) 딸 お姉(ねえ)さん (남의) 언니, 누나 妹(いもうと)さん (남의) 여동생

182 大山先生は、誰から人気がありましたか。

(A) 生徒ではなく親から
(B) 親ではなく生徒から
(C) 生徒からも親からも
(D) 生徒や親より他の先生から

182 오야마 선생님은 누구에게 인기가 있었습니까?

(A) 학생이 아닌 부모에게
(B) 부모가 아닌 학생에게
(C) 학생에게도 부모에게도
(D) 학생이나 부모보다 다른 선생님에게

해설 | 중반부에 오야마 선생님에 대한 평이 나온다. 오야마 선생님은 엄하지만 학생들에 대한 애정이 깊고 교수법도 좋아서 학생은 물론이고 부모님에게도 인기가 있었다고 했으므로, 정답은 (C)가 된다.

어휘 | ~より ~보다 他(ほか) 다른 (사람)

183 この人の妹さんについて、正しいものはどれですか。

(A) 自由な時間がある時はいつもバイオリンを弾く。
(B) 社会人になっても時々レッスンを受けている。
(C) 中学生になってバイオリンを始めた。
(D) 今でも暇があれば、大山先生に習っている。

183 이 사람의 여동생에 대해서 맞는 것은 어느 것입니까?

(A) 자유로운 시간이 있을 때는 항상 바이올린을 켠다.
(B) 사회인이 되어서도 종종 레슨을 받고 있다.
(C) 중학생이 되어서 바이올린을 시작했다.
(D) 지금도 시간이 있으면 오야마 선생님에게 배우고 있다.

해설 | 이 사람의 여동생은 5살부터 12살까지 오야마 선생님에게 레슨을 받았고, 중학교에서 시작한 농구 연습이 바빠져서 레슨은 도중에 그만둬 버렸지만, 회사원이 된 지금도 시간만 있으면 바이올린을 켜고 있다고 했다. 따라서 정답은 (A)가 된다.

어휘 | 自由(じゆう)だ 자유롭다 時々(ときどき) 종종, 때때로

184 大山先生の教室は、現在どのような状況ですか。

(A) 満員で新入生は受け付けていない。
(B) 満員で1年以上待たなければ入れない。
(C) 曜日によっては数名の受け付けが可能だ。
(D) 一人以上の空きはない。

184 오야마 선생님의 교실은 현재 어떠한 상황입니까?

(A) 만원으로 신입생은 받아들이고 있지 않다.
(B) 만원으로 1년 이상 기다리지 않으면 들어갈 수 없다.
(C) 요일에 따라서는 몇 명의 접수가 가능하다.
(D) 한 명 이상의 빈자리는 없다.

해설 | 오야마 선생님은 현재 자택에서 바이올린을 가르치고 있는데, 요일과 시간에 따라서는 한 명이라면 시간을 낼 수 있다고 했다. 따라서 정답은 (D)가 된다.

어휘 | 教室(きょうしつ) (기술 등을 가르치는) 교실
現在(げんざい) 현재 状況(じょうきょう) 상황
満員(まんいん) 만원, 정원이 참 新入生(しんにゅうせい) 신입생
受(う)け付(つ)ける 받아들이다 以上(いじょう) 이상
待(ま)つ 기다리다 入(はい)る 들어가다
数名(すうめい) (두세 명이나 네다섯 명의 인원수로) 몇 명
可能(かのう)だ 가능하다 空(あ)き 빔, 빈자리

185~188 직접 짠 스웨터

私は、以前からセーターをデザインして編んで、インターネットで売っています。子供の時からファッションに興味があって、[185]高校生の頃は、自分で作ったおもしろい服を着て、よく両親に注意されていました。そんな時祖母だけが「似合うよ」と言ってくれました。その祖母が病気をしてから元気が無くなってしまったので、きれいな色のセーターを編んでプレゼントしました。それを着た祖母はとても素敵で嬉しそうでした。そこで、祖母にモデルになってもらって、私のサイトに作品を着た祖母の写真を載せることにしました。すると、大変話題になって問い合わせがたくさん来るようになりました。[186]プロのファッションモデルではないところがいいそうです。[187]元気になった祖母は、今では一緒に毛糸を買いに行ったり、お年寄りはどんな服が着やすいか教えてくれたりしています。私の祖父はもう亡くなっていますが、[188]これからは、おじいちゃんたちにもおしゃれなセーターを紹介していきたいです。

저는 전부터 스웨터를 디자인하고 뜨개질해서 인터넷에서 팔고 있습니다. 어릴 때부터 패션에 흥미가 있어 [185]고등학생 때는 직접 만든 재미있는 옷을 입어서 자주 부모님에게 주의를 받았습니다. 그런 때 할머니만이 '어울려'라고 말해 주었습니다. 그 할머니가 병을 앓은 후 기운이 없어져 버려서 예쁜 색의 스웨터를 떠서 선물했습니다. 그것을 입은 할머니는 아주 멋지고 기뻐 보였습니다. 그래서 할머니에게 모델이 되어 달라고 해서 제 사이트에 작품을 입은 할머니의 사진을 게재하기로 했습니다. 그러자 대단히 화제가 되어 문의가 많이 오게 되었습니다. [186]프로 패션모델이 아닌 점이 좋다고 합니다. [187]건강해진 할머니는 지금은 함께 털실을 사러 가거나 노인은 어떤 옷이 입기 편한지 알려 주거나 하고 계십니다. 저의 할아버지는 이미 돌아가셨지만, [188]앞으로는 할아버지들에게도 멋진 스웨터를 소개해 가고 싶습니다.

어휘 | 以前(いぜん) 전, 이전 セーター 스웨터 デザイン 디자인
編(あ)む 뜨다, 뜨개질하다 インターネット 인터넷 売(う)る 팔다
ファッション 패션 興味(きょうみ) 흥미
高校生(こうこうせい) 고등학생 自分(じぶん)で 직접, 스스로
作(つく)る 만들다 おもしろ(面白)い 재미있다 服(ふく) 옷
着(き)る (옷을) 입다 よく 자주 両親(りょうしん) 양친, 부모
注意(ちゅうい)する 주의를 주다 祖母(そぼ) (자신의) 할머니
似合(にあ)う 어울리다 病気(びょうき)をする 병을 앓다
~てから ~하고 나서, ~한 후에 元気(げんき) 기운
無(な)くなる 없어지다 きれいだ 예쁘다 色(いろ) 색, 색깔
プレゼント 선물 素敵(すてき)だ 멋지다 嬉(うれ)しい 기쁘다
モデル 모델 サイト 사이트 作品(さくひん) 작품
写真(しゃしん) 사진 載(の)せる (잡지 등에) 싣다, 게재하다
동사의 보통형+ことにする ~하기로 하다 すると 그러자
大変(たいへん) 대단히, 매우 話題(わだい) 화제
問(と)い合(あ)わせ 문의 プロ 프로 毛糸(けいと) 털실
買(か)う 사다 동사의 ます형+に ~하러 *동작의 목적
お年寄(としよ)り 노인 동사의 ます형+やすい ~하기 쉽다[편하다]
祖父(そふ) 할아버지 もう 이미, 벌써
亡(な)くなる 죽다, 돌아가다 おじいちゃん (남의) 할아버지
おしゃれ(洒落)だ 멋지다, 멋을 내다 紹介(しょうかい) 소개
~ていく ~해 가다

185 以前、高校生のこの人が作った服を見て、家族はどうでしたか。

(A) 両親は関心を持ってくれた。
(B) 両親にしか褒められなかった。
(C) 祖母は関心を持ってくれなかった。
(D) 祖母しか理解してくれなかった。

185 전에 고등학생인 이 사람이 만든 옷을 보고 가족은 어땠습니까?

(A) 부모님은 관심을 가져 주었다.
(B) 부모님에게밖에 칭찬을 받지 못했다.
(C) 할머니는 관심을 가져 주지 않았다.
(D) 할머니밖에 이해해 주지 않았다.

해설 | 이 사람이 고등학교 시절 옷을 만들었을 때 부모님에게서는 자주 주의를 받았는데, 할머니만이 어울린다고 말해 주었다고 했다. 따라서 정답은 (D)가 된다.

어휘 | 家族(かぞく) 가족 関心(かんしん) 관심 持(も)つ 가지다
~てくれる (남이 나에게) ~해 주다 ~しか ~밖에
褒(ほ)める 칭찬하다 理解(りかい) 이해

186 この人のネットの店は、どうして話題になったのですか。

(A) セーターの色が明るくてきれいだから
(B) セーターのデザインがおもしろいから
(C) 祖母をモデルとして使ったから
(D) プロのモデルが素敵な人だから

186 이 사람의 인터넷가게는 어째서 화제가 되었습니까?

(A) 스웨터의 색이 밝고 예쁘기 때문에
(B) 스웨터의 디자인이 재미있기 때문에
(C) 할머니를 모델로서 썼기 때문에
(D) 프로모델이 멋진 사람이기 때문에

해설 | 이 사람의 인터넷가게가 대단히 화제가 된 이유는 프로 패션모델이 아닌 자신의 할머니를 모델로 썼기 때문이다. 따라서 정답은 (C)가 된다.

어휘 | ネット 인터넷 *「インターネット」의 준말 店(みせ) 가게
話題(わだい) 화제 明(あか)るい 밝다 ~として ~로서
使(つか)う 쓰다, 사용하다

187 この人のおばあさんについて、正しいものはどれですか。

(A) 以前より元気ではなくなった。
(B) 今はこの人に仕事のアドバイスをしている。
(C) ご主人をおしゃれにしようとしている。
(D) 自分も編み物を始めた。

187 이 사람의 할머니에 대해서 맞는 것은 어느 것입니까?

(A) 전보다 건강하지 않게 되었다.
(B) 지금은 이 사람에게 일에 대한 조언을 해 주고 있다.
(C) 남편을 멋쟁이로 만들려고 하고 있다.
(D) 자신도 뜨개질을 시작했다.

해설 | 후반부에서 '건강해진 할머니는 지금은 함께 털실을 사러 가거나 노인은 어떤 옷이 입기 편한지 알려 주거나 하고 계십니다'라고 했으므로, 정답은 (B)가 된다.

어휘 | おばあさん (남의) 할머니 アドバイス 어드바이스, 조언
ご主人(しゅじん) (남의) 남편 編(あ)み物(もの) 뜨개질
始(はじ)める 시작하다

188 この人は、これからどんなことをしたいと言っていますか。

(A) お年寄りの男性向けのおしゃれも考えたい。
(B) お年寄りのモデルを増やしたい。
(C) 様々な年齢の人の服を作りたい。
(D) ネット以外にも店を持ちたい。

188 이 사람은 앞으로 어떤 일을 하고 싶다고 말하고 있습니까?
(A) 노인 남성 대상으로 멋을 내는 것도 생각하고 싶다.
(B) 노인 모델을 늘리고 싶다.
(C) 다양한 연령의 사람 옷을 만들고 싶다.
(D) 인터넷 이외에도 가게를 갖고 싶다.

해설 | 마지막 문장에서 '앞으로는 할아버지들에게도 멋진 스웨터를 소개해 가고 싶습니다'라고 했으므로 정답은 (A)가 된다.

어휘 | 男性(だんせい) 남성 ~向(む)け ~대상, ~용
増(ふ)やす 늘리다 様々(さまざま)だ 다양하다, 여러 가지다
年齢(ねんれい) 연령 以外(いがい) 이외

189~192 우리 회사의 캐주얼데이

我が社では、昨年から毎週金曜日はできるだけ普段着で出社するカジュアルデー(Cデー)が実施されている。[189]社長は、スーツを着ない日があることで伝統や規則に縛られない考え方が生まれやすくなると張り切っているが、僕自身はそれほど歓迎していない。実は[190]僕の普段着はかなり変わっていて目立つので、仕事で着るには適さない。だから金曜日用に地味な普段着をわざわざ買っている。同僚の田中君もCデー反対派だ。[191]営業部で働く彼の取引先は、スーツでなければマナー違反だと考えているので、スーツを着ないなんてあり得ない。Cデーなんて無意味な決まり事だと言う。客観的に考えると、社員がスーツを着ない日があってもいいと思うが、毎週金曜日と決めることこそ頭が固いのではないか。[192]仕事の内容や職業の種類に応じて、自由に判断できたらいい。そうすれば自由なアイディアが浮かぶ環境が生まれると思うのだ。

우리 회사에서는 작년부터 매주 금요일은 가능한 한 평상복으로 출근하는 캐주얼데이(C데이)가 실시되고 있다. [189]사장님은 정장을 입지 않는 날이 있음으로써 전통이나 규칙에 얽매이지 않는 사고방식이 생기기 쉬워진다고 의욕이 넘치지만, 나 자신은 그다지 환영하고 있지 않다. 실은 [190]내 평상복은 상당히 독특해서 눈에 띄기 때문에 일할 때 입기에는 적합하지 않다. 그래서 금요일용으로 수수한 평상복을 일부러 사고 있다. 동료인 다나카 군도 C데이 반대파이다. [191]영업부에서 일하는 그의 거래처는 정장이 아니면 매너 위반이라고 생각하고 있기 때문에 정장을 입지 않다니, 있을 수 없다. C데이 따위 무의미한 규정이라고 말한다. 객관적으로 생각하면 사원이 정장을 입지 않는 날이 있어도 좋다고 생각하지만 매주 금요일이라고 정하는 것이야말로 고지식한 건 아닐까? [192]업무 내용이나 직업 종류에 따라 자유롭게 판단할 수 있으면 된다. 그렇게 하면 자유로운 아이디어가 떠오르는 환경이 생길 것이라고 생각한다.

어휘 | 我(わ)が社(しゃ) 우리 회사 昨年(さくねん) 작년
毎週(まいしゅう) 매주 金曜日(きんようび) 금요일
できるだけ 가능한 한, 되도록 普段着(ふだんぎ) 평상복
出社(しゅっしゃ) 출근 カジュアルデー 캐주얼데이
実施(じっし) 실시 社長(しゃちょう) 사장 スーツ 슈트, 정장
着(き)る (옷을) 입다 伝統(でんとう) 전통 規則(きそく)규칙
縛(しば)る 얽어 매다, 속박하다 考(かんが)え方(かた) 사고방식
生(う)まれる (없던 것이 새로) 생기다
동사의 ます형+やすい ~하기 쉽다[편하다]
張(は)り切(き)る 의욕이 넘치다 自身(じしん) 자신, 자기
それほど (부정의 말을 수반하여) 그다지, 별로 歓迎(かんげい) 환영
実(じつ)は 실은 かなり 꽤, 상당히
変(か)わっている 독특하다, 특이하다 目立(めだ)つ 눈에 띄다
適(てき)す 알맞다, 적당하다 だから 그래서 ~用(よう) ~용
地味(じみ)だ 수수하다 わざわざ 일부러 買(か)う 사다
同僚(どうりょう) 동료 反対派(はんたいは) 반대파
営業部(えいぎょうぶ) 영업부 働(はたら)く 일하다
取引先(とりひきさき) 거래처 マナー 매너 違反(いはん) 위반
~なんて ~라니, ~따위 あり得(え)ない 있을 수 없다
無意味(むいみ)だ 무의미하다 決(き)まり事(ごと) 정해진 규칙, 규정
客観的(きゃっかんてき)だ 객관적이다 考(かんが)える 생각하다
社員(しゃいん) 사원 決(き)める 정하다, 결정하다 ~こそ ~야말로
頭(あたま)が固(かた)い 융통성이 없다, 고지식하다
内容(ないよう) 내용 職業(しょくぎょう) 직업 種類(しゅるい) 종류
~に応(おう)じて ~에 응해, ~에 따라, ~에 적합하게
自由(じゆう)だ 자유롭다 判断(はんだん) 판단 アイディア 아이디어
浮(う)かぶ 생각나다, 특히 머릿속에 떠오르다 環境(かんきょう) 환경

189 社長は、どうしてCデーの実施を決めたのですか。
(A) 金曜日の仕事には動きやすい服がふさわしいから
(B) 社員がおしゃれに関心を持つようになるから
(C) 新しくて自由なアイディアが生まれると考えたから
(D) 服の色が明るいと職場が華やかになるから

189 사장은 어째서 C데이 실시를 결정한 것입니까?
(A) 금요일 업무에는 움직이기 편한 옷이 어울리기 때문에
(B) 사원이 멋을 내는 것에 관심을 가지게 되기 때문에
(C) 새롭고 자유로운 아이디어가 생긴다고 생각했기 때문에
(D) 옷 색깔이 밝으면 직장이 화사해지기 때문에

해설 | 이 사람의 회사 사장이 C데이, 즉 캐주얼데이 실시를 결정한 이유는 정장을 입지 않는 날이 있음으로써 전통이나 규칙에 얽매이지 않는 사고방식이 생기기 쉬워진다고 생각했기 때문이다. 따라서 정답은 (C)가 된다.

어휘 | 動(うご)く 움직이다 ふさわ(相応)しい 어울리다
おしゃれ(洒落)だ 멋지다, 멋을 내다 関心(かんしん) 관심
持(も)つ 가지다 ~ようになる ~하게(끔) 되다 *변화
明(あか)るい 밝다 職場(しょくば) 직장
華(はな)やかだ 화려하다, 화사하다

190 この人が自分の普段着を着て行かないのは、なぜですか。

(A) 普段着が大変個性的だから
(B) ファッションセンスに自信がないから
(C) 仕事にはスーツを着て行きたいから
(D) おしゃれな服を汚したくないから

190 이 사람이 자신의 평상복을 입고 가지 않는 것은 왜입니까?
(A) 평상복이 매우 개성적이기 때문에
(B) 패션센스에 자신이 없기 때문에
(C) 업무에는 정장을 입고 가고 싶기 때문에
(D) 멋진 옷을 더럽히고 싶지 않기 때문에

해설 | 중반부에서 '내 평상복은 상당히 독특해서 눈에 띄기 때문에 일할 때 입기에는 적합하지 않다'라고 했다. 따라서 정답은 (A)가 된다.

어휘 | 自分(じぶん) 나, 자신 大変(たいへん) 대단히, 매우
個性的(こせいてき)だ 개성적이다 ファッションセンス 패션센스
自信(じしん) 자신, 자신감 汚(よご)す 더럽히다

191 田中君は、どうしてCデー反対派なのですか。

(A) 社長が勝手に決めたことだから
(B) 仕事上、スーツを着ざるを得ないから
(C) 普段着を揃えるのにお金がかかるから
(D) だらしない服を着て来る人がいるから

191 다나카 군은 어째서 C데이 반대파인 것입니까?
(A) 사장이 멋대로 정한 일이기 때문에
(B) 업무상 정장을 입지 않을 수 없기 때문에
(C) 평상복을 갖추는 데 돈이 들기 때문에
(D) 단정하지 못한 옷을 입고 오는 사람이 있기 때문에

해설 | 중반부에 그 이유가 나온다. '영업부에서 일하는 그의 거래처는 정장이 아니면 매너 위반이라고 생각하고 있기 때문에 정장을 입지 않다니, 있을 수 없는 일이다'라고 했다. 따라서 정답은 (B)가 된다. (C)는 본인이 C데이를 반대하는 이유이므로, 답이 될 수 없다.

어휘 | 勝手(かって)だ 제멋대로이다, 마음대로이다
～上(じょう) (추상적인 위치의) ～상
동사의 ない형+ざるを得(え)ない ～하지 않을 수 없다
揃(そろ)える (고루) 갖추다 だらしない 단정하지 않다

192 この人は、どのような案を持っていますか。

(A) 仕事に適切な普段着を会社が紹介する。
(B) Cデーの実施を毎月1回に減らす。
(C) 実現性がないルールは廃止する。
(D) スーツを着ない日を社員自身が決める。

192 이 사람은 어떤 안을 가지고 있습니까?
(A) 업무에 적절한 평상복을 회사가 소개한다.
(B) C데이 실시를 매달 1회로 줄인다.
(C) 실현성이 없는 규칙은 폐지한다.
(D) 정장을 입지 않는 날을 사원 자신이 결정한다.

해설 | 후반부에 이 사람의 생각이 나온다. '업무 내용이나 직업 종류에 따라 자유롭게 판단할 수 있으면 된다'라고 했으므로, 정답은 (D)가 된다.

어휘 | 適切(てきせつ)だ 적절하다 紹介(しょうかい) 소개
減(へ)らす 줄이다 毎月(まいつき) 매달
実現性(じつげんせい) 실현성 ルール 룰, 규칙 廃止(はいし) 폐지

193~196 원하는 편의점 서비스

ある新聞社が、コンビニにどんなサービスがあったら嬉しいか、というアンケートを取った。その結果一番多かったのは、新聞紙など資源になるごみの買い取りだった。50代の男性は、[193]持ち込んだ量によってポイントを付けてその店での買い物に利用できるようにすれば、来店回数が増えて店にとっても都合がいいのではないかと提案している。その他の意見で[194]興味深かったのは、10分単位で料金を払う貸しベッドを置いてほしいという意見だ。営業で疲れた時に気軽に休憩できるからだと言う。また、高齢者からは、店で買った弁当を食べながら長時間過ごせる(1)スペースの提供を求める声もあった。[195]家に閉じこもりがちな高齢者に外食の機会を与えられるからだという。[196]これからのコンビニは、ますます多くのサービス提供が望まれそうだが、そうなると今より多くのスタッフが必要となり、幅広い分野にわたる教育が求められそうだ。

어느 신문사가 편의점에 어떤 서비스가 있으면 기쁜가? 라는 앙케트를 실시했다. 그 결과 가장 많았던 것은 신문지 등 자원이 되는 쓰레기의 매입이었다. 50대 남성은 [193]가지고 온 양에 따라 포인트를 부여해서 그 가게에서의 쇼핑에 이용할 수 있도록 하면 편의점에 오는 횟수가 늘어서 가게에 있어서도 좋은 것이 아닌가 라고 제안하고 있다. 그 외의 의견으로 [194]흥미로웠던 것은 10분 단위로 요금을 지불하는 대여침대를 놓아 주었으면 한다는 의견이다. 영업으로 피곤할 때 부담 없이 휴식할 수 있기 때문이라고 한다. 또 고령자로부터는 가게에서 산 도시락을 먹으면서 장시간 보낼 수 있는 (1)공간 제공을 요구하는 소리도 있었다. [195]자칫 집에 틀어박혀 있기 쉬운 고령자에게 외식의 기회를 줄 수 있기 때문이라고 한다. [196]앞으로의 편의점은 (사람들이) 점점 많은 서비스 제공을 바라게 될 것 같은데, 그렇게 되면 지금보다 많은 스태프가 필요해져서 폭넓은 분야에 걸친 교육이 요구될 것 같다.

어휘 | ある 어느 新聞社(しんぶんしゃ) 신문사
コンビニ 편의점 *「コンビニエンスストア」의 준말
サービス 서비스 嬉(うれ)しい 기쁘다
アンケートを取(と)る 앙케트를 실시하다 結果(けっか) 결과
一番(いちばん) 가장, 제일 多(おお)い 많다

新聞紙(しんぶんし) 신문지 資源(しげん) 자원 ごみ 쓰레기
買(か)い取(と)り 매입 男性(だんせい) 남성
持(も)ち込(こ)む 가지고 들어오다 量(りょう) 양
~によって ~에 의해, ~에 따라 ポイント 포인트
付(つ)ける 부여하다 店(みせ) 가게 買(か)い物(もの) 쇼핑, 장을 봄
利用(りよう) 이용 来店(らいてん) 내점, 가게에 옴
回数(かいすう) 횟수 増(ふ)える 늘다, 늘어나다
~にとって ~에(게) 있어서 都合(つごう)がいい 사정[형편]이 좋다
提案(ていあん) 제안 意見(いけん) 의견
興味深(きょうみぶか)い 흥미롭다 単位(たんい) 단위
料金(りょうきん) 요금 払(はら)う (돈을) 내다, 지불하다
貸(か)しベッド 대여침대 置(お)く 놓다, 두다
~てほしい ~해 주었으면 하다 営業(えいぎょう) 영업
疲(つか)れる 지치다, 피로해지다 気軽(きがる)だ 부담 없다
休憩(きゅうけい) 휴게, 휴식 高齢者(こうれいしゃ) 고령자
弁当(べんとう) 도시락 동사의 ます형+ながら ~하면서
長時間(ちょうじかん) 장시간 過(す)ごす (시간을) 보내다, 지내다
スペース 스페이스, 공간 提供(ていきょう) 제공
求(もと)める 요구하다 声(こえ) (목)소리, 의견
閉(と)じこもる 틀어박히다
동사의 ます형+がちだ (자칫) ~하기 쉽다, 자주 ~하다
外食(がいしょく) 외식 機会(きかい) 기회 与(あた)える 주다
これから 이제부터, 앞으로 ますます 점점
望(のぞ)む 바라다, 원하다 スタッフ 스태프, 담당자
幅広(はばひろ)い 폭넓다 分野(ぶんや) 분야 ~にわたる ~에 걸친
教育(きょういく) 교육

193 資源になるごみの買い取りについて、どんな提案がありましたか。

(A) 買い取りをポイント化する。
(B) 地域共通のポイント制度を作る。
(C) 資源ごみと交換可能な商品を置く。
(D) 大量の場合は店が引き取りに行く。

193 자원이 되는 쓰레기 매입에 대해서 어떤 제안이 있었습니까?
(A) 매입을 포인트화한다.
(B) 지역 공통의 포인트제도를 만든다.
(C) 자원쓰레기와 교환 가능한 상품을 둔다.
(D) 대량인 경우는 가게가 인수하러 간다.

해설 | 초반부에서 가지고 온 쓰레기의 양에 따라 포인트를 부여해서 그 가게에서의 쇼핑에 이용할 수 있도록 하자는 제안이 있었다고 했다. 따라서 정답은 (A)가 된다.

어휘 | 地域(ちいき) 지역 共通(きょうつう) 공통
制度(せいど) 제도 交換(こうかん) 교환 可能(かのう)だ 가능하다
商品(しょうひん) 상품 大量(たいりょう) 대량 場合(ばあい) 경우
引(ひ)き取(と)る 인수하다, 맡다

194 この人がおもしろいと思った意見は、コンビニに何を置くことですか。

(A) 隣の席と区切られたテーブルといす
(B) 店で買った飲み物が飲めるソファー
(C) 短時間から使用可能な有料の貸しベッド
(D) シャワーを浴びて着替えができるスペース

194 이 사람이 재미있다고 생각한 의견은 편의점에 무엇을 놓는 것입니까?
(A) 옆 좌석과 구분된 테이블과 의자
(B) 가게에서 산 음료를 마실 수 있는 소파
(C) 단시간부터 사용 가능한 유료 대여침대
(D) 샤워를 하고 옷을 갈아입을 수 있는 공간

해설 | 중반부에서 '흥미로웠던 것은 10분 단위로 요금을 지불하는 대여침대를 놓아 주었으면 한다는 의견이다'라고 했으므로, 정답은 (C)가 된다.

어휘 | 隣(となり) 옆 席(せき) 좌석, 자리
区切(くぎ)る (사물을) 구분하다, 구획짓다 テーブル 테이블
いす(椅子) 의자 飲(の)み物(もの) 음료 ソファー 소파
短時間(たんじかん) 단시간 使用(しよう) 사용
有料(ゆうりょう) 유료 シャワーを浴(あ)びる 샤워를 하다
着替(きが)え 옷을 갈아입음

195 高齢者は、なぜ(1)スペースの提供を求めていますか。

(A) 友人との待ち合わせ場所になるから
(B) 外出のチャンスとなるから
(C) 買い物をしなくても休憩できるから
(D) 地域の情報提供の場になるから

195 고령자는 왜 (1)공간 제공을 요구하고 있습니까?
(A) 친구와의 약속 장소가 되기 때문에
(B) 외출의 기회가 되기 때문에
(C) 쇼핑을 하지 않아도 휴식할 수 있기 때문에
(D) 지역 정보제공의 장이 되기 때문에

해설 | 밑줄 친 부분 뒷문장에서 '자칫 집에 틀어박혀 있기 쉬운 고령자에게 외식의 기회를 줄 수 있기 때문이라고 한다'라고 했다. 따라서 정답은 (B)가 된다.

어휘 | 待(ま)ち合(あ)わせ (약속하여) 만나기로 함 場所(ばしょ) 장소
チャンス 찬스, 기회 地域(ちいき) 지역 情報(じょうほう) 정보
場(ば) ~장, ~자리

196 これからのコンビニには、何が求められそうだと言っていますか。

(A) 幅広い種類の品揃え
(B) 他のコンビニとの競争力
(C) 各商品に関する情報収集力
(D) 対応可能なスタッフ数とその教育

196 앞으로의 편의점에는 무엇이 요구될 것 같다고 말하고 있습니까?
(A) 폭넓은 종류의 상품 구색 갖추기
(B) 다른 편의점과의 경쟁력
(C) 각 상품에 관한 정보 수집력
(D) 대응 가능한 담당자수와 그 교육

해설 | 마지막 문장에서 '앞으로의 편의점은 (사람들이) 점점 많은 서비스 제공을 바라게 될 것 같은데, 그렇게 되면 지금보다 많은 스태프가

필요해져서 폭넓은 분야에 걸친 교육이 요구될 것 같다'라고 했으므로, 정답은 (D)가 된다.

어휘 | 種類(しゅるい) 종류 品揃(しなぞろ)え 상품을 골고루 갖추는 일
競争力(きょうそうりょく) 경쟁력 ~に関(かん)する ~에 관한
収集力(しゅうしゅうりょく) 수집력 対応(たいおう) 대응

197~200 가격 개정

いつも格別なお引き立てを賜り、ありがとうございます。本日は、当社の計測機器製品の価格改定についてお知らせがございます。当社では、[197]これまで高品質の製品をできるだけ安い価格でお届けするため、経費削減に精一杯努めて参りました。しかしながら、[198]近年の材料費の高騰により、これ以上現行の価格を維持することは極めて難しく、誠に不本意ながら4月1日出荷分より一部商品の値上げを決定致しました。[199]当社と致しましては、お客様への影響を極力小さくすべく、生産終了予定の製品及び注文数が減少傾向にある製品を中心に価格改定を実施致しますので、何卒ご理解くださいますようお願い申し上げます。なお、[200]改定後の価格一覧表は、追ってお送り致します。ご不明な点がございましたら、営業部の石田までご遠慮なくお問い合わせください。

항상 각별한 후원을 해 주셔서 감사합니다. 오늘은 저희 회사 계측기기 제품의 가격 개정에 대해서 알려 드릴 것이 있습니다. 저희 회사에서는 [197]지금까지 고품질 제품을 가능한 한 싼 가격으로 보내 드리기 위해 경비 삭감에 힘껏 노력해 왔습니다. 하지만 [198]근래 재료비의 앙등에 따라 이 이상 현행 가격을 유지하는 것은 극히 어려워 정말 본의 아니게 4월 1일 출하분부터 일부 상품의 가격 인상을 결정했습니다. [199]저희 회사로서는 고객님께의 영향을 힘을 다해 작게 하기 위해 생산 종료 예정인 제품 및 주문수가 감소 경향에 있는 제품을 중심으로 가격 개정을 실시하오니, 아무쪼록 이해해 주시기를 부탁드립니다. 또한 [200]개정 후의 가격일람표는 추후에 보내 드리겠습니다. 분명하지 않은 점이 있으시면 영업부 이시다에게 망설이지 마시고 문의해 주십시오.

어휘 | 格別(かくべつ)だ 각별하다
引(ひ)き立(た)て 특별히 돌봐줌, 후원 賜(たまわ)る 윗사람에게서 받다
本日(ほんじつ) 금일, 오늘 *「今日(きょう)」의 격식 차린 표현
当社(とうしゃ) 당사, 이[우리] 회사 計測(けいそく) 계측
機器(きき) 기기 製品(せいひん) 제품 価格(かかく) 가격
改定(かいてい) 개정 ~について ~에 대해서 お知(し)らせ 알림
ござる 있다 *「ある」의 정중어 高品質(こうひんしつ) 고품질
できるだけ 가능한 한, 되도록 安(やす)い 싸다
お+동사의 ます형+する ~하다, ~해 드리다 *겸양표현
届(とど)ける 보내다, 보내어 주다 経費(けいひ) 경비
削減(さくげん) 삭감, 줄임 精一杯(せいいっぱい) 힘껏, 최대한으로
努(つと)める 노력하다
~て参(まい)る ~해 오다 *「~てくる」의 겸양표현
しかしながら 그러나 近年(きんねん) 근래, 요즘
材料費(ざいりょうひ) 재료비
高騰(こうとう) 고등, 앙등, (물건값이) 뛰어오름
~により ~에 의해, ~에 따라 これ以上(いじょう) 이 이상
現行(げんこう) 현행 維持(いじ) 유지 極(きわ)めて 극히, 매우
難(むずか)しい 어렵다 誠(まこと)に 실로, 정말로
不本意(ふほんい)ながら 본의 아니게 出荷(しゅっか) 출하
~分(ぶん) ~분 ~より ~부터 一部(いちぶ) 일부
値上(ねあ)げ 가격 인상, 값을 올림 決定(けってい) 결정
致(いた)す 하다 *「する」의 겸양어 お客様(きゃくさま) 손님
影響(えいきょう) 영향 極力(きょくりょく) 극력, 힘을 다해
小(ちい)さい 작다 ~べく ~하기 위해 生産(せいさん) 생산
終了(しゅうりょう) 종료 予定(よてい) 예정 及(およ)び 및
注文数(ちゅうもんすう) 주문수 減少(げんしょう) 감소
傾向(けいこう) 경향 中心(ちゅうしん) 중심
実施(じっし) 실시 何卒(なにとぞ) 부디, 아무쪼록
ご+한자명사+ください ~해 주십시오 *존경표현 理解(りかい) 이해
お+동사의 ます형+申(もう)し上(あ)げる ~하다, ~해 드리다 *겸양표현 一覧表(いちらんひょう) 일람표
追(お)って 추후에 送(おく)る 보내다
お+동사의 ます형+致(いた)す ~하다, ~해 드리다 *겸양표현
不明(ふめい)だ 불명하다, 분명하지 않다
営業部(えいぎょうぶ) 영업부 遠慮(えんりょ) 조심함, 망설임
お+동사의 ます형+ください ~해 주십시오 *존경표현
問(と)い合(あ)わせる 문의하다

197 この会社は値上げを回避するため、これまでどのような努力をしてきましたか。

(A) コストの抑制
(B) 作業工程の見直し
(C) 新規販路の開拓
(D) 新技術の導入

197 이 회사는 가격 인상을 회피하기 위해 지금까지 어떠한 노력을 해 왔습니까?

(A) 원가 억제
(B) 작업공정의 재검토
(C) 신규 판로 개척
(D) 신기술 도입

해설 | 초반부에서 '지금까지 고품질 제품을 가능한 한 싼 가격으로 보내 드리기 위해 경비 삭감에 힘껏 노력해 왔습니다'라고 했으므로, 정답은 (A)가 된다.

어휘 | 回避(かいひ) 회피 努力(どりょく) 노력
コスト 코스트, 원가 抑制(よくせい) 억제 作業(さぎょう) 작업
工程(こうてい) 공정 見直(みなお)し 재검토 新規(しんき) 신규
販路(はんろ) 판로 開拓(かいたく) 개척
新技術(しんぎじゅつ) 신기술 導入(どうにゅう) 도입

198 今回の値上げの原因は、何ですか。

(A) 電気料金の高騰
(B) 輸入原料の輸送費の高騰
(C) 原材料の抜本的見直し
(D) 材料費の大幅な上昇

198 이번 가격 인상의 원인은 무엇입니까?

(A) 전기요금의 앙등
(B) 수입원료의 수송비 앙등
(C) 원재료의 발본적 재검토
(D) 재료비의 대폭적인 상승

해설 | 중반부에서 '근래 재료비의 앙등에 따라 이 이상 현행 가격을 유지하는 것은 극히 어려워'라고 했으므로, 정답은 (D)가 된다.

어휘 | 電気料金(でんきりょうきん) 전기요금 輸入(ゆにゅう) 수입
原料(げんりょう) 원료 輸送費(ゆそうひ) 수송비
原材料(げんざいりょう) 원재료 抜本的(ばっぽんてき)だ 발본적이다
大幅(おおはば)だ 대폭적이다 上昇(じょうしょう) 상승

199 取引先への影響を最小限にするため、何をしますか。

(A) 生産終了品の修理代を下げる。
(B) 値上げする商品を限定する。
(C) 注文方法を簡略化する。
(D) 送料の一部を減額する。

199 거래처에 대한 영향을 최소한으로 하기 위해 무엇을 합니까?

(A) 생산 종료품의 수리비를 내린다.
(B) 가격 인상을 하는 상품을 한정한다.
(C) 주문방법을 간략화한다.
(D) 배송료의 일부를 감액한다.

해설 | 이 회사는 거래처에 대한 영향을 최소한으로 하기 위해 생산 종료 예정인 제품 및 주문수가 감소 경향에 있는 제품을 중심으로 가격 개정을 실시할 예정이라고 했다. 따라서 정답은 (B)가 된다.

어휘 | 取引先(とりひきさき) 거래처 影響(えいきょう) 영향
最小限(さいしょうげん) 최소한 終了品(しゅうりょうひん) 종료품
修理代(しゅうりだい) 수리비 下(さ)げる (가격을) 내리다
限定(げんてい) 한정 注文(ちゅうもん) 주문 方法(ほうほう) 방법
簡略化(かんりゃくか) 간략화 送料(そうりょう) 송료, 배송료
減額(げんがく) 감액

200 近日中に何を送付しますか。

(A) 値上げに関する詫び状
(B) 製品の新価格のリスト
(C) 新製品の見本
(D) 4月発売製品の一覧表

200 가까운 시일 안에 무엇을 송부합니까?

(A) 가격 인상에 관한 사과장
(B) 제품의 신가격 리스트
(C) 신제품 견본
(D) 4월 발매 제품의 일람표

해설 | 후반부에서 '개정 후의 가격일람표는 추후에 보내 드리겠습니다'라고 했으므로, 정답은 (B)가 된다.

어휘 | 近日(きんじつ) 근일, 가까운 시일
~に関(かん)する ~에 관한 詫(わ)び状(じょう) 사과장
新価格(しんかかく) 신가격 リスト 리스트
新製品(しんせいひん) 신제품 見本(みほん) 견본
発売(はつばい) 발매

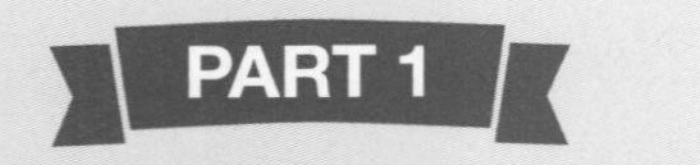

주요 어휘 및 표현 정리 20

* 읽는 법과 뜻을 확인해 보세요.

어휘 및 표현	읽는 법	뜻
□ 撮る	とる	(사진을) 찍다
□ 着る	きる	(옷을) 입다
□ 描く	かく	(그림을) 그리다
□ 釣る	つる	낚다
□ 鏡	かがみ	거울
□ 並ぶ	ならぶ	(나란히) 늘어서다, 놓여 있다
□ お辞儀	おじぎ	머리를 숙여서 인사함
□ 楽器	がっき	악기
□ 演奏	えんそう	연주
□ 畳む	たたむ	접다
□ 開く	ひらく	(닫혀 있던 것이) 열리다, 펴지다
□ 触る	さわる	(가볍게) 닿다, 손을 대다, 만지다
□ 体操	たいそう	체조
□ 広げる	ひろげる	벌리다
□ 蛇口	じゃぐち	수도꼭지
□ 破れる	やぶれる	찢어지다
□ しゃがむ	•	쭈그리고 앉다
□ 潰れる	つぶれる	찌그러지다
□ 縞模様	しまもよう	줄무늬
□ ひびが入る	ひびがはいる	금이 가다

주요 어휘 및 표현 정리 20

* 읽는 법과 뜻을 확인해 보세요.

어휘 및 표현	읽는 법	뜻
□ 明後日	あさって	모레
□ 預ける	あずける	맡기다
□ 相談	そうだん	상담, 상의, 의논
□ 同僚	どうりょう	동료
□ 作業	さぎょう	작업
□ 営業	えいぎょう	영업
□ 修理に出す	しゅうりにだす	수리를 맡기다
□ 無料	むりょう	무료
□ 値上がり	ねあがり	가격 인상, 값이 오름
□ 体調	たいちょう	몸 상태, 컨디션
□ 足りない	たりない	모자라다, 부족하다
□ 届く	とどく	닿다, 미치다
□ 用心	ようじん	조심, 주의
□ 面倒くさい	めんどうくさい	(아주) 귀찮다, 번거롭다
□ 豊富だ	ほうふだ	풍부하다
□ 足を運ぶ	あしをはこぶ	발걸음을 옮기다, 가다
□ 掲示板	けいじばん	게시판
□ 退職	たいしょく	퇴직
□ 揉める	もめる	옥신각신하다
□ 的を射る	まとをいる	요점을 정확히 파악하다

주요 어휘 및 표현 정리 20

⁎ 읽는 법과 뜻을 확인해 보세요.

어휘 및 표현	읽는 법	뜻
□ 壊れる	こわれる	고장 나다
□ 借りる	かりる	빌리다
□ 眠る	ねむる	자다, 잠자다
□ 濡れる	ぬれる	젖다
□ 風邪を引く	かぜをひく	감기에 걸리다
□ 召し上がる	めしあがる	드시다
□ 無くす	なくす	잃다, 분실하다
□ 残業	ざんぎょう	잔업, 야근
□ 注文	ちゅうもん	주문
□ 資料	しりょう	자료
□ 見直す	みなおす	다시 보다, 재검토하다
□ 配る	くばる	나누어 주다, 배포하다
□ 部品	ぶひん	부품
□ 塗る	ぬる	바르다
□ 発売	はつばい	발매
□ ～ついでに	●	～하는 김에
□ ～よりほかない	●	～할 수밖에 없다
□ 売り切れる	うりきれる	다 팔리다
□ 風邪気味	かぜぎみ	감기기, 감기 기운
□ 落ち込む	おちこむ	(기분이) 침울해지다

주요 어휘 및 표현 정리 20

＊ 읽는 법과 뜻을 확인해 보세요.

어휘 및 표현	읽는 법	뜻
□ 込む	こむ	붐비다, 혼잡하다
□ 変える	かえる	바꾸다, 변경하다
□ 準備	じゅんび	준비
□ 同じだ	おなじだ	같다
□ ～にわたる	●	～에 걸친
□ 気に入る	きにいる	마음에 들다
□ 閉まる	しまる	닫히다
□ 雰囲気	ふんいき	분위기
□ 開始	かいし	개시
□ 集まる	あつまる	모이다
□ 撮影	さつえい	촬영
□ 渡す	わたす	건네다, 건네주다
□ 報酬	ほうしゅう	보수
□ 積極的だ	せっきょくてきだ	적극적이다
□ 繋がる	つながる	이어지다, 연결되다
□ 改善	かいぜん	개선
□ 時給	じきゅう	시급
□ 見つかる	みつかる	발견되다, 찾게 되다
□ 思いがけない	おもいがけない	뜻밖이다, 의외이다
□ 評価	ひょうか	평가

주요 어휘 및 표현 정리 20

* 읽는 법과 뜻을 확인해 보세요.

어휘 및 표현	읽는 법	뜻
□ 植える	うえる	심다
□ 頼もしい	たのもしい	믿음직스럽다
□ 真剣だ	しんけんだ	진지하다
□ 力む	りきむ	힘주다, 힘을 모으다
□ 成果	せいか	성과
□ 不審	ふしん	의심스러움, 수상함
□ 踏切	ふみきり	(철도의) 건널목
□ 突然	とつぜん	돌연, 갑자기
□ 締め切り	しめきり	마감
□ 参加	さんか	참가
□ 文章を書く	ぶんしょうをかく	글을 쓰다
□ 用事	ようじ	볼일, 용무
□ 連絡が取れる	れんらくがとれる	연락이 닿다
□ 作品	さくひん	작품
□ 暑い	あつい	덥다
□ せっかちだ	●	성급하다
□ 雪道	ゆきみち	눈길
□ 引けを取る	ひけをとる	남에게 뒤지다
□ 手腕	しゅわん	수완
□ まるで	●	(부정의 말을 수반하여) 전혀, 전연, 통

PART 6

주요 어휘 및 표현 정리 20

* 읽는 법과 뜻을 확인해 보세요.

어휘 및 표현	읽는 법	뜻
□ 並ぶ	ならぶ	(줄을) 서다
□ 食べ過ぎる	たべすぎる	과식하다
□ 楽しい	たのしい	즐겁다
□ 健康	けんこう	건강
□ 叱る	しかる	꾸짖다, 야단치다
□ 縫う	ぬう	(옷을) 짓다, 꿰매다
□ 諦める	あきらめる	체념하다, 단념하다
□ ～おかげで	●	～덕분에
□ 用意	ようい	준비
□ 温泉	おんせん	온천
□ 連れる	つれる	데리고 가다
□ 居眠り	いねむり	앉아서 졺, 말뚝잠
□ 止める	やめる	그만두다, 중지하다
□ 流行る	はやる	유행하다
□ 働く	はたらく	일하다
□ 長引く	ながびく	오래 끌다
□ 不景気	ふけいき	불경기
□ 業績	ぎょうせき	업적, 실적
□ 見通し	みとおし	전망, 예측
□ 暴力を振るう	ぼうりょくをふるう	폭력을 휘두르다

PART 7

주요 어휘 및 표현 정리 20

＊ 읽는 법과 뜻을 확인해 보세요.

어휘 및 표현	읽는 법	뜻
□ 給料	きゅうりょう	급료, 급여
□ 倒れる	たおれる	쓰러지다, 넘어지다
□ 得意だ	とくいだ	잘하다, 자신 있다
□ 複雑だ	ふくざつだ	복잡하다
□ 痛い	いたい	아프다
□ 伺う	うかがう	여쭙다, 듣다, 찾아뵙다
□ 積む	つむ	(물건을) 쌓다, (짐을) 싣다
□ 地図	ちず	지도
□ 個人情報	こじんじょうほう	개인정보
□ 放り出す	ほうりだす	집어치우다, 중도에서 그만두다
□ 幸いだ	さいわいだ	다행이다
□ 何だか	なんだか	웬일인지, 어쩐지
□ 명사+次第で	명사+しだいで	~에 따라, ~나름으로
□ ～どころではない	●	~할 상황이 아니다
□ 封鎖	ふうさ	봉쇄
□ 破裂	はれつ	파열
□ 目指す	めざす	목표로 하다, 지향하다
□ 促す	うながす	재촉하다, 독촉하다
□ 配慮	はいりょ	배려
□ ～そばから	●	~하자마자 바로

주요 어휘 및 표현 정리 20

＊ 읽는 법과 뜻을 확인해 보세요.

어휘 및 표현	읽는 법	뜻
□ 約束	やくそく	약속
□ 起きる	おきる	일어나다, 기상하다
□ 見つける	みつける	찾아내다, 발견하다
□ 週末	しゅうまつ	주말
□ 都合	つごう	사정, 형편
□ 暇だ	ひまだ	한가하다
□ 思い出す	おもいだす	(잊고 있던 것을) 생각해 내다, 떠올리다
□ 返事を出す	へんじをだす	답장을 보내다
□ 卒業	そつぎょう	졸업
□ 引っ越す	ひっこす	이사하다
□ 紹介	しょうかい	소개
□ 家賃	やちん	집세
□ 片付ける	かたづける	치우다, 정리하다
□ 終了	しゅうりょう	종료, 끝남
□ 問い合わせ	といあわせ	문의
□ 厳しい	きびしい	엄하다, 엄격하다
□ 途中	とちゅう	도중
□ 興味	きょうみ	흥미
□ 話題	わだい	화제
□ 高齢者	こうれいしゃ	고령자

JPT 최신기출 1000제
TEST 2 정답 및 해설

PART 1

1 (D)	**2** (D)	**3** (C)	**4** (C)	**5** (A)	**6** (D)	**7** (B)	**8** (A)	**9** (B)	**10** (C)
11 (A)	**12** (C)	**13** (D)	**14** (B)	**15** (D)	**16** (C)	**17** (B)	**18** (A)	**19** (C)	**20** (D)

PART 2

21 (D)	**22** (B)	**23** (C)	**24** (D)	**25** (A)	**26** (B)	**27** (A)	**28** (D)	**29** (B)	**30** (C)
31 (A)	**32** (D)	**33** (B)	**34** (C)	**35** (D)	**36** (B)	**37** (C)	**38** (A)	**39** (B)	**40** (C)
41 (C)	**42** (D)	**43** (A)	**44** (B)	**45** (A)	**46** (C)	**47** (D)	**48** (B)	**49** (C)	**50** (D)

PART 3

51 (C)	**52** (B)	**53** (B)	**54** (C)	**55** (C)	**56** (C)	**57** (A)	**58** (C)	**59** (A)	**60** (C)
61 (B)	**62** (A)	**63** (A)	**64** (D)	**65** (C)	**66** (D)	**67** (C)	**68** (B)	**69** (C)	**70** (A)
71 (C)	**72** (D)	**73** (A)	**74** (C)	**75** (D)	**76** (D)	**77** (A)	**78** (D)	**79** (D)	**80** (A)

PART 4

81 (B)	**82** (B)	**83** (C)	**84** (D)	**85** (A)	**86** (D)	**87** (A)	**88** (B)	**89** (D)	**90** (C)
91 (D)	**92** (C)	**93** (D)	**94** (C)	**95** (B)	**96** (A)	**97** (B)	**98** (A)	**99** (A)	**100** (B)

PART 5

101 (C)	**102** (A)	**103** (D)	**104** (A)	**105** (B)	**106** (B)	**107** (C)	**108** (B)	**109** (A)	**110** (A)
111 (C)	**112** (A)	**113** (B)	**114** (D)	**115** (D)	**116** (C)	**117** (A)	**118** (D)	**119** (C)	**120** (D)

PART 6

121 (B)	**122** (C)	**123** (C)	**124** (C)	**125** (D)	**126** (A)	**127** (D)	**128** (B)	**129** (C)	**130** (A)
131 (A)	**132** (A)	**133** (B)	**134** (A)	**135** (D)	**136** (A)	**137** (D)	**138** (A)	**139** (B)	**140** (C)

PART 7

141 (A)	**142** (A)	**143** (D)	**144** (B)	**145** (D)	**146** (D)	**147** (B)	**148** (B)	**149** (A)	**150** (C)
151 (A)	**152** (C)	**153** (D)	**154** (A)	**155** (C)	**156** (B)	**157** (C)	**158** (A)	**159** (D)	**160** (C)
161 (C)	**162** (B)	**163** (A)	**164** (B)	**165** (C)	**166** (D)	**167** (A)	**168** (C)	**169** (C)	**170** (A)

PART 8

171 (B)	**172** (C)	**173** (A)	**174** (B)	**175** (B)	**176** (D)	**177** (C)	**178** (D)	**179** (B)	**180** (A)
181 (B)	**182** (A)	**183** (D)	**184** (B)	**185** (D)	**186** (A)	**187** (B)	**188** (D)	**189** (D)	**190** (D)
191 (C)	**192** (A)	**193** (B)	**194** (C)	**195** (C)	**196** (A)	**197** (B)	**198** (A)	**199** (C)	**200** (A)

PART 1 | 사진 묘사

01 인물의 동작 및 상태(1인 등장)

(A) 絵本を読んでいます。

(B) アルバムを見ています。

(C) 本が閉じてあります。

(D) 辞書を開いています。

(A) 그림책을 읽고 있습니다.
(B) 앨범을 보고 있습니다.
(C) 책이 덮혀 있습니다.
(D) 사전을 펴고 있습니다.

해설 | 사전을 펴고 있는 사진이므로, 정답은 (D)가 된다.

어휘 | 絵本(えほん) 그림책 読(よ)む 읽다 アルバム 앨범
見(み)る 보다 本(ほん) 책 閉(と)じる 덮다
타동사+てある ~해져 있다 辞書(じしょ) 사전
開(ひら)く (닫혀 있던 것을) 열다, 펴다

02 인물의 동작 및 상태(1인 등장)

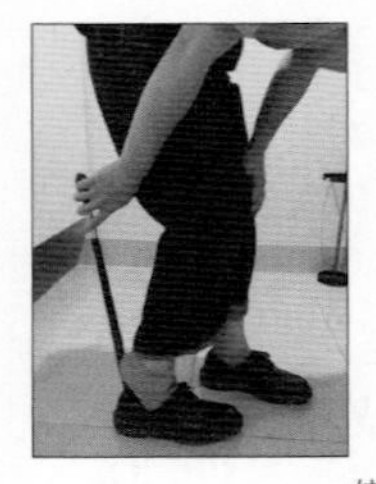

(A) スリッパに履き替えています。

(B) サンダルを履いています。

(C) 靴を磨いています。

(D) 靴を履こうとしています。

(A) 슬리퍼로 갈아 신고 있습니다.
(B) 샌들을 신고 있습니다.
(C) 구두를 닦고 있습니다.
(D) 구두를 신으려고 하고 있습니다.

해설 | 사물의 정확한 명칭을 알아야 정답을 찾을 수 있다. 사진 속의 사물은 구두이고, 인물은 구두를 신으려고 하고 있으므로, 정답은 (D)가 된다. (A)와 (B)는 각각 슬리퍼와 샌들이라고 했으므로 정답이 될 수 없고, (C)는 구두는 맞지만 닦고 있다고 했으므로 역시 오답이다.

어휘 | スリッパ 슬리퍼 履(は)き替(か)える 갈아 신다
サンダル 샌들 履(は)く (신을) 신다 靴(くつ) 신, 신발, 구두
磨(みが)く (문질러) 닦다

03 인물의 동작 및 상태(1인 등장)

(A) 動物の親子が並んでいます。

(B) 馬と一緒に走っています。

(C) 動物に触っています。

(D) 馬に乗っています。

(A) 동물의 어미와 새끼가 늘어서 있습니다.
(B) 말과 함께 달리고 있습니다.
(C) 동물을 만지고 있습니다.
(D) 말을 타고 있습니다.

해설 | 여자가 말의 얼굴을 만지고 있는 사진이므로, 정답은 (C)가 된다. 사진에서 말은 한 마리뿐이고, 말과 함께 달리거나 타고 있는 모습 또한 아니므로, 나머지 선택지는 답이 될 수 없다.

어휘 | 動物(どうぶつ) 동물 親子(おやこ) 부모와 자식
並(なら)ぶ (나란히) 늘어서다 馬(うま) 말 一緒(いっしょ)に 함께
走(はし)る 달리다 触(さわ)る (가볍게) 닿다, 손을 대다, 만지다
乗(の)る (탈것에) 타다

04 인물의 동작 및 상태(1인 등장)

(A) ネクタイを締めています。

(B) コートの前を開けています。

(C) 上着を手に持っています。

(D) 帽子を被っています。

(A) 넥타이를 매고 있습니다.
(B) 코트 앞을 열고 있습니다.
(C) 겉옷을 손에 들고 있습니다.
(D) 모자를 쓰고 있습니다.

해설 | 남자의 옷차림에 주목해야 한다. 우선 남성은 노타이 차림이므로, (A)는 부적절. 코트를 입고 있거나 모자도 쓰고 있지 않으므로, (B)와 (D)도 오답이다. 오른손에 겉옷을, 왼손에 가방을 들고 있으므로, 겉옷을 손에 들고 있다고 한 (C)가 정답이다.

어휘 | ネクタイを締(し)める 넥타이를 매다 コート 코트
前(まえ) 앞 開(あ)ける 열다 上着(うわぎ) 겉옷
手(て)に持(も)つ 손에 들다 帽子(ぼうし)を被(かぶ)る 모자를 쓰다

05 사물의 상태

(A) テーブルに飲み物が置いてあります。
(B) カップを持ち上げています。
(C) 机の上に雑誌があります。
(D) グラスで乾杯しています。

(A) 테이블에 음료가 놓여 있습니다.
(B) 컵을 들어올리고 있습니다.
(C) 책상 위에 잡지가 있습니다.
(D) 유리컵으로 건배하고 있습니다.

해설 | 테이블 위에 놓인 머그컵 두 개와 유리컵에는 음료가 담겨 있으므로, 정답은 (A)가 된다.

어휘 | テーブル 테이블 飲(の)み物(もの) 음료 置(お)く 놓다, 두다
타동사+てある ~해져 있다 カップ (손잡이가 달린) 컵
持(も)ち上(あ)げる 들어올리다 机(つくえ) 책상 上(うえ) 위
雑誌(ざっし) 잡지 グラス 유리컵 乾杯(かんぱい) 건배

06 인물의 동작 및 상태(1인 등장)

(A) アルファベットを記入しています。
(B) 小指の爪を切っています。
(C) 両手でピアノを弾いています。
(D) 片方の手に指輪をしています。

(A) 알파벳을 기입하고 있습니다.
(B) 새끼손가락의 손톱을 자르고 있습니다.
(C) 양손으로 피아노를 치고 있습니다.
(D) 한쪽 손에 반지를 끼고 있습니다.

해설 | 노트북 자판에 양손이 올려져 있는 사진으로, 왼손에 반지를 끼고 있다. 따라서 정답은 한쪽 손에 반지를 끼고 있다고 한 (D)로, (A)는 모니터에 아무것도 입력되어 있지 않으므로, 답이 될 수 없다.

어휘 | アルファベット 알파벳 記入(きにゅう) 기입
小指(こゆび) 새끼손가락 爪(つめ)を切(き)る 손톱을 깎다
両手(りょうて) 양손 ピアノを弾(ひ)く 피아노를 치다
片方(かたほう) 한쪽 指輪(ゆびわ)をする 반지를 끼다

07 사물의 상태

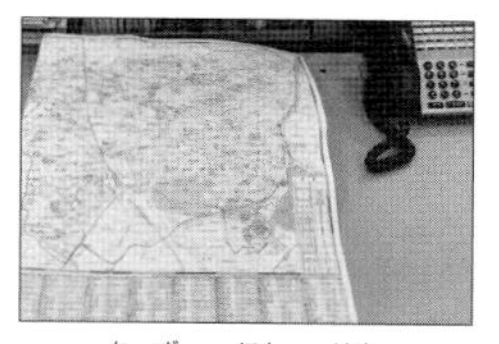

(A) 地図が本に挟んであります。
(B) 地図が広げてあります。
(C) 服が畳んで重ねてあります。
(D) 服のサイズを比べています。

(A) 지도가 책에 끼워져 있습니다.
(B) 지도가 펼쳐져 있습니다.
(C) 옷이 개어 포개어져 있습니다.
(D) 옷 사이즈를 비교하고 있습니다.

해설 | 책상 위에 지도가 펼쳐져 있고, 오른쪽 상단에는 전화기가 한 대 놓여 있다. 따라서 정답은 (B)가 된다.

어휘 | 地図(ちず) 지도 本(ほん) 책 挟(はさ)む 끼우다
広(ひろ)げる 펼치다 服(ふく) 옷 畳(たた)む 개다
重(かさ)ねる 포개다, 쌓아 올리다 サイズ 사이즈
比(くら)べる 비교하다

08 풍경 및 상황 묘사

(A) 森に囲まれた 湖 です。
(B) 水の入ったバケツです。
(C) 広場に人が集まっています。
(D) 庭の中央にプールがあります。

(A) 숲으로 둘러싸인 호수입니다.
(B) 물이 든 양동이입니다.
(C) 광장에 사람이 모여 있습니다.
(D) 정원의 중앙에 수영장이 있습니다.

해설 | 숲으로 둘러싸인 호수 풍경이므로, 정답은 (A)가 된다. 「バケツ」(양동이), 「広場(ひろば)」(광장), 「プール」(수영장)는 사진과는 전혀 관련이 없다.

어휘 | 森(もり) 숲 囲(かこ)む 둘러싸다 湖(みずうみ) 호수
水(みず) 물 入(はい)る 들다 集(あつ)まる 모이다 庭(にわ) 정원
中央(ちゅうおう) 중앙

09 인물의 동작 및 상태(1인 등장)

(A) DVDがケースに入っています。
(B) ティッシュペーパーを取り出しています。
(C) パンフレットを折っています。
(D) 空のペットボトルです。

(A) DVD가 케이스에 들어 있습니다.
(B) 화장지를 뽑아내고 있습니다.
(C) 팸플릿을 접고 있습니다.
(D) 빈 페트병입니다.

해설 | 사물의 정확한 명칭을 알고 있어야 정답을 찾을 수 있다. 티슈 페이퍼, 즉 화장지를 뽑아내고 있는 사진이므로, 정답은 (B)가 된다.

어휘 | ケース 케이스 ティッシュペーパー 티슈 페이퍼, 화장지
取(と)り出(だ)す 꺼내다, 뽑아내다 パンフレット 팸플릿
折(お)る 접다 空(から) (속이) 빔 ペットボトル 페트병

10 풍경 및 상황 묘사

(A) カタログの写真を見ています。
(B) 雪景色を撮影しています。
(C) 砂浜で写真を撮っています。
(D) スタジオで記念撮影をしています。

(A) 카탈로그 사진을 보고 있습니다.
(B) 설경을 촬영하고 있습니다.
(C) 모래사장에서 사진을 찍고 있습니다.
(D) 스튜디오에서 기념촬영을 하고 있습니다.

해설 | 해변의 모래사장에서 사진을 찍고 있는 모습이므로, 정답은 (C)가 된다. 카탈로그나 눈은 보이지 않으므로 (A)와 (B)는 오답이고, 사진을 찍고 있는 장소도 스튜디오가 아니므로 (D) 또한 답이 될 수 없다.

어휘 | カタログ 카탈로그 写真(しゃしん) 사진
雪景色(ゆきげしき) 설경 撮影(さつえい) 촬영
砂浜(すなはま) 모래사장 撮(と)る (사진을) 찍다
スタジオ 스튜디오 記念(きねん) 기념

11 인물의 동작 및 상태(1인 등장)

(A) 材料を混ぜています。
(B) 重さを量っています。
(C) 茶道の道具です。
(D) 体操の器械です。

(A) 재료를 섞고 있습니다.
(B) 무게를 달고 있습니다.
(C) 다도 도구입니다.
(D) 체조 기구입니다.

해설 | 달걀을 풀어서 섞고 있는 사진이므로, 정답은 (A)가 된다. 무게를 달 수 있는 저울은 보이지 않으므로 (B)는 부적절하고, 사진 속의 사물은 다도 도구나 체조 기구가 아닌 요리에 사용하는 조리 기구이므로 (C)와 (D) 역시 오답이다.

어휘 | 材料(ざいりょう) 재료 混(ま)ぜる 섞다, 뒤섞다
重(おも)さ 무게 量(はか)る (저울로) 달다 茶道(さどう) 다도
道具(どうぐ) 도구 体操(たいそう) 체조 器械(きかい) 기계, 기구

12 풍경 및 상황 묘사

(A) ヨットが沖に出ています。
(B) 網に魚がかかっています。
(C) 船がロープで繋いであります。
(D) 海上は荒れています。

(A) 요트가 앞바다에 나와 있습니다.
(B) 그물에 물고기가 걸려 있습니다.
(C) 배가 줄로 매어져 있습니다.
(D) 바다 위는 거칠어져 있습니다.

해설 | 배가 줄로 매어져 있는 모습이므로, 정답은 (C)가 된다. 사진에서 요트나 그물은 보이지 않으므로 (A)와 (B)는 오답이고, 거친 바다 위가 아닌 부두에서 찍은 사진이므로, (D) 또한 부적절하다.

어휘 | ヨット 요트 沖(おき) 앞바다 出(で)る 나오다 網(あみ) 그물
魚(さかな) 물고기 かかる 걸리다 船(ふね) 배 ロープ 로프, 줄
繋(つな)ぐ (끈이나 밧줄 따위로) 매다 海上(かいじょう) 해상, 바다 위
荒(あ)れる (날씨·바다·분위기 따위가) 거칠어지다, 사나워지다

13 사물의 상태

(A) 車輪を交換しています。
(B) 運転席に籠が置いてあります。
(C) ライトを点けて走っています。
(D) ハンドルに荷物がかけてあります。

(A) 차 바퀴를 교환하고 있습니다.
(B) 운전석에 바구니가 놓여 있습니다.
(C) 조명을 켜고 달리고 있습니다.
(D) 핸들에 짐이 걸려 있습니다.

해설 | 핸들에 짐이 걸려 있는 자전거가 길가에 세워져 있는 사진이므로, 정답은 (D)가 된다. 언뜻 보면 (B)도 답이 될 수 있을 것 같지만, 바구니는 운전석에 놓여 있는 것이 아닌 핸들에 달려 있는 것이므로, 답이 될 수 없다.

어휘 | 車輪(しゃりん) 차 바퀴 交換(こうかん) 교환
運転席(うんてんせき) 운전석 籠(かご) 바구니 置(お)く 놓다, 두다
타동사+てある ~해져 있다 ライト 라이트, 조명
点(つ)ける (불을) 켜다 走(はし)る (탈것이) 달리다 ハンドル 핸들
荷物(にもつ) 짐 かける 걸다

14 사물의 상태

(A) 新聞がくしゃくしゃになっています。
(B) 新聞が縛ってあります。
(C) 新聞がファイルされています。
(D) 新聞が破れています。

(A) 신문이 꾸깃꾸깃 구겨져 있습니다.
(B) 신문이 묶여 있습니다.
(C) 신문이 철해져 있습니다.
(D) 신문이 찢어져 있습니다.

해설 | 신문이 어떤 상태로 놓여 있는지에 주목해야 한다. 신문은 끈으로 묶여 있으므로, 정답은 (B)가 된다.

어휘 | 新聞(しんぶん) 신문 くしゃくしゃ 꾸깃꾸깃 *구김살투성이인 모양 縛(しば)る 묶다, 매다
ファイル (서류·신문 등을) 철함 破(やぶ)れる 찢어지다

15 풍경 및 상황 묘사

(A) 木材が積まれています。
(B) 街角で演説しています。
(C) 塀にはしごをかけています。
(D) 竹が生えています。

(A) 목재가 쌓여 있습니다.
(B) 길모퉁이에서 연설하고 있습니다.
(C) 담장에 사다리를 걸치고 있습니다.
(D) 대나무가 자라 있습니다.

해설 | 건물 앞에 대나무가 자라나 있는 사진이므로, 정답은 (D)가 된다. 목재나 사다리, 연설하는 사람의 모습은 보이지 않으므로 (A), (B), (C)는 답이 될 수 없다.

어휘 | 木材(もくざい) 목재 積(つ)む (물건을) 쌓다
街角(まちかど) 길모퉁이 演説(えんぜつ) 연설 塀(へい) 담, 담장
はしご(梯子) 사다리 かける 걸치다 竹(たけ) 대나무
生(は)える (풀이나 나무가) 나다, 자라다

16 사물의 상태

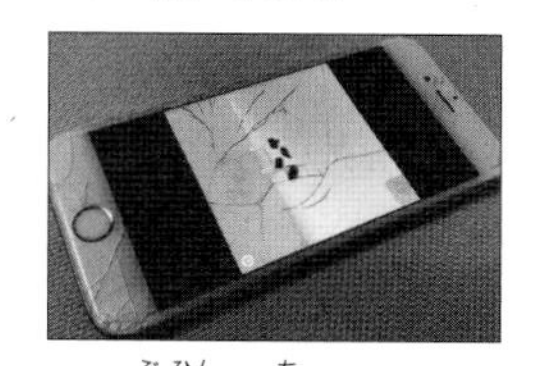

(A) 部品が散らばっています。
(B) パソコンの電源が切れています。
(C) 画面にひびが入っています。
(D) コンセントに接続しています。

(A) 부품이 흩어져 있습니다.
(B) 컴퓨터 전원이 끊어져 있습니다.
(C) 화면에 금이 가 있습니다.
(D) 콘센트에 접속되어 있습니다.

해설 | 「ひびが入(はい)る」(금이 가다)라는 표현을 알아듣는 것이 포인트. 사진 속의 스마트폰은 액정화면이 깨져 있으므로, 정답은 (C)가 된다.

어휘 | 部品(ぶひん) 부품 散(ち)らばる 흩어지다
パソコン (개인용) 컴퓨터 *「パーソナルコンピューター」의 준말
電源(でんげん) 전원 切(き)れる 끊어지다 画面(がめん) 화면
コンセント 콘센트 接続(せつぞく) 접속

17 인물의 동작 및 상태(1인 등장)

(A) スピーカーを使っています。
(B) 公衆電話を使用中です。
(C) チラシを配っています。
(D) 車道を横断しています。

(A) 스피커를 사용하고 있습니다.
(B) 공중전화를 사용 중입니다.
(C) 전단지를 나누어 주고 있습니다.
(D) 차도를 횡단하고 있습니다.

해설 | 「公衆電話(こうしゅうでんわ)」(공중전화)라는 단어를 알아듣는 것이 포인트. 여자가 공중전화로 전화를 하고 있는 사진이므로, 정답은 (B)가 된다. 스피커나 전단지는 보이지 않으므로 (A)와 (C)는 오답이고, 차도를 횡단하는 모습도 아니므로, (D) 또한 답이 될 수 없다.

어휘 | スピーカー 스피커 使(つか)う 쓰다, 사용하다
使用(しよう) 사용 ~中(ちゅう) ~중 チラシ 전단지
配(くば)る 나누어 주다, 배포하다 車道(しゃどう) 차도
横断(おうだん) 횡단

18 인물의 동작 및 상태(1인 등장)

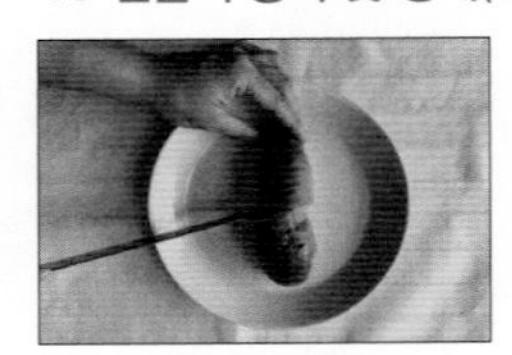

(A) パンを二等分しています。
(B) パンをちぎっています。
(C) パンを刻んでいます。
(D) パンをかじっています。

(A) 빵을 이등분하고 있습니다.
(B) 빵을 잘게 찢고 있습니다.
(C) 빵을 잘게 썰고 있습니다.
(D) 빵을 베어 먹고 있습니다.

해설 | 빵을 반으로 자르고 있는 사진이므로, 「二等分(にとうぶん)」(이등분)이라고 한 (A)가 정답이 된다. (B)의 「ちぎ(千切)る」는 '(손으로) 잘게 찢다', (C)의 「刻(きざ)む」는 '잘게 썰다', (D)의 「かじる」는 '갉(아먹)다, 베어 먹다'라는 뜻의 동사이다.

어휘 | パン 빵

19 사물의 상태

(A) 海辺で貝を拾っています。
(B) 海藻が水に浸してあります。
(C) 瓶に貝殻が入っています。
(D) 遺跡の発掘現場です。

(A) 해변에서 조개를 줍고 있습니다.
(B) 해초가 물에 잠겨 있습니다.
(C) 병에 조개껍질이 들어 있습니다.
(D) 유적 발굴 현장입니다.

해설 | 「貝殻(かいがら)」(조개껍질)라는 단어를 알아듣는 것이 포인트. 병에 조개껍질이 들어 있는 사진이므로, 정답은 (C)가 된다.

어휘 | 海辺(うみべ) 해변, 바닷가 貝(かい) 조개 拾(ひろ)う 줍다
海藻(かいそう) 해초 水(みず) 물
浸(ひた)す (물이나 액체에) 담그다, 잠그다 瓶(びん) 병
遺跡(いせき) 유적 発掘(はっくつ) 발굴 現場(げんば) 현장

20 풍경 및 상황 묘사

(A) 草花が萎れています。
(B) 掲示物が剥がれています。
(C) 水溜まりができています。
(D) 葉っぱに水滴が付いています。

(A) 화초가 시들어 있습니다.
(B) 게시물이 벗겨져 있습니다.
(C) 물웅덩이가 생겨 있습니다.
(D) 잎에 물방울이 묻어 있습니다.

해설 | 「葉(は)っぱ」(잎)와 「水滴(すいてき)」(물방울)라는 단어를 알아듣는 것이 포인트. 잎에 물방울이 묻어 있는 사진이므로, 정답은 (D)가 된다.

어휘 | 草花(くさばな) 화초 萎(しお)れる 시들다
掲示物(けいじぶつ) 게시물 剥(は)ぐ 벗기다
水溜(みずた)まり 물웅덩이 できる 생기다 付(つ)く 묻다

PART 2 | 질의 응답

21 예/아니요형 질문

今日、仕事は忙しいですか。

(A) はい、会社は休みです。

(B) はい、昨日は忙しかったです。

(C) いいえ、暇ではありません。

(D) いいえ、あまり忙しくないです。

오늘 일은 바빠요?
(A) 예, 회사는 쉬는 날이에요.
(B) 예, 어제는 바빴어요.
(C) 아니요, 한가하지 않아요.
(D) 아니요, 별로 바쁘지 않아요.

해설 | 오늘 일이 바쁜지 묻고 있으므로, 적절한 응답은 별로 바쁘지 않다고 한 (D)가 된다. (B)는 과거로 시제가 맞지 않고, (C)는 오늘 일이 한가하냐고 물었을 때 할 만한 응답이므로, 부적절하다.

어휘 | 今日(きょう) 오늘 仕事(しごと) 일 忙(いそが)しい 바쁘다
会社(かいしゃ) 회사 休(やす)み 쉼, 휴일 昨日(きのう) 어제
あまり (부정의 말을 수반하여) 그다지, 별로

22 일상생활 표현

田中さん、一緒に英語を習いませんか。

(A) はい、習ったことがあります。

(B) いいですね。私も習いたいです。

(C) いえ、英語を教えるのはちょっと…。

(D) そうですね。英語が上手ですね。

다나카 씨, 함께 영어를 배우지 않을래요?
(A) 예, 배운 적이 있어요.
(B) 좋죠. 저도 배우고 싶어요.
(C) 아뇨, 영어를 가르치는 건 좀….
(D) 그러네요. 영어를 잘하네요.

해설 | 「~ませんか」는 '~하지 않겠습니까?'라는 뜻으로, 뭔가를 의뢰하거나 부탁, 권유할 때 사용하는 표현이다. 문제는 함께 영어를 배우지 않겠냐고 권유하는 내용이므로, 적절한 응답은 본인도 배우고 싶다고 한 (B)가 된다.

어휘 | 一緒(いっしょ)に 함께 英語(えいご) 영어
習(なら)う 배우다, 익히다 동사의 た형+ことがある ~한 적이 있다
동사의 ます형+たい ~하고 싶다 教(おし)える 가르치다, 교육하다
上手(じょうず)だ 능숙하다, 잘하다

23 일상생활 표현

コーヒー入れましたよ。

(A) ええ、入っていますよ。

(B) そうですね。ありませんね。

(C) ありがとう。いただきます。

(D) いいえ、どういたしまして。

커피 끓였어요.
(A) 네, 들어 있어요.
(B) 그러네요. 없네요.
(C) 고마워요. 잘 마실게요.
(D) 아니요, 천만에요.

해설 | 「コーヒー(を)入(い)れる」(커피(를) 끓이다)라는 표현이 포인트. 커피를 끓였으니 마시겠냐고 물어보고 있는 상황이다. 따라서 적절한 응답은 잘 마시겠다고 한 (C)가 된다.

어휘 | 入(はい)る 들다 いただきます 잘 먹겠습니다, 잘 마시겠습니다
どういたしまして 천만에요

24 일상생활 표현

昨日からずっと雨が降っていますね。

(A) そうですね。急に降ってきましたね。

(B) そうですね。すぐ止みそうですね。

(C) ええ、昨日はよく晴れていましたね。

(D) ええ、早く止むといいですね。

어제부터 계속 비가 내리고 있네요.
(A) 그러네요. 갑자기 내렸네요.
(B) 그러네요. 바로 그칠 것 같네요.
(C) 네, 어제는 아주 맑았네요.
(D) 네, 빨리 그치면 좋겠네요.

해설 | 「ずっと」(쭉, 계속)와 「雨(あめ)が降(ふ)る」(비가 내리다)라는 표현이 포인트. 어제부터 계속 비가 내리고 있다고 했으므로, 적절한 응답은 빨리 그치면 좋겠다고 한 (D)가 된다.

어휘 | 急(きゅう)に 갑자기 すぐ 곧, 바로
止(や)む 그치다, 멎다 晴(は)れる 맑다, 개다 早(はや)く 빨리

25 일상생활 표현

すみません、辞書を貸してくれませんか。

(A) いいですよ。そこの棚にあります。

(B) はい、ありがとうございます。

(C) ええ、図書館に行きました。

(D) わかりました。明日返します。

죄송해요, 사전을 빌려 주지 않을래요?
(A) 좋아요. 거기 선반에 있어요.
(B) 예, 고마워요.
(C) 네, 도서관에 갔었어요.
(D) 알겠어요. 내일 돌려줄게요.

해설 | 사전을 빌려 달라는 말에 대한 적절한 응답을 찾는다. (B)는 상대방이 사전을 빌려 주겠다고 했을 때 할 수 있는 응답이므로 부적절하고, (C)는 간 장소, (D)는 돌려줄 시기에 대해 말하고 있으므로, 오답이다. 정답은 거기 선반에 사전이 있으니 가져 가라고 한 (A)가 된다.

어휘 | 辞書(じしょ) 사전　貸(か)す 빌려 주다
～てくれる (남이 나에게) ～해 주다　図書館(としょかん) 도서관
明日(あした) 내일　返(かえ)す 돌려주다

26 업무 및 비즈니스 표현

<ruby>山本<rt>やまもと</rt></ruby>さん、<ruby>社長<rt>しゃちょう</rt></ruby>が<ruby>お呼<rt>よ</rt></ruby>びですよ。

(A) はい、<ruby>私<rt>わたし</rt></ruby>が<ruby>呼<rt>よ</rt></ruby>びました。

(B) はい、すぐ<ruby>参<rt>まい</rt></ruby>ります。

(C) はい、<ruby>招待<rt>しょうたい</rt></ruby>されたんです。

(D) はい、ここにいらっしゃるんですね。

야마모토 씨, 사장님이 부르세요.
(A) 예, 제가 불렀어요.
(B) 예, 바로 갈게요.
(C) 예, 초대받았어요.
(D) 예, 여기에 계시는군요.

해설 | 「お呼(よ)びです」는 '부르시다'라는 뜻으로, 「お+동사의 ます형
+だ」의 형태를 취하면 '～이시다'라는 뜻의 존경표현이 된다. 사장님이
부르신다는 말에 대한 적절한 응답은 바로 가겠다고 한 (B)로, 「参(ま
い)る」(가다)는 「行(い)く」의 겸양어이다. 나머지 선택지는 문제의 「呼
(よ)ぶ」(부르다, 호출하다)를 응용한 오답이다.

어휘 | 社長(しゃちょう) 사장　すぐ 곧, 바로　招待(しょうたい) 초대
いらっしゃる 계시다 *「いる」(있다)의 존경어

27 일상생활 표현

すみません、<ruby>お借<rt>か</rt></ruby>りした<ruby>本<rt>ほん</rt></ruby>、<ruby>家<rt>いえ</rt></ruby>に<ruby>忘<rt>わす</rt></ruby>れて<ruby>来<rt>き</rt></ruby>てしまっ
たんですが。

(A) ああ、<ruby>明日<rt>あした</rt></ruby>でもいいですよ。

(B) そうですか。<ruby>無<rt>な</rt></ruby>くしたんですか。

(C) <ruby>探<rt>さが</rt></ruby>しても<ruby>見<rt>み</rt></ruby>つかりませんか。

(D) <ruby>急<rt>いそ</rt></ruby>いで<ruby>持<rt>も</rt></ruby>って<ruby>来<rt>き</rt></ruby>てくれたんですね。

죄송해요, 빌린 책, 집에 두고 와 버렸는데요.
(A) 아ー, 내일이라도 괜찮아요.
(B) 그래요? 분실했나요?
(C) 찾아도 보이지 않나요?
(D) 서둘러 가져와 줬군요.

해설 | 빌린 책을 집에 두고 와 버렸다고 했다. 책을 잃어버리거나 못 찾
는 상황이 아니므로 (B)와 (C)는 답이 될 수 없고, (D)는 서둘러 가져와
줬다고 했으므로, 역시 오답이다. 적절한 응답은 내일 가져와도 괜찮다
고 한 (A)가 된다.

어휘 | 借(か)りる 빌리다
お+동사의 ます형+する ～하다, ～해 드리다 *겸양표현
忘(わす)れる (물건을) 잊고 두고 오다　無(な)くす 잃다, 분실하다
探(さが)す 찾다　見(み)つかる 발견되다, 찾게 되다
急(いそ)ぐ 서두르다　持(も)つ 가지다

28 일상생활 표현

<ruby>お元気<rt>げんき</rt></ruby>そうですが、もう<ruby>風邪<rt>かぜ</rt></ruby>は<ruby>治<rt>なお</rt></ruby>ったんですか。

(A) ええ、<ruby>風邪<rt>かぜ</rt></ruby>を<ruby>引<rt>ひ</rt></ruby>いてしまいました。

(B) ええ、<ruby>熱<rt>ねつ</rt></ruby>も<ruby>出<rt>で</rt></ruby>てきたみたいです。

(C) はい、<ruby>健康<rt>けんこう</rt></ruby>には<ruby>自信<rt>じしん</rt></ruby>があります。

(D) はい、すっかりよくなりました。

건강해 보이는데, 이제 감기는 나았나요?
(A) 네, 감기에 걸려 버렸어요.
(B) 네, 열도 나는 것 같아요.
(C) 예, 건강에는 자신이 있어요.
(D) 예, 완전히 좋아졌어요.

해설 | 감기가 나았는지 묻고 있는 상황이다. 적절한 응답은 완전히 좋
아졌다고 한 (D)로, 나머지 선택지는 문제의 「風邪(かぜ)」(감기)와 「元
気(げんき)だ」(건강하다)를 응용한 오답이다.

어휘 | な형용사의 어간+そうだ ～일[할] 것 같다 *양태
もう 이제　風邪(かぜ) 감기　治(なお)る 낫다, 치료되다
風邪(かぜ)を引(ひ)く 감기에 걸리다　熱(ねつ) 열　出(で)る 나다
～みたいだ ～인 것 같다　健康(けんこう) 건강
自信(じしん) 자신, 자신감　すっかり 완전히

29 업무 및 비즈니스 표현

<ruby>来年<rt>らいねん</rt></ruby>は<ruby>海外<rt>かいがい</rt></ruby>の<ruby>支社<rt>ししゃ</rt></ruby>で<ruby>働<rt>はたら</rt></ruby>きたいんです。

(A) そうですか。ずっと<ruby>日本<rt>にほん</rt></ruby>にいるんですね。

(B) <ruby>希望通<rt>きぼうどお</rt></ruby>りになるといいですね。

(C) ええ、<ruby>旅行<rt>りょこう</rt></ruby>してみたいですよね。

(D) それじゃ、<ruby>国内<rt>こくない</rt></ruby>で<ruby>働<rt>はたら</rt></ruby>いてみてはどうですか。

내년에는 해외 지사에서 일하고 싶어요.
(A) 그래요? 계속 일본에 있겠군요.
(B) 희망대로 되면 좋겠네요.
(C) 예, 여행해 보고 싶네요.
(D) 그럼, 국내에서 일해 보는 건 어때요?

해설 | 내년에는 해외 지사에서 일하고 싶다는 사람에게 할 수 있는 응
답을 찾는다. 정답은 희망대로 되면 좋겠다고 한 (B)로, (A)와 (D)는 해
외 지사 발령이 취소되었을 때 할 만한 응답이고, (C)는 문제의 「海外
(かいがい)」(해외)를 응용한 오답이다.

어휘 | 来年(らいねん) 내년　支社(ししゃ) 지사　働(はたら)く 일하다
ずっと 쭉, 계속　希望(きぼう) 희망　명사+通(どお)り ～대로
旅行(りょこう) 여행　国内(こくない) 국내

30 업무 및 비즈니스 표현

<ruby>山田<rt>やまだ</rt></ruby>さん、<ruby>明日<rt>あした</rt></ruby><ruby>空港<rt>くうこう</rt></ruby>まで<ruby>お客<rt>きゃく</rt></ruby>さんを<ruby>迎<rt>むか</rt></ruby>えに<ruby>行<rt>い</rt></ruby>って
くれる(?)。

(A) はい、この<ruby>小包<rt>こづつみ</rt></ruby>を<ruby>お送<rt>おく</rt></ruby>りすればいいんですね。

(B) はい、<ruby>今<rt>いま</rt></ruby>お<ruby>連<rt>つ</rt></ruby>れしたところです。

(C) すみません。<ruby>明日<rt>あした</rt></ruby>は<ruby>大切<rt>たいせつ</rt></ruby>な<ruby>会議<rt>かいぎ</rt></ruby>の<ruby>予定<rt>よてい</rt></ruby>があるん
です。

(D) あの、<ruby>代<rt>か</rt></ruby>わりに<ruby>行<rt>い</rt></ruby>って<ruby>来<rt>き</rt></ruby>ましょうか。

야마다 씨, 내일 공항까지 손님을 마중 나가 줄래?

(A) 예, 이 소포를 부치면 되는 거죠?
(B) 예, 지금 막 모시고 온 참이에요.
(C) 죄송해요. 내일은 중요한 회의가 예정되어 있거든요.
(D) 저기, 대신 갔다 올까요?

해설 | 내일 공항까지 손님을 마중 나가 줄 수 있는지 묻고 있는 상황이다. 적절한 응답은 (C)로, 중요한 회의가 있어서 갈 수 없다며 상대방의 부탁을 정중히 거절하고 있다.

어휘 | 空港(くうこう) 공항　お客(きゃく)さん 손님
迎(むか)える (사람을) 맞다, 맞이하다
동사의 ます형+に ～하러 *동작의 목적　小包(こづつみ) 소포
お+동사의 ます형+する ～하다, ～해 드리다 *겸양표현
送(おく)る 보내다, 부치다　連(つ)れる 데리고 오다
동사의 た형+ところだ 막 ～한 참이다　大切(たいせつ)だ 중요하다
会議(かいぎ) 회의　予定(よてい) 예정　代(か)わりに 대신에

31 업무 및 비즈니스 표현
新(あたら)しい商品(しょうひん)ですが、佐藤(さとう)さんの案(あん)で行(い)きましょうか。
(A) そうですね。それで進(すす)めましょう。
(B) いいですね。他(ほか)の案(あん)を聞(き)いてみましょう。
(C) では、新(あたら)しい商品(しょうひん)について考(かんが)えて来(き)てください。
(D) ええ、商品(しょうひん)がよく売(う)れてよかったですね。

새 상품 말인데요, 사토 씨의 안으로 갈까요?
(A) 그러죠. 그걸로 진행합시다.
(B) 좋아요. 다른 안을 들어봅시다.
(C) 그럼, 새 상품에 대해서 생각해 오세요.
(D) 네, 상품이 잘 팔려 다행이네요.

해설 | 새 상품을 사토 씨의 안으로 진행해도 되는지 묻고 있는 상황이다. 적절한 응답은 (A)로, 상대방의 말에 동의하고 있다. (B)와 (C)는 사토 씨의 안에 부정적일 때 할 수 있는 응답이므로, 부적절하다. (D)도 상품이 발매되었을 때 할 수 있는 응답이므로, 답이 될 수 없다.

어휘 | 新(あたら)しい 새롭다　商品(しょうひん) 상품　案(あん) 안
進(すす)める 진행하다　聞(き)く 듣다　商品(しょうひん) 상품
～について ～에 대해서　よく 잘　売(う)れる (잘) 팔리다

32 업무 및 비즈니스 표현
新人(しんじん)の吉田(よしだ)さん、部長(ぶちょう)に直接書類(ちょくせつしょるい)を出(だ)してたけど、いいの(?)。
(A) へえ、部長(ぶちょう)から仕事(しごと)をもらうなんてすごいな。
(B) 部長(ぶちょう)から何(なに)を渡(わた)されたか気(き)になるな。
(C) うん、僕(ぼく)から部長(ぶちょう)に渡(わた)しといたんだ。
(D) え(?)、先(さき)に僕(ぼく)に見(み)せるように言(い)っといたんだけどな。

신입인 요시다 씨, 부장님께 직접 서류를 제출했는데 괜찮아?
(A) 허, 부장님한테 일을 받다니, 굉장하네.
(B) 부장님한테 뭘 건네받는지 신경이 쓰이네.
(C) 응, 내가 부장님한테 건네 뒀어.
(D) 뭐? 먼저 나한테 보여 주도록 말해 뒀었는데.

해설 | 신입사원이 부장에게 직접 서류를 제출한 것을 보고 걱정하고 있는 상황이다. 부장에게 일을 받거나 뭔가를 건네받은 상황이 아니므로, (A)와 (B)는 부적절하다. 정답은 먼저 본인에게 보여 달라고 말했었는데 그냥 제출했느냐면서 황당해하고 있는 (D)가 된다.

어휘 | 新人(しんじん) 신입, 신참　部長(ぶちょう) 부장
直接(ちょくせつ) 직접　書類(しょるい) 서류
出(だ)す 내다, 제출하다　へえ 허 *감탄하거나 놀랐을 때 내는 소리
もらう (남에게) 받다　すごい 굉장하다
渡(わた)す 건네다, 건네주다　気(き)になる 신경이 쓰이다, 걱정되다
～とく ～해 놓다[두다] *『～ておく』의 회화체 표현　先(さき)に 먼저
見(み)せる 보이다, 보여 주다　～ように ～하도록, ～하라고

33 일상생활 표현
この絵本(えほん)、子供(こども)にはもちろん、大人(おとな)にもよく読(よ)まれてるんですよ。
(A) 大人(おとな)向(む)けではないということですね。
(B) 年齢(ねんれい)に関係(かんけい)なく楽(たの)しめる本(ほん)なんですね。
(C) この本(ほん)は子供(こども)には難(むずか)しいですね。
(D) もう少(すこ)し大人(おとな)にも興味(きょうみ)を持(も)ってほしいですね。

이 그림책, 아이는 물론이고 어른에게도 많이 읽혀지고 있어요.
(A) 어른용이 아니라는 말이군요.
(B) 연령에 관계없이 즐길 수 있는 책이군요.
(C) 이 책은 아이에게는 어렵네요.
(D) 조금 더 어른도 흥미를 가져 주었으면 좋겠네요.

해설 | 문제에서 말하는 그림책은 아이는 물론, 어른에게도 인기가 있다고 했다. 이 말은 연령에 관계없이 누구나 즐길 수 있는 책이라는 뜻이므로, 정답은 (B)가 된다.

어휘 | 絵本(えほん) 그림책　子供(こども) 아이, 어린이
もちろん 물론　大人(おとな) 어른　読(よ)む 읽다
～向(む)け ～대상, ～용　～ということだ ～라고 한다 *전문
年齢(ねんれい) 연령　関係(かんけい)なく 관계없이
楽(たの)しむ 즐기다　難(むずか)しい 어렵다
もう少(すこ)し 조금 더　興味(きょうみ) 흥미　持(も)つ 가지다
～てほしい ～해 주었으면 하다

34 일상생활 표현
もうこんな時間(じかん)だけど、この仕事今日中(しごときょうじゅう)に終(お)わりそうにないわね。
(A) うん、朝早(あさはや)くからやった方(ほう)がいいからね。
(B) うん、何(なん)とか終(お)わって安心(あんしん)したよ。
(C) うーん、電車(でんしゃ)があるうちに帰(かえ)りたいなあ。
(D) うーん、全然始(ぜんぜんはじ)まらないね。

벌써 시간이 이렇게 되었는데, 이 일 오늘 중으로 끝날 것 같지 않네.
(A) 응, 아침 일찍부터 하는 편이 좋으니까 말이야.
(B) 응, 어떻게든 끝나서 안심했어.
(C) 으-음, 전철이 있는 동안에 돌아가고 싶네.
(D) 으-음, 전혀 시작되지 않네.

해설 | 일이 오늘 안으로 끝날 것 같지 않다며 걱정하고 있는 상황이다.

적절한 응답은 (C)로, 막차가 끊기기 전에 집에 가고 싶다고 푸념하고 있다.

어휘 | もう 벌써 時間(じかん) 시간 仕事(しごと) 일
~中(じゅう) ~중 終(お)わる 끝나다
동사의 ます형+そうにない ~일[할] 것 같지 않다 やる 하다
동사의 た형+方(ほう)がいい ~하는 편[쪽]이 좋다
何(なん)とか 어떻게든, 그럭저럭 安心(あんしん) 안심
電車(でんしゃ) 전철 ~うちに ~동안에, ~사이에
帰(かえ)る 돌아가다
全然(ぜんぜん) (부정의 말을 수반하여) 전연, 전혀
始(はじ)まる 시작되다

35 업무 및 비즈니스 표현
課長、サッカーがお得意(とくい)だそうですね。
(A) そうなんだ。ボールを使うスポーツは苦手(にがて)でね。
(B) うん、経験(けいけん)はないけど、よく試合(しあい)を見(み)に行って るよ。
(C) それで今(いま)プロの選手(せんしゅ)になったというわけだよ。
(D) いや、高校(こうこう)の時(とき)にやったきりだから、もうでき ないよ。

과장님, 축구를 잘하신다면서요?
(A) 맞아. 공을 사용하는 운동은 잘 못해서 말이야.
(B) 응, 경험은 없지만, 자주 시합을 보러 가고 있어.
(C) 그래서 지금 프로 선수가 된 거야.
(D) 아니, 고등학교 때 했을 뿐이니까, 이제 못해.

해설 | 축구를 잘한다는 이야기를 들었다고 했다. 이에 대한 적절한 응답은 고등학교 때 했을 뿐이라서 지금은 못한다며 겸손하게 말한 (D)가 된다.

어휘 | 課長(かちょう) 과장 サッカー 축구
得意(とくい)だ 잘하다, 자신 있다
품사의 보통형+そうだ ~라고 한다 *전문 ボール 공
使(つか)う 쓰다, 사용하다 苦手(にがて)だ 서투르다, 잘 못하다
経験(けいけん) 경험 よく 자주 試合(しあい) 시합 見(み)る 보다
동사의 ます형+に ~하러 *동작의 목적 それで 그래서 プロ 프로
選手(せんしゅ) 선수 いや 아니, 아냐
高校(こうこう) 고교, 고등학교 *「高等学校(こうとうがっこう)」의 준말
동사의 た형+きりだ ~한 채이다, ~했을 뿐이다, ~후이다 もう 이제

36 일상생활 표현
あの、実(じつ)は私(わたし)ね…、ええと、やっぱりまた今度(こんど)にす るわ。
(A) こんな大事(だいじ)なこと、よく話(はな)してくれたね。
(B) 言(い)いかけたなら、最後(さいご)まで話(はな)してよ。
(C) 全部(ぜんぶ)話(はな)す勇気(ゆうき)があってすごいね。
(D) ゆっくり聞(き)いてくれて嬉(うれ)しかったよ。

저기, 실은 나 말이야…, 음…, 역시 이 다음에 할게.
(A) 이런 중요한 일, 잘 이야기해 줬네.
(B) 이야기를 시작했으면 끝까지 말해.

(C) 전부 이야기할 용기가 있고 굉장하네.
(D) 느긋하게 들어 줘서 기뻤어.

해설 | 뭔가를 말하려다 그만둔 상황이다. 적절한 응답은 말을 꺼냈으 면 끝까지 하라고 한 (B)로, 「言(い)いかける」는 '이야기를 시작하다'라 는 뜻이다. 나머지 선택지는 이야기를 다했을 때 할 수 있는 응답이므 로 부적절하다.

어휘 | 実(じつ)は 실은 やっぱり 역시 今度(こんど) 이 다음
こんな 이런 大事(だいじ)だ 중요하다 最後(さいご) 최후, 끝
全部(ぜんぶ) 전부 話(はな)す 말하다, 이야기하다
勇気(ゆうき) 용기 すごい 굉장하다 ゆっくり 천천히, 느긋하게
~てくれる (남이 나에게) ~해 주다 嬉(うれ)しい 기쁘다

37 일상생활 표현
ミスのご報告(ほうこく)が遅(おく)れてしまい、大変(たいへん)ご迷惑(めいわく)おかけし ました。
(A) 何(なん)の知(し)らせもないなんて変(へん)ですね。
(B) 遅刻(ちこく)が続(つづ)くと、仕事(しごと)にも影響(えいきょう)しますよ。
(C) ええ、もっと早(はや)く言(い)うべきでしたね。
(D) 素早(すばや)い対応(たいおう)を評価(ひょうか)しますよ。

실수 보고가 늦어 버려서 대단히 폐를 끼쳤습니다.
(A) 아무런 소식도 없다니, 이상하네요.
(B) 지각이 계속되면 업무에도 영향을 줘요.
(C) 네, 좀 더 일찍 말했어야 했어요.
(D) 재빠른 대응을 평가해요.

해설 | 실수 보고를 빨리 하지 않은 것에 대해서 사과하고 있는 상황이 다. (A)는 문제의 「報告(ほうこく)」(보고), (B)와 (D)는 문제의 「遅(おく) れる」(늦다, 늦어지다)를 응용한 오답이다. 정답은 더 일찍 말했어야 했 다며 주의를 주고 있는 (C)가 된다.

어휘 | ミス 실수, 잘못 大変(たいへん) 대단히, 매우
迷惑(めいわく) 폐 かける (걱정 등을) 끼치다 何(なん)の 아무런
知(し)らせ 소식 ~なんて ~하다니 変(へん)だ 이상하다
遅刻(ちこく) 지각 続(つづ)く 이어지다, 계속되다
影響(えいきょう)する 영향을 주다 もっと 더, 좀 더
~べきだ (마땅히) ~해야 한다 素早(すばや)い 재빠르다, 민첩하다
対応(たいおう) 대응 評価(ひょうか) 평가 *어느 사물이나 인물에 대 해서 그 의의·가치를 인정하는 것

38 업무 및 비즈니스 표현
今日(きょう)は部長(ぶちょう)の機嫌(きげん)が悪(わる)いわね。
(A) うん、今日(きょう)は近寄(ちかよ)らない方(ほう)がいいよ。
(B) そうだね、雰囲気(ふんいき)が穏(おだ)やかだもんね。
(C) 今(いま)なら何(なん)でも希望(きぼう)を聞(き)いてくれそうだよ。
(D) 本当(ほんとう)にいつも冷静(れいせい)だよね。

오늘은 부장님 기분이 좋지 않네.
(A) 응, 오늘은 가까이 다가가지 않는 편이 좋아.
(B) 그러네. 분위기가 온화한걸.
(C) 지금이라면 뭐든지 희망을 들어 줄 것 같아.
(D) 정말로 항상 냉정하지.

53 성별에 따른 의견 및 행동 구분

男 佐藤さんは、社長の部屋には行ったことがありますか。
女 いいえ、まだ行ったことがないんですが…。
男 そうですか。じゃ、覚えてもらいたいので一緒に行きましょう。
女 はい、お願いします。

남 사토 씨는 사장님 방에는 간 적이 있어요?
여 아니요, 아직 간 적이 없는데요….
남 그래요? 그럼, 기억해 주었으면 하니까, 함께 가요.
여 예, 부탁드려요.

男の人は、この後どうしますか。
(A) 社長に手紙を書く。
(B) 社長の部屋を教える。
(C) 女の人と出かける。
(D) 社長の荷物を運ぶ。

남자는 이후 어떻게 합니까?
(A) 사장에게 편지를 쓴다.
(B) 사장의 방을 알려 준다.
(C) 여자와 나간다.
(D) 사장의 짐을 옮긴다.

해설 | 남자의 대화에 주목해야 한다. 남자는 여자에게 사장의 방을 기억해 주었으면 하니까 함께 가자고 했다. 따라서 이후 남자가 할 행동은 여자에게 사장의 방을 알려 주는 것이므로, 정답은 (B)가 된다.

어휘 | 社長(しゃちょう) 사장 部屋(へや) 방
동사의 た형+ことがある ~한 적이 있다 まだ 아직
覚(おぼ)える 외우다, 기억하다
~てもらいたい (남에게) ~해 받고 싶다, (남이) ~해 주었으면 좋겠다
一緒(いっしょ)に 함께 手紙(てがみ) 편지
書(か)く (글씨·글을) 쓰다 教(おし)える 가르치다, 알려 주다
出(で)かける 나가다, 외출하다 荷物(にもつ) 짐
運(はこ)ぶ 옮기다, 운반하다

54 대화 내용에 대한 이해

女 工場見学の方が、もう来られましたよ。
男 じゃ、少し会議室で待ってもらいましょう。
女 会議室は、使っていますから、食堂でいいでしょうか。
男 はい、お願いします。

여 공장견학하시는 분이 벌써 오셨어요.
남 그럼, 잠시 회의실에서 기다리게 합시다.
여 회의실은 쓰고 있으니까, 식당으로 괜찮을까요?
남 예, 부탁해요.

見学の人は、この後どうしますか。
(A) 会議室で待つ。
(B) 食事をする。
(C) 食堂に行く。
(D) 外に出る。

견학하는 사람은 이후 어떻게 합니까?
(A) 회의실에서 기다린다.
(B) 식사를 한다.
(C) 식당으로 간다.
(D) 밖으로 나간다.

해설 | 공장견학을 온 사람이 예정 시간보다 일찍 온 상황이다. 남자는 회의실에서 기다리게 하라고 했지만, 여자는 지금 회의실이 사용 중이라 안 되니 식당이 어떨지 남자에게 물었다. 이에 남자는 부탁한다고 했으므로, 정답은 (C)가 된다.

어휘 | 工場(こうじょう) 공장 見学(けんがく) 견학 方(かた) 분
もう 이미, 벌써 来(く)る 오다 少(すこ)し 잠시
会議室(かいぎしつ) 회의실 待(ま)つ 기다리다
~てもらう (남에게) ~해 받다 使(つか)う 쓰다, 사용하다
食堂(しょくどう) 식당 食事(しょくじ) 식사 外(そと) 밖, 바깥
出(で)る 나가다

55 대화 내용에 대한 이해

女 今日、出かける時、このカメラを持って来てもらえますか。
男 私は、ちょっと荷物が多いんですけど…。
女 そうですか。じゃ、他の人に頼んでみます。
男 すみません。

여 오늘 나갈 때, 이 카메라를 가지고 와 줄래요?
남 전 조금 짐이 많은데요….
여 그래요? 그럼, 다른 사람에게 부탁해 볼게요.
남 죄송해요.

誰がカメラを持って行きますか。
(A) 男の人
(B) 女の人
(C) この2人以外の人
(D) 2人で一緒に

누가 카메라를 가지고 갑니까?
(A) 남자
(B) 여자
(C) 이 두 사람 이외의 사람
(D) 둘이서 함께

해설 | 여자가 남자에게 카메라를 가지고 와 달라고 부탁했지만, 남자는 본인의 짐이 많아서 곤란하다고 거절했다. 이에 여자는 그럼 다른 사람에게 부탁해 보겠다고 했으므로, 결국 카메라는 이 두 사람이 아닌 다른 사람이 가지고 간다는 말이다. 따라서 정답은 (C)가 된다.

어휘 | 出(で)かける 나가다, 외출하다 カメラ 카메라

持(も)つ 가지다, 들다 荷物(にもつ) 짐 多(おお)い 많다
他(ほか) 다른 (사람) 頼(たの)む 부탁하다 以外(いがい) 이외
一緒(いっしょ)に 함께

56 대화 내용에 대한 이해

女 今日の午後、ちょっと話せますか。
男 今から出かけるんですが、5時頃戻ります。
女 その時間は私の都合が悪いので、明日の10時頃はどうでしょうか。
男 いいですよ。

여 오늘 오후에 잠시 이야기할 수 있어요?
남 지금부터 외출하는데, 5시쯤 돌아와요.
여 그 시간은 제가 사정이 있으니까, 내일 10시쯤은 어떨까요?
남 좋아요.

2人は、いつ話しますか。
(A) 今から
(B) 今日の夕方
(C) 明日の午前
(D) 明日の5時

두 사람은 언제 이야기합니까?
(A) 지금부터
(B) 오늘 저녁때
(C) 내일 오전
(D) 내일 5시

해설 | 두 사람이 언제 이야기를 하는지 묻고 있으므로, 시간이나 날짜 표현에 주목해야 한다. 처음에 여자가 오늘 오후에 잠시 이야기할 수 있는지 물었는데, 남자는 지금부터 외출해서 5시쯤 돌아오니 그때하자고 했다. 하지만 여자는 그 시간은 본인이 사정이 있어서 안 되니 내일 10시쯤이 어떤지 재차 물었고, 남자는 좋다고 했다. 따라서 정답은 (C)가 된다.

어휘 | 午後(ごご) 오후 ちょっと 잠시, 잠깐
話(はな)す 말하다, 이야기하다 今(いま)から 지금부터
戻(もど)る 되돌아오다 時間(じかん) 시간
都合(つごう)が悪(わる)い 형편이 나쁘다, 사정이 있다
夕方(ゆうがた) 해질녘, 저녁때 午前(ごぜん) 오전

57 대화 내용에 대한 이해

男 その写真、かわいいですね。
女 孫なんです。先月産まれたばかりなんですよ。
男 おめでとうございます。女の子ですか。
女 男の子なんです。

남 그 사진, 귀엽네요.
여 손자예요. 지난달에 막 태어났어요.
남 축하해요. 여자아이예요?
여 남자아이예요.

2人は、どんな写真を見ていますか。
(A) 男の子の赤ちゃんの写真
(B) 女の子の赤ちゃんの写真
(C) 女の人の息子さんの写真
(D) 女の人の娘さんの写真

두 사람은 어떤 사진을 보고 있습니까?
(A) 남자아기 사진
(B) 여자아기 사진
(C) 여자의 아들 사진
(D) 여자의 딸 사진

해설 | 두 사람이 보고 있는 사진은 지난달에 막 태어난 여자의 손자로, 남자아이라고 했다. 따라서 정답은 (A)가 된다.

어휘 | 写真(しゃしん) 사진 かわいい 귀엽다 孫(まご) 손자
先月(せんげつ) 지난달 産(う)まれる 태어나다
동사의 た형+ばかりだ 막 ~한 참이다, ~한 지 얼마 안 되다
おめでとうございます 축하합니다 女(おんな)の子(こ) 여자아이
男(おとこ)の子(こ) 남자아이 赤(あか)ちゃん 아기
息子(むすこ)さん (남의) 아들 娘(むすめ)さん (남의) 딸

58 대화 내용에 대한 이해

女 よかったら、このパン、いかがですか。
男 おいしそうですね。どこで買ったんですか。
女 いえ、姉が作ったんです。
男 へえ、売っているパンみたいですね。

여 괜찮으면 이 빵 어떠세요?
남 맛있어 보이네요. 어디에서 샀나요?
여 아뇨, 언니가 만들었어요.
남 허, 파는 빵 같네요.

女の人は、どんなパンを持っていますか。
(A) 買って来たパン
(B) 自分で作ったパン
(C) 女の人のお姉さんが作ったパン
(D) 女の人のお姉さんが買ったパン

여자는 어떤 빵을 가지고 있습니까?
(A) 사 온 빵
(B) 직접 만든 빵
(C) 여자의 언니가 만든 빵
(D) 여자의 언니가 산 빵

해설 | 여자의 두 번째 대화에 주목해야 한다. 남자가 빵을 어디에서 샀냐고 묻자, 산 게 아니고 언니가 만든 것이라고 했으므로, 정답은 (C)가 된다.

어휘 | パン 빵 いかがですか 어떠십니까 *「どうですか」(어떻습니까?)의 공손한 표현 おいしい 맛있다
い형용사의 어간+そうだ ~일[할] 것 같다, ~인 듯하다 *양태
買(か)う 사다 姉(あね) 언니, 누나 作(つく)る 만들다
へえ 허 *감탄하거나 놀랐을 때 내는 소리 売(う)る 팔다

~みたいだ ~인 것 같다　自分(じぶん)で 직접, 스스로
お姉(ねえ)さん (남의) 언니, 누나

59 대화 내용에 대한 이해

> 女　ちょっと遅刻(ちこく)してしまいました。すみません。
>
> 男　いいえ、どうしたんですか。
>
> 女　今朝(けさ)、夫(おっと)が大切(たいせつ)な書類(しょるい)を忘(わす)れて行(い)ったので、会社(かいしゃ)に届(とど)けて来(き)たんです。
>
> 男　それは大変(たいへん)でしたね。

> 여　조금 지각하고 말았어요. 죄송해요.
>
> 남　아니요, 어떻게 된 거예요?
>
> 여　오늘 아침에 남편이 중요한 서류를 두고 가서 회사에 갖다 주고 왔거든요.
>
> 남　그거 힘들었겠네요.

女(おんな)の人(ひと)は、どうして遅(おそ)くなりましたか。
(A) 夫(おっと)の会社(かいしゃ)に行(い)ったから
(B) 夫(おっと)と出(で)かけたから
(C) 財布(さいふ)を探(さが)していたから
(D) 家(いえ)に帰(かえ)ったから

여자는 어째서 늦었습니까?
(A) 남편의 회사에 갔기 때문에
(B) 남편과 외출했기 때문에
(C) 지갑을 찾고 있었기 때문에
(D) 집에 돌아갔기 때문에

해설 | 여자가 어째서 늦었는지 그 이유를 묻고 있으므로, 여자의 대화에 주목해야 한다. 여자의 두 번째 대화에서 남편이 중요한 서류를 두고 가서 회사에 갖다 주고 왔다고 했으므로, 정답은 (A)가 된다.

어휘 | 遅刻(ちこく) 지각　今朝(けさ) 오늘 아침　夫(おっと) 남편
大切(たいせつ)だ 중요하다　書類(しょるい) 서류
忘(わす)れる (물건을) 잊고 두고 가다
届(とど)ける (물건을) 전하다, 갖다 주다
大変(たいへん)だ 힘들다　遅(おそ)い 늦다　財布(さいふ) 지갑
探(さが)す 찾다　帰(かえ)る 돌아가다

60 대화 내용에 대한 이해

> 女　このお店(みせ)、料理(りょうり)の量(りょう)が多(おお)いし、すごくおいしいですよ。
>
> 男　へえ、それに食器(しょっき)も素敵(すてき)だね。
>
> 女　ええ。お店(みせ)のご主人(しゅじん)が外国(がいこく)を旅(たび)して集(あつ)めたんですって。
>
> 男　そうなんだ。

> 여　이 가게, 요리의 양이 많고 굉장히 맛있어요.
>
> 남　허, 게다가 식기도 멋지네.
>
> 여　네, 가게 주인이 외국을 여행하며 모았대요.
>
> 남　그렇구나.

店(みせ)について正(ただ)しいものは、どれですか。
(A) 店(みせ)の主人(しゅじん)は、外国人(がいこくじん)だ。
(B) 主人(しゅじん)が食器(しょっき)を作(つく)っている。
(C) 外国(がいこく)で集(あつ)めた食器(しょっき)がある。
(D) メニューは多(おお)いが、量(りょう)が少(すく)ない。

가게에 대해서 맞는 것은 어느 것입니까?
(A) 가게 주인은 외국인이다.
(B) 주인이 식기를 만들고 있다.
(C) 외국에서 모은 식기가 있다.
(D) 메뉴는 많지만, 양이 적다.

해설 | 두 사람은 이 가게에 대해 요리의 양이 많고, 맛도 있고 식기도 멋지다고 하면서 식기는 가게 주인이 외국을 여행하며 모은 것이라고 했다. 정답은 (C)로, (A)와 (B)는 「主人(しゅじん)」((가게 등의) 주인), 「外国(がいこく)」(외국)을 응용한 오답이다.

어휘 | 店(みせ) 가게　料理(りょうり) 요리　量(りょう) 양
多(おお)い 많다　それに 게다가　食器(しょっき) 식기
素敵(すてき)だ 멋지다　旅(たび)する 여행하다
集(あつ)める 모으다　外国人(がいこくじん) 외국인
作(つく)る 만들다　メニュー 메뉴　少(すく)ない 적다

61 성별에 따른 의견 및 행동 구분

> 男　そろそろ、お客様(きゃくさま)が来(く)る時間(じかん)ですね。
>
> 女　じゃ、コーヒーを出(だ)す準備(じゅんび)をしますか。
>
> 男　いや、昼食(ちゅうしょく)のすぐ後(あと)だし、部屋(へや)に案内(あんない)してくれればいいですよ。
>
> 女　そうですか。

> 남　이제 슬슬 손님이 올 시간이네요.
>
> 여　그럼, 커피를 낼 준비를 하나요?
>
> 남　아니, 점심식사 바로 후이고 하니까, 방으로 안내해 주면 돼요.
>
> 여　그래요?

女(おんな)の人(ひと)は、お客様(きゃくさま)が来(き)たらどうしますか。
(A) 男(おとこ)の人(ひと)を呼(よ)びに行(い)く。
(B) 部屋(へや)まで連(つ)れて行(い)く。
(C) 昼食(ちゅうしょく)を運(はこ)ぶ。
(D) コーヒーを出(だ)す。

여자는 손님이 오면 어떻게 합니까?
(A) 남자를 부르러 간다.
(B) 방까지 데리고 간다.
(C) 점심을 나른다.
(D) 커피를 낸다.

해설 | 두 사람의 대화를 통해 여자는 손님이 오면 방으로 안내해 주면 된다는 것을 알 수 있다. 따라서 정답은 (B)가 된다.

어휘 | そろそろ 이제 슬슬　お客様(きゃくさま) 손님
来(く)る 오다　時間(じかん) 시간　コーヒーを出(だ)す 커피를 내다
準備(じゅんび) 준비　昼食(ちゅうしょく) 중식, 점심　すぐ 곧, 바로
後(あと) (시간적으로) 후, 뒤　部屋(へや) 방　案内(あんない) 안내

〜てくれる (남이 나에게) 〜해 주다 呼(よ)ぶ 부르다
동사의 ます형+に〜하러 *동작의 목적 連(つ)れる 데리고 가다
運(はこ)ぶ 나르다

62 성별에 따른 의견 및 행동 구분

女 ここにある箱(はこ)、捨(す)てないでくださいね。
男 どうするんですか。
女 まとめて、専門(せんもん)の店(みせ)に持(も)って行(い)けば、買(か)って
　もらえるんですよ。
男 そうなんですか。

여 여기에 있는 상자, 버리지 말아 주세요.
남 어떻게 하려고요?
여 한데 모아서 전문 가게에 가지고 가면 팔 수 있어요.
남 그런 거예요?

女(おんな)の人(ひと)は、箱(はこ)をどうしますか。
(A) 売(う)る。
(B) 捨(す)てる。
(C) 荷物(にもつ)を入(い)れる。
(D) 人(ひと)にあげる。

여자는 상자를 어떻게 합니까?
(A) 판다.
(B) 버린다.
(C) 짐을 넣는다.
(D) 남에게 준다.

해설 | 여자는 남자에게 상자를 버리지 말아 달라고 부탁했고, 그 이유
를 묻는 남자에게 모아서 전문 가게에 가지고 가면 팔 수 있다고 했다.
따라서 정답은 (A)가 된다.

어휘 | 箱(はこ) 상자 捨(す)てる 버리다
〜ないでください 〜하지 말아 주십시오 まとめる 한데 모으다
専門(せんもん) 전문 店(みせ) 가게 持(も)つ 가지다, 들다
買(か)う 사다 〜てもらう (남에게) 〜해 받다 売(う)る 팔다
荷物(にもつ) 짐 入(い)れる 넣다 人(ひと) 남, 타인
あげる (남에게) 주다

63 성별에 따른 의견 및 행동 구분

男 明日(あした)の会議(かいぎ)は、11時(じゅういちじ)からにしませんか。
女 11時(じゅういちじ)からだと、昼(ひる)までには終(お)わらないんじゃ
　ないですか。
男 いや、早(はや)く終(お)わらせたいから、会議(かいぎ)が短(みじか)くな
　るはずですよ。
女 なるほど。そうかもしれないですね。

남 내일 회의는 11시부터로 하지 않을래요?
여 11시부터면 점심까지는 끝나지 않잖아요?
남 아니, 빨리 끝내고 싶을 테니까, 회의가 짧아질 거예요.
여 과연. 그럴지도 모르겠네요.

男(おとこ)の人(ひと)は、会議(かいぎ)がどうなると言(い)っていますか。
(A) 早(はや)く終(お)わる。
(B) 午後(ごご)も続(つづ)く。
(C) 長(なが)くなる。
(D) 無(な)くなる。

남자는 회의가 어떻게 될 것이라고 말하고 있습니까?
(A) 일찍 끝난다.
(B) 오후에도 계속된다.
(C) 길어진다.
(D) 없어진다.

해설 | 남자의 두 번째 대화에 주목해야 한다. 빨리 끝내고 싶을 테니까
회의가 짧아질 것이라고 했으므로, 남자는 회의가 일찍 끝날 것이라고
생각하고 있다는 것을 알 수 있다. 따라서 정답은 (A)가 된다.

어휘 | 会議(かいぎ) 회의 〜にする 〜로 하다 昼(ひる) 점심
終(お)わる 끝나다 短(みじか)い 짧다
〜はずだ (당연히) 〜할 것[터]이다 なるほど 과연 午後(ごご) 오후
続(つづ)く 이어지다, 계속되다 長(なが)い 길다
無(な)くなる 없어지다

64 성별에 따른 의견 및 행동 구분

男 このお知(し)らせを貼(は)ろうと思(おも)うんですが、どう
　でしょうか。
女 そうね…。字(じ)が細(ほそ)くて、色(いろ)も薄(うす)いと思(おも)うわ。
男 じゃ、太(ふと)いペンで書(か)き直(なお)してみます。
女 それがいいわね。

남 이 알림을 붙이려고 생각하는데, 어떨까요?
여 글쎄…. 글자가 가늘고 색도 연하다고 생각해.
남 그럼, 두꺼운 펜으로 다시 써 볼게요.
여 그게 좋겠네.

男(おとこ)の人(ひと)は、この後(あと)どうしますか。
(A) きれいな字(じ)で書(か)く。
(B) お知(し)らせを貼(は)る。
(C) ペンを買(か)いに行(い)く。
(D) 字(じ)を太(ふと)くする。

남자는 이후 어떻게 합니까?
(A) 예쁜 글씨로 쓴다.
(B) 알림을 붙인다.
(C) 펜을 사러 간다.
(D) 글자를 굵게 한다.

해설 | 여자는 알림의 글자를 보고 가늘고 색도 연하다고 지적했고, 이
에 남자는 두꺼운 펜으로 다시 쓰겠다고 했다. 따라서 정답은 (D)가 된
다.

어휘 | お知(し)らせ 알림 貼(は)る 붙이다 字(じ) 글자, 글씨
細(ほそ)い 가늘다 色(いろ) 색, 색깔 薄(うす)い 연하다
太(ふと)い 굵다 ペン 펜 書(か)き直(なお)す 고쳐[다시] 쓰다
きれいだ 예쁘다

65 대화 내용에 대한 이해

> 男　もしもし。もう、バスに乗っちゃいましたか。
> 女　ええ。今(いま)乗(の)ったところです。
> 男　今日(きょう)の会場(かいじょう)に持(も)って行(い)くはずの入場券(にゅうじょうけん)、忘(わす)
> 　　れていますよ。
> 女　え(!?)、すぐに取(と)りに戻(もど)ります。

남　여보세요. 벌써 버스 타 버렸어요?
여　네. 지금 막 탔어요.
남　오늘 회장에 가져가야 할 입장권, 두고 갔어요.
여　네!? 바로 가지러 돌아갈게요.

女(おんな)の人(ひと)は、何(なに)を忘(わす)れましたか。
(A) 会場(かいじょう)の案内(あんない)
(B) バスの切符(きっぷ)
(C) 入場(にゅうじょう)に必要(ひつよう)なチケット
(D) 会場(かいじょう)で払(はら)うお金(かね)

여자는 무엇을 두고 갔습니까?
(A) 회장 안내
(B) 버스표
(C) 입장에 필요한 티켓
(D) 회장에서 지불할 돈

해설 | 「入場券(にゅうじょうけん)」(입장권)이라는 단어가 포인트. 남자의 두 번째 대화로 보아 여자는 회장에 가지고 가야 할 입장권을 두고 갔다는 것을 알 수 있다. 따라서 「入場券(にゅうじょうけん)」(입장권)을 풀어서 표현한 (C)가 정답이 된다.

어휘 | もしもし 여보세요　バス 버스　乗(の)る (탈것에) 타다
동사의 た형+ところだ 막 ~한 참이다　会場(かいじょう) 회장
忘(わす)れる (물건을) 잊고 두고 가다　すぐに 곧, 바로
取(と)る (손에) 가지다　戻(もど)る 되돌아가다
案内(あんない) 안내　切符(きっぷ) 표　必要(ひつよう)だ 필요하다
チケット 티켓　払(はら)う (돈을) 내다, 지불하다　お金(かね) 돈

66 성별에 따른 의견 및 행동 구분

> 男　この小包(こづつみ)、上(うえ)の階(かい)の池田君(いけだくん)のだね。
> 女　じゃ、電話(でんわ)して取(と)りに来(き)てもらいましょうか。
> 男　いや、他(ほか)の用事(ようじ)もあるから、今(いま)から僕(ぼく)が持(も)って
> 　　行(い)くよ。
> 女　そうですか。

남　이 소포, 위층 이케다 군 거지?
여　그럼, 전화해서 가지러 오게 할까요?
남　아니, 다른 볼일도 있으니까, 지금부터 내가 갖고 갈게.
여　그래요?

男(おとこ)の人(ひと)は、この後(あと)どうしますか。
(A) 小包(こづつみ)を出(だ)しに行(い)く。
(B) 女(おんな)の人(ひと)に小包(こづつみ)を届(とど)けさせる。

(C) 池田(いけだ)さんに電話(でんわ)する。
(D) 池田(いけだ)さんに小包(こづつみ)を届(とど)ける。

남자는 이후 어떻게 합니까?
(A) 소포를 부치러 간다.
(B) 여자에게 소포를 전하게 한다.
(C) 이케다 씨에게 전화한다.
(D) 이케다 씨에게 소포를 전한다.

해설 | 남자의 대화에 주목해야 한다. 남자는 소포를 위층에 있는 이케다 씨에게 직접 갖다 주겠다고 했으므로, 정답은 (D)가 된다.

어휘 | 小包(こづつみ) 소포　上(うえ) 위　階(かい) (건물의) 층
電話(でんわ)する 전화하다　他(ほか) 다른 (것)
用事(ようじ) 볼일, 용무　今(いま)から 지금부터
出(だ)す 보내다, 부치다　동사의 ます형+に ~하러 *동작의 목적
届(とど)ける (물건을) 전하다, 갖다 주다

67 대화 내용에 대한 이해

> 男　今日(きょう)は、久(ひさ)しぶりに書類(しょるい)を整理(せいり)することにしたよ。
> 女　お手伝(てつだ)いしましょうか。
> 男　いや、自分(じぶん)の書類(しょるい)の要(い)る、要(い)らないは、自分(じぶん)
> 　　にしかわからないからね。
> 女　そうですか。

남　오늘은 오랜만에 서류를 정리하기로 했어.
여　도와드릴까요?
남　아니, 내 서류가 필요한지 필요 없는지는 나밖에 모르니까.
여　그래요?

男(おとこ)の人(ひと)が手伝(てつだ)ってもらわないのは、どうしてですか。
(A) 皆(みんな)忙(いそが)しいから
(B) 今日(きょう)は他(ほか)に仕事(しごと)がないから
(C) 捨(す)てるかどうか自分(じぶん)で判断(はんだん)したいから
(D) 自分(じぶん)の家(いえ)で書類(しょるい)を整理(せいり)するから

남자가 도움을 받지 않는 것은 어째서입니까?
(A) 모두 바쁘니까
(B) 오늘은 달리 일이 없으니까
(C) 버릴지 어떨지 스스로 판단하고 싶으니까
(D) 자기 집에서 서류를 정리하니까

해설 | 남자가 서류 정리에 다른 사람의 도움을 받지 않는 이유는 남자의 두 번째 대화에 나온다. 본인 서류니까 필요한지 필요 없는지는 본인밖에 모르기 때문이다. 따라서 정답은 (C)가 된다.

어휘 | 久(ひさ)しぶりだ 오랜만이다　書類(しょるい) 서류
整理(せいり) 정리　동사의 보통형+ことにする ~하기로 하다
お+동사의 ます형+する ~하다, ~해 드리다 *겸양표현
手伝(てつだ)う 돕다, 도와주다　要(い)る 필요하다
自分(じぶん) 자신, 나　~しか ~밖에　わかる 알다, 이해하다
忙(いそが)しい 바쁘다　他(ほか)に 달리　捨(す)てる 버리다
~かどうか ~일지 어떨지, ~인지 어떤지　判断(はんだん) 판단

68 대화 내용에 대한 이해

男 月末は、やっぱり忙しいですね。
女 うん、毎月何日間かは残業になるわね。
男 でも、今月が終わるまであと数日ですからね。
女 そうね。頑張りましょう。

남 월말은 역시 바쁘네요.
여 응, 매달 며칠간인가는 야근이 되지.
남 하지만 이달이 끝날 때까지 앞으로 며칠이니까요.
여 그러게. 분발합시다.

2人の仕事について、正しいものはどれですか。
(A) 残業はもうできない。
(B) あと数日間、忙しい。
(C) 月末は、残業がない。
(D) 最近何日かは暇だった。

두 사람의 일에 대해서 맞는 것은 어느 것입니까?
(A) 야근은 이제 할 수 없다.
(B) 앞으로 며칠간 바쁘다.
(C) 월말은 야근이 없다.
(D) 요즘 며칠인가는 한가했다.

해설 | 두 사람의 대화를 종합해 보면 두 사람의 일은 월말에 바빠서 며칠간 야근을 해야 한다는 것을 알 수 있다. 따라서 정답은 앞으로 며칠간 바쁘다고 한 (B)가 된다.

어휘 | 月末(げつまつ) 월말 やっぱり 역시 忙(いそが)しい 바쁘다
毎月(まいつき) 매달 何日間(なんにちかん) 며칠간
残業(ざんぎょう) 잔업, 야근 今月(こんげつ) 이달 終(お)わる 끝나다
あと 앞으로 数日(すうじつ) 수일, (이삼일 또는 사오일의) 며칠
頑張(がんば)る 분발하다 もう 이제 できる 할 수 있다
最近(さいきん) 최근, 요즘 暇(ひま)だ 한가하다

69 대화 내용에 대한 이해

女 今度オフィスが移転するビル、見て来ました。
男 ビル内に飲食店やおしゃれな店が入ってるんだろう(?)。
女 ええ。ただ、ビルの周りには、まったく何も…。
男 え(?)、そうなんだ。

여 이번에 사무실이 이전할 빌딩, 보고 왔어요.
남 빌딩 안에 음식점이나 멋진 가게가 들어가 있겠지?
여 네. 다만 빌딩 주변에는 전혀 아무것도….
남 뭐? 그렇구나.

移転先について、何と言っていますか。
(A) ビル内に店がない。
(B) 建物が古い。
(C) 周りには店がない。
(D) 賑やかな場所に位置する。

이전할 곳에 대해서 뭐라고 말하고 있습니까?
(A) 빌딩 안에 가게가 없다.
(B) 건물이 낡았다.
(C) 주변에는 가게가 없다.
(D) 번화한 장소에 위치한다.

해설 | 두 사람의 대화를 종합해 보면 사무실이 이전할 빌딩 안에는 음식점이나 멋진 가게가 입점해 있지만, 그 주변에는 아무것도 없다는 것을 알 수 있다. 따라서 정답은 (C)가 된다.

어휘 | 今度(こんど) 이번 オフィス 오피스, 사무실
移転(いてん) 이전 ビル 빌딩 *「ビルディング」의 준말
～内(ない) ～안, ～내부 飲食店(いんしょくてん) 음식점
おしゃれ(洒落)だ 멋지다, 세련되다 店(みせ) 가게
入(はい)る 들어가다 ただ 다만, 단지 周(まわ)り 주위, 주변
まったく (부정의 말을 수반하여) 전혀 何(なに)も 아무것도
～先(さき) ～하는 곳 建物(たてもの) 건물
古(ふる)い 낡다, 오래되다 賑(にぎ)やかだ 번화하다
場所(ばしょ) 장소 位置(いち) 위치

70 대화 내용에 대한 이해

男 このお店、もとは、ただの薬局だったんだよね。
女 今じゃ、日用品でも食品でも、何でも置いてるわ。
男 しかも、スーパーより安いんだからね。
女 流行るわけよね。

남 이 가게, 원래는 보통 약국이었지.
여 지금은 일용품도 식품도 뭐든지 놓고 있어.
남 게다가 슈퍼보다 싸니까.
여 유행할 만도 하네.

この店について、何と言っていますか。
(A) 安い上に薬も買える。
(B) 食品の質が高い。
(C) 大型スーパーの中にある。
(D) 日用品と食品以外は扱わない。

이 가게에 대해서 뭐라고 말하고 있습니까?
(A) 싼 데다가 약도 살 수 있다.
(B) 식품의 질이 높다.
(C) 대형 슈퍼 안에 있다.
(D) 일용품과 식품 이외에는 취급하지 않는다.

해설 | 두 사람은 이 가게에 대해 원래는 보통 약국이었는데, 지금은 일용품도 식품도 무엇이든지 놓고 있는 데다가 가격도 슈퍼보다 싸다고 했다. 따라서 정답은 싼 데다가 약도 살 수 있다고 한 (A)가 된다.

어휘 | もと 원래 ただ 보통, 예사 薬局(やっきょく) 약국
日用品(にちようひん) 일용품 ～でも ～이라도
食品(しょくひん) 식품 何(なん)でも 무엇이든지, 뭐든지
置(お)く 놓다, 두다 しかも 게다가

スーパー 슈퍼(마켓) *「スーパーマーケット」의 준말
～より ～보다 安(やす)い 싸다 流行(はや)る 유행하다
～わけ ～할 만도 함 ～上(うえ)に ～인 데다가, ～에 더해
薬(くすり) 약 質(しつ) 질 高(たか)い 높다 大型(おおがた) 대형
以外(いがい) 이외 扱(あつか)う 다루다, 취급하다

71 대화 내용에 대한 이해

男 3階の作業室、人が足りなくて、大変なんですよ。
女 先月、2人辞めてしまいましたもんね。
男 ええ。来週も忙しいので、事務所のアルバイトの人に手伝ってもらえませんか。
女 わかりました。

남 3층 작업실, 일손이 부족해서 힘들어요.
여 지난달에 두 명 그만둬 버렸으니까요.
남 네. 다음 주도 바쁘니까, 사무소 아르바이트생에게 도움을 받을 수 없어요?
여 알겠어요.

来週3階の作業を手伝うのは、誰ですか。
(A) 女の人
(B) 一度辞めた人
(C) 事務所のアルバイト
(D) 新しく来る人

다음 주에 3층 작업을 돕는 것은 누구입니까?
(A) 여자
(B) 한 번 그만둔 사람
(C) 사무소 아르바이트
(D) 새로 오는 사람

해설 | 남자의 두 번째 대화에 주목해야 한다. 남자는 다음 주도 바쁘니까 사무소 아르바이트생에게 도움을 받을 수 없을지 여자에게 물었고, 이에 여자는 알겠다고 했다. 따라서 정답은 (C)가 된다.

어휘 | 作業室(さぎょうしつ) 작업실 人(ひと) 사람, 필요한 일손
足(た)りない 모자라다, 부족하다 大変(たいへん)だ 힘들다
先月(せんげつ) 지난달 辞(や)める (일자리를) 그만두다
忙(いそが)しい 바쁘다 事務所(じむしょ) 사무소
アルバイト 아르바이트 手伝(てつだ)う 돕다, 도와주다
新(あたら)しい 새롭다

72 성별에 따른 의견 및 행동 구분

男 ここに積んである箱は、倉庫に納めるんですよね。
女 いえ、すぐ使うので、半日ほど置いておいてもいいでしょうか。
男 じゃ、半日だけですね。この通路は、大型荷物を運ぶのに使いますから。
女 わかりました。

남 여기에 쌓여 있는 상자는 창고에 넣을 거죠?
여 아뇨, 바로 쓸 거니까, 한나절 정도 놔 둬도 괜찮을까요?
남 그럼, 한나절만요. 이 통로는 큰 짐을 옮기는 데 쓰니까요.
여 알겠어요.

女の人が箱を置いたのは、どこですか。
(A) 事務所の隅
(B) 倉庫の中
(C) 階段の前
(D) 荷物用の通路

여자가 상자를 둔 것은 어디입니까?
(A) 사무소 구석
(B) 창고 안
(C) 계단 앞
(D) 짐용 통로

해설 | 여자의 대화에 주목해야 한다. 여자는 상자를 큰 짐을 옮기는 통로에 한나절 정도 두려고 하고 있으므로, 정답은 (D)가 된다.

어휘 | 積(つ)む (물건을) 쌓다 타동사+てある ～해져 있다
箱(はこ) 상자 倉庫(そうこ) 창고 納(おさ)める (속에) 넣다, 담다
すぐ 곧, 바로 使(つか)う 쓰다, 사용하다
半日(はんにち) 반일, 한나절 ～ほど ～정도 置(お)く 놓다, 두다
～ておく ～해 놓다[두다] 通路(つうろ) 통로 大型(おおがた) 대형
荷物(にもつ) 짐 運(はこ)ぶ 옮기다, 운반하다
事務所(じむしょ) 사무소 隅(すみ) 구석 中(なか) 안
階段(かいだん) 계단 前(まえ) 앞 ～用(よう) ～용

73 성별에 따른 의견 및 행동 구분

女 いらっしゃいませ。
男 年会費の支払いなんですが、こちらでできますか。
女 ええ。でも窓口よりあちらの機械でされた方が手数料がお安くなりますよ。
男 そうなんですか。ありがとうございます。

여 어서 오세요.
남 연회비 지불 말인데요, 여기에서 할 수 있나요?
여 네. 하지만 창구보다 저쪽 기계에서 하시는 편이 수수료가 싸져요.
남 그래요? 고마워요.

女の人は、支払いについて何と言っていますか。
(A) 機械を使う方が得だ。
(B) 窓口で払うと早い。
(C) 手数料はかからない。
(D) 機械で扱えない金額だ。

여자는 지불에 대해서 뭐라고 말하고 있습니까?
(A) 기계를 사용하는 편이 이득이다.
(B) 창구에서 지불하면 빠르다.
(C) 수수료는 들지 않는다.
(D) 기계로 취급할 수 없는 금액이다.

해설 | 여자의 두 번째 대화에 주목해야 한다. 여자는 연회비는 창구보다 기계에서 수납하는 편이 수수료가 싸진다고 했다. 따라서 정답은 (A)가 된다.

어휘 | いらっしゃいませ 어서 오십시오 年会費(ねんかいひ) 연회비
支払(しはら)い 지불 窓口(まどぐち) 창구 ～より ～보다
機械(きかい) 기계 手数料(てすうりょう) 수수료 安(やす)い 싸다
得(とく) 이득, 이익 早(はや)い 빠르다 かかる (비용이) 들다
扱(あつか)う 다루다, 취급하다 金額(きんがく) 금액

74 대화 내용에 대한 이해

女 来月の休日出勤表ができたので、確認しといてください。
男 あれ、第2日曜は、都合が悪いと言ってあったんですが…。
女 あ、ご免なさい。もう、他の人に頼んであるから、すぐ直します。
男 それならよかったです。

여 다음 달 휴일 출근표가 다 되었으니까, 확인해 두세요.
남 어? 두 번째 일요일은 사정이 있다고 말해 뒀는데요….
여 아, 죄송해요. 이미 다른 사람에게 부탁해 뒀으니까, 바로 고칠게요.
남 그렇다면 다행이네요.

第2日曜は、誰が出勤しますか。
(A) 男の人
(B) 女の人
(C) 女の人に頼まれた人
(D) 男の人が頼んだ人

두 번째 일요일에는 누가 출근합니까?
(A) 남자
(B) 여자
(C) 여자에게 부탁받은 사람
(D) 남자가 부탁한 사람

해설 | 남자는 두 번째 일요일에 사정이 있어서 출근할 수 없다고 사전에 여자에게 말했음에도 불구하고 휴일 출근표에 자신의 이름이 있는 것을 보고 당황했다. 이에 여자는 남자의 이름을 빼지 않은 것을 사과하고, 이미 다른 사람에게 부탁해 두었다고 했다. 따라서 일요일에 출근하는 사람은 여자에게 부탁받은 사람이 되므로, 정답은 (C)가 된다.

어휘 | 休日(きゅうじつ) 휴일 出勤表(しゅっきんひょう) 출근표
できる 다 되다, 완성되다 確認(かくにん) 확인
～とく ～해 놓다[두다] *「～ておく」의 회화체 표현
日曜(にちよう) 일요(일)
都合(つごう)が悪(わる)い 형편이 나쁘다, 사정이 있다
頼(たの)む 부탁하다 直(なお)す 고치다, 정정하다

75 대화 내용에 대한 이해

女 あさひ商事の井上さんの話は、聞かれましたか。
男 少し、聞いたけど…。うちの新商品を彼の会社で扱いたいんだって(?)。
女 ええ。オーケーなら、すぐにでも販売数や値段の交渉に入りたいと…。
男 そうか。わかった。

여 아사히상사 이노우에 씨의 이야기는 들으셨어요?
남 조금 들었는데…. 우리 신상품을 그의 회사에서 취급하고 싶다면서?
여 네. OK라면 바로라도 판매수량과 가격교섭에 들어가고 싶다고….
남 그래? 알겠어.

井上さんから新商品について、どんな話がありましたか。
(A) 製造を担当したい。
(B) 技術者を紹介してほしい。
(C) 販売方法を変えたい。
(D) 取引を始めたい。

이노우에 씨로부터 신상품에 대해서 어떤 이야기가 있었습니까?
(A) 제조를 담당하고 싶다.
(B) 기술자를 소개해 주었으면 한다.
(C) 판매방법을 바꾸고 싶다.
(D) 거래를 시작하고 싶다.

해설 | 두 사람의 대화를 종합해 보면 이노우에 씨는 두 사람 회사의 신상품을 취급하고 싶어하고, 괜찮다면 바로라도 판매수량과 가격교섭에 들어가기를 희망한다는 것을 알 수 있다. 따라서 정답은 거래를 시작하고 싶다고 한 (D)가 된다.

어휘 | 商事(しょうじ) 상사 聞(き)く 듣다 少(すこ)し 조금
新商品(しんしょうひん) 신상품 扱(あつか)う 다루다, 취급하다
オーケー 오케이, 동의 販売数(はんばいすう) 판매수량
値段(ねだん) 가격 交渉(こうしょう) 교섭 製造(せいぞう) 제조
担当(たんとう) 담당 技術者(ぎじゅつしゃ) 기술자
紹介(しょうかい) 소개 ～てほしい ～해 주었으면 하다
方法(ほうほう) 방법 変(か)える 바꾸다, 변경하다
取引(とりひき) 거래 始(はじ)める 시작하다

76 성별에 따른 의견 및 행동 구분

男 オフィス内の固定電話の使用は、継続でよろしいですか。
女 ええ、若い社員はメールでの連絡がほとんどみたいですけど…。
男 メールで全ては済ませられませんからね。
女 ええ、そうですね。

남 사무실 안의 고정전화 사용은 계속해도 괜찮아요?
여 네, 젊은 사원은 메일로의 연락이 대부분인 것 같지만요….
남 메일로 모든 것은 해결할 수는 없으니까요.
여 네, 그렇죠.

男の人は、オフィスでの通信について何と言っていますか。
(A) 携帯電話は使えない。
(B) 若者も電話を使うべきだ。
(C) 固定電話は不要だ。
(D) メールだけでは不十分だ。

남자는 사무실에서의 통신에 대해서 뭐라고 말하고 있습니까?
(A) 휴대전화는 사용할 수 없다.
(B) 젊은이도 전화를 사용해야 한다.
(C) 고정전화는 필요 없다.
(D) 메일만으로는 충분하지 않다.

해설 | 남자의 두 번째 대화에 주목해야 한다. 남자는 젊은 사원은 메일로의 연락이 대부분이기는 하지만, 메일로 모두 해결할 수는 없다고 생각하고 있다. 따라서 정답은 (D)가 된다.

어휘 | オフィス 오피스, 사무실 固定電話(こていでんわ) 고정전화
使用(しよう) 사용 継続(けいぞく) 계속
よろしい 좋다, 괜찮다 *「いい・よい」의 공손한 표현
若(わか)い 젊다 社員(しゃいん) 사원 メール 메일
連絡(れんらく) 연락 ほとんど 거의, 대부분
~みたいだ ~인 것 같다 全(すべ)て 모두, 전부
済(す)ませる 해결하다 携帯電話(けいたいでんわ) 휴대전화
~べきだ (마땅히) ~해야 한다 不要(ふよう)だ 필요 없다
不十分(ふじゅうぶん)だ 불충분하다, 충분하지 않다

77 대화 내용에 대한 이해

男 出張費は、後から精算するんですか。
女 ええ、基本的にはね。でも、場合によっては、前もって払いますよ。
男 公共交通機関の利用で、3万円以上かかるんですけど。
女 それは、見積もりを出してくれれば、先に払いますよ。

남 출장비는 나중에 정산하나요?
여 네, 기본적으로는요. 하지만 경우에 따라서는 미리 지불해요.
남 공공교통기관 이용으로 3만 엔 이상 드는데요.
여 그건 견적을 내 주면 먼저 지불할게요.

男の人の出張費について合っているものは、どれですか。
(A) 前もって払われる。
(B) 自分で払って、後で精算する。
(C) 3万円以上は、自分で払う。
(D) 旅行会社に支払われる。

남자의 출장비에 대해서 맞는 것은 어느 것입니까?
(A) 미리 지불받는다.
(B) 직접 지불하고 나중에 정산한다.
(C) 3만 엔 이상은 직접 지불한다.
(D) 여행사가 지불한다.

해설 | 대화 후반부에서 남자가 출장에서 공공교통기관 이용으로 3만 엔 이상이 들 것 같다고 하자, 여자는 견적을 내 주면 먼저 지불하겠다고 했다. 따라서 정답은 미리 지불받는다고 한 (A)가 된다.

어휘 | 出張費(しゅっちょうひ) 출장비 後(あと) 나중
精算(せいさん) 정산 基本的(きほんてき)だ 기본적이다
場合(ばあい) 경우 ~によっては ~에 따라서는
前(まえ)もって 미리, 사전에 払(はら)う (돈을) 내다, 지불하다
公共(こうきょう) 공공 交通機関(こうつうきかん) 교통기관
利用(りよう) 이용 以上(いじょう) 이상 かかる (비용이) 들다
見積(みつ)もり 견적 出(だ)す 내다, 제출하다
~てくれる (남이 나에게) ~해 주다 先(さき)に 먼저
自分(じぶん)で 직접, 스스로 旅行会社(りょこうがいしゃ) 여행사
支払(しはら)う 지불하다

78 성별에 따른 의견 및 행동 구분

女 今年のマラソン大会、大成功だったわね。
男 ええ、かなり観光収入が伸びたと思います。
女 町の名産のお味噌のアイスが人気を集めたのもよかったわ。
男 ええ、嬉しい誤算でした。

여 올해 마라톤대회, 대성공이었네.
남 네, 꽤 관광수입이 늘었다고 생각해요.
여 마을의 명물인 된장아이스크림이 인기를 모은 것도 좋았어.
남 네, 기쁜 오산이었어요.

男の人にとって、何が意外でしたか。
(A) 女の人がマラソンに出たこと
(B) 観光以外の収入を得たこと
(C) 運動に関心が高まっていること
(D) 土地の名産品が売れたこと

남자에게 있어서 무엇이 의외였습니까?
(A) 여자가 마라톤에 나간 것
(B) 관광 이외의 수입을 얻은 것
(C) 운동에 관심이 높아지고 있는 것
(D) 그 지방의 명산품이 팔린 것

해설 | 남자의 대화에 주목해야 한다. 남자는 마을의 명물인 된장아이스크림이 인기를 모은 것에 대해 기쁜 오산이었다고 했으므로, 정답은 그 지방의 명산품이 팔린 것이라고 한 (D)가 된다.

어휘 | 今年(ことし) 올해 マラソン大会(たいかい) 마라톤대회
大成功(だいせいこう) 대성공 かなり 꽤, 상당히
観光(かんこう) 관광 収入(しゅうにゅう) 수입
伸(の)びる 늘다, 신장하다 町(まち) 마을
名産(めいさん) 명산(물), 그 지역의 유명한 산물, 명물
味噌(みそ) 된장 アイス 아이스크림 *「アイスクリーム」의 준말
人気(にんき) 인기 集(あつ)める 모으다 嬉(うれ)しい 기쁘다
誤算(ごさん) 오산 意外(いがい) 의외
出(で)る (시합 등에) 나가다, 출전하다 以外(いがい) 이외
得(え)る 얻다 運動(うんどう) 운동 関心(かんしん) 관심
高(たか)まる 높아지다 土地(とち) 토지, 그 지방[고장]
名産品(めいさんひん) 명산품 売(う)れる (잘) 팔리다

79 대화 내용에 대한 이해

女 ねえ、見(み)て。このホテル、毎月(まいつき)1組(ひとくみ)2名(にめい)を無料(むりょう)ご招待(しょうたい)だって。
男 へえ。何(なに)か条件(じょうけん)でもあるの。
女 うん、ホテルのホームページに宿泊中(しゅくはくちゅう)の写真(しゃしん)を提供(ていきょう)してくれる人(ひと)だって。
男 へえ、よくできた企画(きかく)だね。

여 저기, 봐. 이 호텔, 매달 한 쌍인 두 명을 무료로 초대한대.
남 허. 뭔가 조건이라도 있어?
여 응. 호텔 홈페이지에 숙박 중인 사진을 제공해 주는 사람이래.
남 허. 잘 만들어진 기획이네.

ホテルの企画(きかく)は、どのようなものですか。
(A) 宿泊料(しゅくはくりょう)を安(やす)くして利用者(りようしゃ)を増(ふ)やす。
(B) インターネットでの予約(よやく)を割引(わりびき)する。
(C) 宿泊無料券(しゅくはくむりょうけん)を贈(おく)り物(もの)用(よう)として売(う)り出(だ)す。
(D) 宿泊客(しゅくはくきゃく)に宣伝用(せんでんよう)の写真(しゃしん)を提供(ていきょう)させる。

호텔의 기획은 어떤 것입니까?
(A) 숙박료를 싸게 해서 이용자를 늘린다.
(B) 인터넷에서의 예약을 할인한다.
(C) 숙박 무료권을 선물용으로 발매한다.
(D) 숙박객에게 선전용 사진을 제공하게 한다.

해설 | 두 사람의 대화를 종합해 보면 호텔의 기획은 호텔 홈페이지에 숙박 중인 사진을 제공해 주는 사람에 한해, 매달 한 쌍인 두 명을 무료로 숙박하게 해 주는 것이다. 따라서 정답은 (D)가 된다.

어휘 | ホテル 호텔 一組(ひとくみ) 한 쌍 無料(むりょう) 무료
招待(しょうたい) 초대 ~って ~대, ~래 条件(じょうけん) 조건
ホームページ 홈페이지 宿泊(しゅくはく) 숙박

~中(ちゅう) ~중 写真(しゃしん) 사진 提供(ていきょう) 제공
よく 잘 できる 만들어지다 企画(きかく) 기획
宿泊料(しゅくはくりょう) 숙박료 安(やす)い 싸다
利用者(りようしゃ) 이용자 増(ふ)やす 늘리다 予約(よやく) 예약
割引(わりびき) 할인 無料券(むりょうけん) 무료권
贈(おく)り物(もの) 선물 ~用(よう) ~용 ~として ~로서
売(う)り出(だ)す 팔기 시작하다, 발매하다
宿泊客(しゅくはくきゃく) 숙박객 宣伝用(せんでんよう) 선전용

80 성별에 따른 의견 및 행동 구분

男 中国(ちゅうごく)の新工場(しんこうじょう)の工場長(こうじょうちょう)は、誰(だれ)に任(まか)せようか。
女 現地(げんち)の事情(じじょう)に詳(くわ)しい方(かた)がいいでしょうか。
男 いや、まずは、工場(こうじょう)の設備(せつび)や人材(じんざい)を管理(かんり)できる人(ひと)だよ。
女 じゃ、そういう実績(じっせき)がある人(ひと)から選(えら)ぶべきですね。

남 중국의 새 공장 공장장은 누구에게 맡길까?
여 현지 사정에 밝은 분이 좋을까요?
남 아니, 우선은 공장 설비나 인재를 관리할 수 있는 사람이지.
여 그럼, 그런 실적이 있는 사람부터 뽑아야겠네요.

男(おとこ)の人(ひと)は、工場長(こうじょうちょう)としてどのような人(ひと)を必要(ひつよう)としていますか。
(A) 工場(こうじょう)を管理(かんり)する能力(のうりょく)の高(たか)い人(ひと)
(B) 現地(げんち)の事情(じじょう)に精通(せいつう)した人(ひと)
(C) コミュニケーションが得意(とくい)な人(ひと)
(D) 会社経営(かいしゃけいえい)を専門(せんもん)とする人(ひと)

남자는 공장장으로서 어떠한 사람을 필요로 하고 있습니까?
(A) 공장을 관리하는 능력이 높은 사람
(B) 현지 사정에 밝은 사람
(C) 의사소통을 잘하는 사람
(D) 회사 경영을 전문으로 하는 사람

해설 | 남자의 두 번째 대화에 주목해야 한다. 남자는 공장 설비나 인재를 관리할 수 있는 사람을 새 공장의 공장장으로 뽑고 싶어하므로, 정답은 (A)가 된다. (B)는 여자의 생각이고, (C)와 (D)는 대화에 나오지 않는 내용이다.

어휘 | 中国(ちゅうごく) 중국 新工場(しんこうじょう) 새 공장
工場長(こうじょうちょう) 공장장 任(まか)せる 맡기다
現地(げんち) 현지 事情(じじょう) 사정
詳(くわ)しい 잘 알고 있다, 정통하다, 밝다 まず 우선
設備(せつび) 설비 人材(じんざい) 인재 管理(かんり) 관리
そういう 그런 実績(じっせき) 실적 選(えら)ぶ 뽑다, 선발하다
~べきだ (마땅히) ~해야 한다 能力(のうりょく) 능력
高(たか)い 높다 精通(せいつう) 정통
コミュニケーション 커뮤니케이션, 의사소통
得意(とくい)だ 잘하다, 자신 있다 経営(けいえい) 경영
専門(せんもん) 전문

81~84 병원 예약

もしもし、朝日病院ですか。山田ユミ子と申します。[81]今日の予約をしたいんですが…。はい、[82]昨夜から熱があって、今朝も下がらないんです。お腹も痛くて、何も食べられません…。佐藤先生がいらっしゃるといいんですが…。[83]いつも診ていただいているので…。そうですか。佐藤先生は今日いらっしゃらないんですね。…では、木村先生にお願いします。何時なら予約が取れますか。…すぐ診ていただけるんですか。ありがとうございます。[84]では、これからすぐ参ります。よろしくお願いします。

여보세요. 아사히 병원이에요? 야마다 유미코라고 해요. [81]오늘 예약을 하고 싶은데요…. 예. [82]어젯밤부터 열이 있고 오늘 아침에도 떨어지지 않아요. 배도 아프고 아무것도 먹을 수 없어요…. 사토 선생님이 계시면 좋겠는데요…. [83]항상 진찰해 주시니까요…. 그래요? 사토 선생님은 오늘 안 계시는군요. …그럼, 기무라 선생님으로 부탁드려요. 몇 시면 예약이 가능한가요? …바로 진찰해 주실 수 있나요? 감사해요. [84]그럼, 이제부터 바로 갈게요. 잘 부탁드려요.

어휘 | もしもし 여보세요 病院(びょういん) 병원
~と申(もう)す ~라고 하다 *「~と言(い)う」의 겸양표현
予約(よやく) 예약 昨夜(ゆうべ) 어젯밤 熱(ねつ) 열
今朝(けさ) 오늘 아침 下(さ)がる (온도 등이) 떨어지다
お腹(なか) (신체의) 배 痛(いた)い 아프다 食(た)べる 먹다
いらっしゃる 계시다 *「いる」((사람이) 있다)의 존경어
診(み)る 진찰하다
~ていただく (남에게) ~해 받다 *「~てもらう」의 겸양표현
今日(きょう) 오늘 予約(よやく)を取(と)る 예약을 하다
すぐ 곧, 바로 これから 이제부터, 앞으로
参(まい)る 가다 *「行(い)く」의 겸양어

81 この人は、どうして病院に電話をしましたか。
(A) 医者と話したいから
(B) 今日病院に行きたいから
(C) 何時に開くか聞きたいから
(D) 駅からの行き方を聞きたいから

81 이 사람은 어째서 병원에 전화를 했습니까?
(A) 의사와 이야기하고 싶기 때문에
(B) 오늘 병원에 가고 싶기 때문에
(C) 몇 시에 시작하는지 묻고 싶기 때문에
(D) 역에서의 가는 법을 묻고 싶기 때문에

해설 | 이 사람이 병원에 전화를 한 이유는 세 번째 문장에 나온다. '오늘 예약을 하고 싶은데요…'라고 했으므로, 정답은 (B)가 된다.

어휘 | 電話(でんわ) 전화 医者(いしゃ) 의사
開(あ)く 가게 문이 열리다, 시작[영업]하다 聞(き)く 묻다
駅(えき) 역 行(い)き方(かた) 가는 법

82 この人の体の調子は、今どうですか。
(A) 熱は下がったが、お腹が痛い。
(B) お腹が痛くて食事ができない。
(C) 食事はできるが、頭が痛い。
(D) 熱はあるが、食事はできる。

82 이 사람의 몸 상태는 지금 어떻습니까?
(A) 열은 떨어졌지만, 배가 아프다.
(B) 배가 아프고 식사를 할 수 없다.
(C) 식사는 할 수 있지만, 머리가 아프다.
(D) 열은 있지만, 식사는 할 수 있다.

해설 | 이 사람의 몸 상태에 대해서는 중반부에 나온다. 어젯밤부터 오늘 아침까지 열이 있는 상태로, 배도 아파서 아무것도 먹을 수 없다고 했다. 따라서 정답은 (B)가 된다.

어휘 | 体(からだ) 몸, 신체 調子(ちょうし) 상태, 컨디션
食事(しょくじ) 식사 頭(あたま) 머리

83 どうして佐藤先生がいいと言っていますか。
(A) 注射が上手だから
(B) 仲のいい友達だから
(C) いつも診てもらっているから
(D) 友達にいい医者だと言われたから

83 어째서 사토 선생님이 좋다고 말하고 있습니까?
(A) 주사를 잘 놓기 때문에
(B) 사이가 좋은 친구이기 때문에
(C) 항상 진찰을 받고 있기 때문에
(D) 친구에게 좋은 의사라는 말을 들었기 때문에

해설 | 이 사람이 사토라는 의사가 좋다고 말한 이유는 항상 이 의사에게 진찰을 받고 있기 때문이다. 따라서 정답은 (C)가 된다.

어휘 | 注射(ちゅうしゃ) 주사 上手(じょうず)だ 능숙하다, 잘하다
仲(なか) 사이, 관계 友達(ともだち) 친구
~と言(い)われる ~라는 말을 듣다, ~라고 하다

84 この人は、この後どうしますか。
(A) 薬屋で薬を買って飲む。
(B) 前にもらった薬を飲んで寝る。
(C) 予約の時間まで待つ。
(D) すぐ病院へ行く。

84 이 사람은 이후 어떻게 합니까?
(A) 약국에서 약을 사서 먹는다.
(B) 전에 받았던 약을 먹고 잔다.

(C) 예약 시간까지 기다린다.
(D) 바로 병원에 간다.

해설 | 후반부에서 '그럼, 이제부터 바로 갈게요'라고 했으므로, 정답은 (D)가 된다.

어휘 | 薬屋(くすりや) 약국 薬(くすり) 약 もらう (남에게) 받다
寝(ね)る 자다 予約(よやく) 예약 時間(じかん) 시간
待(ま)つ 기다리다

85~88 아이스크림 소개

KKスーパーでお買い物中の皆様、こちらのアイスクリームはいかがですか。今日ご紹介するこのアイスクリームは、85カロリーが低いので、ダイエット中の方でも安心して召し上がれます。味はチョコレート味、イチゴ味、バナナ味の3種類で、86一番人気なのはイチゴ味です。どうぞ召し上がってみてください。87KKスーパーでは今日から売り出す商品のため、特別価格でお求めになれます。今日だけ、2箱で500円。884箱買った方には、こちらのビニールバッグを差し上げます。

KK슈퍼에서 쇼핑 중이신 여러분, 이쪽에 있는 아이스크림은 어떠세요? 오늘 소개해 드리는 이 아이스크림은 85칼로리가 낮아서 다이어트 중인 분이라도 안심하고 드실 수 있습니다. 맛은 초콜릿맛, 딸기맛, 바나나맛 세 종류로, 86가장 인기인 것은 딸기맛입니다. 부디 드셔 봐 주세요. 87KK슈퍼에서는 오늘부터 팔기 시작하는 상품이기 때문에 특별가격으로 사실 수 있습니다. 오늘만 두 상자에 500엔. 88네 상자 산 분에게는 이쪽에 있는 비닐백을 드립니다.

어휘 | スーパー 슈퍼(마켓) *「スーパーマーケット」의 준말
買(か)い物(もの) 쇼핑, 장을 봄 アイスクリーム 아이스크림
いかがですか 어떠십니까? *「どうですか」(어떻습니까?)의 공손한 표현
ご+한자명사+する ~하다, ~해 드리다 *겸양표현
紹介(しょうかい) 소개 カロリー 칼로리 低(ひく)い 낮다
ダイエット 다이어트 安心(あんしん) 안심
召(め)し上(あ)がる 드시다 *「食(た)べる」(먹다)의 존경어
味(あじ) 맛 チョコレート 초콜릿 イチゴ 딸기 バナナ 바나나
種類(しゅるい) 종류 一番(いちばん) 가장, 제일 人気(にんき) 인기
どうぞ 부디, 아무쪼록 売(う)り出(だ)す 팔기 시작하다, 발매하다
商品(しょうひん) 상품 特別(とくべつ) 특별 価格(かかく) 가격
お+동사의 ます형+になる ~하시다 *존경표현 求(もと)める 사다
二箱(ふたはこ) 두 상자 *「~箱(はこ)」~상자
ビニールバッグ 비닐백
差(さ)し上(あ)げる 드리다 *「あげる」((남에게) 주다)의 겸양어

85 この人が紹介しているのは、どんなアイスクリームですか。
(A) 体重が気になる人も安心して食べられる。
(B) 子供に人気のキャラクターが付いている。
(C) 甘すぎないのが好きな人に向いている。
(D) 高級な材料を使用している。

85 이 사람이 소개하고 있는 것은 어떤 아이스크림입니까?
(A) 체중이 신경 쓰이는 사람도 안심하고 먹을 수 있다.
(B) 아이에게 인기인 캐릭터가 붙어 있다.
(C) 너무 달지 않은 것을 좋아하는 사람에게 적합하다.
(D) 고급인 재료를 사용하고 있다.

해설 | 이 사람이 소개하고 있는 아이스크림은 칼로리가 낮아서 다이어트 중인 사람도 안심하고 먹을 수 있다고 했다. 따라서 정답은 (A)가 된다.

어휘 | 体重(たいじゅう) 체중
気(き)になる 신경이 쓰이다, 걱정되다 キャラクター 캐릭터
付(つ)く 붙다, 덧붙다 甘(あま)い 달다
い형용사의 어간+すぎる 너무 ~하다 好(す)きだ 좋아하다
向(む)く 적합하다, 어울리다 高級(こうきゅう)だ 고급이다
材料(ざいりょう) 재료 使用(しよう) 사용

86 一番人気があるのは、どんな味のアイスクリームですか。
(A) チョコレート味
(B) メロン味
(C) バナナ味
(D) イチゴ味

86 가장 인기가 있는 것은 어떤 맛의 아이스크림입니까?
(A) 초콜릿맛
(B) 멜론맛
(C) 바나나맛
(D) 딸기맛

해설 | 아이스크림은 초콜릿맛, 딸기맛, 바나나맛의 세 종류가 있는데, 그 중에서 가장 인기가 있는 것은 딸기맛이라고 했다. 따라서 정답은 (D)가 된다.

어휘 | メロン 멜론

87 どうして今日だけ特別価格で売りますか。
(A) このスーパーでは初めて販売するから
(B) このスーパーの広告に出したから
(C) 昨日発売を開始したばかりだから
(D) アイスクリーム会社の記念日だから

87 어째서 오늘만 특별가격으로 팝니까?
(A) 이 슈퍼에서는 처음 판매하기 때문에
(B) 이 슈퍼의 광고에 냈기 때문에
(C) 어제 발매를 막 개시한 참이기 때문에
(D) 아이스크림회사의 기념일이기 때문에

해설 | 후반부에서 KK슈퍼에서는 오늘부터 팔기 시작하는 상품이기 때문에 특별가격으로 사실 수 있다고 했다. 따라서 정답은 (A)가 된다.

어휘 | 初(はじ)めて 처음(으로) 販売(はんばい) 판매
広告(こうこく) 광고 開始(かいし) 개시
동사의 た형+ばかりだ 막 ~한 참이다

アイスクリーム会社(がいしゃ) 아이스크림회사
記念日(きねんび) 기념일

88 アイスクリームを4箱買うと、どんなサービスがありますか。
(A) 氷を付けてもらえる。
(B) バッグのプレゼントがある。
(C) アイスクリームをもう1個もらえる。
(D) スーパーの割引券がもらえる。

88 아이스크림을 네 상자 사면 어떤 서비스가 있습니까?
(A) 얼음을 붙여서 받을 수 있다.
(B) 백 선물이 있다.
(C) 아이스크림을 한 개 더 받을 수 있다.
(D) 슈퍼의 할인권을 받을 수 있다.

해설 | 마지막 문장에서 '네 상자 산 분에게는 이쪽에 있는 비닐백을 드립니다'라고 했으므로, 정답은 백 선물이 있다고 한 (B)가 된다.

어휘 | サービス 서비스 氷(こおり) 얼음
付(つ)ける 붙이다, 덧붙이다 プレゼント 프레젠트, 선물
1個(いっこ) 한 개 *「~個(こ)」- 개 割引券(わりびきけん) 할인권

89~91 전철 안내방송

ご乗車のお客様にお伝えします。今入った情報によりますと、次の花山駅そばの踏切で、煙が出ているとのことです。この後、[89]消防が安全の確認作業を行いますので、この電車はしばらくここで停車することになりました。お急ぎのところ、お客様にはご迷惑をおかけして申し訳ありません。なお、[90]皆様の安全のため、電車の外には決してお出にならないようにしてください。また、[91]気分が悪くなったお客様がいらっしゃいましたら、非常ボタンでお知らせください。皆様のご協力をよろしくお願いいたします。

승차하신 손님께 전해 드립니다. 지금 들어온 정보에 따르면 다음 하나야마역 옆 건널목에서 연기가 나고 있다고 합니다. 이후 [89]소방이 안전 확인 작업을 하기 때문에 이 전철은 잠시 여기에서 정차하게 되었습니다. 바쁘신 와중에 손님께는 폐를 끼쳐 죄송합니다. 그리고 [90]여러분의 안전을 위해 전철 밖으로는 절대로 나가시지 않도록 해 주십시오. 또한 [91]몸 상태가 좋지 않으신 손님이 계시면 비상버튼으로 알려 주십시오. 여러분의 협력을 잘 부탁드립니다.

어휘 | 乗車(じょうしゃ) 승차 お客様(きゃくさま) 손님
お+동사의 ます형+する ~하다, ~해 드리다 *겸양표현
伝(つた)える 전하다 入(はい)る 들어오다 情報(じょうほう) 정보
~によりますと ~에 의하면, ~에 따르면 *「~によると」의 공손한 표현 次(つぎ) 다음 そば 옆, 곁 踏切(ふみきり) 건널목
煙(けむり)が出(で)る 연기가 나다 ~とのことだ ~라고 한다 *전문
消防(しょうぼう) 소방 安全(あんぜん) 안전 確認(かくにん) 확인
作業(さぎょう) 작업 行(おこな)う 하다, 행하다, 실시하다
電車(でんしゃ) 전철 しばらく 잠깐, 잠시 停車(ていしゃ) 정차
동사의 보통형+ことになる ~하게 되다 急(いそ)ぎ 급함
ところ 때, 처지 迷惑(めいわく)をかける 폐를 끼치다
なお 또한, 덧붙여 말하면 外(そと) 밖, 바깥
決(けっ)して (부정의 말을 수반하여) 결코, 절대로
お+동사의 ます형+になる ~하시다 *존경표현 出(で)る 나가다
~ないように ~하지 않도록
気分(きぶん)が悪(わる)い 몸 상태가 나쁘다
いらっしゃる 계시다 *「いる」((사람이) 있다)의 존경어
非常(ひじょう)ボタン 비상버튼
お+동사의 ます형+ください ~해 주십시오 *존경표현
知(し)らせる 알리다 協力(きょうりょく) 협력

89 どうして電車はしばらく止まりますか。
(A) 今地震が起きたから
(B) 大雨で安全に運転できるかわからないから
(C) 次の駅の建物が火事だから
(D) 踏切の安全について確認が必要だから

89 어째서 전철은 잠시 멈춥니까?
(A) 지금 지진이 일어났기 때문에
(B) 큰비로 안전하게 운전할 수 있을지 알 수 없기 때문에
(C) 다음 역의 건물이 화재이기 때문에
(D) 건널목 안전에 대해서 확인이 필요하기 때문에

해설 | 전철이 잠시 정차한 이유는 다음 역 옆에 있는 건널목에서 연기가 나고 있어서 안전 확인 작업이 필요하기 때문이다. 따라서 정답은 (D)가 되는데, 「煙(けむり)が出(で)る」(연기가 나다)라는 표현만으로 화재라고 단정 지을 수는 없으므로, (C)를 정답으로 고르지 않도록 주의하자.

어휘 | 止(と)まる 멈추다, 서다 地震(じしん) 지진
起(お)きる 일어나다, 발생하다 大雨(おおあめ) 큰비
運転(うんてん) 운전 建物(たてもの) 건물 火事(かじ) 화재
必要(ひつよう)だ 필요하다

90 乗車中の客に、どんなお願いをしていますか。
(A) 気を付けて駅まで歩いてほしい。
(B) お年寄りを座らせてほしい。
(C) 電車内にいてほしい。
(D) 窓を開けないでほしい。

90 승차 중인 손님에게 어떤 부탁을 하고 있습니까?
(A) 조심해서 역까지 걸어 주었으면 한다.
(B) 노인을 앉혀 주었으면 한다.
(C) 전철 안에 있어 주었으면 한다.
(D) 창문을 열지 말아 주었으면 한다.

해설 | 후반부에서 '여러분의 안전을 위해 전철 밖으로는 절대로 나가시지 않도록 해 주십시오'라고 했으므로, 정답은 (C)가 된다.

어휘 | お願(ねが)い 부탁 気(き)を付(つ)ける 조심하다, 주의하다
歩(ある)く 걷다 ~てほしい ~해 주었으면 하다
お年寄(としよ)り 노인 座(すわ)る 앉다 窓(まど) 창문
開(あ)ける 열다

91 具合が悪い人がいたら、どうしますか。

(A) 誰かが運転席に知らせに行く。
(B) 自分の携帯電話で駅員を呼ぶ。
(C) 電車内の電話で駅員を呼ぶ。
(D) 非常ボタンを押す。

91 건강 상태가 좋지 않은 사람이 있으면 어떻게 합니까?

(A) 누군가가 운전석에 알리러 간다.
(B) 자기 휴대전화로 역무원을 부른다.
(C) 전철 안의 전화로 역무원을 부른다.
(D) 비상버튼을 누른다.

해설 | 후반부에서 몸 상태가 좋지 않으신 손님이 계시면 비상버튼으로 알려 달라고 했으므로, 정답은 (D)가 된다.

어휘 | 具合(ぐあい) (건강) 상태 運転席(うんてんせき) 운전석
動詞のます形+に ~하러 *동작의 목적
携帯電話(けいたいでんわ) 휴대전화 駅員(えきいん) 역무원
呼(よ)ぶ 부르다

92~94 졸업 기념 파티

先日、私が卒業したイズミ高校の卒業20周年の記念パーティーがありました。私は[92]高校時代から住所が何回も変わったため、招待状が来ませんでしたが、同じ大学に進んだ友達が知らせてくれたので参加できました。久しぶりに会った[93]野球部のキャプテンだった山田君は、背が高くスタイルがよくて当時は女子生徒の憧れでしたが、今はずいぶん太ってしまっていて少し残念でした。[94]担任だった鈴木先生もいらしていて、今はイズミ高校の副校長になられたそうです。その日は高校時代に戻ったような気分になれて、楽しかったです。

요전에 제가 졸업한 이즈미고등학교의 졸업 20주년 기념파티가 있었습니다. 저는 [92]고등학교 시절부터 주소가 몇 번이나 바뀌었기 때문에 초대장이 오지 않았습니다만, 같은 대학에 진학한 친구가 알려 주었기 때문에 참가할 수 있었습니다. 오랜만에 만난 [93]야구부 주장이었던 야마다 군은 키가 크고 스타일이 좋아서 당시는 여학생의 동경의 대상이었습니다만, 지금은 매우 살이 쪄 버려서 조금 아쉬웠습니다. [94]담임이었던 스즈키 선생님도 오셨고, 지금은 이즈미고등학교의 부교장이 되셨다고 합니다. 그 날은 고등학교 시절로 돌아간 듯한 기분이 들어서 즐거웠습니다.

어휘 | 先日(せんじつ) 요전, 전번 卒業(そつぎょう) 졸업
高校(こうこう) 고교, 고등학교 *「高等学校(こうとうがっこう)」의 준말
~周年(しゅうねん) ~주년 記念(きねん) 기념 パーティー 파티
~時代(じだい) ~시절 住所(じゅうしょ) 주소
何回(なんかい) 몇 회, 몇 번 횟수+も ~이나
変(か)わる 바뀌다, 변하다 ~ため ~때문에
招待状(しょうたいじょう) 초대장 同(おな)じだ 같다
大学(だいがく) 대학 進(すす)む 진학하다 知(し)らせる 알리다
参加(さんか) 참가 久(ひさ)しぶりだ 오랜만이다
野球部(やきゅうぶ) 야구부 キャプテン 캡틴, 주장
背(せ)が高(たか)い 키가 크다 スタイル 스타일
当時(とうじ) 당시 女子生徒(じょしせいと) 여학생
憧(あこが)れ 동경 ずいぶん 아주, 매우 太(ふと)る 살찌다
少(すこ)し 조금 残念(ざんねん)だ 아쉽다, 유감스럽다
担任(たんにん) 담임 いらす 오시다 *「来(く)る」(오다)의 존경어
副校長(ふくこうちょう) 부교장 戻(もど)る 되돌아가다
楽(たの)しい 즐겁다

92 この人は、どうやってパーティーのことを知りましたか。

(A) 自宅に知らせが届いた。
(B) 同じ高校に進んだ弟から聞いた。
(C) 友達が知らせてくれた。
(D) 高校のホームページを見た。

92 이 사람은 어떻게 파티를 알았습니까?

(A) 자택에 알림이 도착했다.
(B) 같은 고등학교에 진학한 남동생에게 들었다.
(C) 친구가 알려 주었다.
(D) 고등학교 홈페이지를 봤다.

해설 | 이 사람은 고등학교 시절부터 주소가 몇 번이나 바뀌어 파티 초대장이 오지 않았지만, 같은 대학에 진학한 친구가 알려 주었기 때문에 참가할 수 있었다고 했다. 따라서 정답은 (C)가 된다.

어휘 | どうやって 어떻게 (해서) 自宅(じたく) 자택
知(し)らせ 알림 届(とど)く 도착하다 弟(おとうと) 남동생
ホームページ 홈페이지

93 この人は、何が残念でしたか。

(A) 当時の野球部キャプテンが会社員になったこと
(B) 当時の野球部キャプテンが野球を止めていたこと
(C) 女子生徒の憧れだった人が参加しなかったこと
(D) 女子生徒の憧れだった人がずいぶん変わっていたこと

93 이 사람은 무엇이 아쉬웠습니까?

(A) 당시의 야구부 주장이 회사원이 된 것
(B) 당시의 야구부 주장이 야구를 그만둔 것
(C) 여학생의 동경이었던 사람이 참가하지 않은 것
(D) 여학생의 동경이었던 사람이 아주 변해 있었던 것

해설 | 이 사람은 야구부 주장으로 키가 크고 스타일이 좋아서 당시 여학생의 동경의 대상이었던 야마다 군이 지금은 아주 살이 쪄 버린 것을 아쉬워하고 있다. 따라서 정답은 (D)가 된다.

어휘 | 当時(とうじ) 당시 会社員(かいしゃいん) 회사원
止(や)める 그만두다, 관두다

94 担任だった先生は、今どうしていますか。

(A) 既に定年退職した。
(B) 当時と同じ高校で担任を持っている。
(C) 当時と同じ高校で副校長になった。
(D) 他の高校の校長になった。

94 담임이었던 선생님은 지금 어떻게 하고 있습니까?

(A) 이미 정년퇴직했다.
(B) 당시와 같은 고등학교에서 담임을 맡고 있다.
(C) 당시와 같은 고등학교에서 부교장이 되었다.
(D) 다른 고등학교 교장이 되었다.

해설 | 후반부에서 담임이었던 스즈키 선생님은 지금은 이즈미고등학교의 부교장이 되었다고 했으므로, 정답은 (C)가 된다.

어휘 | 担任(たんにん) 담임 既(すで)に 이미, 벌써
定年退職(ていねんたいしょく) 정년퇴직
持(も)つ 담임하다, 담당하다, 맡다

95~97 임시휴업 안내

お電話ありがとうございます。こちらはオフィス用品のトップでございます。誠に勝手ながら、[95]本日は社内の防災設備の修理のため、臨時休業となっております。なお、[96]明日は土曜日で、本来は定休日でございますが、通常の営業時間で営業いたします。恐れ入りますが、明日改めてお掛け直しください。また、[97]ネットからのご注文は本日も承っておりますが、配達は来週月曜日になります。ご迷惑をお掛けいたしますが、よろしくお願いいたします。

전화 감사합니다. 여기는 오피스용품 톱입니다. 정말로 외람되지만, [95]오늘은 사내의 방재설비 수리 때문에 임시휴업입니다. 또한 [96]내일은 토요일이라 본래는 정기휴일이지만, 통상 영업시간으로 영업합니다. 죄송하지만, 내일 다시 걸어 주십시오. 또 [97]인터넷에서의 주문은 오늘도 받고 있습니다만, 배달은 다음 주 월요일이 됩니다. 폐를 끼쳐 드립니다만, 잘 부탁드립니다.

어휘 | 電話(でんわ) 전화 オフィス 오피스, 사무실
用品(ようひん) 용품 誠(まこと)に 정말로
勝手(かって)だ 제멋대로이다, 마음대로이다
本日(ほんじつ) 금일, 오늘 *「今日(きょう)」의 격식 차린 말
社内(しゃない) 사내 防災(ぼうさい) 방재 設備(せつび)설비
修理(しゅうり) 수리 臨時(りんじ) 임시 休業(きゅうぎょう) 휴업
明日(あす) 내일 *「明日(あした)」의 격식 차린 말
土曜日(どようび) 토요일 本来(ほんらい) 본래
定休日(ていきゅうび) 정기휴일 通常(つうじょう) 통상
営業(えいぎょう) 영업 恐(おそ)れ入(い)る 황송하다, 죄송하다
改(あらた)めて 재차, 다시
お+동사의 ます형+ください ~해 주십시오 *존경표현
掛(か)け直(なお)す 다시 걸다
ネット 인터넷 *「インターネット」의 준말 注文(ちゅうもん) 주문
承(うけたまわ)る 삼가 받다 *「受(う)ける」(받다)의 겸양어
配達(はいたつ) 배달 月曜日(げつようび) 월요일 迷惑(めいわく) 폐
お+동사의 ます형+いたす ~하다, ~해 드리다 *겸양표현
掛(か)ける (걱정 등을) 끼치다

95 この会社は今日、なぜ休業していますか。

(A) 社内の設備を交換するから
(B) 社内の設備を修理しているから
(C) 社内で防災訓練を行うから
(D) 社内の騒音防止工事をするから

95 이 회사는 오늘 왜 휴업합니까?

(A) 사내의 시설을 교환하기 때문에
(B) 사내의 설비를 수리하고 있기 때문에
(C) 사내에서 방재훈련을 실시하기 때문에
(D) 사내의 소음방지공사를 하기 때문에

해설 | 이 회사가 오늘 휴업하는 이유는 사내의 방재설비를 수리하기 때문이다. 따라서 정답은 (B)가 된다.

어휘 | 休業(きゅうぎょう) 휴업 交換(こうかん) 교환
訓練(くんれん) 훈련 行(おこな)う 하다, 행하다, 실시하다
騒音(そうおん) 소음 防止(ぼうし) 방지 工事(こうじ) 공사

96 明日の営業はどうなると言っていますか。

(A) 通常と同じ営業時間だ。
(B) 半日だけ営業する。
(C) 一部の部署だけ営業する。
(D) 臨時休業する。

96 내일 영업은 어떻게 된다고 말하고 있습니까?

(A) 통상과 같은 영업시간이다.
(B) 한나절만 영업한다.
(C) 일부 부서만 영업한다.
(D) 임시휴업한다.

해설 | 중반부에서 '내일은 토요일이라 본래는 정기휴일이지만, 통상 영업시간으로 영업합니다'라고 했으므로, 정답은 (A)가 된다.

어휘 | 半日(はんにち) 반일, 한나절 一部(いちぶ) 일부
部署(ぶしょ) 부서

97 今日商品を注文したい場合、どうなりますか。

(A) ネットで注文すれば明日配達できる。
(B) ネットで注文できるが、配達は来週だ。
(C) メールで担当者に直接注文できる。
(D) メールで受け付けるが、処理は来週だ。

97 오늘 상품을 주문하고 싶은 경우, 어떻게 됩니까?

(A) 인터넷으로 주문하면 내일 배달할 수 있다.
(B) 인터넷으로 주문할 수 있지만, 배달은 다음 주이다.
(C) 메일로 담당자에게 직접 주문할 수 있다.
(D) 메일로 접수하지만, 처리는 다음 주이다.

해설 | 후반부에서 인터넷에서의 주문은 오늘도 받고 있지만 배달은 다

음 주 월요일이 된다고 했으므로, 정답은 (B)가 된다.

어휘 | メール 메일 担当者(たんとうしゃ) 담당자
直接(ちょくせつ) 직접 受(う)け付(つ)ける 접수하다
処理(しょり) 처리

98~100 슈퍼 재오픈

[98]8月から改修のため、一時的に閉店していた駅前のスーパーが、昨日再オープンしたと聞いて行ってみました。私が驚いたのは[99]フロア全体に広がる2階の惣菜コーナーです。中央の大型画面では惣菜が製造されている現在の様子が見られるようになっていて、更には購入した惣菜をその場で食べられるイートインスペースが確保されていました。[100]改修前まで子供の姿はあまり見かけなかった平日の夜にも、そこで食事をしている家族連れの姿が明らかに増えました。スーパーの思惑が当たったと言えるのではないでしょうか。

[98]8월부터 개수 때문에 일시적으로 폐점했던 역 앞의 슈퍼가 어제 재오픈했다고 듣고 가 봤습니다. 제가 놀란 것은 [99]층 전체에 펼쳐진 2층 반찬 코너입니다. 중앙의 대형화면에서는 반찬이 제조되고 있는 현재 모습을 볼 수 있게 되어 있고, 나아가서는 구입한 반찬을 그 자리에서 먹을 수 있는 먹는 공간이 확보되어 있었습니다. [100]개수 전까지 아이의 모습은 별로 볼 수 없었던 평일 밤에도 그곳에서 식사를 하고 있는 가족 동반인 모습이 분명하게 늘었습니다. 슈퍼의 의도가 적중했다고 말할 수 있지 않을까요?

어휘 | 改修(かいしゅう) 개수, 보수 一時的(いちじてき)だ 일시적이다
閉店(へいてん) 폐점 駅前(えきまえ) 역 앞 再(さい)オープン 재오픈
驚(おどろ)く 놀라다 フロア 플로어, (빌딩의) 층
全体(ぜんたい) 전체 広(ひろ)がる 펼쳐지다
惣菜(そうざい) 반찬 コーナー 코너 中央(ちゅうおう) 중앙
大型(おおがた) 대형 画面(がめん) 화면 製造(せいぞう) 제조
現在(げんざい) 현재 様子(ようす) 모습 更(さら)には 나아가서는
購入(こうにゅう) 구입 その場(ば) 그 자리
イートイン 테이크 아웃이 가능한 음식점 안에서 구입한 음식을 그 자리에서 바로 먹는 것 スペース 스페이스, 공간 確保(かくほ) 확보
姿(すがた) 모습 あまり (부정의 말을 수반하여) 그다지, 별로
見(み)かける 눈에 띄다, 가끔 보다 平日(へいじつ) 평일 夜(よる) 밤
食事(しょくじ) 식사 家族連(かぞくづ)れ 가족 동반
明(あき)らかだ 분명하다 増(ふ)える 늘다, 늘어나다
思惑(おもわく) 생각, 의도
当(あ)たる (꿈·예상이) 들어맞다, 적중하다

98 この人が昨日行ったのはどんなスーパーですか。
(A) 工事を終え、新しくなったスーパー
(B) もうすぐ閉店するスーパー
(C) 8月にできたばかりのスーパー
(D) 会社帰りによく立ち寄るスーパー

98 이 사람이 어제 간 곳은 어떤 슈퍼입니까?
(A) 공사를 끝내고 새로워진 슈퍼
(B) 이제 곧 폐점하는 슈퍼
(C) 8월에 막 생긴 슈퍼
(D) 회사에서 집으로 돌아가는 길에 자주 들르는 슈퍼

해설 | 이 사람이 어제 간 슈퍼는 8월부터 개수 때문에 일시적으로 폐점했다가 어제 재오픈한 슈퍼이다. 따라서 정답은 (A)가 된다.

어휘 | 終(お)える 끝내다, 마치다 もうすぐ 이제 곧 できる 생기다
동사의 た형+ばかり 막 ~한 참임
会社帰(かいしゃがえ)り 회사에서 집으로 돌아감
立(た)ち寄(よ)る 들르다

99 スーパーの2階はどのようなスペースですか。
(A) 惣菜コーナーと、それらを食べられるスペース
(B) 様々な国の食事を楽しめるレストラン
(C) 購入した商品を目の前で調理してくれるスペース
(D) 簡単な調理を教えてくれるスペース

99 슈퍼 2층은 어떠한 공간입니까?
(A) 반찬 코너와 그것들을 먹을 수 있는 공간
(B) 다양한 나라의 식사를 즐길 수 있는 레스토랑
(C) 구입한 상품을 눈앞에서 조리해 주는 공간
(D) 간단한 조리를 가르쳐 주는 공간

해설 | 초반부에서 재오픈한 슈퍼 2층은 반찬 코너와 구입한 반찬을 그 자리에서 먹을 수 있는 먹는 공간이 확보되어 있다고 했다. 따라서 정답은 (A)가 된다.

어휘 | 様々(さまざま)だ 다양하다, 여러 가지다 国(くに) 나라
食事(しょくじ) 식사 楽(たの)しむ 즐기다 購入(こうにゅう) 구입
商品(しょうひん) 상품 目(め)の前(まえ) 눈앞 調理(ちょうり) 조리
簡単(かんたん)だ 간단하다 教(おし)える 가르치다, 교육하다

100 スーパーの狙いは何ですか。
(A) お年寄りも楽しめるスペースを確保すること
(B) 平日の夜にも家族の利用客を増やすこと
(C) 一人当たりの消費金額を増やすこと
(D) 休日の混雑を緩和させること

100 슈퍼의 목적은 무엇입니까?
(A) 노인도 즐길 수 있는 공간을 확보하는 것
(B) 평일 밤에도 가족 이용객을 늘리는 것
(C) 한 사람당 소비금액을 늘리는 것
(D) 휴일의 혼잡을 완화시키는 것

해설 | 후반부에서 '개수 전까지 아이의 모습은 별로 볼 수 없었던 평일 밤에도 그곳에서 식사를 하고 있는 가족 동반인 모습이 분명하게 늘었습니다'라고 했다. 따라서 정답은 평일 밤에도 가족 이용객을 늘리는 것이라고 달리 표현한 (B)가 된다.

어휘 | 狙(ねら)い 노리는 바, 목적 お年寄(としよ)り 노인
確保(かくほ) 확보 利用客(りようきゃく) 이용객 増(ふ)やす 늘리다
~当(あ)たり ~당 消費(しょうひ) 소비 金額(きんがく) 금액
混雑(こんざつ) 혼잡 緩和(かんわ) 완화

PART 5 | 정답 찾기

101 1자 한자 발음 찾기
테니스 연습으로 팔이 아파졌다.

해설 | 「腕」은 '팔'이라는 뜻으로, (C)의 「うで」라고 읽는다. (A)의 「あし(足)」는 '다리', (B)의 「て(手)」는 '손', (D)의 「こし(腰)」는 '허리'라는 뜻이다.

어휘 | テニス 테니스 練習(れんしゅう) 연습 痛(いた)い 아프다

102 2자 한자 발음 찾기
올해 여름은 이상하게 더웠다.

해설 | 「異常」은 '이상'이라는 뜻으로, (A)의 「いじょう」라고 읽는다.

어휘 | 今年(ことし) 올해 夏(なつ) 여름 暑(あつ)い 덥다

103 동사 발음 찾기
아들은 1년에 키가 10cm나 자랐다.

해설 | 「伸びる」는 '자라다'라는 뜻으로, (D)의 「のびる」라고 읽는다.

어휘 | 息子(むすこ) 아들 背(せ) 키, 신장 숫자+も ~이나

104 2자 한자 발음 찾기
학생 시절의 추억은 영원히 잊지 않는다.

해설 | 「永遠」은 '영원'이라는 뜻으로, (A)의 「えいえん」이라고 읽는다.

어휘 | 学生時代(がくせいじだい) 학생 시절 思(おも)い出(で) 추억
忘(わす)れる 잊다

105 동사 발음 찾기
그때까지의 긴장이 풀렸는지 그녀는 안심한 표정을 보였다.

해설 | 「和らぐ」는 '(마음이) 풀리다, 완화되다'라는 뜻으로, (B)의 「やわらぐ」라고 읽는다.

어휘 | それまで 그때까지 緊張(きんちょう) 긴장
ほっとする 안심하다 表情(ひょうじょう) 표정
見(み)せる 보이다, 보여 주다

106 동사 발음 찾기
아버지는 헌책방을 경영하고 있다.

해설 | 「営む」는 '경영하다'라는 뜻으로, (B)의 「いとなむ」라고 읽는다.

어휘 | 父(ちち) 아버지 古本屋(ふるほんや) 헌책방

107 3자 한자 발음 찾기
비행기는 활주로를 향해 움직이기 시작했다.

해설 | 「滑走路」는 '활주로'라는 뜻으로, (C)의 「かっそうろ」라고 읽는다.

어휘 | 飛行機(ひこうき) 비행기 向(む)かう 향하다, (향해) 가다
動(うご)く 움직이다 동사의 ます형+出(だ)す ~하기 시작하다

108 명사 한자 찾기
이번 시험 결과는 지금까지에서 최저였다.

해설 | 「さいてい」는 '최저'라는 뜻의 명사로, 한자로는 (B)의 「最低」라고 쓴다.

어휘 | 今回(こんかい) 이번 テスト 테스트, 시험
結果(けっか) 결과 今(いま)まで 지금까지

109 명사 한자 찾기
요전에 보고에 실수가 있었으므로, 정정하겠습니다.

해설 | 「あやまり」로 읽는 명사로는 「誤り」(실수, 잘못)와 「謝り」(사과, 사죄)가 있는데, 문장의 내용상 밑줄 친 부분의 「あやまり」는 '실수, 잘못'이라는 뜻이라는 것을 알 수 있다. 따라서 올바른 한자는 (A)의 「誤り」가 된다.

어휘 | 先日(せんじつ) 요전, 저번 報告(ほうこく) 보고
訂正(ていせい) 정정

110 い형용사 한자 찾기
그녀는 깨끗이 죄를 인정했다.

해설 | 「いさぎよい」는 '미련 없이 깨끗하다, 떳떳하다'라는 뜻의 い형용사로, 한자로는 (A)의 「潔い」라고 쓴다.

어휘 | 彼女(かのじょ) 그녀 罪(つみ) 죄 認(みと)める 인정하다
清(きよ)い 맑다, 깨끗하다

111 대체표현 찾기
저는 피아노라면 연주할 수 있습니다.

(A) 연주해 줍니다
(B) 연주해도 상관없습니다
(C) 연주할 수 있습니다
(D) 연주해야 합니다.

해설 | 「弾(ひ)けます」는 '(악기를) 키다, 치다, 연주하다'라는 뜻의 동사 「弾(ひ)く」의 가능형에 ます를 붙인 형태로, '연주할 수 있습니다'라는 뜻이다. 선택지 중 바꿔 쓸 수 있는 것은 (C)로, 「동사의 기본형+ことができる」는 '~할 수 있다'라는 가능의 뜻을 나타낸다.

어휘 | ピアノ 피아노 ~なら ~라면
~てあげる (내가 남에게) ~해 주다
~てもかまわない ~해도 상관없다
~なければならない ~하지 않으면 안 된다, ~해야 한다

112 대체표현 찾기
나는 요리를 잘 못하는 데다가 청소도 싫어한다.

(A) 잘 못하는 것에 더해
(B) 잘 못하지는 않지만
(C) 잘 못하기 때문에
(D) 잘 못하는 것에 비해

해설 | 「～上(うえ)に」(～인 데다가, ～에 더해)는 첨가나 추가를 나타낼 때 쓰는 표현으로, 「下手(へた)な上(うえ)に」는 '잘 못하는 데다가'라는 뜻이 된다. 선택지 중 바꿔 쓸 수 있는 것은 (A)의 「下手(へた)なのに加(くわ)えて」(잘 못하는 것에 더해)로, 「～に加(くわ)えて」는 '～에 더해'라는 뜻이다.

어휘 | 料理(りょうり) 요리 下手(へた)だ 잘 못하다, 서투르다
掃除(そうじ) 청소 嫌(きら)いだ 싫어하다 ～割(わり)に ～에 비해서

113 대체표현 찾기

그녀만큼 노력하는 사람은 없다.

(A) 라도
(B) 만큼
(C) 야말로
(D) 조차

해설 | 「～くらい」는 '～정도, ～만큼'이라는 뜻으로, 선택지 중 바꿔 쓸 수 있는 것은 (B)의 「～ほど」(～만큼)이다.

어휘 | 努力(どりょく) 노력 ～でも ～라도 ～こそ ～야말로
～さえ ～조차

114 대체표현 찾기

어째서 가위를 테이블 위에 놓은 채로 둔 거니?

(A) 놓았는데 없니
(B) 놓지 않았니
(C) 놓았을 거야
(D) 놓은 채로니

해설 | 「동사의 ます형+っぱなし」(～한 채로 둠)는 어떤 상태가 지속되고 있음을 나타낼 때 쓰는 표현으로, 「置(お)きっぱなしなの」는 '놓은 채로 둔 거니?'라는 뜻이 된다. 선택지 중 바꿔 쓸 수 있는 것은 (D)의 「置(お)いたままなの」(놓은 채로니?)로, 「동사의 た형+まま」는 '～한 채, ～상태로'라는 뜻이다.

어휘 | どうして 왜, 어째서 はさみ 가위 テーブル 테이블
置(お)く 놓다, 두다 ～はずだ (당연히) ～할 것[터]이다

115 대체표현 찾기

준비가 다 되는 대로 시작합시다.

(A) 다 되었기 때문에
(B) 다 되면
(C) 다 되면
(D) 다 되면 바로

해설 | 「동사의 ます형+次第(しだい)」(～하자마자, ～하는 대로)는 뭔가가 동시에 일어남을 나타낼 때 쓰는 표현으로, 「でき次第(しだい)」는 '다 되는 대로'라는 뜻이 된다. 선택지 중 바꿔 쓸 수 있는 것은 (D)의 「できたらすぐ」(다 되면 바로)로, 「すぐ」는 '곧, 바로'라는 뜻이다.

어휘 | 準備(じゅんび) 준비 できる 다 되다 始(はじ)める 시작하다
～から ～이기 때문에

116 대체표현 찾기

아버지는 고생을 아랑곳하지 않고 인생을 계속 걸은 사람이다.

(A) 고생도 제대로 하지 않고
(B) 고생에 질 것 같이 되면서도
(C) 고생을 문제로 삼지 않고
(D) 고생보다 더

해설 | 「～をものともせず」(～을 아랑곳하지 않고)는 어떤 일을 문제 삼지 않을 때 쓰는 표현으로, 「苦労(くろう)をものともせず」는 '고생을 아랑곳하지 않고'라는 뜻이 된다. 선택지 중 바꿔 쓸 수 있는 것은 (C)의 「苦労(くろう)を問題(もんだい)にしないで」(고생을 문제로 삼지 않고)로, 「問題(もんだい)にしない」는 '문제로 삼지 않다'라는 뜻이다.

어휘 | 父(ちち) 아버지 苦労(くろう) 고생 人生(じんせい) 인생
歩(あゆ)む 걷다 동사의 ます형+続(つづ)ける 계속 ～하다
ろくに (부정의 말을 수반하여) 제대로, 변변히 負(ま)ける 지다, 패하다
동사의 ます형+そうになる ～일[할] 것 같이 되다
동사의 ます형+ながら ～이지만, ～이면서도
～にもまして ～보다 더, ～이상으로

117 「な」의 뜻 구분

여기에 가방을 놓지 마.

(A) 내일 시합에 나가는 사람은 절대로 지각하지 마.
(B) 여기에 코트를 건 건 누구일까?
(C) 해외여행을 가고 싶은데.
(D) 그라면 반드시 약속시간에 오겠군.

해설 | 문제의 「～な」(～하지 마)는 동사의 기본형에 접속하여 금지를 나타내는 종조사로 쓰였다. 선택지 중 이와 같은 뜻으로 쓰인 것은 (A)로, (B)는 '강조', (C)는 '어떤 일의 실현을 원하는 마음', (D)는 자기의 주장이나 판단 따위를 상대방에게 납득시키는 용법으로 쓰였다.

어휘 | カバン(鞄) 가방 置(お)く 놓다, 두다 試合(しあい) 시합
出(で)る 나가다, 출전하다 絶対(ぜったい) 절대로
遅刻(ちこく) 지각 コート 코트 掛(か)ける 걸다 誰(だれ) 누구
海外旅行(かいがいりょこう) 해외여행 必(かなら)ず 꼭, 반드시
約束(やくそく) 약속 時間(じかん) 시간

118 「向(む)き」의 뜻 구분

이 옷은 여름에 적합하다고 생각한다.

(A) 북향인 방은 싫다.
(B) 풍향이 바뀌었다.
(C) 거기 의자의 방향을 바꿔 주십시오.
(D) 이건 전문가에게 적합한 강의였네요.

해설 | 문제의 「～向(む)き」는 '～에 적합함'이라는 뜻으로, 선택지 중 이와 같은 뜻으로 쓰인 것은 (D)이다. 나머지 선택지는 모두 '～을 향함'이라는 뜻으로, '방향'을 나타낸다.

어휘 | 服(ふく) 옷 夏(なつ) 여름 北向(きたむ)き 북쪽을 향함, 북향
部屋(へや) 방 嫌(いや)だ 싫다 風(かぜ)の向(む)き 바람의 방향, 풍향
変(か)わる 바뀌다, 변하다 椅子(いす) 의자
専門家(せんもんか) 전문가 講義(こうぎ) 강의

119 「ぐずぐず」의 뜻 구분

답변을 꾸물꾸물 끌어도 결과는 같다.

(A) 코를 킁킁거리고 감기라도 걸렸어?
(B) 끄물끄물한 날씨가 이어지고 있다.
(C) 꾸물거리지 말고 빨리 일어나시오.
(D) 언제까지나 투덜거리면 그에게 미움받을 거야.

해설 | 문제의 「ぐずぐず」는 '꾸물꾸물'이라는 뜻으로, 행동이 느리고 판단이 굼뜬 모양을 나타낸다. 선택지 중 이와 같은 뜻으로 쓰인 것은 (C)로, (A)는 코가 막혔을 때의 소리나 모양, (B)는 날씨가 확실하지 않은 모양, (D)는 입속으로 불평이나 불만을 중얼거리는 모양을 나타낸다.

어휘 | 返事(へんじ) 답변, 답장 引(ひ)き延(の)ばす 끌다, 지연시키다
結果(けっか) 결과 一緒(いっしょ)だ 같다 鼻(はな) 코
風邪(かぜ)を引(ひ)く 감기에 걸리다 天気(てんき) 날씨
続(つづ)く 이어지다, 계속되다 早(はや)く 빨리
起(お)きる 일어나다, 기상하다 いつまでも 언제까지나
嫌(きら)う 싫어하다, 미워하다

120 「たてる」의 뜻 구분

아무도 이 방에 들어오지 않도록 감시인을 세워 두자.

(A) 그녀, 귀를 쫑긋 세우고 있어.
(B) 최근에는 안테나를 세우고 있는 집은 적다.
(C) 신장개점이니까, 간판을 세우고 선전을 하자.
(D) 이 재판은 변호사를 세워 다투기로 했다.

해설 | 문제의 「立(た)てる」는 '(자리에) 세우다, 내세우다'라는 뜻으로, 선택지 중 이와 같은 뜻으로 쓰인 것은 (D)이다. (A)는 「聞(き)き耳(みみ)を立(た)てる」의 형태로 '귀를 쫑긋 세우다, 귀를 기울이다', (B)와 (C)는 '(사물을) 세우다'라는 뜻으로 쓰였다.

어휘 | 誰(だれ)も (부정의 말을 수반하여) 아무도 部屋(へや) 방
入(はい)る 들어오다 ～ないように ～하지 않도록
見張(みは)り 감시인 最近(さいきん) 최근, 요즘 アンテナ 안테나
少(すく)ない 적다 新装開店(しんそうかいてん) 신장개점
看板(かんばん) 간판 宣伝(せんでん) 선전 裁判(さいばん) 재판
弁護士(べんごし) 변호사 争(あらそ)う 다투다, 시비를 가리다
동사의 보통형+ことにする ～하기로 하다

PART 6 | 오문 정정

121 접속 형태 오용 (B) 飲むに → 飲みに

어제 처음 선술집에 마시러 갔습니다. 요리도 맛있었고, 가게 서비스도 좋았습니다.

해설 | '～하러'라는 뜻으로, 동작의 목적을 나타낼 때는 「동사의 ます형+に」의 형태로 나타낸다. 따라서 (B)의 「飲(の)む」는 「飲(の)み」로 고쳐야 한다.

어휘 | 昨日(きのう) 어제 初(はじ)めて 처음(으로)
料理(りょうり) 요리 おいしい 맛있다 ～し ～고 店(みせ) 가게
サービス 서비스

122 조수사 오용 (C) 台 → 個

슈퍼에서 바나나 두 개와 사과를 세 개 사서 돌아왔습니다.

해설 | 조수사에 대한 이해를 묻는 문제로, (C)의 「～台(だい)」(～대)는 차나 기계 등을 세는 말로, 앞에 있는 「りんご」(사과)와는 맞지 않는다. 따라서 (C)는 물건의 개수를 세는 말인 「～個(こ)」(～개)로 고쳐야 한다.

어휘 | スーパー 슈퍼(마켓) *「スーパーマーケット」의 준말
バナナ 바나나
2本(にほん) 두 개 *「～本(ほん)」– ～개(가늘고 긴 물건을 세는 말)
りんご 사과 買(か)う 사다 帰(かえ)る 돌아오다

123 뜻 오용 (C) なくて → なくても

지금은 옛날과 달리 잔돈이 없어도 카드로 주스를 살 수 있다.

해설 | (C)에 쓰인 「い형용사의 어간+くて」는 '～고, ～아[어]서'라는 뜻으로, 나열 또는 원인 · 이유를 나타낸다. 문제는 앞뒤의 내용이 상반되므로, '～아[어]도'라는 뜻의 「い형용사의 어간+くても」의 형태로 나타내야 한다. 따라서 (C)의 「なくて」(없어서)는 「なくても」(없어도)로 고쳐야 한다.

어휘 | 今(いま) 지금 昔(むかし) 옛날 違(ちが)う 다르다
細(こま)かい (금액이) 작다 お金(かね) 돈 ない 없다
カード 카드 ジュース 주스 買(か)う 사다

124 가정법 오용 (C) いいと → よかったら

일이 바빠서 피곤합니다만, 이번 주말에 날씨가 좋으면 드라이브를 하고 싶습니다.

해설 | (C)의 「～と」(～하면)는 필연적인 조건이나 불변의 진리 등을 나타내므로, 문장과는 맞지 않는다. (C)의 뒷부분에 희망을 나타내는 표현이 있으므로, 「～たら」(～하면)를 써야 한다. 따라서 (C)의 「いいと」(좋으면)는 「よかったら」(좋으면)로 고쳐야 한다.

어휘 | 仕事(しごと) 일 忙(いそが)しい 바쁘다
疲(つか)れる 지치다, 피로해지다 天気(てんき) 날씨
ドライブ 드라이브 동사의 ます형+たい ～하고 싶다

125 활용 오용 (D) 置きて → 置いて

나중에 제가 치울 테니까, 책은 책상 위에 놔 둬 주세요.

해설 | 동사의 활용을 묻는 문제로, (D)의 「置(お)きて」는 동사 「置(お)く」(놓다, 두다)를 잘못 활용한 표현이다. 「置(お)く」와 같이 어미가 「く」로 끝나는 동사의 경우 て형으로 만들려면 「く」를 떼고 「いて」를 붙이므로, (D)의 「置(お)きて」는 「置(お)いて」(놓아, 놔)로 고쳐야 한다.

어휘 | あと(後)で 나중에 片付(かたづ)ける 치우다, 정리하다
本(ほん) 책 机(つくえ) 책상 上(うえ) 위 ～ておく ～해 놓다[두다]

126 조사 오용 (A) に → で

시부야에서 큰 이벤트가 있었기 때문에 친구를 불러내서 가 봤습니다.

해설 | (A)의 「～に」(～에) 앞에는 이벤트가 이루어지는 장소인 「渋谷(しぶや)」(시부야)가 있으므로, 동작이 이루어지는 장소를 나타내는 조사 「～で」(～에서)를 써야 한다. 따라서 (A)의 「～に」(～에)는 「～で」(～에서)로 고쳐야 한다.

어휘 | 渋谷(しぶや) 시부야 大(おお)きな 큰 イベント 이벤트
友達(ともだち) 친구 誘(さそ)う 불러내다

127 경어 오용 (D) いただきませんでした → 召し上がりませんでした

선생님은 지난달부터 술을 끊었다고 말씀하시며 전혀 드시지 않으셨습니다.

해설 | (D)의 「いただく」는 「食(た)べる · 飲(の)む」(먹다 · 마시다)의 겸양어로, 자신의 동작을 낮출 때 쓰는 표현이다. 문제에서는 선생님이 술을 마시지 않은 것이므로, 존경어를 써야 한다. 따라서 (D)는 「食(た)べる · 飲(の)む」(먹다 · 마시다)의 존경어인 「召(め)し上(あ)がる」(드시다)를

써서 「召(め)し上(あ)がりませんでした」(드시지 않았습니다)로 고쳐야 한다.

어휘 | 先生(せんせい) 선생님 先月(せんげつ) 지난달
お酒(さけ) 술 や(止)める 그만두다, 끊다
おっしゃる 말씀하시다 *「言(い)う」(말하다)의 존경어
全(まった)く (부정의 말을 수반하여) 전혀

128 표현 오용 (B) どちら → 何(なに)

'일본 요리 중에서 무엇을 제일 좋아해요?'라고 질문받고 '튀김이요'라고 대답했습니다.

해설 | (B)의 「どちら」(어느 쪽)는 두 개 중에 하나를 선택할 때 쓰는 표현으로, 문제와 같이 모르는 사실을 가리킬 때는 「何(なに)」를 써야 한다. 따라서 (B)의 「どちら」(어느 쪽)는 「何(なに)」(무엇)로 고쳐야 한다.

어휘 | 料理(りょうり) 요리 ~中(なか) ~중
一番(いちばん) 가장, 제일 好(す)きだ 좋아하다 聞(き)く 묻다
天(てん)ぷら 튀김 答(こた)える 대답하다

129 경어 오용 (C) お → ご

다음 주까지 선생님이 쓰신 책을 빌려도 될까요?

해설 | 존경의 접두어에 대한 이해를 묻는 문제로, 「本(ほん)」(책)이라는 한자어 앞에는 「お」가 아닌 「ご」를 붙인다. 따라서 (C)의 「お」는 「ご」로 고쳐야 한다. 참고로, 존경의 접두어는 일본 고유의 말 앞에는 대체로 「お」를 붙이고, 한자어 앞에는 「ご」를 붙인다.

어휘 | 来週(らいしゅう) 다음 주 ~まで ~까지
お+동사의 ます형+になる ~하시다 *존경표현
書(か)く (글씨·글을) 쓰다
お+동사의 ます형+する ~하다, ~해 드리다 *겸양표현
借(か)りる 빌리다

130 표현 오용 (A) とって → 対(たい)して

연장자에 대해[에게] 그런 말투를 해서는 안 된다고 후배에게 주의를 줬다.

해설 | (A)의 「~にとって」는 '~에게 있어서'라는 뜻으로, 판단이나 평가의 기준을 나타낼 때 쓰는 표현이다. 문장의 내용상 (A)에는 '~에 대해, ~에게'라는 대상을 나타내는 표현이 와야 하므로, (A)의 「とって」는 「対(たい)して」(대해)로 고쳐서 「~に対(たい)して」(~에 대해, ~에게)가 되어야 한다.

어휘 | 年上(としうえ) 연상, 나이가 위임 そんな 그런
言(い)い方(かた) 말투 ~べきではない ~해서는 안 된다
後輩(こうはい) 후배 注意(ちゅうい)する 주의를 주다

131 접속 형태 오용 (A) 帰(かえ)った → 帰(かえ)る

고향은 돌아갈 때마다 새로운 빌딩이 건설되어 있어서 마치 다른 마을인 것 같다.

해설 | (A) 뒤에 있는 「~度(たび)に」는 동사의 기본형에 접속하여 '~할 때마다'라는 뜻을 나타낸다. 따라서 (A)의 「帰(かえ)った」(돌아갔다)는 「帰(かえ)る」(돌아가다)로 고쳐야 한다.

어휘 | ふるさと 고향 帰(かえ)る 돌아가다 新(あたら)しい 새롭다
ビル 빌딩 *「ビルディング」의 준말 建設(けんせつ) 건설
まるで~のようだ 마치 ~인 것 같다 別(べつ) 다름 町(まち) 마을

132 표현 오용 (A) かぎり → ばかり

고기만 먹고 있으면 영양 균형이 나빠져서 몸에 좋지 않다.

해설 | (A)의 「~かぎ(限)り」는 「申(もう)し込(こ)みは今月末(こんげつまつ)かぎ(限)り」(신청은 이달 말까지)와 같이 때 따위를 나타내는 명사에 붙을 때 '~뿐, ~까지'라는 뜻을 나타낸다. 문장의 내용상 (A)에는 한정을 나타내는 표현이 와야 하므로, 「~ばかり」(~만, ~뿐)로 고쳐야 한다.

어휘 | 肉(にく) 고기 食(た)べる 먹다 栄養(えいよう) 영양
バランス 밸런스, 균형 悪(わる)い 나쁘다, 좋지 않다
体(からだ) 몸, 신체 よくない 좋지 않다

133 문법표현 오용 (B) すると → すれば

공부라고 하는 것은 하면 할수록 재미있어지는 심오한 것이다.

해설 | '~하면 ~할수록'이라는 뜻으로, 비례를 나타내는 표현은 「~ば~ほど」로 나타낸다. 따라서 (B)의 「すると」는 「すれば」로 고쳐야 한다.

어휘 | 勉強(べんきょう) 공부 おもしろ(面白)い 재미있다
奥(おく)が深(ふか)い 깊이가 있다, 심오하다

134 문법표현 오용 (A) こそ → には

대회에 출전하는 이상에는 끝까지 단념하지 않고 꼭 우승하고 싶다.

해설 | (A)의 「~からこそ」(~이기 때문에, ~이므로)는 원인·이유를 강조하는 표현으로, 문장과는 맞지 않는다. 문장의 내용상 (A)에는 이런 상황이 된 바에는 끝까지 관철하겠다는 뜻을 나타내는 표현이 와야 한다. 이에 해당하는 표현은 「~からには」(~하는[한] 이상에는)이므로, (A)의 「こそ」는 「には」로 고쳐야 한다.

어휘 | 大会(たいかい) 대회
出場(しゅつじょう) 출장, (경기 등에) 출전함
最後(さいご)まで 끝까지 あきら(諦)める 체념하다, 단념하다
絶対(ぜったい)に 절대로, 꼭 優勝(ゆうしょう) 우승

135 문법표현 오용 (D) もの → こと

앞으로도 기회는 있으니까, 단 한 번의 실패를 언제까지나 신경 쓸 필요는 없다.

해설 | '~할 것은 없다, ~할 필요는 없다'라는 뜻의 표현은 「~ことはない」로 나타낸다. 따라서 (D)의 「もの」는 「こと」로 고쳐야 한다. .

어휘 | これから 이제부터, 앞으로 チャンス 찬스, 기회
たった 단 一度(いちど) 한 번 失敗(しっぱい) 실패, 실수
気(き)にする 신경을 쓰다, 걱정하다

136 접속 형태 오용 (A) した → して

그 밴드는 2년 전에 CD를 발매한 이래 국내뿐만 아니라 해외에서도 팬을 늘리고 있다.

해설 | (A) 뒤에 있는 「以来(いらい)」는 동사의 て형에 접속하여 '~한 이래'라는 뜻을 나타낸다. 따라서 (A)의 「した」는 「して」로 고쳐서 「~て以来(いらい)」(~한 이래)가 되어야 한다.
어휘 | バンド 밴드 発売(はつばい) 발매 国内(こくない) 국내
~のみならず ~뿐만 아니라 海外(かいがい) 해외 ファン 팬
増(ふ)やす 늘리다

137 자·타동사 오용 (D) 漏らして → 漏れて

안전관리가 충분하지 않았기 때문에 대량의 개인정보가 외부로 누설되어 버렸다.

해설 | (D)의 「漏(も)らす」는 '누설하다'라는 뜻의 타동사로 문장과는 맞지 않는다. 문장의 내용상 (D)에는 '누설되다'라는 뜻의 자동사가 와야 하므로, 「漏(も)れる」를 써서 「漏(も)れて」(누설되어)로 고쳐야 한다.

어휘 | 安全(あんぜん) 안전 管理(かんり) 관리
不十分(ふじゅうぶん)だ 불충분하다, 충분하지 않다
~ために ~때문에 大量(たいりょう) 대량
個人情報(こじんじょうほう) 개인정보 外部(がいぶ) 외부

138 표현 오용 (A) ありがたい → 厚かましい

염치없는 부탁이라 죄송하지만, 역까지 차에 태워서 가 주실 수 없을까요?

해설 | (A)의 「ありがたい」는 '고맙다'라는 뜻의 い형용사로, 문장과는 맞지 않는다. 문장의 내용상 (A)에는 '뻔뻔스럽다, 염치없다'라는 뜻의 い형용사가 와야 하므로, (A)는 「厚(あつ)かましい」로 고쳐야 한다.

어휘 | お願(ねが)い 부탁 恐縮(きょうしゅく) 황송함, 죄송함
駅(えき) 역 ~まで ~까지 車(くるま) 차 乗(の)せる 태우다
~ていただく (남에게) ~해 받다 *「~てもらう」의 겸양표현

139 표현 오용 (B) まね → ふり

그의 이야기를 열심히 듣고 있는 척을 하고 있었지만, 사실은 조금도 흥미가 생기지 않는 내용이었다.

해설 | (B)의 「まね(真似)」는 '흉내'라는 뜻으로, 문장과는 맞지 않는다. 문장의 내용상 (B)에는 '~인 척, ~인 체'라는 뜻의 표현이 와야 하므로, (B)는 「ふり」로 고쳐야 한다.

어휘 | 話(はなし) 이야기 熱心(ねっしん)だ 열심이다
聞(き)く 듣다 本当(ほんとう) 사실
少(すこ)しも (부정의 말을 수반하여) 조금도, 전혀
興味(きょうみ) 흥미 湧(わ)く (기운·기분이) 솟다, 생기다

140 표현 오용 (C) 手頃よく → 手際よく

요령이 좋은 그녀는 일을 받자마자 바로 솜씨 좋게 처리해 나간다.

해설 | (C)의 「手頃(てごろ)」는 '알맞음, 적당함'이라는 뜻으로, 문장과는 맞지 않는다. 문장의 내용상 (C)에는 '(사물을 처리하는) 수법, 솜씨'라는 뜻의 표현이 와야 하므로, (C)는 「手際(てぎわ)」를 써서 「手際(てぎわ)よく」(솜씨 좋게)로 고쳐야 한다.

어휘 | 要領(ようりょう) 요령 仕事(しごと) 일 与(あた)える 주다
~そばから ~하자마자 바로 *반복적이고 규칙적인 일에 사용
こなす 해치우다, 처리하다

PART 7 | 공란 메우기

141 적절한 い형용사 찾기

정원의 나무에 희귀한 새가 앉아 있었다.

해설 | 공란 뒤의 「鳥(とり)」(새)에 어울리는 い형용사를 찾는다. (A)의 「珍(めずら)しい」는 '희귀하다, 드물다', (B)의 「難(むずか)しい」는 '어렵다', (C)의 「優(やさ)しい」는 '상냥하다, 다정하다', (D)의 「涼(すず)しい」는 '시원하다'라는 뜻이므로, 정답은 (A)가 된다.

어휘 | 庭(にわ) 정원 木(き) 나무 止(と)まる 앉다

142 적절한 조사 찾기

그 버스는 2시에 도쿄역을 떠났습니다.

해설 | 공란 뒤의 「出(で)る」는 '떠나다, 출발하다'라는 뜻의 동사이므로, 공란에는 동작의 기점을 나타내는 조사가 와야 한다. 따라서 정답은 (A)의 「~を」(~을[를])가 된다.

어휘 | その 그 バス 버스 ~で ~에서 ~へ ~로 ~が ~이[가]

143 적절한 표현 찾기

이사를 하기 때문에 가구를 몇 개인가 새롭게 삽니다.

해설 | 공란 앞의 「引(ひ)っ越(こ)す」(이사하다)와 어울리는 표현을 찾는다. 정답은 (D)의 「家具(かぐ)」로, '가구'라는 뜻이다.

어휘 | ~ので ~이기 때문에 いくつか 몇 개인가
新(あたら)しい 새롭다 買(か)う 사다 都合(つごう) 사정, 형편
家事(かじ) 가사, 집안일 用意(ようい) 준비

144 적절한 동사 찾기

바쁠 때 과장님에게 용무를 부탁받았다.

해설 | 공란 앞의 「用事(ようじ)」(볼일, 용무)와 어울리는 동사를 찾는다. (A)의 「贈(おく)る」는 '(선물을) 보내다', (B)의 「頼(たの)む」는 '부탁하다' (C)의 「配(くば)る」는 '나누어 주다, 배포하다', (D)의 「運(はこ)ぶ」는 '옮기다, 운반하다'라는 뜻이므로, 정답은 (B)가 된다.

어휘 | 忙(いそが)しい 바쁘다 課長(かちょう) 과장

145 적절한 표현 찾기

어제 3시, 회의실에는 아무도 없었습니다.

해설 | 공란 앞에 「誰(だれ)も」(아무도)라는 표현이 있으므로, 공란에는 '(사람이) 없다'라는 뜻의 표현이 와야 한다. 따라서 정답은 (D)의 「いませんでした」((사람이) 없었습니다)가 된다.

어휘 | 昨日(きのう) 어제 会議室(かいぎしつ) 회의실
~には ~에는 ある (사물이) 있다 いる (사람이나 동물이) 있다

146 적절한 な형용사 찾기

사원이 몸도 마음도 건강한 생활을 보냈으면 좋겠다.

해설 | 공란 앞의 「体(からだ)」(몸, 신체), 「心(こころ)」(마음)와 어울리는 な형용사를 찾는다. (A)의 「親切(しんせつ)だ」는 '친절하다', (B)의 「熱心(ねっしん)だ」는 '열심이다', (C)의 「有名(ゆうめい)だ」는 '유명하다', (D)의 「健康(けんこう)だ」는 '건강하다'라는 뜻이므로, 정답은 (D)가 된다.

어휘 | 社員(しゃいん) 사원 送(おく)る (세월을) 보내다, 지내다
~てほしい ~해 주었으면 하다

147 적절한 표현 찾기

저 분은 어느 회사에서 오셨습니까?

해설 | 공란 뒤에 「いらっしゃる」(오시다)라는 존경어가 있으므로, 공란에는 존경표현이 와야 한다. 정답은 (B)의 「方(かた)」(분)가 되는데, (D)의 「~様(さま)」(~님)는 단독으로 쓰이지 않고, 「お客様(きゃくさま)」(손님), 「神様(かみさま)」(신)와 같이 어떤 말에 붙어서 사용된다.

어휘 | どちら 어디 *「どこ」(어디)보다 공손한 말
会社(かいしゃ) 회사 手(て) 손 兄(あに) 오빠, 형

148 적절한 접속 형태 찾기

이런 큰비여서는 개도 산책하러 가고 싶어하지 않는다.

해설 | 공란 뒤의 「~たがる」(~하고 싶어하다)는 제삼자의 희망을 나타낼 때 쓰는 표현으로, 동사의 ます형에 접속한다. 따라서 정답은 (B)의 「行(い)き」가 된다.

어휘 | こんな 이런 大雨(おおあめ) 큰비, 호우 犬(いぬ) 개
散歩(さんぽ) 산책 동작성명사+に ~하러 *동작의 목적

149 적절한 표현 찾기

가격을 올린 이유를 설명해 주십시오.

해설 | 문제는 가격 인상을 왜 했는지 알고 싶다는 것이므로, 공란에는 '까닭·근거'의 뜻을 지닌 표현이 와야 한다. 따라서 정답은 (A)의 「理由(りゆう)」(이유)가 된다.

어휘 | 値段(ねだん) 가격 上(あ)げる (값을) 올리다, 인상하다
説明(せつめい) 설명 予定(よてい) 예정 興味(きょうみ) 흥미
準備(じゅんび) 준비

150 적절한 표현 찾기

다나카 씨, 열이 있으면 일찍 돌아가는 편이 좋아요.

해설 | 문장의 내용상 공란에는 상대방에게 권유하거나 조언할 때 사용하는 표현이 와야 하므로, 정답은 (C)의 「동사의 た형+ほう(方)がいい」(~하는 편[쪽]이 좋다)가 된다.

어휘 | 熱(ねつ) (체온의) 열 ~なら ~라면 早(はや)く 일찍, 빨리
동사의 보통형+ことになっている ~하게 되어 있다
동사의 た형+ことがある ~한 적이 있다
~てさしあげる (남에게) ~해 드리다 *「~てあげる」((남에게) ~해 주다)의 겸양표현

151 적절한 표현 찾기

내 부주의로 메일 수신인을 틀려 버렸다.

해설 | 공란 뒷부분에서 수신처를 틀려 버렸다고 했으므로, 공란에는 왜 틀렸는지 그 이유가 될 만한 표현이 와야 한다. 따라서 정답은 (A)의 「不注意(ふちゅうい)」(부주의)가 된다.

어휘 | 自分(じぶん) 자신, 나 メール 메일
宛先(あてさき) 수신인, 수신처 間違(まちが)える 틀리다, 잘못하다
不可能(ふかのう) 불가능 不幸(ふこう) 불행 不足(ふそく) 부족

152 적절한 동사 찾기

맞은편 플랫폼에 있는 친구에게 손을 흔들었다.

해설 | 맞은편 플랫폼에 있는 친구에게 손으로 할 수 있는 행동을 생각해 본다. (A)의 「掃(は)く」는 '쓸다', (B)의 「踏(ふ)む」는 '밟다', (C)의 「振(ふ)る」의 '흔들다', (D)의 「渡(わた)す」는 '건네다, 건네주다'라는 뜻이다. 이 중에서 문장의 내용상 맞는 것은 (C)로, 「手(て)を振(ふ)る」는 '손을 흔들다'라는 뜻이다.

어휘 | 向(む)こう 맞은편, 건너편
ホーム 플랫폼 *「プラットホーム」의 준말 友人(ゆうじん) 친구

153 적절한 부사 찾기

필요 없는 물건을 버렸더니, 방이 아주 말끔해졌다.

해설 | 공란 앞부분에서 필요 없는 물건을 버렸다고 했으므로, 방은 깨끗해졌을 것이다. 따라서 공란에는 상쾌하고 깔끔한 모양을 나타내는 부사가 들어가야 하므로, 정답은 (D)의 「すっきり」가 된다.

어휘 | 要(い)る 필요하다 物(もの) 물건 捨(す)てる 버리다
部屋(へや) 방 とても 아주, 매우 しっかり 제대로, 확실히
すっかり 완전히 がっかり 실망하는 모양

154 적절한 표현 찾기

시합 중의 작은 실수로 인해 상황은 긴박하게 되었다.

해설 | 문장의 내용상 공란에는 일이 되어 가는 과정이나 형편을 나타내는 표현이 와야 한다. 선택지 중 이와 같은 뜻을 지닌 표현은 (A)의 「状況(じょうきょう)」(상황)이다.

어휘 | 試合(しあい) 시합 ~中(ちゅう) ~중 小(ちい)さな 작은
ミス 실수, 잘못 厳(きび)しい 긴박하다 場所(ばしょ) 장소
経験(けいけん) 경험 毎度(まいど) 매번

155 적절한 い형용사 찾기

빗속에서 친구를 1시간이나 기다리게 해 버려서 정말로 미안한 일을 했다.

해설 | 빗속에서 친구를 1시간이나 기다리게 했다면 미안한 마음이 들었을 것이다. 따라서 공란에는 '미안하다'라는 뜻을 지닌 い형용사가 들어가야 하므로, 정답은 (C)의 「申(もう)し訳(わけ)ない」(미안하다)가 된다.

어휘 | 雨(あめ) 비 友人(ゆうじん) 친구 숫자+も ~이나
待(ま)たせる 기다리게 하다 うらや(羨)ましい 부럽다
易(やさ)しい 쉽다, 용이하다 騒(さわ)がしい 시끄럽다

156 적절한 문법표현 찾기

당신을 신용하고 있기 때문에 이 비밀을 가르쳐 주는 겁니다.

해설 | 문장의 내용상 공란에는 원인과 이유를 강조하는 표현이 들어가야 한다. 정답은 (B)의 「~からこそ」로, '~이기 때문에, ~이므로'라는 뜻이다.

어휘 | 信用(しんよう) 신용 秘密(ひみつ) 비밀
教(おし)える 가르치다, 알려 주다 ~にしても ~라고 해도
~ほかなく ~할 수밖에 없어 ~に限(かぎ)って ~에 한해서

157 적절한 문법표현 찾기

나는 어릴 때 병이 잦아서 자주 열이 났다.

해설 | 문장의 내용상 공란에는 빈도가 높음을 나타내는 표현이 들어가야 한다. 정답은 (C)의 「~がち」(자주 ~함, ~이 잦음)로, 명사일 때는 바로 접속하고 동사일 때는 ます형에 접속한다.

어휘 | 小(ちい)さい (나이가) 적다, 어리다 病気(びょうき) 병
よく 자주 熱(ねつ)を出(だ)す 열을 내다, 열이 나다
동사의 ます형+かけ ~하다 맒
동사의 ます형+きり 다른 것은 하지 않고 줄곧 그것만 함

동사의 た형+まま ~한 채, ~상태로

158 적절한 표현 찾기

이 스포츠클럽은 수건도 셔츠도 빌릴 수 있어서 손쉽게 갈 수 있다.

해설 | 문장의 내용상 공란에는 '어떤 일을 하기가 퍽 쉽다'라는 뜻을 지닌 표현이 들어가야 한다. 정답은 (A)의 「手軽(てがる)に」로, '손쉽게, 간단하게'라는 뜻이다.

어휘 | スポーツ 스포츠, 운동 クラブ 클럽 タオル 타월, 수건
シャツ 셔츠 レンタル 렌털, 임대 好調(こうちょう)に 순조롭게
勝手(かって)に 마음대로 必死(ひっし)に 필사적으로

159 적절한 い형용사 찾기

부장은 험악한 얼굴로 거래가 중지되었다는 것을 전했다.

해설 | 공란 뒷부분에서 거래가 중지되었다는 것을 전했다고 했으므로, 그 소식을 전한 부장의 얼굴이 좋을 리가 없을 것이다. 따라서 공란에는 부정적인 뜻의 い형용사가 들어가야 하므로, 정답은 (D)의 「険(けわ)しい」(험악하다)가 된다.

어휘 | 部長(ぶちょう) 부장 顔(かお) 얼굴, 표정 取引(とりひき) 거래
中止(ちゅうし) 중지 伝(つた)える 전하다, 전달하다
快(こころよ)い 상쾌하다 賢(かしこ)い 영리하다
著(いちじる)しい 현저하다, 두드러지다

160 적절한 표현 찾기

지불이 3개월 이상 늦어지고 있는 회사에 재촉 전화를 걸었다.

해설 | 지불이 3개월 이상 늦어지고 있다고 했으므로, 지불을 빨리 해 달라고 재촉하는 전화를 할 것이다. 따라서 공란에는 '재촉'이라는 뜻의 표현이 들어가야 하므로, 정답은 (C)의 「催促(さいそく)」(재촉)가 된다.

어휘 | 支払(しはら)い 지불 以上(いじょう) 이상
遅(おく)れる 늦다, 늦어지다 会社(かいしゃ) 회사
電話(でんわ) 전화 かける (전화를) 걸다 厳守(げんしゅ) 엄수
判断(はんだん) 판단 納得(なっとく) 납득

161 적절한 표현 찾기

말을 들은 것만을 하는 듯한 수동적인 자세여서는 안 된다.

해설 | 「言(い)われる」는 「言(い)う」(말하다)의 수동형으로, '말을 듣다'라는 뜻이다. 따라서 공란에는 '말을 들은 것만을 하는 듯한 자세'에 해당하는 표현이 들어가야 하므로, 정답은 (C)의 「受(う)け身(み)」(수동)가 된다.

어휘 | 姿勢(しせい) 자세 いけない 안 된다
向(む)かい 마주 봄, 정면, 맞은편 後方(こうほう) 후방, 뒤쪽 방향
水平(すいへい) 수평

162 적절한 동사 찾기

나는 2년 후에는 사장 자리를 아들에게 물려줄 생각이다.

해설 | 공란 앞의 「社長(しゃちょう)のいす(椅子)」(사장 자리)와 「息子(むすこ)」(아들)라는 표현으로 보아 공란에는 '물려주다'라는 뜻의 동사가 들어가야 한다. 따라서 정답은 (B)의 「譲(ゆず)る」(물려주다)가 된다.

어휘 | いす(椅子) 자리, 지위
동사의 보통형+つもりだ ~할 생각[작정]이다
返(かえ)る (본디 상태로) 되돌아가[오]다
転(ころ)がす 굴리다, 넘어뜨리다 広(ひろ)げる 넓히다, 확장하다

163 적절한 문법표현 찾기

가끔은 규칙을 어겨도 된다고는 교사 입장상 말할 수 없다.

해설 | 공란 앞의 「立場(たちば)」(입장)와 어울리는 문법표현을 찾는다. (A)의 「~上(じょう)」는 '~상, ~의 면에서, ~의 견지에서', (B)의 「~気味(ぎみ)」는 '~기미, ~기색, ~기운', (C)의 「~まで」는 '~까지', (D)의 「~あまり」는 '~남짓'이라는 뜻이므로, 정답은 (A)가 된다.

어휘 | たまに 가끔 規則(きそく) 규칙
破(やぶ)る (약속 등을) 깨다, 어기다 ~てもいい ~해도 된다
~とは ~하다고는 教師(きょうし) 교사

164 적절한 문법표현 찾기

일이 뜻대로 되어 가지 않으니까 하고 화를 내는 듯한 아이 같은 행동은 그만해 주었으면 한다.

해설 | 공란 앞의 「子供(こども)」(아이)와 어울리는 문법표현을 찾는다. 선택지 중 「子供(こども)」(아이)와 어울리는 문법표현은 (A)의 「~らしい」(~답다)와 (B)의 「~っぽい」(~의 경향이 있다)가 있는데, 문장의 내용상 공란에는 '아이가 아닌데도 아이 같다, 유치하다'라는 뜻의 표현이 와야 하므로, 정답은 (B)가 된다.

어휘 | 思(おも)い通(どお)り 생각대로, 뜻대로
いく (일이) 되어 가다 怒(おこ)る 화를 내다
동사의 ます형+出(だ)す 감추어진 것, 확실치 않은 것을 뚜렷하게 하다
や(止)める 그만두다, 관두다 ~だけ ~만, ~뿐 ~こそ ~야말로

165 적절한 표현 찾기

사고 피해자는 의사의 적절한 처치로 무사히 살아났다.

해설 | 공란 앞의 「医師(いし)」(의사)와 어울리는 표현을 찾는다. 정답은 (C)의 「処置(しょち)」로, '처치'라는 뜻이다.

어휘 | 事故(じこ) 사고 被害者(ひがいしゃ) 피해자
適切(てきせつ)だ 적절하다 無事(ぶじ)だ 무사하다
助(たす)かる 살아나다, (위험·죽음 등을) 면하다
干渉(かんしょう) 간섭 指図(さしず) 지시 実現(じつげん) 실현

166 적절한 부사 찾기

만 엔이나 하는 이 요리, 원가는 기껏해야 2천 엔 정도일 것이다.

해설 | 문장의 내용상 공란에는 '아무리 한다고 해야, 많아야'라는 뜻의 부사가 들어가야 한다. 따라서 정답은 (D)의 「せいぜい」(기껏해야, 고작)가 된다.

어휘 | 숫자+も ~이나 料理(りょうり) 요리 原価(げんか) 원가
~くらい ~정도 しみじみ 절실히, 뼈저리게
ようやく 겨우, 간신히 とっくに 훨씬 전에, 벌써

167 적절한 동사 찾기

그가 인형을 능숙하게 조종하자, 초등학생들은 크게 기뻐했다.

해설 | 공란 앞의 「人形(にんぎょう)」(인형)와 어울리는 동사를 찾는다. (A)의 「操(あやつ)る」는 '조종하다, 다루다', (B)의 「装(よそお)う」는 '꾸미다, 치장하다', (C)의 「補(おぎな)う」는 '보충하다', (D)의 「保(たも)つ」는 '지키다, 유지하다'라는 뜻이므로, 정답은 (A)가 된다.

어휘 | 上手(じょうず)だ 능숙하다, 잘하다
小学生(しょうがくせい) 초등학생
大喜(おおよろこ)び 크게 기뻐함, 매우 기뻐함

168 적절한 い형용사 찾기

相手の実수를 지적할 생각이었는데, 자신의 착각이라고 알고 쑥스러웠다.

해설 | 상대의 실수라고 생각하고 지적하려고 했는데, 그것이 자신의 착각이었음을 알았다고 했다. 따라서 공란에는 '쑥스럽다'라는 뜻을 지닌 い형용사가 들어가야 하므로, 정답은 (C)의「決(き)まり悪(わる)い」(쑥스럽다)가 된다.

어휘 | 相手(あいて) 상대　ミス 실수, 잘못　指摘(してき) 지적
つもり 생각, 작정　自分(じぶん) 자신, 나　勘違(かんちが)い 착각
わかる 알다, 이해하다　煩(わずら)わしい 귀찮다, 성가시다
名残惜(なごりお)しい (이별이) 섭섭하다, 아쉽다
思(おも)いがけない 갑작스럽다, 뜻밖이다

169 적절한 문법표현 찾기

여성에게 연령을 묻고서 더 연상이라고 생각했다니, 정말 실례다.

해설 | 문장의 내용상 공란에는 '그 이상 ~이 없다'라는 뜻의 표현이 들어가야 한다. 정답은 (C)의「~極(きわ)まりない」로, '~하기 짝이 없

다, 정말 ~하다'라는 뜻이다.

어휘 | 女性(じょせい) 여성　年齢(ねんれい) 연령　聞(き)く 묻다
もっと 더, 더욱　年上(としうえ) 연상　~なんて ~하다니
失礼(しつれい) 실례　~だらけ ~투성이
~にすぎない ~에 지나지 않다
~にあたらない ~할 것은 없다, ~할 필요는 없다

170 적절한 문법표현 찾기

피곤한지 좌석에 앉자마자 잠들어 버렸다.

해설 | 문장의 내용상 공란에는 '~하자 바로[곧]'이라는 뜻의 표현이 들어가야 한다. 정답은 (A)의「동사의 기본형+や否(いな)や」(~하자마자, ~하기가 무섭게)가 된다.

어휘 | 疲(つか)れる 지치다, 피로해지다　座席(ざせき) 좌석
座(すわ)る 앉다　眠(ねむ)る 자다, 잠들다
~べく ~하기 위해　~わり(割)に ~에 비해서
~ものなら ~라면 *실현 가능성이 희박할 때 씀

PART 8 | 독해

171~173 내가 일하고 있는 세탁소

私(わたし)が働(はたら)いているクリーニング屋(や)は、小(ちい)さい町(まち)にあります。周(まわ)りに[171]会社(かいしゃ)や工場(こうじょう)がたくさんあるので、仕事(しごと)で着(き)る服(ふく)が多(おお)く出(だ)されます。マンションやアパートはあまりありませんが、昔(むかし)からある古(ふる)い家(いえ)は多(おお)いです。お客(きゃく)さんは、昔(むかし)からうちに来(き)てくれている人(ひと)たちです。2週間(にしゅうかん)に1回(いっかい)くらい来(く)る奥(おく)さんは、いつもご主人(しゅじん)のスーツを出(だ)しに来(き)ます。[172]シャツは、私(わたし)の店(みせ)に持(も)って来(き)たことがありませんでした。しかし、この間(あいだ)、スーツとシャツの両方(りょうほう)をクリーニングに出(だ)してきました。「(1)珍(めずら)しいですね」と言(い)うと、「アイロンが壊(こわ)れてしまって」と答(こた)えました。次(つぎ)の日(ひ)、私(わた)はシャツにきれいにアイロンをかけて奥(おく)さんに渡(わた)しました。それからは、奥(おく)さんは時々(ときどき)シャツもクリーニングに出(だ)してくれるようになりました。「[173]自分(じぶん)でするよりきれいだから」と言(い)ってくれました。私(わたし)はとても嬉(うれ)しかったです。

제가 일하고 있는 세탁소는 작은 마을에 있습니다. 주변에는 [171]회사나 공장이 많이 있기 때문에 일할 때 입는 옷이 많이 들어옵니다. (중·고층) 아파트나 공동주택은 별로 없습니다만, 옛날부터 있는 오래된 집은 많습니다. 손님은 옛날부터 우리 집에 와 주는 사람들입니다. 2주에 한 번 정도 오는 부인은 항상 남편의 정장을 맡기러 옵니다. [172]셔츠는 저희 가게에 가지고 온 적이 없었습니다. 그

러나 요전에 정장과 셔츠 모두를 세탁을 맡기러 왔습니다. "(1)드문 일이네요"라고 말하자, "다리미가 고장 나 버려서요"라고 대답했습니다. 다음 날 저는 셔츠에 말끔하게 다림질을 해서 부인에게 건넸습니다. 그 후로는 부인은 종종 셔츠도 세탁을 맡기러 와 주게 되었습니다. "[173]직접 하는 것보다 말끔하니까요"라고 말해 주었습니다. 저는 아주 기뻤습니다.

어휘 | 働(はたら)く 일하다　クリーニング屋(や) 세탁소
小(ちい)さい 작다　町(まち) 마을　周(まわ)り 주위, 주변
会社(かいしゃ) 회사　工場(こうじょう) 공장　たくさん 많이
仕事(しごと) 일　着(き)る (옷을) 입다　服(ふく) 옷
出(だ)す 내다, 맡기다　マンション 맨션, (중·고층) 아파트
アパート 아파트, 공동주택
あまり (부정의 말을 수반하여) 그다지, 별로
昔(むかし) 옛날　古(ふる)い 오래되다　お客(きゃく)さん 손님
うち 우리 집　~てくれる (남이 나에게) ~해 주다
~回(かい) ~회, ~번　奥(おく)さん (남의) 부인
ご主人(しゅじん) (남의) 남편　スーツ 슈트, 정장
동사의 ます형+に ~하러 *동작의 목적　シャツ 셔츠
持(も)つ 가지다, 들다　동작의 た형+ことがある ~한 적이 있다
しかし 그러나　この間(あいだ) 요전, 지난번
両方(りょうほう) 양쪽　珍(めずら)しい 희귀하다, 드물다
アイロン 다리미　壊(こわ)れる 고장 나다　答(こた)える 대답하다
次(つぎ) 다음　日(ひ) 날　きれいだ 깨끗하다, 말끔하다
アイロンをかける 다림질을 하다　渡(わた)す 건네다, 건네주다
それから 그 후　時々(ときどき) 종종, 때때로
自分(じぶん)で 직접, 스스로　~より ~보다　嬉(うれ)しい 기쁘다

171 この人(ひと)が働(はたら)いている店(みせ)は、どんな町(まち)にありますか。

(A) 会社(かいしゃ)や工場(こうじょう)がある大(おお)きい町(まち)

(B) 会社や工場がある小さい町
(C) マンションやアパートが多い、大きい町
(D) マンションやアパートが多い、小さい町

171 이 사람이 일하고 있는 가게는 어떤 마을에 있습니까?
(A) 회사나 공장이 있는 큰 마을
(B) 회사나 공장이 있는 작은 마을
(C) (중·고층) 아파트나 공동주택이 많은 큰 마을
(D) (중·고층) 아파트나 공동주택이 많은 작은 마을

해설 | 이 사람이 일하고 있는 세탁소는 회사나 공장이 많이 있고, (중·고층) 아파트나 공동주택은 별로 없는 작은 마을에 위치해 있다고 했다. 따라서 정답은 (B)가 된다.

어휘 | 大(おお)きい 크다

172 何が(1)珍しいのですか。
(A) 奥さんがこの店に来たこと
(B) 奥さんが自分でアイロンをかけること
(C) 奥さんがシャツを店に持って来たこと
(D) 奥さんがアイロンを壊したこと

172 무엇이 (1)드문 일입니까?
(A) 부인이 이 가게에 온 것
(B) 부인이 직접 다림질을 하는 것
(C) 부인이 셔츠를 가게에 가지고 온 것
(D) 부인이 다리미를 고장 낸 것

해설 | 밑줄 친 부분 앞문장의 '셔츠는 저희 가게에 가지고 온 적이 없었습니다. 그러나 요전에 정장과 셔츠 모두를 세탁을 맡기러 왔습니다'라는 내용으로 보아 부인이 셔츠를 맡기러 온 것은 드문 일임을 알 수 있다. 따라서 정답은 (C)가 된다.

어휘 | 壊(こわ)す 고장 내다

173 この人は、どうして嬉しかったのですか。
(A) 自分の仕事を褒められたから
(B) アイロンのかけ方を習いたいと言われたから
(C) 値段の高い服の仕事が増えたから
(D) 奥さんが何度も来てくれるから

173 이 사람은 왜 기뻤던 것입니까?
(A) 자신의 일을 칭찬받았기 때문에
(B) 다림질 하는 법을 배우고 싶다는 말을 들었기 때문에
(C) 가격이 비싼 옷의 일이 늘었기 때문에
(D) 부인이 몇 번이나 와 주기 때문에

해설 | 이 사람이 기뻐한 이유는 마지막 문장에 나온다. 부인이 자신이 하는 것보다 말끔하다고 말해 주었기 때문이므로, 정답은 (A)가 된다.

어휘 | 褒(ほ)める 칭찬하다 かける (기계나 도구를 써서) ~질을 하다
동사의 ます형+方(かた) ~하는 법 習(なら)う 배우다, 익히다
値段(ねだん) 가격 高(たか)い 비싸다 増(ふ)える 늘다, 늘어나다

174~177 내 남동생

私には、5つ年下の大学生の弟がいます。弟は大学の近くに、私は会社の近くに一人で住んでいて、二人とも忙しいので、[174]去年はお正月と夏休みにしか会いませんでした。今日その弟から、アメリカの大学に留学することが決まったと、電話がかかってきました。[175]弟は普通小さな声で静かに話すのですが、今日はいつもの2倍ぐらいの声で話していて、彼がどんなに喜んでいるかがよくわかりました。中学生の頃から、いつかアメリカの大学で宇宙の研究がしたいと言って、一生懸命頑張っていたので、私もとても嬉しいです。お祝いのプレゼントは何がいいかと聞いたら、「[176]丈夫なスーツケースと明るい色のネクタイが欲しい」と答えました。スーツケースは、インターネットで買って弟の家に送ろうと思います。[177]ネクタイは一緒に選びたいので、2人の予定が合う時に買い物に行こうと約束しました。私の会社は、アメリカ大使館の近くにあるので、弟がビザを取りに来る日がいいと思っています。

저에게는 다섯 살 연하의 대학생인 남동생이 있습니다. 남동생은 대학 근처에, 저는 회사 근처에 혼자서 살고 있고 둘 다 바쁘기 때문에 [174]작년에는 설과 여름방학 때밖에 만나지 않았습니다. 오늘 그 남동생으로부터 미국에 있는 대학에 유학하는 것이 결정되었다고 전화가 걸려 왔습니다. [175]남동생은 보통 작은 목소리로 조용히 이야기하는데, 오늘은 평소의 두 배 정도의 목소리로 이야기해서 그가 얼마나 기뻐하고 있는지를 잘 알 수 있었습니다. 중학생 때부터 언젠가 미국에 있는 대학에서 우주 연구를 하고 싶다고 하며 열심히 노력했기 때문에 저도 아주 기쁩니다. 축하 선물은 무엇이 좋은지 물었더니, "[176]튼튼한 여행용 가방과 밝은 색의 넥타이가 갖고 싶어"라고 대답했습니다. 여행용 가방은 인터넷에서 사서 남동생의 집에 보내려고 생각합니다. [177]넥타이는 함께 고르고 싶어서 둘의 예정이 맞을 때 쇼핑하러 가자고 약속했습니다. 저희 회사는 미국 대사관 근처에 있기 때문에 남동생이 비자를 받으러 오는 날이 좋겠다고 생각하고 있습니다.

어휘 | 年下(としした) 연하 大学生(だいがくせい) 대학생
弟(おとうと) 남동생 近(ちか)く 근처 一人(ひとり)で 혼자서
住(す)む 살다, 거주하다 ~とも ~모두, ~다
忙(いそが)しい 바쁘다 去年(きょねん) 작년
お正月(しょうがつ) 설 夏休(なつやす)み 여름방학
~しか ~밖에 会(あ)う 만나다 アメリカ 미국
留学(りゅうがく) 유학 決(き)まる 정해지다, 결정되다
電話(でんわ)がかかる 전화가 걸리다 普通(ふつう) 보통
小(ちい)さな 작은 声(こえ) 목소리 静(しず)かだ 조용하다
話(はな)す 말하다, 이야기하다 ~倍(ばい) ~배 どんなに 얼마나

喜(よろこ)ぶ 기뻐하다 中学生(ちゅうがくせい) 중학생
頃(ころ) 때, 시절, 무렵 いつか 언젠가 宇宙(うちゅう) 우주
研究(けんきゅう) 연구 一生懸命(いっしょうけんめい) 열심히
頑張(がんば)る 열심히 하다, 노력하다 嬉(うれ)しい 기쁘다
お祝(いわ)い 축하 プレゼント 선물 聞(き)く 묻다
丈夫(じょうぶ)だ 튼튼하다 スーツケース 슈트케이스, 여행용 가방
明(あか)るい 밝다 色(いろ) 색, 색깔 ネクタイ 넥타이
欲(ほ)しい 갖고 싶다 答(こた)える 대답하다
インターネット 인터넷 買(か)う 사다 送(おく)る 보내다
一緒(いっしょ)に 함께 選(えら)ぶ 고르다, 선택하다
予定(よてい) 예정 合(あ)う 맞다 買(か)い物(もの) 쇼핑, 장을 봄
동작성명사·동사의 ます형+に ~하러 *동작의 목적
約束(やくそく) 약속 大使館(たいしかん) 대사관 ビザ 비자
取(と)る 받다, 취득하다

174 この人は去年、いつ弟さんと会いましたか。
(A) お正月(しょうがつ)だけ
(B) お正月(しょうがつ)と夏休(なつやす)み
(C) 春休(はるやす)みと夏休(なつやす)み
(D) 春休(はるやす)みとお正月(しょうがつ)

174 이 사람은 작년에 언제 남동생과 만났습니까?
(A) 설만
(B) 설과 여름방학
(C) 봄방학과 여름방학
(D) 봄방학과 설

해설 | 초반부에서 작년에는 설과 여름방학 때밖에 만나지 않았다고 했으므로, 정답은 (B)가 된다.

어휘 | 春休(はるやす)み 봄방학

175 この人は、どうして弟さんがとても喜んでいることがわかりましたか。
(A) 何回(なんかい)も同(おな)じことを言(い)ったから
(B) いつもより大(おお)きい声(こえ)で話(はな)したから
(C) 泣(な)きながら電話(でんわ)をかけてきたから
(D) 1日(いちにち)に2度(ど)も電話(でんわ)してきたから

175 이 사람은 어째서 남동생이 아주 기뻐하고 있다는 것을 알 수 있었습니까?
(A) 몇 번이나 같은 것을 말했기 때문에
(B) 평소보다 큰 목소리로 이야기했기 때문에
(C) 울면서 전화를 걸어왔기 때문에
(D) 하루에 두 번이나 전화해 왔기 때문에

해설 | 중반부에서 남동생은 보통 작은 목소리로 조용히 이야기하는데, 오늘은 평소의 두 배 정도의 목소리로 이야기해서 아주 기뻐하고 있다는 것을 알 수 있었다고 했다. 따라서 정답은 (B)가 된다.

어휘 | 何回(なんかい) 몇 회, 몇 번 횟수+も ~이나
同(おな)じだ 같다 いつも 평소, 여느 때 ~より ~보다
泣(な)く 울다 동사의 ます형+ながら ~하면서
電話(でんわ)をかける 전화를 걸다 1日(いちにち) 하루
~度(ど) ~번 *횟수를 나타냄

176 弟(おとうと)さんは、どんなスーツケースを欲(ほ)しがっていますか。
(A) 明(あか)るい色(いろ)のスーツケース
(B) 大(おお)きなスーツケース
(C) 軽(かる)いスーツケース
(D) 壊(こわ)れにくいスーツケース

176 남동생은 어떤 가방을 갖고 싶어하고 있습니까?
(A) 밝은 색의 여행용 가방
(B) 큰 여행용 가방
(C) 가벼운 여행용 가방
(D) 잘 고장 나지 않는 여행용 가방

해설 | 후반부에서 남동생은 튼튼한 여행용 가방과 밝은 색의 넥타이가 갖고 싶다고 대답했다고 했다. 따라서 정답은 (D)가 된다.

어휘 | い형용사의 어간+がる ~(해) 하다, ~(하게) 여기다
大(おお)きな 큰 軽(かる)い 가볍다 壊(こわ)れる 고장 나다
동사의 ます형+にくい ~하기 어렵다[힘들다], 잘 ~하지 않다

177 この人は、弟(おとうと)さんといつ買(か)い物(もの)に行(い)こうと考(かんが)えていますか。
(A) この人(ひと)が弟(おとうと)さんの家(いえ)の近(ちか)くに行(い)く時(とき)
(B) この人(ひと)がアメリカ大使館(たいしかん)に行(い)く時(とき)
(C) 弟(おとうと)さんがこの人(ひと)の会社(かいしゃ)の近(ちか)くに来(く)る時(とき)
(D) 弟(おとうと)さんがこの人(ひと)の家(いえ)に泊(と)まりに来(く)る時(とき)

177 이 사람은 남동생과 언제 쇼핑하러 가려고 생각하고 있습니까?
(A) 이 사람이 남동생의 집 근처에 갈 때
(B) 이 사람이 미국대사관에 갈 때
(C) 남동생이 이 사람의 회사 근처에 올 때
(D) 남동생이 이 사람의 집에 묵으러 올 때

해설 | 후반부에서 둘의 예정이 맞을 때 쇼핑하러 가자고 약속했고, 이 사람의 회사가 미국대사관 옆에 있기 때문에 남동생이 비자를 받으러 오는 날이 좋겠다고 생각한다고 했다. 따라서 정답은 (C)가 된다.

어휘 | 泊(と)まる 묵다, 숙박하다

178~180 점장 회의

京都店(きょうとてん) 店長(てんちょう) 中西様(なかにしさま)
おはようございます。昨日(きのう)の店長会議(てんちょうかいぎ)で、来月(らいげつ)行(おこな)われる新(しん)レジシステムの本社研修(ほんしゃけんしゅう)について説明(せつめい)しましたが、178言(い)い忘(わす)れていた点(てん)がありましたのでお知(し)らせします。
まず、この研修(けんしゅう)は全社員(ぜんしゃいん)が対象(たいしょう)ではありません。京都店(きょうとてん)からは、3名(さんめい)の出席(しゅっせき)をお願(ねが)いします。179店長(てんちょう)には必(かなら)ず出席(しゅっせき)してもらわなければなりませんが、あとの2名(にめい)は、お客様(きゃくさま)に迷惑(めいわく)がかからないよう店の事情を考えて、店長がお決めください。
出席する人が決まったら、できるだけ早く私までメールでお知らせください。また、この[180]研修を受けた社員は、それぞれの店で講師となって、学んだ内容を他の社員に教えることになっています。どうぞよろしくお願いします。
本社 教育部 村井

교토점 점장 나카니시님

안녕하세요. 어제 점장 회의에서 다음 달에 실시될 새로운 금전출납계 시스템의 본사 연수에 대해서 설명했는데, [178]깜빡 잊고 말을 안 한 것이 있어서 알려 드립니다.
우선 이 연수는 전 사원이 대상이 아닙니다. 교토점에서는 세 명 출석을 부탁드립니다. [179]점장님은 반드시 출석해야 합니다만, 나머지 두 명은 손님에게 폐가 되지 않도록 가게 사정을 고려해서 점장님이 결정해 주십시오.
출석하는 사람이 정해지면 가능한 한 빨리 저에게 메일로 알려 주십시오. 또 이 [180]연수를 받은 사원은 제각각 가게에서 강사가 되어서 배운 내용을 다른 사원에게 가르치게 되어 있습니다. 아무쪼록 잘 부탁드립니다.

본사 교육부 무라이

어휘 | 店長(てんちょう) 점장 昨日(きのう) 어제
会議(かいぎ) 회의 来月(らいげつ) 다음 달
行(おこな)う 하다, 행하다, 실시하다
レジ 금전출납계 *「レジスター」의 준말 システム 시스템
本社(ほんしゃ) 본사 研修(けんしゅう) 연수
~について ~에 대해서 説明(せつめい) 설명
동사의 ます형+忘(わす)れる 깜빡하고 ~하기를 잊다
お+동사의 ます형+する ~하다, ~해 드리다 *겸양표현
知(し)らせる 알리다 まず 우선 全(ぜん)~ 전~, 모든~
社員(しゃいん) 사원 対象(たいしょう) 대상
出席(しゅっせき) 출석 必(かなら)ず 꼭, 반드시
~てもらう (남에게) ~해 받다
~なければならない ~하지 않으면 안 된다, ~해야 한다
お客様(きゃくさま) 손님 迷惑(めいわく)がかかる 폐가 되다
事情(じじょう) 사정 考(かんが)える 생각하다, 고려하다
お+동사의 ます형+ください ~해 주십시오 *존경표현
決(き)める 정하다, 결정하다 決(き)まる 정해지다, 결정되다
できるだけ 가능한 한, 되도록 ~まで ~까지, ~에게
メール 메일 受(う)ける (어떤 행위를) 받다 それぞれ 제각각
講師(こうし) 강사 学(まな)ぶ 배우다
教(おし)える 가르치다, 알려 주다
동사의 보통형+ことになっている ~하게 되어 있다
教育部(きょういくぶ) 교육부

178 村井さんは、どうしてメールをしましたか。
(A) 電話がかからなかったから
(B) 間違った情報を伝えたから
(C) 資料を配るのを忘れたから
(D) 伝えるべき事を伝えなかったから

178 무라이 씨는 어째서 메일을 했습니까?
(A) 전화가 걸리지 않았기 때문에
(B) 잘못된 정보를 전했기 때문에
(C) 자료를 배부하는 것을 잊었기 때문에
(D) 전해야 할 사항을 전하지 않았기 때문에

해설 | 초반부의 「言(い)い忘(わす)れる」(깜빡 잊고 말을 안 하다)라는 표현이 포인트로, 무라이 씨가 메일을 한 이유는 깜빡하고 전해야 할 사항을 전하지 않았기 때문이다. 따라서 정답은 (D)가 된다.

어휘 | 間違(まちが)う 틀리다, 잘못되다 情報(じょうほう) 정보
伝(つた)える 전하다, 전달하다 資料(しりょう) 자료
配(くば)る 나누어 주다, 배포하다 ~べき (마땅히) ~해야 함
事(こと) 사항

179 京都店から研修に参加するのは、どのような人ですか。
(A) 店長と、自分で行きたいと言った2名
(B) 店長と、店長が選んだ2名
(C) 店長が選んだ3名
(D) 教育部が選んだ3名

179 교토점에서 연수에 참가하는 것은 어떠한 사람입니까?
(A) 점장과 스스로 가고 싶다고 말한 두 명
(B) 점장과 점장이 고른 두 명
(C) 점장이 고른 세 명
(D) 교육부가 고른 세 명

해설 | 중반부에서 연수에 점장은 반드시 출석해야 하지만, 나머지 두 명은 손님에게 폐가 되지 않도록 가게 사정을 고려해서 점장이 결정해 달라고 했다. 따라서 정답은 (B)가 된다.

어휘 | 自分(じぶん)で 직접, 스스로 選(えら)ぶ 고르다, 선택하다

180 研修に参加しない人は、新システムについて誰から習いますか。
(A) 研修に行った社員
(B) 研修の時の講師
(C) 本社から来る講師
(D) 本社の先輩社員

180 연수에 참가하지 않는 사람은 새로운 시스템에 대해서 누구에게 배웁니까?
(A) 연수에 간 사원
(B) 연수 때의 강사
(C) 본사에서 오는 강사
(D) 본사의 선배사원

해설 | 후반부에서 '연수를 받은 사원은 제각각 가게에서 강사가 되어서 배운 내용을 다른 사원에게 가르치게 되어 있습니다'라고 했으므로, 정답은 (A)가 된다.

어휘 | 講師(こうし) 강사 先輩(せんぱい) 선배

181~184 공방 찻집

[181]私は子供の頃から器用で、色々な物を自分で作って楽しんでいました。社会人になった今も、何か作りたいとよく思いますが、[182]家で作ると後片付けが面倒くさいので(1)やっていません。でも、どこかで作れるチャンスがないかと思っていたところ、店の中で革の財布やバッグを作れる(2)喫茶店があると聞いて行ってみました。道具も貸してくれるし、わからないところがあったら教えてくれる人がいるので、とても人気があるそうです。私はその店で5時間ぐらいかけて[183]ポケットがたくさんある財布を作りました。デザインもいいし、便利だしとても気に入っています。でも、また行きたいかと聞かれたらあまり行きたくないと答えます。[184]店に来ていたほとんどの客は、友達とおしゃべりしながら楽しい時間を過ごすことが目的のようで、私には賑やか過ぎました。私はおしゃべりなどしないで、一人で集中して物を作りたいのです。

[181]저는 어릴 때부터 손재주가 있어서 여러 가지 물건을 직접 만들며 즐겼습니다. 사회인이 된 지금도 뭔가 만들고 싶다고 자주 생각합니다만, [182]집에서 만들면 뒤처리가 귀찮아서 (1)하고 있지 않습니다. 하지만 어딘가에서 만들 수 있는 기회가 없을까 생각하고 있었는데, 가게 안에서 가죽 지갑이나 가방을 만들 수 있는 (2)찻집이 있다고 듣고 가 봤습니다. 도구도 빌려주고 모르는 점이 있으면 가르쳐 주는 사람이 있어서 아주 인기가 있다고 합니다. 저는 그 가게에서 5시간 정도 들여서 [183]주머니가 많이 있는 지갑을 만들었습니다. 디자인도 좋고 편리하고 아주 마음에 듭니다. 하지만 또 가고 싶은지 물으면 별로 가고 싶지 않다고 대답하겠습니다. [184]가게에 와 있던 대부분의 손님은 친구와 잡담을 하면서 즐거운 시간을 보내는 게 목적인 듯 저에게는 너무 떠들썩했습니다. 저는 잡담 등을 하지 않고 혼자서 집중해서 물건을 만들고 싶습니다.

어휘 | 器用(きよう)だ 손재주가 있다
色々(いろいろ)だ 여러 가지다, 다양하다
自分(じぶん)で 직접, 스스로 作(つく)る 만들다
楽(たの)しむ 즐기다 社会人(しゃかいじん) 사회인
よく 자주 後片付(あとかたづ)け 뒤처리
面倒(めんどう)くさい (아주) 귀찮다, 번거롭다 やる 하다
チャンス 찬스, 기회 동사의 た형+ところ ~한 결과, ~했더니
店(みせ) 가게 革(かわ) 가죽 財布(さいふ) 지갑 バッグ 백, 가방
喫茶店(きっさてん) 찻집 道具(どうぐ) 도구 貸(か)す 빌려주다
~てくれる (남이 나에게) ~해 주다 ~し ~고
教(おし)える 가르치다, 알려 주다 人気(にんき) 인기
품사의 보통형+そうだ ~라고 한다 *전문
かける (돈·시간·수고 등을) 들이다 ポケット 주머니
デザイン 디자인 便利(べんり)だ 편리하다
気(き)に入(い)る 마음에 들다
あまり (부정의 말을 수반하여) 그다지, 별로
答(こた)える 대답하다 ほとんど 거의, 대부분 おしゃべり 잡담
동사의 ます형+ながら ~하면서 楽(たの)しい 즐겁다
時間(じかん) 시간 過(す)ごす (시간을) 보내다, 지내다
目的(もくてき) 목적 賑(にぎ)やかだ 떠들썩하다
な형용사의 어간+過(す)ぎる 너무 ~하다 一人(ひとり)で 혼자서
集中(しゅうちゅう) 집중

181 この人はどんな子供でしたか。
(A) いたずらでよく叱られていた。
(B) 細かい作業が好きだった。
(C) 体を動かすことが得意だった。
(D) 人前で話すのが苦手だった。

181 이 사람은 어떤 아이였습니까?
(A) 장난으로 자주 야단맞았다.
(B) 세심한 작업을 좋아했다.
(C) 몸을 움직이는 것을 잘했다.
(D) 남 앞에서 이야기하는 것이 서툴렀다.

해설 | 첫 번째 문장의 「器用(きよう)だ」(손재주가 있다)라는 단어가 포인트로, 이 사람은 어릴 때부터 손재주가 있어서 여러 가지 물건을 직접 만들며 즐겼다고 했다. 따라서 정답은 (B)가 된다.

어휘 | いたずら 장난 叱(しか)る 꾸짖다, 야단치다
細(こま)かい 꼼꼼하다, 세심하다 作業(さぎょう) 작업
好(す)きだ 좋아하다 体(からだ) 몸, 신체 動(うご)かす 움직이다
得意(とくい)だ 잘하다, 자신 있다 人前(ひとまえ) 남의 앞
苦手(にがて)だ 서투르다, 잘 못하다

182 この人は、どうして(1)やっていませんか。
(A) 片付けるのが嫌だから
(B) 家に道具がないから
(C) 忙しくて暇がないから
(D) やり方がよくわからないから

182 이 사람은 어째서 (1)하고 있지 않습니까?
(A) 치우는 것이 싫기 때문에
(B) 집에 도구가 없기 때문에
(C) 바빠서 시간이 없기 때문에
(D) 방식을 잘 모르기 때문에

해설 | 밑줄 친 부분 앞문장에서 '집에서 만들면 뒤처리가 귀찮아서'라고 했으므로, 정답은 (A)가 된다.

어휘 | 片付(かたづ)ける 치우다, 정리하다 嫌(いや)だ 싫다
忙(いそが)しい 바쁘다 暇(ひま) (한가한) 짬, 시간
やり方(かた) (하는) 방식

183 この人は、(2)喫茶店でどんな物を作りましたか。
(A) 荷物をたくさんしまえるかばん
(B) 道具をしまうのに便利な箱

해설 | 이 사람은 이동식 슈퍼의 힘든 점으로, 그 날의 날씨에 맞춰 팔릴 것 같은 물건을 골라야 하는 것을 들고 있다. 따라서 정답은 (C)가 된다.

어휘 | 悪天候(あくてんこう) 악천후 休業(きゅうぎょう) 휴업
味(あじ) 맛 好(この)み 취향, 기호 うるさい 시끄럽다, 까다롭다
～によって ～에 의해, ～에 따라 違(ちが)う 다르다
～軒(けん) ～채 *집을 세는 단위 回(まわ)る 돌다

196 この人が願っているのは、何ですか。
(A) お年寄りが買い物を楽しむこと
(B) 高齢者ばかりの地域が減ること
(C) 移動式スーパーが儲かるビジネスになること
(D) 男性のお年寄りも買い物の喜びを知ること

196 이 사람이 바라고 있는 것은 무엇입니까?
(A) 노인이 쇼핑을 즐기는 것
(B) 고령자만의 지역이 적어지는 것
(C) 이동식 슈퍼가 벌이가 되는 비즈니스가 되는 것
(D) 남성 노인도 쇼핑의 기쁨을 아는 것

해설 | 후반부에서 '노인분들께 '쇼핑'이라는 하나의 즐거움을 제공하고 싶기 때문이다'라고 했으므로, 정답은 (A)가 된다.

어휘 | 願(ねが)う 바라다 楽(たの)しむ 즐기다
減(へ)る 줄다, 적어지다 儲(もう)かる 벌이가 되다 ビジネス 비즈니스
男性(だんせい) 남성 喜(よろこ)び 기쁨 知(し)る 알다

197~200 가부키 관람

　先日、生まれて初めて歌舞伎を見に行って来た。選んだのは、『歌舞伎鑑賞教室』といって、初心者向けに行われるものである。[197]初めの30分間はあらすじや表現方法の解説を聞き、残りの1時間で名場面を鑑賞した。実際の役者による解説は、ユーモアを含めていて、非常にわかりやすく、生で見る演劇はさすがに迫力があった。[198]これまで少し堅苦しく感じていた歌舞伎の世界だったが、身近に感じることができた。
　実は私が歌舞伎を見てみようと思い立ったのには理由がある。仕事柄海外に行くことが多いのだが、[199]滞在中に出会った人々に日本について聞かれる度に、自分が日本の伝統芸能について無知なことに気付かされ、肩身の狭い思いをしていたからだ。[200]今回劇場に足を運び、英語で説明をする歌舞伎鑑賞教室が定期的に行われていることも知った。もうすぐ外国人の友人が来日するので、是非連れて行こうと思っている。

　요전에 태어나서 처음으로 가부키를 보러 갔다 왔다. 고른 것은 '가부키 감상교실'이라고 해서 초보자용으로 행해지는 것이다. [197]처음 30분간은 대강의 줄거리나 표현방법의 해설을 듣고, 나머지 1시간으로 명장면을 감상했다. 실제 연기자에 의한 해설은 유머를 포함하고 있어 대단히 이해하기 쉽고 생생하게 보는 연극은 과연 박력이 있었다. [198]지금까지 조금 어렵게 느끼고 있었던 가부키 세계였지만, 친근하게 느낄 수 있었다.
　실은 내가 가부키를 봐 봐야겠다고 결심한 데에는 이유가 있다. 직업상 해외에 가는 경우가 많은데, [199]체재 중에 만난 사람들이 일본에 대해서 물을 때마다 내가 일본의 전통예능에 대해서 무지한 것을 깨닫게 되어 주눅이 들었기 때문이다. [200]이번에 극장에 가서 영어로 설명을 하는 가부키 감상교실이 정기적으로 행해지고 있다는 것도 알았다. 이제 곧 외국인 친구가 일본에 오니까, 꼭 데리고 가려고 생각하고 있다.

어휘 | 先日(せんじつ) 요전, 저번 生(う)まれる 태어나다
初(はじ)めて 처음(으로) 歌舞伎(かぶき) 가부키 見(み)る 보다
동사의 ます형+に ～하러 *동작의 목적 選(えら)ぶ 고르다, 선택하다
鑑賞(かんしょう) 감상 教室(きょうしつ) (기술 등을 가르치는) 교실
～といって ～라고 해서 初心者(しょしんしゃ) 초보자
～向(む)け ～대상, ～용 行(おこな)う 하다, 행하다, 실시하다
初(はじ)め (시간적으로) 처음, 최초 あらすじ(粗筋) 대강의 줄거리
表現(ひょうげん) 표현 方法(ほうほう) 방법 解説(かいせつ) 해설
残(のこ)り 남음, 나머지 名場面(めいばめん) 명장면
実際(じっさい) 실제 役者(やくしゃ) 연기자
～による ～에 의한, ～에 따른 ユーモア 유머 含(ふく)める 포함하다
非常(ひじょう)に 대단히, 매우 동사의 ます형+やすい ～하기 쉽다
生(なま) 생생함 演劇(えんげき) 연극 さすがに 과연
迫力(はくりょく) 박력 堅苦(かたくる)しい 딱딱하다, 어렵다
感(かん)じる 느끼다 世界(せかい) 세계
身近(みぢか)だ 자기 몸에 가깝다 実(じつ)は 실은
思(おも)い立(た)つ 마음먹다, 결심하다 理由(りゆう) 이유
仕事柄(しごとがら) 일의 성격상, 직업상 海外(かいがい) 해외
多(おお)い 많다 滞在(たいざい) 체재 出会(であ)う 만나다, 마주치다
人々(ひとびと) 사람들 ～について ～에 대해서
～度(たび)に ～할 때마다 伝統(でんとう) 전통 芸能(げいのう) 예능
無知(むち)だ 무지하다 気付(きづ)く 깨닫다, 알아차리다
肩身(かたみ)の狭(せま)い思(おも)いをする 주눅이 들다
今回(こんかい) 이번 劇場(げきじょう) 극장
足(あし)を運(はこ)ぶ (그곳에) 가다, 들르다 英語(えいご) 영어
説明(せつめい) 설명 定期的(ていきてき)だ 정기적이다
知(し)る 알다 もうすぐ 이제 곧 外国人(がいこくじん) 외국인
友人(ゆうじん) 친구 来日(らいにち) 내일, 일본에 옴
是非(ぜひ) 꼭, 제발 連(つ)れる 데리고 가다

197 歌舞伎鑑賞教室とは、どのようなものですか。
(A) 歌舞伎についての概要を聞いた後、舞台に立ってみる。
(B) 作品の大まかな内容を聞いた後、山場を鑑賞する。
(C) 初心者が理解しやすいよう制作されたビデオを鑑賞する。
(D) 初心者向けに書き換えられた歌舞伎を見る。

197 가부키 감상교실이란 어떠한 것입니까?
(A) 가부키에 대한 개요를 들은 후 무대에 서 본다.
(B) 작품의 대략적인 내용을 들은 후 절정 부분을 감상한다.
(C) 초보자가 이해하기 쉽도록 제작된 비디오를 감상한다.
(D) 초보자용으로 고쳐 써진 가부기를 본다.

해설 | 이 사람이 보고 온 가부키 감상교실은 초보자용으로 처음 30분간 대강의 줄거리나 표현방법 해설을 듣고 나머지 1시간으로 명장면을 감상하는 것이었다. 따라서 정답은 (B)가 된다.

어휘 | 概要(がいよう) 개요 동사의 た형+後(あと) ~한 후
舞台(ぶたい)に立(た)つ 무대에 서다 作品(さくひん) 작품
大(おお)まかだ 대략적이다 内容(ないよう) 내용
山場(やまば) 절정, 고비 初心者(しょしんしゃ) 초보자
理解(りかい) 이해 制作(せいさく) 제작 ビデオ 비디오
書(か)き換(か)える 고쳐[다시] 쓰다, 개서하다

198 この人は、今まで歌舞伎についてどのように思っていましたか。
(A) 初めての人には難しくて近寄りがたい。
(B) 過剰な人気で行こうにも行けない。
(C) 誰でも楽しめる伝統芸能である。
(D) 格好が奇抜で好ましくない。

198 이 사람은 지금까지 가부키에 대해서 어떻게 생각하고 있었습니까?
(A) 처음인 사람에게는 어려워서 다가가기 힘들다.
(B) 과잉된 인기로 가려고 해도 갈 수 없다.
(C) 누구든지 즐길 수 있는 전통예능이다.
(D) 모습이 기발해서 바람직하지 않다.

해설 | 중반부의 「堅苦(かたくる)しい」(딱딱하다, 어렵다)라는 단어가 포인트로, 이 사람은 지금까지 가부키에 대해 조금 어렵게 느끼고 있었다고 했다. 따라서 정답은 (A)가 된다.

어휘 | 難(むずか)しい 어렵다 近寄(ちかよ)る 다가가다, 접근하다
동사의 ます형+がたい ~하기 힘들다 過剰(かじょう)だ 과잉되다
格好(かっこう) 모습, 겉모양 奇抜(きばつ)だ 기발하다
好(この)ましい 바람직하다

199 この人は、海外でどんな体験をしましたか。
(A) 言葉が通じず、苛立たしい思いをした。
(B) 海外の文化を知らず、情けない思いをした。
(C) 自国の文化を知らず、決まりの悪い思いをした。
(D) 日本の文化に興味のない人が多く、空しい思いをした。

199 이 사람은 해외에서 어떤 체험을 했습니까?
(A) 말이 통하지 않아서 초조한 기분이 들었다.
(B) 해외 문화를 몰라서 한심한 기분이 들었다.
(C) 자국 문화를 몰라서 창피한 기분이 들었다.
(D) 일본 문화에 흥미가 없는 사람이 많아서 허무한 기분이 들었다.

해설 | 이 사람은 해외 체재 중에 만난 사람들이 일본에 대해 물을 때마다 자신이 일본의 전통예능에 대해서 무지하다는 것을 깨닫게 되어 주눅이 들었다고 했다. 따라서 정답은 (C)가 된다.

어휘 | 体験(たいけん) 체험 言葉(ことば) 말 通(つう)じる 통하다
~ず ~하지 않아서 苛立(いらだ)たしい 초조하다
思(おも)いをする 생각[기분]이 들다, 느끼다
文化(ぶんか) 문화 情(なさ)けない 한심하다 自国(じこく) 자국
決(き)まりが悪(わる)い 쑥스럽다, 창피하다 興味(きょうみ) 흥미
空(むな)しい 허무하다

200 この人は、歌舞伎鑑賞教室についてこれからどうするつもりですか。
(A) 友人同伴で、英語版の鑑賞教室に行く。
(B) 友人にどの鑑賞教室に行きたいか聞いておく。
(C) 友人にも自分が行ったのと同じ鑑賞教室を勧める。
(D) 鑑賞教室の実施日に合わせて外国から友人を呼ぶ。

200 이 사람은 가부키 감상교실에 대해서 앞으로 어떻게 할 생각입니까?
(A) 친구 동반으로 영어판 감상교실에 간다.
(B) 친구에게 어느 감상교실에 가고 싶은지 물어 둔다.
(C) 친구에게도 자신이 간 것과 같은 감상교실을 권한다.
(D) 감상교실의 실시일에 맞춰 외국에서 친구를 부른다.

해설 | 후반부에서 '영어로 설명을 하는 가부키 감상교실이 정기적으로 행해지고 있다는 것도 알았다. 이제 곧 외국인 친구가 일본에 오니까, 꼭 데리고 가려고 생각하고 있다'라고 했으므로, 정답은 (A)가 된다.

어휘 | 同伴(どうはん) 동반 英語版(えいごばん) 영어판 どの 어느
同(おな)じだ 같다 勧(すす)める 권하다, 권유하다
実施日(じっしび) 실시일 合(あ)わせる 맞추다
外国(がいこく) 외국 呼(よ)ぶ 부르다, 초대하다

주요 어휘 및 표현 정리 20

＊ 읽는 법과 뜻을 확인해 보세요.

어휘 및 표현	읽는 법	뜻
□ 辞書	じしょ	사전
□ 履き替える	はきかえる	갈아 신다
□ 磨く	みがく	(문질러) 닦다
□ ネクタイを締める	ネクタイをしめる	넥타이를 매다
□ 帽子を被る	ぼうしをかぶる	모자를 쓰다
□ 持ち上げる	もちあげる	들어올리다
□ 爪を切る	つめをきる	손톱을 깎다
□ ピアノを弾く	ピアノをひく	피아노를 치다
□ 指輪をする	ゆびわをする	반지를 끼다
□ 囲む	かこむ	둘러싸다
□ 広場	ひろば	광장
□ 中央	ちゅうおう	중앙
□ 取り出す	とりだす	꺼내다, 뽑아내다
□ 雪景色	ゆきげしき	설경
□ 材料	ざいりょう	재료
□ 混ぜる	まぜる	섞다, 뒤섞다
□ 荒れる	あれる	(날씨·바다·분위기 따위가) 거칠어지다, 사나워지다
□ 散らばる	ちらばる	흩어지다
□ 二等分	にとうぶん	이등분
□ 拾う	ひろう	줍다

주요 어휘 및 표현 정리 20

* 읽는 법과 뜻을 확인해 보세요.

어휘 및 표현	읽는 법	뜻
□ 習う	ならう	배우다, 익히다
□ 教える	おしえる	가르치다, 교육하다
□ 急に	きゅうに	갑자기
□ 晴れる	はれる	맑다, 개다
□ 貸す	かす	빌려 주다
□ 招待	しょうたい	초대
□ すっかり	●	완전히
□ 国内	こくない	국내
□ 気になる	きになる	신경이 쓰이다, 걱정되다
□ 年齢	ねんれい	연령
□ 経験	けいけん	경험
□ 勇気	ゆうき	용기
□ 素早い	すばやい	재빠르다, 민첩하다
□ 穏やかだ	おだやかだ	온화하다
□ 謝る	あやまる	사과하다
□ 認める	みとめる	인정하다
□ 継続	けいぞく	계속
□ 収入	しゅうにゅう	수입
□ 裏切る	うらぎる	배신하다
□ 耳を傾ける	みみをかたむける	귀를 기울이다, 경청하다

주요 어휘 및 표현 정리 20

＊ 읽는 법과 뜻을 확인해 보세요.

어휘 및 표현	읽는 법	뜻
□ 階段	かいだん	계단
□ 運ぶ	はこぶ	옮기다, 운반하다, 나르다
□ 見学	けんがく	견학
□ 食堂	しょくどう	식당
□ 以外	いがい	이외
□ 夕方	ゆうがた	해질녘, 저녁때
□ 産まれる	うまれる	태어나다
□ 届ける	とどける	(물건을) 전하다, 갖다 주다
□ 素敵だ	すてきだ	멋지다
□ 捨てる	すてる	버리다
□ 払う	はらう	(돈을) 내다, 지불하다
□ 整理	せいり	정리
□ 判断	はんだん	판단
□ 飲食店	いんしょくてん	음식점
□ 賑やかだ	にぎやかだ	번화하다
□ 大型	おおがた	대형
□ 扱う	あつかう	다루다, 취급하다
□ 手数料	てすうりょう	수수료
□ 済ませる	すませる	해결하다
□ 人材	じんざい	인재

PART 4

주요 어휘 및 표현 정리 20

* 읽는 법과 뜻을 확인해 보세요.

어휘 및 표현	읽는 법	뜻
□ 病院	びょういん	병원
□ 今朝	けさ	오늘 아침
□ 注射	ちゅうしゃ	주사
□ 仲	なか	사이, 관계
□ 薬屋	くすりや	약국
□ 種類	しゅるい	종류
□ 価格	かかく	가격
□ 体重	たいじゅう	체중
□ 使用	しよう	사용
□ 販売	はんばい	판매
□ 広告	こうこく	광고
□ 記念日	きねんび	기념일
□ 情報	じょうほう	정보
□ 停車	ていしゃ	정차
□ 決して	けっして	(부정의 말을 수반하여) 결코, 절대로
□ 知らせる	しらせる	알리다
□ 火事	かじ	화재
□ 具合	ぐあい	(건강) 상태
□ 憧れ	あこがれ	동경
□ 配達	はいたつ	배달

주요 어휘 및 표현 정리 20

＊ 읽는 법과 뜻을 확인해 보세요.

어휘 및 표현	읽는 법	뜻
□ 腕	うで	팔
□ 異常	いじょう	이상
□ 永遠	えいえん	영원
□ 営む	いとなむ	경영하다
□ 誤り	あやまり	실수, 잘못
□ ～上に	～うえに	～인 데다가, ～에 더해
□ 苦労	くろう	고생
□ 人生	じんせい	인생
□ 負ける	まける	지다, 패하다
□ 必ず	かならず	꼭, 반드시
□ 専門家	せんもんか	전문가
□ 講義	こうぎ	강의
□ 引き延ばす	ひきのばす	끌다, 지연시키다
□ 結果	けっか	결과
□ 嫌う	きらう	싫어하다, 미워하다
□ 見張り	みはり	감시인
□ 看板	かんばん	간판
□ 宣伝	せんでん	선전
□ 弁護士	べんごし	변호사
□ 争う	あらそう	다투다, 시비를 가리다

PART 6

주요 어휘 및 표현 정리 20

＊ 읽는 법과 뜻을 확인해 보세요.

어휘 및 표현	읽는 법	뜻
□ 居酒屋	いざかや	선술집
□ 違う	ちがう	다르다
□ 疲れる	つかれる	지치다, 피로해지다
□ 誘う	さそう	불러내다
□ おっしゃる	●	말씀하시다
□ 答える	こたえる	대답하다
□ ～に対して	～にたいして	～에 대해, ～에게 *대상
□ 言い方	いいかた	말투
□ 後輩	こうはい	후배
□ 建設	けんせつ	건설
□ 奥が深い	おくがふかい	깊이가 있다, 심오하다
□ 優勝	ゆうしょう	우승
□ 気にする	きにする	신경을 쓰다, 걱정하다
□ 管理	かんり	관리
□ 大量	たいりょう	대량
□ 厚かましい	あつかましい	뻔뻔스럽다, 염치없다
□ 恐縮	きょうしゅく	황송함, 죄송함
□ 湧く	わく	(기운 · 기분이) 솟다, 생기다
□ 手頃	てごろ	알맞음, 적당함
□ 手際	てぎわ	(사물을 처리하는) 수법, 솜씨

주요 어휘 및 표현 정리 20

＊ 읽는 법과 뜻을 확인해 보세요.

어휘 및 표현	읽는 법	뜻
□ 珍しい	めずらしい	희귀하다, 드물다
□ 家具	かぐ	가구
□ 家事	かじ	가사, 집안일
□ 値段	ねだん	가격
□ 説明	せつめい	설명
□ 宛先	あてさき	수신인, 수신처
□ 間違える	まちがえる	틀리다, 잘못하다
□ 不可能	ふかのう	불가능
□ 踏む	ふむ	밟다
□ 騒がしい	さわがしい	시끄럽다
□ 秘密	ひみつ	비밀
□ 賢い	かしこい	영리하다
□ 納得	なっとく	납득
□ 転がす	ころがす	굴리다, 넘어뜨리다
□ 規則	きそく	규칙
□ 指図	さしず	지시
□ 決まり悪い	きまりわるい	쑥스럽다
□ ～極まりない	～きわまりない	～하기 짝이 없다, 정말 ～하다
□ 座席	ざせき	좌석
□ 동사의 기본형+や否や	동사의 기본형+やいなや	～하자마자, ～하기가 무섭게

PART 8

주요 어휘 및 표현 정리 20

＊ 읽는 법과 뜻을 확인해 보세요.

어휘 및 표현	읽는 법	뜻
□ クリーニング屋	クリーニングや	세탁소
□ 工場	こうじょう	공장
□ 昔	むかし	옛날
□ 古い	ふるい	오래되다
□ 奥さん	おくさん	(남의) 부인
□ アイロンをかける	●	다림질을 하다
□ 留学	りゅうがく	유학
□ 喜ぶ	よろこぶ	기뻐하다
□ 研究	けんきゅう	연구
□ 予定	よてい	예정
□ 本社	ほんしゃ	본사
□ 対象	たいしょう	대상
□ 学ぶ	まなぶ	배우다
□ 器用だ	きようだ	손재주가 있다
□ 後片付け	あとかたづけ	뒤처리
□ 練習	れんしゅう	연습
□ 飽きる	あきる	질리다
□ 地域	ちいき	지역
□ 半額	はんがく	반액, 반값
□ 気付く	きづく	깨닫다, 알아차리다

JPT 최신기출 1000제
TEST 3 정답 및 해설

PART 1

1 (A)	**2** (D)	**3** (B)	**4** (C)	**5** (D)	**6** (A)	**7** (C)	**8** (B)	**9** (B)	**10** (A)
11 (D)	**12** (C)	**13** (D)	**14** (C)	**15** (A)	**16** (B)	**17** (A)	**18** (A)	**19** (C)	**20** (B)

PART 2

21 (B)	**22** (D)	**23** (D)	**24** (B)	**25** (A)	**26** (A)	**27** (C)	**28** (A)	**29** (C)	**30** (D)
31 (B)	**32** (A)	**33** (B)	**34** (A)	**35** (B)	**36** (A)	**37** (B)	**38** (B)	**39** (D)	**40** (A)
41 (C)	**42** (D)	**43** (A)	**44** (B)	**45** (C)	**46** (A)	**47** (D)	**48** (D)	**49** (C)	**50** (A)

PART 3

51 (B)	**52** (C)	**53** (D)	**54** (B)	**55** (C)	**56** (D)	**57** (A)	**58** (D)	**59** (A)	**60** (B)
61 (D)	**62** (B)	**63** (A)	**64** (B)	**65** (D)	**66** (B)	**67** (C)	**68** (A)	**69** (D)	**70** (B)
71 (C)	**72** (D)	**73** (A)	**74** (B)	**75** (D)	**76** (D)	**77** (C)	**78** (B)	**79** (A)	**80** (C)

PART 4

81 (D)	**82** (B)	**83** (B)	**84** (C)	**85** (A)	**86** (D)	**87** (B)	**88** (B)	**89** (A)	**90** (C)
91 (D)	**92** (D)	**93** (A)	**94** (A)	**95** (B)	**96** (C)	**97** (A)	**98** (D)	**99** (C)	**100** (A)

PART 5

101 (D)	**102** (C)	**103** (D)	**104** (B)	**105** (A)	**106** (B)	**107** (A)	**108** (C)	**109** (D)	**110** (B)
111 (B)	**112** (D)	**113** (C)	**114** (A)	**115** (C)	**116** (B)	**117** (C)	**118** (A)	**119** (D)	**120** (D)

PART 6

121 (A)	**122** (D)	**123** (C)	**124** (C)	**125** (C)	**126** (C)	**127** (A)	**128** (C)	**129** (D)	**130** (B)
131 (C)	**132** (A)	**133** (B)	**134** (B)	**135** (C)	**136** (D)	**137** (A)	**138** (D)	**139** (C)	**140** (D)

PART 7

141 (A)	**142** (A)	**143** (D)	**144** (D)	**145** (B)	**146** (B)	**147** (D)	**148** (C)	**149** (B)	**150** (A)
151 (D)	**152** (C)	**153** (A)	**154** (B)	**155** (D)	**156** (C)	**157** (D)	**158** (A)	**159** (B)	**160** (A)
161 (D)	**162** (C)	**163** (D)	**164** (A)	**165** (D)	**166** (B)	**167** (C)	**168** (A)	**169** (A)	**170** (D)

PART 8

171 (B)	**172** (C)	**173** (A)	**174** (C)	**175** (A)	**176** (B)	**177** (B)	**178** (B)	**179** (D)	**180** (D)
181 (C)	**182** (B)	**183** (D)	**184** (B)	**185** (A)	**186** (B)	**187** (D)	**188** (C)	**189** (A)	**190** (B)
191 (D)	**192** (B)	**193** (C)	**194** (D)	**195** (A)	**196** (A)	**197** (D)	**198** (B)	**199** (C)	**200** (B)

01 사물의 상태

(A) バイクが止(と)まっています。

(B) バスが走(はし)っています。

(C) バイクが倒(たお)れています。

(D) 屋上(おくじょう)にある駐車場(ちゅうしゃじょう)です。

(A) 오토바이가 서 있습니다.

(B) 버스가 달리고 있습니다.

(C) 오토바이가 넘어져 있습니다.

(D) 옥상에 있는 주차장입니다.

해설 | 오토바이들이 서 있는 사진이므로, 정답은 (A)가 된다. 넘어져 있는 오토바이는 없고, 사진 속의 장소는 옥상이 아니므로, 나머지 선택지는 답이 될 수 없다.

어휘 | バイク 바이크, 오토바이 *「モーターバイク」의 준말
止(と)まる 멈추다, 서다 バス 버스 走(はし)る (탈것이) 달리다
倒(たお)れる 쓰러지다, 넘어지다 屋上(おくじょう) 옥상
駐車場(ちゅうしゃじょう) 주차장

02 인물의 동작 및 상태(1인 등장)

(A) ズボンを履(は)いています。

(B) 帽子(ぼうし)を被(かぶ)っています。

(C) お風呂(ふろ)に入(はい)っています。

(D) ベンチに座(すわ)っています。

(A) 바지를 입고 있습니다.

(B) 모자를 쓰고 있습니다.

(C) 목욕을 하고 있습니다.

(D) 벤치에 앉아 있습니다.

해설 | 여자가 벤치에 앉아 뭔가를 보고 있는 사진으로, 여자는 치마를 입고 있고, 모자는 쓰고 있지 않다. 따라서 정답은 (D)가 된다.

어휘 | ズボンを履(は)く 바지를 입다
帽子(ぼうし)を被(かぶ)る 모자를 쓰다

お風呂(ふろ)に入(はい)る 목욕을 하다 ベンチ 벤치
座(すわ)る 앉다

03 인물의 동작 및 상태(1인 등장)

(A) 切符(きっぷ)を買(か)っています。

(B) エレベーターを待(ま)っています。

(C) 地下鉄(ちかてつ)に乗(の)っています。

(D) 階段(かいだん)を上(のぼ)っています。

(A) 표를 사고 있습니다.

(B) 엘리베이터를 기다리고 있습니다.

(C) 지하철을 타고 있습니다.

(D) 계단을 오르고 있습니다.

해설 | 여자가 엘리베이터를 기다리고 있는 사진이므로, 정답은 (B)가 된다.

어휘 | 切符(きっぷ) 표 買(か)う 사다 エレベーター 엘리베이터
待(ま)つ 기다리다 地下鉄(ちかてつ) 지하철 乗(の)る (탈것에) 타다
上(のぼ)る 오르다, 올라가다

04 인물의 동작 및 상태(2인 이상 등장)

(A) 池(いけ)でボートに乗(の)っている人(ひと)がいます。

(B) ホームに立(た)っている人(ひと)がいます。

(C) 自転車(じてんしゃ)で横断歩道(おうだんほどう)を渡(わた)っている人(ひと)がいます。

(D) 校庭(こうてい)の真(ま)ん中(なか)を走(はし)っている人(ひと)がいます。

(A) 연못에서 보트를 타고 있는 사람이 있습니다.

(B) 플랫폼에 서 있는 사람이 있습니다.

(C) 자전거로 횡단보도를 건너고 있는 사람이 있습니다.

(D) 교정 한가운데를 달리고 있는 사람이 있습니다.

해설 | 자전거로 횡단보도를 건너고 있는 사람들이 보이므로, 정답은 (C)가 된다.

어휘 | 池(いけ) 연못 ボート 보트
ホーム 플랫폼 *「プラットホーム」의 준말 立(た)つ 서다
自転車(じてんしゃ) 자전거 横断歩道(おうだんほどう) 횡단보도

渡(わた)る (길을) 지나다, 건너다 校庭(こうてい) 교정
真(ま)ん中(なか) 한가운데 走(はし)る 달리다, 뛰다

05 인물의 동작 및 사물의 상태(1인 등장)

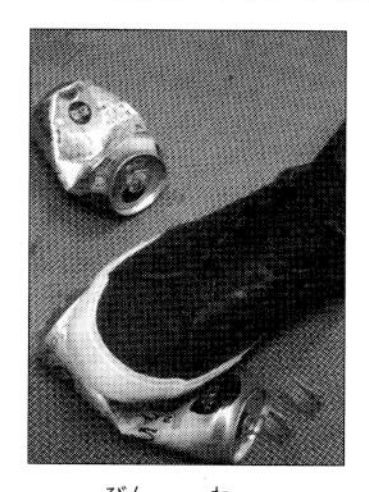

(A) 瓶を割っています。
(B) ゴミを集めています。
(C) 箱を壊しています。
(D) 缶を踏んでいます。

(A) 병을 깨고 있습니다.
(B) 쓰레기를 모으고 있습니다.
(C) 상자를 부수고 있습니다.
(D) 캔을 밟고 있습니다.

해설 | 사진 속의 사물과 인물의 동작에 주목해야 한다. 캔을 발로 밟고 있는 사진이므로, 정답은 (D)가 된다.

어휘 | 瓶(びん) 병 割(わ)る 깨다 ゴミ 쓰레기 集(あつ)める 모으다
箱(はこ) 상자 壊(こわ)す 부수다 缶(かん) 캔 踏(ふ)む 밟다

06 사물의 상태

(A) 絵葉書が重ねて置いてあります。
(B) 朝刊が広げられています。
(C) プリントされた書類です。
(D) 絵本が積んであります。

(A) 그림엽서가 포개어져 놓여 있습니다.
(B) 조간이 펼쳐져 있습니다.
(C) 프린트된 서류입니다.
(D) 그림책이 쌓여 있습니다.

해설 | 사물의 정확한 명칭을 알고 있어야 정답을 찾을 수 있다. 사진 속의 사물은 '그림엽서'로 「絵葉書(えはがき)」라고 한다. 정답은 (A)로, 조간이나 프린트된 서류, 그림책이라고 한 나머지 선택지는 답이 될 수 없다.

어휘 | 重(かさ)ねる 포개다, 겹치다 置(お)く 놓다, 두다
타동사+てある ~해져 있다 朝刊(ちょうかん) 조간
広(ひろ)げる 펼치다 プリント 프린트 書類(しょるい) 서류
絵本(えほん) 그림책 積(つ)む (물건을) 쌓다

07 인물의 동작 및 사물의 상태(1인 등장)

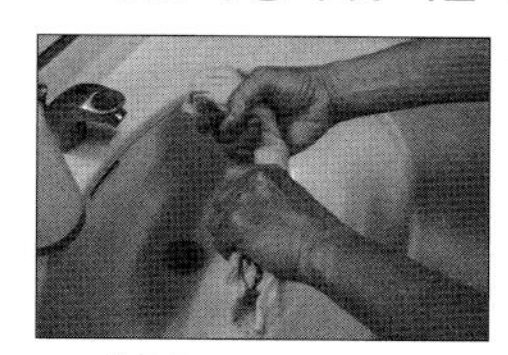

(A) 毛布をかけています。
(B) 食器を洗っています。
(C) タオルを絞っています。
(D) 布団を乾かしています。

(A) 담요를 덮고 있습니다.
(B) 식기를 씻고 있습니다.
(C) 수건을 짜고 있습니다.
(D) 이불을 말리고 있습니다.

해설 | 사진 속의 사물과 인물의 동작에 주목해야 한다. 세면대에서 수건을 양손으로 짜고 있으므로, 정답은 (C)가 된다.

어휘 | 毛布(もうふ) 모포, 담요 かける 덮다 食器(しょっき) 식기
洗(あら)う 씻다 タオル 타월, 수건 絞(しぼ)る (물기를) 짜다
布団(ふとん) 이불 乾(かわ)かす 말리다

08 전체적인 풍경 및 상황

(A) 駅の改札口を通過しています。
(B) 順番待ちの行列ができています。
(C) 野原でジャンプをしています。
(D) ゴールに向かって競争しています。

(A) 역 개찰구를 통과하고 있습니다.
(B) 차례를 기다리는 행렬이 생겨 있습니다.
(C) 들판에서 점프를 하고 있습니다.
(D) 골을 향해 경쟁하고 있습니다.

해설 | 사람들이 줄을 서서 차례를 기다리고 있는 사진이므로, 정답은 (B)가 된다. 사진 속의 장소가 역 개찰구나 들판은 아니므로 (A)와 (C)는 오답이고, 골을 향해 경쟁하고 있는 상황도 아니므로 (D) 또한 답이 될 수 없다.

어휘 | 駅(えき) 역 改札口(かいさつぐち) 개찰구
通過(つうか) 통과 順番(じゅんばん) 순번, 차례 待(ま)ち 기다림
行列(ぎょうれつ) 행렬 できる 생기다 野原(のはら) 들판
ジャンプ 점프 ゴール 골 向(む)かう 향하다, (향해) 가다
競争(きょうそう) 경쟁

09 사물의 상태

(A) 畳(たた)んだ傘(かさ)が立(た)てられています。
(B) 開(ひら)いた傘(かさ)が干(ほ)してあります。
(C) 破(やぶ)れた傘(かさ)が捨(す)てられています。
(D) 売店(ばいてん)で傘(かさ)が売(う)られています。

(A) 접은 우산이 세워져 있습니다.
(B) 펴진 우산이 널려 있습니다.
(C) 찢어진 우산이 버려져 있습니다.
(D) 매점에서 우산이 팔리고 있습니다.

해설 | 우산이 어떤 상태로 놓여 있는지에 주목해야 한다 우산은 활짝 펴진 상태로 창틀에 널려 있으므로, 정답은 (B)가 된다.

어휘 | 畳(たた)む 접다　傘(かさ) 우산　立(た)てる 세우다
開(ひら)く (닫혀 있던 것이) 열리다, 펴지다　干(ほ)す 말리다, 널다
破(やぶ)れる 찢어지다　捨(す)てる 버리다　売店(ばいてん) 매점
売(う)る 팔다

10 사물의 상태

(A) 自動販売機(じどうはんばいき)が並(なら)んでいます。
(B) 入場(にゅうじょう)チケットの売(う)り場(ば)です。
(C) パンフレットを配(くば)っています。
(D) 文房具(ぶんぼうぐ)を販売(はんばい)しています。

(A) 자동판매기가 늘어서 있습니다.
(B) 입장 티켓 매장입니다.
(C) 팸플릿을 나누어 주고 있습니다.
(D) 문방구를 판매하고 있습니다.

해설 | 자동판매기 3대가 나란히 늘어서 있는 사진이므로, 정답은 (A)가 된다.

어휘 | 自動販売機(じどうはんばいき) 자동판매기
並(なら)ぶ (나란히) 늘어서다　入場(にゅうじょう) 입장
チケット 티켓　売(う)り場(ば) 매장　パンフレット 팸플릿
配(くば)る 나누어 주다, 배포하다　文房具(ぶんぼうぐ) 문방구
販売(はんばい) 판매

11 인물의 동작 및 상태(2인 이상 등장)

(A) 男性(だんせい)ばかりが3人集(さんにんあつ)まっています。
(B) 女性(じょせい)の周(まわ)りを男性(だんせい)が囲(かこ)んでいます。
(C) 男性(だんせい)も女性(じょせい)も同(おな)じくらいの身長(しんちょう)です。
(D) 男性(だんせい)の両側(りょうがわ)に女性(じょせい)が立(た)っています。

(A) 남성만이 세 명 모여 있습니다.
(B) 여성 주위를 남성이 둘러싸고 있습니다.
(C) 남성도 여성도 같은 정도의 신장입니다.
(D) 남성 양쪽에 여성이 서 있습니다.

해설 | 세 명이 서 있는 사진으로, 성별과 위치에 주목해야 한다. 남자 양쪽에 여자가 서 있는 모습이므로, 정답은 (D)가 된다. 따라서 남자만 세 명 모여 있다고 한 (A)나 여자 주위를 남자가 둘러싸고 있다고 한 (B)는 오답이다. 또한 가운데에 있는 남자가 두 여자보다 키가 크므로, (C)도 답이 될 수 없다.

어휘 | 男性(だんせい) 남성　～ばかり ～만, ～뿐
集(あつ)まる 모이다　女性(じょせい) 여성　周(まわ)り 주위, 주변
囲(かこ)む 둘러싸다　同(おな)じだ 같다　身長(しんちょう) 신장, 키
両側(りょうがわ) 양쪽　立(た)つ 서다

12 인물의 동작 및 상태(2인 이상 등장)

(A) 子供(こども)を追(お)いかけています。
(B) 子供(こども)が暴(あば)れています。
(C) 子供(こども)を抱(だ)いています。
(D) 子供(こども)の頭(あたま)を撫(な)でています。

(A) 아이를 쫓고 있습니다.
(B) 아이가 날뛰고 있습니다.
(C) 아이를 안고 있습니다.
(D) 아이의 머리를 쓰다듬고 있습니다.

해설 | 인물의 동작에 주목해야 한다. 남자가 아이를 안고 있는 모습이므로, 정답은 (C)가 된다. 아이를 쫓거나 머리를 쓰다듬고 있는 모습이 아니므로 (A)와 (D)는 오답이고, 아이가 날뛰고 있지도 않으므로 (B) 역시 답이 될 수 없다.

어휘 | 子供(こども) 아이　追(お)いかける 쫓다, 뒤쫓다
暴(あば)れる 날뛰다, 난폭하게 굴다　抱(だ)く 안다
頭(あたま) 머리　撫(な)でる 쓰다듬다

13 사물의 상태

(A) 荷物（にもつ）の包装紙（ほうそうし）が破（やぶ）かれています。
(B) 荷物（にもつ）の紐（ひも）を解（ほど）いています。
(C) 荷物（にもつ）を紐（ひも）で吊（つ）り下（さ）げています。
(D) 荷物（にもつ）に紐（ひも）が結（むす）んであります。

(A) 짐의 포장지가 찢어져 있습니다.
(B) 짐의 끈을 풀고 있습니다.
(C) 짐을 끈으로 매달고 있습니다.
(D) 짐에 끈이 매어져 있습니다.

해설 | 짐이 어떤 상태로 놓여 있는지에 주목해야 한다. 짐은 끈으로 매어져 있으므로, 정답은 (D)가 된다. 짐의 포장지는 찢어진 상태가 아니므로 (A)는 오답이고, 짐의 끈을 풀거나 끈으로 매달고 있는 상황도 아니므로, (B)와 (C) 역시 답이 될 수 없다.

어휘 | 荷物（にもつ） 짐 包装紙（ほうそうし） 포장지
破（やぶ）く（종이 등을） 찢다 紐（ひも） 끈
解（ほど）く（묶은 것을） 풀다 吊（つ）り下（さ）げる 매달다, 늘어뜨리다
結（むす）ぶ 매다, 묶다 타동사＋てある ～해져 있다

14 사물의 상태

(A) 古（ふる）い油絵（あぶらえ）です。
(B) 熊（くま）の縫（ぬ）いぐるみです。
(C) ひな祭（まつ）りの人形（にんぎょう）です。
(D) アイドルのポスターです。

(A) 오래된 유화입니다.
(B) 곰 봉제인형입니다.
(C) 히나마쓰리 인형입니다.
(D) 아이돌 포스터입니다.

해설 | 사진 속 인형의 명칭을 모르면 당황할 수도 있는 문제이다. 이런 문제의 경우 오답 소거법을 써서 답을 찾을 수 있다. 사진 속의 사물은 인형이므로, 우선 「油絵（あぶらえ）」(유화)라고 한 (A)와 「アイドルのポスター」(아이돌 포스터)라고 한 (D)는 정답에서 제외된다. 또한 이 인형은 「熊（くま）の縫（ぬ）いぐるみ」(곰 봉제인형)가 아니라, 사람 인형이므로, (B)도 답이 될 수 없다. 정답은 (C)로, 사진 속 인형은 「ひな祭（まつ）り」(히나마쓰리, 3월 3일에 여자아이의 건강한 성장을 기원하는 행사) 때 붉은 천을 깐 단에 장식하는 인형이다.

어휘 | 古（ふる）い 오래되다 熊（くま） 곰 縫（ぬ）いぐるみ 봉제인형
人形（にんぎょう） 인형 アイドル 아이돌 ポスター 포스터

15 인물의 동작 및 상태(2인 이상 등장)

(A) 4人組（よにんぐみ）のバンドです。
(B) 2対2（にたいに）で言（い）い争（あらそ）っています。
(C) 4人（よにん）で議論（ぎろん）をしています。
(D) みんなでおみくじを引（ひ）いています。

(A) 4인조 밴드입니다.
(B) 2대 2로 말다툼하고 있습니다.
(C) 네 명이서 토론하고 있습니다.
(D) 모두 함께 제비를 뽑고 있습니다.

해설 | 4인조 밴드가 공연을 하고 있는 사진이므로, 정답은 (A)가 된다. 말다툼이나 토론, 제비뽑기를 하고 있는 상황이 아니므로, 나머지 선택지는 답이 될 수 없다.

어휘 | 4人組（よにんぐみ） 4인조 バンド 밴드 ～対（たい） ～대
言（い）い争（あらそ）う 말다툼하다, 언쟁하다
議論（ぎろん） 의론, 토론, 논의 おみくじを引（ひ）く 제비를 뽑다

16 인물의 동작 및 상태(2인 이상 등장)

(A) 踏切（ふみきり）の途中（とちゅう）で立（た）ち止（ど）まっています。
(B) 列車（れっしゃ）が通過（つうか）するのを待（ま）っています。
(C) ホームを清掃（せいそう）しています。
(D) 通（とお）り過（す）ぎる電車（でんしゃ）に手（て）を振（ふ）っています。

(A) 건널목 도중에서 멈춰 서 있습니다.
(B) 열차가 통과하는 것을 기다리고 있습니다.
(C) 플랫폼을 청소하고 있습니다.
(D) 통과하는 전철에 손을 흔들고 있습니다.

해설 | 열차가 건널목을 통과하기를 기다리고 있는 사람들이 있으므로, 정답은 (B)가 된다.

어휘 | 踏切（ふみきり）（철도의） 건널목 途中（とちゅう） 도중
立（た）ち止（ど）まる 멈추어 서다 列車（れっしゃ） 열차
通過（つうか） 통과 待（ま）つ 기다리다
ホーム 플랫폼 ＊「プラットホーム」의 준말
清掃（せいそう） 청소 通（とお）り過（す）ぎる 통과하다, 지나가다
電車（でんしゃ） 전철 手（て） 손 振（ふ）る 흔들다

17 사물의 상태

(A) 噴水の水が噴き出しています。
(B) ダムに水が溜まっています。
(C) 井戸の水を汲んでいます。
(D) 小川の水を引き込んでいます。

(A) 분수물이 솟고 있습니다.
(B) 댐에 물이 괴어 있습니다.
(C) 우물물을 긷고 있습니다.
(D) 시냇물을 끌어들이고 있습니다.

해설 | 분수에서 물이 솟고 있는 사진이므로, 정답은 (A)가 된다.

어휘 | 噴水(ふんすい) 분수 水(みず) 물
噴(ふ)き出(だ)す (물 등이) 솟다 ダム 댐 溜(た)まる 괴다, 모이다
井戸(いど) 우물 汲(く)む (물 등을) 푸다, 긷다
小川(おがわ) 시내 引(ひ)き込(こ)む 끌어들이다

18 인물의 동작 및 상태(1인 등장)

(A) 肘を突いています。
(B) 膝を抱えています。
(C) 額を押さえています。
(D) 背中を掻いています。

(A) 팔꿈치를 괴고 있습니다.
(B) 무릎을 안고 있습니다.
(C) 이마를 누르고 있습니다.
(D) 등을 긁고 있습니다.

해설 | 신체 부위의 명칭을 정확하게 알고 있어야 답을 찾을 수 있다. 사진 속 여성은 팔꿈치를 괴고 있으므로, 정답은 (A)가 된다.

어휘 | 肘(ひじ)を突(つ)く 팔꿈치를 괴다 膝(ひざ) 무릎
抱(かか)える 안다, 껴안다 額(ひたい) 이마 押(お)さえる 누르다
背中(せなか) 등 掻(か)く 긁다

19 사물의 상태

(A) 厳重に戸締りをしています。
(B) アンダーラインが付されています。
(C) チェーンが掛けられています。
(D) ガードレールが破損しています。

(A) 엄중하게 문단속을 하고 있습니다.
(B) 밑줄이 쳐져 있습니다.
(C) 체인이 걸려 있습니다.
(D) 가드레일이 파손되어 있습니다.

해설 | 「チェーン」(체인)이라는 단어를 알아듣는 것이 포인트. 계단 아래쪽에 체인이 걸려 있는 모습이므로, 정답은 (C)가 된다.

어휘 | 厳重(げんじゅう)だ 엄중하다 戸締(とじま)り 문단속
アンダーライン 언더라인, 밑줄 付(ふ)する 붙이다, 첨부하다
掛(か)ける 걸다 ガードレール 가드레일 破損(はそん) 파손

20 인물의 동작 및 상태(1인 등장)

(A) 足踏みをしています。
(B) 正座をしています。
(C) 背伸びをしています。
(D) うずくまっています。

(A) 제자리걸음을 하고 있습니다.
(B) 정좌를 하고 있습니다.
(C) 기지개를 켜고 있습니다.
(D) 몸을 웅크리고 있습니다.

해설 | 인물의 동작을 나타내는 표현을 알아듣는 것이 포인트. 여자는 정좌한 자세로 카메라를 향해 미소를 짓고 있으므로, 정답은 (B)가 된다.

어휘 | 足踏(あしぶ)みをする 제자리걸음을 하다
正座(せいざ)をする 정좌를 하다 背伸(せの)びをする 기지개를 켜다
うずくまる (몸을) 웅크리다, 쭈그리다

PART 2 | 질의 응답

21 의문사형 질문

昨日の試験はどうでしたか。

(A) 高かったです。

(B) 難しかったです。

(C) 大きかったです。

(D) 堅かったです。

어제 시험은 어땠어요?
(A) 높았어요.
(B) 어려웠어요.
(C) 컸어요.
(D) 딱딱했어요.

해설 | 어제 시험이 어땠는지 묻고 있으므로, 난이도로 응답한 선택지를 고르면 된다. 적절한 응답은 어려웠다고 한 (B)가 된다.

어휘 | 昨日(きのう) 어제 試験(しけん) 시험 高(たか)い 높다
難(むずか)しい 어렵다 大(おお)きい 크다
堅(かた)い 단단하다, 딱딱하다

22 의문사형 질문

山田さんの趣味は、何ですか。

(A) よく気を付けます。

(B) いただきます。

(C) 買い物に行きます。

(D) 音楽を聞くことです。

야마다 씨의 취미는 뭐예요?
(A) 충분히 조심할게요.
(B) 잘 먹겠습니다.
(C) 쇼핑하러 가요.
(D) 음악을 듣는 거예요.

해설 | 「趣味(しゅみ)」(취미)라는 단어가 포인트로, 취미가 될 만한 것으로 응답한 선택지를 고르면 된다. 취미가 될 만한 것은 (C)의 「買(か)い物(もの)」(쇼핑, 장을 봄)와 (D)의 「音楽(おんがく)を聞(き)く」(음악을 듣다)인데, (C)는 지금 어디를 가느냐와 같은 질문에 대한 응답이므로, 오답이다. 따라서 정답은 음악을 듣는 것이라고 한 (D)가 된다.

어휘 | よく 잘, 충분히 気(き)を付(つ)ける 조심하다, 주의하다
いただきます 잘 먹겠습니다 *음식을 먹을 때 하는 인사말
音楽(おんがく) 음악 聞(き)く 듣다

23 의문사형 질문

このコップは、どこに片付ければいいですか。

(A) もう1杯お願いします。

(B) いくつか倒れていました。

(C) あれは売り切れてしまいました。

(D) あそこの棚にしまってください。

이 컵은 어디에 치우면 돼요?
(A) 한 잔 더 부탁해요.
(B) 몇 개인가 쓰러져 있었어요.
(C) 그건 다 팔려 버렸어요.
(D) 저기 선반에 넣어 주세요.

해설 | 「どこ」(어디)라는 의문사가 포인트로, 장소로 응답한 선택지를 고르면 된다. 적절한 응답은 저기 선반에 넣어 달라고 한 (D)가 된다.

어휘 | コップ 컵 片付(かたづ)ける 치우다, 정리하다
もう+조수사 ~더 1杯(いっぱい) 한 잔 *「~杯(はい)」- ~잔
いくつ 몇 개 倒(たお)れる 쓰러지다, 넘어지다
売(う)り切(き)れる 다 팔리다 あれ (서로 알고 있는) 그것
棚(たな) 선반 しまう 안에 넣다, 간수하다

24 업무 및 비즈니스 표현

3時なのでそろそろ行かないと、会議に遅れちゃいますよ。

(A) はい。今にも動きそうですね。

(B) えっ、もうそんな時間なんですか。

(C) ええ。いつか行きたいです。

(D) そうなんです。初めてです。

3시니까, 이제 슬슬 가지 않으면 회의에 늦어 버려요.
(A) 예. 당장이라도 움직일 것 같네요.
(B) 네? 벌써 시간이 그렇게 됐어요?
(C) 네. 언젠가 가고 싶어요.
(D) 맞아요. 처음이에요.

해설 | 이제 슬슬 가지 않으면 회의에 늦어 버린다고 주의를 주고 있는 상황이다. 적절한 응답은 놀라며 벌써 시간이 그렇게 되었느냐고 되물은 (B)가 된다.

어휘 | そろそろ 이제 슬슬 会議(かいぎ) 회의
遅(おく)れる 늦다, 늦어지다 今(いま)にも 당장이라도
動(うご)く 움직이다
동사의 ます형+そうだ ~일[할] 것 같다 *양태
もう 벌써 そんな 그런 時間(じかん) 시간 いつか 언젠가
初(はじ)めて 처음(으로)

25 의문사형 질문

田中さんの尊敬する人は、誰ですか。

(A) 祖母です。

(B) 茶色です。

(C) 初級です。

(D) 質問です。

다나카 씨가 존경하는 사람은 누구예요?
(A) 할머니요.
(B) 갈색이요.
(C) 초급이요.

(D) 질문이요.

해설 | 「誰(だれ)」(누구)라는 의문사가 포인트로, 사람으로 응답한 선택지를 고르면 된다. 적절한 응답은 할머니라고 한 (A)가 된다.

어휘 | 尊敬(そんけい) 존경 人(ひと) 사람 祖母(そぼ) 할머니
茶色(ちゃいろ) 갈색 初級(しょきゅう) 초급 質問(しつもん) 질문

26 일상생활 표현

昨夜(ゆうべ)の地震(じしん)、大丈夫(だいじょうぶ)でしたか。

(A) すごく揺(ゆ)れたので怖(こわ)かったです。

(B) 見(み)れば見(み)るほど好(す)きになりました。

(C) 8時(はちじ)までなら何(なん)とかなります。

(D) 高(たか)くなる一方(いっぽう)なので買(か)えません。

어젯밤 지진, 괜찮았어요?
(A) 굉장히 흔들려서 무서웠어요.
(B) 보면 볼수록 좋아하게 되었어요.
(C) 8시까지라면 어떻게든 돼요.
(D) 비싸지기만 해서 살 수 없어요.

해설 | 어젯밤에 일어난 지진으로 인해 피해가 없었는지 묻고 있는 상황이다. 따라서 정답은 굉장히 흔들려서 무서웠다고 한 (A)가 된다.

어휘 | 昨夜(ゆうべ) 어젯밤 地震(じしん) 지진
大丈夫(だいじょうぶ)だ 괜찮다 すごい 굉장하다
揺(ゆ)れる 흔들리다 怖(こわ)い 무섭다, 두렵다
~ば~ほど ~하면 ~할수록 好(す)きだ 좋아하다
何(なん)とか 어떻게든, 그럭저럭 高(たか)い 비싸다
동사의 기본형+一方(いっぽう)だ ~할 뿐이다, ~하기만 하다
買(か)う 사다

27 업무 및 비즈니스 표현

次(つぎ)の会議(かいぎ)の日(ひ)にち、決(き)まりましたか。

(A) その日(ひ)は都合(つごう)が悪(わる)いです。

(B) 時々(ときどき)は会(あ)いたいです。

(C) 今(いま)、調整(ちょうせい)しています。

(D) 何度(なんど)か繰(く)り返(かえ)します。

다음 회의 날짜, 정해졌어요?
(A) 그 날은 사정이 있어요.
(B) 가끔은 만나고 싶어요.
(C) 지금 조정하고 있어요.
(D) 몇 번인가 반복해요.

해설 | 다음 회의 날짜가 정해졌는지 묻고 있는 상황이므로, 지금 조정하고 있다고 한 (C)가 정답이 된다. (A)는 회의 날짜를 통보받았을 때, (B)는 만남 여부를 물었을 때 할 수 있는 응답이므로, 답이 될 수 없다.

어휘 | 次(つぎ) 다음 会議(かいぎ) 회의 日(ひ)にち 날짜
決(き)まる 정해지다, 결정되다
都合(つごう)が悪(わる)い 형편이 나쁘다, 사정이 있다
時々(ときどき) 종종, 때때로 会(あ)う 만나다
調整(ちょうせい) 조정 何度(なんど) 몇 번
繰(く)り返(かえ)す 되풀이하다, 반복하다

28 업무 및 비즈니스 표현

最近(さいきん)、残業(ざんぎょう)が多(おお)いみたいね。

(A) そうなんです。昨日(きのう)も夜(よる)11時(じゅういちじ)まで仕事(しごと)で…。

(B) はい。時刻表通(じこくひょうどお)りに出発(しゅっぱつ)するそうですよ。

(C) そうです。昨日(きのう)は祭日(さいじつ)でしたよ。

(D) そうです。心(こころ)から感動(かんどう)しましたよ。

요즘 야근이 많은 것 같네.
(A) 맞아요. 어제도 밤 11시까지 일 때문에….
(B) 예. 시각표대로 출발한대요.
(C) 맞아요. 어제는 국경일이었어요.
(D) 맞아요. 진심으로 감동했어요.

해설 | 「残業(ざんぎょう)」(야근, 잔업)라는 단어가 포인트로, 요즘 야근이 많은 것 같다는 말에 대한 적절한 응답을 고른다. 정답은 그렇다면서 어제도 밤 11시까지 일 때문에 야근을 했다고 한 (A)가 된다.

어휘 | 最近(さいきん) 최근, 요즘 多(おお)い 많다
昨日(きのう) 어제 仕事(しごと) 일 時刻表(じこくひょう) 시각표
명사+通(どお)り ~대로 出発(しゅっぱつ) 출발
祭日(さいじつ) 국경일 心(こころ)から 마음으로부터, 진심으로
感動(かんどう) 감동

29 일상생활 표현

こちらのレストランで誕生会(たんじょうかい)をしたいんですが、
ケーキは持(も)ち込(こ)めますか。

(A) まだなんです。間(ま)に合(あ)うように致(いた)します。

(B) 持(も)って来(き)てくださって、ありがとうございます。

(C) すみません。持(も)ち込(こ)みはお断(ことわ)りしているんです。

(D) すみません。気(き)を付(つ)けて運(はこ)んでください。

여기 레스토랑에서 생일모임을 하고 싶은데, 케이크는 가지고 들어갈 수 있어요?
(A) 아직이에요. 시간에 늦지 않도록 할게요.
(B) 가지고 와 주셔서 감사해요.
(C) 죄송해요. 반입은 거절하고 있거든요.
(D) 죄송해요. 주의해서 옮겨 주세요.

해설 | 「持(も)ち込(こ)める」(가지고 들어갈 수 있다)는 「持(も)ち込(こ)む」(가지고 들어가다, 반입하다)의 가능형으로, 레스토랑에서 생일모임을 하고 싶은데 케이크 반입이 가능한지 묻고 있는 상황이다. 적절한 응답은 죄송하지만 반입은 거절하고 있다고 한 (C)가 된다.

어휘 | レストラン 레스토랑 誕生会(たんじょうかい) 생일모임
ケーキ 케이크 まだ 아직
間(ま)に合(あ)う 시간에 맞게 대다, 늦지 않다
持(も)つ 가지다, 들다 断(ことわ)る 거절하다
気(き)を付(つ)ける 조심하다, 주의하다 運(はこ)ぶ 옮기다, 운반하다

30 업무 및 비즈니스 표현

明日(あした)の会議(かいぎ)、私(わたし)、出(で)られなくなっちゃったから、
誰(だれ)か出(で)てくれる(?)。

(A) 向(む)こうのドアから出(で)ましょう。

(B) 別の部屋を予約しましょう。
(C) 新しいものと取り替えましょう。
(D) 私でよかったら、代わりに出席しましょうか。

내일 회의, 내가 출석할 수 없게 되어 버렸는데, 누군가 출석해 줄래?
(A) 맞은편 문으로 나갑시다.
(B) 다른 방을 예약합시다.
(C) 새로운 걸로 바꿉시다.
(D) 저로 괜찮다면 대신에 출석할까요?

해설 | 내일 회의에 참석할 수 없게 되어서 누군가 대신 참석해 줄 것을 부탁하고 있는 상황이다. (A)와 (B)는 문제의 「出(で)る」((모임 등에) 나가다, 출석하다)라는 단어를 응용한 오답이고, 새로운 것으로 바꾸자고 한 (C)도 응답으로는 부적절하다. 정답은 '본인으로 괜찮다면 대신에 출석할까요?'라고 되물은 (D)가 된다.

어휘 | 会議(かいぎ) 회의　～てくれる (남이 나에게) ~해 주다
向(む)こう 맞은편, 건너편　別(べつ) 다름　部屋(へや) 방
予約(よやく) 예약　新(あたら)しい 새롭다
取(と)り替(か)える 바꾸다, 교환하다　代(かわ)りに 대신에
出席(しゅっせき) 출석

31 예/아니요형 질문

新幹線の乗車券、往復分買いましたか。
(A) いいえ、乗り遅れてしまったんです。
(B) いいえ、片道だけです。
(C) はい、両手で持ちます。
(D) はい、乗って行きました。

신칸센 승차권, 왕복 분 샀어요?
(A) 아니요, 놓쳐 버렸어요.
(B) 아니요, 편도만요.
(C) 예, 양손으로 들게요.
(D) 예, 타고 갔어요.

해설 | 신칸센 승차권을 왕복으로 샀는지 묻고 있다. 적절한 응답은 편도만 샀다고 한 (B)로, 「片道(かたみち)」는 '편도'라는 뜻이다.

어휘 | 新幹線(しんかんせん) 신칸센　乗車券(じょうしゃけん) 승차권
往復(おうふく) 왕복　～分(ぶん) ~분　買(か)う 사다
乗(の)り遅(おく)れる (차·배 등을) 놓치다, 시간이 늦어 못 타다
両手(りょうて) 양손　持(も)つ 가지다, 들다　乗(の)る (탈것에) 타다

32 일상생활 표현

山田さんは、何かアレルギーはありますか。
(A) 小麦粉が駄目なんです。
(B) 春までには帰国します。
(C) お菓子ばかり食べています。
(D) 辛ければ辛いほどいいです。

야마다 씨는 뭔가 알레르기는 있어요?
(A) 밀가루가 안 돼요.
(B) 봄까지는 귀국해요.
(C) 과자만 먹고 있어요.
(D) 매우면 매울수록 좋아요.

해설 | 알레르기가 있는지 묻고 있으므로, 적절한 응답은 밀가루가 안 된다고 한 (A)가 된다.

어휘 | 何(なに)か 뭔가　小麦粉(こむぎこ) 밀가루
駄目(だめ)だ 안 되다　春(はる) 봄　帰国(きこく) 귀국
お菓子(かし) 과자　～ばかり ~만, ~뿐　食(た)べる 먹다
辛(から)い 맵다　～ば～ほど ~하면 ~할수록

33 예/아니요형 질문

お願いした書類がまだ届かないのですが、郵送してくださいましたか。
(A) はい、昨日受け取りましたよ。
(B) はい、先週送ったんですが…。
(C) ええ、実は記念日なんですよ。
(D) ええ、祭日はお休みですよね。

부탁한 서류가 아직 도착하지 않아서요, 우송해 주셨어요?
(A) 예, 어제 받았어요.
(B) 예, 지난주에 보냈는데요….
(C) 네, 실은 기념일이에요.
(D) 네, 국경일은 쉬시죠?

해설 | 부탁한 서류가 아직 도착하지 않아서 우송했는지 상대방에게 묻고 있는 상황이므로, 언제 보냈는지 그 시기를 말한 응답을 찾는다. 정답은 지난주에 보냈다고 한 (B)가 된다.

어휘 | 書類(しょるい) 서류　まだ 아직
届(とど)く (보낸 물건이) 도착하다　郵送(ゆうそう) 우송
～てくださる (남이 나에게) ~해 주시다 *「～てくれる」((남이 나에게) ~해 주다)의 존경표현
昨日(きのう) 어제　受(う)け取(と)る 받다, 수취하다
先週(せんしゅう) 지난주　送(おく)る 보내다, 부치다
実(じつ)は 실은　記念日(きねんび) 기념일
祭日(さいじつ) 국경일　休(やす)み 쉼, 휴일

34 일상생활 표현

昨日のパーティーの司会、お上手でしたね。
(A) ありがとうございます。結構緊張しました。
(B) ありがとうございます。実はお気に入りなんです。
(C) そうですか。じゃあ、もう一度書き直します。
(D) そうですか。さすがにそれはショックです。

어제 파티 사회, 잘하셨어요!
(A) 고마워요. 꽤 긴장했었어요.
(B) 고마워요. 실은 마음에 들거든요.
(C) 그래요? 그럼, 한 번 더 다시 쓸게요.
(D) 그래요? 과연 그건 충격이네요.

해설 | 파티 사회를 잘 본 것에 대해 칭찬하고 있으므로, 칭찬의 말에 대한 적절한 응답을 찾는다. 정답은 칭찬해 줘서 고맙다며 꽤 긴장했었다고 한 (A)가 된다.

어휘 | 昨日(きのう) 어제 パーティー 파티 司会(しかい) 사회
上手(じょうず)だ 능숙하다, 잘하다 結構(けっこう) 꽤, 상당히
緊張(きんちょう) 긴장 実(じつ)は 실은
お気(き)に入(い)り 마음에 듦, 또는 그런 사람
もう一度(いちど) 한 번 더 書(か)き直(なお)す 고체[다시] 쓰다
さすがに 과연 ショック 쇼크, 충격

35 일상생활 표현

この暑(あつ)さなのに、エアコンが故障中(こしょうちゅう)なんだって(?)。

(A) そうなんだよ。毎日自炊(まいにちじすい)してるからね。

(B) そうなんだよ。汗(あせ)が止(と)まらないよ。

(C) えー、要(い)らないと思(おも)って捨(す)てちゃったよ。

(D) えー、冷蔵庫(れいぞうこ)に入(い)れておいたけど大丈夫(だいじょうぶ)かな。

이 더위인데, 에어컨이 고장 중이라며?
(A) 맞아. 매일 자취하고 있으니까.
(B) 맞아. 땀이 멎지 않아.
(C) 뭐? 필요 없다고 생각해서 버려 버렸어.
(D) 뭐? 냉장고에 넣어 두었는데, 괜찮을까?

해설 | 暑(あつ)さ(더위)와 故障中(こしょうちゅう)(고장 중)라는 단어가 포인트로, 무더운데 에어컨이 고장 났다는 말을 들었다고 했다. 적절한 응답은 고장 난 것이 맞다고 하면서 땀이 멎지 않는다고 한 (B)가 된다.

어휘 | ~のに ~는데(도)
エアコン 에어컨 *エアコンディショナー(에어컨디셔너)의 준말
毎日(まいにち) 매일 自炊(じすい) 자취 汗(あせ) 땀
止(と)まる 그치다, 멎다 要(い)る 필요하다 捨(す)てる 버리다
冷蔵庫(れいぞうこ) 냉장고 入(い)れる 넣다
大丈夫(だいじょうぶ)だ 괜찮다

36 일상생활 표현

お引(ひ)っ越(こ)し先(さき)、もう決(き)まったんですか。

(A) いや、まだ絞(しぼ)り切(き)れてないんだよね。

(B) いや、持(も)ち主(ぬし)が見(み)つからなくてね。

(C) うん、突(つ)き当(あ)たりを右(みぎ)だよね。

(D) うん、人気(にんき)のある商品(しょうひん)だよね。

이사할 곳, 이제 정해졌나요?
(A) 아니, 아직 완전히 좁히지 못했지.
(B) 아니, 임자가 나타나지 않아서 말이야.
(C) 응, 막다른 곳을 오른쪽이지?
(D) 응, 인기가 있는 상품이지?

해설 | 이사할 곳이 정해졌는지 묻고 있다. 적절한 응답은 아직 이사할 곳을 완전히 좁히지 못했다고 한 (A)로, 여기서 絞(しぼ)る는 '(범위를) 좁히다, 압축하다'라는 뜻으로 쓰였다.

어휘 | 引(ひ)っ越(こ)し 이사 ~先(さき) ~하는 곳
もう 이제 決(き)まる 정해지다, 결정되다
동사의 ます형+切(き)れない 완전히[끝까지] ~할 수 없다
持(も)ち主(ぬし) 소유주, 임자 見(み)つかる 발견되다, 찾게 되다
突(つ)き当(あ)たり 막다른 곳 右(みぎ) 오른쪽 人気(にんき) 인기
商品(しょうひん) 상품

37 일상생활 표현

昨日(きのう)のイベントは賑(にぎ)わっていましたか。

(A) はい、がらがらでしたよ。

(B) はい、朝(あさ)から混雑(こんざつ)していましたよ。

(C) はい、凸凹(でこぼこ)していましたよ。

(D) はい、とっくに終(お)わっていましたよ。

어제 이벤트는 떠들썩했어요?
(A) 예, 텅텅 비었어요.
(B) 예, 아침부터 혼잡했어요.
(C) 예, 울퉁불퉁했어요.
(D) 예, 훨씬 전에 끝나 있었어요.

해설 | 賑(にぎ)わう(떠들썩하다, 활기차다)라는 단어가 포인트로, 어제 이벤트는 떠들썩했는지 묻고 있다. 선택지는 모두 はい(예)로 대답하고 있으므로, 뒤에 오는 내용에 주목해야 한다. (A)는 이벤트에 사람이 없었느냐고 물었을 때, (C)는 도로 상태에 대해 물었을 때, (D)는 이벤트는 끝났느냐고 물었을 때 할 수 있는 응답이므로, 답이 될 수 없다. 정답은 아침부터 혼잡했다고 한 (B)가 된다.

어휘 | イベント 이벤트 がらがら 텅텅 비어 있는 모양
朝(あさ) 아침 混雑(こんざつ) 혼잡 凸凹(でこぼこ) 울퉁불퉁
とっくに 훨씬 전에, 벌써 終(お)わる 끝나다

38 일상생활 표현

東京商事(とうきょうしょうじ)との契約(けいやく)の話(はなし)、無(な)くなったんだって(?)。

(A) ええ、応募(おうぼ)はしたんですけどね。

(B) ええ、成立(せいりつ)すると思(おも)ってたんですけどね。

(C) へえ、決勝(けっしょう)まで行(い)ってたんですよね。

(D) へえ、真(ま)っ黒(くろ)になりましたね。

도쿄상사와의 계약 이야기, 없어졌다며?
(A) 네, 응모는 했는데요.
(B) 네, 성립될 거라고 생각하고 있었는데요.
(C) 허, 결승까지 갔군요.
(D) 허, 새까맣게 되었네요.

해설 | 無(な)くなる는 '없어지다'라는 뜻으로, 도쿄상사와의 계약이 무산되었다는 이야기를 들었다고 했다. 계약과 응모는 상관이 없으므로 (A)는 오답이고, 결승까지 갔다거나 새까맣게 되었다고 한 (C)와 (D) 역시 문제와는 거리가 먼 응답이다. 정답은 성립될 거라고 생각하고 있었는데, 체결되지 않아서 낙담하고 있는 (B)가 된다.

어휘 | 商事(しょうじ) 상사 契約(けいやく) 계약 話(はなし) 이야기
応募(おうぼ) 응모 成立(せいりつ) 성립
へえ 허 *감탄하거나 놀랐을 때 내는 소리 決勝(けっしょう) 결승
真(ま)っ黒(くろ)だ 새까맣다

39 일상생활 표현

咳(せき)が長引(ながび)いていて辛(つら)そうだね。大丈夫(だいじょうぶ)(?)。

(A) 実(じつ)は少(すこ)し割(わ)り引(び)いてもらったんだ。

(B) さっきそれを申(もう)し出(で)たところなんだ。

(C) うん、そばを通(とお)りかかったんだ。

(D) うん、昨日検査に行ってきたんだ。

기침이 오래가서 괴로운 것 같네. 괜찮아?
(A) 실은 조금 할인해 줬어.
(B) 조금 전에 그걸 막 말한 참이거든.
(C) 응, 마침 옆을 지나갔었어.
(D) 응, 어제 검사하러 갔다 왔거든.

해설 | 기침이 오래가서 괴로운 것 같은데, 괜찮은지 묻고 있는 상황이다. (A)는 「長引(ながび)く」(오래 끌다, 오래가다)와 「割(わ)り引(び)く」(할인하다)의 발음 혼동을 노린 오답이고, 뭔가에 대해 말했다거나 어디를 지나갔었는지 묻고 있는 것도 아니므로 (B)와 (C) 역시 응답으로는 부적절하다. 정답은 어제 검사하러 갔다 왔다고 한 (D)가 된다.

어휘 | 咳(せき) 기침 辛(つら)い 괴롭다, 고통스럽다
い형용사의 어간+そうだ ~일[할] 것 같다, ~인 듯하다 *양태
大丈夫(だいじょうぶ)だ 괜찮다 実(じつ)は 실은
少(すこ)し 조금 さっき 조금 전, 아까
申(もう)し出(で)る 자청해서 말하다
동사의 た형+ところだ 막 ~한 참이다 そば 옆, 곁
通(とお)りかかる 마침 그곳을 지나가다 検査(けんさ) 검사
동작성명사+に ~하러 *동작의 목적

40 일상생활 표현

セールになったら買おうと思ってた鞄、もう品切れだったんだ…。
(A) 人気商品だったんだね。
(B) お土産にちょうどいいよね。
(C) 何とか取り返したいよね。
(D) ちょっと図々しいよね。

세일이 되면 사려고 생각했던 가방, 벌써 품절이었어….
(A) 인기상품이었구나.
(B) 선물로 딱 좋네.
(C) 어떻게든 되돌리고 싶어.
(D) 조금 뻔뻔스럽네.

해설 | 「品切(しなぎ)れ」(품절)라는 단어가 포인트로, 세일이 되면 사려고 했던 가방이 벌써 품절이라며 아쉬워하고 있다. 적절한 응답은 인기상품이었나 보다고 안타까워하고 있는 (A)가 된다.

어휘 | セール 세일 買(か)う 사다 鞄(かばん) 가방 もう 이미, 벌써
人気(にんき) 인기 商品(しょうひん) 상품 お土産(みやげ) 선물
ちょうど 딱, 알맞게 何(なん)とか 어떻게든, 그럭저럭
取(と)り返(かえ)す 되돌리다, 돌이키다
図々(ずうずう)しい 뻔뻔스럽다, 낯 두껍다

41 업무 및 비즈니스 표현

来月の海外出張、具体的なスケジュールは決まってる(?)。
(A) はい、随分とお手頃な価格なんです。
(B) はい、気温が上昇しているんです。
(C) いえ、詳細はこれからなんです。
(D) いえ、症状がだいぶ軽くなってきました。

다음 달 해외출장, 구체적인 스케줄은 정해졌어?
(A) 예, 상당히 적당한 가격이에요.
(B) 예, 기온이 상승하고 있어요.
(C) 아뇨, 상세한 건 이제부터예요.
(D) 아뇨, 증상이 상당히 가벼워졌어요.

해설 | 다음 달 해외출장의 구체적인 스케줄이 정해졌는지 묻고 있는 상황이다. (A)는 '가격', (B)는 '기온', (D)는 '증상'에 대해서 말하고 있으므로 문제에 대한 응답으로는 부적절하다. 정답은 상세한 건 이제부터라고 한 (C)가 된다.

어휘 | 来月(らいげつ) 다음 달 海外(かいがい) 해외
出張(しゅっちょう) 출장 具体的(ぐたいてき)だ 구체적이다
スケジュール 스케줄 決(き)まる 정해지다, 결정되다
随分(ずいぶん) 꽤, 상당히 手頃(てごろ)だ 알맞다, 적당하다
価格(かかく) 가격 気温(きおん) 기온 上昇(じょうしょう) 상승
詳細(しょうさい) 상세, 상세한 내용 これから 이제부터, 앞으로
症状(しょうじょう) 증상 だいぶ 꽤, 상당히
軽(かる)い (정도가) 가볍다

42 업무 및 비즈니스 표현

吉田商事との取引条件は見直してもらえそうですか。
(A) だいぶ見慣れてきました。
(B) 危うく落ちるところでした。
(C) ようやく出来上がりそうです。
(D) 更に交渉を重ねる必要がありそうです。

요시다 상사와의 거래조건은 재검토해 줄 것 같아요?
(A) 상당히 눈에 익었어요.
(B) 하마터면 떨어질 뻔했어요.
(C) 겨우 완성될 것 같아요.
(D) 더욱 교섭을 거듭할 필요가 있을 것 같아요.

해설 | 「見直(みなお)す」(다시 보다, 재검토하다)라는 단어가 포인트로, 거래처가 거래조건을 재검토해 줄 가능성이 있는지 묻고 있다. 적절한 응답은 더욱 교섭을 거듭할 필요가 있을 것 같다고 한 (D)로, (A)는 「見直(みなお)す」(다시 보다, 재검토하다)와 「見慣(みな)れる」(늘 보아서 익숙하다, 눈[낯]익다)의 발음 혼동을 노린 오답이다.

어휘 | 商事(しょうじ) 상사 取引(とりひき) 거래
条件(じょうけん) 조건 ~てもらう (남에게) ~해 받다
동사의 ます형+そうだ ~일[할] 것 같다 *양태
危(あや)うく~ところだった 하마터면 ~할 뻔했다
落(お)ちる 떨어지다 ようやく 겨우, 간신히
出来上(できあ)がる 완성되다 更(さら)に 더욱
交渉(こうしょう) 교섭 重(かさ)ねる 되풀이하다, 거듭하다
必要(ひつよう) 필요

43 업무 및 비즈니스 표현

先月発売になった車、性能がいいって評判ですね。
(A) うん、販売台数も伸びているらしいよ。
(B) うん、運賃が安くなったんだよね。
(C) いや、読者は男性が多いらしいよ。

(D) いや、朗（ほが）らかで愉快（ゆかい）な人（ひと）だよ。

지난달에 발매된 차, 성능이 좋다는 평판이네요.
(A) 응, 판매대수도 늘고 있는 것 같아.
(B) 응, 운임이 싸졌지.
(C) 아니, 독자는 남성이 많은 것 같아.
(D) 아니, 명랑하고 유쾌한 사람이야.

해설 | 「車（くるま）」(차)와 「評判（ひょうばん）」(평판)이라는 단어가 포인트로, 지난달에 발매된 차의 성능이 좋다는 평판이라고 했다. 적절한 응답은 판매대수도 늘고 있는 것 같다고 한 (A)로, 나머지 선택지는 문제와는 거리가 먼 응답들이다.

어휘 | 先月（せんげつ）지난달 発売（はつばい）발매
性能（せいのう）성능 〜って 〜라고 하는, 〜라는
販売（はんばい）판매 台数（だいすう）대수 伸（の）びる 늘다, 신장하다
〜らしい 〜인 것 같다 運賃（うんちん）운임 安（やす）い 싸다
読者（どくしゃ）독자 男性（だんせい）남성 多（おお）い 많다
朗（ほが）らかだ 명랑하다 愉快（ゆかい）だ 유쾌하다

44 일상생활 표현
伊藤（いとう）さん、退院（たいいん）されたばかりですが、経過（けいか）はいかがですか。
(A) 実（じつ）は不得意（ふとくい）なんだよ。
(B) 比較的（ひかくてき）体調（たいちょう）はいいんだよ。
(C) 無関心（むかんしん）なんだよね。
(D) 本当（ほんとう）にお気（き）の毒（どく）だよね。

이토 씨, 퇴원하신 지 얼마 안 되었는데, 경과는 어떠세요?
(A) 실은 잘 못해.
(B) 비교적 몸 상태는 좋아.
(C) 무관심하네.
(D) 정말 불쌍하네.

해설 | 퇴원한 지 얼마 안 된 사람에게 안부를 묻고 있으므로, 적절한 응답은 비교적 컨디션은 좋다고 한 (B)가 된다.

어휘 | 退院（たいいん）퇴원
동사의 た형+ばかりだ 막 〜한 참이다, 〜한 지 얼마 안 되다
経過（けいか）경과
いかがですか 어떠십니까? *『どうですか』의 공손한 표현
実（じつ）は 실은 不得意（ふとくい）だ 잘 못하다, 서투르다
比較的（ひかくてき）비교적 体調（たいちょう）몸 상태, 컨디션
無関心（むかんしん）だ 무관심하다
気（き）の毒（どく）だ 불쌍하다, 가엾다

45 일상생활 표현
来年（らいねん）、少（すこ）しは景気（けいき）がよくなるといいけど。
(A) 見解（けんかい）の違（ちが）いがあるってことだね。
(B) 僕（ぼく）は中立（ちゅうりつ）の立場（たちば）を通（とお）すよ。
(C) 恐（おそ）らく上向（うわむ）きになるんじゃないかな。
(D) 重量（じゅうりょう）が超過（ちょうか）していたんだよね。

내년에 조금은 경기가 좋아지면 좋겠는데.
(A) 견해 차이가 있다는 말이군.

(B) 나는 중립 입장을 관철해 나갈게.
(C) 아마 좋아지지 않을까?
(D) 중량이 초과됐었지.

해설 | 내년에 조금은 경기가 좋아지면 좋겠다고 말하는 사람에게 할 수 있는 응답을 고른다. 정답은 아마 좋아질 것이라며 희망적인 이야기를 하고 있는 (C)로, 「上向（うわむ）き」는 '오름세'라는 뜻이다.

어휘 | 来年（らいねん）내년 少（すこ）し 조금 景気（けいき）경기
見解（けんかい）견해 違（ちが）い 차이 中立（ちゅうりつ）중립
立場（たちば）입장
通（とお）す（주장·고집 등을）끝까지 꺾지 않다, 관철하다
恐（おそ）らく 아마, 필시 重量（じゅうりょう）중량
超過（ちょうか）초과

46 업무 및 비즈니스 표현
今日（きょう）の会議（かいぎ）はいつになく、ぴりぴりした雰囲気（ふんいき）だったね。
(A) そうだね。冗談（じょうだん）なんて到底（とうてい）言（い）えない感（かん）じだったね。
(B) うん、重宝（ちょうほう）がられているらしいね。
(C) 本当（ほんとう）だね。最近（さいきん）めっきり元気（げんき）がないよね。
(D) そうだね。先天的（せんてんてき）なものだからね。

오늘 회의는 평소와 달리 날카로운 분위기였네.
(A) 그러게. 농담 같은 건 도저히 할 수 없는 느낌이었어.
(B) 응, 아끼시고 있는 것 같네.
(C) 정말이네. 요즘 눈에 띄게 기운이 없네.
(D) 그러네. 선천적인 거니까 말이야.

해설 | 「ぴりぴり」(몹시 신경이 과민해진 상태·모양)라는 단어가 포인트. 오늘 회의는 날카로운 분위기였다고 했으므로, 적절한 응답은 농담 같은 건 도저히 할 수 없는 느낌이었다고 한 (A)가 된다.

어휘 | 会議（かいぎ）회의 いつにない 평소[여느 때]와 다른, 이례적인
雰囲気（ふんいき）분위기 冗談（じょうだん）농담
〜なんて 〜따위, 〜같은 것
到底（とうてい）（부정의 말을 수반하여）도저히 感（かん）じ 느낌
重宝（ちょうほう）がる 소중히 여기다, 아끼다
最近（さいきん）최근, 요즘
めっきり 눈에 띄게, 현저히 *두드러지게 변화하는 모양
元気（げんき）기운 先天的（せんてんてき）だ 선천적이다

47 업무 및 비즈니스 표현
新（あたら）しい人事制度（じんじせいど）が導入（どうにゅう）されるって話（はなし）だけど、何（なに）が変（か）わるんだろうね。
(A) そんなに差（さ）し支（つか）えないよ。
(B) 2人（ふたり）は巡（めぐ）り合（あ）う運命（うんめい）なんだよ。
(C) きっと脚本（きゃくほん）通（どお）りの展開（てんかい）だよ。
(D) 給与体系（きゅうよたいけい）が変（か）わるらしいよ。

새로운 인사제도가 도입된다는 얘기인데, 뭐가 바뀌는 걸까?
(A) 그렇게 지장은 없어.
(B) 두 사람은 해후할 운명이야.

(C) 틀림없이 각본대로의 전개야.
(D) 급여체계가 바뀔 것 같아.

해설 | 인사제도가 새로 도입된다는 이야기를 듣고 무엇이 바뀔지 궁금해하고 있다. 적절한 응답은 급여제도가 바뀔 것 같다고 한 (D)가 된다.

어휘 | 新(あたら)しい 새롭다 人事(じんじ) 인사 制度(せいど) 제도
導入(どうにゅう) 도입 変(か)わる 바뀌다, 변하다
そんなに 그렇게 差(さ)し支(つか)える 지장이 있다
巡(めぐ)り合(あ)う 오랜만에 우연히 만나다, 해후하다
運命(うんめい) 운명 きっと 분명히, 틀림없이
脚本(きゃくほん) 각본 명사+通(どお)り ~대로
展開(てんかい) 전개 給与(きゅうよ) 급여 体系(たいけい) 체계

48 업무 및 비즈니스 표현

今年の営業目標、達成できるって宣言したのはいいけど、できるかなあ…。
(A) 平等に、くじ引きで決めよう。
(B) これで差し引きゼロだな。
(C) 本物かどうか見分けが付かないよ。
(D) 言ってしまった手前、やるしかないよ。

올해 영업목표, 달성할 수 있다고 선언한 건 좋은데, 가능할까…?
(A) 평등하게 제비뽑기로 정하자.
(B) 이걸로 차감해서 제로군.
(C) 진짜인지 어떤지 분간할 수 없어.
(D) 말해 버렸으니까, 할 수밖에 없어.

해설 | 올해 영업목표를 달성할 수 있다고 선언하기는 했는데, 과연 달성할 수 있을지 반신반의하고 있는 상황이다. 정답은 말해 버렸으니까 할 수밖에 없다고 한 (D)로, 「동사의 た형+手前(てまえ)」는 '~했기 때문에, ~한 체면상'이라는 뜻의 표현이다.

어휘 | 今年(ことし) 올해 営業(えいぎょう) 영업
目標(もくひょう) 목표 達成(たっせい) 달성 宣言(せんげん) 선언
平等(びょうどう)だ 평등하다 くじ引(び)き 제비뽑기
決(き)める 정하다, 결정하다 差(さ)し引(ひ)き 차감, 공제
ゼロ 제로 本物(ほんもの) 진짜
~かどうか ~일지 어떨지, ~인지 어떤지
見分(みわ)けが付(つ)かない 분간할 수 없다 やる 하다
~しかない ~할 수밖에 없다

49 업무 및 비즈니스 표현

日本商事との業務提携の件、どうなったかご存じですか。
(A) 先ほどちらりとお見掛けしましたよ。
(B) 事件の手掛かりは全くないそうですよ。
(C) 大筋で合意に達したって聞きましたよ。
(D) 絶対安静の指示があったそうですよ。

일본상사와의 업무제휴 건, 어떻게 됐는지 아세요?
(A) 조금 전에 힐끗 봤어요.
(B) 사건 단서는 전혀 없대요.
(C) 대략 합의에 이르렀다고 들었어요.
(D) 절대 안정의 지시가 있었대요.

해설 | 「ご存(ぞん)じだ」(아시다)는 「知(し)る」(알다)의 존경어로, 거래처와의 업무제휴 건이 어떻게 되었는지 아느냐며 묻고 있는 상황이다. 정답은 대략 합의에 도달했다고 들었다고 한 (C)가 된다.

어휘 | 商事(しょうじ) 상사 業務(ぎょうむ) 업무
提携(ていけい) 제휴 件(けん) 건 先(さき)ほど 조금 전
ちらりと 힐끗
お+동사의 ます형+する ~하다, ~해 드리다 *겸양표현
見掛(みか)ける 언뜻 보다 事件(じけん) 사건
手掛(てが)かり 단서, 실마리
全(まった)く (부정의 말을 수반하여) 전혀
품사의 보통형+そうだ ~라고 한다 *전문
大筋(おおすじ) 대강의 줄거리, 대략
合意(ごうい) 합의 達(たっ)する 달하다, 이르다
絶対(ぜったい) 절대 安静(あんせい) 안정 指示(しじ) 지시

50 업무 및 비즈니스 표현

急な異動でしたから、引き継ぎが慌ただしかったでしょう。
(A) そうなんです。どたばたでしたよ。
(B) そうなんです。耳寄りな話題ですよね。
(C) そうですね。場違いでしたよね。
(D) そうですね。有頂天でしたよ。

갑작스러운 이동이라, 인계가 어수선했죠?
(A) 맞아요. 허둥댔어요.
(B) 맞아요. 귀가 솔깃한 화제죠.
(C) 그래요. 어울리지 않았죠.
(D) 그래요. 기뻐서 어쩔 줄 몰랐어요.

해설 | 「引(ひ)き継(つ)ぎ」(인계)라는 단어가 포인트로, 갑작스러운 이동이라 인계가 어수선했을 것 같다고 했다. 적절한 응답은 허둥댔다고 한 (A)로, 「どたばた」는 허둥대는 모양을 나타내는 표현이다.

어휘 | 急(きゅう)だ 갑작스럽다
慌(あわ)ただしい 어수선하다, 부산하다 耳寄(みみよ)り 귀가 솔깃함
話題(わだい) 화제 場違(ばちが)い (거기에) 어울리지 않음, 부적당함
有頂天(うちょうてん) 기뻐서 어쩔 줄 모름

51 대화 내용에 대한 이해

男 すみません。この肉料理には白と赤、どちらのワインがいいですか。
女 どちらでも合いますよ。
男 そうですか…。じゃ、白をお願いします。
女 はい。かしこまりました。

남 저기요. 이 고기요리에는 화이트와 레드, 어느 쪽 와인이 좋아요?
여 둘 다 어울려요.
남 그래요…? 그럼, 화이트를 부탁해요.
여 예. 잘 알겠습니다.

男の人は、何を選んでいますか。
(A) 料理
(B) 飲み物
(C) 服
(D) カードの色

남자는 무엇을 고르고 있습니까?
(A) 요리
(B) 음료
(C) 옷
(D) 카드 색

해설 | 남자의 첫 번째 대화에 나오는 「ワイン」(와인)이라는 단어가 포인트로, 남자는 와인을 고르고 있다는 것을 알 수 있다. 따라서 정답은 (B)가 된다.

어휘 | 肉(にく) 고기 料理(りょうり) 요리 白(しろ) 흰색, 화이트
赤(あか) 빨간색, 레드 どちら 어느 쪽 合(あ)う 맞다, 어울리다
かしこまりました 잘 알겠습니다

52 대화 내용에 대한 이해

女 子供の時、どんな遊びをしていましたか。
男 よく近くの川で釣りをしていました。
女 へえ。私は、家で妹と人形で遊んだりしていました。
男 僕は、ほとんど外で遊んでいましたよ。

여 어릴 때 어떤 놀이를 했어요?
남 자주 근처 강에서 낚시를 했어요.
여 허. 저는 집에서 여동생과 인형으로 놀거나 했어요.
남 나는 대부분 밖에서 놀았어요.

男の人は、子供の時どこで遊んでいましたか。
(A) 海
(B) 山
(C) 川
(D) 家

남자는 어릴 때 어디에서 놀았습니까?
(A) 바다
(B) 산
(C) 강
(D) 집

해설 | 남자의 첫 번째 대화에 주목해야 한다. 어릴 때 자주 근처 강에서 낚시를 하며 놀았다고 했으므로, 정답은 (C)가 된다.

어휘 | 子供(こども) 아이 遊(あそ)び 놀이 よく 자주
近(ちか)く 근처 川(かわ) 강 釣(つ)り 낚시
へえ 허 *감탄하거나 놀랐을 때 내는 소리 家(いえ) 집
妹(いもうと) 여동생 人形(にんぎょう) 인형 遊(あそ)ぶ 놀다
ほとんど 거의, 대부분 外(そと) 밖 海(うみ) 바다 山(やま) 산

53 대화 내용에 대한 이해

男 昨日ワイシャツにアイロンをかけたら、時間がかかって大変でした。
女 自分でアイロンをかけているんですか。
男 ええ、今、妻が出張中でいないので。
女 そうですか。うちは安いクリーニング屋に出していますよ。

남 어제 와이셔츠에 다림질을 했더니, 시간이 걸려서 힘들었어요.
여 직접 다림질을 하고 있나요?
남 네, 지금 아내가 출장 중이라 없어서요.
여 그래요? 저희 집은 싼 세탁소에 맡기고 있어요.

男の人は、どうして自分でアイロンをかけましたか。
(A) 一人で住んでいるから
(B) お金がかからないから
(C) 奥さんが病気だから
(D) 奥さんが出張中だから

남자는 어째서 직접 다림질을 했습니까?
(A) 혼자서 살고 있기 때문에
(B) 돈이 들지 않기 때문에
(C) 부인이 아프기 때문에
(D) 부인이 출장 중이기 때문에

해설 | 남자의 두 번째 대화에 주목해야 한다. 부인이 출장 중이라 직접 다림질을 했다고 했으므로, 정답은 (D)가 된다.

어휘 | 昨日(きのう) 어제 ワイシャツ 와이셔츠
アイロンをかける 다림질을 하다 時間(じかん) 시간

かかる (時間이) 걸리다. (비용이) 들다　大変(たいへん)だ 힘들다
自分(じぶん)で 직접, 스스로　妻(つま) 아내　出張(しゅっちょう) 출장
安(やす)い 싸다　クリーニング屋(や) 세탁소　出(だ)す 내다, 맡기다
一人(ひとり)で 혼자서　住(す)む 살다, 거주하다
お金(かね) 돈　奥(おく)さん (남의) 부인　病気(びょうき) 병, 앓음

54 성별에 따른 의견 및 행동 구분

男　すみません。この病院(びょういん)からタクシーを呼(よ)ぶことはできますか。
女　はい、できます。この番号(ばんごう)に電話(でんわ)して頂(いただ)けますか。
男　どのくらいで来(き)ますか。
女　5分(ごふん)くらいで来(く)ると思(おも)います。

남 죄송해요. 이 병원에서 택시를 부를 수 있어요?
여 예, 가능해요. 이 번호로 전화해 주시겠어요?
남 얼마 만에 와요?
여 5분 정도면 올 거라고 생각해요.

男(おとこ)の人(ひと)は、この後(あと)何(なに)をしますか。
(A) タクシーを探(さが)す。
(B) 電話(でんわ)をかける。
(C) バスを待(ま)つ。
(D) 女(おんな)の人(ひと)を呼(よ)ぶ。

남자는 이후 무엇을 합니까?
(A) 택시를 찾는다.
(B) 전화를 건다.
(C) 버스를 기다린다.
(D) 여자를 부른다.

해설 | 남자가 여자에게 이 병원에서 택시를 부를 수 있는지 묻자, 여자는 번호를 주면서 전화해 보라고 했다. 따라서 남자는 여자가 준 번호로 전화를 걸 것이므로, 정답은 (B)가 된다.

어휘 | 病院(びょういん) 병원　タクシー 택시
呼(よ)ぶ 부르다, 호출하다　番号(ばんごう) 번호
〜て頂(いただ)く (남에게) 〜해 받다 *「〜てもらう」의 겸양표현
どのくらい 어느 정도, 얼마나　来(く)る 오다　探(さが)す 찾다
電話(でんわ)をかける 전화를 걸다　バス 버스　待(ま)つ 기다리다

55 대화 내용에 대한 이해

女　今日(きょう)のランチ、どこに食(た)べに行(い)こうか。
男　駅(えき)のビルの地下(ちか)にあるカレーの店(みせ)はどう(?)。
女　いいよ。ちょっと高(たか)いけど、おいしいよね。
男　じゃ、込(こ)むから早(はや)く行(い)こう。

여 오늘 점심, 어디로 먹으러 갈까?
남 역 빌딩 지하에 있는 카레집은 어때?
여 좋아. 조금 비싸지만, 맛있지.
남 그럼, 붐비니까 빨리 가자.

2人(ふたり)が行(い)くカレー屋(や)は、どこにありますか。
(A) 事務所(じむしょ)の1階(いっかい)
(B) 会社(かいしゃ)の裏(うら)
(C) 駅(えき)のビルの地下(ちか)
(D) デパート

두 사람이 가는 카레집은 어디에 있습니까?
(A) 사무소 1층
(B) 회사 뒤
(C) 역 빌딩 지하
(D) 백화점

해설 | 카레집이 어디에 있는지 묻고 있으므로, 위치에 대한 내용을 잘 들어야 한다. 남자의 첫 번째 대화에서 역 빌딩 지하에 있는 카레집이라고 했으므로, 정답은 (C)가 된다.

어휘 | ランチ 런치, 점심(식사)　どこ 어디　食(た)べる 먹다
동사의 ます형+に〜하러 *동작의 목적　駅(えき) 역
ビル 빌딩 *「ビルディング」의 준말
地下(ちか) 지하　カレー 카레　店(みせ) 가게　高(たか)い 비싸다
おいしい 맛있다　込(こ)む 붐비다, 혼잡하다　早(はや)く 빨리
事務所(じむしょ) 사무소　1階(いっかい) 1층 *「〜階(かい)」ー 〜층
裏(うら) 뒤　デパート 백화점 *「デパートメントストア」의 준말

56 대화 내용에 대한 이해

女　吉田(よしだ)さん、会社(かいしゃ)を辞(や)めたいそうなんです。
男　えっ、そうなんですか。
女　今(いま)の課長(かちょう)と仕事(しごと)するのがストレスに感(かん)じるそうで…。
男　人間関係(にんげんかんけい)は本当(ほんとう)に難(むずか)しいですよね。

여 요시다 씨, 회사를 그만두고 싶대요.
남 네? 그래요?
여 지금 과장님과 일하는 걸 스트레스로 느낀다면서….
남 인간관계는 정말로 어렵네요.

吉田(よしだ)さんは、どうして会社(かいしゃ)を辞(や)めたいのですか。
(A) 会社(かいしゃ)が遠(とお)いから
(B) 給料(きゅうりょう)が悪(わる)いから
(C) 仕事(しごと)が大変(たいへん)だから
(D) 合(あ)わない人(ひと)がいるから

요시다 씨는 어째서 회사를 그만두고 싶은 것입니까?
(A) 회사가 멀기 때문에
(B) 급여가 좋지 않기 때문에
(C) 일이 힘들기 때문에
(D) 맞지 않는 사람이 있기 때문에

해설 |「人間関係(にんげんかんけい)」(인간관계)라는 단어가 포인트. 요시다 씨라는 사람이 회사를 그만두고 싶어하는 이유는 지금 과장과 일하는 것을 스트레스로 느끼기 때문이므로, 정답은 (D)가 된다.

어휘 | 会社(かいしゃ) 회사　辞(や)める (일자리를) 그만두다
課長(かちょう) 과장　仕事(しごと)する 일하다　ストレス 스트레스

感(かん)じる 느끼다　本当(ほんとう)に 정말로
難(むずか)しい 어렵다　遠(とお)い 멀다
給料(きゅうりょう) 급여, 급료　大変(たいへん)だ 힘들다
合(あ)う 맞다

57 대화 내용에 대한 이해

> 女 太田さん、ビール飲(の)んでないですね。
> 男 今日(きょう)は、仕事(しごと)の都合(つごう)で車(くるま)で来(き)たんですよ。
> 女 そうでしたか。残念(ざんねん)です。
> 男 ええ。でも、パーティーには出席(しゅっせき)したかったので。
>
> 여 오타 씨, 맥주 안 마시네요.
> 남 오늘은 일 사정으로 차로 왔거든요.
> 여 그랬어요? 아쉽네요.
> 남 네. 하지만 파티에는 출석하고 싶었기 때문에.

太田(おおた)さんは、どうしてビールを飲(の)みませんか。
(A) 車(くるま)を運転(うんてん)するから
(B) 酒(さけ)が苦手(にがて)だから
(C) すぐ帰(かえ)るから
(D) 体(からだ)によくないから

오타 씨는 어째서 맥주를 마시지 않습니까?
(A) 차를 운전하기 때문에
(B) 술을 잘 못하기 때문에
(C) 바로 돌아가기 때문에
(D) 몸에 좋지 않기 때문에

해설 | 남자의 첫 번째 대화에 주목해야 한다. 일 때문에 차로 왔다고 했으므로, 정답은 (A)가 된다.
어휘 | ビール 맥주　飲(の)む (술을) 마시다　都合(つごう) 사정, 형편
車(くるま) 자동차　残念(ざんねん)だ 아쉽다, 유감스럽다
パーティー 파티　出席(しゅっせき) 출석　運転(うんてん) 운전
酒(さけ) 술　苦手(にがて)だ 서투르다, 잘 못하다　すぐ 곧, 바로
帰(かえ)る 돌아가다　体(からだ) 몸

58 대화 내용에 대한 이해

> 女 会社(かいしゃ)の寮(りょう)はどうですか。
> 男 部屋(へや)に家具(かぐ)が付(つ)いているので、よかったです。
> 女 そうですか。駅(えき)から近(ちか)いんですか。
> 男 いいえ、近(ちか)くにコンビニでもあるといいのですが。
>
> 여 회사 기숙사는 어때요?
> 남 방에 가구가 딸려 있어서 좋았어요.
> 여 그래요? 역에서 가까워요?
> 남 아니요. 근처에 편의점이라도 있으면 좋겠는데요.

男(おとこ)の人(ひと)が住(す)んでいる寮(りょう)のいいところは、何(なん)ですか。
(A) 近所(きんじょ)にコンビニがある。

(B) 食事(しょくじ)がおいしい。
(C) 駅(えき)に近(ちか)い。
(D) 家具(かぐ)がある。

남자가 살고 있는 기숙사의 좋은 점은 무엇입니까?
(A) 근처에 편의점이 있다.
(B) 식사가 맛있다.
(C) 역에 가깝다.
(D) 가구가 있다.

해설 | 남자의 대화에 주목해야 한다. 남자는 기숙사에 가구가 딸려 있는 것은 좋은데, 역에서 멀고 근처에 편의시설이 없는 것이 아쉽다고 했다. 따라서 정답은 (D)가 된다.
어휘 | 寮(りょう) 기숙사　部屋(へや) 방　家具(かぐ) 가구
付(つ)く 갖추어지다, 딸리다　駅(えき) 역　近(ちか)い 가깝다
近(ちか)く 근처　コンビニ 편의점 *「コンビニエンスストア」의 준말
住(す)む 살다, 거주하다　近所(きんじょ) 근처, 부근
食事(しょくじ) 식사　おいしい 맛있다

59 성별에 따른 의견 및 행동 구분

> 男 菊池(きくち)さん、今日(きょう)の3時(じ)から5階(かい)の会議室(かいぎしつ)を予約(よやく)しておいてくれますか。
> 女 はい。空(あ)いていなかったら、どうしましょうか。
> 男 他(ほか)の階(かい)で空(あ)いている部屋(へや)をお願(ねが)いします。
> 女 わかりました。
>
> 남 기쿠치 씨, 오늘 3시부터 5층 회의실을 예약해 놔 주겠어요?
> 여 예. 비어 있지 않으면 어떻게 할까요?
> 남 다른 층에서 비어 있는 방을 부탁해요.
> 여 알겠어요.

男(おとこ)の人(ひと)は、女(おんな)の人(ひと)に何(なに)を頼(たの)みましたか。
(A) 会議室(かいぎしつ)の予約(よやく)
(B) 飛行機(ひこうき)の予約(よやく)
(C) 食事(しょくじ)の用意(ようい)
(D) 荷物(にもつ)の配達(はいたつ)

남자는 여자에게 무엇을 부탁했습니까?
(A) 회의실 예약
(B) 비행기 예약
(C) 식사 준비
(D) 짐 배달

해설 | 남자의 대화에 주목해야 한다. 남자는 여자에게 5층 회의실 예약을 부탁했는데, 만약 비어 있지 않으면 다른 층의 비어 있는 방을 부탁한다고 했다. 따라서 정답은 (A)가 된다.

어휘 | 会議室(かいぎしつ) 회의실　予約(よやく) 예약
~ておく ~해 놓다[두다]
~てくれる (남이 나에게) ~해 주다
空(あ)く (방 따위가) 비다　他(ほか) 다른 (것)　部屋(へや) 방
頼(たの)む 부탁하다　飛行機(ひこうき) 비행기

食事(しょくじ) 식사 用意(ようい) 준비 荷物(にもつ) 짐
配達(はいたつ) 배달

60 대화 내용에 대한 이해

女 部長、木村さんは今日は、たぶん欠席だと思います。
男 来ないと言ってましたか。
女 いえ、昨日、具合が悪そうだったんです。
男 そうでしたか。

여 부장님, 기무라 씨는 오늘은 아마 결석일 거라고 생각해요.
남 안 온다고 말했어요?
여 아뇨, 어제 몸 상태가 좋지 않은 것 같았어요.
남 그랬어요?

女の人は、どうして木村さんが欠席だと思っていますか。
(A) 忙しそうだったから
(B) 体調がよくなさそうだったから
(C) 予定が合わないと言っていたから
(D) 今日は祭日だから

여자는 어째서 기무라 씨가 결석일 것이라고 생각하고 있습니까?
(A) 바쁜 것 같았기 때문에
(B) 몸 상태가 좋지 않은 것 같았기 때문에
(C) 예정이 맞지 않는다고 말했기 때문에
(D) 오늘은 국경일이기 때문에

해설 | 기무라 씨가 오늘 결석할 것이라고 생각한 이유는 여자의 두 번째 대화에 나온다. 어제 기무라 씨의 몸 상태가 좋지 않은 것 같았다고 했으므로, 정답은 (B)가 된다. 참고로, い형용사 「いい・よい」(좋다, 괜찮다)의 경우, '~일[할] 것 같다'라는 뜻의 양태의 「そうだ」가 접속하면 긍정일 때는 「よさそうだ」(좋은 것 같다), 부정일 때는 「よくなさそうだ」(좋지 않은 것 같다)가 된다. 예외적인 활용이므로 잘 익혀 두자.

어휘 | 部長(ぶちょう) 부장 たぶん 아마 欠席(けっせき) 결석
具合(ぐあい) (건강) 상태 忙(いそが)しい 바쁘다
体調(たいちょう) 몸 상태, 컨디션 予定(よてい) 예정
合(あ)う 맞다 祭日(さいじつ) 국경일

61 대화 내용에 대한 이해

女 夏休みに、何か計画していますか。
男 はい。自転車で北海道を回ろうと思っています。
女 すごいですね。
男 そのために毎日トレーニングしているんです。

여 여름휴가에 뭔가 계획하고 있어요?
남 예. 자전거로 홋카이도를 돌려고 생각하고 있어요.
여 굉장하네요.
남 그 때문에 매일 훈련하고 있는 거예요.

男の人は、どうしてトレーニングをしているのですか。
(A) 大会に出場するから
(B) 体重を減らすため
(C) 自転車通勤を始めるため
(D) 自転車の旅を計画中だから

남자는 어째서 훈련을 하고 있는 것입니까?
(A) 대회에 출전하기 때문에
(B) 체중을 줄이기 위해
(C) 자전거 통근을 시작하기 위해
(D) 자전거 여행을 계획 중이기 때문에

해설 | 남자의 대화에 주목해야 한다. 남자가 훈련을 하고 있는 이유는 여름휴가 때 자전거로 홋카이도를 돌기 위해서이므로, 정답은 (D)가 된다.

어휘 | 夏休(なつやす)み 여름휴가 計画(けいかく) 계획
自転車(じてんしゃ) 자전거 北海道(ほっかいどう) 홋카이도
回(まわ)る (여기저기) 돌다, 돌아다니다 すごい 굉장하다
毎日(まいにち) 매일 トレーニング 훈련 大会(たいかい) 대회
出場(しゅつじょう) 출장, (경기 등에) 출전함
体重(たいじゅう) 체중 減(へ)らす 줄이다
通勤(つうきん) 통근, 출퇴근 始(はじ)める 시작하다 旅(たび) 여행

62 대화 내용에 대한 이해

男 後輩の中島、先月課長になったらしいんだ。
女 中島君って、一つ下の(?)。
男 うん、彼、ずっと頑張っていたからね。
女 じゃ、みんなでお祝いしようよ。

남 후배인 나카지마, 지난달에 과장이 된 것 같아.
여 나카지마 군이라면 한 살 아래인!?
남 응, 나카지마 군 계속 분발했으니까.
여 그럼, 모두 함께 축하하자.

女の人は、どうしてお祝いしようと言っていますか。
(A) 中島君が試験に合格したから
(B) 中島君が課長になったから
(C) 後輩の誕生日だから
(D) 後輩に子供が生まれたから

여자는 어째서 축하하자고 말하고 있습니까?
(A) 나카지마 군이 시험에 합격했기 때문에
(B) 나카지마 군이 과장이 되었기 때문에
(C) 후배의 생일이기 때문에
(D) 후배에게 아이가 태어났기 때문에

해설 | 남자의 한 살 아래 후배인 나카지마 군이 지난달에 과장으로 승진했다는 소식을 듣고, 여자가 모두 함께 축하하자고 말하고 있는 상황이다. 따라서 정답은 (B)가 된다.

어휘 | 後輩(こうはい) 후배 先月(せんげつ) 지난달
課長(かちょう) 과장 一(ひと)つ 한 살 下(した) 아래
ずっと 쭉, 계속 頑張(がんば)る 열심히 하다, 분발하다

祝(いわ)い 축하 試験(しけん) 시험 合格(ごうかく) 합격
誕生日(たんじょうび) 생일 子供(こども) 아이
生(う)まれる 태어나다

63 대화 내용에 대한 이해

男 無料のチケットがあるから、明日遊園地に行きませんか。
女 いいですね。でも、雨が降ったらどうしましょうか。
男 雨だったら、水族館はどうですか。
女 ええ、そうしましょう。

남 무료 티켓이 있으니까, 내일 유원지에 가지 않을래요?
여 좋아요. 하지만 비가 오면 어떻게 할까요?
남 비가 오면 수족관은 어때요?
여 네, 그렇게 해요.

2人は、明日晴れたらどこへ行きますか。
(A) 遊園地
(B) 水族館
(C) 野球場
(D) 屋外の美術館

두 사람은 내일 맑으면 어디로 갑니까?
(A) 유원지
(B) 수족관
(C) 야구장
(D) 옥외 미술관

해설 | 내일 맑으면 어디로 가는지 묻고 있다. 두 사람은 내일 맑으면 유원지에, 비가 오면 수족관에 가자고 했으므로, 정답은 (A)가 된다.

어휘 | 無料(むりょう) 무료 チケット 티켓 明日(あした) 내일
遊園地(ゆうえんち) 유원지 雨(あめ) 비
降(ふ)る (비 · 눈 등이) 내리다, 오다 水族館(すいぞくかん) 수족관
晴(は)れる 맑다, 개다 野球場(やきゅうじょう) 야구장
屋外(おくがい) 옥외, 집 밖 美術館(びじゅつかん) 미술관

64 성별에 따른 의견 및 행동 구분

女 井田さん、今日は出張ですか。
男 いいえ、これから空港に海外の方を迎えに行くんですよ。
女 先日話していたアメリカの方ですか。
男 ええ、そうなんです。

여 이다 씨, 오늘은 출장이에요?
남 아니요, 이제부터 공항에 해외에서 온 분을 마중 나가요.
여 요전에 이야기했던 미국 분이요?
남 네, 맞아요.

井田さんは、これから何をしに行きますか。
(A) 海外へ出張に行く。
(B) 人を迎えに行く。
(C) 営業に行く。
(D) 会議に行く。

이다 씨는 이제부터 무엇을 하러 갑니까?
(A) 해외로 출장을 간다.
(B) 사람을 마중 나간다.
(C) 영업하러 간다.
(D) 회의하러 간다.

해설 | 이다 씨는 대화 중의 남자를 말한다. 남자의 첫 번째 대화에서 공항에 해외에서 온 분을 마중 나간다고 했으므로, 정답은 (B)가 된다.

어휘 | 今日(きょう) 오늘 出張(しゅっちょう) 출장
これから 이제부터, 앞으로 空港(くうこう) 공항
海外(かいがい) 해외 迎(むか)える (사람을) 맞다, 맞이하다
동사의 ます형 · 동작성명사+に ~하러 *동작의 목적
先日(せんじつ) 요전, 전번 アメリカ 아메리카, 미국
営業(えいぎょう) 영업 会議(かいぎ) 회의

65 대화 내용에 대한 이해

女 久しぶりに来たら、この辺りはずいぶん変わってびっくりしましたよ。
男 どれぐらい前にいらっしゃったんですか。
女 そうですね。10年ぶりぐらいです。
男 それじゃ、すっかり変わっちゃったでしょう。

여 오랜만에 왔더니, 이 근처는 상당히 변해서 깜짝 놀랐어요.
남 얼마쯤 전에 오셨나요?
여 글쎄요. 10년 정도만이요.
남 그럼, 완전히 변해 버렸겠죠.

女の人は、何に驚きましたか。
(A) 土地の値上がり
(B) 技術の進歩
(C) 前回の調査結果
(D) 街の変化

여자는 무엇에 놀랐습니까?
(A) 토지의 가격 인상
(B) 기술 진보
(C) 지난번의 조사 결과
(D) 거리의 변화

해설 | 여자의 첫 번째 대화에 주목해야 한다. 여자는 오랜만에 왔더니 이 근처가 많이 변해서 깜짝 놀랐다고 했으므로, 정답은 (D)가 된다.

어휘 | 久(ひさ)しぶりだ 오랜만이다 来(く)る 오다
辺(あた)り 근처 ずいぶん 꽤, 상당히 変(か)わる 바뀌다, 변하다
びっくりする 깜짝 놀라다 どれぐらい 어느 정도, 얼마쯤
いらっしゃる 오시다 *「来(く)る」(오다)의 존경어
~ぶり (시간의 경과를 나타내는 말에 붙어) ~만임

すっかり 완전히 驚(おどろ)く 놀라다 土地(とち) 토지
値上(ねあ)がり 가격 인상, 값이 오름 技術(ぎじゅつ) 기술
進歩(しんぽ) 진보 前回(ぜんかい) 지난번 調査(ちょうさ) 조사
結果(けっか) 결과 街(まち) 거리 変化(へんか) 변화

66 대화 내용에 대한 이해

男 森田さんの会社は、毎朝ラジオ体操をしているんですか。
女 いいえ、月曜の朝だけですけど…。
男 うちの会社は毎朝やるんですよ。
女 へえ、そうなんですか。

남 모리타 씨 회사는 매일 아침 라디오체조를 하고 있나요?
여 아니요, 월요일 아침만인데요….
남 우리 회사는 매일 아침 해요.
여 허, 그래요?

男の人の会社では、毎朝何をしていますか。
(A) 掃除
(B) 体操
(C) ミーティング
(D) スピーチ

남자의 회사에서는 매일 아침 무엇을 하고 있습니까?
(A) 청소
(B) 체조
(C) 회의
(D) 연설

해설 | 남자의 대화에 주목해야 한다. 남자는 여자에게 라디오체조를 매일 하는지 물었고, 여자는 월요일 아침만 한다고 했다. 이에 남자는 우리 회사는 매일 아침 한다고 했으므로, 이 남자의 회사에서 매일 아침 하는 것은 라디오체조이다. 따라서 정답은 (B)가 된다.

어휘 | 会社(かいしゃ) 회사 毎朝(まいあさ) 매일 아침
ラジオ 라디오 体操(たいそう) 체조 月曜(げつよう) 월요일
～だけ ～만, ～뿐 やる 하다 掃除(そうじ) 청소
ミーティング 미팅, 회의 スピーチ 스피치, 연설

67 대화 내용에 대한 이해

男 企画部の来年度の予算はもう決定しましたか。
女 今、詰めているところです。
男 最終決定はいつ頃になりますか。
女 今週中にはできると思います。

남 기획부의 내년도 예산은 벌써 결정되었어요?
여 지금 마무리하고 있는 중이에요.
남 최종 결정은 언제쯤이 돼요?
여 이번 주 중에는 될 거라고 생각해요.

女の人が今週中に決定できると言っているのは、何ですか。
(A) 新商品
(B) 作品の題名
(C) 予算
(D) 訪問の順番

여자가 이번 주 중에 결정할 수 있다고 말하고 있는 것은 무엇입니까?
(A) 신상품
(B) 작품 제목
(C) 예산
(D) 방문 차례

해설 | 남자는 여자에게 기획부의 내년도 예산이 벌써 결정되었는지 물었고, 이에 여자는 이번 주 중에는 될 거라고 생각한다고 했다. 따라서 정답은 (C)가 된다.

어휘 | 企画部(きかくぶ) 기획부 来年度(らいねんど) 내년도
予算(よさん) 예산 もう 이미, 벌써 決定(けってい) 결정
詰(つ)める (검토 끝에 결론을) 내리다, 마무리하다
～ているところだ ～하고 있는 중이다 最終(さいしゅう) 최종
いつ頃(ごろ) 언제쯤 今週(こんしゅう) 이번 주
できる 다 되다, 완성되다 新商品(しんしょうひん) 신상품
作品(さくひん) 작품 題名(だいめい) 제명, 제목
訪問(ほうもん) 방문 順番(じゅんばん) 순번, 차례

68 성별에 따른 의견 및 행동 구분

女 北村さん、これもしかしたら消せるペンで記入してませんか。
男 あ、すみません。そうでした。
女 もう一度ちゃんとボールペンで書いてください。
男 はい、わかりました。

여 기타무라 씨, 이거 혹시 지울 수 있는 펜으로 기입하지 않았어요?
남 아, 죄송해요. 그랬어요.
여 한 번 더 제대로 볼펜으로 써 주세요.
남 예, 알겠어요.

男の人は、この後何をしますか。
(A) 書き直しをする。
(B) 間違いを直す。
(C) 追加記入する。
(D) 消しゴムを買う。

남자는 이후 무엇을 합니까?
(A) 다시 쓴다.
(B) 틀린 곳을 고친다.
(C) 추가 기입한다.
(D) 지우개를 산다.

해설 | 여자는 남자가 지울 수 있는 펜으로 기입한 것을 알고는 한 번 더 제대로 볼펜으로 써 달라고 요청했고, 이에 남자는 알겠다고 했다. 따라서 정답은 (A)가 된다.

어휘 | もしかしたら 혹시 消(け)す 지우다 ペン 펜
記入(きにゅう) 기입 もう一度(いちど) 한 번 더
ちゃんと 제대로, 확실히 ボールペン 볼펜
書(か)く (글씨·글을) 쓰다 書(か)き直(なお)し 고쳐[다시] 씀
間違(まちが)い 틀림 直(なお)す 고치다, 정정하다
追加(ついか) 추가 消(け)しゴム 지우개 買(か)う 사다

69 대화 내용에 대한 이해

女 昨日スマホ、派手に落としちゃってたけど、壊れてない(?)。
男 画面にひびが入っちゃったけど、何とか使えそう。
女 新しいのに替えられないの(?)。
男 時間がある時、お店で保証が利くか聞いてみるつもり。

여 어제 스마트폰 요란하게 떨어뜨려 버렸는데, 부서지지 않았어?
남 화면에 금이 가 버렸지만, 그럭저럭 쓸 수 있을 것 같아.
여 새 걸로 교환할 수는 없는 거야?
남 시간이 있을 때 가게에서 보증이 되는지 물어볼 생각이야.

男の人のスマホは、今どんな状態ですか。
(A) 使用できない。
(B) カバーがない。
(C) 新品と同様だ。
(D) ひびがある。

남자의 스마트폰은 지금 어떤 상태입니까?
(A) 사용할 수 없다.
(B) 커버가 없다.
(C) 새것과 마찬가지이다.
(D) 금이 있다.

해설 | 「ひびが入(はい)る」(금이 가다)라는 표현이 포인트로, 남자의 스마트폰은 떨어뜨려서 지금 화면에 금이 가 있는 상태라는 것을 알 수 있다. 따라서 정답은 (D)가 된다.

어휘 | スマホ 스마트폰
派手(はで)だ 요란하다 落(お)とす 떨어뜨리다
壊(こわ)れる 부서지다, 고장 나다 画面(がめん) 화면
何(なん)とか 어떻게든, 그럭저럭 使(つか)う 쓰다, 사용하다
新(あたら)しい 새롭다 替(か)える 바꾸다, 교환하다
時間(じかん) 시간 店(みせ) 가게
保証(ほしょう) 보증 利(き)く 가능하다, 통하다
동사의 기본형+つもり ~할 생각[작정]임
状態(じょうたい) 상태 使用(しよう) 사용 カバー 커버
新品(しんぴん) 신품, 새것 同様(どうよう)だ 마찬가지이다

70 대화 내용에 대한 이해

男 将来、会社が関西に引っ越すっていう噂聞いた(?)。
女 え(!)、どうしよう。関西なんて遠くて。
男 もし本当なら、僕もどうするか考えるな。
女 うーん、退職も考えるよね。

남 장래에 회사가 간사이로 이전한다는 소문 들었어?
여 뭐! 어떻게 하지? 간사이라니, 멀어서.
남 만약 사실이라면 나도 어떻게 할지 생각해야겠네.
여 음-, 퇴직도 생각해야지.

女の人は、どうして心配していますか。
(A) 退職金の話を聞いたから
(B) 会社移転の噂があるから
(C) 関西に出店するから
(D) 男の人が異動するから

여자는 어째서 걱정하고 있습니까?
(A) 퇴직금 이야기를 들었기 때문에
(B) 회사 이전 소문이 있기 때문에
(C) 간사이로 출점하기 때문에
(D) 남자가 (인사) 이동하기 때문에

해설 | 남자는 여자에게 회사가 간사이로 이전한다는 소문을 들었냐고 물었고, 이에 여자는 크게 놀라며 간사이는 멀어서 못 다닐 것 같다면서 걱정하고 있다. 따라서 정답은 (B)가 된다.

어휘 | 将来(しょうらい) 장래 会社(かいしゃ) 회사
関西(かんさい) 간사이 *「京都(きょうと)」(교토)·「大阪(おおさか)」(오사카)를 중심으로 한 지방
引(ひ)っ越(こ)す 이사하다, 이전하다
噂(うわさ) 소문 聞(き)く 듣다 ~なんて ~라니
遠(とお)い 멀다 もし 만약 本当(ほんとう) 사실, 정말
考(かんが)える 생각하다 退職(たいしょく) 퇴직
心配(しんぱい) 걱정, 염려 退職金(たいしょくきん) 퇴직금
話(はなし) 이야기 移転(いてん) 이전
出店(しゅってん) 출점, 새로이 지점을 만들거나 매장을 설치하는 것
異動(いどう) (인사에 관한) 이동

71 대화 내용에 대한 이해

男 すみません。この展示会で配るパンフレットなんですが。
女 何かありましたか。
男 実は、友人のアメリカ人に見せたら、英語の翻訳が間違っていると言われて。
女 本当ですか。どこですか。

남 죄송해요. 이 전시회에서 나누어 줄 팸플릿 말인데요.
여 뭔가 문제라도 있나요?
남 실은 친구인 미국인에게 보여 줬더니, 영어 번역이 틀렸다고 해서요.
여 정말요? 어디요?

パンフレットについて、正(ただ)しいものはどれですか。
(A) 使用言語(しようげんご)は日本語(にほんご)のみだ。
(B) 翻訳(ほんやく)が間(ま)に合(あ)わない。
(C) 訂正箇所(ていせいかしょ)がある。
(D) 海外送付用(かいがいそうふよう)の物(もの)だ。

팸플릿에 대해서 맞는 것은 어느 것입니까?
(A) 사용 언어는 일본어뿐이다.
(B) 번역이 늦다.
(C) 정정할 곳이 있다.
(D) 해외 송부용 팸플릿이다.

해설 | 팸플릿에 대해서 맞는 것을 묻고 있다. 남자의 두 번째 대화에서 미국인 친구에게서 영어 번역이 틀렸다는 말을 들었다고 했으므로, 정답은 정정할 곳이 있다고 한 (C)가 된다.

어휘 | 展示会(てんじかい) 전시회
配(くば)る 나누어 주다, 배포하다 パンフレット 팸플릿
実(じつ)は 실은 友人(ゆうじん) 친구 アメリカ人(じん) 미국인
見(み)せる 보이다, 보여 주다 英語(えいご) 영어
翻訳(ほんやく) 번역 間違(まちが)う 틀리다, 잘못되다
~と言(い)われる ~라는 말을 듣다, ~라고 하다
~について ~에 대해서 正(ただ)しい 바르다, 맞다
使用(しよう) 사용 言語(げんご) 언어 ~のみ ~만, ~뿐
間(ま)に合(あ)う 시간에 맞게 대다, 늦지 않다 訂正(ていせい) 정정
個所(かしょ) 개소, 군데 海外(かいがい) 해외 送付(そうふ) 송부

72 대화 내용에 대한 이해

女 ファイルにこの設計図(せっけいず)が挟(はさ)まってましたけど。
男 どれ(?)。ああ、これは建設中(けんせつちゅう)のだね。
女 間違(まちが)えてここに挟(はさ)んでしまったんでしょうね。
男 うん、担当(たんとう)の中村(なかむら)さんに渡(わた)しておいてくれない(?)。

여 파일에 이 설계도가 끼어 있었는데요.
남 어디? 아~, 이건 건설 중인 거네.
여 잘못해서 여기에 끼워 버렸군요.
남 응, 담당인 나카무라 씨한테 (건네)주지 않겠어?

設計図(せっけいず)は、どこにありましたか。
(A) 現場(げんば)
(B) 倉庫(そうこ)の中(なか)
(C) 金庫(きんこ)
(D) ファイルの中(なか)

설계도는 어디에 있었습니까?
(A) 현장

(B) 창고 안
(C) 금고
(D) 파일 안

해설 | 「挟(はさ)まる」(틈(새)에 끼이다)라는 동사가 포인트. 여자의 첫 번째 대화를 통해 설계도는 파일 안에 끼어 있었다는 것을 알 수 있다. 따라서 정답은 (D)가 된다.

어휘 | ファイル 파일 設計図(せっけいず) 설계도
どれ (감동사) 자, 어디 建設(けんせつ) 건설
間違(まちが)える 잘못하다, 실수하다 挟(はさ)む 끼우다
担当(たんとう) 담당 渡(わた)す 건네다, 건네주다
~ておく~해 놓다[두다] ~てくれる (남이 나에게) ~해 주다
現場(げんば) 현장 倉庫(そうこ) 창고 金庫(きんこ) 금고

73 대화 내용에 대한 이해

男 部長(ぶちょう)と連絡(れんらく)取(と)れましたか。
女 それが、携帯(けいたい)が繋(つな)がらないんですよ。
男 まいったな。このお客(きゃく)さんの対応(たいおう)は、部長(ぶちょう)にしかできないのに…。
女 留守電(るすでん)にメッセージを入(い)れておきますね。

남 부장님과 연락되었어요?
여 그게 휴대전화가 연결이 안 돼요.
남 큰일이군. 이 손님 대응은 부장님밖에 안 되는데 말이야….
여 자동응답전화에 메시지를 넣어 둘게요.

男(おとこ)の人(ひと)は、どうして困(こま)っていますか。
(A) 自分(じぶん)では対応(たいおう)できないから
(B) 約束(やくそく)した客(きゃく)が来(こ)ないから
(C) 女(おんな)の人(ひと)が取(と)り消(け)しの手続(てつづ)きをしたから
(D) 内線(ないせん)が繋(つな)がらないから

남자는 어째서 곤란해하고 있습니까?
(A) 자신으로는 대응할 수 없기 때문에
(B) 약속한 손님이 오지 않기 때문에
(C) 여자가 취소 수속을 했기 때문에
(D) 내선이 연결되지 않기 때문에

해설 | 남자의 두 번째 대화에서 이 손님 대응은 부장님밖에 안 된다고 했다. 즉, 본인은 대응할 수 없어서 곤란한 것이므로, 정답은 (A)가 된다.

어휘 | 部長(ぶちょう) 부장
連絡(れんらく)が取(と)れる 연락이 취해지다[되다]
携帯(けいたい) 휴대전화 *「携帯電話(けいたいでんわ)」의 준말
繋(つな)がる 이어지다, 연결되다 まいったな 큰일이군, 난처하군
お客(きゃく)さん 손님 対応(たいおう) 대응
~しか ~밖에 ~のに ~는데(도)
留守電(るすでん) 자동응답전화 *「留守番電話(るすばんでんわ)」의 준말 メッセージ 메시지 入(い)れる 넣다
困(こま)る 곤란하다, 난처하다 約束(やくそく) 약속
客(きゃく) 손님 取(と)り消(け)し 취소 手続(てつづ)き 수속
内線(ないせん) 내선

74 대화 내용에 대한 이해

男 この写真の男の人、どこかで見覚えありませんか。
女 眉毛に特徴がありますね。会ったことがある気がします。
男 あっ、思い出した。臨時に本社から仕事の応援に来てくれた人だ。
女 あ、そうです。森田さんです。

남 이 사진의 남자, 어딘가에서 본 기억 없어요?
여 눈썹에 특징이 있네요. 만난 적이 있는 느낌이 들어요.
남 앗, 생각났다. 임시로 본사에서 업무 지원하러 와 주었던 사람이다.
여 아, 맞아요. 모리타 씨예요.

写真の男の人は、どんな人ですか。
(A) 付き合いの長い人
(B) 本社で働いている人
(C) 男の人と仲よしの人
(D) 常に応援してくれる人

사진의 남자는 어떤 사람입니까?
(A) 오래 알고 지내는 사람
(B) 본사에서 일하고 있는 사람
(C) 남자와 사이가 좋은 사람
(D) 항상 도와주는 사람

해설 | 사진의 남자가 어떤 사람인지 묻고 있다. 대화 후반부에서 임시로 본사에서 업무 지원하러 와 주었던 모리타 씨라고 했으므로, 정답은 (B)가 된다.

어휘 | 写真(しゃしん) 사진 見覚(みおぼ)え 본 기억
眉毛(まゆげ) 눈썹 特徴(とくちょう) 특징 会(あ)う 만나다
동사의 た형+ことがある ~한 적이 있다 気(き)がする 느낌이 들다
思(おも)い出(だ)す (잊고 있던 것을) 생각해 내다, 떠올리다
臨時(りんじ) 임시 本社(ほんしゃ) 본사 仕事(しごと) 일, 업무
応援(おうえん) 응원, 지원, 도움 付(つ)き合(あ)い 교제
長(なが)い (세월·시간이) 오래다 仲(なか)よし 사이가 좋음
常(つね)に 늘, 항상

75 대화 내용에 대한 이해

男 昨日出してくれたレポートのことなんですけど。
女 はい。何か不足がありましたでしょうか。
男 印を付けた所に最新のデータを追加して出してくれませんか。
女 わかりました。

남 어제 제출해 준 보고서 말인데요.
여 예. 뭔가 부족한 점이 있었나요?
남 표시를 한 곳에 최신 데이터를 추가해서 제출해 주지 않겠어요?
여 알겠어요.

男の人は、女の人に何を頼みましたか。
(A) グラフの訂正
(B) 表の削除
(C) データの分析
(D) レポートの再提出

남자는 여자에게 무엇을 부탁했습니까?
(A) 그래프 정정
(B) 표 삭제
(C) 데이터 분석
(D) 보고서 재제출

해설 | 남자의 두 번째 대화에 주목해야 한다. 남자는 여자에게 표시를 한 곳에 최신 데이터를 추가해서 다시 제출해 달라고 했으므로, 정답은 (D)가 된다.

어휘 | 出(だ)す 내다, 제출하다 レポート 보고서
不足(ふそく) 부족 印(しるし)を付(つ)ける 표시를 달다[하다]
所(ところ) 곳 最新(さいしん) 최신 データ 데이터
追加(ついか) 추가 グラフ 그래프 訂正(ていせい) 정정
表(ひょう) 표 削除(さくじょ) 삭제 分析(ぶんせき) 분석
再(さい)~ 재~, 다시~

76 대화 내용에 대한 이해

女 大阪から転勤してきた新しい課長って、どんな方ですか。
男 見かけは大人しそうだけど、ユーモアがある人ですよ。
女 へえ、そうなんですか。
男 出身地は東北だそうです。

여 오사카에서 전근해 온 새 과장님은 어떤 분이에요?
남 겉보기는 얌전해 보이지만, 유머가 있는 사람이에요.
여 허, 그래요?
남 출신지는 도호쿠래요.

新しい課長について、正しいものはどれですか。
(A) 大人しい人だ。
(B) 無口な人だ。
(C) 大阪出身だ。
(D) 東北出身だ。

새 과장에 대해서 맞는 것은 어느 것입니까?
(A) 얌전한 사람이다.
(B) 말수가 적은 사람이다.
(C) 오사카 출신이다.
(D) 도호쿠 출신이다.

해설 | 새로 온 과장에 대해서 맞는 것을 묻고 있다. 새 과장은 오사카에서 전근해 온 사람으로, 얌전해 보이지만 유머가 있고, 도호쿠 출신이라고 했다. 따라서 정답은 (D)가 된다.

어휘 | 大阪(おおさか) 오사카 転勤(てんきん) 전근
新(あたら)しい 새롭다 課長(かちょう) 과장 方(かた) 분
見(み)かけ 외관, 겉보기 大人(おとな)しい 얌전하다
い형용사의 어간+そうだ ~일[할] 것 같다, ~인 듯하다 *양태
ユーモア 유머 出身地(しゅっしんち) 출신지
東北(とうほく) 도호쿠
품사의 보통형+そうだ ~라고 한다 *전문
無口(むくち)だ 말수가 적다

77 대화 내용에 대한 이해

女 今回新しくご提供できるアプリケーションはこちらなんですが。
男 確か健康に関するものでしたね。
女 これを使えば、ご自身で手軽に健康管理ができるようになります。
男 それは、いいですね。是非試してみたいです。

여 이번에 새롭게 제공해 드릴 수 있는 애플리케이션은 이건데요.
남 아마 건강에 관한 거였죠?
여 이걸 사용하면 스스로 손쉽게 건강관리를 할 수 있게 돼요.
남 그거 좋네요. 꼭 시험해 보고 싶어요.

女の人が提供するアプリケーションは何ができますか。
(A) 客観的な調査
(B) 商品チェック
(C) 健康の自己管理
(D) 社内の自動清掃

여자가 제공하는 애플리케이션은 무엇을 할 수 있습니까?
(A) 객관적인 조사
(B) 상품 체크
(C) 건강의 자기관리
(D) 사내의 자동청소

해설 | 여자의 대화에 주목해야 한다. 이번에 제공하는 애플리케이션은 스스로 손쉽게 건강관리를 할 수 있게 된다고 했으므로, 정답은 (C)가 된다.

어휘 | 今回(こんかい) 이번 新(あたら)しい 새롭다
ご+한자명사+する ~하다, ~해 드리다 *겸양표현
提供(ていきょう) 제공 アプリケーション 애플리케이션
こちら 이것 確(たし)か 아마, 틀림없이 健康(けんこう) 건강
~に関(かん)する ~에 관한 使(つか)う 쓰다, 사용하다
自身(じしん) 자신, 자기 手軽(てがる)だ 손쉽다, 간단하다
管理(かんり) 관리 ~ようになる ~하게(끔) 되다 *변화
是非(ぜひ) 꼭, 제발 試(ため)す 시험하다, 실제로 해 보다
客観的(きゃっかんてき)だ 객관적이다 調査(ちょうさ) 조사
商品(しょうひん) 상품 チェック 체크 自己(じこ) 자기
社内(しゃない) 사내 自動(じどう) 자동 清掃(せいそう) 청소

78 대화 내용에 대한 이해

女 この写真を見てください。
男 うちの会社の内部じゃないですか。
女 誰かが、勝手にネットに掲載したようなんです。
男 これは、問題ですね。すぐ総務に知らせないと。

여 이 사진을 보세요.
남 우리 회사 내부잖아요?
여 누군가가 멋대로 인터넷에 게재한 것 같아요.
남 이건 문제네요. 바로 총무에 알려야겠네요.

2人の会社でどんな問題が起きましたか。
(A) 契約の破棄
(B) 写真の無断掲載
(C) 副業の斡旋
(D) 違法取引

두 사람의 회사에서 어떤 문제가 일어났습니까?
(A) 계약 파기
(B) 사진의 무단 게재
(C) 부업 알선
(D) 위법 거래

해설 | 대화 초반부에서 누군가가 회사 내부 사진을 멋대로 인터넷에 게재한 것 같다고 했으므로, 정답은 (B)가 된다.

어휘 | 写真(しゃしん) 사진 うち 우리 内部(ないぶ) 내부
誰(だれ)か 누군가 勝手(かって)だ 제멋대로이다, 마음대로이다
ネット 인터넷 *「インターネット」의 준말 掲載(けいさい) 게재
問題(もんだい) 문제 すぐ 곧, 바로 総務(そうむ) 총무
知(し)らせる 알리다 起(お)きる 일어나다, 발생하다
契約(けいやく) 계약 破棄(はき) 파기 無断(むだん) 무단
副業(ふくぎょう) 부업 斡旋(あっせん) 알선 違法(いほう) 위법
取引(とりひき) 거래

79 대화 내용에 대한 이해

男 もうすぐ株主総会ですけど、出席者の数はどうですか。
女 お知らせした人のうち、8割ほどがご出席予定です。
男 そうですか。会場の手配もよろしくお願いしますね。
女 はい。今年は去年より広い会場を使用する予定です。

남 이제 곧 주주총회인데, 출석자 수는 어때요?
여 알린 사람 중 80% 정도가 출석하실 예정이에요.
남 그래요? 회장 준비도 잘 부탁해요.
여 예. 올해는 작년보다 넓은 회장을 사용할 예정이에요.

女の人が手配する会場では、何が行われますか。

(A) 株主総会
(B) 役員会
(C) 緊急会議
(D) 採用試験

여자가 준비하는 회장에서는 무엇이 행해집니까?

(A) 주주총회
(B) 임원회
(C) 긴급회의
(D) 채용시험

해설 | 남자의 첫 번째 대화에서 이제 곧 주주총회라고 했으므로, 여자가 준비하는 회장에서는 주주총회가 열린다는 것을 알 수 있다. 따라서 정답은 (A)가 된다.

어휘 | もうすぐ 이제 곧 株主総会(かぶぬしそうかい) 주주총회
出席者(しゅっせきしゃ) 출석자 数(かず) 수
お+동사의 ます형+する ~하다, ~해 드리다 *겸양표현
知(し)らせる 알리다 ~割(わり) ~할, 십분의 일의 비율
~ほど ~정도 予定(よてい) 예정 会場(かいじょう) 회장
手配(てはい) 준비 今年(ことし) 올해 去年(きょねん) 작년
~より ~보다 広(ひろ)い 넓다 使用(しよう) 사용
行(おこな)う 하다, 행하다, 실시하다
役員会(やくいんかい) 임원회 緊急(きんきゅう) 긴급
会議(かいぎ) 회의 採用(さいよう) 채용 試験(しけん) 시험

80 성별에 따른 의견 및 행동 구분

女 島田さん、出張の精算を忘れてませんか。
男 あれ、日帰りでも手当が出るんでしたっけ(?)。
女 はい。移動距離によっては出ますから、この表で確認してください。
男 わかりました。確認してすぐ申請します。

여 시마다 씨, 출장 정산을 잊고 있지 않아요?
남 어, 당일치기라도 수당이 나오던가요?
여 예. 이동거리에 따라서는 나오니까, 이 표로 확인해 주세요.
남 알겠어요. 확인하고 바로 신청할게요.

男の人は、この後何を確認しますか。

(A) 申請済みの書類
(B) 出張費の入力表
(C) 出張の移動距離
(D) 精算の提出方法

남자는 이후 무엇을 확인합니까?

(A) 신청이 끝난 서류
(B) 출장비 입력표
(C) 출장 이동거리
(D) 정산 제출 방법

해설 | 남자의 대화에 주목해야 한다. 남자는 이동거리에 따라 나오는 출장 정산을 잊고 있었으므로, 제일 먼저 출장 이동거리를 확인할 것이다. 따라서 정답은 (C)가 된다.

어휘 | 出張(しゅっちょう) 출장 精算(せいさん) 정산
忘(わす)れる 잊다 日帰(ひがえ)り 당일치기
手当(てあて) 수당 出(で)る 나오다
~っけ ~던가 *잊었던 일이나 불확실한 일을 상대방에 질문하거나 확인함을 나타냄
移動(いどう) 이동 距離(きょり) 거리
~によっては ~에 따라서는 表(ひょう) 표
確認(かくにん) 확인 すぐ 곧, 바로 申請(しんせい) 신청
명사+済(ず)み ~이 끝남 書類(しょるい) 서류
出張費(しゅっちょうひ) 출장비
入力表(にゅうりょくひょう) 입력표 提出(ていしゅつ) 제출
方法(ほうほう) 방법

81~84 일기

最近、私は日記を書き始めました。毎日仕事が忙しくて、すぐに1日が終わってしまうので、[81]自分のための静かな時間が欲しいと思って始めました。[82]いつも昼ご飯を食べてから、午後の仕事が始まる前に書いています。[83]書く時は、色鉛筆を使っています。シャープペンシルやボールペンも使ってみましたが、色鉛筆の方が、その日の気持ちによって使いたい色が違うので、書くのが楽しいのです。[84]ノートは、鞄に入るように、小さいサイズのものを選びました。これからずっと続けていきたいと思います。

최근 저는 일기를 쓰기 시작했습니다. 매일 일이 바빠서 금방 하루가 끝나 버리기 때문에 [81]자신을 위한 조용한 시간을 갖고 싶다고 생각해서 시작했습니다. [82]항상 점심을 먹고 나서 오후 일이 시작되기 전에 쓰고 있습니다. [83]쓸 때는 색연필을 사용하고 있습니다. 샤프나 볼펜도 사용해 봤습니다만, 색연필 쪽이 그 날의 기분에 따라 사용하고 싶은 색이 다르기 때문에 쓰는 것이 즐겁습니다. [84]노트는 가방에 들어가도록 작은 사이즈의 것을 골랐습니다. 앞으로 쭉 계속해 나가고 싶다고 생각입니다.

어휘 | 最近(さいきん) 최근, 요즘 日記(にっき) 일기
書(か)く (글씨·글을) 쓰다
동사의 ます형+始(はじ)める ~하기 시작하다 仕事(しごと) 일
忙(いそが)しい 바쁘다 すぐに 바로, 금방 1日(いちにち) 하루
終(お)わる 끝나다 静(しず)かだ 조용하다 欲(ほ)しい 갖고 싶다
始(はじ)める 시작하다 いつも 늘, 항상
昼(ひる)ご飯(はん) 점심(식사) ～てから ~하고 나서, ~한 후에
午後(ごご) 오후 始(はじ)まる 시작되다
동사의 기본형+前(まえ)に ~하기 전에
色鉛筆(いろえんぴつ) 색연필 使(つか)う 쓰다, 사용하다
シャープペンシル 샤프펜슬, 샤프 ボールペン 볼펜
気持(きも)ち 기분 ～によって ~에 의해, ~에 따라
違(ちが)う 다르다 楽(たの)しい 즐겁다 ノート 노트
鞄(かばん) 가방 入(はい)る 들어가다 ～ように ~하도록
小(ちい)さい 작다 サイズ 사이즈, 크기
選(えら)ぶ 고르다, 선택하다 これから 이제부터, 앞으로
ずっと 쭉, 계속 続(つづ)ける 계속하다 ～ていく ~해 가다

81 この人は、どうして日記を書いていますか。
(A) 自分の生活を書きたいから
(B) 文を書くのが好きだから
(C) 暇な時間が多いから
(D) 静かな時間を作りたいから

81 이 사람은 어째서 일기를 쓰고 있습니까?
(A) 자신의 생활을 적고 싶기 때문에
(B) 글을 쓰는 것을 좋아하기 때문에
(C) 한가한 시간이 많기 때문에
(D) 조용한 시간을 만들고 싶기 때문에

해설 | 이 사람이 일기를 쓰는 이유는 초반부에 나온다. '자신을 위한 조용한 시간을 갖고 싶다고 생각해서 시작했습니다'라고 했으므로, 정답은 (D)가 된다.

어휘 | 自分(じぶん) 자신, 나 生活(せいかつ) 생활
文(ぶん) 글, 문장 暇(ひま)だ 한가하다 多(おお)い 많다
作(つく)る 만들다

82 この人は、いつ日記を書きますか。
(A) 朝、起きてすぐ
(B) 会社の昼休み
(C) 仕事が終わった後
(D) 夜、寝る前

82 이 사람은 언제 일기를 씁니까?
(A) 아침에 일어나서 바로
(B) 회사의 점심시간
(C) 일이 끝난 후
(D) 밤에 자기 전

해설 | 중반부에서 항상 점심을 먹고 나서 오후 일이 시작되기 전에 쓰고 있다고 했다. 따라서 정답은 (B)가 된다.

어휘 | いつ 언제 朝(あさ) 아침 起(お)きる 일어나다, 기상하다
昼休(ひるやす)み 점심시간 동사의 た형+後(あと) ~한 후
夜(よる) 밤 寝(ね)る 자다

83 この人は、何を使って日記を書きますか。
(A) 鉛筆
(B) 色鉛筆
(C) ボールペン
(D) シャープペンシル

83 이 사람은 무엇을 사용해서 일기를 씁니까?
(A) 연필
(B) 색연필
(C) 볼펜
(D) 샤프

해설 | 중반부에서 일기를 쓸 때는 그 날의 기분에 따라 사용하고 싶은 색이 다르기 때문에 색연필로 쓰고 있다고 했다. 따라서 정답은 (B)가 된다.

어휘 | 鉛筆(えんぴつ) 연필

84 この人は、どんなノートを使っていますか。
(A) 大きくて軽いノート

(B) きれいなデザインのノート

(C) <ruby>鞄<rt>かばん</rt></ruby>に<ruby>入<rt>はい</rt></ruby>る<ruby>大<rt>おお</rt></ruby>きさのノート

(D) <ruby>鍵<rt>かぎ</rt></ruby>が<ruby>付<rt>つ</rt></ruby>いているノート

84 이 사람은 어떤 노트를 사용하고 있습니까?

(A) 크고 가벼운 노트

(B) 예쁜 디자인의 노트

(C) 가방에 들어가는 크기의 노트

(D) 열쇠가 달려 있는 노트

해설 | 후반부에서 노트는 가방에 들어가도록 작은 사이즈의 것을 골랐다고 했으므로, 정답은 (C)가 된다.

어휘 | 大(おお)きい 크다 軽(かる)い 가볍다 きれいだ 예쁘다
デザイン 디자인 大(おお)きさ 크기 鍵(かぎ) 열쇠
付(つ)く 붙다, 달리다

85~88 약 설명

では、今日お渡しする薬の説明をしますね。1週間分の薬です。この緑の薬は、頭痛の薬で朝昼夜の3回飲んでください。85白い薬は胃を守る薬で、86こちらは夜だけ飲んでください。朝と昼は飲まなくていいです。どちらの薬も、食後30分以内に飲んでください。1日か2日で頭痛は治るかもしれませんが、また調子が悪くなることもあるので、87薬は無くなるまで必ず飲んでください。88様子を確認したいので、来週の木曜日にもう一度来てください。

그럼, 오늘 드릴 약 설명을 하죠. 일주일분 약입니다. 이 녹색약은 두통약으로 아침, 낮, 밤 세 번 먹으세요. 85흰 약은 위를 보호하는 약으로, 86이건 밤에만 먹으세요. 아침과 낮에는 먹지 않아도 됩니다. 어느 쪽 약도 식후 30분 이내에 먹으세요. 하루나 이틀로 두통은 나을지도 모르지만, 다시 상태가 나빠지는 경우도 있으니까, 87약은 없어질 때까지 반드시 먹으세요. 88상태를 확인하고 싶으니까, 다음 주 목요일에 한 번 더 오세요.

어휘 | お+동사의 ます형+する ~하다, ~해 드리다 *겸양표현
渡(わた)す 건네다, 건네주다 薬(くすり) 약 説明(せつめい) 설명
1週間(いっしゅうかん) 일주일간 緑(みどり) 녹색
頭痛(ずつう) 두통 朝(あさ) 아침 昼(ひる) 낮 夜(よる) 밤
~回(かい) ~회, ~번 飲(の)む (약을) 먹다 白(しろ)い 희다
胃(い) 위, 위장 守(まも)る 지키다, 보호하다
~なくてもいい ~하지 않아도 된다 食後(しょくご) 식후
以内(いない) 이내 治(なお)る 낫다, 치료되다
調子(ちょうし) 상태, 컨디션 悪(わる)い 나쁘다, 좋지 않다
無(な)くなる 없어지다, 다 떨어지다, 다 되다
必(かなら)ず 꼭, 반드시 様子(ようす) 상태
確認(かくにん) 확인 来週(らいしゅう) 다음 주
木曜日(もくようび) 목요일 もう一度(いちど) 한 번 더

85 <ruby>白<rt>しろ</rt></ruby>い<ruby>薬<rt>くすり</rt></ruby>は、どんな<ruby>効果<rt>こうか</rt></ruby>がありますか。

(A) <ruby>胃<rt>い</rt></ruby>を<ruby>守<rt>まも</rt></ruby>る。

(B) よく<ruby>眠<rt>ねむ</rt></ruby>れる。

(C) かぜを<ruby>治<rt>なお</rt></ruby>す。

(D) <ruby>頭痛<rt>ずつう</rt></ruby>を<ruby>止<rt>と</rt></ruby>める。

85 흰 약은 어떤 효과가 있습니까?

(A) 위를 보호한다.

(B) 잘 잘 수 있다.

(C) 감기를 치료한다.

(D) 두통을 멎게 한다.

해설 | 약 색깔을 잘 구분해서 들어야 한다. 녹색약은 두통약이고, 흰 약은 위를 보호하는 약이라고 했으므로, 정답은 (A)가 된다.

어휘 | 効果(こうか) 효과 よく 잘 眠(ねむ)る 자다, 잠자다
かぜ(風邪) 감기 治(なお)す 고치다, 치료하다 止(と)める 멎게 하다

86 <ruby>白<rt>しろ</rt></ruby>い<ruby>薬<rt>くすり</rt></ruby>は、いつ<ruby>飲<rt>の</rt></ruby>みますか。

(A) <ruby>朝<rt>あさ</rt></ruby>と<ruby>昼<rt>ひる</rt></ruby>と<ruby>夜<rt>よる</rt></ruby>

(B) <ruby>朝<rt>あさ</rt></ruby>と<ruby>昼<rt>ひる</rt></ruby>

(C) <ruby>昼<rt>ひる</rt></ruby>と<ruby>夜<rt>よる</rt></ruby>

(D) <ruby>夜<rt>よる</rt></ruby>だけ

86 흰 약은 언제 먹습니까?

(A) 아침과 낮과 밤

(B) 아침과 낮

(C) 낮과 밤

(D) 밤에만

해설 | 중반부에서 흰 약은 밤에만 먹으라고 했다. 따라서 정답은 (D)가 된다.

어휘 | いつ 언제

87 <ruby>今日<rt>きょう</rt></ruby>もらう<ruby>薬<rt>くすり</rt></ruby>について、どんなことに<ruby>気<rt>き</rt></ruby>を<ruby>付<rt>つ</rt></ruby>けますか。

(A) <ruby>食事<rt>しょくじ</rt></ruby>の<ruby>前<rt>まえ</rt></ruby>に<ruby>飲<rt>の</rt></ruby>むこと

(B) <ruby>薬<rt>くすり</rt></ruby>を<ruby>最後<rt>さいご</rt></ruby>まで<ruby>飲<rt>の</rt></ruby>むこと

(C) <ruby>他<rt>ほか</rt></ruby>の<ruby>薬<rt>くすり</rt></ruby>と<ruby>一緒<rt>いっしょ</rt></ruby>に<ruby>飲<rt>の</rt></ruby>まないこと

(D) <ruby>頭痛<rt>ずつう</rt></ruby>が<ruby>治<rt>なお</rt></ruby>ったら<ruby>飲<rt>の</rt></ruby>まないこと

87 오늘 받은 약에 대해서 어떤 것에 주의합니까?

(A) 식사 전에 먹을 것

(B) 약을 끝까지 먹을 것

(C) 다른 약과 함께 먹지 않을 것

(D) 두통이 나으면 먹지 않을 것

해설 | 후반부에서 '약은 없어질 때까지 반드시 먹으세요'라고 했으므로, 정답은 (B)가 된다.

어휘 | 気(き)を付(つ)ける 조심하다, 주의하다 食事(しょくじ) 식사
最後(さいご)まで 끝까지 一緒(いっしょ)に 함께

88 この<ruby>人<rt>ひと</rt></ruby>が、<ruby>次<rt>つぎ</rt></ruby>に<ruby>病院<rt>びょういん</rt></ruby>に<ruby>行<rt>い</rt></ruby>くのはいつですか。

(A) <ruby>来週<rt>らいしゅう</rt></ruby>の<ruby>水曜日<rt>すいようび</rt></ruby>

(B) 来週(らいしゅう)の木曜日(もくようび)

(C) 再来週(さらいしゅう)の水曜日(すいようび)

(D) 再来週(さらいしゅう)の木曜日(もくようび)

88 이 사람이 다음에 병원에 가는 것은 언제입니까?

(A) 다음 주 수요일

(B) 다음 주 목요일

(C) 다다음 주 수요일

(D) 다다음 주 목요일

해설 | 마지막 문장에서 '상태를 확인하고 싶으니까, 다음 주 목요일에 한 번 더 오세요'라고 했다. 따라서 정답은 (B)가 된다.

어휘 | 次(つぎ) 다음 病院(びょういん) 병원
来週(らいしゅう) 다음 주 水曜日(すいようび) 수요일
木曜日(もくようび) 목요일 再来週(さらいしゅう) 다다음 주

89~91 환전 신청

　この度(たび)は、こちらの中国旅行(ちゅうごくりょこう)プランをお申(もう)し込(こ)みいただき、ありがとうございます。ところで、旅行(りょこう)でお使(つか)いになる現金(げんきん)は準備(じゅんび)されましたか。89今回(こんかい)お客様(きゃくさま)が行(い)かれる地域(ちいき)は、小(ちい)さな店(みせ)が多(おお)くて現金(げんきん)しか使(つか)えない場合(ばあい)がありますので、両替(りょうがえ)されるといいですよ。私(わたし)たちの会社(かいしゃ)の両替(りょうがえ)サービスを申(もう)し込(こ)まれましたら、90ご希望(きぼう)の場所(ばしょ)まで両替(りょうがえ)した現金(げんきん)をお届(とど)けいたします。家(いえ)でも空港(くうこう)へでも届(とど)けます。また、ネットでも申(もう)し込(こ)みができますが、91質問(しつもん)が多(おお)すぎてお答(こた)えになるのが面倒(めんどう)かもしれませんので、今(いま)、申(もう)し込(こ)みをされませんか。

　이번에 저희 중국여행 플랜을 신청해 주셔서 감사합니다. 그런데 여행에서 쓰실 현금은 준비하셨습니까? 89이번에 손님이 가실 지역은 작은 가게가 많아서 현금밖에 사용할 수 없는 경우가 있으니까, 환전하시면 좋아요. 우리 회사 환전서비스를 신청하시면 90희망하시는 장소까지 환전한 현금을 갖다 드립니다. 집이라도 공항에라도 갖다 줍니다. 또 인터넷으로도 신청을 할 수 있지만, 91질문이 너무 많아서 대답하시는 것이 성가실지도 모르니, 지금 신청을 하시지 않겠습니까?

어휘 | この度(たび) 이번, 금번 *격식 차린 말씨 こちら 나, 우리
中国(ちゅうごく) 중국 旅行(りょこう) 여행 プラン 플랜
お+동사의 ます형+いただく (남에게) ~해 받다 *겸양표현
申(もう)し込(こ)む 신청하다 ところで 그런데
お+동사의 ます형+になる ~하시다 *존경표현
使(つか)う 쓰다, 사용하다 現金(げんきん) 현금
準備(じゅんび) 준비 今回(こんかい) 이번
お客様(きゃくさま) 손님 行(い)く 가다 地域(ちいき) 지역
小(ちい)さな 작은 店(みせ) 가게 多(おお)い 많다
~しか ~밖에 場合(ばあい) 경우 両替(りょうがえ) 환전
サービス 서비스 希望(きぼう) 희망 場所(ばしょ) 장소
お+동사의 ます형+いたす ~하다, ~해 드리다 *겸양표현

届(とど)ける (물건을) 전하다, 갖다 주다 空港(くうこう) 공항
ネット 인터넷 *「インターネット」의 준말 申(もう)し込(こ)み 신청
質問(しつもん) 질문 い형용사의 어간+すぎる 너무 ~하다
答(こた)える 대답하다 面倒(めんどう)だ 성가시다, 번거롭다
~かもしれない ~일지도 모른다

89 この人(ひと)は、どうして両替(りょうがえ)した方(ほう)がいいと言(い)っていますか。

(A) 現金(げんきん)しか使(つか)えない店(みせ)があるから

(B) 現金(げんきん)の方(ほう)が安(やす)く買(か)い物(もの)ができるから

(C) 日本(にほん)のクレジットカードは使(つか)えないから

(D) 現金(げんきん)の方(ほう)が無駄(むだ)な買(か)い物(もの)をしないから

89 이 사람은 어째서 환전하는 편이 좋다고 말하고 있습니까?

(A) 현금밖에 사용할 수 없는 가게가 있기 때문에

(B) 현금 쪽이 싸게 쇼핑을 할 수 있기 때문에

(C) 일본의 신용카드는 사용할 수 없기 때문에

(D) 현금 쪽이 쓸데없는 쇼핑을 하지 않기 때문에

해설 | 초반부에서 이번에 갈 지역은 작은 가게가 많아서 현금밖에 사용할 수 없는 경우가 있으므로, 환전하는 편이 좋다고 했다. 따라서 정답은 (A)가 된다.

어휘 | 安(やす)い 싸다 買(か)い物(もの) 쇼핑
クレジットカード 신용카드 無駄(むだ)だ 쓸데없다

90 この店(みせ)で両替(りょうがえ)すると、どんなサービスが受(う)けられますか。

(A) 旅行用(りょこうよう)の枕(まくら)がもらえる。

(B) 中国(ちゅうごく)のお土産(みやげ)がもらえる。

(C) 両替(りょうがえ)したお金(かね)を配達(はいたつ)してくれる。

(D) ホテルの食事(しょくじ)を割引(わりびき)してくれる。

90 이 가게에서 환전하면 어떤 서비스를 받을 수 있습니까?

(A) 여행용 베개를 받을 수 있다.

(B) 중국 선물을 받을 수 있다.

(C) 환전한 돈을 배달해 준다.

(D) 호텔 식사를 할인해 준다.

해설 | 중반부의「届(とど)ける」((물건을) 전하다, 갖다 주다)라는 동사가 포인트로, 환전서비스를 신청하면 희망하는 장소까지 환전한 현금을 갖다 준다고 했다. 따라서 정답은 (C)가 된다.

어휘 | 受(う)ける (어떤 행위를) 받다 旅行用(りょこうよう) 여행용
枕(まくら) 베개 もらう (남에게) 받다 お土産(みやげ) 선물
配達(はいたつ) 배달 ~てくれる (남이 나에게) ~해 주다
ホテル 호텔 食事(しょくじ) 식사 割引(わりびき) 할인

91 インターネットでの申(もう)し込(こ)みは、どうして面倒(めんどう)なのですか。

(A) 店(みせ)に書類(しょるい)を送(おく)らなければならないから

(B) 多(おお)くのお金(かね)は替(か)えられないから

(C) 本人(ほんにん)を確認(かくにん)する必要(ひつよう)があるから

(D) 質問(しつもん)が大量(たいりょう)にあるから

91 인터넷에서의 신청은 어째서 성가신 것입니까?
    (A) 가게에 서류를 보내야 하기 때문에
    (B) 많은 돈은 바꿀 수 없기 때문에
    (C) 본인을 확인할 필요가 있기 때문에
    (D) 질문이 대량으로 있기 때문에

해설 | 마지막 문장에서 인터넷으로도 신청을 할 수 있지만, 질문이 너무 많아서 대답하는 것이 성가실지도 모른다고 했다. 따라서 정답은 (D)가 된다.

어휘 | 書類(しょるい) 서류 送(おく)る 보내다, 부치다
~なければならない ~하지 않으면 안 된다, ~해야 한다
替(か)える 바꾸다 本人(ほんにん) 본인 確認(かくにん) 확인
必要(ひつよう) 필요 大量(たいりょう) 대량

92~94 친구의 새 취미

友人(ゆうじん)が新(あたら)しい趣味(しゅみ)として「農業(のうぎょう)」を始(はじ)めたそうです。92これまでの彼女(かのじょ)は、仕事(しごと)が忙(いそが)しく、休日出勤(きゅうじつしゅっきん)も当(あ)たり前(まえ)で、病気(びょうき)で入院(にゅういん)することもありました。そんな彼女(かのじょ)の口(くち)から「農業(のうぎょう)」という言葉(ことば)を聞(き)いてとても驚(おどろ)きました。彼女(かのじょ)が通(かよ)い始(はじ)めた農場(のうじょう)では、経験豊富(けいけんほうふ)な農家(のうか)の人(ひと)たちが講師(こうし)を務(つと)めて、基本的(きほんてき)な作業(さぎょう)を一(いち)から教(おし)えてくれるそうです。93参加者(さんかしゃ)は20代(だい)の若者(わかもの)が6割(わり)を占(し)めていて、とても活気(かっき)があるとのことでした。94私(わたし)は彼女(かのじょ)が以前(いぜん)とは比(くら)べ物(もの)にならないほど生(い)き生(い)きとしているのを見(み)て、嬉(うれ)しくなりました。

친구가 새 취미로 '농업'을 시작했다고 합니다. 92지금까지의 그녀는 일이 바빠서 휴일 출근도 당연해서 아파서 입원하는 경우도 있었습니다. 그런 그녀 입에서 '농업'이라는 말을 듣고 너무 놀랐습니다. 그녀가 다니기 시작한 농장에서는 경험이 풍부한 농가 사람들이 강사를 맡고, 기본적인 작업을 처음부터 가르쳐 준다고 합니다. 93참가자는 20대 젊은이가 60%를 차지하고 있고, 아주 활기가 있다고 했습니다. 94저는 그녀가 이전과는 비교가 되지 않을 만큼 활기찬 것을 보고 기뻐졌습니다.

어휘 | 友人(ゆうじん) 친구 新(あたら)しい 새롭다
趣味(しゅみ) 취미 農業(のうぎょう) 농업 始(はじ)める 시작하다
これまで 지금까지 仕事(しごと) 일 忙(いそが)しい 바쁘다
休日(きゅうじつ) 휴일 出勤(しゅっきん) 출근
当(あ)たり前(まえ)だ 당연하다 病気(びょうき) 병, 앓음
入院(にゅういん) 입원
동사의 기본형+こともある ~할 때도 있다, ~하는 경우도 있다
そんな 그런 口(くち) 입 言葉(ことば) 말 聞(き)く 듣다
驚(おどろ)く 놀라다 通(かよ)う 다니다
동사의 ます형+始(はじ)める ~하기 시작하다
農場(のうじょう) 농장 経験(けいけん) 경험
豊富(ほうふ)だ 풍부하다 農家(のうか) 농가 講師(こうし) 강사
務(つと)める (임무를) 맡다 基本的(きほんてき)だ 기본적이다
作業(さぎょう) 작업 一(いち) 사물의 최초, 처음
教(おし)える 가르치다, 교육하다 ~てくれる (남이 나에게) ~해 주다

参加者(さんかしゃ) 참가자 若者(わかもの) 젊은이
~割(わり) ~할 *10분의 1을 단위로 하는 비율
占(し)める 차지하다 活気(かっき) 활기
~とのことだ ~라고 한다 *전문 以前(いぜん) 전, 이전
比(くら)べ物(もの)にならない 비교가 안 되다
生(い)き生(い)き 활기가 넘치는 모양 嬉(うれ)しい 기쁘다

92 この人(ひと)の友人(ゆうじん)は、これまでどんな生活(せいかつ)をしていましたか。
    (A) 仕事(しごと)はもとより私生活(しせいかつ)も充実(じゅうじつ)した生活(せいかつ)
    (B) 仕事(しごと)よりも趣味(しゅみ)を第一(だいいち)にした生活(せいかつ)
    (C) 何(なに)よりも家庭(かてい)を大切(たいせつ)にした生活(せいかつ)
    (D) 仕事(しごと)だけに集中(しゅうちゅう)した生活(せいかつ)

92 이 사람의 친구는 지금까지 어떤 생활을 하고 있었습니까?
    (A) 일은 물론이고 사생활도 충실한 생활
    (B) 일보다도 취미를 우선으로 한 생활
    (C) 무엇보다도 가정을 소중히 한 생활
    (D) 일에만 집중한 생활

해설 | 이 사람의 친구는 지금까지 일이 바빠서 휴일 출근도 당연해서 아파서 입원하는 경우도 있었다고 했다. 따라서 정답은 일에만 집중한 생활이라고 한 (D)가 된다.

어휘 | 生活(せいかつ) 생활 ~はもとより ~은 물론이고
私生活(しせいかつ) 사생활 充実(じゅうじつ) 충실
~より ~보다 第一(だいいち) 제일, 우선 何(なに)よりも 무엇보다도
家庭(かてい) 가정 大切(たいせつ)だ 소중하다
~だけ ~만, ~뿐 集中(しゅうちゅう) 집중

93 この人(ひと)の友人(ゆうじん)と一緒(いっしょ)に学(まな)んでいるのは、どんな人(ひと)たちですか。
    (A) 半数以上(はんすういじょう)が20代(にじゅうだい)の若者(わかもの)
    (B) 半分(はんぶん)ぐらいが農家(のうか)の若者(わかもの)
    (C) ほとんどが退職(たいしょく)した高齢者(こうれいしゃ)
    (D) ほとんどが二十歳以下(はたちいか)の学生(がくせい)

93 이 사람의 친구와 함께 배우고 있는 것은 어떤 사람들입니까?
    (A) 반수 이상이 20대 젊은이
    (B) 반수 정도가 농가의 젊은이
    (C) 대부분이 퇴직한 고령자
    (D) 대부분이 20세 이하의 학생

해설 | 후반부에서 참가자는 20대 젊은이가 60%를 차지하고 있다고 했으므로, 정답은 반수 이상이 20대 젊은이라고 한 (A)가 된다.

어휘 | 一緒(いっしょ)に 함께 学(まな)ぶ 배우다
半数(はんすう) 반수 以上(いじょう) 이상 ほとんど 거의, 대부분
退職(たいしょく) 퇴직 高齢者(こうれいしゃ) 고령자
二十歳(はたち) 20세, 스무 살 以下(いか) 이하
学生(がくせい) 학생, (특히) 대학생

94 この人(ひと)は、どうして嬉(うれ)しくなりましたか。
    (A) 友人(ゆうじん)が大(おお)きく変(か)わったから

(B) 友人が別の仕事に就いたから
(C) 友人に研修に誘われたから
(D) 友人が収穫した野菜をくれたから

94 이 사람은 어째서 기뻐졌습니까?
(A) 친구가 크게 변했기 때문에
(B) 친구가 다른 일에 취업했기 때문에
(C) 친구에게 연수를 권유받았기 때문에
(D) 친구가 수확한 채소를 주었기 때문에

해설 | 마지막 문장에서 '저는 그녀가 이전과는 비교가 되지 않을 만큼 활기찬 것을 보고 기뻐졌습니다'라고 했다. 따라서 정답은 친구가 크게 변했기 때문이라고 한 (A)가 된다.

어휘 | 大(おお)きい 크다 変(か)わる 바뀌다, 변하다
~に就(つ)く ~에 취업[취임]하다 研修(けんしゅう) 연수
誘(さそ)う 권하다, 권유하다 収穫(しゅうかく) 수확
野菜(やさい) 채소 くれる (남이 나에게) 주다

95~97 과학실험 서클

最近は欧米を中心に、生物科学の実験や研究を自宅で行う一般の人たちが増えています。[95]専門知識がない人でも実験に取り組める道具が開発され、安いコストで研究できるのです。私も先日初めて、科学実験を行うサークルに参加して来ました。[96]そのサークルでは、自然界にはあまり存在しない青い花を、人工的に作ることに挑戦しています。自分たちで実験の材料を検討したり、器具の使用法を確認したり、[97]普段とは全く違う世界で興奮しっぱなしでした。これからも積極的に参加して、実験を是非成功させたいです。

최근에는 유럽과 미국을 중심으로, 생물과학 실험이나 연구를 자택에서 하는 일반인들이 늘고 있습니다. [95]전문지식이 없는 사람이라도 실험에 몰두할 수 있는 도구가 개발되어 싼 비용으로 연구할 수 있는 것입니다. 저도 요전에 처음으로 과학실험을 하는 서클에 참가하고 왔습니다. [96]그 서클에서는 자연계에는 별로 존재하지 않는 파란 꽃을 인공적으로 만드는 것에 도전하고 있습니다. 자신들끼리 실험 재료를 검토하거나 기구 사용법을 확인하거나 [97]평소와는 전혀 다른 세계에서 흥분의 연속이었습니다. 앞으로도 적극적으로 참가해서 실험을 꼭 성공시키고 싶습니다.

어휘 | 最近(さいきん) 최근, 요즘 欧米(おうべい) 구미, 유럽과 미국
~を中心(ちゅうしん)に ~을 중심으로 生物(せいぶつ) 생물
科学(かがく) 과학 実験(じっけん) 실험 研究(けんきゅう) 연구
自宅(じたく) 자택 行(おこな)う 하다, 행하다, 실시하다
一般(いっぱん) 일반 増(ふ)える 늘다, 늘어나다
専門(せんもん) 전문 知識(ちしき) 지식 取(と)り組(く)む 몰두하다
道具(どうぐ) 도구 開発(かいはつ) 개발 安(やす)い 싸다
コスト 비용 先日(せんじつ) 요전, 전번 初(はじ)めて 처음(으로)
サークル 서클 参加(さんか) 참가 自然界(しぜんかい) 자연계
あまり (부정의 말을 수반하여) 그다지, 별로 存在(そんざい) 존재
青(あお)い 파랗다 花(はな) 꽃 人工的(じんこうてき)だ 인공적이다
作(つく)る 만들다 挑戦(ちょうせん) 도전 材料(ざいりょう) 재료
検討(けんとう) 검토 器具(きぐ) 기구 使用法(しようほう) 사용법
確認(かくにん) 확인 普段(ふだん) 평소
全(まった)く (부정의 말을 수반하여) 전혀
違(ちが)う 다르다 世界(せかい) 세계 興奮(こうふん) 흥분
동사의 ます형+っぱなし 그 상태가 계속됨
これから 이제부터, 앞으로 積極的(せっきょくてき)だ 적극적이다
是非(ぜひ) 꼭, 제발 成功(せいこう) 성공

95 一般の人でも科学実験ができるようになったのは、なぜですか。
(A) 国の支援が拡大したから
(B) 一般の人が扱える実験道具ができたから
(C) 専門家が教える教室が増えたから
(D) 実験方法が公開されるようになったから

95 일반인이라도 과학실험을 할 수 있게 된 것은 왜입니까?
(A) 나라의 지원이 확대되었기 때문에
(B) 일반인이 취급할 수 있는 실험도구가 생겼기 때문에
(C) 전문가가 가르치는 교실이 늘었기 때문에
(D) 실험방법이 공개되게 되었기 때문에

해설 | 초반부에서 그 이유가 나온다. 전문지식이 없는 사람이라도 실험에 몰두할 수 있는 도구가 개발되었기 때문이므로, 정답은 (B)가 된다.

어휘 | ~ようになる ~하게(끔) 되다 *변화 国(くに) 나라
支援(しえん) 지원 拡大(かくだい) 확대
扱(あつか)う 다루다, 취급하다 できる 생기다, 만들어지다
教(おし)える 가르치다, 교육하다
教室(きょうしつ) (기술 등을 가르치는) 교실
方法(ほうほう) 방법 公開(こうかい) 공개

96 この人が参加したサークルでは、何を生み出そうとしていますか。
(A) 人工的に作った食用の肉
(B) おもしろい形をした野菜
(C) 自然界では珍しい色の花
(D) 甘さの強い果物

96 이 사람이 참가한 서클에서는 무엇을 만들어 내려고 하고 있습니까?
(A) 인공적으로 만든 식용 고기
(B) 재미있는 모양을 한 채소
(C) 자연계에서는 드문 색인 꽃
(D) 단맛이 강한 과일

해설 | 중반부에서 '자연계에는 별로 존재하지 않는 파란 꽃을 인공적으로 만드는 것에 도전하고 있습니다'라고 했으므로, 정답은 (C)가 된다.

어휘 | 生(う)み出(だ)す 새로 만들어 내다 作(つく)る 만들다
食用(しょくよう) 식용 肉(にく) 고기 おもしろ(面白)い 재미있다
形(かたち) 모양, 형태 野菜(やさい) 채소
珍(めずら)しい 희귀하다, 드물다 甘(あま)さ 단맛
強(つよ)い 강하다 果物(くだもの) 과일

97 この人は、サークルに参加してどうだったと言っていますか。

(A) 楽しくて仕方なかった。
(B) 途中で飽きてしまった。
(C) 疑問だらけだった。
(D) 緊張の連続だった。

97 이 사람은 서클에 참가해서 어땠다고 말하고 있습니까?

(A) 너무 즐거웠다.
(B) 도중에 질려 버렸다.
(C) 의문투성이었다.
(D) 긴장의 연속이었다.

해설 | 후반부에서 평소와는 전혀 다른 세계에서 흥분의 연속이었다고 했다. 따라서 정답은 (A)로, 「い형용사의 어간+くて仕方(しかた)ない」는 '~해서 어쩔 수 없다, 너무 ~하다'라는 뜻의 표현으로, 앞에 감정이나 감각을 나타내는 말이 온다.

어휘 | 楽(たの)しい 즐겁다 途中(とちゅう) 도중 飽(あ)きる 질리다 疑問(ぎもん) 의문 ~だらけ ~투성이 緊張(きんちょう) 긴장 連続(れんぞく) 연속

98~100 노동환경 개선

私の会社では、社員の待遇改善が進んでいます。[98]バイトやパートで働いている人でも、選考基準を合格しさえすれば、正規社員と同等の給料がもらえるようになりました。[99]有能な人材を活用できるかどうかは会社にかかっているという社長の考えに基づいて、少しでも社員の労働環境を改善しようという取り組みの一環だそうです。確かに、同じ仕事をしているにもかかわらず、雇用形態の違いのみで給料が変わるのは不合理なことですから、[100]この取り組みは意義あるものだと思います。

저희 회사에서는 사원의 대우개선이 진행되고 있습니다. [98]아르바이트나 파트타임으로 일하고 있는 사람이라도 전형기준을 합격하기만 하면 정규사원과 동등한 급여를 받을 수 있게 되었습니다. [99]유능한 인재를 활용할 수 있을지 어떨지는 회사에 달려 있다는 사장님 생각에 근거해, 조금이라도 사원의 노동환경을 개선하려고 하는 대처의 일환이라고 합니다. 확실히 같은 일을 하고 있음에도 불구하고 고용형태 차이만으로 급여가 다른 것은 불합리한 것이니까, [100]이 대처는 의의가 있는 것이라고 생각합니다.

어휘 | 会社(かいしゃ) 회사 社員(しゃいん) 사원 待遇(たいぐう) 대우 改善(かいぜん) 개선 進(すす)む 진행되다 バイト 아르바이트 *「アルバイト」의 준말 パート 파트타임 *「パートタイム」의 준말 働(はたら)く 일하다 選考(せんこう) 전형 基準(きじゅん) 기준 合格(ごうかく) 합격 ~さえ~ば ~만 ~하면 正規社員(せいきしゃいん) 정규사원 同等(どうとう) 동등 給料(きゅうりょう) 급여, 급료 もらう (남에게) 받다 有能(ゆうのう)だ 유능하다 人材(じんざい) 인재 活用(かつよう) 활용 ~かどうか ~일지 어떨지, ~인지 어떤지 かかる (책임이) 달리다 社長(しゃちょう) 사장 考(かんが)え 생각 ~に基(もと)づいて ~에 근거해서 少(すこ)しでも 조금이라도 労働(ろうどう) 노동 環境(かんきょう) 환경 取(と)り組(く)み 대처 一環(いっかん) 일환 確(たし)かに 확실히 同(おな)じだ 같다 仕事(しごと) 일 ~にもかかわらず ~임에도 불구하고 雇用(こよう) 고용 形態(けいたい) 형태 違(ちが)い 차이 ~のみ ~만, ~뿐 変(か)わる 변하다, 다르다 不合理(ふごうり)だ 불합리하다 意義(いぎ) 의의, 가치

98 この人の会社では、何が変わりましたか。

(A) 男女の賃金格差が無くなった。
(B) 会社の保養施設の利用が可能になった。
(C) 非正規社員の研修が増えた。
(D) 非正規社員の待遇が改善された。

98 이 사람 회사에서는 무엇이 변했습니까?

(A) 남녀의 임금격차가 없어졌다.
(B) 회사의 휴양시설 이용이 가능해졌다.
(C) 비정규사원의 연수가 늘었다.
(D) 비정규사원의 대우가 개선되었다.

해설 | 두 번째 문장에서 아르바이트나 파트타임으로 일하고 있는 사람이라도 전형기준을 합격하기만 하면 정규사원과 동등한 급여를 받을 수 있게 되었다고 했다. 따라서 정답은 비정규사원의 대우가 개선되었다고 한 (D)가 된다.

어휘 | 男女(だんじょ) 남녀 賃金(ちんぎん) 임금 格差(かくさ) 격차 無(な)くなる 없어지다 保養(ほよう) 보양, 휴양 施設(しせつ) 시설 利用(りよう) 이용 可能(かのう)だ 가능하다 非正規(ひせいき) 비정규 研修(けんしゅう) 연수 増(ふ)える 늘다, 늘어나다

99 この人の会社の社長は、どのような考えを持っていますか。

(A) 会社は社会に貢献すべき存在だ。
(B) 意欲のない社員は会社には不要だ。
(C) 社員を生かせるかどうかは会社次第だ。
(D) 顧客よりも社員を重視したい。

99 이 사람 회사의 사장은 어떤 생각을 가지고 있습니까?

(A) 회사는 사회에 공헌해야 하는 존재이다.
(B) 의욕이 없는 사원은 회사에는 필요 없다.
(C) 사원을 활용할 수 있을지 어떨지는 회사에 달려 있다.
(D) 고객보다도 사원을 중시하고 싶다.

해설 | 중반부에 사장의 생각이 나온다. 유능한 인재를 활용할 수 있을지 어떨지는 회사에 달려 있다고 했으므로, 정답은 (C)가 된다.

어휘 | 社会(しゃかい) 사회 貢献(こうけん) 공헌 ~べき (마땅히) ~해야 함 存在(そんざい) 존재 意欲(いよく) 의욕 不要(ふよう)だ 필요 없다 生(い)かす 활용하다 명사+次第(しだい)だ ~에 달려 있다, ~나름이다 顧客(こきゃく) 고객 重視(じゅうし) 중시

100 この人(ひと)は、今回(こんかい)の変更(へんこう)についてどう考(かんが)えていますか。
(A) 評価(ひょうか)に値(あたい)する。
(B) 不合理(ふごうり)なことだ。
(C) 改善(かいぜん)の余地(よち)がある。
(D) 時期(じき)が不適切(ふてきせつ)だ。

100 이 사람은 이번 변경에 대해서 어떻게 생각하고 있습니까?
(A) 평가할 만하다.
(B) 불합리한 일이다.
(C) 개선의 여지가 있다.
(D) 시기가 부적절하다.

해설 | 마지막 문장에서 '이 대처는 의의가 있는 것이라고 생각합니다'라고 했다. 따라서 정답은 (A)로, 「~に値(あたい)する」는 '~할 만하다, ~할 가치가 있다'라는 뜻의 표현이다.

어휘 | 変更(へんこう) 변경
評価(ひょうか) 평가, 어느 사물이나 인물에 대해서 그 의의·가치를 인정하는 것 余地(よち) 여지 時期(じき) 시기
不適切(ふてきせつ)だ 부적절하다

PART 5 | 정답 찾기

101 1자 한자 발음 찾기
그 차는 남쪽으로 달려갔습니다.

해설 | 「南」은 '남쪽'이라는 뜻으로, (D)의 「みなみ」라고 읽는다.

어휘 | 車(くるま) 차 ~へ ~로 走(はし)る (탈것이) 달리다
ひがし(東) 동쪽 にし(西) 서쪽 きた(北) 북쪽

102 2자 한자 발음 찾기
역 앞에 새 빌딩이 완성되었다.

해설 | 「完成」은 '완성'이라는 뜻으로, (C)의 「かんせい」라고 읽는다.

어휘 | 駅(えき) 역 前(まえ) 앞 新(あたら)しい 새롭다
ビル 빌딩 *「ビルディング」의 준말

103 2자 한자 발음 찾기
남동생은 도쿄에서 하숙하고 있습니다.

해설 | 「下宿」은 '하숙'이라는 뜻으로, (D)의 「げしゅく」라고 읽는다. 「下」를 「か」로 읽지 않도록 주의하자.

어휘 | 弟(おとうと) 남동생 東京(とうきょう) 도쿄

104 2자 한자 발음 찾기
드레스 옷감을 고르는 데에 한나절 걸렸다.

해설 | 「生地」는 '옷감, 천'이라는 뜻으로, (B)의 「きじ」라고 읽는다. 「生」을 「せい」로 읽지 않도록 주의하자.

어휘 | ドレス 드레스 選(えら)ぶ 고르다, 선택하다
半日(はんにち) 반일, 한나절 せいじ(政治) 정치

105 い형용사 발음 찾기
아들은 올해 들어 수학 성적이 현저하게 올랐다.

해설 | 「著しい」는 '두드러지다, 현저하다'라는 뜻의 い형용사로, (A)의 「いちじるしい」라고 읽는다.

어휘 | 息子(むすこ) 아들 今年(ことし) 올해 数学(すうがく) 수학
成績(せいせき) 성적 上(あ)がる 오르다
はなばな(華々)しい 화려하다, 눈부시다
ずうずう(図々)しい 뻔뻔스럽다, 낯 두껍다
あつ(厚)かましい 뻔뻔스럽다, 염치없다

106 2자 한자 발음 찾기
그는 항상 솜씨 좋게 일을 처리해 간다.

해설 | 「手際」는 '(사물을 처리하는) 수법, 솜씨'라는 뜻으로, (B)의 「てぎわ」라고 읽는다.

어휘 | いつも 늘, 항상 仕事(しごと) 일 片付(かたづ)ける 처리하다

107 동사 발음 찾기
그녀는 3개 국어를 자유롭게 구사한다.

해설 | 「操る」는 '(말 등을) 구사하다'라는 뜻의 동사로, (A)의 「あやつる」라고 읽는다.

어휘 | ~ヵ国語(かこくご) ~개 국어 自由(じゆう)だ 자유롭다
たずさ(携)える 휴대하다, 손에 들다, 지니다
つかさど(司)る 관장하다, 담당하다 ひき(率)いる 인솔하다

108 동사 한자 찾기
운반되어 온 상자를 이 장소에 쌓아 주세요.

해설 | 「つむ」는 '(물건을) 쌓다'라는 뜻의 동사로, 한자로는 (C)의 「積む」라고 쓴다.

어휘 | 運(はこ)ぶ 옮기다, 운반하다 箱(はこ) 상자
場所(ばしょ) 장소

109 な형용사 한자 찾기
까마귀는 아주 영리한 새다.

해설 | 「りこう」는 '영리함'이라는 뜻의 な형용사로, 한자로는 (D)의 「利口」라고 쓴다.

어휘 | カラス(烏) 까마귀 とても 아주, 매우 鳥(とり) 새
理工(りこう) 이공, 이학과 공학

110 동사 한자 찾기
나는 작년에 간장을 앓아서 술을 끊을 결심을 했다.

해설 | 선택지는 모두 「たつ」라고 읽는 동사로, 문장의 내용상 밑줄 친

부분에는 '(습관 등을) 끊다'라는 뜻의 동사가 와야 한다. 정답은 (B)의 「断つ」로, (A)의 「経つ」는 '(시간이) 지나다, 경과하다', (C)의 「裁つ」는 '(옷감을) 마르다, 재단하다', (D)의 「発つ」는 '출발하다, 떠나다'라는 뜻이다.

어휘 | 昨年(さくねん) 작년 肝臓(かんぞう) 간장
患(わずら)う (병을) 앓다 酒(さけ) 술 決心(けっしん) 결심

111 대체표현 찾기

전철 안에서 아이가 울기 시작하면 어떻게 합니까?

(A) 울고 싶어하면
(B) 울기 시작하면
(C) 계속 울면
(D) 다 울면

해설 | 「동사의 ます형+出(だ)す」는 '~하기 시작하다'라는 뜻으로, 「泣(な)き出(だ)したら」는 '울기 시작하면'이라는 뜻이 된다. 선택지 중 바꿔 쓸 수 있는 것은 (B)의 「泣(な)き始(はじ)めたら」(울기 시작하면)로, 「동사의 ます형+始(はじ)める」는 '~하기 시작하다'라는 뜻이다.

어휘 | 電車(でんしゃ) 전철 ~内(ない) ~안, ~내, ~내부
子供(こども) 아이 泣(な)く 울다
동사의 ます형+たがる (제삼자가) ~하고 싶어하다
동사의 ます형+続(つづ)ける 계속 ~하다
동사의 ます형+終(お)わる 다 ~하다

112 대체표현 찾기

이 노래를 들을 때마다 어머니를 떠올린다.

(A) 들은 이상은
(B) 듣자마자
(C) 듣는 김에
(D) 들으면 항상

해설 | 「동사의 기본형+度(たび)に」는 '~할 때마다'라는 뜻의 표현으로, 「聞(き)く度(たび)に」는 '들을 때마다'라는 뜻이 된다. 선택지 중 바꿔 쓸 수 있는 것은 (D)의 「聞(き)くといつも」(들으면 항상)이다.

어휘 | 歌(うた) 노래 聞(き)く 듣다 母(はは) 어머니
思(おも)い出(だ)す (잊고 있던 것을) 생각해 내다, 떠올리다
~からには ~하는[한] 이상은 동사의 た형+とたん ~하자마자
~ついでに ~하는 김에

113 대체표현 찾기

그 뉴스는 아십니까?

(A) 믿을 수 있습니까
(B) 놀랐습니까
(C) 알고 있습니까
(D) 발표합니까

해설 | 「ご存(ぞん)じだ」(아시다)는 「知(し)る」(알다)의 존경어이다. 따라서 선택지 중 바꿔 쓸 수 있는 것은 (C)의 「知(し)っていますか」(알고 있습니까?)가 된다.

어휘 | ニュース 뉴스 信(しん)じる 믿다 驚(おどろ)く 놀라다
発表(はっぴょう) 발표

114 대체표현 찾기

10년간 사용한 것치고는 이 가방은 깨끗하다.

(A) 에 비해서는
(B) 하는 일 없이
(C) 은커녕
(D) 라면

해설 | 「~にしては」는 '~치고는'이라는 뜻의 표현이다. 선택지 중 바꿔 쓸 수 있는 것은 (A)의 「~わり(割)には」로, '~에 비해서는, ~치고는'이라는 뜻이다.

어휘 | 使(つか)う 쓰다, 사용하다 バッグ 백, 가방
きれいだ 깨끗하다 ~ことなく ~하는 일 없이
~どころか ~은커녕 ~ものなら ~라면

115 대체표현 찾기

상대를 초조하게 하려고 의도적으로 천천히 이야기했다.

(A) 무심코
(B) 억지로
(C) 일부러
(D) 무턱대고

해설 | 「意図的(いとてき)に」는 '의도적으로'이라는 뜻의 표현이다. 선택지 중 바꿔 쓸 수 있는 것은 (C)의 「わざと」로, '일부러, 고의로'라는 뜻이다.

어휘 | 相手(あいて) 상대 いらいら 안달하고 초조해하는 모양
ゆっくり 천천히, 느긋하게 話(はな)す 말하다, 이야기하다
うっかり 무심코, 깜빡 無理(むり)やり 억지로 やたら 무턱대고

116 대체표현 찾기

지난주에 오픈한 가게에 많은 사람이 일거에 몰려들었다.

(A) 전혀
(B) 단숨에
(C) 열심히
(D) 한결같이

해설 | 「一挙(いっきょ)に」는 '일거에, 단번에'라는 뜻의 표현으로, 선택지 중 바꿔 쓸 수 있는 것은 (B)의 「一気(いっき)に」로, '단숨에'라는 뜻이다.

어휘 | 先週(せんしゅう) 지난주 オープン 오픈 店(みせ) 가게
大勢(おおぜい) 많은 사람 押(お)し寄(よ)せる 밀어닥치다, 몰려들다
一向(いっこう)に (부정의 말을 수반하여) 전혀, 조금도
一心(いっしん)に 열심히 一様(いちよう)に 한결같이

117 「でも」의 용법 구분

혼자서 결정할 수 없으니까, 형에게라도 상담하겠습니다.

(A) 그는 이 마을의 일은 무엇이든지 알고 있습니다.
(B) 내일은 비라도 캠프에 갑니다.
(C) 우선은 차라도 마시지 않겠습니까?
(D) 이 책은 초등학생이라도 읽을 수 있습니다.

해설 | 문제의 「~でも」는 '~라도'라는 뜻으로, 가벼운 예시를 나타낼 때 사용하는 용법이다. 선택지 중 이와 같은 뜻으로 쓰인 것은 (C)로, (A)는 「何(なん)でも」(무엇이든지, 뭐든지)의 일부로 부정칭을 나타내는 지시어에 접속해 전면적인 긍정을 나타내고, (B)는 '(설령) ~라도, (설령) ~라고 해도'라는 뜻이고, (D)는 '~라도'라는 뜻으로 극단적인 예를 들어 다른 경우도 그러함을 나타내는 용법이다.

어휘 | 一人(ひとり)で 혼자서 決(き)める 정하다, 결정하다
兄(あに) 오빠, 형 相談(そうだん) 상담, 상의, 의논 町(まち) 마을
知(し)る 알다 明日(あした) 내일 雨(あめ) 비 キャンプ 캠프

まず 우선 お茶(ちゃ) 차 飲(の)む 마시다 本(ほん) 책
小学生(しょうがくせい) 초등학생 読(よ)む 읽다

118「よく」의 뜻 구분

저는 그 가게에서 자주 쇼핑을 합니다.

(A) 어릴 때는 여동생과 자주 싸웠습니다.
(B) 이런 추운 날에 잘 와 주었습니다.
(C) 중요한 일이니까, 한 번 더 잘 조사해 주십시오.
(D) 먹기 전에 잘 손을 씻읍시다.

해설 | 「よく」에는 '잘, 자주'라는 두 가지 뜻이 있는데, 문제에서는 '자주'라는 뜻으로 쓰였다. 선택지 중 이와 같은 뜻으로 쓰인 것은 (A)로, 나머지 선택지는 '잘'이라는 뜻으로 쓰였다.

어휘 | 店(みせ) 가게 買(か)い物(もの) 쇼핑, 장을 봄
子供(こども) 아이 妹(いもうと) 여동생 けんか(喧嘩)する 싸우다
こんな 이런 寒(さむ)い 춥다 来(く)る 오다
~てくれる (남이 나에게) ~해 주다 大事(だいじ)だ 중요하다
もう一度(いちど) 한 번 더 調(しら)べる 알아보다, 조사하다
食(た)べる 먹다 동사의 기본형+前(まえ)に ~하기 전에
手(て) 손 洗(あら)う 씻다

119「切(き)れる」의 뜻 구분

고속도로 위에서 가솔린이 떨어지다니 최악이다.

(A) 그 칼은 아주 잘 든대.
(B) 자신이 절대로 맞다고 단언할 수 있니?
(C) 저런 두꺼운 밧줄이 끊어지다니 믿을 수 없군.
(D) 물건이 떨어지기 전에 주문해 둬.

해설 | 문제의 「切(き)れる」는 '떨어지다, 다 되다'라는 뜻으로, 선택지 중 이와 같은 뜻으로 쓰인 것은 (D)이다. (A)는 '(칼 등이) 잘 들다', (C)는 '끊어지다'라는 뜻이고, (B)는 「言(い)い切(き)る」(단언하다)의 일부로, 가능형으로 쓰였다.

어휘 | 高速道路(こうそくどうろ) 고속도로 上(うえ) 위
ガソリン 가솔린, 휘발유 ~なんて ~라니 最悪(さいあく) 최악
刀(かたな) 칼 とても 아주, 매우 よく 잘 ~って ~대, ~래
絶対(ぜったい)に 절대로, 꼭 正(ただ)しい 맞다 あんな 저런
太(ふと)い 두껍다 ロープ 로프, 밧줄 信(しん)じる 믿다
品物(しなもの) 물건 注文(ちゅうもん) 주문
~ておく ~해 놓다[두다]

120「とは」의 용법 구분

그가 그렇게까지 하다니 상상하지 못했다.

(A) 그와는 벌써 20년 이상의 교제이다.
(B) 당신에게 있어서 사랑이란 무엇입니까?
(C) 당신과는 이제 두 번 다시 만나고 싶지 않다.
(D) 저 사람의 애인이 당신이라니 놀랍다.

해설 | 「~とは」에는 '정의, 놀람, 인용'의 세 가지 용법이 있는데, 문제와 (D)에서는 '~하다니, ~라니'의 뜻으로, '놀람'을 나타내는 용법으로 쓰였다. (A)와 (C)는 대상을 나타내는 조사 「と」에 조사 「は」가 붙은 형태로 '~와는'이라는 뜻이고, (B)는 '~라고 하는 것은, ~란'이라는 뜻으로 '정의'를 나타내는 용법이다.

어휘 | 想像(そうぞう) 상상 もう 이미, 벌써, 이제
付(つ)き合(あ)い 교제, 사귐 ~にとって ~에게 있어서
愛(あい) 사랑 二度(にど)と (부정의 말을 수반하여) 두 번 다시
会(あ)う 만나다 恋人(こいびと) 연인, 애인
驚(おどろ)き 놀람, 놀라운 일

PART 6 | 오문 정정

121 표현 오용 (A) 運(はこ)んで → 連(つ)れて

일요일에는 개를 데리고 근처 공원을 1시간 정도 산책합니다.

해설 | (A)의 「運(はこ)ぶ」는 '옮기다, 운반하다'라는 뜻의 동사로, 문장과는 맞지 않는다. 문장의 내용상 (A)에는 '데리고 가[오]다'라는 뜻의 「連(つ)れる」가 와야 하므로, (A)는 「連(つ)れて」(데리고)로 고쳐야 한다.

어휘 | 日曜日(にちようび) 일요일 犬(いぬ) 개 近(ちか)く 근처
公園(こうえん) 공원 散歩(さんぽ) 산책

122 접속 형태 오용 (D) 遊(あそ)ぶ → 遊(あそ)び

감기에 걸려 열이 있었기 때문에 주말에는 어디에도 놀러 가지 않았습니다.

해설 | '~하러'라는 뜻으로 동작의 목적을 나타낼 때는 「동사의 ます형+に」의 형태로 나타낸다. 따라서 (D)는 「遊(あそ)ぶ」(놀다)의 ます형인 「遊(あそ)び」로 고쳐야 한다.

어휘 | かぜ(風邪)を引(ひ)く 감기에 걸리다 熱(ねつ) 열
週末(しゅうまつ) 주말 どこへも 어디에도

123 표현 오용 (C) つけて → 被(かぶ)って

아버지는 최근 추운 날에 모자를 쓰고 외출하게 되었다.

해설 | '모자를 쓰다'라는 뜻의 표현은 「帽子(ぼうし)を被(かぶ)る」라고 한다. 따라서 (C)의 「つけて」(붙이고)는 「被(かぶ)って」((머리 · 얼굴에) 쓰고)로 고쳐야 한다.

어휘 | 父(ちち) 아버지 最近(さいきん) 최근, 요즘 寒(さむ)い 춥다
日(ひ) 날 出(で)かける 나가다, 외출하다
~ようになる ~하게(끔) 되다 *변화

124 표현 오용 (C) しか → だけ

다나카 씨는 채소를 싫어하는 것 같아요. 항상 채소만 남기고 있으니까요.

해설 | (C)의 「~しか」는 '~밖에'라는 뜻으로, 부정의 말을 수반하는 표현이다. 문제는 뒷부분이 긍정형이므로, (C)의 「~しか」는 '~만, ~뿐'이라는 뜻의 「~だけ」로 고쳐야 한다.

어휘 | 野菜(やさい) 채소 きら(嫌)いだ 싫어하다
~ようだ ~인 것 같다, ~인 듯하다 いつも 늘, 항상
残(のこ)す 남기다

125 표현 오용 (C) 欲(ほ)しくて → 欲(ほ)しがって

저 아이는 다른 아이가 가지고 있는 장난감을 갖고 싶어해서 자주 운다.

해설 | 장난감을 갖고 싶어하는 것은 '아이'로, 제삼자이다. (C)의 「欲(ほ)しい」(갖고 싶다)는 본인이 갖고 싶을 때 쓰는 표현이므로, 제삼자가 갖고 싶어하는 것을 나타내는 「欲(ほ)しがる」(갖고 싶어하다)를 써야 한다. 따라서 (C)의 「欲(ほ)しくて」(갖고 싶어서)는 「欲(ほ)しがって」(갖고 싶어해서)로 고쳐야 한다.

어휘 | 子(こ) 아이 他(ほか) 다른 (사람) 持(も)つ 가지다, 들다
おもちゃ 장난감 よく 자주 泣(な)く 울다

126 표현 오용 (C) まだ → もう

매일이 아니어도 좋으니까, 조금 더 운동하는 편이 좋습니다.

해설 | 문장의 내용상 (C)에는 '조금'이라는 뜻의 표현이 와야 하므로, (C)의 「まだ」(아직)는 「もう」(조금)로 고쳐야 한다.

어휘 | 毎日(まいにち) 매일 ~でなくてもいい ~이 아니어도 좋다
運動(うんどう) 운동
동사의 た형+方(ほう)がいい ~하는 편[쪽]이 좋다

127 시제 오용 (A) 晴(は)れている → 晴(は)れていた

오늘 아침은 맑았는데도 낮부터 갑자기 비가 내려 우산이 없어서 곤란했다.

해설 | 시제상 오늘 아침은 과거라는 것을 알 수 있다. 따라서 (A)의 「晴(は)れている」(맑다)는 과거형이 되어야 하므로, 「晴(は)れていた」(맑았다)로 고쳐야 한다.

어휘 | 今朝(けさ) 오늘 아침 晴(は)れる 맑다, 개다
~のに ~는데(도) 昼(ひる) 낮 急(きゅう)に 갑자기 雨(あめ) 비
傘(かさ) 우산 困(こま)る 곤란하다, 난처하다

128 접속 형태 오용 (C) 好(す)きに → 好(す)きな

아버지 생신에 언니가 피아노를 치고, 어머니와 내가 아버지가 좋아하는 노래를 불렀다.

해설 | な형용사의 명사 수식 형태를 묻는 문제로, な형용사가 바로 뒤에 오는 명사를 수식할 때는 「~な」의 형태로 수식한다. 따라서 (C)의 「好(す)きに」는 「好(す)きな」(좋아하는)가 되어야 한다.

어휘 | 父(ちち) 아버지 誕生日(たんじょうび) 생일
姉(あね) 언니, 누나 ピアノ 피아노
弾(ひ)く (악기를) 치다, 켜다, 연주하다 母(はは) 어머니
好(す)きだ 좋아하다 歌(うた) 노래 歌(うた)う (노래를) 부르다

129 접두어 오용 (D) ご → お

더운 날이 이어지고 있습니다만, 어찌 지내십니까?

해설 | 존경의 접두어에 대한 이해를 묻는 문제로, 동사 앞에는 「ご」가 아닌 「お」를 붙인다. 따라서 (D)의 「ご」는 「お」로 고쳐야 한다. 참고로, 「お+동사의 ます형+だ」(~이시다)는 존경을 나타내는 문형이다.

어휘 | 暑(あつ)い 덥다 日(ひ) 날 続(つづ)く 이어지다, 계속되다
いかが 어떻게, 어찌 過(す)ごす (시간을) 보내다, 지내다

130 문법표현 오용 (B) もとに → きっかけに

담배가 값이 오른 것을 계기로, 그는 마침내 담배를 끊을 결심을 했다.

해설 | (B)의 「~をもと(基)に」(~을 근거로)는 '구체적인 것을 기초로 해서 말하다, 만들다, 창작하다'라는 뜻을 나타내는 표현으로, 문장과는 맞지 않는다. 문장의 내용상 (B)에는 '어떤 것을 이유로 어떤 행동을 하게 되었다'라는 뜻을 나타내는 표현이 와야 하므로, 「~をきっかけに」(~을 계기로)로 고쳐야 한다.

어휘 | たばこ 담배 値上(ねあ)がり 가격 인상, 값이 오름
つい(遂)に 마침내 や(止)める 그만두다, 끊다 決心(けっしん) 결심

131 표현 오용 (C) どんなに → どうしても

조금 전 인사한 여성과 이야기한 적이 있습니다만, 아무리 해도 이름을 떠올릴 수 없습니다.

해설 | (C)의 「どんなに」는 '아무리'라는 뜻으로, 문장과는 맞지 않는다. 문장의 내용상 (C)에는 '아무리 해도'라는 뜻을 지닌 부사가 와야 하므로, (C)의 「どんなに」(아무리)는 「どうしても」(아무리 해도)로 고쳐야 한다.

어휘 | さっき 조금 전, 아까 挨拶(あいさつ) 인사
女性(じょせい) 여성 話(はな)す 말하다, 이야기하다
동사의 た형+ことがある ~한 적이 있다 名前(なまえ) 이름
思(おも)い出(だ)す (잊고 있던 것을) 생각해 내다, 떠올리다

132 표현 오용 (A) 会社人(かいしゃじん) → 社会人(しゃかいじん)

사회인이 된 지 얼마 안 된 후배가 꼭 읽어 주었으면 좋겠는 책이 있다.

해설 | 문장의 내용상 (A)에는 '회사인'이 아닌 '사회인'이라는 단어가 와야 한다. 따라서 (A)의 「会社人(かいしゃいん)」(회사인)은 「社会人(しゃかいじん)」(사회인)으로 고쳐야 한다.

어휘 | 동사의 た형+ばかり 막 ~한 참임, ~한 지 얼마 안 됨
後輩(こうはい) 후배 是非(ぜひ) 꼭, 제발 読(よ)む 읽다
~てもらいたい (남에게) ~해 받고 싶다, (남이) ~해 주었으면 좋겠다
本(ほん) 책

133 표현 오용 (B) わがままな → とんでもない

그런 터무니없는 소문은 당연히 믿지 않는 편이 좋아.

해설 | (B)의 「わがままだ」는 '제멋대로 굴다'라는 뜻으로, 문장과는 맞지 않는다. 문장의 내용상 (B)에는 '터무니없다, 당치도 않다'라는 뜻의 표현이 와야 한다. 따라서 (B)는 「とんでもない」(터무니없다)로 고쳐야 한다.

어휘 | そんな 그런 うわさ(噂) 소문 信(しん)じる 믿다
~ない方(ほう)がいい ~하지 않는 편[쪽]이 좋다
~に決(き)まっている 분명 ~일 것이다, ~임에 틀림없다

134 문법표현 오용 (B) わたって → おいて

오후 2시부터 본사 회의실에서 신제품 판매계획에 대한 회의를 합니다.

해설 | (B)의 「~にわたって」는 '~에 걸쳐서'라는 뜻으로, 기간·횟수·범위 등의 단어에 붙어서 지속되고 있는 일정 시간의 폭, 길이를 나타낼 때 사용한다. 문장의 내용상 (B)에는 '~에 있어서, ~에서'라는 뜻의 동작·작용이 행해지는 곳이나 때를 나타내는 표현이 와야 하므로, (B)의 「わたって」는 「おいて」로 고쳐서 「~において」(~에 있어서, ~에서)가 되어야 한다.

어휘 | 午後(ごご) 오후 ~より ~부터 本社(ほんしゃ) 본사
会議室(かいぎしつ) 회의실 新製品(しんせいひん) 신제품
販売(はんばい) 판매 計画(けいかく) 계획 ~について ~에 대해서
行(おこな)う 하다, 행하다, 실시하다

135 표현 오용 (C) かけて → 持(も)って

그는 운동에 관해서는 학교에서 제일이라고 자신감을 가지고 있을 것이다.

해설 | '자신감을 가지다'라는 뜻의 표현은 「自信(じしん)を持(も)つ」라고 한다. 따라서 (C)의 「かけて」(걸쳐서)는 「持(も)って」(가지고)로 고쳐야 한다.

어휘 | スポーツ 운동 ~にかけては ~에 관해서는, ~에 관한 한
学校(がっこう) 학교 一番(いちばん) 가장, 제일
~だろう ~일 것이다

136 접속 형태 오용 (D) 相談(そうだん)して → 相談(そうだん)した

고가인 물건을 살 때는 나 혼자서는 결정하지 않고 남편과 상의한 후에 결정한다.

해설 | (D)의 뒤에 있는 「上(うえ)で」는 동사의 た형에 접속하여 '~한 후에, ~한 다음에'라는 뜻을 나타내는 표현이다. 따라서 (D)의 「相談(そうだん)して」(상의하고)는 「相談(そうだん)した」(상의했다)로 고쳐야 한다.

어휘 | 高価(こうか)だ 고가이다 買(か)う 사다 ~際(さい) ~때
一人(ひとり)で 혼자서 決(き)める 정하다, 결정하다
~ず(に) ~하지 않고 主人(しゅじん) 남편
相談(そうだん) 상담, 상의, 의논 決定(けってい) 결정

137 표현 오용 (A) につき → ながら

유감스럽지만 우리는 그 제안을 받아들일 수는 없었다.

해설 | 문장의 내용상 (A)는 '유감스럽지만'이라는 뜻이 되어야 하는데, 「~につき」는 '~에 대해서, ~당'이라는 뜻의 표현으로, 문장과는 맞지 않는다. 따라서 (A)는 「な형용사의 어간+ながら」(~지만)으로 고쳐 「残念(ざんねん)ながら」(유감스럽지만)가 되어야 한다.

어휘 | 残念(ざんねん)だ 아쉽다, 유감스럽다 我々(われわれ) 우리
提案(ていあん) 제안 受(う)け入(い)れる 받아들이다, 도입하다
~わけにはいかない ~할 수는 없다

138 표현 오용 (D) 破(やぶ)られて → 怒(おこ)られて

그녀에게 친절하게 충고를 했다고 생각했는데 (그녀가) 감사하기는커녕 거꾸로 화를 내어 버렸다.

해설 | (D)의 「破(やぶ)られる」(찢어지다, 깨지다)는 「破(やぶ)る」(찢다, 깨다)의 수동형으로, 문장과는 맞지 않는다. 문장의 내용상 (D)에는 '화를 냄을 당하다', 즉 '(나에게) 화를 내다'라는 뜻의 표현이 와야 하므로, 「怒(おこ)る」(화를 내다)의 수동형인 「怒(おこ)られる」를 써서 「怒(おこ)られて」로 고쳐야 한다.

어휘 | 親切(しんせつ)だ 친절하다 忠告(ちゅうこく) 충고
つもり 생각, 작정 感謝(かんしゃ) 감사 ~どころか ~은커녕
逆(ぎゃく)に 거꾸로, 반대로

139 접속 형태 오용 (C) 思(おも)う → 思(おも)い

필사적으로 수험공부하고 있는 여동생에게 미안하다고 생각하면서도 친구를 집에 불러서 야단법석을 떨고 말았다.

해설 | (C)의 뒤에 있는 「~つつ(も)」는 동사의 ます형에 접속하여 '~하면서도'라는 역접의 뜻을 나타내는 표현이다. 따라서 (C)의 「思(おも)う」는 「思(おも)い」로 고쳐야 한다.

어휘 | 必死(ひっし)だ 필사적이다
受験(じゅけん) 수험, 입시, 시험을 치름 勉強(べんきょう) 공부
妹(いもうと) 여동생 悪(わる)い 미안하다
友人(ゆうじん) 친구 家(いえ) 집 呼(よ)ぶ 부르다, 초대하다
大騒(おおさわ)ぎをする 야단법석을 떨다

140 표현 오용 (D) ひたすら → せめて

흡연을 전면적으로 금지해라 라고는 말하지 않더라도 적어도 음식점에서는 금연으로 해야 한다.

해설 | (D)의 「ひたすら」는 '오로지, 전적으로'라는 뜻의 부사로, 문장과는 맞지 않는다. 문장의 내용상 (D)에는 '충분하지는 않지만 그런대로'의 뜻을 지닌 부사가 와야 하므로, (D)는 「せめて」(적어도, 하다못해)로 고쳐야 한다.

어휘 | 喫煙(きつえん) 흡연 全面的(ぜんめんてき)だ 전면적이다
禁止(きんし) 금지 しろ 해라 *「する」(하다)의 명령형
~とは ~라고는 ~ないまでも ~하지 않더라도, ~하지 않을지언정
飲食店(いんしょくてん) 음식점 禁煙(きんえん) 금연
~にする ~로 하다 ~べきだ (마땅히) ~해야 한다

141 적절한 동사 찾기

소중한 컵을 깨고 말았다.

해설 | 공란 앞의 「カップ」(손잡이가 달린) 컵)와 어울리는 동사를 찾는다. (A)의 「割(わ)る」는 '깨다', (B)의 「落(お)ちる」는 '떨어지다', (C)의 「切(き)る」는 '자르다, 썰다', (D)의 「壊(こわ)れる」는 '부서지다, 고장 나다'라는 뜻인데, 공란 앞에 조사 「を」가 있으므로, 타동사가 와야 한다. 따라서 정답은 (A)가 된다.

어휘 | 大切(たいせつ)だ 소중하다

142 적절한 な형용사 찾기

신선한 생선을 산다면 저 가게가 제일이에요.

해설 | 공란의 뒤의 「魚(さかな)」(생선)와 어울리는 な형용사를 찾는다. (A)의 「新鮮(しんせん)だ」는 '신선하다', (B)의 「丁寧(ていねい)だ」는 '정성스럽다', (C)의 「熱心(ねっしん)だ」는 '열심이다', (D)의 「真(ま)っ青(さお)だ」는 '새파랗다'라는 뜻이므로, 정답은 (A)가 된다.

어휘 | 買(か)う 사다 ~なら ~라면 店(みせ) 가게
一番(いちばん) 가장, 제일

143 적절한 부사 찾기

어두워졌네요. 이제 슬슬 돌아갈까요?

해설 | 문장의 내용상 공란에는 그때가 코앞으로 다가온 모양을 나타내는 부사가 와야 한다. 정답은 (D)의 「そろそろ」로, '이제 슬슬'이라는 뜻이다.

어휘 | 暗(くら)い 어둡다 帰(かえ)る 돌아가다
しばらく 잠깐, 잠시 ずっと 쭉, 계속 だんだん 점차, 점점

144 적절한 표현 찾기

올림픽회장은 선수를 보기 위해서 모인 사람으로 만원이었다.

해설 | 공란 앞에 '선수를 보기 위해서 모인 사람으로'라는 내용이 있으므로, 공란에는 사람이 가득하여 더 이상 들어갈 수 없는 상태를 나타내는 말이 와야 한다. 따라서 정답은 (D)의 「満員(まんいん)」(만원)이 된다.

어휘 | オリンピック 올림픽 会場(かいじょう) 회장
選手(せんしゅ) 선수 見(み)る 보다 ~ために ~위해서
集(あつ)まる 모이다 両方(りょうほう) 양쪽
待(ま)ち合(あ)わせ (약속하여) 만나기로 함 出席(しゅっせき) 출석

145 적절한 い형용사 찾기

처음 10km를 뛰었을 때는 매우 괴로웠다.

해설 | 공란 앞에 '10km를 뛰었다'는 내용이 있으므로, 육체적으로 매우 힘들었다는 것을 알 수 있다. 따라서 공란에는 '힘들다, 괴롭다'라는 뜻의 い형용사가 와야 하므로, (B)의 「苦(くる)しい」가 정답이 된다.

어휘 | 初(はじ)めて 처음(으로)
キロ 킬로미터, km *「キロメートル」의 준말
走(はし)る 달리다, 뛰다 広(ひろ)い 넓다
冷(つめ)たい 차갑다, 차다 狭(せま)い 좁다

146 적절한 동사 찾기

쓰레기 줍기에 자원봉사자분이 이렇게 모여 주리라고는 생각지 못했다.

해설 | 문장의 내용상 공란에는 '모이다'라는 뜻의 동사가 와야 하므로, 정답은 (B)의 「集(あつ)まる」가 된다.

어휘 | ゴミ拾(ひろ)い 쓰레기 줍기 ボランティア 자원봉사(자)
こんなに 이렇게 ~てくれる (남이 나에게) ~해 주다
~とは ~라고는 集(あつ)める 모으다
片付(かたづ)く 정리되다, 정돈되다
片付(かたづ)ける 치우다, 정리하다

147 적절한 접속사 찾기

여러분 준비는 됐습니까? 그럼, 출발합시다.

해설 | 문장의 내용상 공란에는 앞 내용이 뒤 내용의 조건이 됨을 나타내는 접속사가 와야 한다. 정답은 (D)의 「それでは」로, '그렇다면, 그럼'이라는 뜻이다.

어휘 | 皆(みな)さん 여러분 準備(じゅんび) 준비
出発(しゅっぱつ) 출발 または 또는, 혹은
それから 그리고, 그 후 そうして 그렇게 해서

148 적절한 い형용사 찾기

이가 아팠기 때문에 치과에 갔습니다.

해설 | 공란 뒤의 「歯医者(はいしゃ)に行(い)く」는 '치과에 가다'라는 뜻으로, 치과에 가는 이유가 될 만한 い형용사를 찾는다. 정답은 (C)의 「痛(いた)かったので」(아팠기 때문에)가 된다.

어휘 | 歯(は) 이, 치아 強(つよ)い 강하다 危(あぶ)ない 위험하다
難(むずか)しい 어렵다

149 적절한 표현 찾기

여기로 스즈키 씨가 오신다고 들었습니다만.

해설 | 문장의 내용상 공란에는 겸양표현이 와야 한다. 겸양표현은 「お+동사의 ます형+する」의 형태로 나타내므로, 「聞く」(듣다)의 ます형인 (B)의 「聞(き)き」가 정답이다.

어휘 | こちら 이쪽, 여기
いらっしゃる 오시다 *「来(く)る」(오다)의 존경어

150 적절한 부사 찾기

오늘 신문, 벌써 봤어요? 우리 사장님이 났대요.

해설 | 문장의 내용상 공란에는 '벌써, 이미'라는 뜻의 부사가 와야 한다. 따라서 정답은 (A)의 「もう」(벌써)가 된다.

어휘 | 今日(きょう) 오늘 新聞(しんぶん) 신문 見(み)る 보다
うち 우리 社長(しゃちょう) 사장 出(で)る (신문에) 나다, 게재되다
품사의 보통형+そうだ ~라고 한다 *전문 まだ 아직
どこか 어딘가 あまり (부정의 말을 수반하여) 그다지, 별로

151 적절한 な형용사 찾기

옛날에 소금은 대단히 고가로 귀중한 물건이었다.

해설 | 공란 앞의 「高価(こうか)だ」(고가이다)와 어울리는 な형용사를 찾는다. (A)의 「平和(へいわ)だ」는 '평화롭다', (B)의 「器用(きよう)だ」는 '손재주가 있다', (C)의 「盛(さか)んだ」는 '(기력 등이) 왕성하다', (D)의 「貴重(きちょう)だ」는 '귀중하다'라는 뜻이므로, 정답은 (D)가 된다.

어휘 | 昔(むかし) 옛날 塩(しお) 소금 大変(たいへん) 대단히, 매우
物(もの) 물건

152 적절한 표현 찾기

그는 어떤 일이든지 싫어하지 않고 해 준다.

해설 | 「どんな仕事(しごと)でも~やってくれる」(어떤 일이든지 ~해 준다)라는 내용과 어울리는 표현을 찾는다. 정답은 (C)의 「嫌(いや)がらないで」(싫어하지 않고)로, 「~ないで」는 '~하지 않고'라는 뜻이다.

어휘 | どんな 어떤 仕事(しごと) 일 嫌(いや)だ 싫다
嫌(いや)がる 싫어하다

153 적절한 표현 찾기

그것은 주위사람이 아니라, 본인이 결정해야 하는 문제이다.

해설 | 문장의 내용상 공란에는 그 일에 직접 관계가 있거나 해당되는 사람을 뜻하는 말이 와야 한다. 따라서 정답은 (A)의 「本人(ほんにん)」(본인)이 된다.

어휘 | 周(まわ)り 주위, 주변 決(き)める 정하다, 결정하다
~べき (마땅히) ~해야 함 問題(もんだい) 문제
独身(どくしん) 독신 中身(なかみ) 내용물 選択(せんたく) 선택

154 적절한 표현 찾기

토요일은 오후 3시 이후라면 비어 있습니다.

해설 | 공란 앞에 「3時(さんじ)」(3시)라는 시간을 나타내는 표현이 있으므로, 공란에는 기준이 되는 일정한 때로부터 앞 또는 뒤에 해당하는 표현이 와야 한다. 정답은 (B)의 「以降(いこう)」로, '이후'라는 뜻이다.

어휘 | 土曜日(どようび) 토요일 午後(ごご) 오후 ~なら ~라면
空(あ)く 비다, 한가해지다 以下(いか) 이하 万一(まんいち) 만일
年中(ねんじゅう) 연중, 1년 내내

155 적절한 문법표현 찾기

돈이 있다고 해서 행복하다고는 할 수 없다.

해설 | 문장의 내용상 공란에는 반드시 그렇다고는 할 수 없다는 예외적인 상황을 나타내는 표현이 와야 한다. 정답은 (D)의 「~とは限(かぎ)らない」로, '(반드시) ~하다고는 할 수 없다, ~하는 것은 아니다'라는 뜻이다.

어휘 | お金(かね) 돈 ~からといって ~라고 해서
幸(しあわ)せ 행복 ~向(む)きだ ~에 적합하다
~恐(おそ)れがある ~할 우려가 있다
~わけにはいかない ~할 수는 없다

156 적절한 접속 형태 찾기

손님은 손가락이 가느시기 때문에 이와 같은 반지가 아주 어울리십니다.

해설 | い형용사의 경우 「お若(わか)い」(젊으시다), 「お忙(いそが)しい」(바쁘시다)와 같이 존경의 접두어인 「お」를 붙여서 존경표현을 만들 수 있다. 그러나 선택지에 있는 「細(ほそ)い」(가늘다)의 경우는 「お」를 붙일 수 없기 때문에 어간에 「~くていらっしゃる」(~이시다)를 붙여서 존경표현을 만든다. 따라서 공란에는 (C)의 「細(ほそ)くて」가 와야 한다.

어휘 | お客様(きゃくさま) 손님 指(ゆび) 손가락
指輪(ゆびわ) 반지 お+동사의 ます형+だ ~이시다 *존경표현
似合(にあ)う 어울리다

157 적절한 문법표현 찾기

진실이 밝혀짐에 따라 그에게 편을 드는 사람은 점점 줄어들었다.

해설 | 문장의 내용상 공란에는 비례를 나타내는 표현이 와야 한다. 정답은 (D)의 「~につれて」로, '~에 따라(서)'라는 뜻이다.

어휘 | 真実(しんじつ) 진실 明(あき)らかになる 밝혀지다
味方(みかた)する 편을 들다 ますます 점점
減(へ)る 줄다, 적어지다 ~によって ~에 의해, ~에 따라
~に対(たい)して ~에 대해, ~에게 *대상
~に反(はん)して ~에 반해

158 적절한 표현 찾기

사건 발생으로부터 2년이 경과했지만, 범인은 붙잡히지 않았다.

해설 | 공란 앞의 「2年(にねん)」(2년)이라는 시간을 나타내는 표현과 함께 사용할 수 있는 한자어를 찾으면 된다. 정답은 (A)의 「経過(けいか)」로, '경과'라는 뜻이다.

어휘 | 事件(じけん) 사건 発生(はっせい) 발생
犯人(はんにん) 범인 捕(つか)まる 붙잡히다 過程(かてい) 과정
観察(かんさつ) 관찰 実際(じっさい) 실제

159 적절한 동사 찾기

(중·고층) 아파트 건축은 근처 주민에게 소음 피해를 초래했다.

해설 | 공란 앞의 「被害(ひがい)」와 어울리는 동사를 찾는다. (A)의 「引(ひ)き上(あ)げる」는 '끌어올리다', (B)의 「もたらす」는 '초래하다, 야기시키다', (C)의 「深(ふか)める」는 '깊게 하다', (D)의 「ふく(膨)らませる」는 '부풀리다'라는 뜻이므로, 정답은 (B)가 된다.

어휘 | マンション 맨션, (중·고층) 아파트 建築(けんちく) 건축
近(ちか)く 근처 住民(じゅうみん) 주민 騒音(そうおん) 소음

160 적절한 가타카나어 찾기

스즈키 과장은 개방적인 성격으로, 상사에게도 부하에게도 호감을 사고 있다.

해설 | 상사·부하 모두에게서 호감을 살 만한 성격에 해당하는 가타카나어를 찾는다. 정답은 (A)의 「オープンな」로, '개방적인'이라는 뜻이다.

어휘 | 課長(かちょう) 과장 上司(じょうし) 상사 部下(ぶか) 부하
好(す)く (흔히 수동·부정의 형태로) 좋아하다, 호감이 가다
オーバー 오버, 초과 フリー 프리, 자유로움 モダン 모던, 현대적

161 적절한 부사 찾기

개선점은 있지만, 일단 결론이 나와서 안심했네요.

해설 | 문장의 내용상 공란에는 앞으로의 일은 차치하고, 그 시점에서 우선 매듭을 짓는 모양을 나타내는 부사가 와야 한다. 정답은 (D)의 「ひとまず」로, '일단, 우선'이라는 뜻이다.

어휘 | 改善点(かいぜんてん) 개선점 結論(けつろん) 결론
出(で)る 나오다 ほっとする 안심하다 あいにく 공교롭게도
かえ(却)って 도리어, 오히려 そのうち 머지않아

162 적절한 문법표현 찾기

재능이 넘치는 그를 보면 멋진 장래를 기대하지 않고는 못 배긴다.

해설 | 문장의 내용상 공란에는 아무리 참으려고 해도 결국 하고 싶어지거나 행동을 하게 되는 상황을 나타내는 표현이 와야 한다. 이에 해당하는 표현은 「～ずにはいられない」(～하지 않고는 못 배기다)인데, 「～ずに」(～하지 않고)가 「する」에 접속할 때는 「せずに」가 되므로, 정답은 (C)가 된다.

어휘 | 才能(さいのう) 재능 あふ(溢)れる (가득 차서) 넘치다
素晴(すば)らしい 훌륭하다, 멋지다 将来(しょうらい) 장래
期待(きたい) 기대

163 적절한 동사 찾기

아무리 손님이라고 해도 모든 요망에 부응하는 것은 불가능합니다.

해설 | 공란 앞의 「要望(ようぼう)」(요망)와 어울리는 동사를 찾는다. (A)의 「関(かん)する」는 '관하다, 관계하다', (B)의 「際(さい)する」는 '즈음하다, 임하다', (C)의 「つ(付)ける」는 '붙이다', (D)의 「応(こた)える」는 '부응하다'라는 뜻이므로, 정답은 (D)가 된다.

어휘 | いくら 아무리 お客様(きゃくさま) 손님
～とはいえ ～라고 해도 全(すべ)て 모두, 전부
不可能(ふかのう)だ 불가능하다

164 적절한 문법표현 찾기

그 미용실은 스태프의 기술은 물론이고 대응의 공손함이 인기의 비밀이다.

해설 | 문장의 내용상 공란에는 'A는 당연하고 B도'라는 뜻으로, 뒤에 오는 문장을 강조하는 표현이 와야 한다. 정답은 (A)의 「もとより」로, 「～はもとより」(～은 물론이고)의 형태로 쓰인다. 참고로, 「～もさることながら」(～도 물론이거니와)도 비슷한 뜻이므로 함께 익혀 두자.

어휘 | 美容院(びよういん) 미용실 スタッフ 스태프, 담당자
技術(ぎじゅつ) 기술 対応(たいおう) 대응 丁寧(ていねい)さ 공손함
人気(にんき) 인기 秘密(ひみつ) 비밀 ～をもと(基)に ～을 근거로
동사의 た형+ばかりに ～한 바람에, ～한 탓에
～とともに(共)に ～와 함께

165 적절한 표현 찾기

이 나라의 경기는 작년의 증세 영향으로 답보상태가 이어지고 있다.

해설 | 공란 앞의 「景気(けいき)」(경기), 공란 뒤의 「状態(じょうたい)」(상태)와 어울리는 표현을 찾는다. 정답은 (D)의 「足踏(あしぶ)み」로, '제자리걸음, 답보'라는 뜻이다.

어휘 | 国(くに) 나라 昨年(さくねん) 작년 増税(ぞうぜい) 증세
影響(えいきょう) 영향 続(つづ)く 이어지다, 계속되다
雨(あま)だれ 낙숫물 いざこざ 다툼, 분규 うずまき 소용돌이

166 적절한 동사 찾기

스타 선수의 갑작스러운 은퇴 발표에 회장 전체가 술렁거렸다.

해설 | 스타 선수가 갑작스럽게 은퇴를 발표했다면 회장 전체는 술렁거렸을 것이다. (A)의 「とどこお(滞)る」는 '정체되다, 밀리다', (B)의 「どよめく」는 '술렁거리다', (C)의 「とぼける」는 '얼빠지다, 시치미를 떼다', (D)의 「と(取)りま(巻)く」는 '둘러싸다, 에워싸다'라는 뜻이므로, 정답은 (B)가 된다.

어휘 | スター 스타 選手(せんしゅ) 선수
突然(とつぜん) 돌연, 갑자기 引退(いんたい) 은퇴
発表(はっぴょう) 발표 会場(かいじょう) 회장 全体(ぜんたい) 전체

167 적절한 표현 찾기

파티에 방문하는 사람을 보고 자신이 어울리지 않는 곳에 있는 듯한 느낌이 들었다.

해설 | 공란 뒤의 「所(ところ)」(곳, 장소)와 어울리는 표현을 찾는다. 정답은 (C)의 「場違(ばちが)い」로, '그 자리에 어울리지 않음'이라는 뜻이다.

어휘 | パーティー 파티 訪(おとず)れる 방문하다
自分(じぶん) 자신, 나 感(かん)じがする 느낌이 들다
未開(みかい) 미개 耳障(みみざわ)り 귀에 거슬림
有頂天(うちょうてん) 기뻐서 어쩔 줄 모름

168 적절한 부사 찾기

우리 병원은 금년도 환자가 6% 감소했지만, 경영노력에 의해 간신히 흑자를 확보했다.

해설 | 문장의 내용상 공란에는 '애를 써서 매우 힘들게'라는 뜻의 부사가 와야 한다. 정답은 (A)의 「辛(かろ)うじて」로, '가까스로, 간신히'라는 뜻이다.

어휘 | 当院(とういん) 당원, 이[우리] 병원
今年度(こんねんど) 금년도 患者(かんじゃ) 환자
減少(げんしょう) 감소 経営(けいえい) 경영 努力(どりょく) 노력
～により ～에 의해, ～에 따라 黒字(くろじ) 흑자
確保(かくほ) 확보 極(きわ)めて 극히, 매우
先(さき)だって 지난번, 요전 甚(はなは)だ 매우, 몹시

169 적절한 문법표현 찾기

특별히 들을 생각도 없이 라디오를 듣고 있었더니, 충격적인 뉴스가 날아들어왔다.

해설 | 문장의 내용상 공란에는 확실히 의식하지 않고 그 동작을 하고 있을 때를 나타내는 표현이 와야 한다. 정답은 (A)의 「～なしに」로, 「～ともなしに」(특별히 ～할 생각도 없이)의 형태로 쓰인다. 참고로, 「～ともなく」도 같은 뜻이므로 함께 익혀 두자.

어휘 | 聞(き)く 듣다 ラジオ 라디오
衝撃的(しょうげきてき)だ 충격적이다 ニュース 뉴스
飛(と)び込(こ)む (뜻밖의 일이) 날아들다

170 적절한 문법표현 찾기

그녀의 획기적인 연구결과는 과학분야뿐만 아니라, 의료분야에까지 영향을 주었다.

해설 | 문장의 내용상 공란에는 어떤 일이 점점 다음 범위, 수준으로 확대되어 커지는 것을 나타내는 표현이 와야 한다. 정답은 (D)의 「とどまらず」로, 「～にとどまらず」(～에 그치지 않고, ～뿐만 아니라)의 형태로 쓰인다.

어휘 | 画期的(かっきてき)だ 획기적이다 研究(けんきゅう) 연구
結果(けっか) 결과 科学(かがく) 과학 分野(ぶんや) 분야
医療(いりょう) 의료 ～にまで ～에까지 影響(えいきょう) 영향
与(あた)える (주의·영향 등을) 주다
～かたわら ～하는 한편, 주로 ～일을 하면서 그 한편으로
～とあい(相)まって ～와 어울려
～にひきかえ ～와 달리, ～와 반대로

171~173 토요일과 일요일에 한 일

土曜日(どようび)、スーパーへ買(か)い物(もの)に行(い)きました。家(いえ)の近(ちか)くにもスーパーはありますが、171自転車(じてんしゃ)で駅前(えきまえ)のスーパーへ行(い)きました。172その店(みせ)は値段(ねだん)は高(たか)いですが、他(ほか)の店(みせ)にないおもしろい品物(しなもの)があるので、よく行(い)きます。私(わたし)はそこで外国(がいこく)のチョコレートを買(か)いました。173日曜日(にちようび)は、どこへも行(い)きませんでしたが、友達(ともだち)が遊(あそ)びに来(き)てくれました。2人(ふたり)で昼(ひる)ご飯(はん)を作(つく)って食(た)べた後(あと)、土曜日(どようび)に買(か)ったチョコレートを食(た)べました。とてもおいしかったです。友達(ともだち)は夕方(ゆうがた)帰(かえ)ったので、晩(ばん)ご飯(はん)は一人(ひとり)で食(た)べて、ゲームをして寝(ね)ました。

토요일, 슈퍼에 장을 보러 갔습니다. 집 근처에도 슈퍼는 있습니다만, 171자전거로 역 앞의 슈퍼에 갔습니다. 172그 가게는 가격은 비쌉니다만, 다른 가게에 없는 재미있는 물건이 있어서 자주 갑니다. 저는 거기서 외국의 초콜릿을 샀습니다. 173일요일에는 어디에도 가지 않았습니다만, 친구가 놀러 와 주었습니다. 둘이서 점심을 만들어서 먹은 후, 토요일에 산 초콜릿을 먹었습니다. 아주 맛있었습니다. 친구는 저녁때 돌아갔기 때문에 저녁은 혼자서 먹고 게임을 하고 잤습니다.

어휘 | 土曜日(どようび) 토요일
スーパー 슈퍼(마켓) *「スーパーマーケット」의 준말
買(か)い物(もの) 쇼핑, 장을 봄
동작성명사·동사의 ます형+に ~하러 *동작의 목적
近(ちか)く 근처 自転車(じてんしゃ) 자전거 駅前(えきまえ) 역 앞
店(みせ) 가게 値段(ねだん) 가격 高(たか)い 비싸다
おもしろ(面白)い 재미있다 品物(しなもの) 물건 よく 자주
行(い)く 가다 外国(がいこく) 외국 チョコレート 초콜릿
買(か)う 사다 日曜日(にちようび) 일요일 どこへも 어디에도
友達(ともだち) 친구 遊(あそ)ぶ 놀다 来(く)る 오다
~てくれる (남이 나에게) ~해 주다 昼(ひる)ご飯(はん) 점심(식사)
作(つく)る 만들다 食(た)べる 먹다 동사의 た형+後(あと) ~한 후
おいしい 맛있다 夕方(ゆうがた) 해질녘, 저녁때
帰(かえ)る 돌아가다 晩(ばん)ご飯(はん) 저녁(식사)
一人(ひとり)で 혼자서 ゲーム 게임 寝(ね)る 자다

171 この人(ひと)は、どうやって駅前(えきまえ)のスーパーに行(い)きましたか。
(A) 歩(ある)いて
(B) 自転車(じてんしゃ)で
(C) 車(くるま)で
(D) バスで

171 이 사람은 어떻게 역 앞의 슈퍼에 갔습니까?
(A) 걸어서
(B) 자전거로
(C) 차로
(D) 버스로

해설 | 초반부에서 자전거로 역 앞의 슈퍼에 갔다고 했으므로, 정답은 (B)가 된다.

어휘 | 歩(ある)く 걷다 車(くるま) 차 バス 버스

172 この人(ひと)は、どうして駅前(えきまえ)のスーパーへ行(い)きましたか。
(A) 他(ほか)のスーパーより近(ちか)いから
(B) 歩(ある)いて行(い)くことができるから
(C) 珍(めずら)しい物(もの)が買(か)えるから
(D) 他(ほか)の店(みせ)より安(やす)いから

172 이 사람은 어째서 역 앞의 슈퍼에 갔습니까?
(A) 다른 슈퍼보다 가깝기 때문에
(B) 걸어서 갈 수 있기 때문에
(C) 희귀한 물건을 살 수 있기 때문에
(D) 다른 가게보다 싸기 때문에

해설 | 이 사람이 역 앞의 슈퍼에 자주 가는 이유는 가격은 비싸지만, 다른 가게에 없는 재미있는 물건이 있기 때문이다. 따라서 정답은 희귀한 물건을 살 수 있기 때문이라고 한 (C)가 된다.

어휘 | 近(ちか)い 가깝다 珍(めずら)しい 희귀하다, 드물다
安(やす)い 싸다

173 この人(ひと)は、日曜日(にちようび)の昼(ひる)ご飯(はん)をどうしましたか。
(A) 友達(ともだち)と一緒(いっしょ)に作(つく)った。
(B) 友達(ともだち)と駅前(えきまえ)で食(た)べた。
(C) 友達(ともだち)に買(か)って来(き)てもらった。
(D) スーパーに買(か)いに行(い)った。

173 이 사람은 일요일 점심을 어떻게 했습니까?
(A) 친구와 함께 만들었다.
(B) 친구와 역 앞에서 먹었다.
(C) 친구가 사 와 주었다.
(D) 슈퍼에 사러 갔다.

해설 | 중반부에서 일요일에는 친구가 놀러 와서 둘이서 점심을 만들어 먹었다고 했다. 따라서 정답은 (A)가 된다.

어휘 | 一緒(いっしょ)に 함께 ~てもらう (남에게) ~해 받다

174~177 이탈리아에서 산 가방

10年前、母とイタリア旅行に行った時、私は素敵なバッグを見つけて、欲しくなりました。[174]色もデザインも好きでしたが、一番の理由は、その(1)バッグを作っていたおじいさんが優しくてまじめそうな人だったからです。私は自分で買うつもりでしたが、母がプレゼントしてくれました。でも、そのバッグのポケットがこの間壊れてしまったので、修理の店に持って行きました。すると[175]直すには1万円かかると言われました。バッグは2万円だったのに。[176]母は、そのバッグはもう古いから捨てて、新しいのを買った方がいいと言いました。私は迷いましたが、修理はしないでこのまま使うことにしました。あのおじいさんが一生懸命作ったバッグですから、[177]ちょっと不便だけれどまだ使っていきたいのです。

10년 전, 어머니와 이탈리아 여행을 갔을 때 저는 멋진 가방을 발견하고 갖고 싶어졌습니다. [174]색도 디자인도 좋아했습니다만, 가장 큰 이유는 그 (1)가방을 만들고 있던 할아버지가 상냥하고 성실해 보이는 사람이었기 때문입니다. 저는 직접 살 생각이었습니다만, 어머니가 선물해 주었습니다. 하지만 그 가방의 주머니가 요전에 고장 나 버려서 수선 가게에 가지고 갔습니다. 그러자 [175]수선하려면 만 엔이 든다는 말을 들었습니다. 가방은 2만 엔이었는데. [176]어머니는 그 가방은 이제 오래되었으니까, 버리고 새것을 사는 편이 좋다고 말했습니다. 저는 망설였습니다만, 수선은 하지 않고 이대로 쓰기로 했습니다. 그 할아버지가 열심히 만든 가방이니까 [177]조금 불편하지만, 아직 쓰고 싶은 것입니다.

어휘 | 母(はは) 어머니 イタリア 이탈리아 旅行(りょこう) 여행
素敵(すてき)だ 멋지다 バッグ 백, 가방
見(み)つける 찾아내다, 발견하다 欲(ほ)しい 갖고 싶다
色(いろ) 색, 색깔 デザイン 디자인 好(す)きだ 좋아하다
一番(いちばん) 가장, 제일 理由(りゆう) 이유 作(つく)る 만들다
おじいさん 할아버지 優(やさ)しい 상냥하다, 다정하다
まじめ(真面目)だ 성실하다
な형용사의 어간+そうだ ~일[할] 것 같다 *양태
自分(じぶん)で 직접, 스스로
동사의 보통형+つもりだ ~할 생각[작정]이다 プレゼント 선물
~てくれる (남이 나에게) ~해 주다 ポケット 포켓, 주머니
この間(あいだ) 요전, 지난번 壊(こわ)れる 고장 나다
修理(しゅうり) 수리, 수선 店(みせ) 가게 すると 그러자
直(なお)す 수리하다, 수선하다 동사의 보통형+には ~하려면
かかる (비용이) 들다 ~と言(い)われる ~라는 말을 듣다
~のに ~는데(도) もう 이제, 이미 古(ふる)い 오래되다, 낡다
捨(す)てる 버리다 新(あたら)しい 새롭다
동사의 た형+方(ほう)がいい ~하는 편[쪽]이 좋다
迷(まよ)う 망설이다 ~ないで ~하지 않고 このまま 이대로
使(つか)う 쓰다, 사용하다 동사의 보통형+ことにする ~하기로 하다
一生懸命(いっしょうけんめい) 열심히
不便(ふべん)だ 불편하다 まだ 아직

174 この人は、どうして(1)バッグが欲しいと思いましたか。
(A) 使いやすそうなデザインだったから
(B) 日本では買えないような値段だったから
(C) バッグを作っていた人をいいと思ったから
(D) 日本で人気がある有名な店だったから

174 이 사람은 어째서 (1)가방을 갖고 싶다고 생각했습니까?
(A) 쓰기 편할 것 같은 디자인이었기 때문에
(B) 일본에서는 살 수 없을 것 같은 가격이었기 때문에
(C) 가방을 만들고 있던 사람을 좋다고 생각했기 때문에
(D) 일본에서 인기가 있는 유명한 가게였기 때문에

해설 | 이 사람이 가방을 갖고 싶다고 생각한 이유는 색과 디자인도 좋아했지만, 가장 큰 이유는 만들고 있던 할아버지가 상냥하고 성실해 보이는 사람이었기 때문이라고 했다. 따라서 정답은 (C)가 된다.

어휘 | 동사의 ます형+やすい ~하기 쉽다[편하다]
値段(ねだん) 가격 人気(にんき) 인기 有名(ゆうめい)だ 유명하다

175 (1)バッグの修理代は、買った時の値段と比べてどうでしたか。
(A) 半分だった。
(B) 2倍だった。
(C) ほとんど同じだった。
(D) とても安かった。

175 (1)가방 수선비는 샀을 때의 가격과 비교해서 어땠습니까?
(A) 절반이었다.
(B) 2배였다.
(C) 거의 같았다.
(D) 아주 쌌다.

해설 | 이 사람은 이 가방을 이탈리아에서 2만 엔에 샀고, 수선비는 만 엔이라고 했다. 따라서 정답은 절반이었다고 한 (A)가 된다.

어휘 | 修理代(しゅうりだい) 수리비, 수선비
~と比(くら)べて ~와 비교해서 半分(はんぶん) 절반
~倍(ばい) ~배 ほとんど 거의, 대부분 同(おな)じだ 같다

176 この人のお母さんは、壊れたバッグについて何と言いましたか。
(A) まだ使えるなら、使った方がいい。
(B) 古いから、捨てた方がいい。
(C) もっといい物をプレゼントしてあげる。
(D) 旅行の思い出だから捨てないでほしい。

176 이 사람의 어머니는 고장 난 가방에 대해서 뭐라고 말했습니까?
(A) 아직 쓸 수 있으면 쓰는 편이 좋다.
(B) 오래되었으니까, 버리는 편이 좋다.

(C) 더 좋은 것을 선물해 준다.
(D) 여행의 추억이니까, 버리지 말아 주었으면 한다.

해설 | 후반부에서 '어머니는 그 가방은 이제 오래되었으니까, 버리고 새 것을 사는 편이 좋다고 말했습니다'라고 했으므로, 정답은 (B)가 된다.

어휘 | もっと 더, 좀 더 思(おも)い出(で) 추억
~ないでほしい ~하지 말아 주었으면 하다

177 この人は、壊れたバッグをどうしましたか。
(A) 使わないで飾っておくことにした。
(B) 少し使いにくいが使うことにした。
(C) 不便なので新しい物に替えた。
(D) 大切な物だから修理を頼んだ。

177 이 사람은 고장 난 가방을 어떻게 했습니까?
(A) 쓰지 않고 장식해 두기로 했다.
(B) 조금 쓰기 힘들지만, 쓰기로 했다.
(C) 불편해서 새것으로 바꿨다.
(D) 소중한 물건이니까, 수선을 부탁했다.

해설 | 마지막 문장에서 '조금 불편하지만, 아직 쓰고 싶은 것입니다'라고 했으므로, 정답은 (B)가 된다.

어휘 | 飾(かざ)る 장식하다 ~ておく ~해 놓다[두다]
동사의 ます형+にくい ~하기 어렵다[힘들다]
替(か)える 바꾸다, 교환하다 大切(たいせつ)だ 소중하다
頼(たの)む 부탁하다

178~180 목소리 고민

会議や電話をしている時に、「えっ、今何と言いましたか」と聞かれることがあります。私は自分の声があまり好きではなくて、[178]声が小さくなってしまう時があるのです。そのことで悩んでいると、先輩から自分の声を録音して聞いてみるといいと言われました。[179]誰でも鏡に映る自分を見て服装を直します。(1)声も同じで、録音して聞いて直すことでよくなっていくはずだとアドバイスをしてくれました。そこで、仕事で電話をする時、机の上にスマホを置いて自分の声だけを録音してみました。最初はとても嫌でしたが、聞いているうちに自信がない時に声が小さくなって速いスピードで話していることに気が付きました。これからはそこに注意しようと思います。それから、[180]自分の声の中にも、好きな声やいいと思える部分があるはずだから、その声を覚えておいて、その声に近づけるように話して録音してみるのもいいと言われました。何度も繰り返しているうちにその声で話せるようになるそうなので、やってみようと思います。

회의나 전화를 하고 있을 때 "네? 지금 뭐라고 했어요?"라는 말을 듣는 경우가 있습니다. 저는 제 목소리를 별로 좋아하지 않아서 [178]목소리가 작아져 버리는 때가 있는 것입니다. 그 일로 고민하고 있자, 선배로부터 자신의 목소리를 녹음해서 들어 보면 좋다는 말을 들었습니다. [179]누구든지 거울에 비치는 자신을 보며 복장을 고칩니다. (1)목소리도 마찬가지로 녹음해서 듣고 고치는 것으로 좋아져 갈 것이라고 조언을 해 주었습니다. 그래서 일 때문에 전화를 할 때 책상 위에 스마트폰을 두고 제 목소리만을 녹음해 봤습니다. 맨 처음에는 아주 싫었습니다만, 듣고 있는 사이에 자신감이 없을 때 목소리가 작아지고 빠른 속도로 이야기하고 있는 것을 깨달았습니다. 앞으로는 거기에 주의하려고 생각합니다. 그리고 [180]제 목소리 중에도 좋아하는 목소리나 좋다고 생각되는 부분이 있을 테니까, 그 목소리를 기억해 두고 그 목소리에 비슷하게 하도록 이야기해서 녹음해 보는 것도 좋다는 말을 들었습니다. 몇 번이나 반복하고 있는 사이에 그 목소리로 말할 수 있게 된다고 하니, 해 보려고 생각합니다.

어휘 | 会議(かいぎ) 회의 電話(でんわ) 전화 何(なん)と 뭐라고
言(い)う 말하다 聞(き)く 듣다 自分(じぶん) 자신, 나
声(こえ) 목소리 あまり (부정의 말을 수반하여) 그다지, 별로
好(す)きだ 좋아하다 小(ちい)さい 작다 悩(なや)む 고민하다
先輩(せんぱい) 선배 録音(ろくおん) 녹음 誰(だれ)でも 누구든지
鏡(かがみ) 거울 映(うつ)る 비치다 服装(ふくそう) 복장
直(なお)す 고치다, 바로잡다 同(おな)じだ 같다
~はずだ (당연히) ~할 것[터]이다 アドバイス 어드바이스, 조언
そこで 그래서 仕事(しごと) 일 机(つくえ) 책상 上(うえ) 위
スマホ 스마트폰 置(お)く 놓다, 두다 ~だけ ~만, ~뿐
最初(さいしょ) 최초, 맨 처음 嫌(いや)だ 싫다
~うちに ~동안에, ~사이에 自信(じしん) 자신, 자신감
速(はや)い (속도가) 빠르다 スピード 스피드, 속도
気(き)が付(つ)く 깨닫다, 알아차리다 これから 이제부터, 앞으로
注意(ちゅうい) 주의 それから 그리고 部分(ぶぶん) 부분
覚(おぼ)える 기억하다 ~ておく ~해 놓다[두다]
近(ちか)づける 비슷하게 하다, 가깝게 하다
何度(なんど)も 몇 번이나
繰(く)り返(かえ)す 되풀이하다, 반복하다 やる 하다

178 この人は、どんなことで悩んでいますか。
(A) 自分の意見が言えないこと
(B) 自分の声が時々小さくなること
(C) 仕事の電話が苦手なこと
(D) 会議をうまく進められないこと

178 이 사람은 어떤 일로 고민하고 있습니까?
(A) 자신의 의견을 말할 수 없는 것
(B) 자신의 목소리가 종종 작아지는 것
(C) 일에서의 전화가 서투른 것
(D) 회의를 잘 진행할 수 없는 것

해설 | 초반부에서 목소리가 작아져 버릴 때가 있어서 고민하고 있다고 했으므로, 정답은 (B)가 된다.

어휘 | 意見(いけん) 의견 時々(ときどき) 종종, 때때로
苦手(にがて)だ 서투르다, 잘 못하다 会議(かいぎ) 회의
うまく 잘, 목적한 대로 進(すす)める 진행하다

179 (1) 声(こえ)も同(おな)じとは、どういうことですか。

(A) いつもきれいにしておくこと
(B) 今(いま)の健康(けんこう)の状態(じょうたい)が出(で)ること
(C) 人(ひと)によって好(す)き嫌(きら)いがあること
(D) 自分(じぶん)でチェックして直(なお)せること

179 (1) 목소리도 마찬가지란 어떤 것입니까?

(A) 항상 깨끗하게 해 두는 것
(B) 지금의 건강 상태가 나타나는 것
(C) 사람에 따라 호불호가 있는 것
(D) 직접 체크해서 고칠 수 있는 것

해설 | 밑줄 친 부분 앞 문장에서 이 사람의 선배는 거울에 비치는 자신을 보며 복장을 고치는 것처럼 목소리도 녹음해서 듣고 고치는 것으로 좋아져 갈 것이라고 했다. 따라서 정답은 (D)가 된다.

어휘 | ~とは ~라고 하는 것은, ~란 きれいだ 깨끗하다
健康(けんこう) 건강 状態(じょうたい) 상태 出(で)る 나타나다
好(す)き嫌(きら)い 호불호, 좋아함과 싫어함 チェック 체크

180 この人(ひと)は、これから何(なに)をしようとしていますか。

(A) 話(はな)すスピードを速(はや)くする。
(B) 先輩(せんぱい)の話(はなし)を録音(ろくおん)する。
(C) 人前(ひとまえ)で自信(じしん)を持(も)って話(はな)す。
(D) 自分(じぶん)の好(す)きな声(こえ)を探(さが)す。

180 이 사람은 앞으로 무엇을 하려고 하고 있습니까?

(A) 이야기하는 속도를 빠르게 한다.
(B) 선배의 이야기를 녹음한다.
(C) 남 앞에서 자신감을 가지고 이야기한다.
(D) 자신이 좋아하는 목소리를 찾는다.

해설 | 후반부에서 앞으로 본인의 목소리 중에 좋아하는 목소리나 좋다고 생각되는 목소리를 기억해 두고, 그 목소리에 비슷하게 하도록 이야기해서 녹음해 보려고 하고 있다고 했다. 따라서 정답은 자신이 좋아하는 목소리를 찾는다고 한 (D)가 된다.

어휘 | 人前(ひとまえ) 남의 앞 探(さが)す 찾다

181~184 요리교실

私(わたし)は、先月(せんげつ)から週(しゅう)に1度(いちど)料理教室(りょうりきょうしつ)に通(かよ)っています。本当(ほんとう)は、男性向(だんせいむ)けのクラスに入(はい)りたかったのですが、181私(わたし)が申(もう)し込(こ)みに行(い)った時(とき)はもう満員(まんいん)だったので、あきらめて普通(ふつう)の初級(しょきゅう)クラスに入(はい)りました。182もしかしたら男性(だんせい)は私(わたし)1人(ひとり)かもしれないと思(おも)っていましたが、男女(だんじょ)の生徒数(せいとすう)は大体(だいたい)同(おな)じで、少(すこ)しびっくりしました。

183私(わたし)は、おととし結婚(けっこん)するまでずっと家族(かぞく)と一緒(いっしょ)に住(す)んでいて、食事(しょくじ)は母(はは)や姉(あね)に作(つく)ってもらっていましたし、結婚後(けっこんご)は全(すべ)て妻(つま)が用意(ようい)してくれていたので、料理(りょうり)は学校(がっこう)の授業(じゅぎょう)でやったくらいでした。食(た)べることは大好(だいす)きですが、作(つく)ることには全(まった)く関心(かんしん)がありませんでした。ところが、昨年妻(さくねんつま)が1週間入院(いっしゅうかんにゅういん)したことがあって、それをきっかけに「人(ひと)に頼(たよ)りきりではいけない」と考(かんが)えるようになりました。最初(さいしょ)は包丁(ほうちょう)もうまく使(つか)えませんでしたが、暇(ひま)さえあれば家(いえ)で練習(れんしゅう)しているので、今(いま)では簡単(かんたん)な食事(しょくじ)なら一人(ひとり)で作(つく)れるようになりました。184いつか家(いえ)でパーティーを開(ひら)いて、家族(かぞく)や友人(ゆうじん)に私(わたし)の料理(りょうり)を食(た)べてもらいたいと思(おも)っています。

저는 지난달부터 일주일에 한 번 요리교실에 다니고 있습니다. 사실은 남성용 반에 들어가고 싶었습니다만, 181제가 신청하러 갔을 때는 이미 만원이어서 단념하고 보통 초급반에 들어갔습니다. 182어쩌면 남성은 저 혼자일지도 모른다고 생각했습니다만, 남녀 학생수는 대략 같아서 조금 깜짝 놀랐습니다.

183저는 재작년에 결혼할 때까지 쭉 가족과 함께 살아서 식사는 어머니나 누나가 만들어 주었고, 결혼 후에는 모두 아내가 준비해 주었기 때문에 요리는 학교 수업에서 한 정도였습니다. 먹는 것은 아주 좋아합니다만, 만드는 것에는 전혀 관심이 없었습니다. 하지만 작년에 아내가 일주일간 입원한 적이 있어 그것을 계기로 '남에게 줄곧 의지만 해서는 안 된다'고 생각하게 되었습니다. 맨 처음에는 식칼도 잘 쓸 수 없었습니다만, 시간만 있으면 집에서 연습하고 있기 때문에 지금은 간단한 식사라면 혼자서 만들 수 있게 되었습니다. 184언젠가 집에서 파티를 열어서 가족이나 친구에게 제 요리를 먹이고 싶다고 생각합니다.

어휘 | 先月(せんげつ) 지난달 週(しゅう) 주, 일주일
料理(りょうり) 요리 教室(きょうしつ) (기술 등을 가르치는) 교실
通(かよ)う 다니다 本当(ほんとう) 사실 男性(だんせい) 남성
~向(む)け ~대상, ~용 クラス 클래스, 반
入(はい)る (조직·단체 등에) 들어가다 申(もう)し込(こ)み 신청
もう 이미, 벌써 満員(まんいん) 만원
あきら(諦)める 체념하다, 단념하다 普通(ふつう) 보통
初級(しょきゅう) 초급 もしかしたら 어쩌면
~かもしれない ~일지도 모른다 男女(だんじょ) 남녀
生徒(せいと) 학생, 학교 등에서 교육을 받는 사람
大体(だいたい) 대개, 대략 同(おな)じだ 같다
びっくりする 깜짝 놀라다 おととし(一昨年) 재작년
結婚(けっこん) 결혼 ずっと 쭉, 계속 家族(かぞく) 가족
一緒(いっしょ)に 함께 住(す)む 살다, 거주하다
食事(しょくじ) 식사 母(はは) 어머니 姉(あね) 언니, 누나
作(つく)る 만들다 ~てもらう (남에게) ~해 받다
全(すべ)て 모두, 전부 妻(つま) 아내 用意(ようい) 준비
~てくれる (남이 나에게) ~해 주다 学校(がっこう) 학교
授業(じゅぎょう) 수업 やる 하다 大好(だいす)きだ 아주 좋아하다
全(まった)く (부정의 말을 수반하여) 전혀 関心(かんしん) 관심

ところが 하지만 昨年(さくねん) 작년 入院(にゅういん) 입원
動詞の た形+ことがある 〜한 적이 있다
〜をきっかけに 〜을 계기로 人(ひと) 남, 타인
頼(たよ)る 의지하다
動詞のます形+きり 다른 것은 하지 않고 줄곧 그것만 함
いけない 안 된다 〜ようになる 〜하게(끔) 되다 *변화
最初(さいしょ) 최초, 맨 처음 包丁(ほうちょう) 식칼, 부엌칼
うまく 잘, 솜씨 좋게 使(つか)う 쓰다, 사용하다
暇(ひま) (한가한) 짬, 시간 〜さえ〜ば 〜만 〜하면
練習(れんしゅう) 연습 簡単(かんたん)だ 간단하다
食事(しょくじ) 식사 〜なら 〜라면
一人(ひとり)で 혼자서 いつか 언젠가 パーティー 파티
開(ひら)く (회의 등을) 열다, 개최하다 友人(ゆうじん) 친구

181 この人は、どうして男性向(だんせいむ)けのクラスに入(はい)れ
ませんでしたか。
(A) 日程(にってい)が合(あ)わなかったから
(B) 講師(こうし)がいなかったから
(C) 満員(まんいん)になっていたから
(D) 独身(どくしん)の人(ひと)しか入(はい)れないから

181 이 사람은 어째서 남성용 반에 들어갈 수 없었습니까?
(A) 일정이 맞지 않았기 때문에
(B) 강사가 없었기 때문에
(C) 만원이 되어 있었기 때문에
(D) 독신인 사람밖에 들어갈 수 없기 때문에

해설 | 초반부에 그 이유가 나온다. '제가 신청하러 갔을 때는 이미 만원이어서 단념하고 보통 초급반에 들어갔습니다'라고 했으므로, 정답은 (C)가 된다.

어휘 | 日程(にってい) 일정 合(あ)う 맞다 講師(こうし) 강사
独身(どくしん) 독신 〜しか 〜밖에

182 この人が教室(きょうしつ)に通(かよ)い始(はじ)めて驚(おどろ)いたことは、何(なん)
ですか。
(A) 初級(しょきゅう)クラスの割(わり)にレベルが高(たか)いこと
(B) 生徒(せいと)の半数(はんすう)ほどが男性(だんせい)であること
(C) 思(おも)った以上(いじょう)に女性(じょせい)が多(おお)いこと
(D) 先生(せんせい)の男女(だんじょ)の割合(わりあい)が同(おな)じであること

182 이 사람이 교실에 다니기 시작해서 놀란 것은 무엇입니까?
(A) 초급반인 것에 비해 수준이 높은 것
(B) 학생의 반수 정도가 남성인 것
(C) 생각했던 것 이상으로 여성이 많은 것
(D) 선생님의 남녀 비율이 같은 것

해설 | 이 사람이 요리교실에 다니기 시작해서 놀란 것은 남성은 본인 혼자일지도 모른다고 생각했는데, 남녀 학생수가 대략 같아서였다. 따라서 정답은 (B)가 된다.

어휘 | 動詞のます形+始(はじ)める 〜하기 시작하다
〜割(わり)に 〜에 비해서 レベル 레벨, 수준 高(たか)い 높다
半数(はんすう) 반수 〜ほど 〜정도 以上(いじょう) 이상
多(おお)い 많다 先生(せんせい) 선생님 割合(わりあい) 비율

183 この人の結婚前(けっこんまえ)の料理経験(りょうりけいけん)について、正(ただ)しい
ものはどれですか。
(A) 料理店(りょうりてん)でアルバイトをしたことがある。
(B) 学校(がっこう)の授業(じゅぎょう)でさえやったことがない。
(C) たまに母(はは)や姉(あね)と料理(りょうり)を作(つく)っていた。
(D) 自炊(じすい)をしたことはない。

183 이 사람의 결혼 전 요리 경험에 대해서 맞는 것은 어느 것입니까?
(A) 요리점에서 아르바이트를 한 적이 있다.
(B) 학교 수업에서조차 한 적이 없다.
(C) 가끔 어머니나 누나와 요리를 만들었다.
(D) 자취를 한 적은 없다.

해설 | 이 사람의 요리 경험에 대해서는 중반부에 나온다. 결혼 전에는 쭉 가족과 살아서 어머니나 누나가 만들어 주었고, 결혼 후에는 모두 아내가 준비해 주었기 때문에 요리는 학교 수업에서 한 정도였다고 했다. 따라서 정답은 '결혼 전에는 쭉 가족과 살아서' 부분을 '자취를 한 적이 없다'로 바꿔 표현한 (D)가 된다.

어휘 | 料理店(りょうりてん) 요리점 アルバイト 아르바이트
〜でさえ 〜에서조차 たまに 가끔 自炊(じすい) 자취

184 この人は、どのような目標(もくひょう)を持(も)っていますか。
(A) 将来子供(しょうらいこども)のためにお弁当(べんとう)を作(つく)る。
(B) 客(きゃく)を招待(しょうたい)して自分(じぶん)の料理(りょうり)を出(だ)す。
(C) 料理(りょうり)のコンテストに出場(しゅつじょう)する。
(D) 妻(つま)が病気(びょうき)の時(とき)は代(か)わりに食事(しょくじ)を作(つく)る。

184 이 사람은 어떠한 목표를 가지고 있습니까?
(A) 장래의 아이를 위해 도시락을 만든다.
(B) 손님을 초대해서 자신의 요리를 내놓는다.
(C) 요리 콘테스트에 출전한다.
(D) 아내가 아플 때는 대신에 식사를 만든다.

해설 | 마지막 문장에서 '언젠가 집에서 파티를 열어서 가족이나 친구에게 제 요리를 먹이고 싶다고 생각합니다'라고 했다. 따라서 정답은 (B)가 된다.

어휘 | 目標(もくひょう) 목표 持(も)つ 가지다
将来(しょうらい) 장래 お弁当(べんとう) 도시락 客(きゃく) 손님
招待(しょうたい) 초대 出(だ)す 내놓다 コンテスト 콘테스트
出場(しゅつじょう) 출장, (경기 등에) 출전함
病気(びょうき) 병, 앓음 代(か)わりに 대신에

185~188 장난감을 고치는 의사

私は医者です。しかし、患者は人でも動物でもありません。おもちゃです。壊れたおもちゃを元の通りに直すのが私の仕事です。[185]私は小学校の先生をしていましたが、年を取って仕事を辞めた後、[186]子供たちの顔を見なくなりました。それはとても(1)寂しいことでした。ですから様々なおもちゃと、その直し方について勉強できる学校に通いました。今は市の図書館の中で、「おもちゃの病院」を開いています。病院には毎日子供たちが壊れたおもちゃを持って来て、入院させます。新しいおもちゃを買ってもらえないわけではありません。[187]そのおもちゃが子供にとって、他の物では代わりにならない大切な物だからです。私のような医者は、日本にたくさんいます。みんな、[188]壊れた物を捨てるのではなくて、直して大事にずっと使っていてほしいという気持ちを持っています。ですから、入院費は無料です。

저는 의사입니다. 그러나 환자는 사람도 동물도 아닙니다. 장난감입니다. 고장 난 장난감을 원래대로 고치는 것이 제 일입니다. [185]저는 초등학교 선생님을 하고 있었습니다만, 나이를 먹어 일을 그만둔 후, [186]아이들의 얼굴을 못 보게 되었습니다. 그것은 아주 (1)쓸쓸한 일이었습니다. 그래서 여러 가지 장난감과 그 고치는 법에 대해 공부할 수 있는 학교에 다녔습니다. 지금은 시의 도서관 안에서 '장난감 병원'을 차렸습니다. 병원에는 매일 아이들이 고장 난 장난감을 가지고 와서 입원시킵니다. (부모가) 새 장난감을 사 주지 않는 것은 아닙니다. [187]그 장난감이 아이에게 있어서 다른 물건으로는 대체가 되지 않는 소중한 장난감이기 때문입니다. 저와 같은 의사는 일본에 많이 있습니다. 모두 [188]고장 난 물건을 버리는 것이 아니라, 고쳐서 소중하게 계속 사용해 주었으면 하는 마음을 가지고 있습니다. 그래서 입원비는 무료입니다.

어휘 | 医者(いしゃ) 의사 しかし 그러나 患者(かんじゃ) 환자
人(ひと) 사람 動物(どうぶつ) 동물 おもちゃ 장난감
壊(こわ)れる 부서지다, 고장 나다 元(もと) 원래 ~通(とお)り ~대로
直(なお)す 고치다, 수리하다 小学校(しょうがっこう) 초등학교
年(とし)を取(と)る 나이를 먹다 仕事(しごと) 일
辞(や)める (일자리를) 그만두다 동사의 た형+後(あと) ~한 후
子供(こども) 아이 顔(かお) 얼굴 寂(さび)しい 쓸쓸하다
ですから 그래서 様々(さまざま)だ 다양하다, 여러 가지다
동사의 ます형+方(かた) ~하는 법 勉強(べんきょう) 공부
通(かよ)う 다니다 市(し) 시 図書館(としょかん) 도서관
病院(びょういん) 병원 開(ひら)く 시작하다, 일으키다
持(も)つ 가지다, 들다 入院(にゅういん) 입원
~わけではない (전부) ~인 것은 아니다 ~にとって ~에게 있어서
他(ほか) 다른 (것) 代(か)わり 대신, 대체 大切(たいせつ)だ 소중하다
捨(す)てる 버리다 大事(だいじ)だ 소중하다 ずっと 쭉, 계속
~てほしい ~해 주었으면 하다 入院費(にゅういんひ) 입원비
無料(むりょう) 무료

185 この人の前の仕事は、何でしたか。
(A) 学校の先生
(B) おもちゃ屋
(C) 動物病院の医者
(D) 医者

185 이 사람의 이전 일은 무엇이었습니까?
(A) 학교 선생님
(B) 장난감가게
(C) 동물병원 의사
(D) 의사

해설 | 이 사람은 원래 초등학교 선생님이었는데, 나이를 먹어 일을 그만둔 후 장난감 병원을 차렸다고 했다. 따라서 정답은 (A)가 된다.

어휘 | 前(まえ) 전, 이전 おもちゃ屋(や) 장난감가게
動物病院(どうぶつびょういん) 동물병원

186 この人にとって、何が(1)寂しいことだったのですか。
(A) 子供たちが成長したこと
(B) 子供たちと会えなくなったこと
(C) 他の同僚たちが辞めていったこと
(D) 病気になって仕事ができなくなったこと

186 이 사람에게 있어서 무엇이 (1)쓸쓸한 일이었던 것입니까?
(A) 아이들이 성장한 것
(B) 아이들과 만날 수 없게 된 것
(C) 다른 동료들이 그만둬 간 것
(D) 병에 걸려 일을 할 수 없게 된 것

해설 | 밑줄 친 부분 앞문장에서 '아이들의 얼굴을 못 보게 되었습니다. 그것은 아주 쓸쓸한 일이었습니다'라고 했다. 따라서 '쓸쓸한 일'이란 아이들과 만날 수 없게 된 것을 말하므로, 정답은 (B)가 된다.

어휘 | 成長(せいちょう) 성장 会(あ)う 만나다
同僚(どうりょう) 동료 病気(びょうき)になる 병에 걸리다

187 どうして子供たちは、おもちゃを「入院」させるのですか。
(A) 両親が捨てさせないから
(B) 新しい物を買ってもらえないから
(C) 物を入院させることがおもしろいから
(D) 新しいおもちゃでは代わりにならないから

187 어째서 아이들은 장난감을 '입원'시키는 것입니까?
(A) 부모님이 못 버리게 하기 때문에
(B) (부모가) 새 장난감을 사 주지 않기 때문에
(C) 물건을 입원시키는 것이 재미있기 때문에
(D) 새 장난감으로는 대체가 되지 않기 때문에

해설 | 후반부에서 '그 장난감이 아이에게 있어서 다른 물건으로는 대체가 되지 않는 소중한 물건이기 때문입니다'라고 했으므로, 정답은 (D)가 된다.

어휘 | おもしろ(面白)い 재미있다

188 この人は、子供たちにどんなことを望んでいますか。

(A) 珍しいおもちゃを持って来てほしい。
(B) 少しでも入院費を払ってもらいたい。
(C) 物を長く大切にしてもらいたい。
(D) おもちゃの医者になってほしい。

188 이 사람은 아이들에게 어떤 것을 바라고 있습니까?

(A) 희귀한 장난감을 가지고 와 주었으면 한다.
(B) 조금이라도 입원비를 지불해 주었으면 한다.
(C) 물건을 오랫동안 소중히 다뤄 주었으면 좋겠다.
(D) 장난감 의사가 되어 주었으면 한다.

해설 | 후반부에서 '고장 난 물건을 버리는 것이 아니라, 고쳐서 소중하게 계속 사용해 주었으면 하는 마음을 가지고 있습니다'라고 했으므로, 정답은 (C)가 된다.

어휘 | 珍(めずら)しい 희귀하다, 드물다 少(すこ)しでも 조금이라도 払(はら)う (돈을) 내다, 지불하다 長(なが)い (시간적으로) 오래다, 길다 大切(たいせつ)にする 소중히 다루다

189~192 강연회 의뢰

藤井よし子 先生

はじめまして。あさひ商事の高田幸二と申します。私共は、大阪に本社を置き、主に食品を扱っている商社です。[189]この度、社員向けの講演会を開催することになり、是非藤井先生にご講演をお願いしたくご連絡させていただきました。[190]昨年出版された先生のご著書『日本の食卓の真実』は、社内でも大変話題になっております。先生のお考えを直接伺うことができれば、社員にとってこんなに幸せなことはありません。[191]日程につきましては9月中旬を予定しておりますが、お引き受けいただけるなら、可能な限り先生のご都合に合わせたいと考えております。[192]講演料など諸条件も含めてご説明に伺わせていただきたいと存じます。ご多忙中大変恐縮ですが、お時間をいただくことは可能でしょうか。お返事をお待ちしております。どうぞよろしくお願い申し上げます。

あさひ商事 高田幸二

후지이 요시코 선생님

처음 뵙겠습니다. 아사히상사의 다카다 고지라고 합니다. 저희들은 오사카에 본사를 두고, 주로 식품을 취급하고 있는 상사입니다. [189]이번에 사원 대상 강연회를 개최하게 되어 꼭 후지이 선생님께 강연을 부탁드리고 싶어서 연락드렸습니다. [190]작년에 출판하신 선생님의 저서 '일본 식탁의 진실'은 사내에서도 대단히 화제가 되고 있습니다. 선생님의 고견을 직접 들을 수 있다면 사원에게 있어서 이렇게 행복한 일은 없을 것입니다. [191]일정에 대해서는 9월 중순을 예정하고 있습니다만, 맡아 주신다면 가능한 한 선생님 사정에 맞추고 싶다고 생각하고 있습니다. [192]강연료 등 여러 조건도 포함해서 설명차 찾아뵙고 싶습니다. 바쁘신 와중에 대단히 죄송합니다만, 시간을 내는 것은 가능하실까요? 답변을 기다리고 있겠습니다. 아무쪼록 잘 부탁드립니다.

아사히상사 다카다 고지

어휘 | はじめまして 처음 뵙겠습니다 商事(しょうじ) 상사
～と申(もう)す ～라고 하다 *「～と言(い)う」의 겸양표현
私供(わたくしども) 저희들 本社(ほんしゃ) 본사
置(お)く (시설·기구를) 두다 主(おも)に 주로
食品(しょくひん) 식품 扱(あつか)う 다루다, 취급하다
この度(たび) 이번 社員(しゃいん) 사원 ～向(む)け ～대상, ～용
講演会(こうえんかい) 강연회 開催(かいさい) 개최
동사의 보통형+ことになる ～하게 되다 是非(ぜひ) 꼭, 제발
～(さ)せていただく ～(하)다 *겸양표현
昨年(さくねん) 작년 出版(しゅっぱん) 출판 著書(ちょしょ) 저서
食卓(しょくたく) 식탁 真実(しんじつ) 진실 社内(しゃない) 사내
大変(たいへん) 대단히, 매우 話題(わだい) 화제
～ておる ～하고 있다 *「～ている」의 겸양표현
考(かんが)え 생각 直接(ちょくせつ) 직접
伺(うかが)う 듣다, 찾아뵙다 *「聞(き)く」(듣다), 「訪(おとず)れる」(방문하다)의 겸양어
～にとって ～에게 있어서 こんなに 이렇게
幸(しあわ)せだ 행복하다 日程(にってい) 일정
～につきまして ～에 대해서 *「～について」의 공손한 표현
中旬(ちゅうじゅん) 중순 予定(よてい) 예정
お+동사의 ます형+いただく (남에게) ～해 받다 *겸양표현
引(ひ)き受(う)ける 맡다 可能(かのう)だ 가능하다
～限(かぎ)り ～하는 한, ～의 범위 내 都合(つごう) 사정, 형편
合(あ)わせる 맞추다 講演料(こうえんりょう) 강연료
諸条件(しょじょうけん) 여러 조건 含(ふく)める 포함하다
説明(せつめい) 설명 存(ぞん)じる 생각하다 *「思(おも)う」의 겸양어
多忙(たぼう) 몹시 바쁨 恐縮(きょうしゅく) 황송함, 죄송함
返事(へんじ) 답장, 답변 待(ま)つ 기다리다
お+동사의 ます형+申(もう)し上(あ)げる ～하다, ～해 드리다 *겸양표현

189 講演会は、誰を対象にしたのですか。

(A) あさひ商事の社員
(B) 食品加工会社の社員
(C) 高田さんの会社の取引先
(D) 藤井先生の会社で働く人

189 강연회는 누구를 대상으로 한 것입니까?

(A) 아사히상사 사원

(B) 식품가공회사 사원
(C) 다카다 씨 회사의 거래처
(D) 후지이 선생님의 회사에서 일하는 사람

해설 | 이 편지는 후지이라는 사람에게 강연을 부탁하는 내용이다. 이 사람이 다니고 있는 회사는 아사히상사이고, 이번에 사원 대상 강연회를 개최하게 되어 강연을 부탁드리고 싶어서 연락을 드린다고 했다. 정답은 (A)로, (B)의 경우 주로 식품을 취급하는 상사라고 했지, 식품가공회사라고 하지는 않았으므로 답이 될 수 없다.

어휘 | 対象(たいしょう) 대상
食品加工会社(しょくひんかこうがいしゃ) 식품가공회사
取引先(とりひきさき) 거래처 働(はたら)く 일하다

190 藤井先生(ふじいせんせい)は、昨年何(さくねんなに)をしましたか。
(A) 出版社(しゅっぱんがいしゃ)に投資(とうし)した。
(B) ある書籍(しょせき)を発行(はっこう)した。
(C) 話題(わだい)の本(ほん)の著者(ちょしゃ)と話(はな)した。
(D) 社員(しゃいん)と直接意見交換(ちょくせついけんこうかん)をした。

190 후지이 선생님은 작년에 무엇을 했습니까?
(A) 출판사에 투자했다.
(B) 어떤 서적을 발행했다.
(C) 화제인 책의 저자와 이야기했다.
(D) 사원과 직접 의견교환을 했다.

해설 | 중반부에서 '작년에 출판하신 선생님의 저서 '일본 식탁의 진실'은 사내에서도 대단히 화제가 되고 있습니다'라고 했으므로, 정답은 어떤 서적을 발행했다고 한 (B)가 된다.

어휘 | 出版会社(しゅっぱんがいしゃ) 출판회사, 출판사
投資(とうし) 투자 ある 어느, 어떤 書籍(しょせき) 서적
発行(はっこう) 발행 著者(ちょしゃ) 저자
直接(ちょくせつ) 직접 意見(いけん) 의견 交換(こうかん) 교환

191 講演会(こうえんかい)の日程(にってい)について、正(ただ)しいものはどれですか。
(A) 社員(しゃいん)へのアンケート結果(けっか)に基(もと)づいて決(き)める。
(B) できるだけ社員(しゃいん)の希望(きぼう)に応(おう)じて設定(せってい)する。
(C) 藤井先生(ふじいせんせい)の都合(つごう)には合(あ)わせかねる。
(D) 藤井先生(ふじいせんせい)の予定次第(よていしだい)で変(か)わり得(う)る。

191 강연회 일정에 대해서 맞는 것은 어느 것입니까?
(A) 사원에 대한 앙케트 결과에 근거해서 결정한다.
(B) 가능한 한 사원의 희망에 따라 설정한다.
(C) 후지이 선생님의 사정에는 맞추기 어렵다.
(D) 후지이 선생님의 예정에 따라서 바뀔 수 있다.

해설 | 후반부에서 강연회는 9월 중순을 예정하고 있지만, 후지이 선생님이 맡아 주시면 가능한 한 사정에 맞춰 드리겠다고 했다. 따라서 정답은 (D)가 된다.

어휘 | アンケート 앙케트 結果(けっか) 결과
~に基(もと)づいて ~에 근거해서 決(き)める 정하다, 결정하다
できるだけ 가능한 한, 되도록 希望(きぼう) 희망
~に応(おう)じて ~에 응해, ~에 따라, ~에 적합하게
設定(せってい) 설정

動詞のます形+かねる ~하기 어렵다, ~할 수 없다
名詞+次第(しだい)で ~에 따라, ~나름으로
変(か)わる 바뀌다, 변하다 動詞のます形+得(う・え)る ~할 수 있다

192 高田(たかだ)さんは、この後(あと)どうしたいと言(い)っていますか。
(A) 藤井先生(ふじいせんせい)に企画書(きかくしょ)を送付(そうふ)したい。
(B) 直接藤井先生(ちょくせつふじいせんせい)に会(あ)って話(はな)したい。
(C) 藤井先生(ふじいせんせい)の著書(ちょしょ)を読(よ)んでみたい。
(D) 講演会(こうえんかい)で使用(しよう)する資料(しりょう)の送付(そうふ)をお願(ねが)いしたい。

192 다카다 씨는 이후 어떻게 하고 싶다고 말하고 있습니까?
(A) 후지이 선생님에게 기획서를 송부하고 싶다.
(B) 직접 후지이 선생님을 만나서 이야기하고 싶다.
(C) 후지이 선생님의 저서를 읽어 보고 싶다.
(D) 강연회에서 사용할 자료의 송부를 부탁하고 싶다.

해설 | 후반부에서 '강연료 등 여러 조건도 포함해서 설명차 찾아뵙고 싶습니다. 바쁘신 와중에 대단히 죄송합니다만, 시간을 내는 것은 가능하실까요?'라고 했으므로, 정답은 (B)가 된다.

어휘 | 企画書(きかくしょ) 기획서 送付(そうふ) 송부
会(あ)う 만나다 使用(しよう) 사용 資料(しりょう) 자료

193~196 회사 소개 부탁

私(わたし)は、機械部品(きかいぶひん)を製造(せいぞう)しているスター工業(こうぎょう)で営業(えいぎょう)の仕事(しごと)をしている。昨日(きのう)、これまで全(まった)く取引(とりひき)のない[193]さくら機械(きかい)という食品加工機械(しょくひんかこうきかい)のメーカーから、我(わ)が社(しゃ)の部品(ぶひん)の使用(しよう)を検討(けんとう)していると連絡(れんらく)があった。さくら機械(きかい)はタイに輸出(ゆしゅつ)する新(あたら)しい機械(きかい)を製造(せいぞう)するため、現在海外(げんざいかいがい)で実績(じっせき)のある部品(ぶひん)メーカーを探(さが)しているとのことだった。どのようにして我(わ)が社(しゃ)を知(し)ったのかを聞(き)いたらエース社(しゃ)の社長(しゃちょう)から紹介(しょうかい)されたとのことだった。[194]エース社(しゃ)は、私(わたし)が担当(たんとう)している取引先(とりひきさき)で、私(わたし)は以前(いぜん)から我(わ)が社(しゃ)の製品(せいひん)がアジア向(む)けの機械(きかい)に多(おお)く使(つか)われていることをアピールしていた。先週訪問(せんしゅうほうもん)した時(とき)に思(おも)い切(き)って「[195(1)]私共(わたくしども)の商品(しょうひん)がお役(やく)に立(た)てそうな会社(かいしゃ)がありましたら、是非紹介(ぜひしょうかい)してください」と言(い)ったことが、今回(こんかい)の結果(けっか)につながったと思(おも)われる。私(わたし)の上司(じょうし)は常(つね)に「お客様(きゃくさま)が紹介(しょうかい)してくれた相手(あいて)とは契約(けいやく)が成立(せいりつ)する確率(かくりつ)が高(たか)いので、どんどん紹介(しょうかい)をお願(ねが)いしろ」と何度(なんど)も言(い)っていた。[196]私(わたし)は、そんなことを頼(たの)んだらお客様(きゃくさま)はきっと嫌(いや)がるだろうと考(かんが)えて、ずっと勇気が出せずにいた。しかし、今回の事でその効果を実感し、今後は他の取引先にも積極的にやっていこうと思った。

나는 기계부품을 제조하고 있는 스타공업에서 영업일을 하고 있다. 어제 지금까지 전혀 거래가 없는 [193]사쿠라기계라는 식품가공 기계 제조회사로부터 우리 회사 부품의 사용을 검토하고 있다는 연락이 있었다. 사쿠라기계는 태국에 수출할 새 기계를 제조하기 위해 현재 해외에서 실적이 있는 부품 제조회사를 찾고 있다고 했다. 어떻게 해서 우리 회사를 알았는지 물었더니, 에이스사 사장님으로부터 소개받았다고 했다. [194]에이스사는 내가 담당하고 있는 거래처로, 나는 전부터 우리 회사 제품이 아시아용 기계에 많이 사용되고 있다는 것을 호소하고 있었다. 지난주에 방문했을 때 눈 딱 감고 "[195](1)저희들 상품이 도움이 될 수 있을 것 같은 회사가 있으면 꼭 소개해 주십시오"라고 말했던 것이 이번 결과로 이어졌다고 생각된다. 내 상사는 항상 "고객이 소개해 준 상대와는 계약이 성립될 확률이 높으니까, 자꾸 소개를 부탁해"라고 몇 번이나 말했었다. [196]나는 그런 것을 부탁하면 고객은 분명히 싫어할 것이라고 생각해서 계속 용기를 내지 못하고 있었다. 그러나 이번 일로 그 효과를 실감해 앞으로는 다른 거래처에도 적극적으로 해 나가자고 생각했다.

어휘 | 機械(きかい) 기계 部品(ぶひん) 부품 製造(せいぞう) 제조
工業(こうぎょう) 공업 営業(えいぎょう) 영업 これまで 지금까지
全(まった)く (부정의 말을 수반하여) 전혀 取引(とりひき) 거래
食品(しょくひん) 식품 加工(かこう) 가공
メーカー 메이커, 특히 이름난 제조회사 我(わ)が社(しゃ) 우리 회사
使用(しよう) 사용 検討(けんとう) 검토 連絡(れんらく) 연락
タイ 타이, 태국 輸出(ゆしゅつ) 수출 現在(げんざい) 현재
海外(かいがい) 해외 実績(じっせき) 실적 探(さが)す 찾다
~とのことだ ~라고 한다 *전문 知(し)る 알다 聞(き)く 묻다
社長(しゃちょう) 사장 紹介(しょうかい) 소개
担当(たんとう) 담당 取引先(とりひきさき) 거래처
以前(いぜん) 전, 이전 アジア 아시아 ~向(む)け ~대상, ~용
多(おお)く 많이 使(つか)う 쓰다, 사용하다 アピール 어필, 호소
先週(せんしゅう) 지난주 訪問(ほうもん) 방문
思(おも)い切(き)って 결심하고, 눈 딱 감고
私供(わたくしども) 저희들 商品(しょうひん) 상품
役(やく)に立(た)つ 도움이 되다 是非(ぜひ) 꼭, 제발
今回(こんかい) 이번 結果(けっか) 결과
つな(繋)がる 이어지다, 연결되다 上司(じょうし) 상사
常(つね)に 늘, 항상 お客様(きゃくさま) 손님
相手(あいて) 상대 契約(けいやく) 계약 成立(せいりつ) 성립
確率(かくりつ) 확률 高(たか)い 높다 どんどん 척척, 자꾸
何度(なんど)も 몇 번이나 頼(たの)む 부탁하다
きっと 분명히, 틀림없이 嫌(いや)がる 싫어하다 ずっと 쭉, 계속
勇気(ゆうき)を出(だ)す 용기를 내다 ~ずに ~하지 않고
効果(こうか) 효과 実感(じっかん) 실감 今後(こんご) 금후, 앞으로
積極的(せっきょくてき)だ 적극적이다 やる 하다

193 さくら機械は、この人にどのような事を伝えましたか。
(A) エース社の社長を紹介してほしい。
(B) 機械の部品をタイから輸入したい。
(C) この人の会社との取引を考えている。
(D) スター工業の部品を使うことが決まった。

193 사쿠라기계는 이 사람에게 어떠한 사항을 전했습니까?
(A) 에이스사 사장을 소개해 주었으면 한다.
(B) 기계 부품을 태국에서 수입하고 싶다.
(C) 이 사람 회사와의 거래를 생각하고 있다.
(D) 스타공업의 부품을 사용하는 것이 결정되었다.

해설 | 두 번째 문장에서 사쿠라기계라는 회사에서 우리 회사 부품의 사용을 검토하고 있다는 연락이 있었다고 했다. 따라서 정답은 (C)가 된다.

어휘 | 伝(つた)える 전하다, 전달하다 ~てほしい ~해 주었으면 하다
考(かんが)える 생각하다 決(き)まる 정해지다, 결정되다

194 エース社は、この人からどのような情報を得ていましたか。
(A) さくら機械がタイに輸出する機械の製造を始める。
(B) さくら機械が海外で実績のある会社を探している。
(C) スター工業がアジアに営業所を持っている。
(D) スター工業の部品がアジアで使用されている。

194 에이스사는 이 사람에게서 어떠한 정보를 얻고 있었습니까?
(A) 사쿠라기계가 태국에 수출할 기계 제조를 시작한다.
(B) 사쿠라기계가 해외에서 실적이 있는 회사를 찾고 있다.
(C) 스타공업이 아시아에 영업소를 가지고 있다.
(D) 스타공업의 부품이 아시아에서 사용되고 있다.

해설 | 중반부에서 '에이스사는 내가 담당하고 있는 거래처로, 나는 전부터 우리 회사 제품이 아시아용 기계에 많이 사용되고 있다는 것을 호소하고 있었다'라고 했으므로, 정답은 (D)가 된다.

어휘 | 情報(じょうほう) 정보 得(え)る 얻다 始(はじ)める 시작하다
海外(かいがい) 해외 実績(じっせき) 실적
営業所(えいぎょうしょ) 영업소 持(も)つ 가지다, 소유하다

195 (1)私共とはどの会社のことですか。
(A) スター工業
(B) さくら機械
(C) エース社とスター工業
(D) エース社とさくら機械

195 (1)저희들이란 어느 회사를 말합니까?
(A) 스타공업
(B) 사쿠라기계
(C) 에이스사와 스타공업
(D) 에이스사와 사쿠라기계

해설 | 밑줄 친 부분의 앞뒤 내용으로 보아, 「私共(わたくしども)」(저희들)란 이 사람의 회사인 스타공업을 말하고 있다는 것을 알 수 있다. 따라서 정답은 (A)가 된다.

어휘 | ~とは ~라고 하는 것은, ~란

196 この人は、なぜこれまで上司の指示に消極的でしたか。

(A) 取引先が気を悪くすると思っていたから
(B) 成果が出るわけがないと思っていたから
(C) 一度大きな失敗をしたことがあるから
(D) この上司のことをあまり好きではないから

196 이 사람은 왜 지금까지 상사의 지시에 소극적이었습니까?

(A) 거래처가 기분 나빠할 것이라고 생각하고 있었기 때문에
(B) 성과가 나올 리가 없다고 생각하고 있었기 때문에
(C) 한 번 큰 실패를 한 적이 있기 때문에
(D) 이 상사를 별로 좋아하지 않기 때문에

해설 | 이 사람이 지금까지 상사의 지시에 소극적이었던 이유는 고객이 분명히 싫어할 것이라고 생각해서 계속 용기를 내지 못하고 있었기 때문이다. 따라서 정답은 (A)가 된다.

어휘 | 指示(しじ) 지시 消極的(しょうきょくてき)だ 소극적이다
気(き)を悪(わる)くする 기분 나빠하다 成果(せいか) 성과
出(で)る 나오다 ～わけがない ～일 리가 없다
失敗(しっぱい) 실패 あまり (부정의 말을 수반하여) 그다지, 별로
好(す)きだ 좋아하다

197~200 연필 보조축

筆記用具として鉛筆を使う人は減っている。だが[197]鉛筆は、力の入れ具合や持つ角度で濃さや太さの調整が可能で、線に表情を出すこともできるのだからすごい。しかし、[198]大人の手には短くなった鉛筆は使いにくい。芯が折れるからポケットやかばんにそのまま入れて持ち歩くのも難しい。そんな不便さを解消する文房具が、『鉛筆補助軸』だ。[200]昔は庶民の愛用品だった。短くなった鉛筆を金属製の先端部分に差し込んで固定すれば、3センチくらいになった物でもしっかり握って使える。だが、最近はそれよりずっと高級感があって見た目は万年筆のような風情のある商品が登場した。外側は植物性の素材で作られており、手によく馴染んでしっとりした質感がある。金属の重みで先端に重心が来るので、書き心地がとてもいい。[199]ただ一つ難を言うとすれば、価格だろう。鉛筆の補助軸にこれだけの金をかける人が果たしてどれほどいるか。とはいえ、見た目のよさと使い心地を両立させていて、鉛筆を見直すきっかけにはなりそうだ。

필기용구로 연필을 사용하는 사람은 줄고 있다. 하지만 [197]연필은 힘을 주는 정도나 잡는 각도로 진하기나 두께 조정이 가능하고, 선에 표정을 낼 수도 있기 때문에 굉장하다. 그러나 [198]어른 손에는 짧아진 연필은 사용하기 힘들다. 심이 부러지기 때문에 주머니나 가방에 그대로 넣어서 가지고 다니는 것도 어렵다. 그런 불편함을 해소하는 문방구가 '연필 보조축'이다. [200]옛날에는 서민의 애용품이었다. 짧아진 연필을 금속제 끝부분에 끼워 넣고 고정하면 3cm 정도가 된 것이라도 제대로 쥐고 사용할 수 있다. 하지만 최근에는 그것보다 훨씬 고급스러운 느낌이 있고, 겉모양은 만년필과 같은 운치가 있는 상품이 등장했다. 바깥쪽은 식물성 소재로 만들어져 있고 손에 잘 잡히는 촉촉한 질감이 있다. 금속 무게로 인해 끝에 중심이 오기 때문에 필기감이 아주 좋다. [199]다만 한 가지 흠을 말한다면 가격일 것이다. 연필 보조축에 이만큼의 돈을 들일 사람이 과연 얼마나 있을까? 그렇다고는 해도 겉모양이 좋은 것과 사용감을 양립시켜서 연필을 다시 보는 계기는 될 것 같다.

어휘 | 筆記(ひっき) 필기 用具(ようぐ) 용구 鉛筆(えんぴつ) 연필
使(つか)う 쓰다, 사용하다 減(へ)る 줄다, 적어지다 だが 하지만
力(ちから)の入(い)れ具合(ぐあい) 힘을 주는 정도 持(も)つ 쥐다
角度(かくど) 각도 濃(こ)さ 진하기 太(ふと)さ 두께
調整(ちょうせい) 조정 可能(かのう)だ 가능하다 線(せん) 선
表情(ひょうじょう) 표정 出(だ)す 내다, 드러내다 すごい 굉장하다
しかし 그러나 大人(おとな) 어른 手(て) 손 短(みじか)い 짧다
동사의 ます형+にくい ～하기 어렵다[힘들다] 芯(しん) 심
折(お)れる 꺾어지다, 부러지다 ポケット 포켓, 주머니
かばん(鞄) 가방 そのまま 그대로
持(も)ち歩(ある)く 가지고 다니다, 휴대하다 難(むずか)しい 어렵다
不便(ふべん)さ 불편함 解消(かいしょう) 해소
文房具(ぶんぼうぐ) 문방구 補助軸(ほじょじく) 보조축
昔(むかし) 옛날 庶民(しょみん) 서민 愛用品(あいようひん) 애용품
金属製(きんぞくせい) 금속제 先端(せんたん) (물건의) 끝
部分(ぶぶん) 부분 差(さ)し込(こ)む 끼워 넣다 固定(こてい) 고정
センチ 센티미터, cm *「センチメートル」의 준말
しっかり 제대로, 확실히 握(にぎ)る (손에) 쥐다, 잡다
最近(さいきん) 최근, 요즘 ずっと 훨씬
高級感(こうきゅうかん) 고급감, 고급스러운 느낌
見(み)た目(め) 겉모양 万年筆(まんねんひつ) 만년필
風情(ふぜい) 운치 商品(しょうひん) 상품 登場(とうじょう) 등장
外側(そとがわ) 바깥쪽 植物性(しょくぶつせい) 식물성
素材(そざい) 소재 作(つく)る 만들다
馴染(なじ)む 한데 잘 융합하다[어울리다] しっとり 촉촉히
質感(しつかん) 질감 重(おも)み 무게
重心(じゅうしん) (무게의) 중심
동사의 ます형+心地(ここち) ～한[했을 때의] 기분 ただ 다만
難(なん) 결점, 흠 価格(かかく) 가격 どれほど 어느 정도, 얼마나
かける (돈·시간 등을) 들이다, 쓰다 果(は)たして 과연
とはいえ 그렇다고는 해도 よさ 좋음 両立(りょうりつ) 양립
見直(みなお)す 다시 보다, 재검토하다 きっかけ 계기
동사의 ます형+そうだ ～일[할] 것 같다 *양태

197 鉛筆の利点は、何だと言っていますか。

(A) 絵画を描いた時に表情を込められること
(B) 老若男女誰でも自在に使いこなせること
(C) 小刀で自分好みの太さの芯が削れること
(D) 書き方次第で線に味が出せること

197 연필의 이점은 무엇이라고 말하고 있습니까?
    (A) 그림을 그렸을 때 표정을 넣을 수 있는 것
    (B) 남녀노소 누구든지 마음대로 잘 쓸 수 있는 것
    (C) 주머니칼로 자신이 좋아하는 두께의 심을 깎을 수 있는 것
    (D) 쓰는 법에 따라서 선에 멋을 낼 수 있는 것

해설 | 연필의 이점에 대해서는 초반부에 나온다. 힘을 주는 정도나 잡는 각도로 진하기나 두께 조정이 가능하고, 선에 표정을 낼 수 있다는 것 등이 있다고 했으므로, 정답은 쓰는 법에 따라서 선에 멋을 낼 수 있다고 한 (D)가 된다.

어휘 | 利点(りてん) 이점, 이로운 점 絵画(かいが) 회화, 그림
描(か)く (그림을) 그리다 込(こ)める 넣다, 담다
老若男女(ろうにゃくなんにょ) 남녀노소
自在(じざい)に 자재로, 마음대로 使(つか)いこなす 잘 쓰다
小刀(こがたな) 주머니칼 명사+好(ごの)み ~좋아함
削(けず)る 깎다 書(か)き方(かた) 쓰는 법
명사+次第(しだい)で ~에 따라, ~나름으로 線(せん) 선
味(あじ) 멋, 운치 出(だ)す 내다

198 鉛筆(えんぴつ)の難点(なんてん)は、何(なん)だと言(い)っていますか。
    (A) 引(ひ)っ掛(か)けどころがなくて持(も)ち歩(ある)けないこと
    (B) 芯(しん)がむき出(だ)しで携帯(けいたい)に向(む)かないこと
    (C) 芯(しん)の状態(じょうたい)が使用中(しようちゅう)に変化(へんか)すること
    (D) 芯(しん)の太(ふと)さを調節(ちょうせつ)できないこと

198 연필의 곤란한 점은 무엇이라고 말하고 있습니까?
    (A) 거는 데가 없어서 가지고 다닐 수 없는 것
    (B) 심이 드러나 휴대에 적합하지 않은 것
    (C) 심의 상태가 사용 중에 변화하는 것
    (D) 심의 두께를 조절할 수 없는 것

해설 | 초반부에서 어른 손에는 짧아진 연필은 사용하기 힘들다는 점과 심이 부러지기 때문에 주머니나 가방에 그대로 넣어서 가지고 다니기 어려운 점이 결점이라고 했다. 따라서 정답은 심이 드러나 휴대에 적합하지 않은 것이라고 한 (B)가 된다.

어휘 | 難点(なんてん) 난점, 곤란한 점
引(ひ)っ掛(か)けどころ 거는 곳 むき出(だ)し 드러남
携帯(けいたい) 휴대 向(む)く 적합하다, 어울리다
状態(じょうたい) 상태 変化(へんか) 변화 調節(ちょうせつ) 조절

199 最近発売(さいきんはつばい)された鉛筆補助軸(えんぴつほじょじく)の欠点(けってん)は、何(なん)だと言(い)っていますか。
    (A) 新品(しんぴん)の鉛筆(えんぴつ)には適(てき)さないこと
    (B) 先端部分(せんたんぶぶん)に重心(じゅうしん)が来(く)ること
    (C) 手頃(てごろ)な値段(ねだん)ではないこと
    (D) 見(み)た目(め)が安(やす)っぽいこと

---

199 최근 발매된 연필 보조축의 결점은 무엇이라고 말하고 있습니까?
    (A) 신품인 연필에는 적합하지 않은 것
    (B) 끝부분에 중심이 오는 것
    (C) 적당한 가격이 아닌 것
    (D) 겉모양이 싸구려로 보이는 것

해설 | 후반부에서 최근 발매된 연필 보조축의 결점은 가격이라고 했으므로, 정답은 (C)가 된다.

어휘 | 発売(はつばい) 발매 欠点(けってん) 결점
新品(しんぴん) 신품, 새것 適(てき)する 알맞다, 적합하다
手頃(てごろ)だ 알맞다, 적당하다 値段(ねだん) 가격
安(やす)っぽい 싸구려로 보이다

200 本文(ほんぶん)の内容(ないよう)について、正(ただ)しくないものはどれですか。
    (A) 従来(じゅうらい)の補助軸(ほじょじく)は、長(なが)さ3センチの鉛筆(えんぴつ)でも取(と)り付(つ)け可能(かのう)だ。
    (B) 従来(じゅうらい)の補助軸(ほじょじく)は、誰(だれ)もが購入(こうにゅう)できる物(もの)ではなかった。
    (C) 新(あたら)しい補助軸(ほじょじく)は、書(か)いている時(とき)に安定感(あんていかん)がある。
    (D) 新(あたら)しい補助軸(ほじょじく)は、握(にぎ)った時(とき)の感触(かんしょく)がいい。

200 본문의 내용에 대해서 맞지 않는 것은 어느 것입니까?
    (A) 종래의 보조축은 길이 3cm 연필이라도 장착이 가능하다.
    (B) 종래의 보조축은 누구나 구입할 수 있는 물건이 아니었다.
    (C) 새 보조축은 쓰고 있을 때 안정감이 있다.
    (D) 새 보조축은 쥐었을 때 감촉이 좋다.

해설 | 중반부에서 옛날에 연필 보조축은 서민의 애용품으로 누구나 구입할 수 있는 물건이었다고 했다. 따라서 본문의 내용과 맞지 않는 것은 (B)가 된다.

어휘 | 従来(じゅうらい) 종래 取(と)り付(つ)け 설치함, 장착
購入(こうにゅう) 구입 安定感(あんていかん) 안정감
感触(かんしょく) 감촉

주요 어휘 및 표현 정리 20

* 읽는 법과 뜻을 확인해 보세요.

어휘 및 표현	읽는 법	뜻
☐ 屋上	おくじょう	옥상
☐ 駐車場	ちゅうしゃじょう	주차장
☐ お風呂に入る	おふろにはいる	목욕을 하다
☐ 地下鉄	ちかてつ	지하철
☐ 横断歩道	おうだんほどう	횡단보도
☐ 割る	わる	깨다
☐ 重ねる	かさねる	포개다, 겹치다
☐ 絵本	えほん	그림책
☐ 布団	ふとん	이불
☐ 改札口	かいさつぐち	개찰구
☐ 行列	ぎょうれつ	행렬
☐ 自動販売機	じどうはんばいき	자동판매기
☐ 文房具	ぶんぼうぐ	문방구
☐ 身長	しんちょう	신장, 키
☐ 撫でる	なでる	쓰다듬다
☐ 解く	ほどく	(묶은 것을) 풀다
☐ 吊り下げる	つりさげる	매달다, 늘어뜨리다
☐ 立ち止まる	たちどまる	멈추어 서다
☐ 噴水	ふんすい	분수
☐ 肘を突く	ひじをつく	팔꿈치를 괴다

주요 어휘 및 표현 정리 20

＊ 읽는 법과 뜻을 확인해 보세요.

어휘 및 표현	읽는 법	뜻
□ 堅い	かたい	단단하다, 딱딱하다
□ 気を付ける	きをつける	조심하다, 주의하다
□ 動く	うごく	움직이다
□ 尊敬	そんけい	존경
□ 地震	じしん	지진
□ 揺れる	ゆれる	흔들리다
□ 繰り返す	くりかえす	되풀이하다, 반복하다
□ 時刻表	じこくひょう	시각표
□ 感動	かんどう	감동
□ 断る	ことわる	거절하다
□ 取り替える	とりかえる	바꾸다, 교환하다
□ 往復	おうふく	왕복
□ 片道	かたみち	편도
□ 帰国	きこく	귀국
□ 受け取る	うけとる	받다, 수취하다
□ 司会	しかい	사회
□ 突き当たり	つきあたり	막다른 곳
□ 賑わう	にぎわう	떠들썩하다, 활기차다
□ 応募	おうぼ	응모
□ 図々しい	ずうずうしい	뻔뻔스럽다, 낯 두껍다

주요 어휘 및 표현 정리 20

※ 읽는 법과 뜻을 확인해 보세요.

어휘 및 표현	읽는 법	뜻
□ 飲み物	のみもの	음료
□ 釣り	つり	낚시
□ かかる	•	(시간이) 걸리다, (비용이) 들다
□ 地下	ちか	지하
□ 裏	うら	뒤
□ 祭日	さいじつ	국경일
□ 旅	たび	여행
□ 合格	ごうかく	합격
□ 遊園地	ゆうえんち	유원지
□ 水族館	すいぞくかん	수족관
□ 空港	くうこう	공항
□ 予算	よさん	예산
□ 題名	だいめい	제명, 제목
□ 追加	ついか	추가
□ 記入	きにゅう	기입
□ 新品	しんぴん	신품, 새것
□ 移転	いてん	이전
□ 対応	たいおう	대응
□ 手軽だ	てがるだ	손쉽다, 간단하다
□ 斡旋	あっせん	알선

주요 어휘 및 표현 정리 20

＊ 읽는 법과 뜻을 확인해 보세요.

어휘 및 표현	읽는 법	뜻
□ 静かだ	しずかだ	조용하다
□ 色鉛筆	いろえんぴつ	색연필
□ ～によって	•	～에 의해, ～에 따라
□ 頭痛	ずつう	두통
□ 守る	まもる	지키다, 보호하다
□ 治る	なおる	낫다, 치료되다
□ 様子	ようす	상태
□ 効果	こうか	효과
□ 現金	げんきん	현금
□ 両替	りょうがえ	환전
□ お土産	おみやげ	선물
□ 割引	わりびき	할인
□ 趣味	しゅみ	취미
□ 当たり前だ	あたりまえだ	당연하다
□ 比べ物にならない	くらべものにならない	비교가 안 되다
□ 集中	しゅうちゅう	집중
□ 研修	けんしゅう	연수
□ 自宅	じたく	자택
□ 取り組む	とりくむ	몰두하다
□ 雇用	こよう	고용

PART 5

주요 어휘 및 표현 정리 20

* 읽는 법과 뜻을 확인해 보세요.

어휘 및 표현	읽는 법	뜻
□ 完成	かんせい	완성
□ 生地	きじ	옷감
□ 著しい	いちじるしい	두드러지다, 현저하다
□ 数学	すうがく	수학
□ 操る	あやつる	(말 등을) 구사하다
□ 利口	りこう	영리함
□ 동사의 기본형+度に	동사의 기본형+たびに	~할 때마다
□ ~にしては	●	~치고는
□ うっかり	●	무심코, 깜빡
□ 一挙に	いっきょに	일거에, 단번에
□ 押し寄せる	おしよせる	밀어닥치다, 몰려들다
□ 大事だ	だいじだ	중요하다
□ 調べる	しらべる	알아보다, 조사하다
□ 동사의 기본형+前に	동사의 기본형+まえに	~하기 전에
□ 最悪	さいあく	최악
□ 刀	かたな	칼
□ 信じる	しんじる	믿다
□ 品物	しなもの	물건
□ 想像	そうぞう	상상
□ 付き合い	つきあい	교제, 사귐

주요 어휘 및 표현 정리 20

＊ 읽는 법과 뜻을 확인해 보세요.

어휘 및 표현	읽는 법	뜻
□ 出かける	でかける	나가다, 외출하다
□ 残す	のこす	남기다
□ 昼	ひる	낮
□ 誕生日	たんじょうび	생일
□ 過ごす	すごす	(시간을) 보내다, 지내다
□ ～をきっかけに	●	～을 계기로
□ 決心	けっしん	결심
□ 是非	ぜひ	꼭, 제발
□ わがままだ	●	제멋대로 굴다
□ ～に決まっている	～にきまっている	분명 ～일 것이다, ～임에 틀림없다
□ 行う	おこなう	하다, 행하다, 실시하다
□ 高価だ	こうかだ	고가이다
□ 決定	けってい	결정
□ ～わけにはいかない	●	～할 수는 없다
□ 忠告	ちゅうこく	충고
□ 逆に	ぎゃくに	거꾸로, 반대로
□ 必死だ	ひっしだ	필사적이다
□ 大騒ぎをする	おおさわぎをする	야단법석을 떨다
□ 禁止	きんし	금지
□ ～べきだ	●	(마땅히) ～해야 한다

PART 7

주요 어휘 및 표현 정리 20

※ 읽는 법과 뜻을 확인해 보세요.

어휘 및 표현	읽는 법	뜻
□ 大切だ	たいせつだ	소중하다
□ 新鮮だ	しんせんだ	신선하다
□ 真っ青だ	まっさおだ	새파랗다
□ 暗い	くらい	어둡다
□ 満員	まんいん	만원
□ 待ち合わせ	まちあわせ	(약속하여) 만나기로 함
□ 苦しい	くるしい	힘들다, 괴롭다
□ ボランティア	●	자원봉사(자)
□ 歯医者	はいしゃ	치과
□ 貴重だ	きちょうだ	귀중하다
□ 選択	せんたく	선택
□ ～恐れがある	～おそれがある	～할 우려가 있다
□ 味方する	みかたする	편을 들다
□ 騒音	そうおん	소음
□ 却って	かえって	도리어, 오히려
□ ～ずにはいられない	●	～하지 않고는 못 배기다
□ 要望	ようぼう	요망
□ ～はもとより	●	～은 물론이고
□ 増税	ぞうぜい	증세
□ 場違い	ばちがい	그 자리에 어울리지 않음

주요 어휘 및 표현 정리 20

＊ 읽는 법과 뜻을 확인해 보세요.

어휘 및 표현	읽는 법	뜻
□ 自転車	じてんしゃ	자전거
□ 外国	がいこく	외국
□ 優しい	やさしい	상냥하다, 다정하다
□ 迷う	まよう	망설이다
□ 不便だ	ふべんだ	불편하다
□ 思い出	おもいで	추억
□ 映る	うつる	비치다
□ 飾る	かざる	장식하다
□ 服装	ふくそう	복장
□ 気が付く	きがつく	깨닫다, 알아차리다
□ 覚える	おぼえる	기억하다
□ 好き嫌い	すききらい	호불호, 좋아함과 싫어함
□ もしかしたら	•	어쩌면
□ 講師	こうし	강사
□ 頼る	たよる	의지하다
□ 独身	どくしん	독신
□ 割合	わりあい	비율
□ 日程	にってい	일정
□ 思い切って	おもいきって	결심하고, 눈 딱 감고
□ 持ち歩く	もちあるく	가지고 다니다, 휴대하다

JPT 최신기출 1000제
TEST 4 정답 및 해설

PART 1

1 (D)	2 (B)	3 (A)	4 (D)	5 (B)	6 (C)	7 (A)	8 (D)	9 (A)	10 (C)
11 (D)	12 (B)	13 (A)	14 (D)	15 (C)	16 (B)	17 (C)	18 (A)	19 (D)	20 (B)

PART 2

21 (A)	22 (B)	23 (A)	24 (B)	25 (B)	26 (B)	27 (A)	28 (D)	29 (B)	30 (D)
31 (D)	32 (A)	33 (A)	34 (C)	35 (B)	36 (D)	37 (B)	38 (B)	39 (A)	40 (C)
41 (A)	42 (A)	43 (D)	44 (B)	45 (A)	46 (D)	47 (A)	48 (B)	49 (C)	50 (B)

PART 3

51 (C)	52 (B)	53 (A)	54 (C)	55 (A)	56 (C)	57 (D)	58 (B)	59 (C)	60 (D)
61 (B)	62 (A)	63 (A)	64 (D)	65 (C)	66 (A)	67 (D)	68 (A)	69 (C)	70 (D)
71 (A)	72 (B)	73 (B)	74 (A)	75 (B)	76 (B)	77 (D)	78 (C)	79 (B)	80 (A)

PART 4

81 (B)	82 (A)	83 (B)	84 (D)	85 (C)	86 (D)	87 (A)	88 (C)	89 (A)	90 (C)
91 (C)	92 (B)	93 (C)	94 (A)	95 (D)	96 (B)	97 (C)	98 (C)	99 (B)	100 (D)

PART 5

101 (A)	102 (C)	103 (D)	104 (A)	105 (B)	106 (A)	107 (D)	108 (C)	109 (D)	110 (A)
111 (C)	112 (C)	113 (A)	114 (C)	115 (B)	116 (A)	117 (A)	118 (C)	119 (C)	120 (A)

PART 6

121 (D)	122 (D)	123 (C)	124 (C)	125 (C)	126 (D)	127 (A)	128 (D)	129 (D)	130 (C)
131 (D)	132 (D)	133 (A)	134 (A)	135 (A)	136 (A)	137 (C)	138 (D)	139 (C)	140 (D)

PART 7

141 (B)	142 (D)	143 (C)	144 (D)	145 (B)	146 (A)	147 (B)	148 (D)	149 (B)	150 (A)
151 (B)	152 (C)	153 (A)	154 (D)	155 (C)	156 (D)	157 (A)	158 (B)	159 (D)	160 (C)
161 (C)	162 (D)	163 (A)	164 (B)	165 (B)	166 (A)	167 (C)	168 (A)	169 (C)	170 (B)

PART 8

171 (B)	172 (B)	173 (B)	174 (C)	175 (D)	176 (C)	177 (A)	178 (A)	179 (C)	180 (A)
181 (C)	182 (A)	183 (C)	184 (C)	185 (D)	186 (A)	187 (D)	188 (C)	189 (D)	190 (A)
191 (B)	192 (D)	193 (B)	194 (D)	195 (B)	196 (A)	197 (C)	198 (A)	199 (B)	200 (A)

PART 1 | 사진 묘사

01 인물의 동작 및 상태(2인 이상 등장)

(A) 畳の部屋に座っています。
(B) 図書館で本を読んでいます。
(C) 台所で料理を作っています。
(D) テーブルで食事をしています。

(A) 다다미방에 앉아 있습니다.
(B) 도서관에서 책을 읽고 있습니다.
(C) 부엌에서 요리를 만들고 있습니다.
(D) 테이블에서 식사를 하고 있습니다.

해설 | 남녀가 테이블에 앉아 식사를 하고 있는 사진이므로, 정답은 (D)가 된다.

어휘 | 畳(たたみ) 다다미 部屋(へや) 방 座(すわ)る 앉다
図書館(としょかん) 도서관 本(ほん) 책 読(よ)む 읽다
台所(だいどころ) 부엌 料理(りょうり) 요리 作(つく)る 만들다
テーブル 테이블 食事(しょくじ) 식사

02 인물의 동작 및 상태(1인 등장)

(A) 電話をかけています。
(B) 新聞を読んでいます。
(C) ラジオを聞いています。
(D) 隣の人と話しています。

(A) 전화를 걸고 있습니다.
(B) 신문을 읽고 있습니다.
(C) 라디오를 듣고 있습니다.
(D) 옆 사람과 이야기하고 있습니다.

해설 | 안경을 쓴 남자가 긴 의자에 앉아 신문을 읽고 있는 사진이므로, 정답은 (B)가 된다.

어휘 | 電話(でんわ)をかける 전화를 걸다 新聞(しんぶん) 신문
ラジオ 라디오 聞(き)く 듣다 隣(となり) 옆
話(はな)す 말하다, 이야기하다

03 인물의 동작 및 상태(1인 등장)

(A) グラウンドを走っています。
(B) 横断歩道を渡っています。
(C) 教室で勉強をしています。
(D) カラオケで歌っています。

(A) 운동장을 달리고 있습니다.
(B) 횡단보도를 건너고 있습니다.
(C) 교실에서 공부를 하고 있습니다.
(D) 노래방에서 노래를 부르고 있습니다.

해설 | 아이가 운동장을 달리고 있는 사진이다. 정답은 (A)로, 「グラウンド」는 '그라운드, 운동장'이라는 뜻이다. 「横断歩道(おうだんほどう)」(횡단보도), 「教室(きょうしつ)」(교실), 「カラオケ」(노래방)는 사진과는 전혀 관련이 없는 장소이다.

어휘 | 走(はし)る 달리다, 뛰다 渡(わた)る (길을) 지나다, 건너다
勉強(べんきょう) 공부 歌(うた)う (노래를) 부르다

04 인물의 동작 및 상태(1인 등장)

(A) 車を運転しています。
(B) 買い物をしています。
(C) お金を拾っています。
(D) 荷物を押しています。

(A) 차를 운전하고 있습니다.
(B) 쇼핑을 하고 있습니다.
(C) 돈을 줍고 있습니다.
(D) 짐을 밀고 있습니다.

해설 | 남자가 이동식 손수레에 짐을 싣고 이동하고 있는 모습이므로, 정답은 (D)가 된다.

어휘 | 車(くるま) 차 運転(うんてん) 운전
買(か)い物(もの) 쇼핑, 장을 봄 お金(かね) 돈 拾(ひろ)う 줍다
荷物(にもつ) 짐 押(お)す 밀다

05 인물의 동작 및 상태(2인 이상 등장)

(A) 海で泳いでいます。
(B) 釣りをしています。
(C) 船に乗っています。
(D) ビールを飲んでいます。

(A) 바다에서 수영하고 있습니다.
(B) 낚시를 하고 있습니다.
(C) 배를 타고 있습니다.
(D) 맥주를 마시고 있습니다.

해설 | 「釣(つ)り」(낚시)라는 단어를 알아듣는 것이 포인트. 두 사람이 바닷가에서 낚시를 하고 있는 모습이므로, 정답은 (B)가 된다. 바다에서 헤엄치거나 배를 타고 있는 모습은 아니므로 (A)와 (C)는 오답이고, 맥주를 마시고 있는 상황도 아니므로 (D) 역시 답이 될 수 없다.

어휘 | 海(うみ) 바다 泳(およ)ぐ 헤엄치다, 수영하다 船(ふね) 배 乗(の)る (탈것에) 타다 ビール 맥주 飲(の)む (술을) 마시다

06 인물의 동작 및 상태(1인 등장)

(A) 蝋燭を燃やしています。
(B) タブレットに触っています。
(C) 楽器を演奏しています。
(D) 旗を振っています。

(A) 초를 태우고 있습니다.
(B) 태블릿을 만지고 있습니다.
(C) 악기를 연주하고 있습니다.
(D) 깃발을 흔들고 있습니다.

해설 | 남자가 바이올린을 연주하고 있는 사진이므로, 정답은 악기를 연주하고 있다고 한 (C)가 된다. 「蝋燭(ろうそく)」(초, 양초), 「タブレット」(태블릿), 「旗(はた)」(깃발)는 사진과는 전혀 상관이 없다.

어휘 | 燃(も)やす 불태우다
触(さわ)る (가볍게) 닿다, 손을 대다, 만지다 楽器(がっき) 악기
演奏(えんそう) 연주 振(ふ)る 흔들다

07 인물의 동작 및 상태(1인 등장)

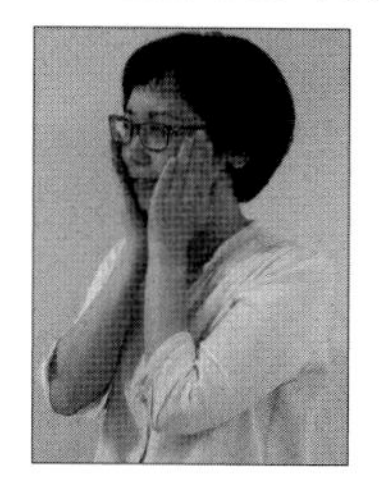

(A) 両手で頬を押さえています。
(B) 自分の頭を撫でています。
(C) 両耳を引っ張っています。
(D) 両肩を叩いています。

(A) 양손으로 뺨을 누르고 있습니다.
(B) 자신의 머리를 쓰다듬고 있습니다.
(C) 양쪽 귀를 잡아당기고 있습니다.
(D) 양어깨를 두드리고 있습니다.

해설 | 신체 부위의 명칭을 정확하게 알고 있어야 정답을 찾을 수 있다. 사진 속의 여자는 양손으로 뺨을 누르고 있으므로, 정답은 (A)가 된다.

어휘 | 両手(りょうて) 양손 頬(ほお) 볼, 뺨 押(お)さえる 누르다
自分(じぶん) 자신, 나 頭(あたま) 머리 撫(な)でる 쓰다듬다
両耳(りょうみみ) 양쪽 귀 引(ひ)っ張(ぱ)る 잡아당기다
両肩(りょうかた) 양어깨 叩(たた)く 두드리다

08 사물의 상태

(A) ガラス瓶が集められています。
(B) 空き缶が捨てられています。
(C) 布団が干されています。
(D) ペットボトルが並べられています。

(A) 유리병이 모아져 있습니다.
(B) 빈 캔이 버려져 있습니다.
(C) 이불이 널려 있습니다.
(D) 페트병이 나란히 놓여 있습니다.

해설 | 물이 들어 있는 투명한 페트병이 죽 놓여 있는 사진이다. 정답은 (D)로, 「並(なら)べる」는 '(물건 등을) 늘어놓다, 나란히 놓다'라는 뜻이다. 「ガラス瓶(びん)」(유리병), 「空(あ)き缶(かん)」(빈 캔), 「布団(ふとん)」(이불)은 사진과는 전혀 상관이 없다.

어휘 | 集(あつ)める 모으다 捨(す)てる 버리다 干(ほ)す 말리다, 널다

09 사물의 상태

(A) 割れた食器です。

(B) 破れたジーンズです。

(C) 壊れたスマホです。

(D) 汚れた布です。

(A) 깨진 식기입니다.
(B) 찢어진 청바지입니다.
(C) 부서진 스마트폰입니다.
(D) 더러워진 천입니다.

해설 | 식기가 두 조각으로 깨져 있다. 정답은 (A)로, 「割(わ)れる」는 '깨지다'라는 뜻이다.

어휘 | 食器(しょっき) 식기 破(やぶ)れる 찢어지다
ジーンズ 청바지 壊(こわ)れる 부서지다, 고장 나다
スマホ 스마트폰 汚(よご)れる 더러워지다 布(ぬの) 천

10 사물의 상태

(A) ひらがなだけで書いてあります。

(B) 絵葉書が貼られています。

(C) ふりがなが付けられています。

(D) アルファベットで書かれています。

(A) 히라가나만으로 적혀 있습니다.
(B) 그림엽서가 붙여져 있습니다.
(C) 후리가나가 달려 있습니다.
(D) 알파벳으로 적혀 있습니다.

해설 | 사진 속의 사물은 낱말카드로, 「歌手(かしゅ)」(가수), 「女優(じょゆう)」(여배우), 「俳優(はいゆう)」(배우), 「女(おんな)」(여자), 「男(おとこ)」(남자)라는 한자어 위에 「ふりがな」(후리가나), 즉 한자 읽는 법이 다 달려 있다. 정답은 (C)로, 히라가나만으로 적혀 있다고 한 (A)나 알파벳으로 적혀 있다고 한 (D)는 부적절하고, 그림엽서도 아니므로 (B) 역시 오답이다.

어휘 | ひらがな 히라가나 ~だけ ~만, ~뿐
書(か)く (글씨·글을) 쓰다 타동사+てある ~해져 있다
絵葉書(えはがき) 그림엽서 貼(は)る 붙이다 ふりがな 후리가나
付(つ)ける 붙이다, 달다 アルファベット 알파벳

11 사물의 상태

(A) パンフレットが重ねてあります。

(B) レコードが集められています。

(C) ストローが刺してあります。

(D) タイヤが積まれています。

(A) 팸플릿이 포개어져 있습니다.
(B) 레코드가 모아져 있습니다.
(C) 빨대가 꽂혀 있습니다.
(D) 타이어가 쌓여 있습니다.

해설 | 사물의 정확한 명칭을 알고 있어야 정답을 찾을 수 있다. 사진 속의 사물은 「タイヤ」(타이어)로 쌓여 있으므로, 정답은 (D)가 된다.

어휘 | パンフレット 팸플릿 重(かさ)ねる 포개다, 쌓아 올리다
レコード 레코드 集(あつ)める 모으다 ストロー 빨대
刺(さ)す 꽂다 積(つ)む (물건을) 쌓다

12 인물의 동작 및 상태(1인 등장)

(A) 書類を綴じています。

(B) 封を開けています。

(C) はさみで切り刻んでいます。

(D) カバーを外しています。

(A) 서류를 철하고 있습니다.
(B) 봉함을 열고 있습니다.
(C) 가위로 잘게 자르고 있습니다.
(D) 커버를 떼어 내고 있습니다.

해설 | 봉해져 있는 봉투를 가위로 자르고 있는 사진이다. 서류는 보이지 않고 커버를 떼어 내고 있는 상황도 아니므로 (A)와 (D)는 답이 될 수 없고, (C)는 「はさみ」(가위)라는 단어로 오답을 유도하고 있다. 정답은 (B)로, 「封(ふう)」는 '봉함, 봉한 것'이라는 뜻이다.

어휘 | 書類(しょるい) 서류 綴(と)じる 철하다 開(あ)ける 열다
切(き)り刻(きざ)む 잘게 썰다 カバー 커버
外(はず)す 떼다, 떼어 내다

13 사물의 상태

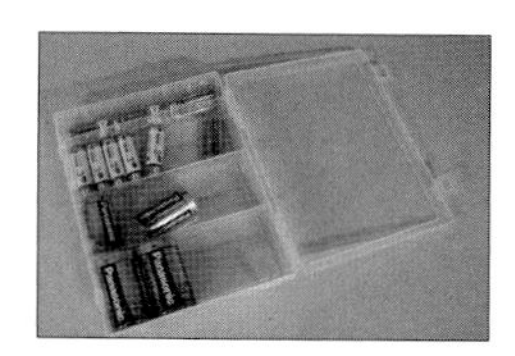

(A) 乾電池(かんでんち)がケースに収(おさ)められています。
(B) 消火器(しょうかき)が置(お)かれています。
(C) エンジンの部品(ぶひん)が外(はず)れています。
(D) DVD(ティーブィディー)が整理(せいり)されています。

(A) 건전지가 케이스에 넣어져 있습니다.
(B) 소화기가 놓여 있습니다.
(C) 엔진 부품이 빠져 있습니다.
(D) DVD가 정리되어 있습니다.

해설 | 「乾電池(かんでんち)」(건전지)라는 단어를 알아듣는 것이 포인트. 건전지가 케이스에 넣어져 있는 사진이므로, 정답은 (A)가 된다.

어휘 | ケース 케이스   収(おさ)める (속에) 넣다
消火器(しょうかき) 소화기   置(お)く 놓다, 두다   エンジン 엔진
部品(ぶひん) 부품   外(はず)れる (단 것·박은 것 등이) 빠지다
整理(せいり) 정리

14 인물의 동작 및 상태(1인 등장)

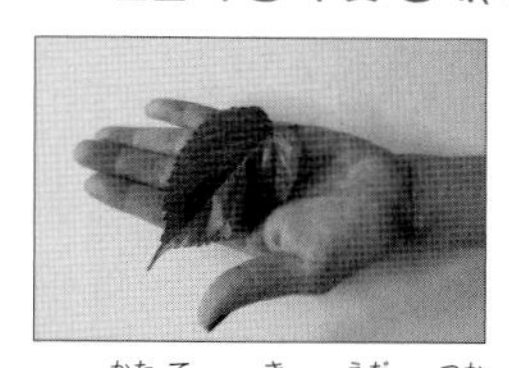

(A) 片手(かたて)で木(き)の枝(えだ)を掴(つか)んでいます。
(B) 落(お)ち葉(ば)を掃(は)き集(あつ)めています。
(C) 人差(ひとさ)し指(ゆび)に小鳥(ことり)が止(と)まっています。
(D) 手(て)のひらに葉(は)っぱが載(の)せてあります。

(A) 한 손으로 나뭇가지를 붙잡고 있습니다.
(B) 낙엽을 쓸어 모으고 있습니다.
(C) 집게손가락에 작은 새가 앉아 있습니다.
(D) 손바닥에 잎이 얹혀 있습니다.

해설 | 「手(て)のひら」(손바닥)와 「葉(は)っぱ」(잎, 잎사귀)라는 단어를 알아듣는 것이 포인트로, 손바닥에 잎이 얹혀 있다고 한 (D)가 정답이 된다. 한 손으로 나뭇가지를 붙잡고 있거나 낙엽을 쓸어 모으고 있는 상황이 아니므로 (A)와 (B)는 답이 될 수 없고, 작은 새도 보이지 않으므로 (C) 역시 오답이다.

어휘 | 片手(かたて) 한 손   木(き) 나무   枝(えだ) 가지
掴(つか)む (손으로) 쥐다, 붙잡다   落(お)ち葉(ば) 낙엽
掃(は)き集(あつ)める 쓸어 모으다
人指(ひとさ)し指(ゆび) 집게손가락   小鳥(ことり) 작은 새
止(と)まる 앉다   載(の)せる 얹다, 올려 놓다

15 인물의 동작 및 상태(1인 등장)

(A) 衣類(いるい)が脱(ぬ)ぎ捨(す)ててあります。
(B) 車椅子(くるまいす)で移動(いどう)しています。
(C) 裸足(はだし)で歩(ある)いています。
(D) あぐらをかいて座(すわ)っています。

(A) 의류가 벗어 던져져 있습니다.
(B) 휠체어로 이동하고 있습니다.
(C) 맨발로 걷고 있습니다.
(D) 책상다리를 하고 앉아 있습니다.

해설 | 「裸足(はだし)」(맨발)라는 단어를 알아듣는 것이 포인트로, 맨발로 걷고 있다고 한 (C)가 정답이 된다. 벗어 던져진 의류나 휠체어는 보이지 않으므로 (A)와 (B)는 답이 될 수 없고, 책상다리를 하고 앉아 있지도 않으므로 (D) 역시 오답이다.

어휘 | 衣類(いるい) 의류   脱(ぬ)ぎ捨(す)てる 벗어 던지다
車椅子(くるまいす) 휠체어   移動(いどう) 이동   歩(ある)く 걷다
あぐらをかく 책상다리를 하다   座(すわ)る 앉다

16 사물의 상태

(A) 旅客機(りょかくき)に乗(の)っています。
(B) ヨットが浮(う)かんでいます。
(C) ヘリコプターが飛(と)んでいます。
(D) サーフィンをしています。

(A) 여객기를 타고 있습니다.
(B) 요트가 떠 있습니다.
(C) 헬리콥터가 날고 있습니다.
(D) 서핑을 하고 있습니다.

해설 | 바다 위에 요트가 여러 대 떠 있는 사진이므로, 정답은 (B)가 된다. 여객기나 헬리콥터, 서핑하는 사람의 모습은 보이지 않으므로, 나머지 선택지는 답이 될 수 없다.

어휘 | 旅客機(りょかくき) 여객기   乗(の)る (탈것에) 타다
ヨット 요트   浮(う)かぶ (물에) 뜨다   ヘリコプター 헬리콥터
飛(と)ぶ 날다   サーフィン 서핑

17 인물의 동작 및 상태(1인 등장)

(A) 腕を差し出しています。
(B) 腕を振り回しています。
(C) 腕を交差させています。
(D) 腕を組んでいます。

(A) 팔을 내밀고 있습니다.
(B) 팔을 휘두르고 있습니다.
(C) 팔을 교차시키고 있습니다.
(D) 팔짱을 끼고 있습니다.

해설 | 남자의 팔에 주목해야 한다. 남자는 팔을 교차시키고 있으므로, 정답은 (C)가 된다.

어휘 | 腕(うで) 팔 差(さ)し出(だ)す (앞으로) 내밀다
振(ふ)り回(まわ)す 휘두르다 交差(こうさ) 교차
腕(うで)を組(く)む 팔짱을 끼다

18 인물의 동작 및 상태(1인 등장)

(A) 蛇口をひねっています。
(B) 水筒から水を注いでいます。
(C) 取っ手を拭いています。
(D) コンセントに差し込んでいます。

(A) 수도꼭지를 틀고 있습니다.
(B) 물통에서 물을 따르고 있습니다.
(C) 손잡이를 닦고 있습니다.
(D) 콘센트에 꽂고 있습니다.

해설 | 「蛇口(じゃぐち)」(수도꼭지)와 「ひねる」((손끝으로) 비틀다, 틀다)라는 단어를 알아듣는 것이 포인트. 정답은 수도꼭지를 틀고 있다고 한 (A)로, 물통이나 손잡이, 콘센트는 보이지 않으므로 나머지 선택지는 답이 될 수 없다.

어휘 | 水筒(すいとう) 물통 水(みず) 물 注(そそ)ぐ 붓다, 따르다
取(と)っ手(て) 손잡이 拭(ふ)く 닦다 コンセント 콘센트
差(さ)し込(こ)む 끼워 넣다, 꽂다

19 인물의 동작 및 상태(2인 이상 등장)

(A) 書斎で原稿を執筆しています。
(B) 舞台で本の朗読をしています。
(C) ネットで書籍を購入しています。
(D) 書店内で立ち読みをしています。

(A) 서재에서 원고를 집필하고 있습니다.
(B) 무대에서 책 낭독을 하고 있습니다.
(C) 인터넷에서 서적을 구입하고 있습니다.
(D) 서점 안에서 서서 읽고 있습니다.

해설 | 서점에서 서서 책을 보고 있는 사람들이 보인다. 정답은 (D)로, 「立(た)ち読(よ)み」는 '서서 읽음'이라는 뜻이다. 사진 속의 장소는 서재나 무대가 아니므로 (A)와 (B)는 답이 될 수 없고, 인터넷으로 서적을 구입하고 있는 상황도 아니므로 (C) 역시 오답이다.

어휘 | 書斎(しょさい) 서재 原稿(げんこう) 원고
執筆(しっぴつ) 집필 舞台(ぶたい) 무대 本(ほん) 책
朗読(ろうどく) 낭독 ネット 인터넷 *「インターネット」의 준말
書籍(しょせき) 서적 購入(こうにゅう) 구입 書店(しょてん) 서점

20 전체적인 풍경 및 상황

(A) 路上でパフォーマンスが行われています。
(B) 歩道の脇に花壇があります。
(C) 路地に沿って溝があります。
(D) 並行した滑走路があります。

(A) 노상에서 공연이 행해지고 있습니다.
(B) 보도 옆에 화단이 있습니다.
(C) 골목길을 따라 도랑이 있습니다.
(D) 나란히 간 활주로가 있습니다.

해설 | 보도 옆에 화단이 있는 사진이므로, 정답은 (B)가 된다. 노상에서 공연을 하는 사람은 없고, 도랑이나 활주로 역시 사진에는 보이지 않으므로, 나머지 선택지는 답이 될 수 없다.

어휘 | 路上(ろじょう) 노상, 길가 パフォーマンス 퍼포먼스, 공연
行(おこな)う 하다, 행하다, 실시하다 歩道(ほどう) 보도
脇(わき) 곁, 옆 花壇(かだん) 화단 路地(ろじ) 골목길
沿(そ)う 따르다, 끼다 溝(みぞ) 도랑, 개천
並行(へいこう) 병행, 나란히 감 滑走路(かっそうろ) 활주로

21 예/아니요형 질문

明日の天気予報、見ましたか。

(A) はい、晴れ時々曇りでしたよ。

(B) はい、掃除機は5,000円でした。

(C) はい、会議は9時からですよ。

(D) はい、10時に東京駅を出発します。

내일 일기예보, 봤어요?
(A) 예, 맑음 때때로 흐림이었어요.
(B) 예, 청소기는 5천 엔이었어요.
(C) 예, 회의는 9시부터예요.
(D) 예, 10시에 도쿄역을 출발해요.

해설 | 내일 일기예보를 봤는지 묻고 있으므로, 날씨로 응답한 선택지를 고르면 된다. 적절한 응답은 맑음 때때로 흐림이었다고 한 (A)가 된다.

어휘 | 明日(あした) 내일 天気予報(てんきよほう) 일기예보
見(み)る 보다 晴(は)れ 맑음 時々(ときどき) 종종, 때때로
曇(くも)り 흐림 掃除機(そうじき) 청소기
~円(えん) ~엔 *일본의 화폐 단위 会議(かいぎ) 회의
~から ~부터 出発(しゅっぱつ) 출발

22 의문사형 질문

毎日何で通勤していますか。

(A) 1時間半ぐらいかかります。

(B) 自転車で通っています。

(C) 本を読んだり音楽を聞いたりしています。

(D) 友達と一緒に行きます。

매일 무엇으로 통근하고 있어요?
(A) 1시간 반 정도 걸려요.
(B) 자전거로 다니고 있어요.
(C) 책을 읽거나 음악을 듣거나 하고 있어요.
(D) 친구와 함께 가요.

해설 | 「何(なに)で」(무엇으로)라는 의문사가 포인트로, 매일 무엇으로 통근하고 있는지 교통수단을 묻고 있다. 적절한 응답은 자전거로 다니고 있다고 한 (B)로, (A)는 소요시간, (C)는 여가생활, (D)는 누구와 가는지를 물었을 때 할 수 있는 응답이므로, 답이 될 수 없다.

어휘 | 毎日(まいにち) 매일 通勤(つうきん) 통근, 출퇴근
かかる (시간이) 걸리다 自転車(じてんしゃ) 자전거
通(かよ)う 다니다 本(ほん) 책 読(よ)む 읽다
~たり~たりする ~하거나 ~하거나 하다 音楽(おんがく) 음악
聞(き)く 듣다 友達(ともだち) 친구 一緒(いっしょ)に 함께

23 의문사형 질문

すみません、おもちゃ売り場はどこですか。

(A) 5階と6階です。

(B) 人形やゲームです。

(C) 3回買ったことがあります。

(D) スーパーやデパートにあります。

저기요, 장난감 매장은 어디예요?
(A) 5층과 6층이에요.
(B) 인형과 게임이에요.
(C) 세 번 산 적이 있어요.
(D) 슈퍼나 백화점에 있어요.

해설 | 장난감 매장이 어디에 있는지 묻고 있으므로, 위치를 말한 선택지를 고르면 된다. 적절한 응답은 5층과 6층이라고 한 (A)가 된다.

어휘 | おもちゃ 장난감 売(う)り場(ば) 매장 どこ 어디
6階(ろっかい) 6층 *「~階(かい)」- ~층
人形(にんぎょう) 인형 ゲーム 게임 買(か)う 사다
동사의 た형+ことがある ~한 적이 있다
スーパー 슈퍼(마켓) *「スーパーマーケット」의 준말
デパート 백화점 *「デパートメントストア」의 준말

24 일상생활 표현

鈴木さんのおばあさんは、おいくつですか。

(A) 祖父の誕生日は6月です。

(B) 祖母は今年70歳です。

(C) 兄弟はいません。

(D) 叔母は公務員です。

스즈키 씨의 할머니는 몇 살이세요?
(A) 할아버지 생신은 6월이에요.
(B) 할머니는 올해 일흔이에요.
(C) 형제는 없어요.
(D) 숙모는 공무원이에요.

해설 | 「いくつ」(몇 살)라는 단어가 포인트. 상대방 할머니 연세를 묻고 있으므로, 올해 일흔이라고 나이를 말한 (B)가 정답이다. (A)는 할아버지의 생신 시기, (C)는 형제 유무, (D)는 숙모의 직업에 대해 말하고 있으므로, 문제에 대한 응답으로는 부적절하다.

어휘 | おばあさん (남의) 할머니 祖父(そふ) 할아버지
誕生日(たんじょうび) 생일 祖母(そぼ) 할머니 今年(ことし) 올해
70歳(ななじゅっさい) 70세 *「~歳(さい)」- ~세, ~살
兄弟(きょうだい) 형제 叔母(おば) 숙모
公務員(こうむいん) 공무원

25 일상생활 표현

山田さん、字がきれいですね。

(A) そうなんです。私は字が下手で…。

(B) そうですか。ありがとうございます。

(C) はい、子供の時から苦手なんです。

(D) ええ、ファッションに興味がありますから。

야마다 씨, 글씨가 예쁘네요.
(A) 맞아요. 전 글씨를 잘 못 써서….
(B) 그래요? 고마워요.
(C) 예, 어릴 때부터 서투르거든요.
(D) 네, 패션에 흥미가 있으니까요.

해설 | 상대방의 글씨를 보고 예쁘다고 칭찬하고 있는 상황이다. 글씨를 잘 못 쓴다거나 '예'라고 인정하고 어릴 때부터 서투르다고 한 (A)와 (C)는 문제에 대한 응답으로는 부적절하고, 패션에 흥미가 있다고 한 (D)도 오답이다. 따라서 정답은 고맙다고 한 (B)가 된다.

어휘 | 字(じ) 글자, 글씨 きれいだ 예쁘다
下手(へた)だ 잘 못하다, 서투르다 子供(こども) 아이
苦手(にがて)だ 서투르다, 잘 못하다 ファッション 패션
興味(きょうみ) 흥미

26 예/아니요형 질문

もしもし、山本(やまもと)さんのお宅(たく)でしょうか。
(A) はい、山本(やまもと)と申(もう)します。
(B) はい、山本(やまもと)ですが。
(C) はい、山本(やまもと)さんでいらっしゃいます。
(D) はい、山本(やまもと)さんは大阪(おおさか)に住(す)んでいます。

여보세요, 야마모토 씨 댁인가요?
(A) 예, 야마모토라고 합니다.
(B) 예, 야마모토입니다만.
(C) 예, 야마모토 씨이십니다.
(D) 예, 야마모토 씨는 오사카에 살고 있어요.

해설 | 「もしもし」(여보세요)는 전화할 때 쓰는 표현이다. 따라서 문제는 전화로 야마모토 씨 댁인지 확인하고 있는 상황이므로, 정답은 야마모토 집이 맞다고 한 (B)가 된다. (A)는 자신을 소개할 때 사용하는 표현이므로 오답이고, (C)와 (D)는 「~さん」(~씨)이라는 존경·공손을 나타내는 표현을 쓰고 있으므로, 답이 될 수 없다.

어휘 | お宅(たく) 댁
~と申(もう)す ~라고 하다 *「~と言(い)う」의 겸양표현
명사+でいらっしゃる ~이시다 *존경표현
大阪(おおさか) 오사카 住(す)む 살다, 거주하다

27 일상생활 표현

スマホ、新(あたら)しくしたの(?)。
(A) うん、週末(しゅうまつ)に替(か)えたんだ。
(B) うん、来週(らいしゅう)までだよ。
(C) そうだね、まだ使(つか)えるよね。
(D) そうだね、もう替(か)えられるんじゃない(?)。

스마트폰, 새로 샀어?
(A) 응, 주말에 바꿨어.
(B) 응, 다음 주까지야.
(C) 그러네, 아직 쓸 수 있네.
(D) 그러네, 이제 바꿀 수 있는 거 아니야?

해설 | 스마트폰을 새로 샀는지 묻고 있는 상황이다. 적절한 응답은 주말에 바꿨다고 한 (A)로, (B)와 (D)는 약정기간, (C)는 사용 가능 여부에 대해 말하고 있으므로, 문제에 대한 응답으로는 부적절하다.

어휘 | スマホ 스마트폰 新(あたら)しい 새롭다
週末(しゅうまつ) 주말 替(か)える 바꾸다, 교환하다
来週(らいしゅう) 다음 주 まだ 아직 使(つか)う 쓰다, 사용하다
もう 이제, 이미

28 의문사형 질문

研修(けんしゅう)に参加(さんか)したいんだけど、いつまでに申(もう)し込(こ)んだらいい(?)。
(A) さっき売(う)り切(き)れちゃったよ。
(B) 半年(はんとし)に1回(いっかい)だよ。
(C) 明日(あした)までには届(とど)くと思(おも)うけど。
(D) 今月中(こんげつちゅう)にって書(か)いてあったよ。

연수에 참가하고 싶은데, 언제까지 신청하면 돼?
(A) 아까 다 팔려 버렸어.
(B) 반년에 한 번이야.
(C) 내일까지는 도착할 거라고 생각하는데.
(D) 이달 중이라고 적혀 있었어.

해설 | 「申(もう)し込(こ)む」(신청하다)라는 동사가 포인트로, 연수 참가 신청을 언제까지 하면 되는지 물었다. 적절한 응답은 이달 중이라고 적혀 있었다고 한 (D)가 된다.

어휘 | 研修(けんしゅう) 연수 参加(さんか) 참가
동사의 ます형+たい ~하고 싶다 いつ 언제
~までに ~까지 *완료 さっき 조금 전, 아까
売(う)り切(き)れる 다 팔리다 半年(はんとし) 반년
~回(かい) ~회, ~번 明日(あした) 내일
届(とど)く (보낸 물건이) 도착하다 今月(こんげつ) 이달
~中(ちゅう) ~중 書(か)く (글씨·글을) 쓰다
타동사+てある ~해져 있다

29 일상생활 표현

骨折(こっせつ)したそうですけど、大丈夫(だいじょうぶ)ですか。
(A) はい、ちょっと胃(い)の調子(ちょうし)が悪(わる)いんです。
(B) はい、階段(かいだん)で転(ころ)んでしまって…。
(C) はい、虫歯(むしば)になってしまったんです。
(D) はい、くしゃみが止(と)まらないんですよ。

골절했다면서요, 괜찮아요?
(A) 예, 조금 위 상태가 좋지 않아요.
(B) 예, 계단에서 넘어져 버려서….
(C) 예, 충치가 되어 버렸어요.
(D) 예, 재채기가 멎지 않아요.

해설 | 「骨折(こっせつ)」(골절)라는 단어가 포인트로, 골절했다고 들었는데 괜찮은지 묻고 있다. 적절한 응답은 계단에서 넘어져 버려서 그랬다고 한 (B)로, 골절하게 된 이유를 말하고 있다. 위 상태나 충치, 재채기는 골절과는 전혀 상관이 없으므로, 답이 될 수 없다.

어휘 | 품사의 보통형+そうだ ~라고 한다 *전문 胃(い) 위, 위장
調子(ちょうし) 상태, 컨디션 悪(わる)い 나쁘다, 좋지 않다
階段(かいだん) 계단 転(ころ)ぶ 넘어지다, 자빠지다
虫歯(むしば) 충치 くしゃみ 재채기 止(と)まる 그치다, 멎다

두 사람은 방 온도에 대해서 뭐라고 말하고 있습니까?
(A) 따뜻해서 기분이 좋다.
(B) 난방은 끄지 않는 편이 좋다.
(C) 난방은 필요 없다.
(D) 덥다고는 할 수 없다.

해설 | 두 사람은 이 방이 더운 이유가 따뜻한 날인데도 난방이 켜져 있어서 그런 것 같다며 끄자고 했다. 따라서 정답은 난방은 필요 없다고 한 (C)가 된다.

어휘 | 部屋(へや) 방 暑(あつ)い 덥다 暖房(だんぼう) 난방
つく (기계·전기 등이) 작동하다, 켜지다
~みたいだ ~인 것 같다 暖(あたた)かい 따뜻하다
日(ひ) 날 要(い)る 필요하다 消(け)す (스위치 등을) 끄다
温度(おんど) 온도 何(なん)と 뭐라고 気持(きも)ち 기분
~ない方(ほう)がいい ~하지 않는 편[쪽]이 좋다
~とは言(い)えない ~라고는 할 수 없다

60 대화 내용에 대한 이해

女 新商品の新しい広告ができましたよ。
男 じゃ、まず、社員に見せよう。
女 じゃ、掲示板に貼りますか。
男 そうだね。お願い。

여 신상품의 새 광고가 완성되었어요.
남 그럼, 우선 사원에게 보여 주자.
여 그럼, 게시판에 붙여요?
남 그러네, 부탁해.

広告は、どこに貼りますか。
(A) ドア
(B) テーブル
(C) 会社の入口
(D) 掲示板

광고는 어디에 붙입니까?
(A) 문
(B) 테이블
(C) 회사 입구
(D) 게시판

해설 | 「掲示板(けいじばん)」(게시판)이라는 단어가 포인트. 여자가 신상품의 새 광고를 게시판에 붙이느냐고 남자에게 묻자, 남자는 부탁한다고 했다. 따라서 정답은 (D)가 된다.

어휘 | 新商品(しんしょうひん) 신상품 新(あたら)しい 새롭다
広告(こうこく) 광고 できる 다 되다, 완성되다 まず 우선
社員(しゃいん) 사원 見(み)せる 보이다, 보여 주다
貼(は)る 붙이다 ドア 문 テーブル 테이블
入口(いりぐち) 입구

61 대화 내용에 대한 이해

男 8時に予約のお客さん、来ないね。
女 そうですね。もう8時半になりますね。
男 30分過ぎたら、予約がキャンセルになるって知らないのかな。
女 じゃ、連絡しましょうか。

남 8시에 예약한 손님, 안 오네.
여 그러게요. 벌써 8시 반이네요.
남 30분 지나면 예약이 취소가 되는 걸 모르는 걸까?
여 그럼, 연락할까요?

女の人は、どんな連絡をしますか。
(A) 明日の予約の確認
(B) 今日の予約の確認
(C) 予約の人数の確認
(D) 時間の変更

여자는 어떤 연락을 합니까?
(A) 내일 예약 확인
(B) 오늘 예약 확인
(C) 예약 인원수 확인
(D) 시간 변경

해설 | 8시에 예약한 손님이 30분이 지나도 오지 않자, 여자는 손님에게 연락해 보겠다고 했다. 여자가 손님에게 연락하려는 이유는 오늘 예약을 확인하고자 하는 것이므로, 정답은 (B)가 된다.

어휘 | 予約(よやく) 예약 お客(きゃく)さん 손님
来(く)る 오다 もう 이미, 벌써 過(す)ぎる (시간이) 지나다
キャンセル 캔슬, 취소 知(し)る 알다 連絡(れんらく) 연락
明日(あした) 내일 確認(かくにん) 확인 人数(にんずう) 인원수
時間(じかん) 시간 変更(へんこう) 변경

62 성별에 따른 의견 및 행동 구분

男 田中さん、ヒーターついてるのに、寒そうだね。
女 さっきからすごく寒くて。
男 この毛布、膝にでもかけておく(?)。
女 あ、はい。ありがとうございます。

남 다나카 씨, 히터 켜져 있는데도 추워 보이네.
여 조금 전부터 굉장히 추워서요.
남 이 담요, 무릎에라도 덮어 둘래?
여 아, 예. 고마워요.

女の人は、これからどうしますか。
(A) 毛布を受け取る。
(B) ヒーターをつける。
(C) 温かいものを飲む。

(D) 部屋(へや)の中(なか)に入(はい)る。

여자는 이제부터 어떻게 합니까?
(A) 담요를 받는다.
(B) 히터를 켠다.
(C) 따뜻한 것을 마신다.
(D) 방 안에 들어간다.

해설 | 히터가 켜져 있는데도 추워하는 여자에게 남자는 무릎에라도 덮으라며 담요를 권했고, 이에 여자는 고맙다고 했다. 따라서 여자는 이제부터 남자에게 담요를 받으면 되므로, 정답은 (A)가 된다.

어휘 | ヒーター 히터 つく (기계·전기 등이) 작동하다, 켜지다
~のに ~는데(도) 寒(さむ)い 춥다
い형용사의 어간+そうだ ~일[할] 것 같다, ~인 듯하다 *양태
さっき 아까, 조금 전 すごく 굉장히, 몹시 毛布(もうふ) 담요, 모포
膝(ひざ) 무릎 かける (이불 등을) 덮다
受(う)け取(と)る 받다, 수취하다 つける (스위치 등을) 켜다
温(あたた)かい 따뜻하다 飲(の)む 마시다 部屋(へや) 방
中(なか) 안 入(はい)る 들어가다

63 대화 내용에 대한 이해

男 今度(こんど)の会社(かいしゃ)のパーティー、クイズ大会(たいかい)なんだよ。
女 おもしろそうね。出席(しゅっせき)する(?)。
男 もちろん。クイズは得意(とくい)だから、きっと勝(か)てるよ。
女 応援(おうえん)するわ。

남 이번 회사 파티, 퀴즈대회야.
여 재미있을 것 같네. 참가해?
남 물론이지. 퀴즈는 자신 있으니까, 분명히 이길 수 있을 거야.
여 응원할게.

男(おとこ)の人(ひと)は、何(なん)と言(い)っていますか。
(A) クイズ大会(たいかい)で勝(か)つ。
(B) クイズ大会(たいかい)の司会(しかい)をする。
(C) クイズを作(つく)るのが好(す)きだ。
(D) クイズ番組(ばんぐみ)を見(み)に行(い)く。

남자는 뭐라고 말하고 있습니까?
(A) 퀴즈대회에서 이긴다.
(B) 퀴즈대회의 사회를 본다.
(C) 퀴즈를 만드는 것을 좋아한다.
(D) 퀴즈 프로그램을 보러 간다.

해설 | 남자의 두 번째 대화에 주목해야 한다. 남자는 퀴즈는 자신 있으니까 분명히 이길 수 있을 것이라고 했으므로, 정답은 (A)가 된다.

어휘 | 今度(こんど) 이번 会社(かいしゃ) 회사 パーティー 파티
クイズ 퀴즈 大会(たいかい) 대회 おもしろ(面白)い 재미있다
出席(しゅっせき) 출석, 참가 もちろん 물론
得意(とくい)だ 잘하다, 자신 있다 きっと 분명히, 틀림없이
勝(か)つ 이기다 応援(おうえん) 응원
司会(しかい)をする 사회를 보다 作(つく)る 만들다

好(す)きだ 좋아하다 番組(ばんぐみ) (연예·방송 등의) 프로그램
見(み)る 보다 동사의 ます형+に ~하러 *동작의 목적

64 대화 내용에 대한 이해

女 これ、新(あたら)しく作(つく)られた隣(となり)の町(まち)のキャラクターですって。
男 へえ、かわいいね。うちの会社(かいしゃ)の商品(しょうひん)に使(つか)わせてもらおうか。
女 いいですね。ちょっと問(と)い合(あ)わせてみましょうか。
男 うん、頼(たの)むよ。

여 이거, 새롭게 만들어진 옆 마을의 캐릭터래요.
남 허, 귀엽네. 우리 회사 상품에 쓸까?
여 좋네요. 잠시 문의해 볼까요?
남 응, 부탁해.

女(おんな)の人(ひと)は、隣(となり)の町(まち)のキャラクターについて、どんな問(と)い合(あ)わせをしますか。
(A) 誰(だれ)が考(かんが)えたのか
(B) どこで買(か)えるのか
(C) 作(つく)った人(ひと)に会(あ)えるか
(D) 会社(かいしゃ)の商品(しょうひん)に使(つか)えるか

여자는 옆 마을의 캐릭터에 대해서 어떤 문의를 합니까?
(A) 누가 고안한 것인가
(B) 어디에서 살 수 있는 것인가
(C) 만든 사람을 만날 수 있는가
(D) 회사 상품에 쓸 수 있는가

해설 | 두 사람은 옆 마을에서 새로 만든 캐릭터에 대해서 이야기를 나누고 있다. 남자는 캐릭터가 귀엽다며 자사 상품에 써 보자고 제안했고, 이에 여자는 옆 마을에 문의해 보겠다고 했다. 따라서 여자의 문의 사항은 자사 상품에 쓸 수 있는지 여부이므로, 정답은 (D)가 된다.

어휘 | 新(あたら)しい 새롭다 隣(となり) 이웃, 옆
町(まち) 마을 キャラクター 캐릭터
へえ 허 *감탄하거나 놀랐을 때 내는 소리 かわいい 귀엽다
商品(しょうひん) 상품 使(つか)う 쓰다, 사용하다 ちょっと 잠시
問(と)い合(あ)わせる 문의하다 頼(たの)む 부탁하다
誰(だれ) 누구 考(かんが)える 생각하다, 고안하다
買(か)う 사다 会(あ)う 만나다

65 대화 내용에 대한 이해

男 今月(こんげつ)は、雨(あめ)の日(ひ)が多(おお)いな。
女 雨(あめ)だと、お客(きゃく)さんが来(こ)なくて困(こま)りますね。
男 じゃ、雨(あめ)の日(ひ)に店(みせ)に来(き)てくれたお客(きゃく)さんには、割引券(わりびきけん)を渡(わた)そうか。
女 いいかもしれませんね。

남 이달은 비가 오는 날이 많군.
여 비가 오면 손님이 오지 않아서 곤란하네요.
남 그럼, 비가 오는 날에 와 준 손님에게는 할인권을 건네줄까?
여 좋을지도 모르겠네요.

男の人は、雨の日にどうすると言っていますか。
(A) 店を休みにする。
(B) 商品を安くする。
(C) 割引券をプレゼントする。
(D) 傘を割引して売る。

남자는 비가 오는 날에 어떻게 한다고 말하고 있습니까?
(A) 가게를 쉰다.
(B) 상품을 싸게 한다.
(C) 할인권을 선물한다.
(D) 우산을 할인해서 판다.

해설 | 남자의 두 번째 대화에 주목해야 한다. 남자는 비가 오는 날에 와 준 손님에게는 할인권을 건네주자고 했으므로, 정답은 (C)가 된다.

어휘 | 今月(こんげつ) 이달 雨(あめ) 비 日(ひ) 날
多(おお)い 많다 お客(きゃく)さん 손님
来(く)る 오다 困(こま)る 곤란하다, 난처하다
店(みせ) 가게 割引券(わりびきけん) 할인권
渡(わた)す 건네다, 건네주다 いい 좋다
~かもしれない ~일지도 모른다 休(やす)み 쉼, 휴일
安(やす)い 싸다 プレゼント 프레젠트, 선물 傘(かさ) 우산
割引(わりびき) 할인 売(う)る 팔다

66 대화 내용에 대한 이해

女 ここにある書類、もう、捨ててもいいですか。
男 いや、まだ要るものもあるんだよ。
女 じゃ、時間のある時に整理してもらえますか。
男 うん、わかった。

여 여기에 있는 서류, 이제 버려도 돼요?
남 아니, 아직 필요한 것도 있어.
여 그럼, 시간이 있을 때 정리해 줄래요?
남 응, 알았어.

男の人が頼まれたことは、何ですか。
(A) 要らない書類を片付けること
(B) 書類を誰かに作らせること
(C) 女の人に書類を送ること
(D) 無くなった書類を探すこと

남자가 부탁받은 것은 무엇입니까?
(A) 필요 없는 서류를 정리하는 것
(B) 서류를 누군가에게 작성하게 하는 것
(C) 여자에게 서류를 보내는 것
(D) 없어진 서류를 찾는 것

해설 | 여자가 남자에게 서류를 버려도 되느냐고 묻자, 남자는 아직 필요한 것도 있으니 정리하지 말라고 했다. 이에 여자는 그럼 시간이 있을 때 정리해 달라고 했으므로, 남자가 부탁받은 것은 필요 없는 서류를 정리하는 것이다. 따라서 정답은 (A)가 된다.

어휘 | ここ 여기, 이곳 書類(しょるい) 서류 もう 이제
捨(す)てる 버리다 ~てもいい ~해도 된다 まだ 아직
要(い)る 필요하다 時間(じかん) 시간
整理(せいり) 정리 ~てもらう (남에게) ~해 받다
頼(たの)む 부탁하다 片付(かたづ)ける 치우다, 정리하다
作(つく)る 만들다, 작성하다 送(おく)る 보내다
無(な)くなる 없어지다 探(さが)す 찾다

67 대화 내용에 대한 이해

女 営業の成績が伸びたんだってね。おめでとう。
男 ありがとうございます。でも、たまたまですよ。
女 努力したからよ。去年まで、うまくいかないって困っていたじゃない。
男 確かにそうですね。

여 영업 성적이 늘었다면서. 축하해.
남 고마워요. 하지만 우연히 그런 거예요.
여 노력했기 때문이야. 작년까지 잘 되지 않아서 곤란했었잖아?
남 확실히 그러네요.

男の人について、正しいものはどれですか。
(A) 営業成績が伸び続けている。
(B) 注意されてばかりだ。
(C) 仕事に悩んでいる。
(D) 努力して営業成績を上げた。

남자에 대해서 맞는 것은 어느 것입니까?
(A) 영업 성적이 계속 늘고 있다.
(B) 주의를 받기만 한다.
(C) 일로 고민하고 있다.
(D) 노력해서 영업 성적을 올렸다.

해설 | 두 사람의 대화를 통해 남자는 작년까지 영업 성적이 좋지 않아서 곤란했었지만, 올해는 노력해서 영업 성적이 늘었다는 것을 알 수 있다. 따라서 정답은 노력해서 영업 성적을 올렸다고 한 (D)가 된다.

어휘 | 営業(えいぎょう) 영업 成績(せいせき) 성적
伸(の)びる 늘다, 신장하다 ~って ~대, ~래
たまたま 우연히, 때마침 努力(どりょく) 노력
去年(きょねん) 작년 ~まで ~까지
うまくいく 잘 되다, 순조롭게 진행되다
困(こま)る 곤란하다, 난처하다 確(たし)かに 확실히
동사의 ます형+続(つづ)ける 계속 ~하다
注意(ちゅうい)する 주의를 주다 悩(なや)む 고민하다
上(あ)げる (성과·수익 등을) 올리다

68 대화 내용에 대한 이해

男 このゴムの手袋、すぐ、破けちゃいましたよ。
女 あ、それ、前のより安いものなんです。
男 掃除にはやっぱりもっと厚いのじゃないと…。
女 じゃ、前のと同じのを買って来ます。

남 이 고무장갑, 바로 찢어져 버렸어요.
여 아, 그거 전의 것보다 싼 거예요.
남 청소에는 역시 좀 더 두꺼운 게 아니면….
여 그럼, 전의 것과 같은 걸 사 올게요.

男の人が使った物は、どれですか。

(A) 薄い手袋
(B) 厚い手袋
(C) 値段の高い手袋
(D) 長く使える手袋

남자가 사용한 물건은 어느 것입니까?
(A) 얇은 장갑
(B) 두꺼운 장갑
(C) 가격이 비싼 장갑
(D) 오랫동안 쓸 수 있는 장갑

해설 | 남자가 사용한 물건은 고무장갑으로, 이 장갑은 청소를 시작하자마자 찢어졌으므로 (D)는 일단 정답에서 제외된다. 또한 여자가 가격은 전보다 싼 것이라고 했으므로 (C)도 오답이고, 남자가 찢어진 장갑을 보며 청소에는 좀 더 두꺼운 것이 아니면 안 되겠다고 하자, 여자는 전의 것과 같은 것을 사 오겠다고 했다. 따라서 이번 장갑은 전의 것보다 얇다는 것을 알 수 있으므로 (B)도 답이 될 수 없다. 정답은 (A)로, 「薄(うす)い」는 '얇다'라는 뜻이다.

어휘 | ゴム 고무 手袋(てぶくろ) 장갑 すぐ 곧, 바로
破(やぶ)ける 찢어지다 安(やす)い 싸다
掃除(そうじ) 청소 やっぱり 역시
もっと 더, 좀 더 厚(あつ)い 두껍다
同(おな)じだ 같다 *な형용사가 명사를 수식할 경우 어미 「だ」를 「な」로 바꾸고 명사를 붙이는데, 「同(おな)じだ」의 경우 「な」를 붙이지 않고, 바로 명사를 붙인다.
値段(ねだん) 가격 高(たか)い 비싸다
長(なが)い (시간적으로) 오래다, 길다
使(つか)う 쓰다, 사용하다

69 성별에 따른 의견 및 행동 구분

女 第2工場から機械の故障の連絡が入りました。
男 じゃ、急いで見に行ってくるから、本社への連絡を頼むよ。
女 はい。応援をしてもらえるようなら、頼みましょうか。
男 いや、それは様子を見てからでいいよ。

여 제2공장에서 기계 고장 연락이 왔었어요.
남 그럼, 서둘러 보러 갔다 올 테니까, 본사에 연락을 부탁해.
여 예. 지원을 받을 수 있을 것 같으면 부탁할까요?
남 아니, 그건 상황을 본 후라도 괜찮아.

女の人は、この後どうしますか。

(A) 故障の状況を見に行く。
(B) 生産の停止の期間を相談する。
(C) 現状を本社に伝える。
(D) 不足な材料を補う。

여자는 이후 어떻게 합니까?
(A) 고장 상황을 보러 간다.
(B) 생산 정지 기간을 상담한다.
(C) 현재 상태를 본사에 전한다.
(D) 부족한 재료를 보충한다.

해설 | 남자의 두 번째 대화에 주목해야 한다. 남자는 여자에게 제2공장에 기계 고장을 보러 갈 테니까, 본사에 연락을 부탁한다고 했다. 따라서 정답은 (C)가 된다.

어휘 | 工場(こうじょう) 공장 機械(きかい) 기계
故障(こしょう) 고장 連絡(れんらく) 연락 入(はい)る 들어오다
急(いそ)ぐ 서두르다 本社(ほんしゃ) 본사 頼(たの)む 부탁하다
応援(おうえん) 응원, 지원, 도움 ～てもらう (남에게) ~해 받다
様子(ようす) 형편, 상황 状況(じょうきょう) 상황
生産(せいさん) 생산 停止(ていし) 정지 期間(きかん) 기간
相談(そうだん) 상담, 상의, 의논 現状(げんじょう) 현상, 현재 상태
伝(つた)える 전하다, 전달하다 不足(ふそく)だ 부족하다
材料(ざいりょう) 재료 補(おぎな)う 보충하다

70 대화 내용에 대한 이해

男 パソコンがインターネットに繋がらないんだけど…。
女 接続が正しいか確認しましたか。
男 うん。あ、いつの間にか、繋いであった線が抜けてたよ。
女 そうでしたか。

남 컴퓨터가 인터넷에 연결되지 않는데….
여 접속이 맞는지 확인했어요?
남 응. 아, 어느샌가 연결되어 있던 선이 빠져 있었어.
여 그랬어요?

男の人のパソコンは、なぜ使えませんでしたか。

(A) 壊れたから
(B) やり方が間違っていたから
(C) 線の繋ぎ方がわからなかったから
(D) 線が繋がっていなかったから

남자의 컴퓨터는 왜 사용할 수 없었습니까?
(A) 고장 났기 때문에

(B) 방식이 틀렸기 때문에
(C) 선 연결법을 몰랐기 때문에
(D) 선이 연결되어 있지 않았기 때문에

해설 | 남자의 두 번째 대화에 주목해야 한다. 남자가 컴퓨터를 사용할 수 없었던 이유는 어느샌가 연결되어 있던 선이 빠져 있었기 때문이므로, 정답은 선이 연결되어 있지 않았기 때문이라고 한 (D)가 된다.

어휘 | パソコン (개인용) 컴퓨터 *「パーソナルコンピューター」의 준말 インターネット 인터넷 繋(つな)がる 이어지다, 연결되다 接続(せつぞく) 접속 正(ただ)しい 바르다, 맞다 確認(かくにん) 확인 いつの間(ま)にか 어느샌가 繋(つな)ぐ 잇다, 연결하다 타동사+てある ~해져 있다 線(せん) 선 抜(ぬ)ける 빠지다 壊(こわ)れる 고장 나다 やり方(かた) (하는) 방식 間違(まちが)う 틀리다, 잘못되다 동사의 ます형+方(かた) ~하는 법

71 대화 내용에 대한 이해

女 今回の会議資料、量がかなりありますね。
男 うん。袋に入れるとか、何かまとめた方がいいね。
女 ファイルを配って、各自で綴じてもらいましょうか。
男 うん。そうだな。

여 이번 회의 자료, 양이 꽤 되네요.
남 응. 봉투에 넣든지, 뭔가 정리하는 편이 좋겠네.
여 파일을 나누어 주고 각자 철하도록 할까요?
남 응. 그렇게 해.

資料はどうすることにしましたか。
(A) ファイルに綴じてもらう。
(B) パソコンに保存してもらう。
(C) 大きい袋に入れて渡す。
(D) ホチキスで綴じて渡す。

자료는 어떻게 하기로 했습니까?
(A) 파일로 철하도록 한다.
(B) 컴퓨터에 보존하도록 한다.
(C) 큰 봉투에 넣어서 건네준다.
(D) 스테이플러로 철해서 건네준다.

해설 | 자료 정리 방법에 대해서는 대화 후반부에 나온다. 여자가 파일을 나누어 주고 각자 철하도록 할지 남자에게 묻자, 남자는 그렇게 하라고 했다. 정답은 (A)로, 「綴(と)じる」는 '철하다'라는 뜻이다.

어휘 | 今回(こんかい) 이번 会議(かいぎ) 회의 資料(しりょう) 자료 量(りょう) 양 かなり 꽤, 상당히 ある (무게·양 등이) 얼마큼 되다 袋(ふくろ) 봉지, 봉투 入(い)れる 넣다 ~とか ~라든지 何(なに)か 뭔가 まとめる 정리하다 ファイル 파일 配(くば)る 나누어 주다, 배포하다 各自(かくじ) 각자 綴(と)じる 철하다 保存(ほぞん) 보존 大(おお)きい 크다 渡(わた)す 건네다, 건네주다 ホチキス 호치키스, 스테이플러

72 성별에 따른 의견 및 행동 구분

男 すみません。10分前にこの店に来て、もう出たいのですが、駐車料金はどうなりますか。
女 何かお買い物はされましたか。
男 あいにく品切れで買えなかったんです。
女 かしこまりました。料金は結構でございます。

남 저기요. 10분 전에 이 가게에 와서 이제 나가고 싶은데, 주차요금은 어떻게 돼요?
여 뭔가 쇼핑은 하셨어요?
남 공교롭게도 품절이라 살 수 없었어요.
여 잘 알겠습니다. 요금은 괜찮습니다.

男の人は、この後どうしますか。
(A) 車を止めて店に入る。
(B) 駐車場を出る。
(C) 駐車場に入るのを諦める。
(D) 駐車料金を払う。

남자는 이후 어떻게 합니까?
(A) 차를 세우고 가게에 들어간다.
(B) 주차장을 나간다.
(C) 주차장에 들어가는 것을 단념한다.
(D) 주차요금을 지불한다.

해설 | 남자가 가게 주차장을 나가며 주차요금을 묻고 있는 상황이다. 여자의 두 번째 대화에서 요금은 괜찮다고 했으므로, 남자는 그냥 주차장을 나가면 된다. 따라서 정답은 (B)가 된다.

어휘 | すみません 저기요 *주의를 환기할 때 쓰는 말 店(みせ) 가게 もう 이제 出(で)る 나가다 동사의 ます형+たい ~하고 싶다 駐車(ちゅうしゃ) 주차 料金(りょうきん) 요금 買(か)い物(もの) 쇼핑, 장을 봄 あいにく 공교롭게도 品切(しなぎ)れ 품절 かしこまりました 잘 알겠습니다 結構(けっこう)だ 괜찮다, 좋다 ~でございます ~입니다 *「~であります」(~입니다)의 공손한 표현 止(と)める 세우다 入(はい)る 들어가다 諦(あきら)める 체념하다, 단념하다 払(はら)う (돈을) 내다, 지불하다

73 대화 내용에 대한 이해

女 来週のイベントで使う荷物が1階に届いていますよ。
男 じゃ、どこに置いておこうか。
女 わざわざ上まで、運ぶ必要もないので、そのまま受付で預かってもらいましょう。
男 そうだね。それがいいね。

여 다음 주 이벤트에서 쓸 짐이 1층에 도착했어요.
남 그럼, 어디에 놔 둘까?
여 일부러 위에까지 옮길 필요도 없으니까, 그대로 접수처에 맡기죠.
남 그러네. 그게 좋겠네.

2人は、荷物をどうしますか。
(A) 女の人が預かる。
(B) 受付に置いておく。
(C) 男の人が会場に届ける。
(D) 皆で1階まで運ぶ。

두 사람은 짐을 어떻게 합니까?
(A) 여자가 보관한다.
(B) 접수처에 놔 둔다.
(C) 남자가 회장에 보낸다.
(D) 모두 함께 1층까지 옮긴다.

해설 | 대화 후반부에서 여자는 일부러 위에까지 옮길 필요도 없으니까 그대로 접수처에 맡기자고 했고, 이에 남자도 그게 좋겠다며 동의했다. 따라서 정답은 접수처에 놔 둔다고 한 (B)가 된다.

어휘 | 来週(らいしゅう) 다음 주 イベント 이벤트
使(つか)う 쓰다, 사용하다 荷物(にもつ) 짐
1階(いっかい) 1층 *「~階(かい)」- ~층
届(とど)く (보낸 물건이) 도착하다 置(お)く 놓다, 두다
わざわざ 일부러 運(はこ)ぶ 옮기다, 운반하다
必要(ひつよう) 필요 そのまま 그대로 受付(うけつけ) 접수(처)
預(あず)かる 맡다, 보관하다 会場(かいじょう) 회장
届(とど)ける 보내다, 보내어 주다 皆(みんな)で 모두 함께

74 성별에 따른 의견 및 행동 구분

男 ネットで買い物するのって、失敗しないの(?)。
女 だから、買った人の評価を参考にするのよ。
男 でも、それが信用できるかどうかわからないだろう(?)。
女 何も情報がないよりはましでしょ。

남 인터넷에서 쇼핑하는 건, 실패하지 않아?
여 그래서 산 사람의 평가를 참고로 하는 거야.
남 하지만 그게 신용할 수 있을지 어떨지 모르지 않아?
여 아무것도 정보가 없는 것보다는 더 낫잖아?

男の人は、ネットの商品の評価をどうだと言っていますか。
(A) 信用できるとは言えない。
(B) 信用できないものばかりでもない。
(C) 利用者の声は参考になる。
(D) 不確かだが、ないよりはいい。

남자는 인터넷 상품의 평가를 어떻다고 말하고 있습니까?
(A) 신용할 수 있다고는 할 수 없다.
(B) 신용할 수 없는 것만도 아니다.
(C) 이용자의 의견은 참고가 된다.
(D) 확실하지 않지만, 없는 것보다는 좋다.

해설 | 남자의 대화에 주목해야 한다. 남자는 인터넷 상품의 평가를 신용할 수 있을지 어떨지 모르지 않느냐고 했으므로, 정답은 신용할 수 있다고는 할 수 없다고 한 (A)가 된다.

어휘 | ネット 인터넷 *「インターネット」의 준말
買(か)い物(もの) 쇼핑, 장을 봄 失敗(しっぱい) 실패
だから 그래서 買(か)う 사다 評価(ひょうか) 평가
参考(さんこう) 참고 信用(しんよう) 신용
~かどうか ~일지 어떨지, ~인지 어떤지 何(なに)も 아무것도
情報(じょうほう) 정보 ~より ~보다 ましだ 더 낫다
~とは言(い)えない ~라고는 할 수 없다
~ばかり ~만, ~뿐 利用者(りようしゃ) 이용자
声(こえ) 목소리, 의견 不確(ふたし)かだ 불확실하다

75 대화 내용에 대한 이해

女 新しい車の広告に猫を使うのは、どうかしら。
男 車の宣伝なら、犬じゃないの(?)。
女 猫って車が嫌いだから、逆に、そんな猫が車の中でゆったり寝てる広告なのよ。
男 なるほど。

여 새 차 광고에 고양이를 쓰는 건 어떨까?
남 차 선전이라면 개 아닌가?
여 고양이는 차를 싫어하니까, 역으로 그런 고양이가 차 안에서 느긋하게 자고 있는 광고야.
남 과연.

女の人は、どんな広告の場面をイメージしていますか。
(A) 犬が車から顔を出す場面
(B) 猫が車内でのんびりする場面
(C) 犬が猫と仲よくする場面
(D) 猫が車を見送る場面

여자는 어떤 광고 장면을 떠올리고 있습니까?
(A) 개가 차에서 얼굴을 내미는 장면
(B) 고양이가 차 안에서 느긋하게 쉬는 장면
(C) 개와 고양이와 사이좋게 지내는 장면
(D) 고양이가 차를 배웅하는 장면

해설 | 여자의 두 번째 대화에 주목해야 한다. 여자는 차를 싫어하는 고양이가 차 안에서 느긋하게 자고 있는 광고를 떠올리고 있으므로, 정답은 (B)가 된다.

어휘 | 新(あたら)しい 새롭다 車(くるま) 차 広告(こうこく) 광고
猫(ねこ) 고양이 使(つか)う 쓰다, 사용하다
宣伝(せんでん) 선전 犬(いぬ) 개 嫌(きら)いだ 싫어하다
逆(ぎゃく)に 역으로, 반대로 ゆったり 느긋하게
寝(ね)る 자다 なるほど 과연 場面(ばめん) 장면
イメージする 이미지하다, 떠올리다
顔(かお)を出(だ)す 얼굴을 내밀다 場面(ばめん) 장면
車内(しゃない) 차내, 차 안 のんびりする 느긋하게 쉬다
仲(なか)よくする 사이좋게 지내다 見送(みおく)る 배웅하다

76 대화 내용에 대한 이해

男 昨日、出張で初めて、長野支店へ行ったんですよ。
女 あそこは、開発部の作品が展示されていて、おもしろいよね。
男 ええ。ロボットがお茶を運んで来てくれて、驚きました。
女 本当に、そうよね。

남 어제 출장으로 처음 나가노 지점에 갔었어요.
여 거기는 개발부 작품이 전시되어 있어서 재미있지?
남 네. 로봇이 차를 갖다 줘서 놀랐어요.
여 정말로 그렇지.

男の人が驚いたことは、何ですか。
(A) 会社の周りをロボットが歩いていること
(B) ロボットがお茶のサービスをすること
(C) ロボットがロボットを作っていること
(D) ロボット用の飲み物が売られていること

남자가 놀란 것은 무엇입니까?
(A) 회사 주위를 로봇이 걷고 있는 것
(B) 로봇이 차 서비스를 하는 것
(C) 로봇이 로봇을 만들고 있는 것
(D) 로봇용 음료가 팔리고 있는 것

해설 | 남자의 두 번째 대화에 주목해야 한다. 남자는 로봇이 차를 갖다 줘서 놀랐다고 했으므로, 정답은 로봇이 차 서비스를 하는 것이라고 한 (B)가 된다.

어휘 | 昨日(きのう) 어제 出張(しゅっちょう) 출장
初(はじ)めて 처음(으로) 支店(してん) 지점
あそこ (서로 알고 있는) 그곳, 거기 開発部(かいはつぶ) 개발부
作品(さくひん) 작품 展示(てんじ) 전시 おもしろ(面白)い 재미있다
ロボット 로봇 お茶(ちゃ) 차 運(はこ)ぶ 나르다, 갖고 오다
~てくれる (남이 나에게) ~해 주다 驚(おどろ)く 놀라다
会社(かいしゃ) 회사 周(まわ)り 주위, 주변 歩(ある)く 걷다
サービス 서비스 作(つく)る 만들다 ~用(よう) ~용
飲(の)み物(もの) 음료 売(う)る 팔다

77 대화 내용에 대한 이해

女 来月から運送会社が変わりますので、よろしくお願いします。
男 前の会社、何かあったの(?)
女 ドライバーの不足で、配達できる地域が狭くなっちゃったんです。
男 そうか。

여 다음 달부터 운송회사가 바뀌니까, 잘 부탁드려요.
남 전의 회사, 무슨 일인가 있었어?
여 운전사 부족으로 배달할 수 있는 지역이 좁아져 버렸어요.
남 그래?

前に使っていた運送会社は、どうなりましたか。
(A) 倒産してしまった。
(B) 運送料が値上がりした。
(C) ドライバーがストを始めた。
(D) 配達地域が限られることになった。

전에 이용했던 운송회사는 어떻게 되었습니까?
(A) 도산해 버렸다.
(B) 운송료가 올랐다.
(C) 운전사가 파업을 시작했다.
(D) 배달지역이 한정되게 되었다.

해설 | 여자의 두 번째 대화에 주목해야 한다. 전에 이용했던 운송회사는 운전사 부족으로 배달할 수있는 지역이 좁아져 버렸다고 했으므로, 정답은 배달지역이 한정되게 되었다고 한 (D)가 된다.

어휘 | 来月(らいげつ) 다음 달
運送会社(うんそうがいしゃ) 운송회사 変(か)わる 바뀌다
ドライバー 드라이버, 운전사 不足(ふそく)だ 부족하다
配達(はいたつ) 배달 地域(ちいき) 지역
狭(せま)い (범위가) 좁다 使(つか)う 이용하다
倒産(とうさん) 도산 運送料(うんそうりょう) 운송료
値上(ねあ)がり 가격 인상, 값이 오름
スト 동맹 파업 *「ストライキ」의 준말
始(はじ)める 시작하다 限(かぎ)る 제한하다, 한정하다

78 대화 내용에 대한 이해

女 こんな豪華な料理、どうやって作ったの(?)。
男 冷凍食品のアレンジで、インターネットに載ってたんだ。
女 へえ。ネットだとおもしろいレシピが載ってるよね。
男 そうなんだよ。

여 이런 호화로운 요리, 어떻게 만들었어?
남 냉동식품을 재해석한 건데, 인터넷에 실려 있었어.
여 허. 인터넷이라면 재미있는 레시피가 실려 있구나.
남 맞아.

どんな料理について、話していますか。
(A) 女の人の料理をアレンジしたもの
(B) ネットで注文したもの
(C) ネットで作り方を検索したもの
(D) 前に作って冷凍しておいたもの

어떤 요리에 대해서 이야기하고 있습니까?
(A) 여자의 요리를 재해석한 것
(B) 인터넷에서 주문한 것
(C) 인터넷에서 만드는 법을 검색한 것
(D) 전에 만들어서 냉동해 둔 것

해설 | 남자의 두 번째 대화에 주목해야 한다. 두 사람이 이야기하고 있는 요리는 인터넷에 실려 있는 냉동식품을 재해석한 것이므로, 정답은 인터넷에서 만드는 법을 검색한 것이라고 한 (C)가 된다.

어휘 | 豪華(ごうか)だ 호화롭다 料理(りょうり) 요리
作(つく)る 만들다 冷凍食品(れいとうしょくひん) 냉동식품
アレンジ 어레인지, 재해석 インターネット 인터넷(=「ネット」)
載(の)る (신문·잡지 등에) 실리다 おもしろ(面白)い 재미있다
レシピ 레시피, 조리법 注文(ちゅうもん) 주문
作(つく)り方(かた) 만드는 법 検索(けんさく) 검색
~ておく ~해 놓다[두다]

79 대화 내용에 대한 이해

男 得意先(とくいさき)に送(おく)る荷物(にもつ)に納品書(のうひんしょ)を入(い)れてるけど、必要(ひつよう)ないんじゃないかな。
女 じゃ、請求書(せいきゅうしょ)しか発行(はっこう)しないってことですか。
男 うん。納品(のうひん)の内訳(うちわけ)は、メールで送(おく)ればいいだろう。
女 確(たし)かに、そうしている会社(かいしゃ)もありますね。

남 단골 거래처에 보낼 짐에 납품서를 넣었는데, 필요 없는 거 아닐까?
여 그럼, 청구서밖에 발행하지 않는다는 말인가요?
남 응. 납품 내역은 메일로 보내면 되잖아?
여 확실히 그렇게 하고 있는 회사도 있죠.

会話(かいわ)の内容(ないよう)と合(あ)っているものは、どれですか。
(A) 荷物(にもつ)に納品書(のうひんしょ)を入(い)れて送(おく)ればいい。
(B) 納品(のうひん)の明細(めいさい)は、メールで知(し)らせればいい。
(C) 請求書(せいきゅうしょ)を発行(はっこう)する必要(ひつよう)はない。
(D) 請求内容(せいきゅうないよう)は、メールで送(おく)らない方(ほう)がいい。

대화의 내용과 맞는 것은 어느 것입니까?
(A) 짐에 납품서를 넣어서 보내면 된다.
(B) 납품 명세는 메일로 알리면 된다.
(C) 청구서를 발행할 필요는 없다.
(D) 청구 내용은 메일로 보내지 않는 편이 좋다.

해설 | 두 사람의 대화를 종합해 보면 남자는 단골 거래처에 청구서만 발행하면 되고, 납품 내역은 직접 보내는 게 아니라 메일로 보내면 된다고 생각하고 있다는 것을 알 수 있다. 따라서 정답은 납품 명세는 메일로 알리면 된다고 한 (B)가 된다.

어휘 | 得意先(とくいさき) 단골 거래처 送(おく)る 보내다
荷物(にもつ) 짐 納品書(のうひんしょ) 납품서
入(い)れる 넣다 必要(ひつよう) 필요
請求書(せいきゅうしょ) 청구서 ~しか ~밖에

発行(はっこう) 발행 内訳(うちわけ) 내역
メール 메일 確(たし)かに 확실히 明細(めいさい) 명세
知(し)らせる 알리다 内容(ないよう) 내용
~ない方(ほう)がいい ~하지 않는 편[쪽]이 좋다

80 대화 내용에 대한 이해

女 スプーンのデザインを考(かんが)えてみたので、見(み)ていただけますか。
男 ふうん。少(すこ)し歪(ゆが)んでいるんだね。
女 ええ。スプーンの先(さき)を10度(じゅうど)くらいひねることで、使(つか)いやすくしたんです。
男 それは考(かんが)え付(つ)かなかったよ。いいね。

여 스푼 디자인을 생각해 봤으니까, 봐 주시겠어요?
남 흠…. 조금 휘어 있군.
여 예. 스푼의 끝을 10도 정도 비트는 것으로, 사용하기 편하게 했어요.
남 그건 생각지 못했어. 좋군.

女(おんな)の人(ひと)はスプーンについて、何(なに)を褒(ほ)められましたか。
(A) 角度(かくど)に着目(ちゃくもく)したこと
(B) 歪(ゆが)みを修正(しゅうせい)したこと
(C) 質(しつ)を追求(ついきゅう)したこと
(D) 芸術性(げいじゅつせい)を見出(みいだ)したこと

여자는 스푼에 대해서 무엇을 칭찬받았습니까?
(A) 각도에 착안한 것
(B) 휜 것을 수정한 것
(C) 질을 추구한 것
(D) 예술성을 찾아낸 것

해설 | 여자의 대화에 주목해야 한다. 여자는 스푼의 끝을 10도 정도 비틀어서 사용하기 편한 디자인을 생각해 냈으므로, 정답은 각도에 착안한 것이라고 한 (A)가 된다.

어휘 | スプーン 스푼, 숟가락 デザイン 디자인
考(かんが)える 생각하다 少(すこ)し 조금
歪(ゆが)む (모양이) 일그러지다 先(さき) 끝
10度(じゅうど) 10도 *「~度(ど)」- ~도 ひねる 비틀다
使(つか)う 쓰다, 사용하다
동사의 ます형+やすい ~하기 쉽다[편하다]
考(かんが)え付(つ)く 생각이 나다 褒(ほ)める 칭찬하다
角度(かくど) 각도 着目(ちゃくもく) 착안 歪(ゆが)み 휨
修正(しゅうせい) 수정 質(しつ) 질 追求(ついきゅう) 추구
芸術性(げいじゅつせい) 예술성
見出(みいだ)す 찾아내다, 발견하다

81~84 리카와 나

[81]りかさんと私は幼稚園からの友達です。りかさんは、来月の結婚を前に、狭いアパートから、広いマンションに引っ越しました。[82]結婚相手の隆さんは、今、外国で働いていて、引っ越しに間に合わなかったので、私が仕事を休んで手伝いに行きました。[83]マンションの近くには木がたくさんあって、鳥の声が聞こえました。近所に高い建物がないので、5階の部屋の窓から外を見ると、遠くには海が見えてきれいでした。[84]結婚してここに住む彼女は、今から楽しみだと言っています。嬉しそうな彼女を見て、私も嬉しくなりました。

[81]리카 씨와 저는 유치원부터 친구입니다. 리카 씨는 다음 달에 결혼을 앞두고 좁은 공동주택에서 넓은 (중·고층) 아파트로 이사했습니다. [82]결혼 상대인 다카시 씨는 지금 외국에서 일하고 있어서 이사에 맞게 오지 못했기 때문에 제가 일을 쉬고 도와주러 갔습니다. [83](중·고층) 아파트 근처에는 나무가 많이 있고 새소리가 들렸습니다. 부근에 높은 건물이 없기 때문에 5층 방의 창문에서 밖을 보면 멀리에는 바다가 보여서 예뻤습니다. [84]결혼하고 여기에 살 그녀는 지금부터 기대된다고 말하고 있습니다. 기뻐 보이는 그녀를 보고 저도 기뻐졌습니다.

어휘 | 幼稚園(ようちえん) 유치원 友達(ともだち) 친구
来月(らいげつ) 다음 달 結婚(けっこん) 결혼
～を前(まえ)に ～을 앞두고 狭(せま)い 좁다
アパート 아파트, 공동주택 広(ひろ)い 넓다
マンション 맨션, (중·고층) 아파트 引(ひ)っ越(こ)す 이사하다
相手(あいて) 상대 今(いま) 지금 外国(がいこく) 외국
働(はたら)く 일하다 間(ま)に合(あ)う 시간에 맞게 대다, 늦지 않다
休(やす)む 쉬다 手伝(てつだ)う 돕다, 도와주다
동사의 ます형+に ～하러 *동작의 목적 近(ちか)く 근처
木(き) 나무 たくさん 많이 鳥(とり) 새
声(こえ) (새·벌레의) 울음소리 聞(き)こえる 들리다
近所(きんじょ) 근처, 부근 高(たか)い 높다 建物(たてもの) 건물
部屋(へや) 방 窓(まど) 창문 外(そと) 밖 遠(とお)く 먼 곳, 멀리
海(うみ) 바다 見(み)える 보이다 きれいだ 예쁘다
住(す)む 살다, 거주하다 今(いま)から 지금부터
楽(たの)しみ 기다려짐, 고대 嬉(うれ)しい 기쁘다
い형용사의 어간+そうだ ～일[할] 것 같다, ～인 듯하다 *양태

81 りかさんとこの人は、どんな関係ですか。
(A) 同じアパートに住んでいる人
(B) 小さい時からの友達
(C) 学生の時の友達
(D) 子供の友達

81 리카 씨와 이 사람은 어떤 관계입니까?
(A) 같은 아파트에 살고 있는 사람
(B) 어릴 때부터의 친구
(C) 학생 때의 친구
(D) 아이의 친구

해설 | 첫 번째 문장에서 리카 씨와 이 사람은 유치원부터 친구라고 했으므로, 정답은 (B)가 된다.

어휘 | 関係(かんけい) 관계 同(おな)じだ 같다
小(ちい)さい (나이가) 적다, 어리다
学生(がくせい) 학생, (특히) 대학생 子供(こども) 아이

82 この人は、どうして引っ越しを手伝いましたか。
(A) 隆さんが日本にいなかったから
(B) 隆さんが風邪を引いたから
(C) この人が大きい車を持っているから
(D) この人が引っ越しの日に暇だったから

82 이 사람은 어째서 이사를 도왔습니까?
(A) 다카시 씨가 일본에 없었기 때문에
(B) 다카시 씨가 감기에 걸렸기 때문에
(C) 이 사람이 큰 차를 가지고 있기 때문에
(D) 이 사람이 이삿날에 한가했기 때문에

해설 | 이 사람이 리카 씨의 이사를 도와준 이유는 결혼 상대인 다카시 씨가 외국에서 일해서 이사에 맞게 오지 못했기 때문이다. 따라서 정답은 (A)가 된다.

어휘 | 風邪(かぜ)を引(ひ)く 감기에 걸리다 大(おお)きい 크다
車(くるま) 차 持(も)つ 가지다, 소유하다 暇(ひま)だ 한가하다

83 マンションは、どんな所にありますか。
(A) 海が近くて便利な所
(B) 景色がよくて緑が多い所
(C) 山が見えて空気がきれいな所
(D) 窓から山も海もよく見える所

83 (중·고층) 아파트는 어떤 곳에 있습니까?
(A) 바다가 가깝고 편리한 곳
(B) 경치가 좋고 녹음이 많은 곳
(C) 산이 보이고 공기가 깨끗한 곳
(D) 창문에서 산도 바다도 잘 보이는 곳

해설 | 리카 씨가 이사한 아파트에 대해서는 중반부에 나온다. 근처에 나무가 많이 있고 부근에 높은 건물이 없어서 5층 방의 창문에서 밖을 보면 멀리에는 바다가 보인다고 했다. 따라서 정답은 (B)가 된다.

어휘 | 近(ちか)い 가깝다 便利(べんり)だ 편리하다
景色(けしき) 경치 緑(みどり) 녹색, 녹음 多(おお)い 많다
山(やま) 산 見(み)える 보이다 空気(くうき) 공기
きれいだ 깨끗하다

84 りかさんは、マンションについてどう思っていますか。
- (A) 1人（ひとり）で生活（せいかつ）するには広（ひろ）い。
- (B) 駅（えき）から遠（とお）くて不便（ふべん）だ。
- (C) 今（いま）からここに住（す）みたい。
- (D) ここに住（す）むのが楽（たの）しみだ。

84 리카 씨는 (중·고층) 아파트에 대해서 어떻게 생각하고 있습니까?
- (A) 혼자서 생활하기에는 넓다.
- (B) 역에서 멀어서 불편하다.
- (C) 지금부터 여기에 살고 싶다.
- (D) 여기에 사는 것이 기대된다.

해설 | 후반부에서 '결혼하고 여기에 살 그녀는 지금부터 기대된다고 말하고 있습니다'라고 했으므로, 정답은 (D)가 된다.

어휘 | 1人(ひとり)で 혼자서 生活(せいかつ) 생활 駅(えき) 역
遠(とお)い 멀다 不便(ふべん)だ 불편하다

85~88 소방서에서의 연락

社員（しゃいん）の皆様（みなさま）に、消防署（しょうぼうしょ）からの連絡（れんらく）をお伝（つた）えします。85今（いま）、このビルの近（ちか）くの建設会社（けんせつがいしゃ）で変（へん）な臭（にお）いがする、という電話（でんわ）があったそうです。場所（ばしょ）は、ここから30メートルほど東側（ひがしがわ）の、ミヤコ川（がわ）のそばです。86風（かぜ）の方向（ほうこう）から考（かんが）えて、今（いま）はこのビルに危険（きけん）はないとのことですが、状況（じょうきょう）が変（か）わる可能性（かのうせい）もあります。87皆様（みなさま）は外出（がいしゅつ）はしないで、次（つぎ）の連絡（れんらく）をお待（ま）ちください。また、88消防（しょうぼう）署（しょ）から、安全（あんぜん）な場所（ばしょ）へ移（うつ）るようにという連絡（れんらく）があった場合（ばあい）は、貴重品（きちょうひん）だけ持（も）って、先日（せんじつ）の訓練（くんれん）通（どお）り、落（お）ち着（つ）いて行動（こうどう）してください。

사원 여러분께 소방서에서의 연락을 전해 드리겠습니다. 85지금 이 빌딩 근처의 건설회사에서 이상한 냄새가 난다는 전화가 있었다고 합니다. 장소는 여기에서 30m 정도 동쪽인 미야코강 옆입니다. 86바람의 방향으로 판단해서 지금은 이 빌딩에 위험은 없다고 합니다만, 상황이 바뀔 가능성도 있습니다. 87여러분은 외출은 하지 말고 다음 연락을 기다려 주십시오. 또 88소방서에서 안전한 장소로 이동하라고 연락이 있었을 경우는 귀중품만 가지고 일전의 훈련대로 침착하게 행동해 주십시오.

어휘 | 社員(しゃいん) 사원 皆様(みなさま) 여러분
消防署(しょうぼうしょ) 소방서 連絡(れんらく) 연락
お+동사의 ます형+する ~하다, ~해 드리다 *겸양표현
伝(つた)える 전하다, 전달하다 今(いま) 지금
ビル 빌딩 *『ビルディング』의 준말 近(ちか)く 근처
建設会社(けんせつがいしゃ) 건설회사 変(へん)だ 이상하다
臭(にお)いがする 냄새가 나다 電話(でんわ) 전화
품사의 보통형+そうだ ~라고 한다 *전문 場所(ばしょ) 장소
メートル 미터, m ~ほど ~정도 東側(ひがしがわ) 동쪽
そば 옆, 곁 風(かぜ) 바람 方向(ほうこう) 방향

考(かんが)える 생각하다, 판단하다 危険(きけん) 위험
~とのことだ ~라고 한다 *전문 状況(じょうきょう) 상황
変(か)わる 바뀌다, 변하다 可能性(かのうせい) 가능성
外出(がいしゅつ) 외출 次(つぎ) 다음
お+동사의 ます형+ください ~해 주십시오 *존경표현
待(ま)つ 기다리다 安全(あんぜん)だ 안전하다
移(うつ)る 옮기다, 이동하다 ~ように ~하도록, ~하라고
場合(ばあい) 경우 貴重品(きちょうひん) 귀중품
~だけ ~만, ~뿐 持(も)つ 가지다, 휴대하다
先日(せんじつ) 요전, 저번 訓練(くんれん) 훈련
명사+通(どお)り ~대로 落(お)ち着(つ)く 침착하다
行動(こうどう) 행동

85 消防署（しょうぼうしょ）から、どんな連絡（れんらく）がありましたか。
- (A) 隣（となり）のビルで変（へん）な臭（にお）いがする。
- (B) 隣（となり）のビルから煙（けむり）が出（で）ている。
- (C) 川（かわ）の近（ちか）くの会社（かいしゃ）で変（へん）な臭（にお）いがする。
- (D) 川（かわ）の近（ちか）くの会社（かいしゃ）から煙（けむり）が出（で）ている。

85 소방서에서 어떤 연락이 있었습니까?
- (A) 옆 빌딩에서 이상한 냄새가 난다.
- (B) 옆 빌딩에서 연기가 나고 있다.
- (C) 강 근처의 회사에서 이상한 냄새가 난다.
- (D) 강 근처의 회사에서 연기가 나고 있다.

해설 | 소방서에서의 연락은 30m 정도 동쪽인 미야코강 근처의 건설회사에서 이상한 냄새가 난다는 전화를 받았다는 것이었다. 따라서 정답은 (C)가 된다.

어휘 | 隣(となり) 이웃, 옆 煙(けむり) 연기 出(で)る 나다
川(かわ) 강

86 どうして今（いま）は危険（きけん）がないと言（い）えますか。
- (A) かなり離（はな）れた場所（ばしょ）で起（お）きているから
- (B) 状態（じょうたい）がよくなってきたから
- (C) ほとんど風（かぜ）が吹（ふ）いていない状態（じょうたい）だから
- (D) 風（かぜ）がこのビルに向（む）かって吹（ふ）いていないから

86 어째서 지금은 위험이 없다고 할 수 있습니까?
- (A) 상당히 떨어진 장소에서 일어나고 있기 때문에
- (B) 상태가 좋아졌기 때문에
- (C) 거의 바람이 불고 있지 않은 상태이기 때문에
- (D) 바람이 이 빌딩을 향해서 불고 있지 않기 때문에

해설 | 중반부에서 바람의 방향으로 판단해서 지금은 이 빌딩에 위험은 없다고 했으므로, 정답은 (D)가 된다.

어휘 | かなり 꽤, 상당히 離(はな)れる 떨어지다
起(お)きる 일어나다, 발생하다 状態(じょうたい) 상태
吹(ふ)く (바람이) 불다 向(む)かう 향하다

87 社員（しゃいん）の人（ひと）たちは、今（いま）、どうしますか。
- (A) ビルから外（そと）へ出（で）ない。
- (B) 逃（に）げる準備（じゅんび）をする。
- (C) 仕事（しごと）を早（はや）く片付（かたづ）ける。

(D) 家(いえ)に帰(かえ)る準備(じゅんび)をする。

87 사원인 사람들은 지금 어떻게 합니까?
(A) 빌딩에서 밖으로 나오지 않는다.
(B) 피할 준비를 한다.
(C) 일을 빨리 처리한다.
(D) 집에 돌아갈 준비를 한다.

해설 | 후반부에서 사원들에게 외출은 하지 말고 다음 연락을 기다려 달라고 했으므로, 정답은 (A)가 된다.

어휘 | 逃(に)げる 피하다, 도망치다 準備(じゅんび) 준비
仕事(しごと) 일 早(はや)く 빨리
片付(かたづ)ける 해치우다, 처리하다 帰(かえ)る 돌아가다

88 安全(あんぜん)な場所(ばしょ)へ移(うつ)る時(とき)の注意(ちゅうい)は、何(なん)ですか。
(A) 自分(じぶん)のパソコンを持(も)って出(で)ること
(B) 全(すべ)てのパソコンのスイッチを切(き)ること
(C) 重要(じゅうよう)な物(もの)だけを持(も)って出(で)ること
(D) 訓練(くんれん)の時(とき)以上(いじょう)に急(いそ)ぐこと

88 안전한 장소로 이동할 때의 주의는 무엇입니까?
(A) 자신의 컴퓨터를 가지고 나갈 것
(B) 모든 컴퓨터의 스위치를 끌 것
(C) 중요한 물건만을 가지고 나갈 것
(D) 훈련 때 이상으로 서두를 것

해설 | 마지막 문장에서 '소방서에서 안전한 장소로 이동하라는 연락이 있었을 경우는 귀중품만 가지고 일전의 훈련대로 침착하게 행동해 주십시오'라고 했다. 따라서 정답은 중요한 물건만을 가지고 나갈 것이라고 한 (C)가 된다.

어휘 | パソコン (개인용) 컴퓨터 *「パーソナルコンピューター」의 준말
全(すべ)て 모두, 전부 スイッチ 스위치 切(き)る (스위치 등) 끄다
重要(じゅうよう)だ 중요하다 以上(いじょう) 이상
急(いそ)ぐ 서두르다

89~91 선생님의 가정방문

息子(むすこ)が小学校(しょうがっこう)に入学(にゅうがく)して2週間(にしゅうかん)くらいの頃(ころ)でした。初(はじ)めての家庭訪問(かていほうもん)で、先生(せんせい)が家(うち)にいらっしゃいました。89入学式(にゅうがくしき)で顔(かお)を見(み)ただけの先生(せんせい)をお迎(むか)えするのですから、とても緊張(きんちょう)しました。いつもよりきれいに部屋(へや)を片付(かたづ)けて、お茶(ちゃ)を準備(じゅんび)して待(ま)っていました。でも、90先生(せんせい)は、家(いえ)の玄関(げんかん)で5分(ごふん)くらい話(はな)して、すぐ次(つぎ)の家(いえ)へ行(い)くとおっしゃって帰(かえ)って行(い)かれました。後(あと)で聞(き)いたら、家庭訪問(かていほうもん)の目的(もくてき)は、子供(こども)が毎日(まいにち)学校(がっこう)へ行(い)く道(みち)を確認(かくにん)することと、お母(かあ)さんの顔(かお)を見(み)ておくことだそうです。91緊張(きんちょう)する必要(ひつよう)はなかったと、ちょっと力(ちから)が抜(ぬ)けてしまいました。

아들이 초등학교에 입학해 2주 정도 되었을 때였습니다. 첫 가정방문으로 선생님이 집에 오셨습니다. 89입학식에서 얼굴을 봤을 뿐인 선생님을 맞이하는 거라 매우 긴장했습니다. 평소보다 깨끗하게 방을 치우고 차를 준비해서 기다리고 있었습니다. 하지만 90선생님은 집 현관에서 5분 정도 이야기하고 바로 다음 집으로 간다고 말씀하시고 돌아가셨습니다. 나중에 들으니 가정방문의 목적은 아이가 매일 학교에 가는 길을 확인하는 것과 어머니 얼굴을 봐 두는 것이라고 합니다. 91긴장할 필요는 없었다고 조금 힘이 빠져 버렸습니다.

어휘 | 息子(むすこ) 아들 小学校(しょうがっこう) 초등학교
入学(にゅうがく) 입학 ～週間(しゅうかん) ～주간
初(はじ)めて 첫 번째(로) 家庭(かてい) 가정 訪問(ほうもん) 방문
いらっしゃる 오시다 *「来(く)る」(오다)의 존경어
入学式(にゅうがくしき) 입학식 顔(かお) 얼굴 見(み)る 보다
お+동사의 ます형+する ～하다, ～해 드리다 *겸양표현
迎(むか)える (사람을) 맞다, 맞이하다 とても 아주, 매우
緊張(きんちょう) 긴장 いつも 평소, 여느 때 ～より ～보다
きれいだ 깨끗하다 部屋(へや) 방 片付(かたづ)ける 치우다, 정리하다
お茶(ちゃ) 차 準備(じゅんび) 준비 待(ま)つ 기다리다
玄関(げんかん) 현관 話(はな)す 말하다, 이야기하다 すぐ 곧, 바로
次(つぎ) 다음 おっしゃる 말씀하시다 *「言(い)う」(말하다)의 존경어
後(あと)で 나중에 聞(き)く 듣다 目的(もくてき) 목적
子供(こども) 아이 毎日(まいにち) 매일 学校(がっこう) 학교
道(みち) 길 確認(かくにん) 확인 お母(かあ)さん (남의) 어머니
見(み)る 보다 ～ておく ～해 놓다[두다]
품사의 보통형+そうだ ～라고 한다 *전문 必要(ひつよう) 필요
力(ちから) 힘 抜(ぬ)ける 빠지다

89 この人(ひと)は、家庭訪問(かていほうもん)の前(まえ)、どうして緊張(きんちょう)しましたか。
(A) 先生(せんせい)と初(はじ)めて話(はな)すから
(B) 怖(こわ)い先生(せんせい)だという噂(うわさ)だから
(C) 先生(せんせい)に怒(おこ)られると思(おも)ったから
(D) 先生(せんせい)から何(なに)を聞(き)かれるか心配(しんぱい)だったから

89 이 사람은 가정방문 전에 어째서 긴장했습니까?
(A) 선생님과 처음 이야기하기 때문에
(B) 무서운 선생님이라는 소문이기 때문에
(C) 선생님이 화를 낼 것이라고 생각했기 때문에
(D) 선생님이 무엇을 물을지 걱정이었기 때문에

해설 | 초반부에서 '입학식에서 얼굴을 봤을 뿐인 선생님을 맞이하는 거라 매우 긴장했습니다'라고 했으므로, 정답은 (A)가 된다.

어휘 | 初(はじ)めて 처음(으로) 怖(こわ)い 무섭다, 두렵다
噂(うわさ) 소문 怒(おこ)る 화를 내다 心配(しんぱい)だ 걱정이다

90 訪問(ほうもん)に来(き)た先生(せんせい)は、どうしましたか。
(A) 部屋(へや)に上(あ)がって、ゆっくり話(はな)した。
(B) 部屋(へや)に上(あ)がったが、お茶(ちゃ)は飲(の)まなかった。
(C) 部屋(へや)に上(あ)がらず、少(すこ)しだけ話(はな)した。
(D) 部屋(へや)に上(あ)がらず、30分(さんじゅっぷん)くらい話(はな)した。

90 방문하러 온 선생님은 어떻게 했습니까?
(A) 방에 들어가서 느긋하게 이야기했다.
(B) 방에 들어갔지만, 차는 마시지 않았다.
(C) 방에 들어가지 않고 조금만 이야기했다.
(D) 방에 들어가지 않고 30분 정도 이야기했다.

해설 | 중반부에서 선생님은 집 현관에서 5분 정도 이야기하고 바로 다음 집으로 간다고 말하고 돌아갔다고 했다. 따라서 정답은 (C)가 된다.

어휘 | 동작성명사+に ~하러 *동작의 목적
上(あ)がる (땅에서 방·마루로) 들어가다 ゆっくり 느긋하게
お茶(ちゃ) 차 飲(の)む 마시다 ~ず(に) ~하지 않고 少(すこ)し 조금

91 家庭訪問の後、どんな気持ちになりましたか。
(A) 先生の性格がまだわからなくて不安だ。
(B) 先生ともっと話したかった。
(C) 色々心配しなくてもよかった。
(D) 来年の家庭訪問がもっと心配だ。

91 가정방문 후 어떤 기분이 되었습니까?
(A) 선생님의 성격을 아직 몰라서 불안하다.
(B) 선생님과 더 이야기하고 싶었다.
(C) 여러 가지로 걱정하지 않아도 됐었다.
(D) 내년 가정방문이 더 걱정이다.

해설 | 마지막 문장에서 '긴장할 필요는 없었다고 조금 힘이 빠져 버렸습니다'라고 했으므로, 정답은 (C)가 된다.

어휘 | 気持(きも)ち 기분 性格(せいかく) 성격
わかる 알다, 이해하다 不安(ふあん)だ 불안하다 もっと 더, 더욱

92~94 1박 여행

お待たせしました。それでは夕食の時間です。[92]毎年この紅葉の季節に社員の皆様に喜んでいただいている1泊旅行も、今回で5回目になりました。今晩はゆっくり食べたり飲んだりしながら、皆さんで交流を深めてください。夕食の後には、カラオケ大会を行います。[93]出場希望の方は、乾杯の後、カラオケ大会係の山田さんに申し出てください。[94]カラオケ大会では、ここにいる全員の投票によって順位を決めます。1位から5位の方には賞品があります。出場する皆さん、頑張ってください。

오래 기다리셨습니다. 그럼, 저녁식사 시간입니다. [92]매년 이 단풍의 계절에 사원 여러분이 기뻐해 주시는 1박 여행도 이번으로 다섯 번째가 되었습니다. 오늘 밤은 느긋하게 먹거나 마시거나 하면서 여러분끼리 교류를 다져 주세요. 저녁식사 후에는 노래방대회를 합니다. [93]출전을 희망하시는 분은 건배 후 노래방대회 담당인 야마다 씨에게 말해 주십시오. [94]노래방대회에서는 여기에 있는 전원의 투표에 의해 순위를 결정합니다. 1위부터 5위까지의 분에게는 상품이 있습니다. 출전하는 여러분, 분발해 주세요.

어휘 | お+동사의 ます형+する ~하다, ~해 드리다 *겸양표현
待(ま)たせる 기다리게 하다 それでは 그렇다면, 그럼
夕食(ゆうしょく) 저녁(식사) 時間(じかん) 시간
毎年(まいとし) 매년 紅葉(こうよう) 단풍 季節(きせつ) 계절
社員(しゃいん) 사원 皆様(みなさま) 여러분 喜(よろこ)ぶ 기뻐하다
~ていただく (남에게) ~해 받다 *「~てもらう」의 겸양표현
1泊(いっぱく) 1박 *「~泊(はく)」- ~박 旅行(りょこう) 여행
今回(こんかい) 이번 ~目(め) ~째 *순서를 나타내는 말
今晩(こんばん) 오늘 밤 ゆっくり 느긋하게 食(た)べる 먹다
飲(の)む 마시다 ~たり~たりする ~하거나 ~하거나 하다
동사의 ます형+ながら ~하면서 交流(こうりゅう) 교류
深(ふか)める 깊게 하다 カラオケ 노래방 大会(たいかい) 대회
行(おこな)う 하다, 행하다, 실시하다
出場(しゅつじょう) 출장, (경기 등에) 출전함 希望(きぼう) 희망
方(かた) 분 乾杯(かんぱい) 건배 後(あと) (시간적으로) 후, 뒤
명사+係(がかり) ~담당(자)
申(もう)し出(で)る 자청해서 말하다 全員(ぜんいん) 전원
投票(とうひょう) 투표 ~によって ~에 의해, ~에 따라
順位(じゅんい) 순위 決(き)める 정하다, 결정하다
賞品(しょうひん) 상품, 상으로서 주는 물품
頑張(がんば)る 열심히 하다, 분발하다

92 この社内旅行は、いつ行われていますか。
(A) 3年に1回、社長が決めた時期
(B) 年に1度同じ時期
(C) 2年おきに紅葉の時期
(D) 毎年桜の時期

92 이 사내여행은 언제 행해지고 있습니까?
(A) 3년에 한 번, 사장이 결정한 시기
(B) 1년에 한 번 같은 시기
(C) 2년 간격으로 단풍 시기
(D) 매년 벚꽃 시기

해설 | 초반부에서 '매년 이 단풍의 계절에 사원 여러분이 기뻐해 주시는 1박 여행도 이번으로 다섯 번째가 되었습니다'라고 했으므로, 매년 같은 시기에 행해진다는 것을 알 수 있다. 따라서 정답은 (B)가 된다.

어휘 | 社内(しゃない) 사내 社長(しゃちょう) 사장
時期(じき) 시기 同(おな)じだ 같다
~おきに ~간격으로, ~걸러서 桜(さくら) 벚꽃

93 カラオケ大会に出たい人は、いつ申し込みますか。
(A) 今すぐ
(B) 乾杯の前
(C) 乾杯の後
(D) カラオケ大会が始まる時

93 노래방대회에 나가고 싶은 사람은 언제 신청합니까?
(A) 지금 바로
(B) 건배 전
(C) 건배 후
(D) 노래방대회가 시작될 때

해설 | 중반부에서 출전을 희망하는 사람은 건배 후 노래방대회 담당인 야마다 씨에게 말해 달라고 했으므로, 정답은 (C)가 된다.

어휘 | 申(もう)し込(こ)む 신청하다 今(いま)すぐ 지금 바로
前(まえ) 전 始(はじ)まる 시작되다

94 カラオケ大会(たいかい)では、順位(じゅんい)はどうやって決(き)めますか。

(A) 会場内全員(かいじょうないぜんいん)の投票(とうひょう)
(B) 部長以上(ぶちょういじょう)の投票(とうひょう)
(C) 参加者同士(さんかしゃどうし)のじゃんけん
(D) 機械(きかい)の採点(さいてん)

94 노래방대회에서는 순위는 어떻게 결정합니까?
(A) 회장 내 전원의 투표
(B) 부장 이상의 투표
(C) 참가자끼리의 가위바위보
(D) 기계 채점

해설 | 후반부에서 '노래방대회에서는 여기에 있는 전원의 투표에 의해 순위를 결정합니다'라고 했으므로, 정답은 (A)가 된다.

어휘 | 部長(ぶちょう) 부장 以上(いじょう) 이상
参加者(さんかしゃ) 참가자 ~同士(どうし) ~끼리
じゃんけん 가위바위보 機械(きかい) 기계 採点(さいてん) 채점

95~97 인물 소개

宣伝部(せんでんぶ)の皆(みな)さんにご紹介(しょうかい)します。⁹⁵こちらはフリーカメラマンの林(はやし)さんです。皆(みな)さんもご承知(しょうち)の通(とお)り、この度(たび)、うちの新人募集用(しんじんぼしゅうよう)パンフレットを作成(さくせい)することになり、林(はやし)さんには、そこに載(の)せる写真撮影(しゃしんさつえい)をお願(ねが)いしました。建物(たてもの)や周囲(しゅうい)の環境(かんきょう)の他(ほか)、仕事中(しごとちゅう)の皆(みな)さんを撮影(さつえい)することもありますが、⁹⁶なるべく意識(いしき)せずいつも通(とお)りにしてください。また、⁹⁷パンフレットが完成(かんせい)した後(あと)、宣伝部(せんでんぶ)ではホームページ見直(みなお)し作業(さぎょう)も行(おこな)いますので、林(はやし)さんにはその作業(さぎょう)にもご協力(きょうりょく)いただく予定(よてい)になっています。

선전부 여러분께 소개해 드리겠습니다. ⁹⁵이쪽은 프리카메라맨인 하야시 씨입니다. 여러분도 알고 계시는 대로 이번에 우리의 신입모집용 팸플릿을 작성하게 되어 하야시 씨에게는 거기에 실을 사진촬영을 부탁드렸습니다. 건물이나 주위의 환경 외에 업무 중인 여러분을 촬영하는 경우도 있습니다만, ⁹⁶가능한 한 의식하지 말고 평소대로 해 주십시오. 또 ⁹⁷팸플릿이 완성된 후 선전부에서는 홈페이지 재검토 작업도 실시하기 때문에 하야시 씨는 그 작업에도 협력해 주실 예정으로 되어 있습니다.

어휘 | 宣伝部(せんでんぶ) 선전부 皆(みな)さん 여러분
ご+한자명사+する ~하다. ~해 드리다 *겸양표현
紹介(しょうかい) 소개 フリーカメラマン 프리카메라맨
承知(しょうち) 앎, 알고 있음 ~通(とお)り ~대로

この度(たび) 이번 新人(しんじん) 신입, 신참 募集(ぼしゅう) 모집
パンフレット 팸플릿 作成(さくせい) 작성
동사의 보통형+ことになる ~하게 되다
載(の)せる (잡지 등에) 싣다, 게재하다 写真(しゃしん) 사진
撮影(さつえい) 촬영 建物(たてもの) 건물 周囲(しゅうい) 주위
環境(かんきょう) 환경 他(ほか) 외 なるべく 되도록, 가능한 한
意識(いしき) 의식 ~ず(に) ~하지 않고 いつも 평소, 여느 때
完成(かんせい) 완성 ホームページ 홈페이지
見直(みなお)し 다시 봄, 재검토 作業(さぎょう) 작업
行(おこな)う 하다, 행하다, 실시하다
ご+한자명사+いただく (남에게) ~해 받다
協力(きょうりょく) 협력 予定(よてい) 예정

95 パンフレット用(よう)の写真(しゃしん)を撮影(さつえい)するのは、どんな人(ひと)ですか。

(A) 新人(しんじん)として入社(にゅうしゃ)した人(ひと)
(B) 宣伝部(せんでんぶ)で撮影(さつえい)が得意(とくい)な人(ひと)
(C) 社員(しゃいん)として雇(やと)ったカメラマン
(D) 社員(しゃいん)ではないカメラマン

95 팸플릿용 사진을 촬영하는 것은 어떤 사람입니까?
(A) 신입으로 입사한 사람
(B) 선전부에서 촬영을 잘하는 사람
(C) 사원으로 고용한 카메라맨
(D) 사원이 아닌 카메라맨

해설 | 팸플릿용 사진을 촬영하는 것은 프리카메라맨인 하야시 씨이므로, 정답은 (D)가 된다.

어휘 | ~として ~로서 入社(にゅうしゃ) 입사
得意(とくい)だ 잘하다, 자신 있다 社員(しゃいん) 사원
雇(やと)う 고용하다

96 撮影時(さつえいじ)、社員(しゃいん)はどうしたらいいと言(い)っていますか。

(A) 服装(ふくそう)に気(き)を配(くば)る。
(B) カメラは気(き)にせず仕事(しごと)をする。
(C) 楽(たの)しそうに笑顔(えがお)で仕事(しごと)をする。
(D) 周囲(しゅうい)の人(ひと)と話(はな)し合(あ)う様子(ようす)を見(み)せる。

96 촬영시 사원은 어떻게 하면 된다고 말하고 있습니까?
(A) 복장에 신경을 쓴다.
(B) 카메라는 신경을 쓰지 말고 일을 한다.
(C) 즐거운 듯이 웃는 얼굴로 일을 한다.
(D) 주위 사람과 서로 이야기하는 모습을 보여 준다.

해설 | 후반부에서 '가능한 한 의식하지 말고 평소대로 해 주십시오'라고 했으므로, 정답은 (B)가 된다.

어휘 | 服装(ふくそう) 복장 気(き)を配(くば)る 신경을 쓰다, 주의하다
気(き)にする 신경을 쓰다, 걱정하다 楽(たの)しい 즐겁다
い형용사의 어간+そうだ ~일[할] 것 같다, ~인 듯하다 *양태
笑顔(えがお) 웃는 얼굴 周囲(しゅうい) 주위
話(はな)し合(あ)う 서로 이야기하다 様子(ようす) 모습
見(み)せる 보이다, 보여 주다

97 パンフレット完成後、宣伝部は何を行いますか。
(A) 周辺地域の環境調査を行う。
(B) 新人募集用のビデオを製作する。
(C) 現在のホームページを改良する。
(D) 会社初のホームページ作成に取りかかる。

97 팸플릿 완성 후 선전부는 무엇을 합니까?
(A) 주변 지역의 환경조사를 실시한다.
(B) 신입모집용 비디오를 제작한다.
(C) 현재의 홈페이지를 개량한다.
(D) 회사의 첫 홈페이지 작성에 착수한다.

해설 | 후반부에서 팸플릿이 완성된 후 선전부에서는 홈페이지 재검토 작업도 실시한다고 했으므로, 정답은 (C)가 된다.

어휘 | 周辺(しゅうへん) 주변 地域(ちいき) 지역
環境(かんきょう) 환경 調査(ちょうさ) 조사 ビデオ 비디오
製作(せいさく) 제작 現在(げんざい) 현재
改良(かいりょう) 개량 初(はつ) 처음, 최초
作成(さくせい) 작성 取(と)りかかる 착수하다

98~100 가을 축제 기획모임

では、今から、さくら町、秋祭りの企画会を始めます。今年は、近隣の3つの町が合同で祭りの企画、運営を行うことになりました。そのため今日は、[98]それぞれの町の祭り担当役員の方にご出席いただいています。最初の議題は、おみこしの担ぎ手不足の問題です。[99]昨年は、町内の若者だけでは足りず、親戚や友人の方々に協力していただきました。それでもまだ十分な人数が確保できませんでした。そこでご提案ですが、[100]今年は、近くの大学に募集ポスターを貼らせていただいてはどうでしょうか。皆様のご意見をお願いします。

그럼, 지금부터 사쿠라마을 가을 축제 기획모임을 시작하겠습니다. 올해는 이웃 세 개 마을이 합동으로 축제 기획, 운영을 하게 되었습니다. 그 때문에 오늘은 [98]각각의 마을 축제 담당 임원분이 출석해 주셨습니다. 맨 처음 의제는 오미코시 가마꾼의 부족 문제입니다. [99]작년에는 마을 내의 젊은이만으로는 충분하지 않아서 친척이나 친구분들이 협력해 주셨습니다. 그래도 아직 충분한 인원수를 확보하지 못했습니다. 그래서 제안합니다만, [100]올해는 근처 대학에 모집 포스터를 붙이면 어떨까요? 여러분의 의견을 부탁드립니다.

어휘 | では 그럼 今(いま)から 지금부터
秋祭(あきまつ)り 가을 축제 企画会(きかくかい) 기획회, 기획모임
始(はじ)める 시작하다 今年(ことし) 올해
近隣(きんりん) 근린, 이웃 町(まち) 마을
合同(ごうどう) 합동 運営(うんえい) 운영
行(おこな)う 하다, 행하다, 실시하다
동사의 보통형+ことになる ~하게 되다 そのため 그 때문에
それぞれ 각각 担当(たんとう) 담당 役員(やくいん) 임원
出席(しゅっせき) 출석 最初(さいしょ) 최초, 맨 처음
議題(ぎだい) 의제 おみこし 오미코시, (제례·축제 때) 신을 모신 가마
担(かつ)ぎ手(て) 오미코시를 메는 사람, 가마꾼
명사+不足(ぶそく) ~부족 問題(もんだい) 문제
昨年(さくねん) 작년 町内(ちょうない) 마을 내
若者(わかもの) 젊은이 足(た)りる 충분하다 ～ず～하지 않아서
親戚(しんせき) 친척 友人(ゆうじん) 친구 方々(かたがた) 분들
協力(きょうりょく) 협력 それでも 그래도
十分(じゅうぶん)だ 충분하다 人数(にんずう) 인원수
確保(かくほ) 확보 そこで 그래서 提案(ていあん) 제안
近(ちか)く 근처 大学(だいがく) 대학 募集(ぼしゅう) 모집
ポスター 포스터 貼(は)る 붙이다
～(さ)せていただく ～(하)다 *겸양표현
意見(いけん) 의견

98 この会には、誰が出席していますか。
(A) 毎年この企画に携わっている人
(B) 去年の企画に携わった人
(C) 各町会で祭りに関わっている人
(D) 各町会で祭りの参加を希望している人

98 이 모임에는 누가 출석해 있습니까?
(A) 매년 이 기획에 관계하고 있는 사람
(B) 작년 기획에 관계한 사람
(C) 각 마을모임에서 축제에 관계되어 사람
(D) 각 마을모임에서 축제 참가를 희망하고 있는 사람

해설 | 초반부에서 각각의 마을 축제 담당 임원분이 출석했다고 했으므로, 정답은 (C)가 된다.

어휘 | 携(たずさ)わる (어떤 일에) 관계하다, 종사하다
去年(きょねん) 작년 関(かか)わる 관계되다, 관계하다
参加(さんか) 참가 希望(きぼう) 희망

99 去年、おみこしの担ぎ手不足の対策を実行して、結果はどうでしたか。
(A) 予想を上回る人数が集まった。
(B) 必要な人数は集まらなかった。
(C) 観光客からの参加希望が多くて助かった。
(D) 高齢者の参加を許可して好評だった。

99 작년에 오미코시 가마꾼 부족 대책을 실행하고 결과는 어땠습니까?
(A) 예상을 웃도는 인원수가 모였다.
(B) 필요한 인원수는 모이지 않았다.
(C) 관광객으로부터의 참가 희망이 많아서 도움이 되었다.
(D) 고령자 참가를 허가해서 호평이었다.

해설 | 후반부에서 마을 내의 젊은이만으로는 충분하지 않아서 친척이나 친구분들이 협력해 주셨지만, 충분한 인원수를 확보하지는 못했다고 했다. 따라서 정답은 (B)가 된다.

어휘 | 対策(たいさく) 대책 実行(じっこう) 실행
予想(よそう) 예상 上回(うわまわ)る 웃돌다, 상회하다
集(あつ)まる 모이다 観光客(かんこうきゃく) 관광객
多(おお)い 많다 助(たす)かる (노력·비용 등이 덜어져) 도움이 되다

高齢者(こうれいしゃ) 고령자 許可(きょか) 허가
好評(こうひょう) 호평

100 今年は、どんな対策を考えていますか。
(A) 地元の新聞に担ぎ手募集広告を掲載する。
(B) インターネットで担ぎ手を募集する。
(C) 他の町内会に依頼して若者に来てもらう。
(D) 近隣の大学に担ぎ手募集ポスターを貼る。

100 올해는 어떤 대책을 생각하고 있습니까?
(A) 그 지역 신문에 가마꾼 모집 광고를 게재한다.
(B) 인터넷으로 가마꾼을 모집한다.
(C) 다른 마을 내 모임에 의뢰해서 젊은이를 오게 한다.
(D) 이웃 대학에 가마꾼 모집 포스터를 붙인다.

해설 | 후반부에서 올해는 근처 대학에 가마꾼 모집 포스터를 붙이면 어떨지 제안하고 있으므로, 정답은 (D)가 된다.

어휘 | 地元(じもと) 그 고장, 그 지방 新聞(しんぶん) 신문
広告(こうこく) 광고 掲載(けいさい) 게재 インターネット 인터넷
町内会(ちょうないかい) 마을 내 모임 依頼(いらい) 의뢰

PART 5 | 정답 찾기

101 2자 한자 발음 찾기
매일 버스로 학교에 다니고 있습니다.

해설 | 「毎日」은 '매일'이라는 뜻으로, (A)의 「まいにち」라고 읽는다.

어휘 | バス 버스 ～で ～(으)로 *수단이나 방법 学校(がっこう) 학교
通(かよ)う 다니다

102 な형용사 발음 찾기
젊을 때는 열중해서 일을 했다.

해설 | 「夢中」은 '열중함, 몰두함'이라는 뜻의 な형용사로, (C)의 「むちゅう」라고 읽는다.

어휘 | 若(わか)い 젊다 時(とき) 때 仕事(しごと) 일

103 2자 한자 발음 찾기
걱정해 주셔서 감사합니다.

해설 | 「心配」는 '걱정, 염려'라는 뜻으로, (D)의 「しんぱい」라고 읽는다.

어휘 | ご+한자명사+いただく (남에게) ～해 받다
ありがとうございます 감사합니다 しはい(支配) 지배
しばい(芝居) (가부키 등 일본 고유의) 연극

104 2자 한자 발음 찾기
어젯밤 큰눈이 내렸기 때문에 오늘 아침은 평소보다 조금 일찍 출근했다.

해설 | 「普段」은 '평소'라는 뜻으로, (A)의 「ふだん」이라고 읽는다.

어휘 | 昨夜(さくや) 어젯밤 *「昨夜(ゆうべ)」에 비해서 정중한 말씨
大雪(おおゆき) 대설, 큰눈 今朝(けさ) 오늘 아침 ～より ～보다
早(はや)めに (정해진 시간보다) 조금 일찍 出勤(しゅっきん) 출근

105 な형용사 한자 찾기
아들의 운전은 난폭해서 곤란하다.

해설 | 「乱暴」는 '난폭'이라는 뜻의 な형용사로, (B)의 「らんぼう」라고 읽는다.

어휘 | 息子(むすこ) 아들 運転(うんてん) 운전
困(こま)る 곤란하다, 난처하다

106 동사 발음 찾기
언니는 취미와 실익을 겸한 부업을 하고 있다.

해설 | 「兼ねる」는 '겸하다'라는 뜻의 동사로, (A)의 「かねる」라고 읽는다.

어휘 | 姉(あね) 언니, 누나 趣味(しゅみ) 취미 実益(じつえき) 실익
副業(ふくぎょう) 부업 つら(連)ねる 늘어놓다
そこ(損)ねる 상하게 하다, 해치다 たば(束)ねる 다발로 묶다

107 2자 한자 발음 찾기
비만보다 운동부족 쪽이 건강상 위험이 높다고 한다.

해설 | 「肥満」은 '비만'이라는 뜻으로, (D)의 「ひまん」이라고 읽는다.

어휘 | 運動不足(うんどうぶそく) 운동부족 健康(けんこう) 건강
～上(じょう) ～상 リスク 리스크, 위험 高(たか)い 높다
～と言(い)われる ～라는 말을 듣다, ～라고 하다

108 명사 한자 찾기
생일에 꽃다발을 받았다.

해설 | 「はなたば」는 '꽃다발'이라는 뜻으로, 한자로는 (C)의 「花束」라고 쓴다.

어휘 | 誕生日(たんじょうび) 생일 もらう (남에게) 받다

109 명사 한자 찾기
나는 매일 아침 창문을 열고 환기를 한다.

해설 | 「かんき」는 '환기'라는 뜻으로, 한자로는 (D)의 「換気」라고 쓴다.

어휘 | 毎朝(まいあさ) 매일 아침 窓(まど) 창문 開(あ)ける 열다

110 명사 한자 찾기
그의 주장은 독단과 편견 이외의 아무것도 아니다.

해설 | 「どくだん」은 '독단'이라는 뜻으로, 한자로는 (A)의 「独断」이라고 쓴다.

어휘 | 主張(しゅちょう) 주장 偏見(へんけん) 편견
～以外(いがい)の何物(なにもの)でもない ～이외의 아무것도 아니다, ～밖에 안 된다 *강조

111 대체표현 찾기

선생님은 술을 좋아해서 자주 드신다고 합니다.

(A) 드린다
(B) 받는다
(C) 드신다
(D) 계신다

해설 | 「お飲(の)みになる」(드시다)는 「食(た)べる·飲(の)む」(먹다·마시다)의 존경표현으로, 「お+동사의 ます형+になる」는 존경표현을 만드는 공식이다. 선택지 중 바꿔 쓸 수 있는 것은 (C)의 「召(め)し上(あ)がる」(드시다)로, 「食(た)べる·飲(の)む」(먹다·마시다)의 존경어이다.

어휘 | 先生(せんせい) 선생님 お酒(さけ) 술 好(す)きだ 좋아하다
よく 자주 품사의 보통형+そうだ ~라고 한다 *전문
さ(差)しあ(上)げる 드리다 *「あげる·与(あた)える」((남에게) 주다)의 겸양어 いただく (남에게) 받다 *「もらう」의 겸양어
いらっしゃる 계시다 *「いる」((사람이) 있다)의 존경어

112 대체표현 찾기

이 영화는 아이는 물론이고 어른도 즐길 수 있다.

(A) 더욱
(B) 다르지만
(C) 물론
(D) 어떨지 모르겠지만

해설 | 「~はもとより」는 '~은 물론이고'라는 뜻의 표현으로, '~은 말할 필요가 없을 정도로 당연하다'라는 뜻을 나타낸다. 선택지 중 바꿔 쓸 수 있는 것은 (C)의 「もちろん」으로, '물론'이라는 뜻이다.

어휘 | 映画(えいが) 영화 子供(こども) 아이 大人(おとな) 어른
楽(たの)しむ 즐기다 更(さら)に 더욱 別(べつ) 다름
どうか 어떨지 わかる 알다, 이해하다

113 대체표현 찾기

회사에서 정해진 규칙은 지켜야 한다.

(A) 지켜야 한다
(B) 지키는 쪽이 좋다
(C) 지킬 것이다
(D) 지킬 리가 없다

해설 | 「~べきだ」((마땅히) ~해야 한다)는 그렇게 해야 하는 의무나 당위를 나타내는 표현으로, 「守(まも)るべきだ」는 '지켜야 한다'라는 뜻이 된다. 선택지 중 바꿔 쓸 수 있는 것은 (A)의 「守(まも)らなければならない」(지켜야 한다)로, 「~なければならない」는 '~하지 않으면 안 된다, ~해야 한다'라는 뜻이다.

어휘 | 会社(かいしゃ) 회사 決(き)める 정하다, 결정하다
規則(きそく) 규칙 守(まも)る 지키다
동사의 た형+方(ほう)がいい ~하는 편[쪽]이 좋다
~だろう ~일 것이다 ~わけがない ~일 리가 없다

114 대체표현 찾기

회의에 필요한 자료는 미리 준비해 두었습니다.

(A) 한 번 더
(B) 한데 모아서
(C) 미리
(D) 반드시

해설 | 「予(あらかじ)め」는 '미리, 사전에'라는 뜻의 부사로, 선택지 중 바꿔 쓸 수 있는 것은 (C)의 「前(まえ)もって」(미리, 사전에)이다.

어휘 | 会議(かいぎ) 회의 必要(ひつよう)だ 필요하다
資料(しりょう) 자료 用意(ようい) 준비 ~ておく ~해 놓다[두다]
もう一度(いちど) 한 번 더 まとめる 한데 모으다
必(かなら)ず 꼭, 반드시

115 대체표현 찾기

도착이 이른 아침이었음에도 불구하고, 동료는 공항까지 마중 나와 주었다.

(A) 이른 아침이었다고 해도
(B) 이른 아침이었는데도
(C) 이른 아침이었다고 한들
(D) 이른 아침이었다고 해도

해설 | 「~にもかかわらず」(~임에도 불구하고)는 앞서 말한 사항을 받아서 그것과 상반되는 행동을 취한다는 뜻을 나타내는 표현으로, 「早朝(そうちょう)だったにもかかわらず」는 '이른 아침이었음에도 불구하고'라는 뜻이 된다. 선택지 중 바꿔 쓸 수 있는 것은 (B)의 「早朝(そうちょう)だったのに」(이른 아침이었는데도)로, 「~のに」는 '~는데(도)'라는 뜻이다.

어휘 | 到着(とうちゃく) 도착 早朝(そうちょう) 조조, 이른 아침
同僚(どうりょう) 동료 空港(くうこう) 공항 ~まで ~까지
迎(むか)える (사람을) 맞다, 맞이하다
동사의 ます형+に ~하러 *동작의 목적
~てくれる (남이 나에게) ~해 주다 ~にせよ ~라고 해도
동사의 た형+ところで ~한들, ~해 봤자 ~としても ~라고 해도

116 대체표현 찾기

아들은 한창 자랄 때라 무엇을 만들어도 요리를 내놓자마자 바로 먹어 버린다.

(A) 내놓자마자
(B) 내놓는다고 생각했는데 뜻밖에도
(C) 만드는 김에
(D) 일단 만들었다 하면

해설 | 「~そばから」(~하자마자 바로)는 반복적이고 규칙적인 일을 나타낼 때 사용하는 표현으로, 「出(だ)すそばから」는 '내놓자마자 바로'라는 뜻이 된다. 선택지 중 바꿔 쓸 수 있는 것은 (A)의 「出(だ)すや否(いな)や」(내놓자마자)로 「동사의 기본형+や否(いな)や」는 '~하자마자, ~하기가 무섭게'라는 뜻이다.

어휘 | 息子(むすこ) 아들 育(そだ)ち盛(ざか)り (어린이가) 한창 자랄 때
作(つく)る 만들다 料理(りょうり) 요리
出(だ)す (음식 등을) 내다, 내놓다 食(た)べる 먹다
~と思(おも)いきや ~라고 생각했는데 뜻밖에도
동사의 ます형+がてら ~하는 김에, ~을 겸해
동사의 た형+が最後(さいご) 일단 ~했다 하면

117 「で」의 용법 구분

시험은 연필로 씁시다.

(A) 이 요리는 손으로 먹습니다.
(B) 남편은 옆 마을 공장에서 일하고 있습니다.
(C) 파티는 다음 주 일요일로 괜찮습니까?
(D) 남동생은 혼자서 학교까지 갑니다.

해설 | 문제의 「で」는 '~(으)로'라는 뜻으로, 수단이나 방법을 나타내는 용법으로 사용되고 있다. 선택지 중 이와 같은 뜻으로 쓰인 것은 (A)로,

(B)는 '~에서'라는 뜻으로 동작이 이루어지는 장소를 나타내고, (C)와 (D)는 한정을 나타내는 용법으로 쓰였다.

어휘 | テスト 테스트, 시험 鉛筆(えんぴつ) 연필
書(か)く (글씨·글을) 쓰다 手(て) 손 夫(おっと) 남편
隣(となり) 이웃, 옆 町(まち) 마을 工場(こうじょう) 공장
働(はたら)く 일하다 パーティー 파티
来週(らいしゅう) 다음 주 日曜日(にちようび) 일요일
弟(おとうと) 남동생 一人(ひとり)で 혼자서
学校(がっこう) 학교 ~まで ~까지 行(い)く 가다

118「きり」의 용법 구분

그녀는 3년 전에 만났을 뿐이다.

(A) 울고 싶으면 실컷 울면 된다.
(B) 당신과 둘이서만 이야기가 하고 싶었다.
(C) 영어 공부는 고등학교에서 공부했을 뿐으로 대부분 잊었다.
(D) 나는 어제부터 줄곧 붙어서 아들을 돌보고 있다.

해설 | 「~きりだ」는 어디에 접속하느냐에 따라 그 뜻이 달라지므로 주의해야 한다. 문제와 (C)의 「동사의 た형+きりだ」(~한 채이다, ~했을 뿐이다, ~후이다)는 동작이 끝나고 그 동작을 끝으로 원래 기대했던 동작이 따르지 않음을 나타내고, (A)는 「思(おも)いっきり」(실컷)라는 부사의 일부이고, (B)의 「명사+きりで」(~만, ~뿐)는 그것이 마지막임을 나타내며, (D)의 「동사의 ます형+きり」는 '다른 것은 하지 않고 줄곧 그것만 함'이라는 뜻을 나타낸다.

어휘 | 会(あ)う 만나다 泣(な)く 울다 二人(ふたり) 두 사람
話(はなし) 이야기 英語(えいご) 영어 勉強(べんきょう) 공부
高校(こうこう) 고교, 고등학교 *「高等学校(こうとうがっこう)」의 준말
ほとんど 거의, 대부분 忘(わす)れる 잊다 昨日(きのう) 어제
付(つ)く 붙다 息子(むすこ) 아들
世話(せわ)をする 돌보다, 보살피다

119「ばかり」의 용법 구분

내 수입이 적은 탓에 아내에게 고생을 시키고 있다.

(A) 그는 지난달에 막 입사했다.
(B) 다이어트를 하고 있자니, 도리어 단것에만 눈길이 간다.
(C) 인감을 두고 온 탓에 관공서에서 서류를 받을 수 없었다.
(D) 가스요금뿐만 아니라 전기요금도 오를 것 같다.

해설 | 문제와 (C)의 「~ばかり」는 「~ばかりに」의 형태로 '~바람에, ~탓에'라는 뜻으로, 주로 뒤에 좋지 않은 결과를 나타내는 말이 온다. (A)는 「동사의 た형+ばかりだ」의 형태로 '막 ~한 참이다, ~한 지 얼마 안 되다', (B)는 명사에 접속하여 '~만, ~뿐', (D)는 「~ばかりか」의 형태로 '~뿐만 아니라'라는 뜻을 나타낸다.

어휘 | 収入(しゅうにゅう) 수입 少(すく)ない 적다 妻(つま) 아내
苦労(くろう)をかける 고생을 끼치다[시키다]
先月(せんげつ) 지난달 入社(にゅうしゃ) 입사
ダイエット 다이어트 かえ(却)って 오히려, 도리어 甘(あま)い 달다
目(め)が行(い)く 눈길이 가다 印鑑(いんかん) 인감
忘(わす)れる (물건을) 잊고 두고 오다 役所(やくしょ) 관청, 관공서
書類(しょるい) 서류 もらう (남에게) 받다 ガス代(だい) 가스요금
電気代(でんきだい) 전기요금 値上(ねあ)がり 가격 인상, 값이 오름

120「埋(う)める」의 뜻 구분

우수했던 그가 빠진 구멍을 메우는 것은 힘들다.

(A) 적자를 메우기 위해서 저금을 헐어야 한다.
(B) 내년에는 우리 집 정원을 꽃으로 채울 생각이다.
(C) 이 큰 극장을 관객으로 채우는 것이 내 꿈이다.
(D) 사용 후의 폐기물을 땅 속에 묻는 것은 허락되지 않는다.

해설 | 문제의 「埋(う)める」는 '(손해·부족을) 메우다, 보충하다'라는 뜻으로, 선택지 중 이와 같은 뜻으로 쓰인 것은 (A)이다. (B)와 (C)는 '(공간을) 메우다, 채우다', (D)는 '묻다, 파묻다'라는 뜻으로 쓰였다.

어휘 | 優秀(ゆうしゅう)だ 우수하다 抜(ぬ)ける 빠지다
穴(あな) 구멍 大変(たいへん)だ 힘들다 赤字(あかじ) 적자
貯金(ちょきん)を切(き)り崩(くず)す 저금을 헐다[깨다]
来年(らいねん) 내년 我(わ)が家(や) 우리 집 庭(にわ) 정원
花(はな) 꽃 동사의 보통형+つもりだ ~할 생각[작정]이다
廃棄物(はいきぶつ) 폐기물 土(つち) 땅 中(なか) 안, 속
許(ゆる)す 허락하다

PART 6 | 오문 정정

121 조사 오용 (D) か → も

오늘 아침은 일어난 것이 늦어서 식사를 할 시간이 없었기 때문에 아무것도 먹지 않았습니다.

해설 | (D)의 「何(なに)か」는 '무엇인가, 뭔가'라는 뜻으로, 뒤에 있는 부정표현인 「食(た)べませんでした」(먹지 않았습니다)와 호응하지 않는다. (D)에는 부정의 말을 수반하는 표현이 와야 하므로, 조사 「か」를 「も」로 고쳐서 「何(なに)も」(아무것도)가 되어야 한다.

어휘 | 今朝(けさ) 오늘 아침 起(お)きる 일어나다, 기상하다
遅(おそ)い 늦다 食事(しょくじ) 식사 時間(じかん) 시간
食(た)べる 먹다

122 경어 오용 (D) 参(まい)る → いらっしゃる

죄송합니다만, 다나카 씨에게 몇 시라도 좋으니까, 사무소에 오시라고 전해 주십시오.

해설 | (D)의 「参(まい)る」는 「行(い)く·来(く)る」(가다·오다)의 겸양어로, 자신의 동작을 낮출 때 쓰는 표현이다. 문제에서는 다나카 씨가 사무소에 오는 것이므로, 존경어를 써야 한다. 따라서 (D)는 「行(い)く·来(く)る」의 존경어인 「いらっしゃる」(오시다)로 고쳐야 한다.

어휘 | 何時(なんじ) 몇 시 事務所(じむしょ) 사무소
~ように ~하도록, 하라고 伝(つた)える 전하다, 전달하다

123 자·타동사 오용 (C) かかる → かける
서두르고 있었기 때문에 문에 열쇠를 잠그는 것을 잊고 있었다.

해설 | (C)의 「かかる」(잠기다)는 자동사로 조사 「~が」(~이[가])를 수반하는데, 문제에서는 조사 「~を」(~을[를])가 있으므로, (C)에는 「かける」(잠그다)라는 타동사가 와야 한다. 참고로, 「かぎ(鍵)をかける」는 '열쇠를 잠그다'라는 뜻이다.

어휘 | 急(いそ)ぐ 서두르다 ドア 문 忘(わす)れる 잊다

124 표현 오용 (C) で → に
공원에 피어 있는 꽃 이름을 조사하기 위해서 도서관에 갈 생각입니다.

해설 | '~하기 위해서'라는 표현은 「~ために」의 형태로 나타낸다. 따라서 (C)의 「で」는 「に」로 고쳐서 「~ために」(~하기 위해서)가 되어야 한다.

어휘 | 公園(こうえん) 공원 咲(さ)く (꽃이) 피다 花(はな) 꽃
名前(なまえ) 이름 調(しら)べる 알아보다, 조사하다
図書館(としょかん) 도서관
동사의 보통형+つもりだ ~할 생각[작정]이다

125 표현 오용 (C) います → あります
차가운 주스가 냉장고 안에 있으니까, 언제 마셔도 좋아요.

해설 | '있다'라는 뜻의 동사 「いる」와 「ある」를 구분하는 문제이다. 사람이나 동물이 있는 경우에는 「いる」를, 사물이 있는 경우에는 「ある」를 써야 하므로, (C)의 「います」는 「あります」로 고쳐야 한다.

어휘 | 冷(つめ)たい 차갑다 ジュース 주스
冷蔵庫(れいぞうこ) 냉장고 中(なか) 안 いつ 언제
飲(の)む 마시다 ~てもいい ~해도 된다

126 접속 형태 오용 (D) 尊敬(そんけい)な → 尊敬(そんけい)する
작년 생일에 케이크를 구워 준 것은 내가 존경하는 이모였습니다.

해설 | (D)의 「尊敬(そんけい)」(존경)는 な형용사가 아닌 명사이므로, 뒤에 오는 「叔母(おば)」(고모, 이모)라는 명사를 수식하려면 「する」(하다)가 붙어서 동사의 형태가 되어야 한다. 따라서 (D)의 「尊敬(そんけい)な」는 「尊敬(そんけい)する」(존경하다)로 고쳐야 한다.

어휘 | 去年(きょねん) 작년 誕生日(たんじょうび) 생일
ケーキ 케이크 焼(や)く 굽다 ~てくれる (남이 나에게) ~해 주다

127 표현 오용 (A) 出(で)たい → 出(で)たがる
고양이가 밖에 나가고 싶어해서 조금만 문을 열어 줬더니, 기뻐하며 나갔다.

해설 | (A)의 「~たい」는 '~하고 싶다'라는 뜻의 표현으로, 말하는 사람의 희망을 나타낼 때 쓴다. 문제에서는 고양이가 나가고 싶어하는 것이므로, 제삼자의 희망을 나타내는 표현인 「~たがる」(~하고 싶어하다)를 써서 「出(で)たがる」(나가고 싶어하다)로 고쳐야 한다.

어휘 | 猫(ねこ) 고양이 外(そと) 밖, 바깥 少(すこ)し 조금
~だけ ~만, ~뿐 ドア 문 開(あ)ける 열다
~てやる (내가 남에게) ~해 주다 *손아랫사람이나 동식물일 경우에 씀
喜(よろこ)ぶ 기뻐하다 出(で)る 나가다

128 표현 오용 (D) はず → こと
스포츠대회는 10시부터입니다만, 참가할 사람은 8시에 집합하게 되어 있습니다.

해설 | (D)의 「~はずだ」((당연히) ~할 것[터]이다)는 상황에 근거하여 강한 확신을 나타낼 때 쓰는 표현으로, 문장과는 맞지 않는다. 문장의 내용상 (D)에는 결정된 사항을 나타내는 표현이 와야 하므로, 「はず」는 「こと」로 고쳐서 「~ことになっている」(~하게 되어 있다)가 되어야 한다.

어휘 | スポーツ 스포츠, 운동 大会(たいかい) 대회
~から ~부터 参加(さんか) 참가 集合(しゅうごう) 집합

129 뜻 오용 (D) なります → なれます
조금 전에 설명드린 제품은 이 공장에서 보실 수 있습니다.

해설 | (D)의 「ご覧(らん)になる」(보시다)는 「見(み)る」(보다)의 존경어로, 문장과는 맞지 않는다. 문장의 내용상 (D)에는 '보실 수 있습니다'라는 뜻의 가능형이 와야 하므로, (D)의 「なります」는 「なれます」로 고쳐서 「ご覧(らん)になれます」(보실 수 있습니다)가 되어야 한다.

어휘 | 先程(さきほど) 조금 전
ご+한자명사+する ~하다, ~해 드리다 *겸양표현
説明(せつめい) 설명 製品(せいひん) 제품 工場(こうじょう) 공장

130 뜻 오용 (C) 頑張(がんば)れば → 頑張(がんば)っても
이 일을 오늘 중으로 끝내는 거라니, 아무리 열심히 해도 되지도 않을 이야기이다.

해설 | (C)의 「頑張(がんば)れば」(열심히 하면) 앞에 있는 「どんなに」(아무리)는 부정의 말과 함께 쓰여 정도가 매우 심함을 나타내는 표현으로, 「どんなに~ても」(아무리 ~해도)의 형태로 주로 쓰인다. 따라서 (C)의 「頑張(がんば)れば」(열심히 하면)는 「頑張(がんば)っても」(열심히 해도)로 고쳐야 한다. 참고로, (D)의 「相談(そうだん)」은 「できない相談(そうだん)」(애당초 무리한 일, 성사되지 않을 의논)이라는 숙어의 일부이다.

어휘 | 仕事(しごと) 일 今日(きょう) 오늘 ~中(じゅう) ~중
終(お)える 끝내다, 마치다 ~なんて ~라니
頑張(がんば)る 열심히 하다, 노력하다

131 표현 오용 (D) からから → かちかち
이 추위 때문에 정원에 놓여 있던 양동이의 물이 꽁꽁 얼어 버렸다.

해설 | (D)의 「からから」는 단단하고 마른 것이 맞부딪치는 소리를 나타내는 말로, 뒤에 있는 「凍(こお)る」(얼다)라는 동사와는 어울리지 않는다. (D)에는 대단히 단단한 모양을 나타내는 말이 와야 하므로, (D)의 「からから」(대그락대그락)는 「かちかち」(꽁꽁)로 고쳐야 한다.

어휘 | 寒(さむ)さ 추위 庭(にわ) 정원 置(お)く 놓다, 두다
バケツ 양동이 水(みず) 물

132 표현 오용 (D) アルファベット → アンケート
앞으로 취직할 기업에 원하는 것은 어떤 것인지 학생에게 앙케트를 실시했다.

해설 | (D)의 「アルファベット」는 '알파벳'이라는 뜻으로, 문장과는 맞지 않는다. 문장의 내용상 (D)에는 '앙케트'라는 뜻의 표현이 와야 하므로, (D)의 「アルファベット」(알파벳)는 「アンケート」(앙케트)로 고쳐야 한다.

어휘 | これから 이제부터, 앞으로 就職(しゅうしょく) 취직
企業(きぎょう) 기업 求(もと)める 요구하다, 원하다
学生(がくせい) 학생, (특히) 대학생
アンケートをと(取)る 앙케트를 실시하다

133 접속 형태 오용 (A) わたる → わたって

1주일에 걸쳐서 행해진 지역 축제에서 아버지는 노래방대회에 출전해 우승했습니다.

해설 | (A)의 「~にわたる」(~에 걸친)는 바로 뒤에 오는 명사를 수식하는 형태로, 문장과는 맞지 않는다. 문장의 내용상 (A)는 '~에 걸쳐서'라는 뜻이 되어야 하므로, 「わたって」(걸쳐서)로 고쳐서 「~にわたって」(~에 걸쳐서)가 되어야 한다. 참고로, 「~にわたって」(~에 걸쳐서)는 기간·횟수·범위 등의 단어에 붙어서 지속되고 있는 일정 시간의 폭, 길이를 나타낸다.

어휘 | 行(おこな)う 하다, 행하다, 실시하다
地域(ちいき) 지역 お祭(まつ)り 축제 父(ちち) 아버지
カラオケ大会(たいかい) 노래방대회
出場(しゅつじょう) 출장, (경기 등에) 출전함
優勝(ゆうしょう) 우승

134 문법표현 오용 (A) 働いて → 働けば

일하면 일할수록 아르바이트비는 늘어나지만, 그 반면 자유로운 시간이 적어지는 것이 괴롭다.

해설 | '~하면 ~할수록'이라는 뜻으로, 비례를 나타내는 표현은 「~ば~ほど」로 나타낸다. 따라서 (A)의 「働(はたら)いて」(일해서)는 「働(はたら)けば」(일하면)로 고쳐야 한다.

어휘 | 働(はたら)く 일하다 アルバイト料(りょう) 아르바이트비
増(ふ)える 늘다, 늘어나다 その反面(はんめん) 그 반면
自由(じゆう)だ 자유롭다 時間(じかん) 시간
減(へ)る 줄다, 적어지다 辛(つら)い 괴롭다, 힘들다

135 문법표현 오용 (A) で → に

이벤트 준비 때문에 오늘 영업시간은 오전 중만으로 하겠습니다.

해설 | '~때문에'라는 뜻으로, 이유를 나타내는 표현은 「~につき」로 나타낸다. 따라서 (A)의 「で」는 「に」로 고쳐서 「~につき」(~때문에)가 되어야 한다. 참고로, 「~につき」에는 '~에 대해서, ~당'이라는 뜻도 있으므로 함께 기억해 두도록 하자.

어휘 | イベント 이벤트 準備(じゅんび) 준비
本日(ほんじつ) 금일, 오늘 *「今日(きょう)」의 격식 차린 말
営業(えいぎょう) 영업 午前(ごぜん) 오전
~中(ちゅう) ~중 ~のみ ~만, ~뿐
~(さ)せていただく ~(하)다 *겸양표현

136 표현 오용 (A) 非愉快(없는 표현) → 不愉快

불쾌한 일이 있어도 이 곡을 듣고 있는 동안에 마음이 상쾌해져서 온화한 기분이 된다.

해설 | 부정을 나타내는 접두어에는 「非(ひ)」(비)와 「不(ふ)」(불)가 있는데, (A)의 「非(ひ)」(비) 뒤에 있는 「愉快(ゆかい)」(유쾌)는 「不(ふ)」(불)가 붙는 단어이다. 따라서 (A)의 「非愉快」는 「不愉快(ふゆかい)」(불쾌)로 고쳐야 한다.

어휘 | 曲(きょく) 곡 聞(き)く 듣다 ~うちに ~동안에, ~사이에
気持(きも)ちが晴(は)れる 마음이 상쾌해지다
穏(おだ)やかだ 온화하다 気分(きぶん) 기분

137 문법표현 오용 (C) を → に

새롭게 생긴 시민회관은 교통편의 좋음에 더해 설비가 훌륭하다고 평판이 되고 있다.

해설 | '~에 더해'라는 뜻으로, 첨가나 추가를 나타내는 표현은 「~に加(くわ)えて」로 나타낸다. 따라서 (C)의 조사 「を」는 「に」로 고쳐서 「~に加(くわ)えて」(~에 더해)가 되어야 한다.

어휘 | 新(あたら)しい 새롭다 できる 생기다
市民(しみん) 시민 会館(かいかん) 회관
交通(こうつう)の便(べん) 교통편 よさ 좋음
設備(せつび) 설비 素晴(すば)らしい 훌륭하다, 멋지다
評判(ひょうばん) 평판, 잘 알려져 화제에 오름

138 표현 오용 (D) 見つめる → 見逃す

매스컴의 일방적인 보도에 휘둘려 하마터면 진실을 놓칠 뻔했다.

해설 | (D)의 「見(み)つめる」는 '응시하다, 주시하다'라는 뜻의 동사로, 문장과는 맞지 않는다. 문장의 내용상 (D)에는 '못보고 지나치다, 놓치다'라는 뜻의 동사가 와야 하므로, (D)의 「見(み)つめる」(응시하다)는 「見逃(みのが)す」(놓치다)로 고쳐야 한다.

어휘 | マスコミ 매스컴 一方的(いっぽうてき)だ 일방적이다
報道(ほうどう) 보도 振(ふ)り回(まわ)す 휘두르다
危(あや)うく~ところだった 하마터면 ~할 뻔했다
真実(しんじつ) 진실

139 표현 오용 (C) 徐行 → 渋滞

오봉에 귀성하는 차량 때문에 고속도로의 정체가 심하다는 뉴스가 아침부터 들려오고 있다.

해설 | (C)의 「徐行(じょこう)」는 '서행'이라는 뜻으로, 문장과는 맞지 않는다. 문장의 내용상 (C)에는 '정체'라는 뜻의 표현이 와야 하므로, 「渋滞(じゅうたい)」로 고쳐야 한다.

어휘 | お盆(ぼん) 오봉 *매년 양력 8월 15일을 중심으로 지내는 일본 최대의 명절 帰省(きせい) 귀성
車(くるま) 차 高速道路(こうそくどうろ) 고속도로
ひどい 심하다 ニュース 뉴스 朝(あさ) 아침
流(なが)れる 흘러나오다, 들려오다

140 표현 오용 (D) 固まって → 集めて

사용이 끝난 의료기구는 그 선반 한쪽 구석에 모아 두십시오.

해설 | (D)의 「固(かた)まる」는 '덩어리지다, 뭉치다, (한데) 모이다'라는 뜻의 동사로, 문장과는 맞지 않는다. 문장의 내용상 (D)에는 '모으다'라는 뜻의 동사가 와야 하므로, 「集(あつ)める」를 써서 「集(あつ)めて」(모아)로 고쳐야 한다.

어휘 | 使用(しよう) 사용 명사+済(ず)み ~이 끝남
医療(いりょう) 의료 器具(きぐ) 기구 棚(たな) 선반
片隅(かたすみ) 한쪽 구석 ~ておく ~해 놓다[두다]

141 적절한 동사 찾기

많이 걸었기 때문에 배가 고파졌습니다.

해설 | 공란 앞의 「お腹(なか)」((신체의) 배)와 어울리는 동사를 찾는다. (A)의 「あ(空)く」는 '(방 따위가) 비다', (B)의 「す(空)く」는 '속이 비다, 허기지다', (C)의 「こ(込)む」는 '붐비다, 혼잡하다', (D)의 「も(持)つ」는 '가지다, 들다'라는 뜻이므로, 정답은 (B)가 된다.

어휘 | たくさん 많이 歩(ある)く 걷다

142 적절한 접속 형태 찾기

방 청소를 했더니, 아주 깨끗해졌습니다.

해설 | な형용사의 접속 형태를 묻는 문제로, 공란 뒤에 나오는 「なる」(되다)를 수식하기 위해서는 「～に」라는 부사형의 형태가 되어야 한다. 따라서 정답은 (D)의 「きれいに」가 된다.

어휘 | 部屋(へや) 방 掃除(そうじ) 청소 とても 아주, 매우 きれいだ 깨끗하다

143 적절한 な형용사 찾기

이 근처는 낮에도 별로 사람이 다니지 않는 조용한 곳입니다.

해설 | 공란 앞에서 이 근처는 낮에도 별로 사람이 다니지 않는다고 했으므로, 이곳은 조용할 것이다. 따라서 공란에는 '조용하다'라는 뜻의 な형용사가 와야 하므로, (C)의 「静(しず)かな」(조용한)가 된다.

어휘 | この辺(へん) 이 근처 昼間(ひるま) 주간, 낮 동안
あまり (부정의 말을 수반하여) 그다지, 별로 人(ひと) 사람
通(とお)る 다니다, 왕래하다 静(しず)かだ 조용하다
立派(りっぱ)だ 훌륭하다 無理(むり)だ 무리이다
親切(しんせつ)だ 친절하다 所(ところ) 곳

144 적절한 접속 형태 찾기

지난달에 간 미국 여행은 즐거웠습니다.

해설 | 공란 앞에 「先月(せんげつ)」(지난달)라는 과거를 나타내는 표현이 있으므로, 공란에는 た형이 와야 한다. 따라서 정답은 (D)의 「楽(たの)しかった」(즐거웠다)가 된다.

어휘 | アメリカ 미국 旅行(りょこう) 여행 楽(たの)しい 즐겁다

145 적절한 표현 찾기

여기에 약은 하루에 세 번 먹으라고 쓰여 있습니다.

해설 | '～해져 있다'라는 뜻의 의도적인 상태표현은 「타동사+てある」의 형태로 나타낸다. 따라서 정답은 (B)의 「あります」가 된다.

어휘 | ここ 여기, 이곳 薬(くすり) 약 1日(いちにち) 하루
飲(の)む (약을) 먹다 書(か)く (글씨·글을) 쓰다

146 적절한 동사 찾기

다나카 씨로부터 선물을 받았습니다.

해설 | 문장의 내용상 공란에는 '(남에게) 받다'라는 뜻의 표현이 들어가야 한다. '(남에게) 받다'라는 뜻의 표현은 「もらう」와 「いただく」가 있는데, 「いただく」는 「もらう」의 겸양어로 나에게 뭔가를 주는 대상이 나보다 윗사람인 경우에 쓴다. 선택지에는 「いただく」만 있으므로, 정답은 (A)의 「いただきました」((남에게) 받았습니다)가 된다.

어휘 | プレゼント 프레젠트, 선물 くれる (남이 나에게) 주다
あげる (내가 남에게) 주다 いたす 하다 *「する」의 겸양어

147 적절한 표현 찾기

오늘 몇 시에 회의가 있는지 모르겠습니다.

해설 | 공란 뒤에 「わかりません」(모르겠습니다)이라는 표현이 있으므로, 공란에는 불확실한 추정을 나타내는 표현이 와야 한다. 정답은 (B)의 「あるか」(있는지)로, 「～か」는 '～인지'라는 뜻이다.

어휘 | 今日(きょう) 오늘 何時(なんじ) 몇 시 会議(かいぎ) 회의
～かどうか ～인지 어떤지, ～일지 어떨지

148 적절한 표현 찾기

뭔가를 두드리는 소리가 납니다.

해설 | 공란 뒤의 「～がする」는 '(맛·소리·냄새·향기 등)이 나다'라는 뜻의 표현이다. 공란 앞에서 「何(なに)かをたた(叩)く」(뭔가를 두드리는)라고 했으므로, 공란에는 '소리'라는 뜻의 표현이 들어가야 한다. 선택지 중 '소리'에 해당하는 표현은 (A)의 「声(こえ)」와 (D)의 「音(おと)」가 있는데, 「声(こえ)」(목소리, 소리)는 사람이나 동물이 발성기관을 사용해서 내는 소리를, 「音(おと)」는 물체 또는 물체끼리 공기를 진동시켜서 내는 소리를 나타낸다. 문제에서는 뭔가를 두드리는 소리가 난다고 했으므로, 정답은 (D)의 「音(おと)」가 된다.

어휘 | 何(なに)か 뭔가 たた(叩)く 두드리다 体(からだ) 몸, 신체
角(かど) 모퉁이

149 적절한 접속사 찾기

이 카드는 검정색 또는 파란색 펜을 사용해서 써 주십시오.

해설 | 문장의 내용상 공란에는 성질이 같은 두 개 이상의 것에서 어느 쪽을 택해도 될 때 쓰는 접속사가 와야 한다. 정답은 (B)의 「または」로, '또는, 혹은'이라는 뜻이다.

어휘 | カード 카드 黒(くろ) 검정색 青(あお) 파란색 ペン 펜
使(つか)う 쓰다, 사용하다 しかし 그러나 それで 그래서
けれど 하지만

150 적절한 표현 찾기

장래에 집을 사기 위해 지금은 노력해서 일하고 있습니다.

해설 | 문장의 내용상 공란에는 '～하기 위해서'라는 목적을 나타내는 표현이 와야 하므로, 정답은 (A)의 「ために」가 된다.

어휘 | 将来(しょうらい) 장래 家(いえ) 집 買(か)う 사다
頑張(がんば)る 열심히 하다, 노력하다 働(はたら)く 일하다
～ような ～같은 ～なら ～라면
동사의 た형+まま ～한 채, ～상태로

151 적절한 문법표현 찾기

사장님이 온 후가 아니면 회의는 시작할 수 없습니다.

해설 | 공란 뒤에 「会議(かいぎ)は始(はじ)められません」(회의는 시작할 수 없습니다)이라는 내용이 있으므로, 공란에는 뭔가를 실현하기 위해서 충족되어야만 할 조건을 나타내는 표현이 와야 한다. 정답은 (B)의

「～てからでないと」(～한 후가 아니면, ～하지 않고서는)로, 「～てからでないと～ない」의 형태로 많이 쓴다.

어휘 | 社長(しゃちょう) 사장 来(く)る 오다 会議(かいぎ) 회의
始(はじ)める 시작하다 ～からこそ ～이기 때문에, ～이므로
～おかげで ～덕분에 ～うちに ～동안에, ～사이에

152 적절한 동사 찾기

오늘은 날씨가 좋아서 세탁물을 베란다에 널었다.

해설 | 공란 앞의 「洗濯物(せんたくもの)」(세탁물)와 어울리는 동사를 찾는다. (A)의 「掛(か)かる」는 '걸리다', (B)의 「絞(しぼ)る」는 '짜다, 쥐어짜다', (C)의 「干(ほ)す」는 '말리다, 널다', (D)의 「傾(かたむ)く」는 '기울다'라는 뜻이므로, 정답은 (C)가 된다.

어휘 | 今日(きょう) 오늘 天気(てんき) 날씨 ベランダ 베란다

153 적절한 표현 찾기

사장님은 해외에 지점을 만드는 것에 대해서 부정적인 생각을 가지고 있다.

해설 | 공란 뒤의 「～的(てき)」(～적)에 접속이 가능하고, 「考(かんが)え」(생각)와 어울리는 표현을 찾는다. 정답은 (A)의 「否定(ひてい)」로, '부정'이라는 뜻이다.

어휘 | 海外(かいがい) 해외 支店(してん) 지점 作(つく)る 만들다
～について ～에 대해서 持(も)つ 가지다 比較(ひかく) 비교
評価(ひょうか) 평가 分別(ふんべつ) 분별, 철

154 적절한 표현 찾기

기무라 씨는 긴장하고 있는 것처럼 보였는데, 선생님 질문에는 술술 대답했다.

해설 | 문장의 내용상 공란에는 막힘 없이 원활히 진행되는 모양을 나타내는 의태어가 들어가야 한다. (A)의 「ますます」는 '점점', (B)의 「わくわく」는 '두근두근', (C)의 「ふらふら」는 '흔들흔들', (D)의 「すらすら」는 '술술'이라는 뜻이므로, 정답은 (D)가 된다.

어휘 | 緊張(きんちょう) 긴장 ～ように ～처럼 見(み)える 보이다
先生(せんせい) 선생님 質問(しつもん) 질문 答(こた)える 대답하다

155 적절한 문법표현 찾기

어제 시합에 진 것이 너무 유감스럽다.

해설 | 문장의 내용상 공란 부분에는 그 일에 대해서 억누를 수 없는 감정을 나타내는 표현이 와야 한다. 정답은 (C)의 「な형용사의 어간+でならない」로, '～여서 견딜 수 없다, 너무 ～하다'라는 뜻이다.

어휘 | 昨日(きのう) 어제 試合(しあい) 시합 負(ま)ける 지다, 패하다
残念(ざんねん)だ 아쉽다, 유감스럽다 ～しかない ～할 수밖에 없다
～ほかない ～할 수밖에 없다
동사의 ます형+ようがない ～할 수가 없다, ～할 방법이 없다

156 적절한 표현 찾기

내일은 아침 일찍 나가니까, 이제 자지 않으면 안 돼.

해설 | 공란 뒤의 「いけない」(안 된다)와 접속이 가능하고, '～하지 않으면'이라는 뜻을 지닌 표현을 찾는다. 정답은 (D)의 「寝(ね)なくちゃ」(자지 않으면)으로, 「～なくちゃ」는 「～なくては」의 축약표현이다.

어휘 | 明日(あした) 내일 朝(あさ) 아침 早(はや)く 일찍
出(で)かける 나가다, 외출하다 もう 이제 寝(ね)る 자다
～とか ～라든가

157 적절한 부사 찾기

부장님이 늦게 오는 것은 좀처럼 없는 일이다.

해설 | 공란 뒤에 「ない」(없다)라는 부정표현이 있으므로, 부정의 말을 수반하는 부사를 찾는다. 정답은 (A)의 「めった(滅多)に」로, '좀처럼'이라는 뜻이다.

어휘 | 部長(ぶちょう) 부장 遅(おく)れる 늦다, 늦어지다
来(く)る 오다 まもなく 곧, 머지않아 いきなり 갑자기
せっかく 모처럼

158 적절한 문법표현 찾기

예전에 사귀었던 그녀가 결혼하든 하지 않든 나에게는 관계없다.

해설 | 문장의 내용상 공란에는 어떤 상황에 대한 가정이나 가상의 사태를 나타내는 표현이 와야 한다. 이와 같은 뜻의 표현으로는 「～(よ)うが～まいが」가 있는데, '～하든 ～하지 않든'이라는 뜻이다. 따라서 정답은 (B)의 「しまいが」가 된다. 참고로, 「するまいが」도 쓸 수 있다.

어휘 | 以前(いぜん) 예전 付(つ)き合(あ)う 사귀다, 교제하다
彼女(かのじょ) 그녀 結婚(けっこん) 결혼 関係(かんけい) 관계
동사의 ます형+たい ～하고 싶다 ～べき (마땅히) ～해야 함

159 적절한 부사 찾기

문득 뒤를 돌아보니, 검은 고양이가 나를 물끄러미 보고 있었다.

해설 | 공란 뒤의 「後(うし)ろを振(ふ)り向(む)くと」(뒤를 돌아보니)와 어울리는 부사를 찾는다. 정답은 (D)의 「ふと」(문득)로, 어떤 행위가 갑자기 이루어지는 모양을 나타낸다.

어휘 | 後(うし)ろ 뒤, 뒤쪽 振(ふ)り向(む)く (뒤)돌아보다
黒(くろ)い 검다 猫(ねこ) 고양이 じっと 물끄러미
見(み)る 보다 ごく 극히 なお 더욱, 한층 ほぼ 거의, 대부분

160 적절한 표현 찾기

우리 사장님은 겉보기는 젊은데, 다음 달로 60세를 맞는다고 하니까 놀랍다.

해설 | 공란 뒤의 「若(わか)い」(젊다)와 어울리는 표현을 찾는다. (A)의 「見込(みこ)み」는 '전망, 예상', (B)의 「見覚(みおぼ)え」는 '본 기억', (C)의 「見(み)かけ」는 '외관, 겉보기', (D)의 「見通(みとお)し」는 '전망, 예측'이라는 뜻이므로, 정답은 (C)가 된다.

어휘 | うち 우리 社長(しゃちょう) 사장 来月(らいげつ) 다음 달
迎(むか)える (때를) 맞다 驚(おどろ)き 놀람, 놀라운 일

161 적절한 동사 찾기

자신에게도 책임이 있는데, 부하의 실수를 꾸짖어 버린 것을 후회하고 있다.

해설 | 공란 앞에서 자신에게도 책임이 있는데 부하의 실수를 꾸짖어 버렸다고 했으므로, 공란에는 자신의 행동을 후회한다는 표현이 와야 한다. 정답은 (C)의 「悔(く)やんでいる」(후회하고 있다)로, 「悔(く)やむ」는 '후회하다'라는 뜻이다.

어휘 | 自分(じぶん) 자신, 나 責任(せきにん) 책임
～のに ～는데(도) 部下(ぶか) 부하 失敗(しっぱい) 실수
責(せ)める (잘못 등을) 비난하다, 책망하다, 꾸짖다
備(そな)える 갖추다, 대비하다 解(と)く 풀다, 답을 내다
慰(なぐさ)める 위로하다

162 적절한 관용표현 찾기

친구인 오가와 씨는 돈 씀씀이가 헤퍼서 번 돈도 바로 써 버린다.

해설 | 공란 앞의 「金遣(かねづか)い」(돈 씀씀이)와 어울리는 い형용사를 찾는다. 정답은 (D)의 「荒(あら)い」((씀씀이가) 헤프다)로, 「金遣(かねづか)いが荒(あら)い」라고 하면 '돈 씀씀이가 헤프다'라는 뜻이다.

어휘 | 友達(ともだち) 친구 稼(かせ)ぐ 돈을 벌다 金(かね) 돈
すぐ 곧, 바로 使(つか)う (돈을) 쓰다 危(あや)うい 위태롭다
憎(にく)い 밉다 快(こころよ)い 상쾌하다

163 적절한 표현 찾기

그 선생님의 강의는 이미 알고 있는 것뿐이어서 지루했다.

해설 | 이미 알고 있는 내용을 들으면 지루할 것이다. 따라서 공란에는 '지루하다'라는 뜻을 지닌 な형용사가 들어가야 하므로, 정답은 (A)의 「退屈(たいくつ)だ」(지루하다)가 된다.

어휘 | 先生(せんせい) 선생님 講義(こうぎ) 강의
すで(既)に 이미, 벌써 知(し)る 알다 ～ばかり ～만, ～뿐
正確(せいかく)だ 정확하다 忠実(ちゅうじつ)だ 충실하다
素直(すなお)だ 솔직하다

164 적절한 문법표현 찾기

그는 교사 일을 하는 한편 소설을 쓰고 있다.

해설 | 그는 교사라는 일과 소설을 쓰는 일을 병행하고 있으므로, 공란에는 두 가지 일을 병행함을 나타내는 표현이 와야 한다. 정답은 (B)의 「～かたわら」(～하는 한편, 주로 ～일을 하면서 그 한편으로)가 되는데, 동시동작을 나타내는 「～ながら」(～하면서)와 달리 장기적인 일을 나타낼 때 쓴다.

어휘 | 教師(きょうし) 교사 仕事(しごと) 일
小説(しょうせつ) 소설 書(か)く (글씨·글을) 쓰다
～かたがた ～ 할 겸, ～을 겸해 ～に加(くわ)えて ～에 더해
～に応(おう)じて ～에 응해, ～에 따라, ～에 적합하게

165 적절한 동사 찾기

친구와 역 플랫폼에서 장난치고 있다가, 역무원에게 주의를 받았다.

해설 | 공란 뒤에 「注意(ちゅうい)された」(주의를 받았다)라는 표현이 있으므로, 공란에는 주의를 받은 원인이나 이유가 될 만한 동사가 와야 한다. (A)의 「まみ(塗)れる」는 '투성이가 되다', (B)의 「ふざける」는 '장난치다', (C)의 「おだ(煽)てる」는 '치켜세우다, 부추기다', (D)의 「うらや(羨)む」는 '부러워하다'라는 뜻이므로, 정답은 (B)가 된다.

어휘 | 友達(ともだち) 친구 駅(えき) 역
ホーム 플랫폼 *「プラットホーム」의 준말
駅員(えきいん) 역무원 注意(ちゅうい)する 주의를 주다

166 적절한 문법표현 찾기

이 기사는 그의 명예에 관계된 일이니까, 소송을 제기하는 것도 있을 수 있다.

해설 | 문장의 내용상 공란에는 '명예에 영향을 끼친다'라는 뜻의 표현이 와야 한다. 정답은 (A)의 「～にかかわる」(～에 관계된, ～이 걸린)로, 앞에 생명·생사 등 중요한 일이나 중대한 내용이 오는 경우가 많다.

어휘 | 記事(きじ) 기사 名誉(めいよ) 명예
訴訟(そしょう)を起(お)こす 소송을 제기하다
あり得(う)る 있을 수 있다 つか(仕)える 섬기다, 시중들다
至(いた)る 이르다

167 적절한 표현 찾기

이 스키장은 경사가 급한 상급자 코스가 많다.

해설 | 공란 앞의 「スキー場(じょう)」(스키장)와 공란 뒤의 「急(きゅう)な」(급한)와 어울리는 표현을 찾는다. 정답은 (C)의 「傾斜(けいしゃ)」로, '경사'라는 뜻이다.

어휘 | 上級者(じょうきゅうしゃ) 상급자 コース 코스
多(おお)い 많다 打撃(だげき) 타격 形勢(けいせい) 형세
山脈(さんみゃく) 산맥

168 적절한 부사 찾기

부장님은 5시에 딱 일을 끝내고 사무소를 나갔다.

해설 | 공란 앞의 「5時(ごじ)」(5시)와 어울리는 부사를 찾는다. 정답은 (A)의 「きっかり」(딱, 꼭)로, 시각이 딱 들어맞는 모양을 나타낸다.

어휘 | 終(お)える 끝내다, 마치다 事務所(じむしょ) 사무소
出(で)る 나가다 まちまち 각기 다름 とぼとぼ 터벅터벅
じっくり 차분하게

169 적절한 표현 찾기

오늘은 동지, 즉 1년 중에 가장 일조시간이 짧은 날이다.

해설 | 공란 앞의 「冬至(とうじ)」(동지)는 공란 뒤의 「1年(いちねん)で最(もっと)も日照時間(にっしょうじかん)が短(みじか)い日(ひ)」에 해당하는 날이다. 따라서 공란에는 앞서 한 말을 받아서 다시 그 뜻을 명확하게 하는 접속사가 와야 하므로, 정답은 (C)의 「すなわち」(즉)가 된다.

어휘 | 今日(きょう) 오늘 最(もっと)も 가장, 제일
日照(にっしょう) 일조 短(みじか)い 짧다 日(ひ) 날
～とはいえ ～라고 해도 おまけに 게다가
ゆえ(故)に 고로, 그러므로, 그런 까닭으로

170 적절한 문법표현 찾기

그 노인의 불우한 어린 시절의 신상 이야기를 듣고 눈물을 금할 수 없었다.

해설 | 문장의 내용상 공란에는 '감정을 억누르거나 참을 수 없다'라는 뜻의 표현이 와야 한다. 정답은 (B)의 「～を禁(きん)じ得(え)ない」로, '～을 금할 수 없다'라는 뜻이다.

어휘 | お年寄(としよ)り 노인
恵(めぐ)まれる (좋은 상태·환경 등이) 주어지다, 타고나다, 풍족하다
幼少時代(ようしょうじだい) 어린 시절
身(み)の上話(うえばなし) 신상 이야기, 자신의 처지에 관한 이야기
聞(き)く 듣다 涙(なみだ) 눈물
～を余儀(よぎ)なくされる 어쩔 수 없이 ～하게 되다
～極(きわ)まりない ～하기 짝이 없다, 정말 ～하다
～に相違(そうい)ない ～임에 틀림없다

171~173 테니스로 인한 부상

[171]先週の日曜日、テニスをしていてけがをしてしまいました。今もまだ、うまく歩くことができませんが、会社には行かなければなりません。足が痛いので通勤は、とても大変です。私は毎日会社までバスで通っていますが、バスに乗る時、足が上がらなくて、とても大変なのです。他にも色々なことに時間がかかりますから、[172]いつもは8時に家を出ますが、今は7時15分に出ています。でも、けがも悪いことばかりではありません。いいこともあります。[173]それは、家族や会社の人たちの優しさを感じたことです。私が歩かなくてもいいように皆が助けてくれます。けがが治ったら、何かお礼をしたいと思っています。

[171]지난주 일요일, 테니스를 치다가 다치고 말았습니다. 지금도 아직 잘 걸을 수 없습니다만, 회사에는 가야 합니다. 다리가 아프기 때문에 통근은 아주 힘듭니다. 저는 매일 회사까지 버스로 다니고 있습니다만, 버스를 탈 때 다리가 올라가지 않아서 아주 힘듭니다. 그 외에도 여러 가지 일에 시간이 걸리니까 [172]평소에는 8시에 집을 나갑니다만, 지금은 7시 15분에 나가고 있습니다. 하지만 부상도 나쁜 것만은 아닙니다. 좋은 것도 있습니다. [173]그것은 가족이나 회사 사람들의 상냥함을 느낀 것입니다. 제가 걷지 않아도 되도록 모두가 도와줍니다. 부상이 나으면 뭔가 사례를 하고 싶다고 생각하고 있습니다.

어휘 | 先週(せんしゅう) 지난주 日曜日(にちようび) 일요일
テニスをする 테니스를 치다 けが(怪我)をする 다치다, 부상을 입다
今(いま) 지금 まだ 아직 うまく 잘
歩(ある)く 걷다 会社(かいしゃ) 회사
～なければならない ～하지 않으면 안 된다, ～해야 한다
足(あし) 다리 痛(いた)い 아프다 通勤(つうきん) 통근, 출퇴근
とても 아주, 매우 大変(たいへん)だ 힘들다
毎日(まいにち) 매일 ～まで ～까지 バス 버스
～で ～(으)로 *수단 通(かよ)う 다니다 乗(の)る (탈것에) 타다
上(あ)がる 오르다, 올라가다 他(ほか)にも 그 외에도
色々(いろいろ)だ 여러 가지다, 다양하다 時間(じかん) 시간
かかる (시간이) 걸리다 いつも 평소, 여느 때
家(いえ) 집 出(で)る 나가다 悪(わる)い 나쁘다, 좋지 않다
～ばかり ～만, ～뿐 いい 좋다 家族(かぞく) 가족
優(やさ)しさ 다정함, 상냥함 感(かん)じる 느끼다
～なくてもいい ～하지 않아도 된다 ～ように ～하도록
助(たす)ける 돕다 ～てくれる (남이 나에게) ～해 주다
治(なお)る 낫다, 치료되다 何(なに)か 뭔가
お礼(れい) 사례, 감사의 인사

171 この人は、いつけがをしましたか。
(A) バスに乗っていた時
(B) テニスをしていた時
(C) 階段を上っていた時
(D) 友達を手伝っていた時

171 이 사람은 언제 다쳤습니까?
(A) 버스를 타고 있었을 때
(B) 테니스를 치고 있었을 때
(C) 계단을 오르고 있었을 때
(D) 친구를 도와주고 있었을 때

해설 | 첫 번째 문장에서 '지난주 일요일, 테니스를 치다가 다치고 말았습니다'라고 했으므로, 정답은 (B)가 된다.

어휘 | 階段(かいだん) 계단 上(のぼ)る 오르다, 올라가다
友達(ともだち) 친구 手伝(てつだ)う 돕다, 도와주다

172 この人は、今は何時に家を出ていますか。
(A) 7時
(B) 7時15分
(C) 8時
(D) 8時15分

172 이 사람은 지금은 몇 시에 집을 나가고 있습니까?
(A) 7시
(B) 7시 15분
(C) 8시
(D) 8시 15분

해설 | 중반부에서 평소에는 8시에 집을 나가지만, 다리를 다치고 나서는 7시 15분에 나간다고 했다. 따라서 정답은 (B)가 된다.

어휘 | 何時(なんじ) 몇 시

173 どうして、けがが悪いことばかりではないと言っていますか。
(A) 家で仕事ができるようになったから
(B) 周りの人の優しさを知ったから
(C) けがについて勉強ができたから
(D) 通勤の時間が短くなったから

173 어째서 부상이 나쁜 것만은 아니라고 말하고 있습니까?
(A) 집에서 일을 할 수 있게 되었기 때문에
(B) 주위 사람의 상냥함을 알았기 때문에
(C) 부상에 대해서 공부를 할 수 있었기 때문에
(D) 통근 시간이 짧아졌기 때문에

해설 | 후반부에서 다리의 부상 때문에 가족이나 회사 사람들의 상냥함을 느꼈다고 했다. 따라서 정답은 (B)가 된다.

어휘 | 仕事(しごと) 일 周(まわ)り 주위, 주변 知(し)る 알다

～について ～에 대해서 勉強(べんきょう) 공부 短(みじか)い 짧다

174~177 문병 감사 편지

山中太郎 様

先週は、お忙しい中、夫のためにお見舞いに来てくださいましてありがとうございました。[174]夫は、山中様とお会いすることができて本当に嬉しかったようで、前よりずっと明るくなって、看護師さんや家族ともよく話をするようになりました。[175]来週の週末に退院することが決まったのですが、それが決まってからは食事を残すことも無くなりました。また、[176]嫌いな運動のトレーニングにも、自分から行くようになりました。退院後すぐに仕事に戻ることはできませんが、[177]お医者様から「このままなら、桜が咲く頃には会社に行けるようになるでしょう」というお言葉をいただいたので、山中様に早くお知らせしたくて、手紙を書きました。本当にありがとうございました。

2018年11月24日　古田良子

야마나카 다로 님

지난주는 바쁘신 중에 남편을 위해 문병하러 와 주셔서 감사했습니다. [174]남편은 야마나카 님과 만나 뵐 수 있어서 정말로 기뻤던 듯, 전보다 훨씬 밝아져서 간호사나 가족과도 잘 이야기를 하게 되었습니다. [175]다음 주 주말에 퇴원하는 것이 결정되었는데, 그것이 결정되고 나서는 식사를 남기는 일도 없어졌습니다. 또 [176]싫어하는 운동 훈련에도 스스로 가게 되었습니다. 퇴원 후 바로 업무에 복귀할 수는 없습니다만, [177]의사 선생님으로부터 "이대로라면 벚꽃이 필 때쯤에는 회사에 갈 수 있게 되겠죠"라는 말을 들어서 야마나카 님에게 빨리 알려 드리고 싶어서 편지를 썼습니다. 정말로 감사했습니다.

2018년 11월 24일　후루타 요시코

어휘 | 先週(せんしゅう) 지난주 忙(いそが)しい 바쁘다
～中(なか) ～중 夫(おっと) 남편 ～ために ～위해서
お見舞(みま)い 병문안, 문병 동작성명사+に ～하러 *동작의 목적
来(く)る 오다 ～てくださる (남이 나에게) ～해 주시다 *「～てくれる」((남이 나에게) ～해 주다)의 존경표현
お会(あ)いする 만나 뵙다 *「会(あ)う」(만나다)의 겸양어
嬉(うれ)しい 기쁘다 ～ようだ ～인 것 같다, ～인 듯하다
前(まえ) 전, 이전 ～より～보다 ずっと 훨씬
明(あか)るい 밝다, 명랑하다 看護師(かんごし) 간호사
家族(かぞく) 가족 よく 잘 話(はなし) 이야기
～ようになる ～하게(끔) 되다 *변화
来週(らいしゅう) 다음 주 週末(しゅうまつ) 주말
退院(たいいん) 퇴원 決(き)まる 정해지다, 결정되다
～てから ～하고 나서, ～한 후에 食事(しょくじ) 식사
残(のこ)す 남기다 無(な)くなる 없어지다 嫌(きら)いだ 싫어하다
運動(うんどう) 운동 トレーニング 트레이닝, 훈련
自分(じぶん)から 스스로 すぐに 곧, 바로 仕事(しごと) 일
戻(もど)る 되돌아가다 医者(いしゃ) 의사 このまま 이대로
桜(さくら) 벚꽃 咲(さ)く (꽃이) 피다 ～頃(ころ) ～때, ～쯤
言葉(ことば) 말 いただく (남에게) 받다 *「もらう」의 겸양어
早(はや)く 빨리 知(し)らせる 알리다 手紙(てがみ) 편지
書(か)く (글씨·글을) 쓰다

174 山中さんのお見舞いの後、古田さんのご主人はどう変わりましたか。

(A) よく食べるようになった。
(B) 早く起きるようになった。
(C) 会話をするようになった。
(D) せきをしなくなった。

174 야마나카 씨의 문병 후, 후루타 씨의 남편은 어떻게 변했습니까?

(A) 잘 먹게 되었다.
(B) 일찍 일어나게 되었다.
(C) 대화를 하게 되었다.
(D) 기침을 하지 않게 되었다.

해설 | 초반부에서 '남편은 야마나카 님과 만나 뵐 수 있어서 정말로 기뻤던 듯, 전보다 훨씬 밝아져서 간호사나 가족과도 잘 이야기를 하게 되었습니다'라고 했으므로, 정답은 (C)가 된다. (A)는 다음 주 주말에 퇴원하는 것이 결정되고 나서의 남편의 변화에 해당하므로, 답이 될 수 없다.

어휘 | ご主人(しゅじん) (남의) 남편 変(か)わる 바뀌다, 변하다
食(た)べる 먹다 起(お)きる 일어나다, 기상하다
会話(かいわ) 회화, 대화 せき(咳) 기침

175 古田さんのご主人は、いつ退院する予定ですか。

(A) 3日後
(B) 今週の週末
(C) 来週の初め
(D) 来週の終わり

175 후루타 씨의 남편은 언제 퇴원할 예정입니까?

(A) 3일 후
(B) 이번 주 주말
(C) 다음 주 초
(D) 다음 주 말

해설 | 중반부에서 다음 주 주말에 퇴원하는 것이 결정되었다고 했으므로, 정답은 (D)가 된다.

어휘 | 予定(よてい) 예정 初(はじ)め 초 終(お)わり 말

176 古田さんのご主人がやりたがらなかったことは、何ですか。

(A) 注射をしてもらうこと
(B) シャワーを浴びること

(C) 体を動かす練習をすること

(D) テレビでニュースを見ること

176 후루타 씨의 남편이 하고 싶어하지 않았던 것은 무엇입니까?

(A) 주사를 맞는 것

(B) 샤워를 하는 것

(C) 몸을 움직이는 연습을 하는 것

(D) TV로 뉴스를 보는 것

해설 | 중반부에서 후루타 씨의 남편이 싫어했던 것은 운동 훈련이라고 했으므로, 정답은 몸을 움직이는 연습을 하는 것이라고 한 (C)가 된다.

어휘 | やる 하다 동사의 ます형+たがる (제삼자가) ~하고 싶어하다
注射(ちゅうしゃ)をしてもらう 주사를 맞다
シャワーを浴(あ)びる 샤워를 하다 体(からだ) 몸, 신체
動(うご)かす 움직이다 練習(れんしゅう) 연습
テレビ 텔레비전, TV *「テレビジョン」의 준말 ニュース 뉴스
見(み)る 보다

177 お医者さんは、古田さんにどのようなことを伝えましたか。

(A) 春頃には元の生活に戻れるだろう。

(B) 将来もっといい薬が発明されるだろう。

(C) 桜が咲くまでには退院できるだろう。

(D) 有名な病院に入院できるだろう。

177 의사 선생님은 후루타 씨에게 어떠한 것을 전했습니까?

(A) 봄쯤에는 원래 생활로 돌아갈 수 있을 것이다.

(B) 장래에 더 좋은 약이 발명될 것이다.

(C) 벚꽃이 필 때까지는 퇴원할 수 있을 것이다.

(D) 유명한 병원에 입원할 수 있을 것이다.

해설 | 후반부에서 의사는 후루타 씨에게 '이대로라면 벚꽃이 필 때쯤에는 회사에 갈 수 있게 되겠죠'라고 했다. 즉, 벚꽃이 피는 봄이면 원래 생활로 돌아갈 수 있을 것이라는 뜻이므로, 정답은 (A)가 된다.

어휘 | 伝(つた)える 전하다, 전달하다 春(はる) 봄 元(もと) 원래
生活(せいかつ) 생활 将来(しょうらい) 장래 もっと 더, 더욱
薬(くすり) 약 発明(はつめい) 발명 有名(ゆうめい)だ 유명하다
病院(びょういん) 병원 入院(にゅういん) 입원

178~180 내가 하고 있는 일

現在、多くの人がパソコンを使用しています。仕事で使っている人もいれば、趣味で使っている人もいます。[178]私はパソコンがうまく使えない人たちから、電話やメールで相談を受ける仕事をしています。まだ始めたばかりですが、相談は増える一方で、毎日100人くらい受け付けています。[179]パソコンの使い方をよく知らない相手に対しては、専門的な言葉は使わないようにしています。時間がかかりますが、その人が私の説明を理解してパソコンが動いた時は、この仕事をやっていてよかったと思います。時々、私よりもパソコンに詳しい人が問い合わせてきます。[180]その内容が難しくてどうしてもアドバイスできない時は、代わりに先輩に答えてもらいます。悔しいですが、お客さんを待たせるわけにはいかないからです。私にとっては、今は毎日が勉強です。

현재 많은 사람이 컴퓨터를 사용하고 있습니다. 일 때문에 사용하고 있는 사람도 있고 취미로 사용하고 있는 사람도 있습니다. [178]저는 컴퓨터를 잘 사용할 수 없는 사람들로부터 전화나 메일로 상담을 받는 일을 하고 있습니다. 아직 시작한 지 얼마 되지 않았습니다만, 상담은 늘기만 해서 매일 100명 정도 접수하고 있습니다. [179]컴퓨터 사용법을 잘 모르는 상대에 대해서는 전문적인 말은 사용하지 않도록 하고 있습니다. 시간이 걸립니다만, 그 사람이 제 설명을 이해하고 컴퓨터가 작동했을 때는 이 일을 하길 잘했다고 생각합니다. 종종 저보다도 컴퓨터를 잘 아는 사람이 문의해 옵니다. [180]그 내용이 어려워서 도저히 조언할 수 없을 때는 대신에 선배에게 대답해 달라고 합니다. 속상하지만, 고객을 기다리게 할 수는 없기 때문입니다. 저에게 있어서는 지금은 매일이 공부입니다.

어휘 | 現在(げんざい) 현재 多(おお)く 많음
パソコン (개인용) 컴퓨터 *「パーソナルコンピューター」의 준말
使用(しよう) 사용 仕事(しごと) 일 使(つか)う 쓰다, 사용하다
~も~ば~も ~도 ~하고[하거니와] ~도 趣味(しゅみ) 취미
電話(でんわ) 전화 メール 메일 相談(そうだん) 상담, 상의, 의논
受(う)ける (어떤 행위를) 받다 まだ 아직 始(はじ)める 시작하다
동사의 た형+ばかりだ 막 ~한 참이다, ~한 지 얼마 안 되다
増(ふ)える 늘다, 늘어나다
동사의 기본형+一方(いっぽう)だ ~할 뿐이다, ~하기만 하다
毎日(まいにち) 매일 受(う)け付(つ)ける 접수하다
使(つか)い方(かた) 사용법 知(し)る 알다 相手(あいて) 상대
~に対(たい)して ~에 대해, ~에게 *대상
専門的(せんもんてき)だ 전문적이다 言葉(ことば) 말
~ないように ~하지 않도록[않게] かかる (시간이) 걸리다
説明(せつめい) 설명 理解(りかい) 이해
動(うご)く (기계가) 작동하다 やる 하다
~てよかった ~하길 잘했다 時々(ときどき) 종종, 때때로
~より ~보다 詳(くわ)しい 잘 알고 있다, 정통하다, 밝다
問(と)い合(あ)わせる 문의하다 内容(ないよう) 내용
難(むずか)しい 어렵다 どうしても (부정의 말을 수반하여) 도저히
アドバイス 어드바이스, 조언 代(か)わりに 대신에
先輩(せんぱい) 선배 答(こた)える 대답하다
悔(くや)しい 분하다, 속상하다 お客(きゃく)さん 손님
待(ま)たせる 기다리게 하다 ~わけにはいかない ~할 수는 없다
~にとって ~에게 있어서 勉強(べんきょう) 공부

178 この人は、どんな仕事をしていますか。

(A) 客にパソコンの使い方のアドバイスをする。

(B) 客の家へパソコンの修理に行く。

(C) 客に合うパソコンを紹介する。

(D) 客が求めるパソコンを探す。

178 이 사람은 어떤 일을 하고 있습니까?

(A) 고객에게 컴퓨터 사용법의 조언을 한다.
(B) 고객의 집에 컴퓨터를 수리하러 간다.
(C) 고객에게 맞는 컴퓨터를 소개한다.
(D) 고객이 원하는 컴퓨터를 찾는다.

해설 | 초반부에서 '저는 컴퓨터를 잘 사용할 수 없는 사람들로부터 전화나 메일로 상담을 받는 일을 하고 있습니다'라고 했으므로, 정답은 (A)가 된다.

어휘 | 客(きゃく) 손님 修理(しゅうり) 수리
동작성명사+に ~하러 *동작의 목적 合(あ)う 맞다, 적합하다
紹介(しょうかい) 소개 求(もと)める 원하다 探(さが)す 찾다

179 この人は、仕事の時、何に注意していますか。

(A) できるだけ短時間で終わらせること
(B) 同僚より多くの客を受け付けること
(C) 相手に合わせて使う言葉を変えること
(D) 1人の客にできるだけ時間をかけること

179 이 사람은 일을 할 때 무엇에 주의하고 있습니까?

(A) 가능한 한 단시간으로 끝내는 것
(B) 동료보다 많은 고객을 접수하는 것
(C) 상대에 맞춰 사용하는 말을 바꾸는 것
(D) 한 명의 고객에게 가능한 한 시간을 들이는 것

해설 | 중반부에서 컴퓨터 사용법을 잘 모르는 상대에게는 전문적인 말은 사용하지 않는다고 했다. 즉, 상대방에 맞춰 용어의 난이도를 조절해서 설명한다는 의미이므로, 정답은 (C)가 된다.

어휘 | 注意(ちゅうい) 주의, 조심 できるだけ 가능한 한, 되도록
短時間(たんじかん) 단시간 終(お)わる 끝나다
同僚(どうりょう) 동료 相手(あいて) 상대 合(あ)わせる 맞추다
変(か)える 바꾸다 かける (돈·시간·수고 등을) 들이다

180 どんな時、この人は仕事を先輩に代わってもらいますか。

(A) 自分では答えられない時
(B) ミスをしてしまった時
(C) 客が怒っている時
(D) 客が外国人の時

180 어떤 때 이 사람은 일을 선배에게 대신해 달라고 합니까?

(A) 스스로는 대답할 수 없을 때
(B) 실수를 해 버렸을 때
(C) 고객이 화를 내고 있을 때
(D) 고객이 외국인일 때

해설 | 후반부에서 '그 내용이 어려워서 도저히 조언할 수 없을 때는 대신에 선배에게 대답해 달라고 합니다'라고 했다. 따라서 정답은 (A)가 된다.

어휘 | 代(か)わる 대신하다 ミス 실수, 잘못 怒(おこ)る 화를 내다
外国人(がいこくじん) 외국인

181~184 여배우 S 씨와 나의 공통점

私はアナウンサーの仕事をしています。先日、女優のSさんと番組でお話しする機会がありました。Sさんはお父さんが芸能人で、幼い頃はよくお父さんと遊んでいたといいます。そんな彼女が芸能人になりたいと言った時、お父さんは「[181]どんな仕事でも大変だけど、自分で決めたなら頑張りなさい」と言ったそうです。私はその話を聞いて、私の父と似ていると思いました。私の父は会社員ですが、仕事がとても忙しくて、あまり一緒に遊んでくれませんでした。それでも父は、たまに家族を動物園か遊園地に連れて行ってくれました。そこで、[182]私や妹だけでなく母までが喜ぶのを見て、父も嬉しそうでした。父は、「[183]興味を持ったら何でもやってみるのが一番だ」と言って、アナウンサーになりたいと言った私をいつも応援してくれました。今でも父は私のいい相談相手です。Sさんと私は職業は違いますが、[184]いつも娘を応援する親の姿は同じなのだと思いました。

저는 아나운서 일을 하고 있습니다. 요전에 여배우 S 씨와 프로그램에서 이야기를 할 기회가 있었습니다. S 씨는 아버지가 연예인으로, 어릴 때는 자주 아버지와 놀았다고 합니다. 그런 그녀가 연예인이 되고 싶다고 말했을 때 아버지는 "[181]어떤 일이더라도 힘들지만, 스스로 결정했으면 열심히 해라"라고 말했다고 합니다. 저는 그 이야기를 듣고 저희 아버지와 비슷하다고 생각했습니다. 저희 아버지는 회사원인데, 일이 아주 바빠서 별로 함께 놀아 주지 않았습니다. 그래도 아버지는 가끔 가족을 동물원이나 유원지에 데리고 가 주었습니다. 그래서 [182]저나 여동생뿐만이 아니라, 어머니까지 기뻐하는 것을 보고 아버지도 기쁜 것 같았습니다. 아버지는 "[183]흥미를 가지면 뭐든지 해 보는 게 제일이야"라고 말하고, 아나운서가 되고 싶다고 말한 저를 항상 응원해 주었습니다. 지금도 아버지는 저의 좋은 상담 상대입니다. S 씨와 저는 직업은 다르지만, [184]항상 딸을 응원하는 부모님의 모습은 같은 것이라고 생각했습니다.

어휘 | アナウンサー 아나운서 仕事(しごと) 일
先日(せんじつ) 요전, 전번 女優(じょゆう) 여배우
番組(ばんぐみ) (연예·방송 등의) 프로그램
お+동사의 ます형+する ~하다, ~해 드리다 *겸양표현
話(はな)す 말하다, 이야기하다 機会(きかい) 기회
お父(とう)さん (남의) 아버지 芸能人(げいのうじん) 연예인
幼(おさな)い 어리다 遊(あそ)ぶ 놀다 どんな 어떤
~でも ~(더)라도 大変(たいへん)だ 힘들다
自分(じぶん)で 직접, 스스로 決(き)める 정하다, 결정하다
頑張(がんば)る 열심히 하다, 노력하다 父(ちち) 아버지
似(に)る 닮다, 비슷하다 会社員(かいしゃいん) 회사원
忙(いそが)しい 바쁘다 あまり (부정의 말을 수반하여) 그다지, 별로

一緒(いっしょ)に 함께　～てくれる (남이 나에게) ～해 주다
それでも 그래도　たまに 가끔　家族(かぞく) 가족
動物園(どうぶつえん) 동물원　遊園地(ゆうえんち) 유원지
連(つ)れる 데리고 가다　そこで 그래서　妹(いもうと) 여동생
～だけでなく ～뿐만 아니라　母(はは) 어머니
喜(よろこ)ぶ 기뻐하다　嬉(うれ)しい 기쁘다
い형용사의 어간+そうだ ～일[할] 것 같다, ～인 듯하다 *양태
今(いま)でも 지금도　相談(そうだん) 상담, 상의, 의논
相手(あいて) 상대　職業(しょくぎょう) 직업　違(ちが)う 다르다
いつも 늘, 항상　娘(むすめ) 딸　応援(おうえん) 응원
親(おや) 부모　姿(すがた) 모습　同(おな)じだ 같다

181 芸能人(げいのうじん)になろうとしたSさんに、お父(とう)さんは何(なん)と言(い)いましたか。
(A) 芸能人(げいのうじん)は楽(らく)な仕事(しごと)だからいい。
(B) 途中(とちゅう)で嫌(いや)になったら辞(や)めればいい。
(C) 楽(らく)ではないが一生懸命(いっしょうけんめい)やるといい。
(D) 自分(じぶん)と同(おな)じ仕事(しごと)だから嬉(うれ)しい。

181 연예인이 되려고 한 S 씨에게 아버지는 뭐라고 말했습니까?
(A) 연예인은 수월한 일이니까, 좋다.
(B) 도중에 싫어지면 그만두면 된다.
(C) 수월하지는 않지만, 열심히 하면 된다.
(D) 자신과 같은 일이니까, 기쁘다.

해설 | 초반부에서 연예인이 되겠다는 S 씨에게 그녀의 아버지는 '어떤 일이더라도 힘들지만, 스스로 결정했으면 열심히 해라'라고 말했다고 했다. 따라서 정답은 (C)가 된다.

어휘 | 楽(らく)だ 수월하다, 편하다　途中(とちゅう) 도중
嫌(いや)だ 싫다　辞(や)める (일자리를) 그만두다
一生懸命(いっしょうけんめい) 열심히　自分(じぶん) 자신, 나

182 この人(ひと)のお父(とう)さんは、遊園地(ゆうえんち)に行(い)ってどうでしたか。
(A) 家族(かぞく)の様子(ようす)を見(み)て喜(よろこ)んでいた。
(B) 家族(かぞく)が遊(あそ)んでいる間(あいだ)、本(ほん)を読(よ)んでいた。
(C) つまらなそうに家族(かぞく)に付(つ)いて来(き)た。
(D) 自分(じぶん)が真(ま)っ先(さき)に乗(の)り物(もの)に乗(の)っていた。

182 이 사람의 아버지는 유원지에 가서 어땠습니까?
(A) 가족의 모습을 보고 기뻐하고 있었다.
(B) 가족이 놀고 있는 동안 책을 읽고 있었다.
(C) 재미없는 듯이 가족을 따라왔다.
(D) 자신이 맨 먼저 놀이기구를 타고 있었다.

해설 | 중반부에서 '저나 여동생뿐만이 아니라, 어머니까지 기뻐하는 것을 보고 아버지도 기쁜 것 같았습니다'라고 했으므로, 정답은 (A)가 된다.

어휘 | 様子(ようす) 모습　～間(あいだ) ～동안　本(ほん) 책
読(よ)む 읽다　つまらない 재미없다　付(つ)く 따르다, 뒤따르다
真(ま)っ先(さき) 맨 먼저　乗(の)り物(もの) 탈것, 놀이기구
乗(の)る (탈것에) 타다

183 この人(ひと)のお父(とう)さんは、この人(ひと)にどんなことを言(い)ってくれましたか。
(A) 海外旅行(かいがいりょこう)でたくさんの経験(けいけん)をしてほしい。
(B) 一(ひと)つのことを深(ふか)く研究(けんきゅう)するのが大切(たいせつ)だ。
(C) 関心(かんしん)のあることは試(ため)すのがいい。
(D) 友達(ともだち)をたくさん作(つく)ることが大切(たいせつ)だ。

183 이 사람의 아버지는 이 사람에게 어떤 것을 말해 주었습니까?
(A) 해외여행으로 많은 경험을 해 주었으면 한다.
(B) 한 가지 일을 깊이 연구하는 것이 중요하다.
(C) 관심이 있는 일은 실제로 해 보는 것이 좋다.
(D) 친구를 많이 만드는 것이 중요하다.

해설 | 후반부에서 '흥미를 가지면 뭐든지 해 보는 게 제일이야'라고 말해 주었다고 했으므로, 정답은 (C)가 된다.

어휘 | 海外旅行(かいがいりょこう) 해외여행　たくさん 많이
経験(けいけん) 경험　～てほしい ～해 주었으면 하다
深(ふか)い 깊다　研究(けんきゅう) 연구　大切(たいせつ)だ 중요하다
関心(かんしん) 관심　試(ため)す 시험하다, 실제로 해 보다
友達(ともだち) 친구　作(つく)る 만들다

184 Sさんとこの人(ひと)に共通(きょうつう)していることは、何(なん)ですか。
(A) 父(ちち)と遊(あそ)んだ思(おも)い出(で)がたくさんあること
(B) 今(いま)も父(ちち)と過(す)ごす時間(じかん)が多(おお)いこと
(C) 自分(じぶん)を応援(おうえん)する父(ちち)がいること
(D) 父(ちち)が芸能人(げいのうじん)であること

184 S 씨와 이 사람에게 공통된 것은 무엇입니까?
(A) 아버지와 놀았던 추억이 많이 있는 것
(B) 지금도 아버지와 보내는 시간이 많은 것
(C) 자신을 응원하는 아버지가 있는 것
(D) 아버지가 연예인인 것

해설 | 맨 마지막 문장에서 '항상 딸을 응원하는 부모님의 모습은 같은 것이라고 생각합니다'라고 했으므로, 정답은 (C)가 된다.

어휘 | 共通(きょうつう) 공통　思(おも)い出(で) 추억
過(す)ごす (시간을) 보내다, 지내다　多(おお)い 많다

185~188 첫 농구시합 구경

185自動車メーカーに勤めている弟が、「会社のバスケットボールチームの応援に行くけれど、一緒に行かないか」と誘ってくれたので、昨日生まれて初めてバスケットボールの試合を見に行きました。186昨日は特別に高校生以下の子供は入場無料だと聞いていたので、小学6年生の娘も連れて行きました。これまで私はサッカーにしか興味がなくて、バスケットボールについては何も知りませんでしたが、試合の会場はサッカーグラウンドより狭くて、全体がよく見えました。しかも、選手たちの一つ一つの動作のスピードがよく伝わってきておもしろかったです。それに187攻撃と守りが何度も入れ替わるので目を離す暇がなくて、時間の経つのがすごく速く感じました。188ある選手のファンになった娘は、彼の名前が書かれたタオルを弟に買ってもらって、喜んでいます。娘が「また見に行きたい」と言うので、来月の試合も弟に頼んでチケットを取ってもらうことにしました。私も今からわくわくしています。

185자동차 제조회사에 근무하고 있는 남동생이 "회사 농구팀 응원하러 가는데, 함께 가지 않을래?"라고 권유해 줘서 어제 태어나서 처음으로 농구 시합을 보러 갔습니다. 186어제는 특별히 고등학생 이하인 아이는 무료 입장이라고 들었기 때문에 초등학교 6학년인 딸도 데리고 갔습니다. 지금까지 저는 축구에밖에 흥미가 없어서 농구에 대해서는 아무것도 몰랐습니다만, 시합장은 축구 운동장보다 좁아서 전체가 잘 보였습니다. 게다가 선수들의 하나하나의 동작 속도가 잘 전해져서 재미있었습니다. 더욱이 187공격과 수비가 몇 번이나 바뀌어서 눈을 뗄 여유가 없어 시간이 지나는 것이 굉장히 빠르게 느껴졌습니다. 188어느 선수의 팬이 된 딸은 그의 이름이 적힌 수건을 남동생이 사 줘서 기뻐하고 있습니다. 딸이 "또 보러 가고 싶어요"라고 말해서, 다음 달 시합도 남동생에게 부탁해서 티켓을 받기로 했습니다. 저도 지금부터 설레고 있습니다.

어휘 | 自動車(じどうしゃ) 자동차
メーカー 메이커, 특히 이름난 제조회사 勤(つと)める 근무하다
弟(おとうと) 남동생 会社(かいしゃ) 회사
バスケットボール 농구 チーム 팀 応援(おうえん) 응원
동작성명사·동사의 ます형+に ~하러 *동작의 목적
一緒(いっしょ)に 함께 誘(さそ)う 권하다, 권유하다
~てくれる (남이 나에게) ~해 주다 昨日(きのう) 어제
生(う)まれる 태어나다 初(はじ)めて 처음(으로) 試合(しあい) 시합
見(み)る 보다 特別(とくべつ)に 특별히
高校生(こうこうせい) 고등학생 以下(いか) 이하
子供(こども) 아이 入場(にゅうじょう) 입장 無料(むりょう) 무료
小学(しょうがく) 초등학교 *「小学校(しょうがっこう)」의 준말
~年生(ねんせい) ~학년 娘(むすめ) 딸 連(つ)れる 데리고 가다
これまで 지금까지 サッカー 축구 ~しか ~밖에
興味(きょうみ) 흥미 何(なに)も (부정의 말을 수반하여) 아무것도
知(し)る 알다 会場(かいじょう) 회장 グラウンド 그라운드, 운동장
~より ~보다 狭(せま)い 좁다 全体(ぜんたい) 전체 よく 잘
見(み)える 보이다 しかも 게다가 選手(せんしゅ) 선수
一(ひと)つ一(ひと)つ 하나하나 動作(どうさ) 동작
スピード 스피드, 속도 伝(つた)わる 전해지다
それに 더욱이, 게다가 攻撃(こうげき) 공격
守(まも)り 수비 何度(なんど)も 몇 번이나
入(い)れ替(か)わる 교체하다 目(め)を離(はな)す 눈을 떼다
暇(ひま) 여유, 겨를 経(た)つ (시간이) 지나다, 경과하다
すごく 굉장히, 몹시 速(はや)く 빠르게 感(かん)じる 느끼다
ファン 팬 名前(なまえ) 이름 書(か)く (글씨·글을) 쓰다
タオル 타월, 수건 買(か)う 사다 喜(よろこ)ぶ 기뻐하다
来月(らいげつ) 다음 달 頼(たの)む 부탁하다 チケット 티켓
取(と)る 얻다 ~てもらう (남에게) ~해 받다
동사의 보통형+ことにする ~하기로 하다
今(いま)から 지금부터 わくわく 두근두근

185 この人は、どこのチームを応援しに行きましたか。
(A) この人が働いている会社
(B) この人が乗っている車のメーカー
(C) 弟の同級生の会社
(D) 弟が勤めている企業

185 이 사람은 어느 팀을 응원하러 갔습니까?
(A) 이 사람이 일하고 있는 회사
(B) 이 사람이 타고 있는 차의 제조회사
(C) 남동생의 동급생 회사
(D) 남동생이 근무하고 있는 기업

해설 | 첫 번째 문장에서 자동차 제조회사에 근무하고 있는 남동생의 권유로, 남동생 회사의 농구팀을 응원하러 갔다고 했다. 따라서 정답은 (D)가 된다.

어휘 | 働(はたら)く 일하다 乗(の)る (탈것에) 타다
同級生(どうきゅうせい) 동급생 企業(きぎょう) 기업

186 この人は、どうして娘を連れて行きましたか。
(A) 子供はただで見られるから
(B) 子供は安い値段で見られるから
(C) 子供が一緒だといい席で見られるから
(D) 子供は特別なプレゼントがもらえるから

186 이 사람은 어째서 딸을 데리고 갔습니까?
(A) 아이는 공짜로 볼 수 있기 때문에
(B) 아이는 싼 가격으로 볼 수 있기 때문에
(C) 아이가 함께라면 좋은 자리에서 볼 수 있기 때문에
(D) 아이는 특별한 선물을 받을 수 있기 때문에

해설 | 이 사람이 농구 시합에 딸을 데리고 간 이유는 초반부에 나온다. 어제는 특별히 고등학생 이하인 아이는 무료 입장이라고 들었기 때문이므로, 정답은 (A)가 된다.

어휘 | ただ 공짜 安(やす)い 싸다 値段(ねだん) 가격
席(せき) 자리, 좌석 プレゼント 프레젠트, 선물
もらう (남에게) 받다

187 この人は、時間が速く過ぎたように感じた理由は何だと言っていますか。
(A) 選手たちがとても速く動いていたこと
(B) 会場の応援がすごく盛り上がっていたこと
(C) 応援していたチームがずっと攻めていたこと
(D) 攻める側と守る側が何度も入れ替わったこと

187 이 사람은 시간이 빠르게 지나간 것처럼 느낀 이유는 뭐라고 말하고 있습니까?
(A) 선수들이 아주 빠르게 움직이고 있었던 것
(B) 회장 응원이 굉장히 분위기가 고조되고 있었던 것
(C) 응원하고 있던 팀이 계속 공격하고 있었던 것
(D) 공격하는 쪽과 수비하는 쪽이 몇 번이나 바뀐 것

해설 | 중반부에서 공격과 수비가 몇 번이나 바뀌어서 눈을 뗄 여유가 없어 시간이 지나는 것이 굉장히 빠르게 느껴졌다고 했다. 따라서 정답은 (D)가 된다.

어휘 | 過(す)ぎる (시간이) 지나다, 지나가다
理由(りゆう) 이유 動(うご)く 움직이다
盛(も)り上(あ)がる (기세·분위기 등이) 고조되다
ずっと 쭉, 계속 攻(せ)める 공격하다 守(まも)る 막다, 수비하다

188 この人の娘が買ってもらったタオルには、何が書かれていますか。
(A) 応援したチーム名
(B) 応援したチームの選手全員の名前
(C) 娘が気に入った選手の名前
(D) 弟がファンになった選手名

188 이 사람의 딸이 사 받은 수건에는 무엇이 적혀 있습니까?
(A) 응원한 팀명
(B) 응원한 팀 선수 전원의 이름
(C) 딸의 마음에 든 선수 이름
(D) 남동생이 팬이 된 선수명

해설 | 후반부에서 딸이 선물 받은 수건에는 그 날 시합에서 보고 팬이 된 선수의 이름이 적혀 있었다고 했으므로, 정답은 (C)가 된다.

어휘 | チーム名(めい) 팀명 全員(ぜんいん) 전원
気(き)に入(い)る 마음에 들다 選手名(せんしゅめい) 선수명

189~192 이직 고민

私は今、仕事のことで悩んでいる。大学卒業後ある食品会社に就職し、7年間ずっと宣伝部で広告関係の仕事をしてきた。[189]入社前からあこがれていた仕事だったので、どんなに大変でも迷うことなく精一杯頑張ってきた。上司や同僚にも恵まれ、取引先との関係もうまくいっており、このまま順調に経験を積んでいけるものだと思っていた。

ところが、半年前突然大阪の営業部に転勤になり、状況が大きく変わった。転勤後しばらくは新しい仕事を覚えることに必死で、自分の将来について深く考える暇はなかった。しかし、最近何とか一人前に仕事ができるようになり、少し余裕ができたからか、[191]自分にはやはり広告の仕事が向いているのではないかという思いが急に湧いてきた。[190]営業の仕事に魅力を感じないわけではなく、営業部の人間関係に不満があるわけでもないが、(1)この思いは日ごとに大きくなっている。今の会社を辞めて、広告関係の会社に再就職することも真剣に検討し始めた。[192]しかしながら、これは私の人生の重大な選択になるので、家族や友人の意見も参考にしながら、焦らず慎重に考えたいと思う。

나는 지금 일 때문에 고민하고 있다. 대학 졸업 후 어느 식품회사에 취직해 7년간 계속 선전부에서 광고에 관계된 일을 해 왔다. [189]입사 전부터 동경하고 있던 일이어서 아무리 힘들어도 망설이는 일 없이 힘껏 노력해 왔다. 상사나 동료도 좋고, 거래처와의 관계도 원만하여 이대로 순조롭게 경험을 쌓아 갈 수 있겠다고 생각하고 있었다.

하지만 반 년 전 갑자기 오사카 영업부로 전근하게 되어 상황이 크게 변했다. 전근 후 한동안은 새 일을 익히는 것에 필사적이어서 자신의 장래에 대해서 깊이 생각할 시간은 없었다. 그러나 최근 그럭저럭 제 몫의 일을 할 수 있게 되어 조금 여유가 생겨서인지 [191]나에게는 역시 광고일이 맞는 것은 아닐까 라는 생각이 갑자기 생겨났다. [190]영업 일에 매력을 느끼지 않는 것은 아니고, 영업부의 인간관계에 불만이 있는 것도 아니지만, (1)이 생각은 날마다 커지고 있다. 지금 회사를 그만두고 광고 관계 회사에 재취직하는 것도 진지하게 검토하기 시작했다. [192]그러나 이것은 내 인생의 중대한 선택이 되기 때문에 가족이나 친구의 의견도 참고하면서 초조해하지 않고 신중하게 생각하고 싶다.

어휘 | 今(いま) 지금 仕事(しごと) 일 悩(なや)む 고민하다
大学(だいがく) 대학 卒業(そつぎょう) 졸업
食品会社(しょくひんがいしゃ) 식품회사 就職(しゅうしょく) 취직

宣伝部(せんでんぶ) 선전부 広告(こうこく) 광고
関係(かんけい) 관계 入社(にゅうしゃ) 입사
あこが(憧)れる 동경하다 どんなに 아무리
大変(たいへん)だ 힘들다 迷(まよ)う 망설이다
～ことなく ～하는 일 없이 精一杯(せいいっぱい) 힘껏, 최대한으로
頑張(がんば)る 열심히 하다, 노력하다 上司(じょうし) 상사
同僚(どうりょう) 동료
恵(めぐ)まれる (좋은 상태 · 환경 등이) 주어지다, 타고나다, 풍족하다
取引先(とりひきさき) 거래처
うまくいく 잘 되다, 순조롭게 진행되다 このまま 이대로
順調(じゅんちょう)だ 순조롭다 経験(けいけん) 경험
積(つ)む (경험 등을) 쌓다 ところが 하지만 半年(はんとし) 반 년
突然(とつぜん) 돌연, 갑자기 大阪(おおさか) 오사카
営業部(えいぎょうぶ) 영업부 転勤(てんきん) 전근
状況(じょうきょう) 상황 大(おお)きい 크다
変(か)わる 바뀌다, 변하다 しばらく 한동안 新(あたら)しい 새롭다
覚(おぼ)える 익히다 必死(ひっし)だ 필사적이다
将来(しょうらい) 장래 深(ふか)い 깊다 考(かんが)える 생각하다
暇(ひま) (한가한) 짬, 시간 何(なん)とか 어떻게든, 그럭저럭
一人前(いちにんまえ) 제 몫을 함, 제 구실을 함
～ようになる ～하게(끔) 되다 *변화 余裕(よゆう) 여유
できる 생기다 やはり 역시 向(む)く 적합하다, (알)맞다
急(きゅう)に 갑자기 湧(わ)く (비유적으로) 솟다, 생겨나다
魅力(みりょく) 매력 感(かん)じる 느끼다
～わけではない (전부) ～인 것은 아니다
人間関係(にんげんかんけい) 인간관계 不満(ふまん) 불만
日(ひ)ごとに 매일, 날마다 辞(や)める (일자리를) 그만두다
再就職(さいしゅうしょく) 재취직 真剣(しんけん)だ 진지하다
検討(けんとう) 검토 동사의 ます형+始(はじ)める ～하기 시작하다
しかしながら 그러나, 하지만 *「しかし」(그러나)의 힘줌말
人生(じんせい) 인생 重大(じゅうだい)だ 중대하다
選択(せんたく) 선택 家族(かぞく) 가족 友人(ゆうじん) 친구
意見(いけん) 의견 参考(さんこう) 참고
동사의 ます형+ながら ～하면서 焦(あせ)る 안달하다, 초조하게 굴다
～ず(に) ～하지 않고 慎重(しんちょう)だ 신중하다

189 この人は、なぜ宣伝部の仕事を頑張ることができたのですか。
(A) 一流企業の一員としてのプライドがあるから
(B) 仕事量に釣り合う給料をもらっていたから
(C) 職場の先輩が常に励ましてくれたから
(D) 就職する前から希望していた仕事だったから

189 이 사람은 왜 선전부 일을 열심히 할 수 있었던 것입니까?
(A) 일류기업의 일원으로서의 자존심이 있기 때문에
(B) 업무량에 상응하는 급여를 받고 있었기 때문에
(C) 직장 선배가 항상 격려해 주었기 때문에
(D) 취직하기 전부터 희망하고 있던 일이었기 때문에

해설 | 초반부에서 '입사 전부터 동경하고 있던 일이어서 아무리 힘들어도 망설이는 일 없이 힘껏 노력해 왔다'라고 했다. 따라서 정답은 (D)가 된다.

어휘 | 一流(いちりゅう) 일류 企業(きぎょう) 기업
一員(いちいん) 일원 ～として ～로서 プライド 프라이드, 자존심
仕事量(しごとりょう) 업무량 釣(つ)り合(あ)う 상응하다
給料(きゅうりょう) 급여, 급료 もらう (남에게) 받다
職場(しょくば) 직장 先輩(せんぱい) 선배 常(つね)に 늘, 항상
励(はげ)ます 격려하다 希望(きぼう) 희망

190 この人は、営業部にどのような気持ちを抱いていますか。
(A) 営業部の仕事には魅力的な部分もある。
(B) 営業部の先輩や同僚ともっと親しくなりたい。
(C) 営業部内の雰囲気にはなかなか慣れない。
(D) 会社の中で最も重要な部署である。

190 이 사람은 영업부에 어떠한 마음을 품고 있습니까?
(A) 영업부의 일에는 매력적인 부분도 있다.
(B) 영업부의 선배나 동료와 좀 더 친해지고 싶다.
(C) 영업부 내의 분위기에는 좀처럼 익숙해지지 않는다.
(D) 회사 안에서 가장 중요한 부서이다.

해설 | 후반부에서 '영업 일에 매력을 느끼지 않는 것은 아니고, 영업부의 인간관계에 불만이 있는 것도 아니다'라고 했다. 이 말은 영업부의 일에 매력을 느끼는 부분도 있다는 뜻이므로, 정답은 (A)가 된다.

어휘 | 気持(きも)ち 기분, 마음 抱(いだ)く (마음속에) 품다
魅力的(みりょくてき)だ 매력적이다 部分(ぶぶん) 부분
先輩(せんぱい) 선배 もっと 더, 좀 더 親(した)しい 친하다
雰囲気(ふんいき) 분위기 なかなか (부정의 말을 수반하여) 좀처럼
慣(な)れる 익숙해지다 最(もっと)も 가장, 제일
重要(じゅうよう)だ 중요하다 部署(ぶしょ) 부서

191 (1)<u>この思い</u>とは、どのような思いですか。
(A) 今の会社は自分に向いていない。
(B) 自分は広告の仕事に適している。
(C) 不満を感じつつ働くのはよくない。
(D) 早く周囲の人に認められたい。

191 (1)<u>이 생각</u>이란 어떠한 생각입니까?
(A) 지금의 회사는 자신에게 맞지 않는다.
(B) 자신은 광고 일에 적합하다.
(C) 불만을 느끼면서 일하는 것은 좋지 않다.
(D) 빨리 주위 사람에게 인정받고 싶다.

해설 | 밑줄 친 부분 앞문장에서 '나에게는 역시 광고일이 맞는 것은 아닐까 라는 생각이 갑자기 생겨났다'라고 하면서 이 같은 생각은 날마다 커지고 있다고 했다. 따라서 이 사람은 자신은 광고 일에 적합하다는 생각을 가지고 있는 것이므로, 정답은 (B)가 된다.

어휘 | 適(てき)する 적합하다 感(かん)じる 느끼다
동사의 ます형+つつ ～하면서 働(はたら)く 일하다
周囲(しゅうい) 주위 認(みと)める 인정하다

192 この人の意見として、本文の内容と合っているものは、どれですか。

(A) 取引先との人間関係が最も大切だ。

(B) 宣伝部は営業部に比べて労働環境がいい。

(C) 入社した以上、最後まで働き続けるべきだ。

(D) 今後どうするかは、結論を急ぐべきではない。

192 이 사람의 의견으로 본문의 내용과 맞는 것은 어느 것입니까?

(A) 거래처와의 인간관계가 가장 중요하다.

(B) 선전부는 영업부에 비해서 노동환경이 좋다.

(C) 입사한 이상, 끝까지 계속 일을 해야 한다.

(D) 앞으로 어떻게 할지는 결론을 서둘러서는 안 된다.

해설 | 마지막 문장에서 이직은 내 인생의 중요한 선택이 되기 때문에 가족이나 친구의 의견도 참고하면서 초조해하지 않고 신중하게 생각하고 싶다고 했다. 따라서 서둘러 결론을 내리지 않겠다고 한 (D)가 정답이다.

어휘 | 大切(たいせつ)だ 중요하다 ~に比(くら)べて ~에 비해서
労働(ろうどう) 노동 環境(かんきょう) 환경
~以上(いじょう) ~한 이상 最後(さいご)まで 끝까지
동사의 ます형+続(つづ)ける 계속 ~하다
~べきだ (마땅히) ~해야 한다 今後(こんご) 금후, 앞으로
結論(けつろん) 결론 急(いそ)ぐ 서두르다
~べきではない ~해서는 안 된다

193~196 어머니의 손

[194]私の手は母にそっくりで、指が短くて色が黒い。[193]その上冬になると乾燥してカサカサになる。若い頃はこの手が嫌いで、格好よく見せようと指輪をしてみたりしたが似合わず、その度に決まって母を恨んでいた。そんな話を友人にすると、彼女は私の手を見て、働き者の手だと言った。それを聞いて、私は母の手を思い出した。

私の両親は40代の頃飲食店を始めた。景気が悪い時だっただけに、商売がうまくいくのか心配したが、[195]私は高い学費の大学に入学し、一人暮らしまでさせてもらった。どれだけの金がかかったかと思うと今更ながら胸が痛くなる。卒業後、私は東京で仕事を始め、両親に感謝の気持ちを伝えることもなく、また、母の働く姿をじっくり見ることもなかった。だが、久々に帰省した際、母の手を見ると、色が黒くて短い指先には小さな傷が無数についていた。私が学生の頃、母の手はもう少しきれいだったと思う。[196]家族のために懸命に働いてきた母の手、誇るべき母の手の傷。それを思うと、手の形や少々の傷で不満を言う自分が、(1)恥ずかしくなった。

[194]내 손은 어머니를 꼭 닮아서 손가락이 짧고 색이 검다. [193]게다가 겨울이 되면 건조해서 꺼칠꺼칠해진다. 젊을 때는 이 손을 싫어해서 멋지게 보이려고 반지를 끼어 보거나 했지만, 어울리지 않아서 그 때마다 늘 어머니를 원망했다. 그런 이야기를 친구에게 하자, 그녀는 내 손을 보며 부지런한 사람의 손이라고 말했다. 그것을 듣고 나는 어머니의 손을 떠올렸다.

내 부모님은 40대일 때 음식점을 시작했다. 경기가 나쁠 때였던 만큼 장사가 잘 될 것인지 걱정했지만, [195]나는 학비가 비싼 대학에 입학해서 혼자서 살기까지 했다. 얼마만큼의 돈이 들었는지 생각하니 새삼스레 가슴이 아파진다. 졸업 후 나는 도쿄에서 일을 시작해 부모님께 감사의 마음을 전하는 일도 없이, 또 어머니가 일하는 모습을 찬찬히 보는 일도 없었다. 하지만 오래간만에 귀성했을 때 어머니의 손을 보니, 색이 검고 짧은 손가락 끝에는 작은 상처가 무수히 생겨 있었다. 내가 학생일 때 어머니의 손은 조금 더 예뻤다고 생각한다. [196]가족을 위해서 열심히 일해 온 어머니의 손, 자랑스러워해야 할 어머니 손의 상처. 그것을 생각하니, 손 모양이나 약간의 상처로 불만을 말하는 자신이 (1)부끄러워졌다.

어휘 | 手(て) 손 母(はは) 어머니 そっくりだ 꼭 닮다
指(ゆび) 손가락 短(みじか)い 짧다 色(いろ) 색 黒(くろ)い 검다
その上(うえ) 게다가 冬(ふゆ) 겨울 乾燥(かんそう) 건조
カサカサ 꺼칠꺼칠 *윤기가 없게 느껴지는 모양 若(わか)い 젊다
嫌(きら)いだ 싫어하다 格好(かっこう)いい 멋지다
見(み)せる 보이다 指輪(ゆびわ)をする 반지를 끼다
似合(にあ)う 어울리다 ~ず ~하지 않아서
その度(たび)に 그 때마다 決(き)まって 으레, 늘
恨(うら)む 원망하다 友人(ゆうじん) 친구
働(はたら)き者(もの) 부지런한 사람 両親(りょうしん) 양친, 부모
飲食店(いんしょくてん) 음식점 始(はじ)める 시작하다
景気(けいき) 경기 悪(わる)い 나쁘다 ~だけに ~인 만큼
商売(しょうばい) 장사 うまくいく 잘 되다, 순조롭게 진행되다
心配(しんぱい) 걱정 高(たか)い 비싸다 学費(がくひ) 학비
大学(だいがく) 대학 入学(にゅうがく) 입학
一人暮(ひとりぐ)らし 혼자서 삶 かかる (돈이) 들다
今更(いまさら)ながら 새삼스레 胸(むね) 가슴 痛(いた)い 아프다
卒業(そつぎょう) 졸업 感謝(かんしゃ) 감사
気持(きも)ち 기분, 마음 伝(つた)える 전하다
働(はたら)く 일하다 姿(すがた) 모습 じっくり 차분하게
久々(ひさびさ) 오래간만임 帰省(きせい) 귀성
~際(さい) ~때 指先(ゆびさき) 손가락 끝 小(ちい)さな 작은
傷(きず) 상처 無数(むすう) 무수 つく 생기다
学生(がくせい) 학생 もう少(すこ)し 조금 더
きれいだ 예쁘다 家族(かぞく) 가족
懸命(けんめい) 힘껏[열심히] 함 誇(ほこ)る 자랑하다
~べき (마땅히) ~해야 함 形(かたち) 모양
少々(しょうしょう) 약간 不満(ふまん) 불만
恥(は)ずかしい 부끄럽다

193 この人が冬に特別気にすることは、何ですか。
(A) 日焼けをすること
(B) 手が荒れやすいこと
(C) 肌の薬が無くなること
(D) 骨折しやすくなること

193 이 사람이 겨울에 특별히 신경을 쓰는 것은 무엇입니까?
(A) 피부가 햇볕에 타는 것
(B) 손이 거칠어지기 쉬운 것
(C) 피부약이 없어지는 것
(D) 골절하기 쉬워지는 것

해설 | 「カサカサ」(꺼칠꺼칠)라는 단어가 포인트로, 이 사람은 겨울이면 손이 건조해서 꺼칠꺼칠해진다고 불평했다. 따라서 정답은 (B)가 된다.

어휘 | 特別(とくべつ) 특별(히) 気(き)にする 신경을 쓰다, 걱정하다
日焼(ひや)け 피부가 햇볕에 탐 荒(あ)れる 거칠어지다, (피부가) 트다
동사의 ます형+やすい ~하기 쉽다 肌(はだ) 피부
薬(くすり) 약 無(な)くなる 없어지다, 다 떨어지다, 다 되다
骨折(こっせつ) 골절

194 この人は、なぜ母親を恨んだのですか。
(A) 欲しい物を買ってくれなかったから
(B) 悩みを聞いてくれなかったから
(C) 病院に連れて行ってくれなかったから
(D) 母の手と自分の手がそっくりだから

194 이 사람은 왜 어머니를 원망한 것입니까?
(A) 갖고 싶은 물건을 사 주지 않았기 때문에
(B) 고민을 들어 주지 않았기 때문에
(C) 병원에 데리고 가 주지 않았기 때문에
(D) 어머니의 손과 자신의 손이 꼭 닮았기 때문에

해설 | 초반부에서 '내 손은 어머니를 꼭 닮아서 손가락이 짧고 색이 검은 데다가 겨울이 되면 건조해서 꺼치꺼칠해진다. 그 점이 싫어서 멋지게 보이려고 반지를 꼈지만, 어울리지 않아서 원망스러웠다'라고 했다. 따라서 정답은 (D)가 된다.

어휘 | 欲(ほ)しい 갖고 싶다 悩(なや)み 고민 聞(き)く 듣다
病院(びょういん) 병원 連(つ)れる 데리고 가다

195 この人は、両親に対して何を申し訳なく思っていますか。
(A) 希望の大学に入れなかったこと
(B) 大学時代、たくさん出費させたこと
(C) 学生時代、反抗ばかりしていたこと
(D) 店の手伝いをしなかったこと

195 이 사람은 부모님에게 무엇을 미안하게 생각하고 있습니까?
(A) 희망하는 대학에 들어갈 수 없었던 것
(B) 대학 시절, 많이 지출하게 한 것
(C) 학생 시절, 반항만 하고 있었던 것
(D) 가게 일을 거들지 않았던 것

해설 | 중반부에서 '나는 학비가 비싼 대학에 입학해서 혼자서 살기까지 했다. 얼마만큼의 돈이 들었는지 생각하니 새삼스레 가슴이 아파진다'라고 했다. 즉, 이 사람은 부모님께 경제적인 부담을 주었던 것에 대해 미안하게 생각하고 있는 것이므로, 정답은 (B)가 된다.

어휘 | ~に対(たい)して ~에 대해, ~에게 *대상
申(もう)し訳(わけ)ない 미안하다 希望(きぼう) 희망
大学時代(だいがくじだい) 대학 시절 出費(しゅっぴ) 출비, 지출
学生時代(がくせいじだい) 학생 시절 反抗(はんこう) 반항
店(みせ) 가게 手伝(てつだ)い 도움, 도와줌

196 この人は、なぜ(1)恥ずかしくなったのですか。
(A) 自分はくだらないことで悩んでいるから
(B) 自分は小さい傷に痛みを感じているから
(C) 母親ほど体調管理をしていないから
(D) 母親に感謝の気持ちを伝えていなかったから

196 이 사람은 왜 (1)부끄러워졌던 것입니까?
(A) 자신은 하찮은 일로 고민하고 있기 때문에
(B) 자신은 작은 상처에 통증을 느끼고 있기 때문에
(C) 어머니만큼 몸 상태 관리를 하고 있지 않기 때문에
(D) 어머니에게 감사한 마음을 전하지 않았기 때문에

해설 | 이 사람이 부끄러워졌던 이유는 가족을 위해서 열심히 일해 온 어머니의 손과 그 상처를 생각하니, 손 모양이나 약간의 상처로 불만을 말하는 자신이 한심하게 느껴졌기 때문이다. 따라서 정답은 (A)가 된다.

어휘 | くだ(下)らない 시시하다, 하찮다 悩(なや)む 고민하다
痛(いた)み 아픔, 통증 体調(たいちょう) 몸 상태, 컨디션
管理(かんり) 관리 感謝(かんしゃ) 감사

197~200 어느 중학생의 투서

先日、ある中学生がバスの中で[198]大人のさりげない気遣いに感動した、という投書を読んだ。その内容は、ある夏の日の話だ。[197]部活を終えたその中学生は、疲れ果ててバスに乗り帰路についていた。バスの車内は込んでいて席はほぼ満席、彼はぼんやりとつり革につかまっていた。あるバス停で3人の高齢者が乗って来たが、席がなくて気の毒だと思っていた。すると、あちこちに座っていた3人の大人がすっと席を立ったという。その何気ない行動がなんともスマートで、感銘を受けたという話である。これを読んだ後、過去の私の苦い体験がよみがえった。それはＪＲ線に乗って、座っていた時のこと。[199]ある駅から乗って来た女性を見て、私はすぐさま席を立ち座席を譲ったのだが、その女

性に拒まれてしまったのである。立ってしまった席がぽっかりと空いたまま、非常に居心地が悪い時間が過ぎたのを覚えている。しかし、今思う。私もさりげなく席を立てばよかったのだ。[200]私の行為はあからさまで、先の大人たちのような気遣いが自分には足りなかったのだと、この投書に教えられたような気がした。

요전에 어느 중학생이 버스 안에서 [198]어른의 은근한 배려에 감동했다는 투서를 읽었다. 그 내용은 어느 여름날의 이야기이다. [197]부활동을 끝낸 그 중학생은 몹시 지쳐서 버스를 타고 집에 돌아가고 있었다. 버스의 차내는 붐볐고 자리는 거의 만석, 그는 멍하니 손잡이를 잡고 있었다. 어느 버스 정류장에서 세 명의 고령자가 탔는데, 자리가 없어서 딱하다고 생각하고 있었다. 그러자 여기저기에 앉아 있던 세 명의 어른이 훌쩍 자리에서 일어났다고 한다. 그 아무 일도 없는 듯한 행동이 참으로 멋져서 감명을 받았다는 이야기이다. 이것을 읽은 후 과거의 내 씁쓸한 체험이 되살아났다. 그것은 JR선을 타고 앉아 있었을 때의 일이다. [199]어느 역에서 탄 여성을 보고 나는 바로 자리에서 일어나 좌석을 양보했지만, 그 여성에게 거부당해 버렸던 것이다. 일어나 버린 좌석이 떡하니 빈 채로 대단히 거북한 시간이 지나간 것을 기억하고 있다. 그러나 지금 생각한다. 나도 은근하게 자리에서 일어났다면 좋았을 것이다. [200]내 행위는 노골적이었고, 앞의 어른들과 같은 배려가 나에게는 부족했었다고 이 투서를 통해 배운 느낌이 들었다.

어휘 | 先日(せんじつ) 요전, 전번　ある 어느
中学生(ちゅうがくせい) 중학생　バス 버스　大人(おとな) 어른
さりげない 아무렇지도 않은 듯하다, 은근하다
気遣(きづか)い 배려　感動(かんどう) 감동
投書(とうしょ) 투서　内容(ないよう) 내용　夏(なつ) 여름
部活(ぶかつ) 부활동　終(お)える 끝내다
疲(つか)れ果(は)てる 몹시 지치다　乗(の)る (탈것에) 타다
帰路(きろ)につく 귀로에 오르다, 집에 돌아가다
車内(しゃない) 차내, 차 안　込(こ)む 붐비다, 혼잡하다
席(せき) 자리, 좌석　ほぼ 거의, 대부분　満席(まんせき) 만석
ぼんやりと 멍하니　つり革(かわ) (버스 등의) 손잡이
つかまる 꽉 잡다, 붙잡다　バス停(てい) 버스 정류장
高齢者(こうれいしゃ) 고령자　気(き)の毒(どく)だ 딱하다
すると 그러자　あちこち 여기저기　座(すわ)る 앉다
大人(おとな) 어른　すっと 훌쩍, 홱
席(せき)を立(た)つ 자리에서 일어나다
何気(なにげ)ない 아무 일도 없는 듯하다　行動(こうどう) 행동
なんとも 참으로　スマートだ 스마트하다, 멋지다, 훌륭하다
感銘(かんめい) 감명　受(う)ける 받다　過去(かこ) 과거
苦(にが)い 씁쓸하다　体験(たいけん) 체험
よみがえ(蘇)る (기억 등이) 되살아나다　駅(えき) 역
女性(じょせい) 여성　すぐさま 곧, 바로　座席(ざせき) 좌석
譲(ゆず)る 양보하다　拒(こば)む 거부하다
ぽっかり 떡 *입을 벌린 것처럼 구멍이 생겨 있는 모양
空(あ)く (자리 따위가) 나다, 비다
동사의 た형+まま ~한 채, ~상태로　非常(ひじょう)に 대단히, 매우
居心地(いごこち)が悪(わる)い 그곳에 있기에 거북하다
過(す)ぎる (시간이) 지나다, 지나가다　覚(おぼ)える 기억하다
行為(こうい) 행위　あからさまだ 노골적이다　先(せき) 앞
足(た)りない 모자라다, 부족하다　教(おし)える 가르치다, 알려 주다
気(き)がする 느낌이 들다

197 この中学生は、どんな様子でバスに乗っていましたか。
(A) 朝のラッシュ時、眠気と戦っていた。
(B) 夕方のラッシュ時、座席に座って寝入っていた。
(C) 帰宅中、非常に疲れた状態で立っていた。
(D) 塾帰り、空腹状態だった。

197 이 중학생은 어떤 모습으로 버스를 타고 있었습니까?
(A) 아침에 혼잡할 때 졸음과 싸우고 있었다.
(B) 저녁때 혼잡할 때 좌석에 앉아 깊이 잠들어 있었다.
(C) 귀가 중 대단히 피곤한 상태로 서 있었다.
(D) 학원에서 돌아가는 길에 공복 상태였다.

해설 | 이 중학생은 부활동을 끝내고 몹시 지친 상태로 버스를 탔는데, 마침 버스가 만석이어서 멍하니 손잡이를 잡고 있었다고 했다. 따라서 정답은 (C)가 된다.

어휘 | 朝(あさ) 아침　ラッシュ 러시, 혼잡　眠気(ねむけ) 졸음
戦(たたか)う 싸우다　夕方(ゆうがた) 해질녘, 저녁때
座席(ざせき) 좌석　寝入(ねい)る 깊이 잠들다　帰宅(きたく) 귀가
疲(つか)れる 지치다, 피로해지다　状態(じょうたい) 상태
塾(じゅく) 학원　명사+帰(がえ)り ~에서 돌아가는 길
空腹(くうふく) 공복

198 この中学生は、大人の何に感動しましたか。
(A) 自然なふるまい
(B) 大っぴらな態度
(C) 子供への気配り
(D) あからさまな親切

198 이 중학생은 어른의 무엇에 감동했습니까?
(A) 자연스러운 행동
(B) 거리낌 없는 태도
(C) 아이에 대한 배려
(D) 노골적인 친절

해설 | 「さりげない」(아무렇지도 않은 듯하다, 은근하다)라는 단어가 포인트로, 딱히 티내지 않고 자연스럽게 자리를 양보하는 행동에 감동했다는 뜻이다. 따라서 정답은 (A)가 된다.

어휘 | 自然(しぜん)だ 자연스럽다　ふ(振)るま(舞)い 행동
大(おお)っぴらだ 거리낌 없다　態度(たいど) 태도
気配(きくば)り 배려　親切(しんせつ) 친절

199 この人の苦い経験とは何ですか。
(A) 座席を譲って説教されたこと
(B) 座席を譲ったのに断られたこと
(C) 座席を譲れず、ただ時間だけが過ぎたこと
(D) 座席を譲るのが嫌で、寝たふりをしたこと

199 이 사람의 씁쓸한 경험이란 무엇입니까?

(A) 좌석을 양보하고 잔소리를 들은 것

(B) 좌석을 양보했는데 거절당한 것

(C) 좌석을 양보하지 못하고 그저 시간만 지난 것

(D) 좌석을 양보하는 것이 싫어서 자는 척했던 것

해설 | 중반부에서 어느 여성에게 자리를 양보했지만 거부당하고, 좌석이 빈 채로 대단히 거북한 시간이 지나간 것을 기억하고 있다고 했다. 따라서 정답은 (B)가 된다.

어휘 | 説教(せっきょう) 설교, (교훈적인) 잔소리 ～のに ～는데(도) 断(ことわ)る 거절하다 ただ 그저 嫌(いや)だ 싫다 寝(ね)る 자다 ～ふりをする ～인 척[체]하다

200 この人は今、どう思っていますか。

(A) 自分の配慮の足りなさに気付き、反省している。

(B) 当時の自分のしぐさはさりげなかったと思う。

(C) 投書を目にしなければ過去の体験を思い出さずに済んだ。

(D) この中学生には自分のような体験をしてほしくない。

200 이 사람은 지금 어떻게 생각하고 있습니까?

(A) 자신의 배려의 부족함을 깨닫고 반성하고 있다.

(B) 당시 자신의 행위는 은근했다고 생각한다.

(C) 투서를 우연히 보지 않았다면 과거의 체험을 떠올리지 않고 해결되었다.

(D) 이 중학생은 나 같은 체험을 하지 않았으면 한다.

해설 | 마지막 문장에서 내 행위는 노골적이었고 앞의 어른들과 같은 배려가 나에게는 부족했었다고 했다. 따라서 정답은 (A)가 된다.

어휘 | 配慮(はいりょ) 배려 足(た)りなさ 부족함
気付(きづ)く 깨닫다, 알아차리다 反省(はんせい) 반성
当時(とうじ) 당시 しぐさ 행위, 처사 目(め)にする 우연히 보다
思(おも)い出(だ)す (잊고 있던 것을) 생각해 내다, 떠올리다
～ずに済(す)む ～하지 않고 (문제 등이) 해결되다
～てほしくない～하지 않았으면 한다

주요 어휘 및 표현 정리 20

＊ 읽는 법과 뜻을 확인해 보세요.

어휘 및 표현	읽는 법	뜻
□ 台所	だいどころ	부엌
□ 歌う	うたう	(노래를) 부르다
□ 押す	おす	밀다
□ 旗	はた	깃발
□ 引っ張る	ひっぱる	잡아당기다
□ 叩く	たたく	두드리다
□ 干す	ほす	말리다, 널다
□ 汚れる	よごれる	더러워지다
□ 刺す	さす	꽂다
□ 綴じる	とじる	철하다
□ 外す	はずす	떼다, 떼어 내다
□ 収める	おさめる	(속에) 넣다
□ 落ち葉	おちば	낙엽
□ 衣類	いるい	의류
□ 裸足	はだし	맨발
□ 差し出す	さしだす	(앞으로) 내밀다
□ 交差	こうさ	교차
□ 腕を組む	うでをくむ	팔짱을 끼다
□ 舞台	ぶたい	무대
□ 路地	ろじ	골목길

주요 어휘 및 표현 정리 20

* 읽는 법과 뜻을 확인해 보세요.

어휘 및 표현	읽는 법	뜻
□ 天気予報	てんきよほう	일기예보
□ 掃除機	そうじき	청소기
□ 売り場	うりば	매장
□ 虫歯	むしば	충치
□ 朝寝坊する	あさねぼうする	늦잠을 자다
□ 滅多に	めったに	(부정의 말을 수반하여) 좀처럼
□ 温まる	あたたまる	따뜻해지다
□ 火傷	やけど	화상
□ 受付	うけつけ	접수(처)
□ 寄る	よる	들르다
□ 双子	ふたご	쌍둥이
□ 拍手をする	はくしゅをする	박수를 치다
□ 似合う	にあう	어울리다
□ 待遇	たいぐう	대우
□ 意地悪だ	いじわるだ	심술궂다
□ 詫びる	わびる	사과하다
□ 短気だ	たんきだ	성급하다
□ 席に着く	せきにつく	자리에 앉다, 착석하다
□ 横着だ	おうちゃくだ	뻔뻔스럽다, 교활하다
□ 肩書き	かたがき	직책

주요 어휘 및 표현 정리 20

＊ 읽는 법과 뜻을 확인해 보세요.

어휘 및 표현	읽는 법	뜻
□ 玄関	げんかん	현관
□ 事務所	じむしょ	사무소
□ 入口	いりぐち	입구
□ 開ける	あける	열다
□ 預かる	あずかる	맡다, 보관하다
□ 要る	いる	필요하다
□ 貼る	はる	붙이다
□ 暖房	だんぼう	난방
□ 応援	おうえん	응원
□ 番組	ばんぐみ	(연예·방송 등의) 프로그램
□ 悩む	なやむ	고민하다
□ 現状	げんじょう	현상, 현재 상태
□ 接続	せつぞく	접속
□ 品切れ	しなぎれ	품절
□ 参考	さんこう	참고
□ 信用	しんよう	신용
□ 展示	てんじ	전시
□ 驚く	おどろく	놀라다
□ 倒産	とうさん	도산
□ 追求	ついきゅう	추구

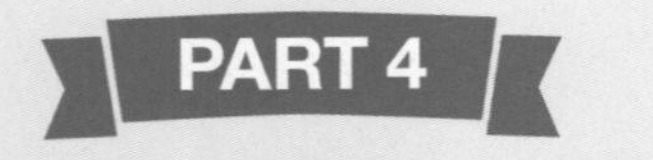

주요 어휘 및 표현 정리 20

* 읽는 법과 뜻을 확인해 보세요.

어휘 및 표현	읽는 법	뜻
□ 幼稚園	ようちえん	유치원
□ 広い	ひろい	넓다
□ 臭いがする	においがする	냄새가 나다
□ 東側	ひがしがわ	동쪽
□ 方向	ほうこう	방향
□ 安全だ	あんぜんだ	안전하다
□ 訓練	くんれん	훈련
□ 落ち着く	おちつく	침착하다
□ 離れる	はなれる	떨어지다
□ 逃げる	にげる	피하다, 도망치다
□ 訪問	ほうもん	방문
□ 緊張	きんちょう	긴장
□ 抜ける	ぬける	빠지다
□ 紅葉	こうよう	단풍
□ 交流	こうりゅう	교류
□ 投票	とうひょう	투표
□ 新人	しんじん	신입, 신참
□ 協力	きょうりょく	협력
□ 雇う	やとう	고용하다
□ 提案	ていあん	제안

주요 어휘 및 표현 정리 20

＊ 읽는 법과 뜻을 확인해 보세요.

어휘 및 표현	읽는 법	뜻
□ 通う	かよう	다니다
□ 出勤	しゅっきん	출근
□ 実益	じつえき	실익
□ 肥満	ひまん	비만
□ 花束	はなたば	꽃다발
□ 独断	どくだん	독단
□ 偏見	へんけん	편견
□ 楽しむ	たのしむ	즐기다
□ 到着	とうちゃく	도착
□ 早朝	そうちょう	조조, 이른 아침
□ ~と思いきや	~とおもいきや	~라고 생각했는데 뜻밖에도
□ 동사의 ます형+がてら	•	~하는 김에, ~을 겸해
□ 泣く	なく	울다
□ 世話をする	せわをする	돌보다, 보살피다
□ 入社	にゅうしゃ	입사
□ 目が行く	めがいく	눈길이 가다
□ 印鑑	いんかん	인감
□ 優秀だ	ゆうしゅうだ	우수하다
□ 廃棄物	はいきぶつ	폐기물
□ 許す	ゆるす	허락하다

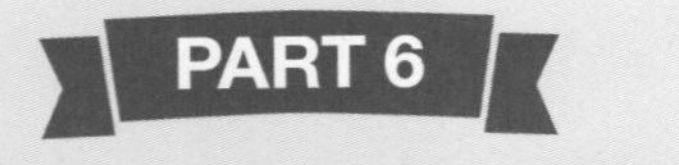

주요 어휘 및 표현 정리 20

* 읽는 법과 뜻을 확인해 보세요.

어휘 및 표현	읽는 법	뜻
□ 鍵をかける	かぎをかける	열쇠를 잠그다
□ 冷蔵庫	れいぞうこ	냉장고
□ 焼く	やく	굽다
□ 大会	たいかい	대회
□ 集合	しゅうごう	집합
□ 製品	せいひん	제품
□ 就職	しゅうしょく	취직
□ 企業	きぎょう	기업
□ 求める	もとめる	요구하다, 원하다
□ 出場	しゅつじょう	출장, (경기 등에) 출전함
□ 増える	ふえる	늘다, 늘어나다
□ 減る	へる	줄다, 적어지다
□ 辛い	つらい	괴롭다, 힘들다
□ 交通の便	こうつうのべん	교통편
□ 設備	せつび	설비
□ 評判	ひょうばん	평판, 잘 알려져 화제에 오름
□ 真実	しんじつ	진실
□ 帰省	きせい	귀성
□ 見逃す	みのがす	못보고 지나치다, 놓치다
□ 片隅	かたすみ	한쪽 구석

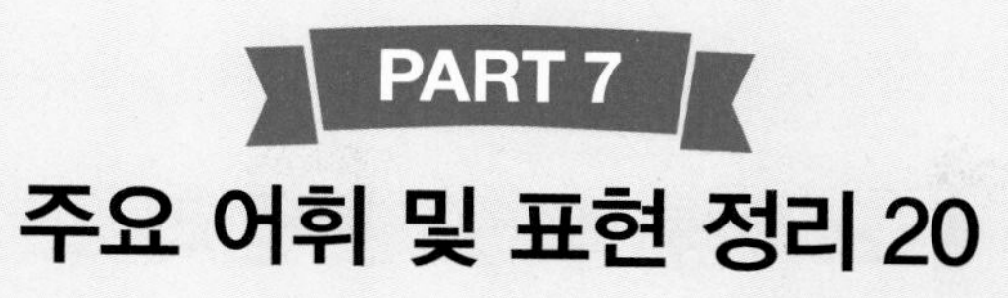

주요 어휘 및 표현 정리 20

＊ 읽는 법과 뜻을 확인해 보세요.

어휘 및 표현	읽는 법	뜻
□ 立派だ	りっぱだ	훌륭하다
□ 角	かど	모퉁이
□ 絞る	しぼる	짜다, 쥐어짜다
□ 傾く	かたむく	기울다
□ 支店	してん	지점
□ 比較	ひかく	비교
□ 分別	ふんべつ	분별, 철
□ せっかく	●	모처럼
□ 振り向く	ふりむく	(뒤)돌아보다
□ 見込み	みこみ	전망, 예상
□ 見覚え	みおぼえ	본 기억
□ 見かけ	みかけ	외관, 겉보기
□ 責める	せめる	(잘못 등을) 비난하다, 책망하다, 꾸짖다
□ 悔やむ	くやむ	후회하다
□ 快い	こころよい	상쾌하다
□ 煽てる	おだてる	치켜세우다, 부추기다
□ 打撃	だげき	타격
□ ～を禁じ得ない	～をきんじえない	～을 금할 수 없다
□ ～を余儀なくされる	～をよぎなくされる	어쩔 수 없이 ～하게 되다
□ ～に相違ない	～にそういない	～임에 틀림없다

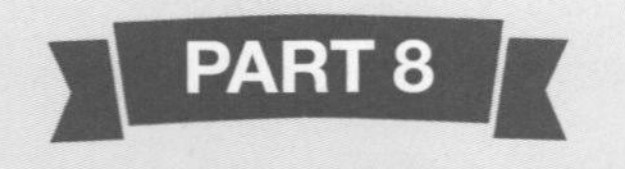

주요 어휘 및 표현 정리 20

⁎ 읽는 법과 뜻을 확인해 보세요.

어휘 및 표현	읽는 법	뜻
□ 通勤	つうきん	통근
□ 乗る	のる	(탈것에) 타다
□ 家族	かぞく	가족
□ 助ける	たすける	돕다
□ お見舞い	おみまい	병문안, 문병
□ 明るい	あかるい	밝다, 명랑하다
□ 退院	たいいん	퇴원
□ 咳	せき	기침
□ シャワーを浴びる	シャワーをあびる	샤워를 하다
□ 元	もと	원래
□ 使い方	つかいかた	사용법
□ 悔しい	くやしい	분하다, 속상하다
□ 代わる	かわる	대신하다
□ 芸能人	げいのうじん	연예인
□ 幼い	おさない	어리다
□ 職業	しょくぎょう	직업
□ 順調だ	じゅんちょうだ	순조롭다
□ ～わけではない	•	(전부) ～인 것은 아니다
□ 誇る	ほこる	자랑하다
□ 何気ない	なにげない	아무 일도 없는 듯하다

JPT 최신기출 1000제
TEST 5 정답 및 해설

PART 1

1 (C)	**2** (A)	**3** (B)	**4** (B)	**5** (A)	**6** (D)	**7** (C)	**8** (A)	**9** (D)	**10** (A)
11 (A)	**12** (C)	**13** (B)	**14** (D)	**15** (A)	**16** (C)	**17** (B)	**18** (C)	**19** (B)	**20** (D)

PART 2

21 (D)	**22** (A)	**23** (A)	**24** (B)	**25** (C)	**26** (B)	**27** (C)	**28** (B)	**29** (C)	**30** (D)
31 (A)	**32** (D)	**33** (A)	**34** (B)	**35** (D)	**36** (C)	**37** (D)	**38** (A)	**39** (A)	**40** (C)
41 (D)	**42** (D)	**43** (B)	**44** (A)	**45** (C)	**46** (A)	**47** (B)	**48** (B)	**49** (D)	**50** (C)

PART 3

51 (C)	**52** (A)	**53** (C)	**54** (B)	**55** (C)	**56** (B)	**57** (B)	**58** (A)	**59** (C)	**60** (C)
61 (A)	**62** (A)	**63** (D)	**64** (C)	**65** (B)	**66** (A)	**67** (A)	**68** (B)	**69** (C)	**70** (A)
71 (A)	**72** (B)	**73** (D)	**74** (A)	**75** (C)	**76** (B)	**77** (C)	**78** (C)	**79** (A)	**80** (B)

PART 4

81 (D)	**82** (D)	**83** (A)	**84** (B)	**85** (B)	**86** (C)	**87** (B)	**88** (C)	**89** (A)	**90** (D)
91 (C)	**92** (C)	**93** (A)	**94** (B)	**95** (D)	**96** (B)	**97** (A)	**98** (C)	**99** (D)	**100** (A)

PART 5

101 (C)	**102** (D)	**103** (D)	**104** (A)	**105** (C)	**106** (A)	**107** (D)	**108** (B)	**109** (C)	**110** (A)
111 (D)	**112** (B)	**113** (D)	**114** (A)	**115** (C)	**116** (B)	**117** (C)	**118** (B)	**119** (C)	**120** (D)

PART 6

121 (D)	**122** (B)	**123** (D)	**124** (C)	**125** (C)	**126** (B)	**127** (B)	**128** (D)	**129** (D)	**130** (A)
131 (C)	**132** (B)	**133** (A)	**134** (A)	**135** (C)	**136** (D)	**137** (C)	**138** (D)	**139** (D)	**140** (C)

PART 7

141 (B)	**142** (C)	**143** (A)	**144** (D)	**145** (B)	**146** (B)	**147** (C)	**148** (D)	**149** (C)	**150** (D)
151 (D)	**152** (A)	**153** (D)	**154** (C)	**155** (B)	**156** (A)	**157** (D)	**158** (B)	**159** (D)	**160** (C)
161 (B)	**162** (C)	**163** (D)	**164** (A)	**165** (C)	**166** (B)	**167** (D)	**168** (A)	**169** (C)	**170** (A)

PART 8

171 (C)	**172** (A)	**173** (B)	**174** (C)	**175** (D)	**176** (C)	**177** (B)	**178** (D)	**179** (B)	**180** (A)
181 (A)	**182** (B)	**183** (D)	**184** (A)	**185** (D)	**186** (A)	**187** (C)	**188** (C)	**189** (B)	**190** (B)
191 (C)	**192** (A)	**193** (D)	**194** (D)	**195** (A)	**196** (B)	**197** (A)	**198** (D)	**199** (B)	**200** (A)

PART 1 | 사진 묘사

01 사물의 상태

(A) 靴が売られています。
(B) 机が並んでいます。
(C) 家具が外に置かれています。
(D) 皿に葡萄が載っています。

(A) 신이 팔리고 있습니다.
(B) 책상이 늘어서 있습니다.
(C) 가구가 밖에 놓여 있습니다.
(D) 접시에 포도가 놓여 있습니다.

해설 | 가구가 밖에 놓여 있는 사진이므로, 정답은 (C)가 된다.

어휘 | 靴(くつ) 신, 신발, 구두 売(う)る 팔다
机(つくえ) 책상 並(なら)ぶ (나란히) 늘어서다 家具(かぐ) 가구
外(そと) 밖, 바깥 置(お)く 놓다, 두다 皿(さら) 접시
葡萄(ぶどう) 포도 載(の)る 놓이다

02 사물의 상태

(A) 電車が止まっています。
(B) バスが走っています。
(C) エレベーターの前です。
(D) エスカレーターがあります。

(A) 전철이 서 있습니다.
(B) 버스가 달리고 있습니다.
(C) 엘리베이터 앞입니다.
(D) 에스컬레이터가 있습니다.

해설 | 플랫폼에 전철이 정차해 있는 사진이므로, 정답은 (A)가 된다. 버스나 엘리베이터, 에스컬레이터는 사진 속에 보이지 않으므로, 나머지 선택지는 모두 오답이다.

어휘 | 電車(でんしゃ) 전철 止(と)まる 멈추다, 서다 バス 버스
走(はし)る (탈것이) 달리다 エレベーター 엘리베이터
エスカレーター 에스컬레이터

03 풍경 및 상황 묘사

(A) まっすぐな道です。
(B) 道が分かれています。
(C) 雪が降っています。
(D) 海岸に人がいます。

(A) 똑바른 길입니다.
(B) 길이 갈라져 있습니다.
(C) 눈이 내리고 있습니다.
(D) 해안에 사람이 있습니다.

해설 | 한적한 숲속 사진으로, 길이 두 갈래로 갈라져 있다. 따라서 정답은 (B)가 된다.

어휘 | まっすぐだ 곧다, 똑바르다 道(みち) 길
分(わ)かれる 갈라지다 雪(ゆき) 눈
降(ふ)る (비·눈 등이) 내리다, 오다 海岸(かいがん) 해안

04 사물의 상태

(A) 部屋に棚があります。
(B) 押し入れが開いています。
(C) ビルが建っています。
(D) 布団が敷かれています。

(A) 방에 선반이 있습니다.
(B) 벽장이 열려 있습니다.
(C) 빌딩이 서 있습니다.
(D) 이불이 깔려 있습니다.

해설 | 「押(お)し入(い)れ」(벽장)라는 단어를 알아듣는 것이 포인트. 다다미방에 있는 벽장이 열려 있는 사진이므로, 정답은 (B)가 된다. 선반은 보이지 않고, 바닥에 이불이 깔려 있지도 않으므로, (A)와 (D)는 답이 될 수 없다.

어휘 | 部屋(へや) 방 棚(たな) 선반 開(あ)く 열리다
ビル 빌딩 *「ビルディング」의 준말 建(た)つ (건물이) 서다
布団(ふとん) 이불 敷(し)く 깔다

05 사물의 상태

(A) ネクタイが掛けてあります。
(B) スリッパが立ててあります。
(C) 靴下が下げてあります。
(D) 切手と封筒です。

(A) 넥타이가 걸려 있습니다.
(B) 슬리퍼가 세워져 있습니다.
(C) 양말이 늘어뜨려져 있습니다.
(D) 우표와 봉투입니다.

해설 | 사진 속 사물의 정확한 명칭을 알고 있어야 정답을 찾을 수 있다. 옷걸이에 걸쳐진 넥타이가 벽에 걸려 있는 사진이므로, 정답은 (A)가 된다.

어휘 | ネクタイ 넥타이 掛(か)ける 걸다 타동사+てある ~해져 있다
スリッパ 슬리퍼 立(た)てる 세우다 靴下(くつした) 양말
下(さ)げる 늘어뜨리다, 매달다 切手(きって) 우표
封筒(ふうとう) 봉투

06 사물의 상태

(A) リモコンが2つあります。
(B) 宛名が書いてあります。
(C) 財布に小銭があります。
(D) お札が折ってあります。

(A) 리모컨이 두 개 있습니다.
(B) 수신인명이 쓰여 있습니다.
(C) 지갑에 잔돈이 있습니다.
(D) 지폐가 접혀 있습니다.

해설 | 사진 속 사물과 그 상태에 주목해야 한다. 사진 속 사물은 「お札(さつ)」(지폐)로, 반으로 접혀 있다. 따라서 정답은 (D)가 된다.

어휘 | リモコン 리모컨 2(ふた)つ 두 개
宛名(あてな) 수신인명 書(か)く (글씨·글을) 쓰다
財布(さいふ) 지갑 小銭(こぜに) 잔돈 折(お)る 접다

07 사물의 상태

(A) 食器が2人分あります。
(B) ストローが差してあります。
(C) 蓋の付いた入れ物です。
(D) クッキーが入っています。

(A) 식기가 2인분 있습니다.
(B) 빨대가 꽂혀 있습니다.
(C) 뚜껑이 달린 용기입니다.
(D) 쿠키가 들어 있습니다.

해설 | 뚜껑이 달린 투명한 용기가 한 개 놓여 있는 사진이므로, 정답은 (C)가 된다. 용기 안은 비어 있으므로 쿠키가 들어 있다고 한 (D)는 답이 될 수 없다.

어휘 | 食器(しょっき) 식기 2人分(ふたりぶん) 2인분
ストロー 빨대 差(さ)す 꽂다 蓋(ふた) 뚜껑
付(つ)く 붙다, 달리다 入(い)れ物(もの) 용기, 그릇
クッキー 쿠키 入(はい)る 들다

08 풍경 및 상황 묘사

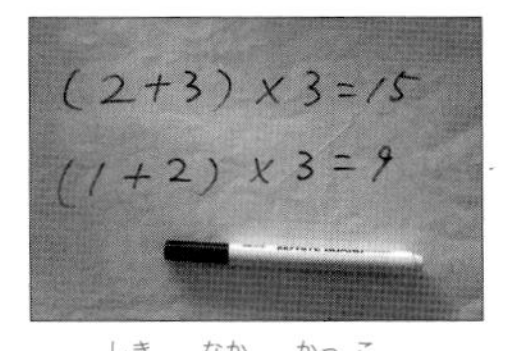

(A) 式の中に括弧があります。
(B) 数字に線が引かれています。
(C) 図と表が書かれています。
(D) 答えが同じ計算式です。

(A) 수식 안에 괄호가 있습니다.
(B) 숫자에 선이 그어져 있습니다.
(C) 도면과 표가 그려져 있습니다.
(D) 답이 같은 계산식입니다.

해설 | 괄호와 연산기호가 있는 계산식이므로, 정답은 수식 안에 괄호가 있다고 한 (A)가 된다. 숫자에 선은 그어져 있지 않고, 그림과 표도 보이지 않으며, 답이 다른 두 계산식이므로, 나머지 선택지는 답이 될 수 없다.

어휘 | 式(しき) (수학) 수식 中(なか) 안 括弧(かっこ) 괄호
数字(すうじ) 숫자 線(せん) 선 引(ひ)く (줄을) 긋다, 그리다
図(ず) 도면 表(ひょう) 표 書(か)く 그리다
答(こた)え (문제의) 답 同(おな)じだ 같다
計算式(けいさんしき) 계산식

09 사물의 상태

(A) 港の風景です。
(B) 枝がまとめてあります。
(C) 看板が倒れています。
(D) 木が曲がって生えています。

(A) 항구 풍경입니다.
(B) 가지가 한데 모아져 있습니다.
(C) 간판이 쓰러져 있습니다.
(D) 나무가 휘어져 자라 있습니다.

해설 | 사진 속 나무의 형태에 주목해야 한다. 사진 속 나무는 모두 휘어져 자라 있으므로, 정답은 (D)가 된다.

어휘 | 港(みなと) 항구 風景(ふうけい) 풍경 枝(えだ) 가지
まとめる 한데 모으다 타동사+てある ~해져 있다
看板(かんばん) 간판 倒(たお)れる 쓰러지다, 넘어지다
木(き) 나무 曲(ま)がる 굽다, 휘다
生(は)える (풀이나 나무가) 나다, 자라다

10 인물의 동작 및 상태(1인 등장)

(A) ライターを持っています。
(B) ろうそくに火をつけています。
(C) ラケットを握っています。
(D) 壁をノックしています。

(A) 라이터를 들고 있습니다.
(B) 양초에 불을 붙이고 있습니다.
(C) 라켓을 쥐고 있습니다.
(D) 벽을 노크하고 있습니다.

해설 | 사진 속 사물과 인물의 동작에 주목해야 한다. 사진 속 인물은 라이터를 들고 있으므로, 정답은 (A)가 된다.

어휘 | ライター 라이터 持(も)つ 가지다, 들다 ろうそく 양초
火(ひ)をつける 불을 붙이다 ラケット 라켓
握(にぎ)る (손에) 쥐다, 잡다 壁(かべ) 벽 ノック 노크

11 인물의 동작 및 상태(2인 이상 등장)

(A) 背中に文字が書いてあります。
(B) 名刺を交換しています。
(C) 2人は着席しています。
(D) 半ズボンをはいています。

(A) 등에 글자가 쓰여 있습니다.
(B) 명함을 교환하고 있습니다.
(C) 두 사람은 착석해 있습니다.
(D) 반바지를 입고 있습니다.

해설 | 걸어가고 있는 두 인물의 등에 주목해야 한다. 등에는 'HB/RH'라는 알파벳과 '11'이라는 숫자가 쓰여 있으므로, 정답은 (A)가 된다. 명함을 교환하는 상황은 아니고, 두 사람 모두 서 있으며, 반바지가 아니라 긴바지를 입고 있으므로, 나머지 선택지는 답이 될 수 없다.

어휘 | 背中(せなか) 등 文字(もじ) 문자, 글자
書(か)く (글씨·글을) 쓰다 名刺(めいし) 명함 交換(こうかん) 교환
2人(ふたり) 두 사람 着席(ちゃくせき) 착석
半(はん)ズボン 반바지 はく (하의를) 입다

12 사물의 상태

(A) 器は三角形です。
(B) 取っ手が付いています。
(C) 鎖に鍵が付いています。
(D) 電柱が立っています。

(A) 그릇은 삼각형입니다.
(B) 손잡이가 달려 있습니다.
(C) 쇠사슬에 자물쇠가 달려 있습니다.
(D) 전신주가 서 있습니다.

해설 | 「鎖(くさり)」(쇠사슬)와 「鍵(かぎ)」(자물쇠)라는 단어를 알아듣는 것이 포인트. 쇠사슬에 자물쇠가 달려 있는 사진이므로, 정답은 (C)가 된다. 나머지 선택지의 그릇과 손잡이, 전신주는 보이지 않는다.

어휘 | 器(うつわ) 그릇 三角形(さんかくけい) 삼각형
取(と)っ手(て) 손잡이 付(つ)く 붙다, 달리다
電柱(でんちゅう) 전주, 전신주 立(た)つ 곧추 세워지다, 서다

13 사물의 상태

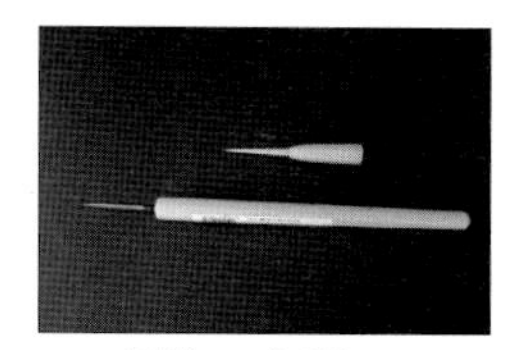

(A) 日本の家屋です。
(B) 先が鋭く尖っています。
(C) 照明の器具です。
(D) お椀が置いてあります。

(A) 일본 가옥입니다.
(B) 끝이 예리하게 뾰족해져 있습니다.
(C) 조명기구입니다.
(D) 공기가 놓여 있습니다.

해설 | 끝이 예리하게 뾰족한 도구가 두 개 놓여 있는 사진이므로, 정답은 (B)가 된다. 나머지 선택지의 일본 가옥이나 조명기구, 공기는 모두 사진과는 관련이 없다.

어휘 | 家屋(かおく) 가옥 先(さき) 끝
鋭(するど)い 날카롭다, 예리하다 尖(とが)る 뾰족해지다
照明(しょうめい) 조명 器具(きぐ) 기구
お椀(わん) (나무로 만든 음식을 담는) 공기 置(お)く 놓다, 두다
타동사+てある ~해져 있다

14 인물의 동작 및 상태(1인 등장)

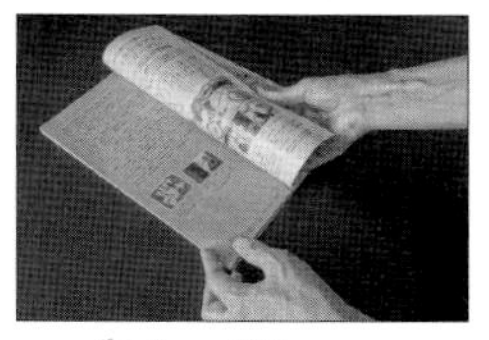

(A) 雑誌を破いています。
(B) 雑誌を抱えています。
(C) 絵の具を溶かしています。
(D) ページを捲っています。

(A) 잡지를 찢고 있습니다.
(B) 잡지를 안고 있습니다.
(C) 그림물감을 풀고 있습니다.
(D) 책장을 넘기고 있습니다.

해설 | 「ページを捲(めく)る」(책장을 넘기다)라는 표현을 알아듣는 것이 포인트. 사진 속 인물은 책장을 넘기고 있으므로, 정답은 (D)가 된다.

어휘 | 雑誌(ざっし) 잡지 破(やぶ)く 찢다
抱(かか)える (팔에) 안다, 끼다 絵(え)の具(ぐ) 그림물감
溶(と)かす (물 따위에) 녹이다, 풀다 ページ 페이지, 책장

15 사물의 상태

(A) 梯子が傾いています。
(B) 煙が出ています。
(C) 円形の噴水です。
(D) くしが置かれています。

(A) 사다리가 기울어져 있습니다.
(B) 연기가 나고 있습니다.
(C) 원형 분수입니다.
(D) 빗이 놓여 있습니다.

해설 | 「梯子(はしご)」(사다리)라는 단어를 알아듣는 것이 포인트. 사진 중앙에 사다리가 기울어져 걸려 있는 모습이 보이므로, 정답은 (A)가 된다.

어휘 | 傾(かたむ)く 기울다, 기울어지다
煙(けむり)が出(で)る 연기가 나다 円形(えんけい) 원형
噴水(ふんすい) 분수 くし 빗

16 인물의 동작 및 상태(1인 등장)

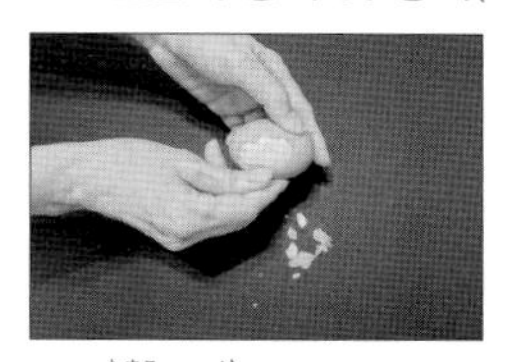

(A) 卵を茹でています。
(B) 筆が吊してあります。
(C) 殻を剥いています。
(D) 豆を炒っています。

(A) 계란을 삶고 있습니다.
(B) 붓이 매달려 있습니다.
(C) 껍질을 까고 있습니다.
(D) 콩을 볶고 있습니다.

해설 | 삶은 계란의 껍질을 까고 있는 사진이므로, 정답은 (C)가 된다. 따라서 계란을 삶고 있거나 콩을 볶고 있다고 한 (A)와 (D)는 오답이고, 사진에 붓도 보이지 않으므로, (B) 역시 답이 될 수 없다.

어휘 | 卵(たまご) 계란, 달걀 茹(ゆ)でる 삶다 筆(ふで) 붓
吊(つる)す 매달다 殻(から) 껍질 剥(む)く 벗기다, 까다
豆(まめ) 콩 炒(い)る 볶다

17 인물의 동작 및 상태(2인 이상 등장)

(A) 劇場の座席です。
(B) 2人は両端に座っています。
(C) 芝生に寝転んでいます。
(D) 荷物を担いでいます。

(A) 극장의 좌석입니다.
(B) 두 사람은 양쪽 끝에 앉아 있습니다.
(C) 잔디밭에 드러누워 있습니다.
(D) 짐을 메고 있습니다.

해설 | 「両端(りょうはし)」(양쪽 끝)라는 단어를 알아듣는 것이 포인트. 두 사람은 플랫폼 의자의 양쪽 끝에 앉아 있으므로, 정답은 (B)가 된다.

어휘 | 劇場(げきじょう) 극장 座席(ざせき) 좌석 座(すわ)る 앉다
芝生(しばふ) 잔디(밭) 寝転(ねころ)ぶ 아무렇게나 드러눕다
荷物(にもつ) 짐 担(かつ)ぐ 메다, 지다

18 사물의 상태

(A) 大小の籠です。
(B) 判子が枠からずれています。
(C) 様々なチラシが置いてあります。
(D) ポスターが丸めてあります。

(A) 크고 작은 바구니입니다.
(B) 도장이 테두리에서 벗어나 있습니다.
(C) 여러 가지 전단지가 놓여 있습니다.
(D) 포스터가 말려져 있습니다.

해설 | 여러 가지 전단지가 놓여 있는 사진이므로, 정답은 (C)가 된다. 바구니나 도장은 보이지 않고 말려져 있는 포스터도 없으므로, 나머지 선택지는 답이 될 수 없다.

어휘 | 大小(だいしょう) 대소, 크고 작음 籠(かご) 바구니
判子(はんこ) 도장 枠(わく) 테두리, 인쇄물 등의 윤곽선
ずれる 어긋나다, 벗어나다
様々(さまざま)だ 다양하다, 여러 가지다 チラシ 전단지
置(お)く 놓다, 두다 ポスター 포스터
丸(まる)める 둥글게 하다, 뭉치다 타동사+てある ~해져 있다

19 인물의 동작 및 상태(2인 이상 등장)

(A) 制服を着ています。
(B) 揃いの衣装で踊っています。
(C) 輪になって踊っています。
(D) 逆立ちをしています。

(A) 교복을 입고 있습니다.
(B) 같은 의상으로 춤추고 있습니다.
(C) 원형을 이루어 춤추고 있습니다.
(D) 물구나무서기를 하고 있습니다.

해설 | 사진 속 아이들은 같은 의상을 입고 춤추고 있으므로, 정답은 (B)가 된다. 아이들의 복장은 교복이 아니므로 (A)는 답이 될 수 없고, 원형을 이루어 춤추거나 물구나무서기를 하고 있지도 않으므로, (C)와 (D)도 오답이다.

어휘 | 制服(せいふく) 제복, 교복 着(き)る (옷을) 입다
揃(そろ)い (빛깔·무늬 등이) 같음 衣装(いしょう) (무대) 의상
踊(おど)る 춤추다 輪(わ)になる 원형을 이루다
逆立(さかだ)ち 물구나무서기

20 사물의 상태

(A) 煎餅が詰めてあります。
(B) 赤飯が炊いてあります。
(C) ヨットの模型です。
(D) 草履に値札が付いています。

(A) 전병이 채워져 있습니다.
(B) 팥밥이 지어져 있습니다.
(C) 요트 모형입니다.
(D) 조리에 가격표가 붙어 있습니다.

해설 | 「草履(ぞうり)」(조리, 일본식 짚신의 하나로, 짚·대나무 껍질 등을 샌들 모양으로 엮은 신발)와 「値札(ねふだ)」(가격표)라는 단어를 알아듣는 것이 포인트. 조리에 가격표가 붙어 있으므로, 정답은 (D)가 된다.

어휘 | 煎餅(せんべい) 전병 詰(つ)める 채우다
赤飯(せきはん) 팥밥 炊(た)く (밥을) 짓다 ヨット 요트
模型(もけい) 모형 付(つ)く 붙다, 달리다

PART 2 | 질의 응답

21 일상생활 표현

一緒にテニスをしませんか。

(A) いいえ、テニスは楽しいです。

(B) いいえ、初めてやります。

(C) すみません、野球はしないんです。

(D) すみません、テニスはちょっと…。

함께 테니스를 치지 않을래요?
(A) 아니요, 테니스는 즐거워요.
(B) 아니요, 처음 해요.
(C) 죄송해요, 야구는 안 해요.
(D) 죄송해요, 테니스는 좀….

해설 | 「～ませんか」는 '～하지 않겠습니까?'라는 뜻으로, 뭔가를 의뢰하거나 부탁 또는 권유할 때 쓰는 표현이다. 문제는 테니스를 함께 치지 않겠냐고 권유하는 내용이므로, 적절한 응답은 '테니스는 좀…'이라고 끝말을 흐리며 완곡하게 거절하고 있는 (D)가 된다.

어휘 | 一緒(いっしょ)に 함께 テニスをする 테니스를 치다
楽(たの)しい 즐겁다 初(はじ)めて 처음(으로) やる 하다
野球(やきゅう) 야구 ちょっと 좀, 조금

22 일상생활 표현

お腹が空きましたね。

(A) ええ、食事に行きましょうか。

(B) ええ、おいしいですね。

(C) そうですね。お腹いっぱいですね。

(D) はい、たくさん食べました。

배가 고프네요.
(A) 네, 식사하러 갈까요?
(B) 네, 맛있네요.
(C) 그러게요. 배부르네요.
(D) 예, 많이 먹었어요.

해설 | 「お腹(なか)が空(す)く」는 '배가 고프다'라는 뜻이므로, 적절한 응답은 식사하러 가자고 말하고 있는 (A)가 된다.

어휘 | 食事(しょくじ) 식사 동작성명사+に ～하러 *동작의 목적
おいしい 맛있다 お腹(なか)いっぱいだ 배부르다 たくさん 많이
食(た)べる 먹다

23 일상생활 표현

もうすぐ春ですね。

(A) ええ、冬も終わりですね。

(B) ええ、午後から降るみたいですよ。

(C) ええ、涼しくなりましたね。

(D) ええ、これから夏ですね。

이제 곧 봄이네요.
(A) 네, 겨울도 끝이네요.
(B) 네, 오후부터 내리는 것 같아요.
(C) 네, 시원해졌네요.
(D) 네, 이제부터 여름이네요.

해설 | 이제 곧 봄이라고 했으므로, 적절한 응답은 겨울도 끝이라고 한 (A)가 된다. (B)는 비나 눈에 대해서 할 수 있는 말이므로 부적절. (C)와 (D)도 겨울에서 봄으로 넘어가는 시기와는 거리가 먼 내용이므로, 답이 될 수 없다.

어휘 | もうすぐ 이제 곧 春(はる) 봄 冬(ふゆ) 겨울 終(お)わり 끝
午後(ごご) 오후 ～から ～부터 降(ふ)る (비·눈 등이) 내리다, 오다
～みたいだ ～인 것 같다 涼(すず)しい 시원하다
これから 이제부터, 앞으로 夏(なつ) 여름

24 일상생활 표현

すみません、辞書を貸してください。

(A) はい、ありがとうございます。

(B) 机の上にあるので、どうぞ。

(C) これ、下に落ちていましたよ。

(D) はい、すぐ返します。

죄송해요, 사전을 빌려 주세요.
(A) 예, 감사해요.
(B) 책상 위에 있으니까, 쓰세요.
(C) 이거, 밑에 떨어져 있었어요.
(D) 예, 바로 돌려줄게요.

해설 | 「～てください」는 '～해 주십시오'라는 뜻으로, 의뢰나 부탁을 할 때 쓴다. 즉, 사전을 빌려 달라고 부탁하고 있으므로, 적절한 응답은 책상 위에 있으니까 쓰라고 한 (B)가 된다.

어휘 | 辞書(じしょ) 사전 貸(か)す 빌려 주다 机(つくえ) 책상
上(うえ) 위 どうぞ 무언가를 허락하거나 권할 때 쓰는 말
下(した) 아래, 밑 落(お)ちる 떨어지다 すぐ 곧, 바로
返(かえ)す 돌려주다

25 일상생활 표현

田中さん、英語、上手ですね。

(A) はい、中国語を3年習いました。

(B) はい、今度教えてください。

(C) いいえ、まだまだです。

(D) いいえ、漢字が難しいです。

다나카 씨, 영어 잘하네요.
(A) 예, 중국어를 3년 배웠어요.
(B) 예, 다음에 가르쳐 주세요.
(C) 아니요, 아직 멀었어요.
(D) 아니요, 한자는 어려워요.

해설 | 칭찬에 대한 적절한 응답을 찾는 문제이다. 정답은 (C)로, 「まだ

まだです。(아직 멀었습니다)는 상대방의 칭찬에 대해 겸손하게 대답할 때 쓰는 표현이다.

어휘 | 英語(えいご) 영어 上手(じょうず)だ 잘하다, 능숙하다
中国語(ちゅうごくご) 중국어 習(なら)う 배우다, 익히다
今度(こんど) 이 다음 教(おし)える 가르치다, 교육하다
漢字(かんじ) 한자 難(むずか)しい 어렵다

26 일상생활 표현

駅(えき)まで車(くるま)で送(おく)ってもらえますか。
(A) はい、歩(ある)いて行(い)きます。
(B) いいですよ。どうぞ。
(C) あのう、今日(きょう)は車(くるま)なんです。
(D) いいえ、結構(けっこう)です。

역까지 차로 바래다 줄래요?
(A) 예, 걸어서 갈게요.
(B) 좋아요. 타세요.
(C) 저기, 오늘은 차예요.
(D) 아니요, 괜찮아요.

해설 | 「送(おく)る」(바래다 주다)라는 단어가 포인트. 역까지 차로 바래다 달라고 부탁하고 있는 상황이다. 적절한 응답은 좋다면서 타라고 한 (B)가 된다.

어휘 | 駅(えき) 역 〜まで 〜까지 車(くるま) 차
〜てもらう (남에게) 〜해 받다 歩(ある)く 걷다
今日(きょう) 오늘 結構(けっこう)だ (사양하는 뜻으로) 괜찮다

27 일상생활 표현

すみません、何(なに)か書(か)くもの、ありませんか。
(A) 日記(にっき)は書(か)いたことがありません。
(B) 名前(なまえ)を書(か)けばいいんですよ。
(C) ボールペンならありますよ。
(D) 消(け)しゴムは持(も)っていないんですが。

죄송해요, 뭔가 쓸[적을] 거 없어요?
(A) 일기는 쓴 적이 없어요.
(B) 이름을 쓰면 돼요.
(C) 볼펜이라면 있어요.
(D) 지우개는 가지고 있지 않은데요

해설 | 「書(か)くもの」(적을 것), 즉 필기도구가 있는지 묻고 있으므로, 볼펜이 있다고 한 (C)가 정답이 된다. 나머지 선택지는 모두 동사 「書(か)く」(글씨·글을 쓰다)를 응용한 오답이다.

어휘 | 何(なに)か 뭔가 日記(にっき) 일기
동사의 た형+ことがない 〜한 적이 없다 名前(なまえ) 이름
ボールペン 볼펜 〜なら 〜라면 消(け)しゴム 지우개
持(も)つ 가지다, 휴대하다

28 일상생활 표현

この店(みせ)の料理(りょうり)はおいしいですね。
(A) ええ、だから人気(にんき)がないんですね。

(B) ええ、うちでは作(つく)れない味(あじ)ですよね。
(C) へえ、これ自分(じぶん)で作(つく)ったんですか。
(D) ああ、店(みせ)が無(な)くなってよかったですね。

이 가게의 요리는 맛있네요.
(A) 네, 그래서 인기가 없는 거군요.
(B) 네, 집에서는 못 만드는 맛이네요.
(C) 허, 이거 직접 만들었어요?
(D) 아~, 가게가 없어져서 잘됐네요.

해설 | 가게의 요리가 맛있다는 말에 대해, 그래서 인기가 없다고 한 (A)는 엉뚱한 대답이다. 또한 가게의 요리를 먹으면서 직접 만들었는지 묻고 있는 (C)나, 가게가 없어져서 잘됐다고 한 (D)도 문제에 대한 응답으로는 부적절하다. 정답은 (B)로, 집에서는 낼 수 없는 맛이라며 감탄하고 있다.

어휘 | 店(みせ) 가게 料理(りょうり) 요리 おいしい 맛있다
だから 그래서 人気(にんき) 인기 作(つく)る 만들다 味(あじ) 맛
自分(じぶん)で 직접, 스스로 無(な)くなる 없어지다
〜てよかった 〜해서 잘됐다, 다행이다

29 일상생활 표현

この部屋(へや)は遠(とお)くまで景色(けしき)が見(み)えていいわね。
(A) そうなんだ。隣(となり)のビルが高(たか)すぎるんだよ。
(B) うん、この部屋(へや)は窓(まど)がないんだよね。
(C) うん、ここが一番(いちばん)上(うえ)の階(かい)だからね。
(D) 地下(ちか)の部屋(へや)もいいものだろう(?)。

이 방은 멀리까지 경치가 보여서 좋네.
(A) 맞아. 옆 빌딩이 너무 높아.
(B) 응, 이 방은 창문이 없네.
(C) 응, 여기가 가장 위층이니까.
(D) 지하에 있는 방도 좋지?

해설 | 멀리까지 경치가 보이는 장소가 어디일지 생각해 본다. 정답은 (C)로, 가장 위층이기 때문에 경치가 좋다는 뜻이다. 옆 빌딩이 너무 높다고 한 (A)와 창문이 없다고 한 (B), 그리고 (D)의 지하는 모두 경치가 좋은 조건과는 거리가 멀다.

어휘 | 部屋(へや) 방 遠(とお)く 멀리 景色(けしき) 경치
見(み)える 보이다 隣(となり) 이웃, 옆
ビル 빌딩 *「ビルディング」의 준말 高(たか)い 높다
い형용사의 어간+すぎる 너무 〜하다 窓(まど) 창문
一番(いちばん) 가장, 제일 上(うえ) 위 階(かい) 층
地下(ちか) 지하

30 업무 및 비즈니스 표현

課長(かちょう)、今(いま)お時間(じかん)ありますか。
(A) 忙(いそが)しかったら、後(あと)でもいいですよ。
(B) ちょっと遅(おく)れていますね。
(C) ええ、最近(さいきん)は忙(いそが)しいんです。
(D) はい、何(なん)でしょう。

과장님, 지금 시간 있으세요?
(A) 바쁘면 나중에라도 괜찮아요.

(B) 조금 늦어지고 있네요.
(C) 네, 요즘은 바쁘거든요.
(D) 예, 뭔가요?

해설 | 용건이 있으니 시간을 내달라고 요청하고 있다. 적절한 응답은 (D)로, 무엇 때문에 그러는지 이유를 묻고 있다.

어휘 | 課長(かちょう) 과장 今(いま) 지금 時間(じかん) 시간
忙(いそが)しい 바쁘다 後(あと)で 나중에 ちょっと 좀, 조금
遅(おく)れる 늦다, 늦어지다 最近(さいきん) 최근, 요즘

31 일상생활 표현

この本、前に読みたいって言ってたけど、読む(?)。
(A) うん、借りてもいいの(?)。
(B) うん、面白かったね。
(C) へえ、そんな本があるんだ。
(D) うーん、あまり本は読まないんだ。

이 책, 전에 읽고 싶다고 했는데, 읽을래?
(A) 응, 빌려도 돼?
(B) 응, 재미있었어.
(C) 허-, 그런 책이 있구나.
(D) 음…, 별로 책은 읽지 않아.

해설 | 전에 상대방이 자신이 소유하고 있는 책을 읽고 싶어한 것을 기억해 내고, 책을 읽겠느냐고 묻고 있는 상황이다. 적절한 응답은 (A)로, 빌려서 읽고 싶다는 뜻이다. (B)는 책을 이미 읽었을 때 할 수 있는 말이고, (C)는 아예 책의 존재 자체를 몰랐다는 뜻이며, (D)는 독서를 별로 하지 않는다는 뜻이므로, 답이 될 수 없다.

어휘 | 本(ほん) 책 前(まえ) 전, 이전 読(よ)む 읽다
借(か)りる 빌리다 面白(おもしろ)い 재미있다
あまり (부정의 말을 수반하여) 그다지, 별로

32 업무 및 비즈니스 표현

会議室がどこも空いてないんですけど、どうしましょう。
(A) じゃあ、会議を始めましょう。
(B) そうですね。急ぎましょう。
(C) はい、早く終わらせましょう。
(D) 仕方ないな。休憩室で話しましょう。

회의실이 어디도 비어 있지 않은데, 어떻게 하죠?
(A) 그럼, 회의를 시작해요.
(B) 그러네요. 서둘러요.
(C) 예, 빨리 끝내요.
(D) 어쩔 수 없군. 휴게실에서 이야기해요.

해설 | 빈 회의실이 없어서 곤란해하고 있는 상황이다. 정답은 (D)로, 회의실 대신 휴게실에서 이야기하자고 말하고 있다. 나머지 선택지는 모두 회의실이 비어 있을 때 할 수 있는 말이므로, 답이 될 수 없다.

어휘 | 会議室(かいぎしつ) 회의실 空(あ)く (방 따위가) 비다
始(はじ)める 시작하다 急(いそ)ぐ 서두르다 早(はや)く 일찍, 빨리
終(お)わる 끝나다 仕方(しかた)ない 어쩔 수 없다
休憩室(きゅうけいしつ) 휴게실 話(はな)す 말하다, 이야기하다

33 업무 및 비즈니스 표현

昨日頼んだ書類は、どこまで進みましたか。
(A) ちょうど今、できたところです。
(B) かなり遠くまで進みましたよ。
(C) すみません。頼み忘れていました。
(D) ええと、まだ頼んでいませんね。

어제 부탁한 서류는 어디까지 진행되었어요?
(A) 방금 막 다 된 참이에요.
(B) 상당히 멀리까지 나아갔어요.
(C) 죄송해요. 부탁하는 것을 깜빡했어요.
(D) 음…, 아직 부탁하지 않았네요.

해설 | 「進(すす)む」(나아가다, 진행되다)라는 동사가 포인트. 어제 부탁한 서류의 진행 상황에 대해 묻고 있으므로, 적절한 응답은 방금 막 다 되었다고 한 (A)가 된다. 「동사의 た형+ところだ」는 '막 ~한 참이다'이라는 뜻으로, 완료를 나타내는 표현이다.

어휘 | 昨日(きのう) 어제 頼(たの)む 부탁하다
書類(しょるい) 서류 ちょうど 방금, 바로
できる 다 되다, 완성되다 かなり 꽤, 상당히 遠(とお)く 멀리
동사의 ます형+忘(わす)れる 깜빡하고 ~하는 것을 잊다 まだ 아직

34 예/아니요형 질문

新しい商品はもう届きましたか。
(A) はい、送料がかかります。
(B) はい、先程来ましたよ。
(C) はい、ここに宛名を書いてください。
(D) はい、移ったみたいですね。

새 상품은 벌써 도착했어요?
(A) 예, 배송료가 들어요.
(B) 예, 조금 전에 왔어요.
(C) 예, 여기에 수신인명을 써 주세요.
(D) 예, 옮긴 것 같네요.

해설 | 새 상품의 도착 여부에 대해 묻고 있다. 적절한 응답은 조금 전에 왔다고 한 (B)로, (A)의 배송료나 (C)의 수신인명은 문제의 「届(とど)く」((보낸 물건이) 도착하다)를 응용한 오답이다.

어휘 | 新(あたら)しい 새롭다 商品(しょうひん) 상품
もう 이미, 벌써 送料(そうりょう) 송료, 배송료 かかる (비용이) 들다
先程(さきほど) 조금 전 来(く)る 오다 宛名(あてな) 수신인명
書(か)く (글씨·글을) 쓰다 移(うつ)る 옮기다, 이동하다
~みたいだ ~인 것 같다

35 일상생활 표현

最近、会社辞めたって聞いたけど、どうしたの(?)。
(A) ちょっと不注意だったね。
(B) 真面目に仕事してるからね。
(C) 今の会社で働き続けたいんだ。
(D) 他の事がやりたくなってね。

최근에 회사 그만뒀다고 들었는데, 어떻게 된 거야?
(A) 조금 부주의했었네.
(B) 성실하게 일하고 있으니까.
(C) 지금 회사에서 계속 일하고 싶어.
(D) 다른 일을 하고 싶어서.

해설 | 「辞(や)める」((일자리를) 그만두다)라는 동사가 포인트로, 최근에 회사를 그만뒀다는 소식을 듣고 그 이유를 궁금해하고 있다. 적절한 응답은 다른 일을 하고 싶어서 그만두었다고 한 (D)가 된다.

어휘 | 最近(さいきん) 최근, 요즘 聞(き)く 듣다
不注意(ふちゅうい)だ 부주의하다 真面目(まじめ)だ 성실하다
仕事(しごと)する 일하다 働(はたら)く 일하다
동사의 ます형+続(つづ)ける 계속 ~하다 他(ほか) 다른 (것)
事(こと) 일 やる 하다

36 예/아니요형 질문
話(はな)し合(あ)いはうまくいきましたか。
(A) ええ、話(はな)し合(あ)った方(ほう)がよさそうです。
(B) ええ、無事(ぶじ)に着(つ)きました。
(C) はい、みんなの意見(いけん)が合(あ)いました。
(D) はい、昨晩(さくばん)行(い)ってきました。

협의는 잘 됐어요?
(A) 네, 서로 협의하는 편이 좋을 것 같아요.
(B) 네, 무사히 도착했어요.
(C) 예, 모두의 의견이 일치했어요.
(D) 예, 어젯밤에 갔다 왔어요.

해설 | 「うまくいく」(잘 되다, 순조롭게 진행되다)라는 표현이 포인트로, 협의가 잘 되었는지 묻고 있다. 적절한 응답은 협의를 통해 모두의 의견이 일치했다고 한 (C)가 된다.

어휘 | 話(はな)し合(あ)い 협의 よさそうだ 좋을 것 같다
無事(ぶじ)だ 무사하다 着(つ)く 도착하다, (목적지에) 닿다
意見(いけん) 의견 合(あ)う 맞다, 일치하다
昨晩(さくばん) 어젯밤 *「昨夜(ゆうべ)」보다 공손한 말씨

37 일상생활 표현
今日(きょう)面接(めんせつ)に来(き)た人(ひと)、よさそうですね。
(A) ああ、履歴書(りれきしょ)は立派(りっぱ)だったのにね。
(B) ああ、いつもいい仕事(しごと)してるよね。
(C) うん、期待(きたい)を裏切(うらぎ)られたね。
(D) うん、彼(かれ)にするべきだと思(おも)うね。

오늘 면접에 온 사람, 좋은 것 같네요.
(A) 아, 이력서는 훌륭했는데 말이야.
(B) 아, 항상 좋은 일하고 있네.
(C) 응, 기대를 배신당했네.
(D) 응, 그 사람으로 해야 한다고 생각해.

해설 | 면접을 보러 온 사람이 마음에 든다고 했다. (A)와 (C)는 기대에 어긋났다는 말이므로 문제에 대한 응답으로는 부적절하고, (B) 또한 면접과는 상관없는 내용이다. 정답은 (D)로, 두 사람 모두 오늘 면접을 본 사람을 마음에 들어하고 있다.

어휘 | 今日(きょう) 오늘 面接(めんせつ) 면접
履歴書(りれきしょ) 이력서 立派(りっぱ)だ 훌륭하다
いつも 늘, 항상 期待(きたい) 기대 裏切(うらぎ)る 배신하다
~べきだ (마땅히) ~해야 한다

38 일상생활 표현
あ、髪(かみ)切(き)ったの(?)。さっぱりしていいじゃない。
(A) そう(?)。切(き)りすぎたと思(おも)ってるんだけど。
(B) ああ、伸(の)ばせるだけ伸(の)ばそうかと思(おも)って。
(C) うん、いい加減(かげん)、切(き)らないとね。
(D) その髪型(かみがた)、すごく似合(にあ)ってるよ。

아, 머리 잘랐어? 산뜻해서 좋네.
(A) 그래? 너무 많이 잘랐다고 생각하는데.
(B) 아, 기를 수 있을 만큼 기를까 생각해서.
(C) 응, 적당히 잘라야 해.
(D) 그 머리스타일, 굉장히 어울려.

해설 | 「さっぱり」는 말끔한 모양을 나타내는 부사로, 머리를 짧게 자르고 나타난 상대방을 칭찬하고 있다. 정답은 (A)로, 정작 본인은 너무 많이 잘라서 그다지 마음에 들지 않는다는 뉘앙스이다.

어휘 | 髪(かみ) 머리(털) 切(き)る 자르다
동사의 ます형+すぎる 너무 ~하다 伸(の)ばす 기르다
いい加減(かげん)だ 적당하다
~ないと(いけない) ~하지 않으면 안 된다, ~해야 한다
髪型(かみがた) 머리스타일 すごく 굉장히, 몹시
似合(にあ)う 어울리다

39 일상생활 표현
今(いま)の踊(おど)り、全員(ぜんいん)の動(うご)きが揃(そろ)っていて感動的(かんどうてき)でしたね。
(A) ええ、息(いき)が合(あ)ってましたね。
(B) 本当(ほんとう)、ばらばらでしたね。
(C) そうですね。ずれていましたね。
(D) 1人(ひとり)なのに、存在感(そんざいかん)ありましたね。

지금 춤, 전원의 동작이 맞아서 감동적이었죠?
(A) 네, 호흡이 잘 맞았네요.
(B) 정말 제각각이었네요.
(C) 그러네요. 어긋나 있었네요.
(D) 혼자인데, 존재감이 있었네요.

해설 | 「動(うご)きが揃(そろ)う」(동작이 맞다)라는 표현이 포인트로, 모두의 춤 동작이 맞아서 멋졌다는 뜻이다. 적절한 응답은 (A)로, 「息(いき)が合(あ)う」는 '호흡이 맞다'라는 뜻이다.

어휘 | 今(いま) 지금 踊(おど)り 춤 全員(ぜんいん) 전원
感動的(かんどうてき)だ 감동적이다 ばらばら 제각각
ずれる 어긋나다, 벗어나다 ~のに ~는데(도)
存在感(そんざいかん) 존재감

40 일상생활 표현

昨日の健康診断、受けてどうだった(?)。
(A) 会社の問題点を直さないとね。
(B) 治療は受けられなかったよ。
(C) 特に異常はなかったよ。
(D) 健康管理はしっかりね。

어제 건강진단 받고 어땠어?
(A) 회사의 문제점을 고쳐야지.
(B) 치료는 받을 수 없었어.
(C) 특별히 이상은 없었어.
(D) 건강관리는 제대로 해야지.

해설 | 건강진단 결과에 대해 묻고 있다. 회사의 문제점을 지적하고 있는 (A)나 치료 여부와 건강관리의 필요성에 대해 말하고 있는 (B), (D)는 모두 답이 될 수 없다. 적절한 응답은 검사결과 특별한 이상이 없었다고 한 (C)가 된다.

어휘 | 昨日(きのう) 어제 健康診断(けんこうしんだん) 건강진단
受(う)ける (어떤 행위를) 받다 会社(かいしゃ)회사
問題点(もんだいてん) 문제점 直(なお)す 고치다
治療(ちりょう) 치료 特(とく)に 특히, 특별히 異常(いじょう) 이상
管理(かんり) 관리 しっかり 제대로, 확실히

41 업무 및 비즈니스 표현

この企画に今以上の予算は組めないそうです。
(A) じゃあ、経費の心配は不要ですね。
(B) 利益向上に貢献したからですね。
(C) あの企画が通るんですね。
(D) 経費を見直さざるを得ないですね。

이 기획에 지금 이상의 예산은 편성할 수 없대요.
(A) 그럼, 경비 걱정은 필요 없겠군요.
(B) 이익 향상에 공헌했으니까요.
(C) 그 기획이 통과하는 거군요.
(D) 경비를 재검토하지 않을 수 없겠네요.

해설 | 지금 이상의 예산을 편성할 수 없다는 것은 다시 말해 더 이상 자금을 지원받을 수 없다는 뜻이다. 적절한 응답은 (D)로, 예산에 맞게 경비를 재검토하겠다는 말이다. (A)와 (B)는 자금이 넉넉한 상황에 할 수 있는 반응이며, (C)도 문제의 「企画(きかく)」(기획)를 응용한 오답이다.

어휘 | 以上(いじょう) 이상 予算(よさん) 예산
組(く)む 짜다, 편성하다 経費(けいひ) 경비
心配(しんぱい) 걱정, 염려 不要(ふよう)だ 필요 없다
利益(りえき) 이익 向上(こうじょう) 향상 貢献(こうけん) 공헌
あの (서로 알고 있는) 그 通(とお)る 통과하다
見直(みなお)す 다시 보다, 재검토하다
동사의 ない형+ざるを得(え)ない ~하지 않을 수 없다

42 일상생활 표현

個人がネットで自由に物を売ってるけど、私は何だか怖いわ。
(A) 個人でできるっていうのが、いいよね。
(B) 自由が無くなるのは怖いよね。
(C) 時代遅れだよね。
(D) 中には悪質なのがいるからね。

개인이 인터넷으로 자유롭게 물건을 팔고 있는데, 나는 어쩐지 무서워.
(A) 개인으로 할 수 있다는 게 좋지.
(B) 자유가 없어지는 건 무섭지.
(C) 시대에 뒤떨어졌지.
(D) 그 중에는 악질적인 사람이 있으니까.

해설 | 「怖(こわ)い」(무섭다)라는 단어가 포인트로, 개인의 인터넷 상거래에 대한 우려를 표시하고 있다. 적절한 응답은 (D)로, 모두가 그런 것은 아니지만 개중에는 나쁜 사람도 있다는 뜻이다.

어휘 | 個人(こじん) 개인 ネット 인터넷 *「インターネット」의 준말
自由(じゆう)だ 자유롭다 物(もの) 물건 売(う)る 팔다
何(なん)だか 웬일인지, 어쩐지 できる 할 수 있다
~っていう ~라고 하는, ~라는 無(な)くなる 없어지다
時代遅(じだいおく)れ 시대에 뒤떨어짐 中(なか)には (그) 중에는
悪質(あくしつ)だ 악질적이다

43 업무 및 비즈니스 표현

この取引先の担当者を今度吉田君に任せようと思うんだけど。
(A) ああ、今まで彼の担当だったね。
(B) う一ん、彼にはまだ早いんじゃないかな。
(C) そうだね、彼の後は誰がいいかな。
(D) いや、彼ほど合う人はいないよ。

이 거래처 담당자를 이번에 요시다 군에게 맡기려고 생각하는데.
(A) 아-, 지금까지 그 사람 담당이었지.
(B) 음…, 그 사람에게는 아직 이른 거 아닐까?
(C) 그러네. 그 사람 후임은 누가 좋을까?
(D) 아니, 그 사람만큼 적합한 사람은 없어.

해설 | 거래처 담당자로 요시다 군이 어떠냐고 묻고 있는 상황이다. (A)와 (C)는 앞으로가 아니라 이미 담당하고 있다는 뜻이므로 부적절하고, (D)는 「いや」(아니)라는 부정표현 때문에 답이 될 수 없다. 정답은 (B)로, 아직 담당을 맡기기에는 이르다며 반대 입장을 표시하고 있다.

어휘 | 取引先(とりひきさき) 거래처 担当者(たんとうしゃ) 담당자
今度(こんど) 이번 任(まか)せる 맡기다 今(いま)まで 지금까지
まだ 아직 早(はや)い (시기적으로 아직) 이르다 後(あと) 뒤, 후임
誰(だれ) 누구 ~ほど ~만큼 合(あ)う 맞다, 적합하다

44 업무 및 비즈니스 표현

課長、取引先の山本様の到着が少し遅れるそうです。
(A) じゃ、今のうちに資料の確認を終わらせよう。
(B) じゃ、待たせないよう、急いで迎えに行こう。
(C) わかった。明日に延期ということだね。
(D) お待たせするのは申し訳ないことだね。

과장님, 거래처의 야마모토 님 도착이 조금 늦어진대요.
(A) 그럼, 그동안에 자료 확인을 끝내도록 하지.
(B) 그럼, 기다리게 하지 않도록 서둘러 마중 나가지.
(C) 알겠어. 내일로 연기한다는 말이군.
(D) 기다리시게 하는 건 미안한 일이지.

해설 | 거래처 사람이 조금 늦는다고 알려 왔다. 정답은 (A)로, 기다리는 시간을 이용해서 자료 확인을 마치자는 뜻이다. (B)와 (D)는 오히려 일찍 온다는 소식에 대해 할 수 있는 응답이므로 부적절. (C)는 아예 내일로 연기되었다는 뜻이므로, 역시 답이 될 수 없다.

어휘 | 課長(かちょう) 과장 取引先(とりひきさき) 거래처
到着(とうちゃく) 도착 少(すこ)し 조금, 약간
遅(おく)れる 늦다, 늦어지다 품사의 보통형+そうだ ~라고 한다 *전문
~うちに ~동안에, ~사이에 資料(しりょう) 자료
確認(かくにん) 확인 終(お)わらせる 끝내다
待(ま)たせる 기다리게 하다 ~ないよう(に) ~하지 않도록
急(いそ)ぐ 서두르다 迎(むか)える (사람을) 맞다, 맞이하다
동사의 ます형+に ~하러 *동작의 목적 明日(あした) 내일
延期(えんき) 연기 ~ということだ ~라고 한다 *전문
お+동사의 ます형+する ~하다, ~해 드리다 *겸양표현
申(もう)し訳(わけ)ない 미안하다

45 일상생활 표현

さっきの雷が原因で、広い範囲で停電してるそうよ。

(A) へえ、そんなにすぐに元通りになるんだね。
(B) あの雷で被害がなかったなんて、信じられないね。
(C) ああ、信号も消えてて危なかったよ。
(D) 停電してるのはうちだけなのか。

조금 전의 벼락이 원인으로 넓은 범위에서 정전되었대.
(A) 허, 그렇게 바로 원상태로 되는구나.
(B) 그 벼락으로 피해가 없었다니, 믿을 수 없네.
(C) 아-, 신호등도 꺼져서 위험했어.
(D) 정전된 건 우리뿐인가?

해설 | 「雷(かみなり)」(벼락)와 「停電(ていでん)」(정전)이라는 단어가 포인트로, 조금 전에 친 벼락 때문에 정전이 되었다고 했다. 적절한 응답은 (C)로, 정전의 여파로 신호등까지 꺼져 버렸다는 뜻이다.

어휘 | さっき 조금 전, 아까 原因(げんいん) 원인 広(ひろ)い 넓다
範囲(はんい) 범위 そんなに 그렇게 すぐに 곧, 바로
元通(もとどお)り 원상태 あの (서로 알고 있는) 그
被害(ひがい) 피해 ~なんて ~하다니 信(しん)じる 믿다
信号(しんごう) 신호, 신호등 消(き)える (불이) 꺼지다
危(あぶ)ない 위험하다 ~だけ ~만, ~뿐

46 업무 및 비즈니스 표현

ここのところ、働き詰めじゃない(?)。

(A) 人手不足で仕方ないよ。
(B) 心置きなく休めるよ。
(C) 未開封だから、大丈夫だよ。
(D) あんまり根を詰めないでね。

요즘 내리 일만 하고 있지 않아?
(A) 일손이 부족해서 어쩔 수 없어.
(B) 마음 놓고 쉴 수 있어.
(C) 미개봉이니까, 괜찮아.
(D) 너무 열심히 하지는 마.

해설 | 「働(はたら)き詰(づ)め」(쉬지 않고 계속 일하는 것, 내리 일만 함)라는 표현이 포인트로, 어째서 계속 일만 하고 있느냐고 묻고 있다. 이에 대한 응답으로는 그렇게 할 수밖에 없는 이유를 대는 것이 적절하다. 정답은 일손부족 때문이라고 말한 (A)로, 「명사+で仕方(しかた)ない」는 '~해서 어쩔 수 없다, 너무 ~하다'라는 뜻의 표현이다.

어휘 | ここのところ 요즘 人手不足(ひとでぶそく) 일손부족
心置(こころお)きなく 걱정 없이, 마음 놓고 休(やす)む 쉬다
未開封(みかいふう) 미개봉 大丈夫(だいじょうぶ)だ 괜찮다
あんまり 너무, 지나치게 根(こん)を詰(つ)める 끈기 있게 열심히 하다

47 일상생활 표현

今日は雨も風もかなり強いですね。

(A) ええ、ひどい吹雪ですね。
(B) ええ、荒れた天気ですね。
(C) ええ、穏やかな日ですね。
(D) ええ、晴天に恵まれましたね。

오늘은 비도 바람도 꽤 강하네요.
(A) 네, 심한 눈보라네요.
(B) 네, 사나운 날씨네요.
(C) 네, 온화한 날이네요.
(D) 네, 날씨가 좋네요.

해설 | 비바람이 강한 날씨와 어울리는 표현을 찾는다. 정답은 (B)로, 「荒(あ)れる」는 '(날씨 등이) 사나워지다'라는 뜻의 동사이다. (A)의 「吹雪(ふぶき)」(눈보라)는 비바람과 관련이 없고, (C)와 (D)는 날씨가 좋을 때 할 수 있는 말이므로, 답이 될 수 없다.

어휘 | 今日(きょう) 오늘 雨(あめ) 비 風(かぜ) 바람
かなり 꽤, 상당히 強(つよ)い 강하다 ひどい 심하다
天気(てんき) 날씨 穏(おだ)やかだ 온화하다 日(ひ) 날
晴天(せいてん) 청천, 맑은 하늘
恵(めぐ)まれる (좋은 상태・환경 등이) 주어지다

48 일상생활 표현

この先の渋滞、避けられないかなあ。

(A) 物騒な事件が後を絶たないしね。
(B) こっちの裏道行ってみよう。
(C) 警察の手を借りれば、安心だね。
(D) うん、避けて通れない話だよ。

이 앞의 정체, 피할 수 없을까?
(A) 위험한 사건이 끊이지 않고 말이지.
(B) 이쪽의 뒷길로 가 보자.
(C) 경찰의 도움을 받으면 안심이지.
(D) 응, 피할 수 없는 이야기야.

해설 | 「渋滞(じゅうたい)」(정체)와 「避(さ)ける」(피하다)라는 단어가 포인트로, 어떻게 하면 앞쪽의 정체를 피할 수 있을지 묻고 있다. 적절한 응답은 (B)로, 막히는 길을 피해서 뒷길로 돌아가자는 뜻이다. 나머지 선택지는 동사 「避(さ)ける」(피하다)를 응용한 오답이다.

어휘 | 先(さき) 앞, 전방 物騒(ぶっそう)だ 위험하다
事件(じけん) 사건 後(あと)を絶(た)たない 끊이지 않다
裏道(うらみち) 뒷길 警察(けいさつ) 경찰
手(て)を借(か)りる 손을 빌리다, 도움을 받다
安心(あんしん)だ 안심이다 通(とお)る 통과하다, 지나가다
話(はなし) 이야기

49 일상생활 표현

高橋さんに急に辞められたのは痛いですね。

(A) ええ、解雇されるのは当然ですよ。

(B) ええ、辞表を出してからが長かったですね。

(C) ええ、これで思い通りにできますね。

(D) ええ、彼女が抜けた穴は大きいですね。

다카하시 씨가 갑자기 그만둔 건 타격이 있네요.
(A) 네, 해고되는 건 당연해요.
(B) 네, 사표를 내고 나서가 길었네요.
(C) 네, 이걸로 생각대로 되겠네요.
(D) 네, 그녀가 빠진 빈자리는 크네요.

해설 | 동료가 갑자기 그만두는 바람에 업무에 타격이 있다고 했다. 적절한 응답은 (D)로, 그녀의 빈자리는 크다면서 상대방의 말에 동의하고 있다. 다카하시 씨는 스스로 그만둔 것이므로, 해고당했다고 한 (A)는 부적절. (B)와 (C)는 그만둘 것을 이미 예상하고 있었다는 뜻이 되므로, 역시 답이 될 수 없다.

어휘 | 急(きゅう)に 갑자기 辞(や)める (일자리를) 그만두다
痛(いた)い 아프다, 타격이 있다 解雇(かいこ) 해고
当然(とうぜん) 당연 辞表(じひょう) 사표 出(だ)す 내다, 제출하다
~てから ~하고 나서, ~한 후에 長(なが)い (시간적으로) 오래다, 길다
思(おも)い通(どお)り 생각대로, 뜻대로 抜(ぬ)ける 빠지다
穴(あな) 구멍, 빈자리 大(おお)きい 크다, (정도가) 심하다

50 일상생활 표현

今年度は予想以上の売り上げでしたね。

(A) そうだな、思ったほど伸びなかったな。

(B) 思わぬ負債を抱えてしまったな。

(C) うん。新商品が大当たりだったからな。

(D) まさか宝くじに当たるとはね。

금년도는 예상 이상의 매출이었네요.
(A) 그러네, 생각했던 것만큼 늘지 않았네.
(B) 생각치 못한 부채를 떠맡아 버렸군.
(C) 응. 신상품이 크게 적중했기 때문이지.
(D) 설마 복권에 당첨될 줄이야.

해설 | 예상 이상의 매출이라면 물건이 생각보다 많이 팔렸다는 뜻이다. (A)와 (B)는 이와는 반대의 경우를 나타내고, (D)의 '복권 당첨' 역시 '매출'과는 거리가 멀다. 정답은 (C)로, 신상품이 대성공한 덕분이라고 그 요인을 분석하고 있다.

어휘 | 今年度(こんねんど) 금년도 予想(よそう) 예상
以上(いじょう) 이상 売(う)り上(あ)げ 매상, 매출 ~ほど ~만큼
伸(の)びる 늘다, 신장하다 思(おも)わぬ 뜻밖의, 예상치 못한
負債(ふさい) 부채 抱(かか)える (어려움 등을) 안다, 떠맡다
新商品(しんしょうひん) 신상품
大当(おおあ)たり 크게 적중함, 대성공(함) まさか 설마
宝(たから)くじ 복권 当(あ)たる (복권 등이) 당첨되다
~とは ~하다니 *놀람

PART 3 | 회화문

51 대화 내용에 대한 이해

男 少し暑くないですか。
女 そうですね。クーラー、つけましょうか。
男 そうですね。お願いします。
女 わかりました。

남 조금 덥지 않아요?
여 그러네요. 에어컨, 켤까요?
남 음…, 부탁드려요.
여 알겠어요.

男の人は、女の人に何を頼みましたか。

(A) 窓を開けること

(B) 窓を閉めること

(C) クーラーをつけること

(D) クーラーを止めること

남자는 여자에게 무엇을 부탁했습니까?
(A) 창문을 여는 것
(B) 창문을 닫는 것
(C) 에어컨을 켜는 것
(D) 에어컨을 끄는 것

해설 | 에어컨을 켤 것인지 묻는 여자의 말에 대해 남자는 '부탁한다'라고 했으므로, 정답은 (C)가 된다.

어휘 | 少(すこ)し 조금 暑(あつ)い 덥다 クーラー 냉방장치, 에어컨
つける (스위치 등을) 켜다 わかる 알다, 이해하다
頼(たの)む 부탁하다 窓(まど) 창문 開(あ)ける 열다
閉(し)める 닫다 止(と)める 끄다

52 성별에 따른 의견 및 행동 구분

女 あのう、これどこにしまったらいいですか。
男 会場に飾ってあった花瓶ですね。
女 はい、そうです。
男 じゃ、あの棚の一番下にしまってください。

여 저기, 이거 어디에 넣으면 돼요?
남 회장에 장식되어 있던 꽃병이네요.
여 예, 맞아요.
남 그럼, 저 선반 제일 아래에 넣어 주세요.

女の人は、この後何をしますか。
(A) 花瓶を片付ける。
(B) 花瓶を取りに行く。
(C) 花瓶を飾る。
(D) 花瓶を選ぶ。

여자는 이후 무엇을 합니까?
(A) 꽃병을 치운다.
(B) 꽃병을 가지러 간다.
(C) 꽃병을 장식한다.
(D) 꽃병을 고른다.

해설 | 여자가 꽃병을 어디에 넣을지 묻자, 남자는 선반 제일 아래에 넣어 달라고 했다. 즉, 꽃병에 뭔가를 장식하는 것이 아니라 정리해서 치워 달라는 것이므로, 정답은 (A)가 된다.

어휘 | しまう 안에 넣다, 간수하다 会場(かいじょう) 회장
飾(かざ)る 장식하다 타동사+てある ~해져 있다 花瓶(かびん) 꽃병
棚(たな) 선반 一番(いちばん) 가장, 제일 下(した) 아래, 밑
片付(かたづ)ける 치우다, 정리하다 取(と)る (손에) 가지다
동사의 ます형+に ~하러 *동작의 목적 選(えら)ぶ 고르다, 선택하다

53 대화 내용에 대한 이해

女 こちらのセーターとシャツで10,000円でございます。
男 え(?)、10,000円(!?)。じゃあ、セーターはいくらですか。
女 6,000円でございます。
男 じゃ、セーターだけお願いします。

여 이 스웨터와 셔츠 다 해서 만 엔이에요.
남 네? 만 엔!? 그럼, 스웨터는 얼마예요?
여 6천 엔이에요.
남 그럼, 스웨터만 부탁드려요.

男の人は、何を買いましたか。
(A) セーターとシャツ
(B) セーター2枚
(C) セーター1枚
(D) シャツ1枚

남자는 무엇을 샀습니까?
(A) 스웨터와 셔츠
(B) 스웨터 2장
(C) 스웨터 1장
(D) 셔츠 1장

해설 | 남자의 두 번째 대화에 주목해야 한다. 여자가 스웨터와 셔츠를 같이 사면 만 엔이라고 하자, 남자는 너무 비싸다는 반응을 보였다. 결국은 '스웨터만 부탁한다'라고 했으므로, 사는 것은 (C)의 스웨터 한 장이다.

어휘 | セーター 스웨터 シャツ 셔츠 いくら 얼마
~だけ ~만, ~뿐 買(か)う 사다
2枚(にまい) 2장 *「~枚(まい)」- ~장

54 대화 내용에 대한 이해

男 田中さん、まだ来てないんですか。
女 ええ。乗った電車が、今も止まったままだそうです。
男 そうですか。
女 ええ。この頃、よく事故で止まりますね。

남 다나카 씨, 아직 안 왔나요?
여 네. 탄 전철이 지금도 멈춘 채래요.
남 그래요?
여 네. 요즘 자주 사고로 멈추네요.

田中さんがまだ来ない理由は、どれですか。
(A) 特急に乗れなかったから
(B) 電車が止まっているから
(C) 車で事故を起こしたから
(D) 間違った電車に乗ったから

다나카 씨가 아직 오지 않은 이유는 어느 것입니까?
(A) 특급을 탈 수 없었기 때문에
(B) 전철이 서 있기 때문에
(C) 차로 사고를 일으켰기 때문에
(D) 전철을 잘못 탔기 때문에

해설 | 여자의 첫 번째 대화에 주목해야 한다. 다나카 씨가 아직 오지 않은 이유는 그가 탄 전철이 선 채로 운행하지 않고 있기 때문이므로, 정답은 (B)가 된다.

어휘 | まだ 아직 来(く)る 오다 乗(の)る (탈것에) 타다
電車(でんしゃ) 전철 止(と)まる 멈추다, 서다
동사의 た형+まま ~한 채, ~상태로
この頃(ごろ) 요즘 よく 자주 事故(じこ) 사고
間違(まちが)う 틀리다, 실수하다
特急(とっきゅう) 특급 *「特別急行列車(とくべつきゅうこうれっしゃ)」(특별 급행 열차)의 준말

55 대화 내용에 대한 이해

女 お昼を食べたら、郵便局に行ってきます。
男 傘を持って行った方がいいですよ。
女 え(?)、雨が降ってるんですか。
男 天気予報によると午後から雨だそうですよ。

여 점심을 먹으면 우체국에 갔다 올게요.
남 우산을 가지고 가는 편이 좋아요.
여 네? 비가 오고 있나요?
남 일기예보에 따르면 오후부터 비래요.

男の人は、なぜ傘を持つように言っていますか。
(A) 傘を郵便で送るから
(B) 郵便局で借りた傘だから
(C) 雨が降るらしいから
(D) 雨が降っているから

남자는 왜 우산을 휴대하라고 말하고 있습니까?
(A) 우산을 우편으로 보내기 때문에
(B) 우체국에서 빌린 우산이기 때문에
(C) 비가 내릴 것 같기 때문에
(D) 비가 내리고 있기 때문에

해설 | 남자의 두 번째 대화에 주목해야 한다. 우산을 휴대하라고 한 이유는 일기예보에서 오후부터 비가 내린다는 소식을 들었기 때문이므로, 정답은 (C)가 된다.

어휘 | 昼(ひる) 점심(식사) 食(た)べる 먹다
郵便局(ゆうびんきょく) 우체국 傘(かさ) 우산
持(も)つ 가지다, 휴대하다
동사의 た형+方(ほう)がいい ~하는 편[쪽]이 좋다 雨(あめ) 비
降(ふ)る (비·눈 등이) 내리다, 오다
天気予報(てんきよほう) 일기예보
~によると ~에 의하면, ~에 따르면 午後(ごご) 오후
~ように ~하도록, ~하라고 送(おく)る 보내다 借(か)りる 빌리다
~らしい ~인 것 같다

56 대화 내용에 대한 이해

女 この頃、外国の人が居酒屋でよく食事をしていますね。
男 そうですね。ラーメン屋も人気だそうです。
女 最近は、おすしや天ぷらだけじゃないんですね。
男 そうですね。

여 요즘 외국인이 선술집에서 자주 식사를 하고 있네요.
남 그러게요. 라면가게도 인기래요.
여 요즘에는 초밥이나 튀김만이 아니군요.
남 그러네요.

2人は、どんな話をしていますか。
(A) 外国で食べたい食べ物
(B) 外国人に人気の日本の料理
(C) 日本で流行っている居酒屋
(D) 好きな居酒屋のメニュー

두 사람은 어떤 이야기를 하고 있습니까?
(A) 외국에서 먹고 싶은 음식
(B) 외국인에게 인기인 일본 요리
(C) 일본에서 유행하고 있는 선술집
(D) 좋아하는 선술집 메뉴

해설 | 전체적인 내용을 파악해야 하는 문제. 최근 외국인들이 선술집이나 라면가게를 자주 찾는 등 초밥이나 튀김뿐만 아니라 다양한 일본 요리가 사랑받고 있다고 했으므로, 정답은 (B)가 된다.

어휘 | この頃(ごろ) 요즘 外国(がいこく) 외국
居酒屋(いざかや) 선술집 よく 자주 食事(しょくじ) 식사
ラーメン屋(や) 라면가게 人気(にんき) 인기
最近(さいきん) 최근, 요즘 おすし(寿司) 초밥 天(てん)ぷら 튀김
~だけ ~만, ~뿐 食(た)べ物(もの) 음식
外国人(がいこくじん) 외국인 料理(りょうり) 요리
流行(はや)る 유행하다 好(す)きだ 좋아하다 メニュー 메뉴

57 대화 내용에 대한 이해

女 山田さん、風邪ですか。マスクなんてして…。
男 いえ。顔に怪我してしまったんです。
女 ええ(!?)、大丈夫ですか。
男 ええ、そんなに痛くないですから。

여 야마다 씨, 감기예요? 마스크 같은 걸 하고….
남 아뇨. 얼굴을 다쳐 버렸어요.
여 네!? 괜찮아요?
남 네, 그렇게 아프지 않으니까요.

どうして山田さんはマスクをしていますか。
(A) 寒いから
(B) 怪我をしたから
(C) 歯が痛いから
(D) 風邪を引いたから

어째서 야마다 씨는 마스크를 하고 있습니까?
(A) 춥기 때문에
(B) 다쳤기 때문에
(C) 이가 아프기 때문에
(D) 감기에 걸렸기 때문에

해설 | 남자의 첫 번째 대화에 주목해야 한다. 남자가 마스크를 하고 있는 이유는 얼굴을 다쳤기 때문이므로, 정답은 (B)가 된다. 나머지 선택지는 모두 「マスク」(마스크)라는 표현을 응용한 오답이다.

어휘 | 風邪(かぜ) 감기 顔(かお) 얼굴
怪我(けが)(を)する 다치다, 부상을 입다
大丈夫(だいじょうぶ)だ 괜찮다 そんなに 그렇게
痛(いた)い 아프다 寒(さむ)い 춥다 歯(は) 이
風邪(かぜ)を引(ひ)く 감기에 걸리다

58 성별에 따른 의견 및 행동 구분

女 すみませんが、ちょっと手伝ってもらえませんか。
男 何をしたらいいですか。
女 隣の部屋の椅子を、会議室に運んでいただきたいんですが。
男 わかりました。

여 죄송한데요, 좀 도와주지 않겠어요?
남 뭘 하면 돼요?
여 옆 방의 의자를 회의실로 옮겨 주셨으면 하는데요.
남 알겠어요.

男の人は、この後何をしますか。
(A) 椅子を運ぶ。
(B) 椅子を貸してあげる。
(C) 隣の部屋を掃除する。
(D) 会議に出る。

남자는 이후 무엇을 합니까?
(A) 의자를 옮긴다.
(B) 의자를 빌려 준다.
(C) 옆 방을 청소한다.
(D) 회의에 출석한다.

해설 | 여자의 두 번째 대화에 주목해야 한다. 옆 방의 의자를 회의실로 옮겨 달라는 여자의 부탁에 대해 남자는 '알겠다'라고 했으므로, 정답은 (A)가 된다.

어휘 | ちょっと 좀, 조금 手伝(てつだ)う 돕다, 도와주다
~てもらえませんか ~해 주지 않겠어요? 隣(となり) 옆
部屋(へや) 방 椅子(いす) 의자 会議室(かいぎしつ) 회의실
運(はこ)ぶ 옮기다, 운반하다
~ていただく (남에게) ~해 받다 *「~てもらう」의 겸양표현
わかる 알다, 이해하다 貸(か)す 빌려 주다
~てあげる (내가 남에게) ~해 주다 掃除(そうじ) 청소
出(で)る (모임 등에) 나가다, 출석하다

59 대화 내용에 대한 이해

男 どんなお部屋をお探しですか。
女 きれいな部屋がいいんですが…。
男 畳の部屋でもよろしいですか。
女 ええ。部屋がきれいならいいです。

남 어떤 방을 찾으세요?
여 깨끗한 방이 좋은데요….
남 다다미방이라도 괜찮으세요?
여 네, 방이 깨끗하면 괜찮아요.

女の人は、どんな部屋ならいいですか。
(A) 畳の部屋
(B) 広い部屋
(C) きれいな部屋
(D) 明るい部屋

여자는 어떤 방이라면 괜찮습니까?
(A) 다다미방
(B) 넓은 방
(C) 깨끗한 방
(D) 밝은 방

해설 | 여자의 대화에 주목해야 한다. 여자는 처음부터 끝까지 '깨끗한 방'이면 된다고 했으므로, 정답은 (C)가 된다.

어휘 | どんな 어떤 お+동사의 ます형+だ ~이시다 *존경표현
探(さが)す 찾다 きれいだ 깨끗하다 いい 좋다 畳(たたみ) 다다미
よろしい 좋다, 괜찮다 *「いい・よい」의 공손한 표현
広(ひろ)い 넓다 明(あか)るい 밝다

60 대화 내용에 대한 이해

女 明日は予約のお客さんが、いっぱい来ますね。
男 いつもより早くお店に来ましょうか。
女 そうですね、お願いします。
男 忙しくなりますが、嬉しいですね。

여 내일은 예약 손님이 많이 오네요.
남 평소보다 일찍 가게에 올까요?
여 음…, 부탁드려요.
남 바빠지겠지만, 기쁘네요.

2人が嬉しいのは、なぜですか。
(A) 仕事が休みだから
(B) 早く仕事が終わるから
(C) 客がたくさん来るから
(D) 客に褒められたから

두 사람이 기쁜 것은 왜입니까?
(A) 일이 쉬는 날이기 때문에
(B) 일찍 일이 끝나기 때문에
(C) 손님이 많이 오기 때문에
(D) 손님에게 칭찬받았기 때문에

해설 | 내일 예약 손님이 많다는 여자의 말에 남자는 평소보다 일찍 출근하겠다고 하면서 '바빠지겠지만, 기쁘다'라고 했다. 이 말은 손님이 많으면 바빠지겠지만 장사가 잘 되어서 좋다는 뜻이다. 따라서 정답은 (C)가 된다.

어휘 | 明日(あした) 내일 予約(よやく) 예약
お客(きゃく)さん 손님 いっぱい 가득, 많이 来(く)る 오다
いつも 평소, 여느 때 ~より ~보다 早(はや)く 일찍
店(みせ) 가게 忙(いそが)しい 바쁘다 嬉(うれ)しい 기쁘다
仕事(しごと) 일 休(やす)み 쉼, 휴일 終(お)わる 끝나다
客(きゃく) 손님 たくさん 많이 褒(ほ)める 칭찬하다

61 대화 내용에 대한 이해

女 先生、先日お願いしました原稿ですが…。
男 締め切りは来週だよね。
女 いえ、今日ですが。
男 えっ、困ったな。まだテーマしか決めてないんだ。

여 선생님, 요전에 부탁드렸던 원고 말인데요….
남 마감은 다음 주지?
여 아뇨, 오늘인데요.
남 뭐? 난처하네. 아직 주제밖에 정하지 않았어.

男の人は、どうして困っていますか。
(A) 原稿が完成していないから
(B) 原稿を読んでもらえないから
(C) 締め切りが早くなったから
(D) テーマが難しいから

남자는 어째서 난처합니까?
(A) 원고가 완성되어 있지 않기 때문에
(B) (상대방이) 원고를 읽어 주지 않기 때문에
(C) 마감이 빨라졌기 때문에
(D) 주제가 어렵기 때문에

해설 | 남자의 두 번째 대화에 주목해야 한다. 오늘이 원고 마감인데도 '아직 주제밖에 정하지 않았다'라고 했다. 즉, 원고를 아직 쓰지 못했다는 뜻이므로, 정답은 (A)가 된다.

어휘 | 先生(せんせい) 선생님 先日(せんじつ) 요전, 전번
原稿(げんこう) 원고 締(し)め切(き)り 마감
来週(らいしゅう) 다음 주 今日(きょう) 오늘
困(こま)る 곤란하다, 난처하다 まだ 아직 テーマ 테마, 주제
決(き)める 정하다, 결정하다 完成(かんせい) 완성 読(よ)む 읽다
早(はや)い 빠르다 難(むずか)しい 어렵다

62 성별에 따른 의견 및 행동 구분

男 あのう、ここの図書館、中国の小説はありますか。
女 はい、こちらの棚です。
男 こんなにあるんですか。どうも。
女 はい。本は作家の名前で分けてありますよ。

남 저기, 여기 도서관에 중국 소설은 있어요?
여 예, 이쪽 선반에요.
남 이렇게나 있어요? 고마워요.
여 예. 책은 작가 이름으로 나누어져 있어요.

男の人は、この後どうしますか。
(A) 本を探す。
(B) 本棚の整理をする。
(C) 中国語を習う。
(D) 女の人を手伝う。

남자는 이후 어떻게 합니까?
(A) 책을 찾는다.
(B) 책장 정리를 한다.
(C) 중국어를 배운다.
(D) 여자를 돕는다.

해설 | 남자가 도서관에 중국 소설이 있는지 묻고 있다. 이에 여자는 책의 위치와 찾는 방법까지 가르쳐 주고 있으므로, 이후 남자가 책을 찾을 것이라고 충분히 예상할 수 있다. 따라서 정답은 (A)가 된다.

어휘 | ここ 여기, 이곳 図書館(としょかん) 도서관
中国(ちゅうごく) 중국 小説(しょうせつ) 소설 棚(たな) 선반
こんなに 이렇게(나) 本(ほん) 책 作家(さっか) 작가
名前(なまえ) 이름 分(わ)ける 나누다 타동사+てある ~해져 있다
探(さが)す 찾다 本棚(ほんだな) 책장 整理(せいり) 정리
中国語(ちゅうごくご) 중국어 習(なら)う 배우다, 익히다
手伝(てつだ)う 돕다, 도와주다

63 대화 내용에 대한 이해

男 毎日、新聞読んでる(?)。
女 ええ。スマホでですが。
男 えっ、新聞を取ってないの(?)。
女 ええ。私の周りも大体そうですよ。

남 매일 신문 읽고 있어?
여 예. 스마트폰으로이지만요.
남 뭐? 신문을 구독하고 있는 거 아니야?
여 네. 제 주위도 대개 그래요.

女の人は、新聞をどうやって読んでいますか。
(A) コンビニで買って読む。
(B) 家で新聞を取って読む。
(C) 会社にある新聞を読む。
(D) スマホで読む。

여자는 신문을 어떻게 읽고 있습니까?
(A) 편의점에서 사서 읽는다.
(B) 집에서 신문을 구독해서 읽는다.
(C) 회사에 있는 신문을 읽는다.
(D) 스마트폰으로 읽는다.

해설 | 여자의 대화에 주목해야 한다. 여자는 따로 신문을 구독하지 않고 스마트폰을 통해 읽고 있다고 했으므로, 정답은 (D)가 된다. 남자의 말만 들었을 경우 (B)를 고를 수도 있으니 주의해야 한다.

어휘 | 毎日(まいにち) 매일 新聞(しんぶん) 신문 読(よ)む 읽다
スマホ 스마트폰 新聞(しんぶん) 신문
取(と)る (신문 등을) 구독하다, 보다 周(まわ)り 주위
大体(だいたい) 대개, 대략
コンビニ 편의점 *「コンビニエンスストア」의 준말
買(か)う 사다 会社(かいしゃ) 회사

64 대화 내용에 대한 이해

女 素敵な景色の絵葉書ですね。
男 友達がドイツから送ってくれたんです。
女 お友達は旅行に行かれたのですね。
男 いえ、あちらの大学で日本語を教えているんです。

여 멋진 경치의 그림엽서네요.
남 친구가 독일에서 보내 줬어요.
여 친구분은 여행을 가신 거군요.
남 아뇨, 그쪽 대학에서 일본어를 가르치고 있어요.

男の人は、誰から絵葉書をもらいましたか。

(A) 留学生
(B) 海外旅行のガイド
(C) 教師をしている友人
(D) 画家の友人

남자는 누구에게서 그림엽서를 받았습니까?
(A) 유학생
(B) 해외여행 가이드
(C) 교사를 하고 있는 친구
(D) 화가인 친구

해설 | 남자의 두 번째 대화에 주목해야 한다. 남자에게 그림엽서를 보내 준 친구는 독일에 있는 대학에서 일본어를 가르치고 있다고 했으므로, 정답은 (C)가 된다.

어휘 | 素敵(すてき)だ 멋지다 景色(けしき) 경치
絵葉書(えはがき) 그림엽서 友達(ともだち) 친구 ドイツ 독일
送(おく)る 보내다 ～てくれる (남이 나에게) ~해 주다
旅行(りょこう) 여행 あちら (서로 알고 있는) 그쪽
大学(だいがく) 대학 日本語(にほんご) 일본어
教(おし)える 가르치다, 교육하다 もらう (남에게) 받다
留学生(りゅうがくせい) 유학생 海外(かいがい) 해외
ガイド 가이드 教師(きょうし) 교사 友人(ゆうじん) 친구
画家(がか) 화가

65 대화 내용에 대한 이해

女 週末、家族で町の資料館に行ってきたんです。
男 へえ、何があるんですか。
女 町の歴史をアニメで見られたりして、子供も楽しめました。
男 それはいいですね。

여 주말에 가족이 함께 마을의 자료관에 갔다 왔어요.
남 허, 뭐가 있나요?
여 마을의 역사를 애니메이션으로 볼 수 있거나 해서 아이도 즐길 수 있었어요.
남 그거 좋네요.

女の人は、資料館で何を見ましたか。

(A) 漫画の歴史
(B) 町の歴史
(C) 町の子供の写真
(D) 町の子供の作品

여자는 자료관에서 무엇을 봤습니까?
(A) 만화의 역사
(B) 마을의 역사
(C) 마을 아이의 사진
(D) 마을 아이의 작품

해설 | 여자의 두 번째 대화에 주목해야 한다. 자료관에서 마을의 역사를 애니메이션으로 봤다고 했으므로, 정답은 (B)가 된다.

어휘 | 週末(しゅうまつ) 주말 家族(かぞく) 가족 町(まち) 마을
資料館(しりょうかん) 자료관
へえ 허 *감탄하거나 놀랐을 때 내는 소리 歴史(れきし) 역사
アニメ 애니메이션 *「アニメーション」의 준말 見(み)る 보다
～たりする ~하거나 하다 子供(こども) 아이 楽(たの)しむ 즐기다
漫画(まんが) 만화 写真(しゃしん) 사진 作品(さくひん) 작품

66 대화 내용에 대한 이해

男 これ、家まで届けてほしいんですが。
女 お品物の代金とは別に送料がかかりますが、よろしいですか。
男 あれっ、無料じゃないんですか。
女 はい、申し訳ございません。

남 이거, 집까지 배달해 주었으면 하는데요.
여 물건 대금과는 별도로 배송료가 드는데, 괜찮으세요?
남 어? 무료 아닌가요?
여 예, 죄송해요.

女の人は、何を説明していますか。

(A) 配達が有料だということ
(B) 配達の料金が上がったこと
(C) 配達が遅れること
(D) 配達をしていないこと

여자는 무엇을 설명하고 있습니까?
(A) 배달이 유료라는 것
(B) 배달 요금이 오른 것
(C) 배달이 늦어지는 것
(D) 배달을 하고 있지 않은 것

해설 | 남자가 물건 배달을 부탁하자, 여자는 '송료가 든다'며 양해를 구하고 있으므로, 정답은 (A)가 된다. 설사 이 부분을 놓쳤더라도 남자의 무료가 아니냐는 물음에 대해 여자가 죄송하다고 했으므로, 충분히 정답을 유추해 낼 수 있다.

어휘 | 家(いえ) 집 届(とど)ける 보내다, 보내어 주다
～てほしい ~해 주었으면 하다 品物(しなもの) 물건
代金(だいきん) 대금 別(べつ) 별도, 따로
送料(そうりょう) 송료, 배송료 かかる (비용이) 들다

(D) 農家の儲けが大きいこと

남자는 농가 사람의 무엇에 놀랐습니까?
(A) 과일 연구에 열심인 것
(B) 판매방법을 잘 알고 있는 것
(C) 과일 재배에 노고가 많은 것
(D) 농가의 이익이 큰 것

해설 | 남자의 첫 번째 대화에 주목해야 한다. 남자는 과일을 수확하기까지 농가의 노고가 크다는 것을 알고 놀랐다고 했으므로, 정답은 (C)가 된다.

어휘 | 生産者(せいさんしゃ) 생산자 農家(のうか) 농가
交流会(こうりゅうかい) 교류회 勉強(べんきょう) 공부
収穫(しゅうかく) 수확 苦労(くろう) 노고, 고생 知(し)る 알다
驚(おどろ)く 놀라다 扱(あつか)う 다루다, 취급하다
果物(くだもの) 과일 あれほど 그토록
愛情(あいじょう)を注(そそ)ぐ 애정을 쏟다 一(ひと)つ 한 개
残(のこ)る 남다 ～ず(に) ~하지 않고 売(う)れる (잘) 팔리다
～ように ~하도록 販売(はんばい) 판매 方法(ほうほう) 방법
見直(みなお)す 다시 보다, 재검토하다 研究(けんきゅう) 연구
熱心(ねっしん)だ 열심이다 詳(くわ)しい 잘 알고 있다, 정통하다, 밝다
명사+作(づく)り ~만들기, ~가꾸기 多(おお)い 많다
儲(もう)け 벌이, 이익 大(おお)きい 크다

78 대화 내용에 대한 이해

男 さっきの火事のニュースの映像見た(?)。すごい迫力だったね。
女 うん、あれ、一般人が撮ったんでしょ(?)。
男 今や現場の映像はプロより視聴者頼みだね。
女 スマホなしにはあり得ないことだよね。

남 조금 전의 화재 뉴스 영상 봤어? 굉장한 박력이었지?
여 응, 그거 일반인이 찍은 거지?
남 이제는 현장 영상은 프로보다 시청자에게 의지하는군.
여 스마트폰 없이는 있을 수 없는 일이지.

会話の内容と合っているのは、どれですか。
(A) ニュース映像はプロに限る。
(B) 報道に市民の視点が不可欠だ。
(C) 市民が情報を提供する時代だ。
(D) スマホの普及はマスコミのおかげだ。

대화의 내용과 맞는 것은 어느 것입니까?
(A) 뉴스 영상은 프로가 제일이다.
(B) 보도에 시민의 시점이 불가결하다.
(C) 시민이 정보를 제공하는 시대이다.
(D) 스마트폰 보급은 매스컴 덕분이다.

해설 | 시청자가 보낸 화재 뉴스 영상에 대해 이야기를 나누고 있다. 남자는 현장 영상은 프로보다 시청자가 찍어 보내는 것이 더 생생하다고 말하고 있으므로, 정답은 (C)가 된다.

어휘 | さっき 아까, 조금 전 火事(かじ) 화재 ニュース 뉴스
映像(えいぞう) 영상 すごい 굉장하다 迫力(はくりょく) 박력
あれ (서로 알고 있는) 그것 一般人(いっぱんじん) 일반인
撮(と)る (사진을) 찍다 今(いま)や 이제는 現場(げんば) 현장
プロ 프로 ～より ~보다 視聴者(しちょうしゃ) 시청자
명사+頼(だの)み ~의지, ~믿음 スマホ 스마트폰
～なしには ~없이는 あり得(え)ない 있을 수 없다
～に限(かぎ)る ~이 제일이다[최고다] 報道(ほうどう) 보도
市民(しみん) 시민 視点(してん) 시점
不可欠(ふかけつ) 불가결, 없어서는 안 됨 情報(じょうほう) 정보
提供(ていきょう) 제공 時代(じだい) 시대 普及(ふきゅう) 보급
マスコミ 매스컴 *「マスコミュニケーション」의 준말 おかげ 덕분

79 대화 내용에 대한 이해

男 今年度の売り上げ目標は、もう達成したも同然だね。
女 さあ。売れるペースが落ちていますが…。
男 いや、まだ2ヵ月もあるんだから、大丈夫だよ。
女 いえ、気を引き締めた方がいいと思います。

남 금년도 매출 목표는 벌써 달성한 거나 다름없네.
여 글쎄요. 팔리는 속도가 떨어지고 있는데요….
남 아니, 아직 2개월이나 있으니까 괜찮아.
여 아뇨, 정신을 바짝 차리는 편이 좋다고 생각해요.

男の人の見通しは、女の人のと比べてどう言えますか。
(A) 楽観的だ。
(B) 悲観的だ。
(C) 合理的だ。
(D) 不確実だ。

남자의 예측은 여자의 것과 비교해서 어떻게 말할 수 있습니까?
(A) 낙관적이다.
(B) 비관적이다.
(C) 합리적이다.
(D) 불확실하다.

해설 | 여자와 남자의 예측은 정반대이다. 남자는 금년도 매출 목표는 벌써 달성한 것과 마찬가지라며 여유만만한 반면, 여자는 판매 속도가 떨어지고 있다고 걱정하고 있다. 따라서 남자의 예측은 낙관적이고, 여자의 예측은 비관적이라고 할 수 있으므로, 정답은 (A)가 된다.

어휘 | 今年度(こんねんど) 금년도 売(う)り上(あ)げ 매상, 매출
目標(もくひょう) 목표 もう 이미, 벌써 達成(たっせい) 달성
～も同然(どうぜん)だ ~나 다름없다 売(う)れる (잘) 팔리다
ペース 페이스, 속도 落(お)ちる 떨어지다 まだ 아직
大丈夫(だいじょうぶ)だ 괜찮다
気(き)を引(ひ)き締(し)める 정신을 바짝 차리다
동사의 た형+方(ほう)がいい ~하는 편[쪽]이 좋다
見通(みとお)し 전망, 예측 比(くら)べる 비교하다
楽観的(らっかんてき)だ 낙관적이다
悲観的(ひかんてき)だ 비관적이다
合理的(ごうりてき)だ 합리적이다
不確実(ふかくじつ)だ 불확실하다

80 대화 내용에 대한 이해

> 女 我(わ)が社(しゃ)は、少(すこ)し事業(じぎょう)を広(ひろ)げすぎたかと思(おも)って
> います。
> 男 よろしければ、当社(とうしゃ)がご相談(そうだん)に乗(の)りましょう
> か。
> 女 実(じつ)はここ数年(すうねん)、大赤字(おおあかじ)の部門(ぶもん)があって…。
> 男 それは早急(さっきゅう)に、対策(たいさく)を立(た)てる必要(ひつよう)があります
> ね。

> 여 우리 회사는 조금 사업을 너무 확장했다고 생각해요.
> 남 괜찮으시면 저희 회사가 상담을 해 드릴까요?
> 여 실은 요 몇 년 큰 적자 부문이 있어서….
> 남 그건 조속하게 대책을 세울 필요가 있겠네요.

女(おんな)の人(ひと)は、会社(かいしゃ)の何(なに)が気(き)がかりですか。
(A) 同業者(どうぎょうしゃ)との競争(きょうそう)が激(はげ)しいこと
(B) 損失(そんしつ)の大(おお)きい部門(ぶもん)があること
(C) 事業拡大(じぎょうかくだい)の時期(じき)を逃(のが)したこと
(D) 倒産(とうさん)の危機(きき)にあること

여자는 회사의 무엇이 걱정입니까?
(A) 동업자와의 경쟁이 심한 것
(B) 손실이 큰 부문이 있는 것
(C) 사업 확대 시기를 놓친 것
(D) 도산 위기에 있는 것

해설 | 여자의 두 번째 대화에 나오는 「大赤字(おおあかじ)」(큰 적자)
라는 표현이 포인트. 여자는 회사의 큰 적자, 즉, 많은 손실에 대해 걱
정하고 있다는 것을 알 수 있다. 따라서 정답은 (B)가 된다.

어휘 | 我(わ)が社(しゃ) 우리 회사 少(すこ)し 조금
事業(じぎょう) 사업 広(ひろ)げる 넓히다, 확장하다
동사의 ます형+すぎる 너무 ~하다
よろしい 좋다, 괜찮다 *「いい・よい」의 공손한 표현
当社(とうしゃ) 당사, 이[우리] 회사
相談(そうだん)に乗(の)る 상담에 응하다 実(じつ)は 실은
ここ 요, 요새 数年(すうねん) 몇 년 部門(ぶもん) 부문
早急(さっきゅう)に 급히, 조속하게 対策(たいさく) 대책
立(た)てる (계획 등을) 세우다 必要(ひつよう) 필요
気(き)がかり 걱정 同業者(どうぎょうしゃ) 동업자
競争(きょうそう) 경쟁 激(はげ)しい 심하다, 격렬하다
損失(そんしつ) 손실 大(おお)きい (규모・범위가) 크다
拡大(かくだい) 확대 時期(じき) 시기 逃(のが)す 놓치다
倒産(とうさん) 도산 危機(きき) 위기

PART 4 | 설명문

81~84 지각 보고

> もしもし、田島(たじま)です…。 81あ、鈴木(すずき)さん、おは
> ようございます。あの…82今朝(けさ)寝坊(ねぼう)をしてしまっ
> て、いつも乗(の)っている電車(でんしゃ)より15分(じゅうごふん)遅(おそ)い電車(でんしゃ)で
> これから行(い)くので…。ええ、少(すこ)し遅刻(ちこく)してしま
> いそうなんです。83でも、9時半(くじはん)から始(はじ)まる会議(かいぎ)
> には間(ま)に合(あ)うと思(おも)いますので、課長(かちょう)にそうお伝(つた)
> えください。それから鈴木(すずき)さん、お願(ねが)いがある
> んですが、84会議(かいぎ)でパソコンを使(つか)いたいので、
> 準備(じゅんび)しておいていただいてもいいですか。すみ
> ません、よろしくお願(ねが)いします。

> 여보세요, 다지마예요…. 81아, 스즈키 씨, 안녕하세요. 저기…82
> 오늘 아침 늦잠을 자 버려서 늘 타는 전철보다 15분 늦은 전철로
> 이제부터 가려고요…. 네, 조금 지각해 버릴 것 같아요. 83하지만 9
> 시 반부터 시작되는 회의에는 늦지 않을 거라고 생각하니까, 과장
> 님께 그렇게 전해 주세요. 그리고 스즈키 씨, 부탁이 있는데요. 84
> 회의에서 컴퓨터를 쓰고 싶으니까, 준비해 놔 주실래요? 죄송해요,
> 잘 부탁드려요.

어휘 | もしもし 여보세요 今朝(けさ) 오늘 아침
寝坊(ねぼう) 늦잠을 잠 いつも 늘, 항상 乗(の)る (탈것에) 타다

電車(でんしゃ) 전철 ~より ~보다 遅(おそ)い 늦다
これから 이제부터 少(すこ)し 조금 遅刻(ちこく) 지각
동사의 ます형+そうだ ~일[할] 것 같다 *양태
始(はじ)まる 시작되다 会議(かいぎ) 회의
間(ま)に合(あ)う 시간에 맞게 대다, 늦지 않다 課長(かちょう) 과장
伝(つた)える 전하다, 전달하다
お+동사의 ます형+ください ~해 주십시오 *존경표현
それから 그리고 お願(ねが)い 부탁
パソコン (개인용) 컴퓨터 *「パーソナルコンピューター」의 준말
使(つか)う 쓰다, 사용하다 準備(じゅんび) 준비
~ておく ~해 놓다[두다]
~ていただく (남에게) ~해 받다 *「~てもらう」의 겸양표현

81 この人(ひと)は、誰(だれ)と話(はな)していますか。
(A) 課長(かちょう)
(B) 社長(しゃちょう)
(C) 田島(たじま)さん
(D) 鈴木(すずき)さん

81 이 사람은 누구와 이야기하고 있습니까?
(A) 과장
(B) 사장
(C) 다지마 씨
(D) 스즈키 씨

해설 | 이 사람은 두 번째 문장에서 스즈키 씨에게 아침 인사를 했으므

로, 정답은 (D)가 된다.

어휘 | 誰(だれ) 누구 話(はな)す 말하다, 이야기하다
社長(しゃちょう) 사장

82 この人は、どうして遅れているのですか。

(A) 朝、お腹が痛かったから

(B) 乗る電車を間違えたから

(C) 電車が事故で遅れているから

(D) 寝坊をしたから

82 이 사람은 어째서 늦는 것입니까?

(A) 아침에 배가 아팠기 때문에
(B) 탈 전철을 착각했기 때문에
(C) 전철이 사고로 늦어지고 있기 때문에
(D) 늦잠을 잤기 때문에

해설 | 이 사람은 오늘 아침 늦잠을 자서 평소보다 15분 늦은 전철로 출발하겠다고 했다. 따라서 정답은 (D)가 된다.

어휘 | 遅(おく)れる 늦다, 늦어지다 朝(あさ) 아침
お腹(なか)が痛(いた)い 배가 아프다
間違(まちが)える 잘못 알다, 착각하다 事故(じこ) 사고

83 この人は、会議はどうするつもりですか。

(A) 最初から出席する。

(B) 途中から出席する。

(C) 他の人に出てもらう。

(D) 会議の時間を変えてもらう。

83 이 사람은 회의는 어떻게 할 생각입니까?

(A) 맨 처음부터 출석한다.
(B) 도중에 출석한다.
(C) 다른 사람이 대신 출석한다.
(D) 회의 시간을 바꾼다.

해설 | 이 사람은 9시 반부터 시작되는 회의 시간에는 늦지 않을 것 같다고 했으므로, 정답은 (A)가 된다.

어휘 | 最初(さいしょ) 최초, 맨 처음 出席(しゅっせき) 출석
途中(とちゅう) 도중 他(ほか) 다른 (사람)
出(で)る (모임 등에) 나가다, 출석하다
～てもらう (남에게) ～해 받다 変(か)える 바꾸다

84 会議室に準備をする物は、何ですか。

(A) テレビ

(B) パソコン

(C) ホワイトボード

(D) 飲み物

84 회의실에 준비를 할 물건은 무엇입니까?

(A) TV
(B) 컴퓨터
(C) 화이트보드
(D) 음료

해설 | 후반부에서 스즈키 씨에게 회의에서 컴퓨터를 쓰고 싶으니까, 준비해 달라고 부탁했다. 따라서 정답은 (B)가 된다.

어휘 | 会議室(かいぎしつ) 회의실 ホワイトボード 화이트보드
飲(の)み物(もの) 음료

85~88 제품 설명회

本日は長い時間、お付き合いいただきありがとうございました。[85]以上で新発売のノートパソコン「ムーンスター」の製品説明会を終了致します。[86]何かご質問がある方は、担当の営業が会場内におりますので、何でもお聞きください。それから、[87]会場の後ろの方には、本日ご紹介しましたパソコンが3種類、置いてあります。お帰りになる前に是非触ってみてください。また、[88]アンケートは、出口で係の者にお渡しくださいますようお願い致します。本日はありがとうございました。

오늘은 오랜 시간 함께 해 주셔서 감사했습니다. [85]이상으로 신발매 노트북 '문스타'의 제품 설명회를 종료하겠습니다. [86]뭔가 질문이 있는 분은 담당 영업이 회장 내에 있으니, 뭐든지 물어 주십시오. 그리고 [87]회장 뒤쪽에는 오늘 소개해 드린 컴퓨터가 세 종류 놓여 있습니다. 돌아가시기 전에 꼭 만져 봐 주십시오. 또 [88]앙케트는 출구에서 담당자에게 건네주시도록 부탁드립니다. 오늘은 감사했습니다.

어휘 | 本日(ほんじつ) 금일, 오늘 *「今日(きょう)」의 격식 차린 말
長(なが)い (시간적으로) 오래다, 길다
お+동사의 ます형+いただく (남에게) ～해 받다 *겸양표현
付(つ)き合(あ)う 함께 하다 以上(いじょう) 이상
新発売(しんはつばい) 신발매 ノートパソコン 노트북 컴퓨터
製品(せいひん) 제품 説明会(せつめいかい) 설명회
終了(しゅうりょう) 종료 致(いた)す 하다 *「する」의 겸양어
何(なに)か 뭔가 質問(しつもん) 질문 方(かた) 분
担当(たんとう) 담당 営業(えいぎょう) 영업
会場(かいじょう) 회장 おる (사람이) 있다 *「いる」의 겸양어
何(なん)でも 무엇이든지, 뭐든지
お+동사의 ます형+ください ～해 주십시오 *존경표현
聞(き)く 묻다 それから 그리고 後(うし)ろ 뒤, 뒤쪽
ご+한자명사+する ～하다, ～해 드리다 *겸양표현
紹介(しょうかい) 소개 種類(しゅるい) 종류 置(お)く 놓다, 두다
타동사+てある ～해져 있다
お+동사의 ます형+なる ～하시다 *존경표현
帰(かえ)る 돌아가다 동사의 기본형+前(まえ)に ～하기 전에
是非(ぜひ) 꼭, 제발 触(さわ)る (가볍게) 닿다, 손을 대다, 만지다
アンケート 앙케트 出口(でぐち) 출구 係(かかり) 담당(자)
者(もの) 자, 사람 渡(わた)す 건네다, 건네주다

85 会場は今、どのような状況ですか。

(A) 説明会が始まるところ

(B) 説明会が終わるところ

(C) 休憩時間に入るところ

(D) 休憩時間が終わるところ

85 회장은 지금 어떠한 상황입니까?

(A) 설명회가 막 시작되려던 참

(B) 설명회가 막 끝나려던 참

(C) 휴식시간에 막 들어가려던 참

(D) 휴식시간이 막 끝나려던 참

해설 | 두 번째 문장에서 이상으로 신발매 노트북 '문스타'의 제품 설명회를 종료하겠다고 했으므로, 정답은 (B)가 된다.

어휘 | 状況(じょうきょう) 상황 始(はじ)まる 시작되다
동사의 기본형+ところ 막 ~하려던 참임 終(お)わる 끝나다
休憩(きゅうけい) 휴게, 휴식 入(はい)る 들어가다

86 質問がある人は、どうしますか。

(A) この人に話を聞きに行く。

(B) 別の日にこの人と会う。

(C) 会場にいる営業担当の人に聞く。

(D) 今、手を挙げて質問する。

86 질문이 있는 사람은 어떻게 합니까?

(A) 이 사람에게 이야기를 물으러 간다.

(B) 다른 날에 이 사람과 만난다.

(C) 회장에 있는 영업 담당자에게 묻는다.

(D) 지금 손을 들고 질문한다.

해설 | 중반부에서 뭔가 질문이 있는 사람은 담당 영업이 회장 내에 있으니 뭐든지 물으라고 했으므로, 정답은 (C)가 된다.

어휘 | 別(べつ) 다름 日(ひ) 날 会(あ)う 만나다 手(て) 손
挙(あ)げる 들다

87 客は、会場の後ろの方で何ができますか。

(A) 新製品を安く買うことができる。

(B) 新製品を使ってみることができる。

(C) パソコンの使い方を教えてもらえる。

(D) 割引会員になることができる。

87 손님은 회장 뒤쪽에서 무엇을 할 수 있습니까?

(A) 신제품을 싸게 살 수 있다.

(B) 신제품을 사용해 볼 수 있다.

(C) 컴퓨터 사용법을 배울 수 있다.

(D) 할인회원이 될 수 있다.

해설 | 후반부에서 회장 뒤쪽에는 오늘 소개한 컴퓨터가 놓여 있으니 돌아가기 전에 꼭 만져 보라고 했으므로, 정답은 (B)가 된다.

어휘 | 安(やす)い 싸다 買(か)う 사다 使(つか)う 쓰다, 사용하다
使(つか)い方(かた) 사용법 教(おし)える 가르치다, 교육하다
割引(わりびき) 할인 会員(かいいん) 회원

88 出口では、何をしますか。

(A) 係に書類を返す。

(B) 名刺を置く。

(C) アンケートを出す。

(D) 次回の申し込みをする。

88 출구에서는 무엇을 합니까?

(A) 담당자에게 서류를 돌려준다.

(B) 명함을 둔다.

(C) 앙케트를 제출한다.

(D) 다음 번 신청을 한다.

해설 | 후반부에서 앙케트는 출구에서 담당자에게 건네달라고 했으므로, 정답은 (C)가 된다.

어휘 | 書類(しょるい) 서류 返(かえ)す 돌려주다 名刺(めいし) 명함
出(だ)す 내다, 제출하다 次回(じかい) 다음 번
申(もう)し込(こ)み 신청

89~91 우리 집 근처의 빌딩 화재

[89]私の家の近くのビルで昨晩遅く、火事がありました。今朝、会社に行く時に前を通ったら、ビルの1階にあった居酒屋はほとんどが焼けてしまって真っ黒でした。この居酒屋は、若いご夫婦が経営する人気のある店でしたが、もうここでの営業は無理でしょう。私はこの店が好きでよく行っていました。[90]ご夫婦と色々話しながらお酒を飲むのがとても楽しかったので、もう会えないと思うと、とても寂しいです。[91]火事の原因は詳しくわかっていませんが、鍋を火にかけたまま帰ったからではないかということでした。

[89]우리 집 근처의 빌딩에서 어젯밤 늦게 화재가 있었습니다. 오늘 아침 회사에 갈 때 앞을 지나가니, 빌딩 1층에 있던 선술집은 거의 타 버려서 새까맸습니다. 이 선술집은 젊은 부부가 경영하는 인기가 있는 가게였습니다만, 이제 여기에서의 영업은 무리이겠죠. 저는 이 가게를 좋아해서 자주 갔었습니다. [90]부부와 여러 가지 이야기하면서 술을 마시는 것이 매우 즐거웠기 때문에, 이제 만날 수 없다고 생각하니 매우 서운합니다. [91]화재의 원인은 자세하게 알 수 없지만, 냄비를 불에 올린 채 돌아갔기 때문이 아닌가 라고 합니다.

어휘 | 家(うち) 집 近(ちか)く 근처
ビル 빌딩 *「ビルディング」의 준말 昨晩(さくばん) 어젯밤
遅(おそ)い (시각이) 늦다 火事(かじ) 화재 今朝(けさ) 오늘 아침
会社(かいしゃ) 회사 前(まえ) 앞 通(とお)る 통과하다, 지나가다
1階(いっかい) 1층 *「~階(かい)」- ~층 居酒屋(いざかや) 선술집
ほとんど 거의, 대부분 焼(や)ける 불타다
真(ま)っ黒(くろ)だ 새까맣다 若(わか)い 젊다 夫婦(ふうふ) 부부
経営(けいえい) 경영 人気(にんき) 인기 店(みせ) 가게
もう 이제, 이미 無理(むり)だ 무리이다 好(す)きだ 좋아하다
よく 자주 話(はな)す 말하다, 이야기하다
동사의 ます형+ながら ~하면서 お酒(さけ) 술
飲(の)む (술을) 마시다 とても 아주, 매우 楽(たの)しい 즐겁다

寂(さび)しい 서운하다 原因(げんいん) 원인
詳(くわ)しい 상세하다, 자세하다 わかる 알다, 이해하다
鍋(なべ) 냄비 火(ひ)にかける 불에 올리다
동사의 た형+まま ~한 채, ~상태로 帰(かえ)る 돌아가다
~ということだ ~라고 한다 *전문

89 居酒屋は今、どんな状態ですか。
(A) 営業ができないほど焼けてしまった。
(B) ほとんど焼けたが、営業は続けられそうだ。
(C) 一部焼けただけだが、営業はできない。
(D) 別のビルに移って、営業を始めた。

89 선술집은 지금 어떤 상태입니까?
(A) 영업을 할 수 없을 만큼 타 버렸다.
(B) 거의 탔지만, 영업은 계속할 수 있을 것 같다.
(C) 일부 탔을 뿐이지만, 영업은 할 수 없다.
(D) 다른 빌딩으로 옮겨서 영업을 시작했다.

해설 | 초반부에서 어젯밤의 화재로 선술집은 영업을 할 수 없을 만큼 타 버렸다고 했다. 따라서 정답은 (A)가 된다.

어휘 | 状態(じょうたい) 상태 続(つづ)ける 계속하다
一部(いちぶ) 일부 別(べつ) 다름 移(うつ)る 옮기다, 이동하다
始(はじ)める 시작하다

90 この人は、居酒屋で何を楽しんでいましたか。
(A) 歌を歌うこと
(B) 他の客と話しながら飲むこと
(C) 珍しい酒を飲むこと
(D) 居酒屋のご夫婦とおしゃべりすること

90 이 사람은 선술집에서 무엇을 즐기고 있었습니까?
(A) 노래를 부르는 것
(B) 다른 손님과 이야기하면서 술을 마시는 것
(C) 희귀한 술을 마시는 것
(D) 선술집 부부와 잡담하는 것

해설 | 중반부에서 선술집 부부와 여러 가지 이야기를 하면서 술을 마시는 것이 매우 즐거웠다고 했으므로, 정답은 (D)가 된다.

어휘 | 楽(たの)しむ 즐기다 歌(うた) 노래 歌(うた)う (노래를) 부르다
珍(めずら)しい 희귀하다, 드물다 おしゃべり 잡담

91 火事の原因は、何だと言っていますか。
(A) タバコの火を消し忘れたこと
(B) アイロンをつけたままにしたこと
(C) ガスの火を消し忘れたこと
(D) ヒーターを消し忘れたこと

91 화재의 원인은 무엇이라고 말하고 있습니까?
(A) 깜빡 잊고 담뱃불을 끄지 않았던 것
(B) 다리미를 켠 채로 둔 것
(C) 깜빡 잊고 가스불을 끄지 않았던 것
(D) 깜빡 잊고 히터를 끄지 않았던 것

해설 | 마지막 문장에서 '화재의 원인은 자세하게 알 수 없지만, 냄비를 불에 올린 채 돌아갔기 때문이 아닌가 라고 합니다'라고 했다. 즉, 깜빡 잊고 가스불을 끄지 않은 것이 원인이라는 뜻이므로, 정답은 (C)가 된다.

어휘 | タバコ 담배 火(ひ) 불 消(け)す (불을) 끄다
동사의 ます형+忘(わす)れる 깜빡하고 ~하기를 잊다
アイロン 다리미 つける (스위치 등을) 켜다 ガス 가스
ヒーター 히터

92~94 영업력 향상 연수

本日、講師を務めますアナウンサーの上田です。[92]3日間にわたって行われました営業力アップ研修、最終日の今日は、皆さんに話し方がうまくなる方法をお話しします。まず、発表やスピーチの原稿を作っている時大切なのは、話す1文の長さを短くすることです。[93]35文字前後にすると、聞く人たちは内容を順序よく整理しやすいと言います。それから、[94]話す内容が50パーセントぐらい固まったら一度話してみることです。この段階で実際に声に出すことで、内容の不足や構成を見直すことができるのです。

오늘 강사를 맡은 아나운서 우에다입니다. [92]사흘간에 걸쳐 실시된 영업력 향상 연수, 마지막 날인 오늘은 여러분에게 말투가 좋아지는 방법을 말씀드리겠습니다. 우선 발표나 연설 원고를 만들 때 중요한 것은 이야기하는 한 문장의 길이를 짧게 하는 것입니다. [93]35글자 전후로 하면 듣는 사람들은 내용을 순서에 맞게 정리하기 쉽다고 말합니다. 그리고 [94]이야기할 내용이 50% 정도 확실해지면 한 번 말해 보는 것입니다. 이 단계에서 실제로 소리를 냄으로써 부족한 내용이나 구성을 재검토할 수 있는 것입니다.

어휘 | 本日(ほんじつ) 금일, 오늘 *「今日(きょう)」의 격식 차린 말
講師(こうし) 강사 務(つと)める (임무를) 맡다
アナウンサー 아나운서 ~にわたって ~에 걸쳐서
行(おこな)う 하다, 행하다, 실시하다
営業力(えいぎょうりょく) 영업력 アップ 업, 향상
研修(けんしゅう) 연수 最終日(さいしゅうび) 최종일, 마지막 날
話(はな)し方(かた) 말투 うまい 좋다, 잘하다 方法(ほうほう) 방법
お+동사의 ます형+する ~하다, ~해 드리다 *겸양표현
話(はな)す 말하다, 이야기하다 まず 우선 発表(はっぴょう) 발표
スピーチ 스피치, 연설 原稿(げんこう) 원고
作(つく)る 만들다, 작성하다 大切(たいせつ)だ 중요하다
1文(いちぶん) 한 문장 長(なが)さ 길이 短(みじか)い 짧다
文字(もじ) 문자, 글자 前後(ぜんご) 전후 聞(き)く 듣다
内容(ないよう) 내용 順序(じゅんじょ) 순서 整理(せいり) 정리
동사의 ます형+やすい ~하기 쉽다[편하다] それから 그리고
固(かた)まる 굳어지다, 확실해지다 一度(いちど) 한 번
段階(だんかい) 단계 実際(じっさい)に 실제로
声(こえ)に出(だ)す 소리를 내다 ~ことで ~함으로써
不足(ふそく) 부족 構成(こうせい) 구성
見直(みなお)す 다시 보다, 재검토하다

92 今日は、研修の何日目ですか。

(A) 1日目
(B) 2日目
(C) 3日目
(D) 4日目

92 오늘은 연수 며칠 째입니까?

(A) 1일째
(B) 2일째
(C) 3일째
(D) 4일째

해설 | 두 번째 문장에서 '사흘간에 걸쳐 실시된 영업력 향상 연수, 마지막 날인 오늘은 여러분에게 말투가 좋아지는 방법을 말씀드리겠습니다'라고 했다. 즉, 오늘은 사흘 중 마지막 날에 해당하므로, 정답은 (C)가 된다.

어휘 | 何日(なんにち) 며칠 ～目(め) ～째 *순서를 나타내는 말

93 なぜ、話す長さを短くした方がいいのですか。

(A) 聞いている人が理解しやすいから
(B) 聞いている人が話に集中できるから
(C) 話す人が内容を覚えやすいから
(D) 話し方がうまいという印象を与えられるから

93 왜 이야기하는 길이를 짧게 하는 편이 좋은 것입니까?

(A) 듣고 있는 사람이 이해하기 쉽기 때문에
(B) 듣고 있는 사람이 이야기에 집중할 수 있기 때문에
(C) 이야기하는 사람이 내용을 기억하기 쉽기 때문에
(D) 말투가 좋다는 인상을 줄 수 있기 때문에

해설 | 중반부에서 이야기를 짧게 하면 듣는 사람들이 내용을 순서에 맞게 정리하기 쉽다고 했다. 따라서 정답은 (A)가 된다.

어휘 | 理解(りかい) 이해 集中(しゅうちゅう) 집중
覚(おぼ)える 기억하다 印象(いんしょう) 인상
与(あた)える (주의·영향 등을) 주다

94 初めて声に出して話してみるのは、どの段階がいいですか。

(A) 内容が全て決まった後
(B) 内容が半分ぐらいできた頃
(C) 原稿を作り始めてすぐ
(D) 原稿がほとんど完成する頃

94 처음 소리를 내서 이야기해 보는 것은 어느 단계가 좋습니까?

(A) 내용이 전부 정해진 후
(B) 내용이 절반 정도 완성되었을 때
(C) 원고를 만들기 시작하고 바로
(D) 원고가 거의 완성되었을 때

해설 | 후반부에서 '이야기할 내용이 50% 정도 확실해지면 한 번 말해 보는 것입니다. 이 단계에서 실제로 소리를 냄으로써 부족한 내용이나 구성을 재검토할 수 있는 것입니다'라고 했다. 따라서 정답은 (B)가 되는데, 선택지에서는 '50%'를 '절반'이라는 말로 바꿨다.

어휘 | 初(はじ)めて 처음(으로) 全(すべ)て 모두, 전부
決(き)まる 정해지다, 결정되다 동사의 た형+後(あと) ～한 후
半分(はんぶん) 절반 동사의 ます형+始(はじ)める ～하기 시작하다
すぐ 곧, 바로 完成(かんせい) 완성

95~97 마라톤대회 안내

あさひ市マラソン大会に出場される皆様、[95]先程から小雨が降っておりますが、本日は午前の部、午後の部共に実施致します。午前の部に出場される皆様は、スタート地点にお集まりください。[96]12時半スタート予定の小学生以下のお子様のマラソンは、道路が濡れていて危ないので中止となりました。参加賞だけお配りしますので、お子様は受付のテントまで来てください。今日の大会の模様は、東京テレビで放送される予定です。[97]3位までにゴールされた方は、テレビ放送のために質問に答えていただきますのでお願いします。

아사히시 마라톤대회에 출전하시는 여러분, [95]조금 전부터 가랑비가 내리고 있습니다만, 오늘은 오전부, 오후부 모두 실시합니다. 오전부에 출전하시는 여러분은 출발 지점에 모여 주십시오. [96]12시 반에 출발 예정인 초등학생 이하 자제분의 마라톤은 도로가 젖어 있어서 위험하기 때문에 중지가 되었습니다. 참가상만 나눠 드리오니, 자제분은 접수처 텐트로 와 주세요. 오늘의 대회 상황은 도쿄TV에서 방송될 예정입니다. [97]3위까지 들어오신 분은 TV 방송 때문에 질문에 대답해 주셔야 하므로 부탁드립니다.

어휘 | マラソン大会(たいかい) 마라톤대회
出場(しゅつじょう) 출장, (경기 등에) 출전함
皆様(みなさま) 여러분 先程(さきほど) 조금 전
小雨(こさめ) 가랑비 降(ふ)る (비·눈 등이) 내리다, 오다
本日(ほんじつ) 금일, 오늘 *「今日(きょう)」의 격식 차린 말
午前(ごぜん) 오전 部(ぶ) 부 午後(ごご) 오후
共(とも)に 함께, 모두 実施(じっし) 실시
致(いた)す 하다 *「する」의 겸양어 スタート 스타트, 출발
地点(ちてん) 지점
お+동사의 ます형+ください ～해 주십시오 *존경표현
集(あつ)まる 모이다 予定(よてい) 예정
小学生(しょうがくせい) 초등학생 以下(いか) 이하
お子様(こさま) 자제분 *남의 아이에 대한 높임말 道路(どうろ) 도로
濡(ぬ)れる 젖다 危(あぶ)ない 위험하다 中止(ちゅうし) 중지
参加賞(さんかしょう) 참가상
お+동사의 ます형+する ～하다, ～해 드리다 *겸양표현
配(くば)る 나누어 주다, 배포하다 受付(うけつけ) 접수(처)
模様(もよう) 모양, 상황 放送(ほうそう) 방송
ゴールする 골인하다, 들어오다 質問(しつもん) 질문
答(こた)える 대답하다
～ていただく (남에게) ～해 받다 *「～てもらう」의 겸양표현

95 マラソン大会の会場は今、どんな天気ですか。

(A) 今にも雨が降りそうな空だ。
(B) 雲一つなく晴れている。
(C) ざあざあ降りだ。
(D) 細かい雨が降っている。

95 마라톤대회 회장은 지금 어떤 날씨입니까?
(A) 당장이라도 비가 내릴 것 같은 날씨이다.
(B) 구름 한 점 없이 맑다.
(C) 비가 억수로 쏟아진다.
(D) 미세한 비가 내리고 있다.

해설 | 첫 번째 문장의 「小雨(こさめ)」(가랑비)라는 단어가 포인트. 마라톤대회 회장은 조금 전부터 가랑비가 내리고 있다고 했으므로, 정답은 (D)가 된다.

어휘 | 会場(かいじょう) 회장 天気(てんき) 날씨
今(いま)にも 당장이라도 雨(あめ) 비
동사의 ます형+そうだ ~일[할] 것 같다 *양태 空(そら) 하늘, 날씨
雲(くも) 구름 晴(は)れる 맑다, 개다
ざあざあ降(ぶ)り 비가 억수로 쏟아짐 細(こま)かい 작다, 미세하다

96 小学生以下のマラソンは、なぜ中止になりましたか。
(A) 参加人数が少ないから
(B) 安全性に問題があるから
(C) 時間が足りないから
(D) 参加者からの要望があったから

96 초등학생 이하의 마라톤은 왜 중지가 되었습니까?
(A) 참가 인원수가 적기 때문에
(B) 안전성에 문제가 있기 때문에
(C) 시간이 부족하기 때문에
(D) 참가자로부터의 요망이 있었기 때문에

해설 | 중반부에서 초등학생 이하 자제분의 마라톤은 도로가 젖어 있어서 위험하기 때문에 중지가 되었다고 했다. 즉, 사고의 위험이 있어서 중지했다는 뜻이므로, 정답은 (B)가 된다.

어휘 | 参加(さんか) 참가 人数(にんずう) 인원수
少(すく)ない 적다 安全性(あんぜんせい) 안전성
問題(もんだい) 문제 足(た)りない 모자라다, 부족하다
要望(ようぼう) 요망

97 成績がよかった人は、何をしますか。
(A) テレビ局のインタビューに答える。
(B) 雑誌に載せる写真撮影に協力する。
(C) 県が開催する大会に出場する。
(D) ニュース番組に出る。

97 성적이 좋았던 사람은 무엇을 합니까?
(A) 방송국 인터뷰에 대답한다.
(B) 잡지에 실을 사진촬영에 협력한다.
(C) 현이 개최하는 대회에 출전한다.
(D) 뉴스 프로그램에 나간다.

해설 | 마지막 문장에서 3위까지 들어오신 분은 TV 방송 때문에 질문에 대답해 주셔야 한다고 했다. 이 말은 인터뷰에 응해 달라는 뜻이므로, 정답은 (A)가 된다.

어휘 | 成績(せいせき) 성적 テレビ局(きょく) 방송국
インタビュー 인터뷰 雑誌(ざっし) 잡지 載(の)せる 게재하다, 싣다
写真(しゃしん) 사진 撮影(さつえい) 촬영
協力(きょうりょく) 협력 開催(かいさい) 개최 ニュース 뉴스
番組(ばんぐみ) (연예·방송 등의) 프로그램 出(で)る 나가다

98~100 노동시간단축 근무

最近は勤務時間の短い、時短勤務を推進する会社が増えています。[98]私も出産後、時短勤務の社員として元いた会社に復帰しました。今は6時間勤務で残業もありません。短時間で仕事をこなす必要があるため、休憩を取る間も惜しんで働いています。とてもありがたい制度なのですが、[99]仕事の内容については不満を持っています。大きなプロジェクトなど、責任のある仕事は任せてもらえないのです。[100]フルタイムで働く同僚が、着々とキャリアアップしていくのを横目で見ながら、焦りに似た複雑な気持ちが沸き上がるのも事実です。

최근에는 근무시간이 짧은, 노동시간단축 근무를 추진하는 회사가 늘고 있습니다. [98]저도 출산 후 노동시간단축 근무사원으로 원래 있던 회사에 복귀했습니다. 지금은 6시간 근무로 야근도 없습니다. 단시간에 일을 처리할 필요가 있기 때문에 휴식을 취할 짬도 아까워하며 일하고 있습니다. 아주 고마운 제도입니다만, [99]업무 내용에 대해서는 불만을 가지고 있습니다. 큰 프로젝트 등 책임이 있는 일은 맡겨 주지 않는 것입니다. [100]풀타임으로 일하는 동료가 착착 경력을 높여 가는 것을 곁눈질로 보면서 초조함에 가까운 복잡한 마음이 솟아나는 것도 사실입니다.

어휘 | 勤務(きんむ) 근무 短(みじか)い (시간이) 짧다
時短(じたん) 노동시간단축 *「労働時間短縮(ろうどうじかんたんしゅく)」의 준말 推進(すいしん) 추진
増(ふ)える 늘다, 늘어나다 出産(しゅっさん) 출산
社員(しゃいん) 사원 ~として ~로서 元(もと) 원래
復帰(ふっき) 복귀 残業(ざんぎょう) 잔업, 야근
短時間(たんじかん) 단시간 仕事(しごと) 일
こなす 해치우다, 처리하다 必要(ひつよう) 필요
休憩(きゅうけい)を取(と)る 휴식을 취하다
間(ま) (시간적인) 동안, 겨를, 짬
惜(お)しむ 아까워하다 働(はたら)く 일하다 とても 아주, 매우
ありがたい 고맙다 制度(せいど) 제도 内容(ないよう) 내용
~について ~에 대해서 不満(ふまん) 불만 持(も)つ 가지다
大(おお)きな 큰 プロジェクト 프로젝트 責任(せきにん) 책임
任(まか)せる 맡기다 フルタイム 풀타임 同僚(どうりょう) 동료
着々(ちゃくちゃく)と 착착 *일이 순조롭게 돌아가는 모양
キャリアアップ 커리어 업, 경력을 높임
横目(よこめ)で見(み)る 곁눈질로 보다 焦(あせ)り 초조함

似(に)る 닮다, 비슷하다 複雑(ふくざつ)だ 복잡하다
気持(きも)ち 기분, 마음 沸(わ)き上(あ)がる 끓어오르다, 솟아나다
事実(じじつ) 사실

98 この人は、出産後どうしましたか。

(A) 親の仕事を継いだ。
(B) 前の会社の同僚と起業した。
(C) 以前勤務していた会社に戻った。
(D) 在宅ワークを始めた。

98 이 사람은 출산 후 어떻게 했습니까?

(A) 부모님의 일을 이어받았다.
(B) 전의 회사 동료와 창업했다.
(C) 이전에 근무하고 있던 회사로 되돌아갔다.
(D) 재택근무를 시작했다.

해설 | 초반부에서 출산 후 노동시간단축 근무사원으로 원래 있던 회사에 복귀했다고 했으므로, 정답은 (C)가 된다.

어휘 | 親(おや) 부모 継(つ)ぐ 잇다, 이어받다 前(まえ) 전, 이전
同僚(どうりょう) 동료 起業(きぎょう) 기업, 창업
以前(いぜん) 이전 勤務(きんむ) 근무 戻(もど)る 되돌아가다
在宅(ざいたく)ワーク 재택근무 始(はじ)める 시작하다

99 この人は、今の仕事についてどう思っていますか。

(A) 残業が多くて辟易している。
(B) 時間内にこなせる量で助かっている。
(C) 希望が叶って満足だ。
(D) やり甲斐がなく不満が募っている。

99 이 사람은 지금 일에 대해서 어떻게 생각하고 있습니까?

(A) 야근이 많아서 질려 버렸다.
(B) 시간 내에 처리할 수 있는 양이라 편해졌다.
(C) 희망이 이루어져서 만족이다.
(D) 하는 보람이 없어서 불만이 더해지고 있다.

해설 | 중반부에서 큰 프로젝트 같은 책임 있는 업무가 주어지지 않아 불만이라고 했다. 즉, 파트타임으로 일하다 보니 단순 업무만 맡게 되는 점을 아쉬워하고 있으므로, 정답은 (D)가 된다.

어휘 | 多(おお)い 많다 辟易(へきえき) 손듦, 질림 量(りょう) 양
助(たす)かる (부담·노력 등을 덜게 되어) 도움이 되다, 편해지다
希望(きぼう) 희망 叶(かな)う 이루어지다 満足(まんぞく) 만족
やり甲斐(がい) 하는 보람 不満(ふまん) 불만
募(つの)る (점점) 더해지다, 심해지다

100 この人は、なぜ複雑な気持ちを抱いているのですか。

(A) なかなかキャリアを積めないから
(B) 子供を構ってあげられないから
(C) 家事が疎かになるから
(D) 同期が自分の上司だから

100 이 사람은 왜 복잡한 마음을 품고 있는 것입니까?

(A) 좀처럼 경력을 쌓을 수 없기 때문에
(B) 아이를 돌봐 줄 수 없기 때문에
(C) 집안일이 소홀해지기 때문에
(D) 동기가 자신의 상사이기 때문에

해설 | 마지막 문장에서 풀타임으로 일하는 동료가 척척 경력을 높여 가는 것을 곁눈질로 보면서 복잡한 마음이 솟아난다고 했다. 즉, 자신은 동료들과는 달리 경력을 쌓을 수 없다는 뜻이므로, 정답은 (A)가 된다.

어휘 | 抱(いだ)く (마음속에) 품다
なかなか (부정의 말을 수반하여) 좀처럼 キャリア 커리어, 경력
積(つ)む (경력 등을) 쌓다 子供(こども) 아이
構(かま)う 상대하다, 돌보다 ～てあげる (내가 남에게) ~해 주다
家事(かじ) 가사, 집안일 疎(おろそ)かだ 소홀하다
同期(どうき) 동기 上司(じょうし) 상사

PART 5 | 정답 찾기

101 2자 한자 발음 찾기

나는 집안일을 싫어한다.

해설 | 「家事」는 '가사, 집안일'이라는 뜻으로, (C)의 「かじ」라고 읽는다.

어휘 | 嫌(きら)いだ 싫어하다

102 2자 한자 발음 찾기

다음 역에는 11시에 도착한다.

해설 | 「到着」은 '도착'이라는 뜻으로, (D)의 「とうちゃく」라고 읽는다.

어휘 | 次(つぎ) 다음 駅(えき) 역

103 동사 발음 찾기

선물을 받은 아들은 눈물을 흘리며 기뻐했다.

해설 | 「流す」는 '흘리다'라는 뜻으로, (D)의 「ながす」라고 읽는다.

어휘 | プレゼント 선물 受(う)け取(と)る 받다, 수취하다
息子(むすこ) 아들 涙(なみだ) 눈물 喜(よろこ)ぶ 기뻐하다
うつ(移)す 옮기다, 자리를 바꾸다 なお(直)す 고치다
とお(通)す 통과시키다

104 3자 한자 발음 찾기

이 가게에는 세계 각국의 음료수가 놓여 있다.

해설 | 「飲料水」는 '음료수'라는 뜻으로, (A)의 「いんりょうすい」라고 읽는다.

어휘 | 店(みせ) 가게 世界(せかい) 세계 各国(かっこく) 각국, 각 나라
置(お)く 놓다, 두다

105 동사 발음 찾기
부족한 전력을 보충하는 것은 간단하지 않다.

해설 | 「補う」는 '보충하다'라는 뜻의 동사로, (C)의 「おぎなう」라고 읽는다.

어휘 | 足(た)りない 모자라다, 부족하다 電力(でんりょく) 전력
簡単(かんたん)だ 간단하다 おこな(行)う 하다, 행하다, 실시하다

106 2자 한자 발음 찾기
저희 어머니는 몸집이 작습니다.

해설 | 「小柄」은 '몸집이 작음'이라는 뜻으로, (A)의 「こがら」라고 읽는다.

어휘 | 母(はは) 어머니

107 2자 한자 발음 찾기
상황이 호전되었다.

해설 | 「好転」은 '호전'이라는 뜻으로, (D)의 「こうてん」이라고 읽는다.

어휘 | 状況(じょうきょう) 상황 ～てくる ～해 오다

108 동사 한자 찾기
영어를 말할 수 있다는 것은 취직할 때 도움이 되었다.

해설 | 「やくだつ」는 '도움이 되다'라는 뜻의 동사로, 한자로는 (B)의 「役立つ」라고 쓴다. 참고로 「役(やく)に立(た)つ」(도움이 되다)라고 해도 같은 뜻이다.

어휘 | 英語(えいご) 영어 話(はな)す 말하다, 이야기하다
就職(しゅうしょく) 취직 時(とき) 때

109 동사 한자 찾기
이 큰 짐을 메는 것은 무리이다.

해설 | 「かつぐ」는 '메다, 지다'라는 뜻의 동사로, 한자로는 (C)의 「担ぐ」라고 쓴다.

어휘 | 大(おお)きい 크다 荷物(にもつ) 짐 無理(むり)だ 무리이다

110 명사 한자 찾기
역의 유실물 취급소에는 다양한 분실물이 와 있다.

해설 | 「いしつぶつ」는 '유실물'이라는 뜻으로, 한자로는 (A)의 「遺失物」라고 쓴다.

어휘 | 駅(えき) 역 取扱所(とりあつかいしょ) 취급소
色々(いろいろ)だ 여러 가지다, 다양하다 落(おと)し物(もの) 분실물
届(とど)く 도달하다

111 대체표현 찾기
싸면 저 가게에서 컴퓨터를 사겠습니다.

(A) 싸기 때문에
(B) 싸기 때문에
(C) 싸면
(D) 싸면

해설 | 「安(やす)かったら」는 '싸면, 싸다면'이라는 뜻으로, 가정을 나타낸다. 따라서 선택지 중 바꿔 쓸 수 있는 것은 (D)의 「安(やす)ければ」(싸면)이다. 참고로, (C)의 「～と」(~하면)는 A가 성립하면 무조건 B가 성립할 때 쓰는 가정법으로, 자연현상이나 불변의 진리 등 필연적인 조건을 나타낼 때 쓴다.

어휘 | 安(やす)い 싸다 店(みせ) 가게
パソコン (개인용) 컴퓨터 *「パーソナルコンピューター」의 준말
買(か)う 사다 ～から ～때문에 ～ので ～때문에

112 대체표현 찾기
쓰다 만 편지가 책상 위에 놓여 있다.

(A) 다 쓴
(B) 쓰고 있는 도중인
(C) 막 쓴 참인
(D) 쓰려고 하고 있는

해설 | 「동사의 ます형+かけの」는 '～하다 만, ～하는 도중인'이라는 뜻의 표현이다. 따라서 선택지 중 바꿔 쓸 수 있는 것은 (B)의 「書(か)いている途中(とちゅう)の」(쓰고 있는 도중인)가 된다.

어휘 | 手紙(てがみ) 편지 机(つくえ) 책상 上(うえ) 위
置(お)く 놓다, 두다 타동사+てある ～해져 있다
書(か)き終(お)わる 다 쓰다 途中(とちゅう) 도중
동사의 た형+ばかり 막 ～한 참임, ～한 지 얼마 안 됨
～(よ)うとする ～하려고 하다

113 대체표현 찾기
이것은 유치원 아이용으로 만들어진 가방입니다.

(A) 아이와 함께
(B) 아이로서
(C) 아이이기 때문에
(D) 아이용으로

해설 | 「～向(む)け」는 '～대상, ～용'이라는 뜻으로, 목적지나 대상을 나타낼 때 쓴다. 선택지 중 바꿔 쓸 수 있는 것은 (D)의 「子供用(こどもよう)に」(아이용으로)이다.

어휘 | 幼稚園(ようちえん) 유치원 作(つく)る 만들다, 제조하다
カバン(鞄) 가방 一緒(いっしょ)に 함께 ～として 로서

114 대체표현 찾기
남편은 망설인 끝에 회사를 그만두기로 했다.

(A) 망설인 끝에
(B) 망설인 데다가
(C) 망설인 주제에
(D) 망설였음에도 불구하고

해설 | 「동사의 た형+あげく」(～한 끝에)는 '여러 가지로 ～했지만 결국은 유감스러운 결과가 되었다'라는 뜻을 나타낸다. 선택지 중 바꿔 쓸 수 있는 것은 (A)로, 「동사의 た형+末(すえ)に」는 '～한 끝에'라는 뜻이다.

어휘 | 夫(おっと) 남편 迷(まよ)う 망설이다 会社(かいしゃ) 회사
辞(や)める (일자리를) 그만두다
동사의 보통형+ことにする ～하기로 하다
～上(うえ)に ～인 데다가, ～에 더해 ～くせに ～인 주제에
～にもかかわらず ～임에도 불구하고

115 대체표현 찾기
상세한 이야기를 듣지 않고서는 판단할 수 없다.

(A) 들어 봤자
(B) 듣는 바로는
(C) 듣지 않으면

(D) 듣지 않는다고 해서

해설 | 「~ないことには」(~하지 않고서는, ~하지 않으면)는 필요한 조건이 충족되지 않으면 뒤의 일이 성립되지 않는다는 뜻을 나타낸다. 선택지 중 바꿔 쓸 수 있는 것은 (C)의 「聞(き)かなければ」(듣지 않으면)로, 「~なければ」는 '~하지 않으면'이라는 뜻이다.

어휘 | 詳(くわ)しい 상세하다, 자세하다 話(はなし) 이야기
聞(き)く 듣다 判断(はんだん) 판단
동사의 た형+ところで ~해 봤자, ~한들
~限(かぎ)りでは ~하는 한에서는, ~하는 바로는
~からといって ~라고 해서

116 대체표현 찾기

앞으로 3점이면 합격할 수 있었다고 생각하니, 분할 따름이다.

(A) 분해진다
(B) 너무 분하다
(C) 분해하는 꼴이다
(D) 분해질 것임에 틀림없다

해설 | 「~限(かぎ)りだ」(~일 따름이다)는 현재 자신이 매우 그렇게 느끼고 있다는 마음 상태를 나타낸다. 선택지 중 바꿔 쓸 수 있는 것은 (B)로, 「い형용사의 어간+くてたまらない」는 '~해서 견딜 수 없다, 너무 ~하다'라는 뜻이다.

어휘 | あと~で 앞으로 ~(이)면 ~点(てん) ~점
合格(ごうかく) 합격 悔(くや)しい 분하다
い형용사의 어간+がる ~(해) 하다, ~(하게) 여기다
~しまつ(始末)だ ~형편[꼴]이다 *비꼬는 투로 말할 때 씀
~に違(ちが)いない ~임에 틀림없다

117 「を」의 용법 구분

다리를 건너면 우체국이 있습니다.

(A) 어머니는 공부하지 않는 남동생을 야단쳤다.
(B) 그 가위를 집어 주십시오.
(C) 항상 공원을 통과해서 집에 돌아갑니다.
(D) 아침에는 항상 커피를 마십니다.

해설 | 문제의 「を」는 「渡(わた)る」(건너다)를 비롯해서 「通(とお)る」(통과하다), 「飛(と)ぶ」(날다), 「歩(ある)く」(걷다)와 같이 통과나 이동·경유점을 나타내는 자동사 앞에 쓴다. 따라서 정답은 (C)로, 나머지 선택지는 모두 타동사 앞의 목적격 조사 「を」로 쓰였다.

어휘 | 橋(はし) 다리 郵便局(ゆうびんきょく) 우체국
母(はは) 어머니 勉強(べんきょう) 공부 弟(おとうと) 남동생
叱(しか)る 꾸짖다, 야단치다 ハサミ 가위 取(と)る 집다
いつも 늘, 항상 公園(こうえん) 공원 家(いえ) 집
帰(かえ)る 돌아가다 朝(あさ) 아침 コーヒー 커피 飲(の)む 마시다

118 「やる」의 뜻 구분

나는 매일 아침 꽃에 물을 주고 있다.

(A) 남동생은 지금 숙제를 하고 있다.
(B) 어머니는 공원의 비둘기에게 종종 먹이를 주고 있다.
(C) 나는 어릴 때부터 여러 가지 운동을 하고 있다.
(D) 할머니는 요코하마에서 빵가게를 하고 있다.

해설 | 문제의 「やる」는 '(손아랫사람이나 동물·식물에) 주다'라는 뜻으로, 선택지 중 이와 같은 뜻으로 쓰인 것은 (B)이다. (A)와 (C)는 '(어떤 행위·무엇인가를) 하다', (D)는 '(직업으로서) 하다, 경영하다'라는 뜻으로 쓰였다.

어휘 | 毎朝(まいあさ) 매일 아침 花(はな) 꽃 水(みず) 물
弟(おとうと) 남동생 宿題(しゅくだい) 숙제 母(はは) 어머니
公園(こうえん) 공원 鳩(はと) 비둘기 時々(ときどき) 종종, 때때로
えさ(餌) 먹이 小(ちい)さい 작다, 어리다 スポーツ 스포츠, 운동
祖母(そぼ) 할머니 横浜(よこはま) 요코하마 パン屋(や) 빵가게

119 「次第(しだい)」의 용법 구분

일이 성공할지는 나하기 나름인 것은 이해하고 있다.

(A) 선배에게는 일의 사정을 전했다.
(B) 예약은 정원이 되는 즉시 마감합니다.
(C) 사고방식에 따라서 인생은 어떻게든 되는 법이다.
(D) 급하게 확인하고 싶은 것이 있어 찾아뵌 결과입니다(찾아뵈었습니다).

해설 | 문제의 「次第(しだい)」는 명사에 접속해서 '~에 따라, ~나름'이라는 뜻을 나타낸다. 선택지 중 이와 같은 뜻으로 쓰인 것은 (C)로, (A)는 명사로 '사정', (B)는 동사의 ます형에 접속해서 '~하자마자, ~하는 대로', (D)는 동사의 기본형이나 た형에 접속해서 '~라는 결과이다, 결과적으로 ~이다'라는 뜻을 나타낸다.

어휘 | 仕事(しごと) 일 成功(せいこう) 성공 理解(りかい) 이해
先輩(せんぱい) 선배 伝(つた)える 전하다, 전달하다
予約(よやく) 예약 定員(ていいん) 정원 締(し)め切(き)る 마감하다
考(かんが)え方(かた) 사고방식 人生(じんせい) 인생
何(なん)とか 어떻게든, 그럭저럭 ~ものだ ~인 것[법]이다
急(いそ)ぎ 급함 確認(かくにん) 확인
伺(うかが)う 찾아뵙다 *「訪(おとず)れる」(방문하다)의 겸양어

120 「一体(いったい)」의 뜻 구분

우리 학교의 역사는 교사와 학생이 일체가 되어 만들어져 왔다.

(A) 이 성과가 없는 교섭은 도대체 언제까지 이어지는 걸까?
(B) 절 안에는 불상이 하나 놓여 있었다.
(C) 이 승부, 도대체 뭘 위해서 하는 거야?
(D) 이상과 현실은 표리일체이다.

해설 | 문제의 「一体(いったい)」는 '일체, 하나가 되어 나눌 수 없는 관계'라는 뜻으로, 선택지 중 이와 같은 뜻으로 쓰인 것은 (D)이다. (A)와 (C)는 '도대체'라는 뜻의 부사이며, (B)는 '(불상·조각 등의) 하나'라는 뜻이다.

어휘 | 我(わ)が校(こう) 우리 학교 歴史(れきし) 역사
教師(きょうし) 교사 生徒(せいと) (중·고교) 학생
作(つく)る 만들다 不毛(ふもう)だ 성과가 없다
話(はな)し合(あ)い 의논, 교섭 いつまで 언제까지
続(つづ)く 이어지다, 계속되다 寺(てら) 절
奥(おく) (깊숙한) 속, 안 仏像(ぶつぞう) 불상
置(お)く 놓다, 두다 勝負(しょうぶ) 승부
理想(りそう) 이상 現実(げんじつ) 현실
表裏一体(ひょうりいったい) 표리일체, 두 개의 관계가 밀접하여 떼어놓을 수 없음

PART 6 | 오문 정정

121 자·타동사 오용 (D) 開いて → 開けて

방 안의 공기가 좋지 않으니까, 창문을 열어 두세요.

해설 | (D)의 「開(あ)く」(열리다)는 자동사로 조사 「～が」(～이[가])를 수반하는데, 문제에서는 조사 「～を」(～을[를])가 있으므로, (D)에는 「開(あ)ける」(열다)라는 타동사가 와야 한다. 따라서 (D)는 타동사 「開(あ)ける」(열다)를 써서 「開(あ)けて」(열어)로 고쳐야 한다.

어휘 | 部屋(へや) 방 中(なか) 안 空気(くうき) 공기
窓(まど) 창문 ～ておく ～해 놓다[두다]

122 표현 오용 (B) を → に

휴대전화를 걸면서 자전거를 타는 것은 매우 위험합니다.

해설 | 「乗(の)る」는 '(탈것에) 타다'라는 뜻의 동사로, 조사 「に」를 수반한다. 따라서 (B)의 「を」는 「に」로 고쳐야 한다.

어휘 | 携帯電話(けいたいでんわ) 휴대전화 かける (전화를) 걸다
동사의 ます형+ながら ～하면서 自転車(じてんしゃ) 자전거
とても 아주, 매우 危険(きけん)だ 위험하다

123 수수표현 오용 (D) くれました → もらいました

저는 마리아 씨에게 '안녕하세요(저녁 인사)'를 이탈리아어로 뭐라고 하는지 배웠습니다.

해설 | 수수표현에 대한 이해를 묻는 문제. 앞에 오는 조사 「に」와 호응하면서 '～에게 ～해 받다'라는 뜻을 나타내는 표현으로는 「～に～てもらう」를 써야 하므로, (D)의 「くれました」는 「もらいました」로 고쳐야 한다.

어휘 | こんばんは 안녕하세요 *저녁 인사
イタリア語(ご) 이탈리아어 何(なん)と 뭐라고 言(い)う 말하다
教(おし)える 가르치다, 교육하다

124 표현 오용 (C) だったら → でも

시간을 소중히 쓰고 싶으니까, 쉬는 날이라도 일찍 일어납니다.

해설 | (C)의 「～だったら」는 명사에 접속해서 '～라면'이라는 가정의 뜻을 나타내는 표현이다. 문장의 내용상 (C)에는 '～라도'라는 뜻의 조사인 「～でも」가 와야 한다.

어휘 | 時間(じかん) 시간 大事(だいじ)だ 소중하다
使(つか)う 쓰다, 사용하다 동사의 ます형+たい ～하고 싶다
休(やす)み 쉼, 휴일 日(ひ) 날 早(はや)く 일찍
起(お)きる 일어나다, 기상하다

125 표현 오용 (C) 全部で → 全部

언니가 친구를 위해서 만든 케이크를 전부 남동생이 먹어 버렸습니다.

해설 | (C)의 「全部(ぜんぶ)で」는 '전부해서, 통틀어'라는 뜻으로, 어떤 대상을 한정시켜 말할 때 쓴다. 문장의 내용상 (C)에는 '전부, 모두'라는 뜻의 명사가 와야 하므로, (C)는 「全部(ぜんぶ)」로 고쳐야 한다.

어휘 | 姉(あね) 언니, 누나 友達(ともだち) 친구 作(つく)る 만들다
ケーキ 케이크 弟(おとうと) 남동생 食(た)べる 먹다

126 접속 형태 오용 (B) 使え → 使い

이 지갑은 주머니가 많아서 사용하기 편하고 디자인도 귀엽고 아주 마음에 듭니다.

해설 | 문장의 내용상 (B)는 「使(つか)える」(사용할 수 있다)라는 가능형이 아니라, 「使(つか)う」(사용하다)라는 기본형을 써야 한다. 또한 뒤에 쓰인 「～やすい」(～하기 쉽다[편하다])는 동사의 ます형에 접속하므로, (B)는 「使(つか)い」(사용하기)로 고쳐야 한다.

어휘 | 財布(さいふ) 지갑 ポケット 주머니 多(おお)い 많다
～し ～고 デザイン 디자인 かわいい 귀엽다
気(き)に入(い)る 마음에 들다

127 표현 오용 (B) 差さないで → 持たないで

아침에는 맑았기 때문에 우산을 휴대하지 않고 외출했더니, 돌아올 때 비를 맞아 곤란했습니다.

해설 | '우산을 휴대하다[가지다]'라는 뜻의 표현은 「傘(かさ)を持(も)つ」라고 한다. 따라서 (B)의 「差(さ)さないで」(쓰지 않고)는 「持(も)たないで」(휴대하지 않고)로 고쳐야 한다.

어휘 | 朝(あさ) 아침 晴(は)れる 맑다, 개다
出(で)かける 나가다, 외출하다 帰(かえ)る 돌아오다 雨(あめ) 비
降(ふ)る (비·눈 등이) 내리다, 오다 困(こま)る 곤란하다, 난처하다

128 표현 오용 (D) 見えません → 見られません

이번 주 금요일은 볼일이 있기 때문에 매주 기대하고 있는 TV 드라마를 볼 수 없습니다.

해설 | (D)의 「見(み)える」는 '보이다'라는 뜻으로, 문장과는 맞지 않는다. 문장의 내용상 (D)에는 '볼 수 없다'라는 뜻을 나타내는 표현이 와야 하므로, 「見(み)られません」(볼 수 없습니다)으로 고쳐야 한다.

어휘 | 今週(こんしゅう) 이번 주 金曜日(きんようび) 금요일
用事(ようじ) 볼일, 용무 毎週(まいしゅう) 매주
楽(たの)しみ 기다려짐, 고대 ドラマ 드라마

129 문법표현 오용 (D) わけ → べき

지구환경을 생각한다면 플라스틱 빨대는 사용해서는 안 된다고 생각한다.

해설 | (D)의 「～わけではない」((전부) ～인 것은 아니다)는 「毎日(まいにち)授業(じゅぎょう)があるわけではない」(매일 수업이 있는 것은 아니다)와 같이 일부분을 부정할 때 쓰는 표현이다. 문장의 내용상 금지의 뜻을 나타내는 표현이 와야 하므로, (D)에는 「～べきではない」((마땅히) ～해서는 안 된다)를 써야 한다. 따라서 (D)의 「わけ」는 「べき」로 고쳐야 한다.

어휘 | 地球(ちきゅう) 지구 環境(かんきょう) 환경
考(かんが)える 생각하다 プラスチック 플라스틱 ストロー 빨대
使用(しよう) 사용

130 접두어 오용 (A) 無 → 不

식사시간이 불규칙한 데다가, 옥외에서의 작업이 계속되었기 때문에 몸 상태가 나빠져 버렸다.

해설 | 접두어에 대한 이해를 묻는 문제. 「規則(きそく)」(규칙)의 반의

어는 접두어 「不(ふ)」를 붙여 「不規則(ふきそく)」(불규칙)라고 한다. 따라서 (A)의 「無(む)」는 「不(ふ)」로 고쳐야 한다.

어휘 | 食事(しょくじ) 식사 時間(じかん) 시간
~上(うえ)に ~인 데다가, ~에 더해 屋外(おくがい) 옥외
作業(さぎょう) 작업 続(つづ)く 이어지다, 계속되다
体調(たいちょう) 몸 상태, 컨디션 悪(わる)い 나쁘다

131 부사 오용 (C) すっきり → すっかり

동료에게 말을 들을 때까지 오늘 회의가 있다는 것을 완전히 잊고 있었다.

해설 | (C)의 「すっきり」(상쾌함, 개운함)는 산뜻하고 상쾌한 모양을 나타내는 부사로, 문장과는 맞지 않는다. 문장의 내용상 (C)에는 '완전히'라는 뜻의 부사인 「すっかり」를 써야 한다.

어휘 | 同僚(どうりょう) 동료 ミーティング 미팅, 회의
忘(わす)れる 잊다

132 표현 오용 (B) きり → まま

술에 만취해 있었기 때문에 정장을 입은 채 안경도 벗지 않고 아침까지 자 버렸다.

해설 | (B)의 「동사의 た형+きり」(~한 채, ~했을 뿐임, ~후임)는 동작이 끝나고 그 동작을 끝으로 원래 기대했던 동작이 따르지 않음을 나타낼 때 쓰는 표현으로, 문장과는 맞지 않는다. 문장의 내용상 (B)에는 그 상태가 계속되고 있음을 나타내는 표현이 와야 하므로, (B)는 「동사의 た형+まま」(~한 채, ~한 상태로)로 고쳐야 한다.

어휘 | 酔(よ)っ払(ぱら)う 만취하다 スーツ 슈트, 정장
着(き)る (옷을) 입다 眼鏡(めがね)を取(と)る 안경을 벗다
~ず(に) ~하지 않고 朝(あさ) 아침 寝(ね)る 자다

133 문법표현 오용 (A) おいて → よって

좋아하는 맛은 사람에 따라 여러 가지겠지만, 무엇을 먹어도 만들어 준 사람에 대한 감사의 마음이 필요하다.

해설 | (A)의 「~において」(~에 있어서, ~에서)는 장소나 시대・상황을 나타내는 말을 받아 어떤 사건・상황・상태의 배경을 나타내는 표현으로, 문장과는 맞지 않는다. 문장의 내용상 (A)에는 근거・의거・기준을 나타내는 표현이 와야 하므로, (A)는 「~によって」(~에 의해, ~에 따라)로 고쳐야 한다.

어휘 | 好(す)きだ 좋아하다 味(あじ) 맛 人(ひと) 사람
様々(さまざま)だ 다양하다, 여러 가지다 食(た)べる 먹다
作(つく)る 만들다 ~てくれる (남이 나에게) ~해 주다
~に対(たい)する ~에 대한 感謝(かんしゃ) 감사
気持(きも)ち 기분, 마음 必要(ひつよう)だ 필요하다

134 문법표현 오용 (A) かかっては → かけては

발 빠르기에 관한 한 그를 능가할 사람이 없지만, 그는 결코 그것을 자랑하는 일은 없다.

해설 | '~에 관해서는, ~에 관한 한'이라는 뜻으로, 어떤 분야에 대해 특별히 강조할 때는 「~にかけては」로 나타낸다. 따라서 (A)의 「かかっては」는 「かけては」로 고쳐야 한다.

어휘 | 足(あし) 발 速(はや)さ 빠르기
右(みぎ)に出(で)る者(もの)はいない 능가할 사람이 없다
決(けっ)して (부정의 말을 수반하여) 결코 自慢(じまん) 자랑
こと 일, 경우

135 접속 형태 오용 (C) 冷(さ)める → 冷(さ)めない

이것은 이 근처에서는 겨울이 되면 어느 집에서나 만드는 국입니다. 식기 전에 드세요.

해설 | 문장의 내용상 (C)에는 '식기 전에'라는 표현이 와야 한다. '~하기 전에, ~하지 않는 동안에'라는 뜻의 표현은 「~ないうちに」이므로, (C)는 「冷(さ)める」(식다)의 부정형인 「冷(さ)めない」(식지 않다)로 고쳐야 한다.

어휘 | 辺(あた)り 근처 冬(ふゆ) 겨울 家(いえ) 집
作(つく)る 만들다 スープ 수프, 국
召(め)し上(あ)がる 드시다 *「食(た)べる」(먹다)의 존경어

136 문법표현 오용 (D) に → が

태풍 접근에 동반해 간토 지방에서는 바다 쪽을 중심으로 큰비가 내릴 우려가 있습니다.

해설 | '~할 우려가 있다'라는 뜻의 표현은 「~恐(おそ)れがある」라고 한다. 따라서 (D)의 「に」는 「が」로 고쳐야 한다.

어휘 | 台風(たいふう) 태풍 接近(せっきん) 접근
~に伴(ともな)い ~에 동반해
関東(かんとう) 간토 *도쿄, 요코하마를 중심으로 한 지역
地方(ちほう) 지방 海側(うみがわ) 바다 쪽
中心(ちゅうしん) 중심 大雨(おおあめ) 큰비

137 문법표현 오용 (C) で → に

해외에서 수돗물을 무심코 마신 탓에 배탈이 나서 혼났다.

해설 | '~한 바람에, ~한 탓에'라는 뜻의 표현은 「동사의 た형+ばかりに」로 나타낸다. 따라서 (C)의 「で」는 「に」로 고쳐야 한다. 참고로, 「동사의 た형+ばかりに」는 주로 뒤에 좋지 않은 결과를 나타내는 말이 온다.

어휘 | 海外(かいがい) 해외 水道(すいどう) 수도 水(みず) 물
うっかり 무심코, 깜빡 飲(の)む 마시다
お腹(なか)を壊(こわ)す 배탈이 나다
ひどい目(め)に遭(あ)う 좋지 않은 일을 겪다, 혼나다

138 표현 오용 (D) どうにか → 到底(とうてい)

상대는 지난번 우승자니까, 자기 최고기록을 냈다고 해도 도저히 이길 수 있을 턱이 없어.

해설 | (D)의 「どうにか」는 '어떻게든, 그럭저럭'이라는 뜻의 부사로, 문장과는 맞지 않는다. 문장의 내용상 (D)에는 뒤에 오는 부정형을 강조하는 표현이 와야 하므로, 「到底(とうてい)」(도저히)로 고쳐야 한다.

어휘 | 相手(あいて) 상대 前回(ぜんかい) 지난번
優勝者(ゆうしょうしゃ) 우승자 自己(じこ) 자기
ベスト 베스트, 최선 記録(きろく) 기록 出(だ)す 내다
勝(か)つ 이기다 동사의 ます형+っこない ~할 턱이 없다

139 표현 오용 (D) 得(う)る → 得(え)ない

주의를 받았음에도 불구하고 그는 태도를 고치지 않았으니까, 해고가 되는 건 어쩔 수 없을 것이다.

해설 | '어쩔 수 없다'라는 뜻의 표현은 「やむを得(え)ない」라고 한다. 따라서 (D)의 「得(う・え)る」는 「得(え)ない」로 고쳐야 한다.

어휘 | 注意(ちゅうい)する 주의를 주다
~にもかかわらず ~임에도 불구하고 態度(たいど) 태도

179 課長は、何を心配していましたか。

(A) 観光客が他の町に行ってしまうこと
(B) 観光客が案内を頼まなくなること
(C) ホテルの数が足りなくなること
(D) 子供向けの有名な場所が少ないこと

179 과장은 무엇을 걱정하고 있었습니까?

(A) 관광객이 다른 마을로 가 버리는 것
(B) 관광객이 안내를 부탁하지 않게 되는 것
(C) 호텔 수가 부족해지는 것
(D) 어린이 대상의 유명한 장소가 적은 것

해설 | 과장의 걱정은 중반부에 나온다. 가이드 요금을 유료화하면 안내를 부탁하는 사람이 적어지지 않을까 염려하고 있으므로, 정답은 (B)가 된다.

어휘 | 町(まち) 마을 ホテル 호텔 数(かず) 수
足(た)りない 모자라다, 부족하다 ~向(む)け ~대상, ~용
少(すく)ない 적다

180 この人は、ガイドについてどう思っていますか。

(A) プロである必要がある。
(B) ボランティアで十分だ。
(C) 趣味でできるサービスだ。
(D) ガイド料がもったいない。

180 이 사람은 가이드에 대해서 어떻게 생각하고 있습니까?

(A) 프로일 필요가 있다.
(B) 자원봉사자로 충분하다.
(C) 취미로 할 수 있는 서비스이다.
(D) 가이드 요금이 아깝다.

해설 | 후반부에서 '저는 마을에 많은 관광객을 끌려면 프로 가이드가 필요하다고 생각합니다'라고 했다. 따라서 정답은 (A)가 된다.

어휘 | 十分(じゅうぶん)だ 충분하다 趣味(しゅみ) 취미

181~184 기념 세일 알림

《記念セールのお知らせ》

チーズの専門店「チズチーズ」は、これまで[181]皆様に、生産された場所や生産した人の顔がわかる、安心で安全なチーズをお届けして参りました。おかげ様で、今月は開店から1年。
これまで応援してくださった皆様に感謝申し上げます。
明日から記念セールを行います。[182]セールの間、店内の全ての商品が10パーセント引きです。
また、[183]千円以上買われた方には、チーズクッキーを差し上げます。
そして、[184]開店1年を記念して、今月からはネットでの注文も、お受けすることになりました。皆様からのご注文をお待ちしております。

https://www.chizuchizu@xxx.xx.jp 電話:0xx-2x-59xx

チーズ専門店 チズチーズ

《기념 세일 알림》

치즈 전문점 '치즈치즈'는 지금까지 [181]여러분께 생산된 장소와 생산한 사람의 얼굴을 알 수 있는, 안심하고 안전한 치즈를 제공해 왔습니다. 덕분에 이달은 개점으로부터 1년.
지금까지 응원해 주신 여러분께 감사 말씀드립니다.
내일부터 기념 세일을 실시합니다. [182]세일 동안 가게 안의 모든 상품이 10% 할인입니다.
또 [183]천 엔 이상 구입하신 분께는 치즈 쿠키를 드립니다.
그리고 [184]개점 1년을 기념하여 이달부터 인터넷에서의 주문도 받게 되었습니다. 여러분의 주문을 기다리겠습니다.

https://www.chizuchizu@xxx.xx.jp 전화:0xx-2x-59xx

치즈 전문점 치즈치즈

어휘 | 記念(きねん) 기념 セール 세일 お知(し)らせ 알림
チーズ 치즈 専門店(せんもんてん) 전문점 これまで 지금까지
皆様(みなさま) 여러분 生産(せいさん) 생산 場所(ばしょ) 장소
顔(かお) 얼굴 わかる 알다 安心(あんしん) 안심
安全(あんぜん)だ 안전하다
お+동사의 ます형+する ~하다, ~해 드리다 *겸양표현
届(とど)ける 보내다, 보내어 주다
~て参(まい)る ~해 오다 *「~てくる」의 겸양표현
おかげ様(さま)で 덕분에 今月(こんげつ) 이달
開店(かいてん) 개점 応援(おうえん) 응원
~てくださる (남이 나에게) ~해 주시다 *「~てくれる」((남이 나에게) ~해 주다)의 존경표현 感謝(かんしゃ) 감사
申(もう)し上(あ)げる 말씀드리다 *「言(い)う」(말하다)의 겸양어로, 「申(もう)す」(말하다)보다 공손한 말씨
行(おこな)う 하다, 행하다, 실시하다 ~間(あいだ) ~동안
店内(てんない) 가게 안 全(すべ)て 모두, 전부
商品(しょうひん) 상품 ~引(び)き ~할인 以上(いじょう) 이상
買(か)う 사다 クッキー 쿠키
差(さ)し上(あ)げる 드리다 *「あげる」((남에게) 주다)의 겸양어
ネット 인터넷 *「インターネット」의 준말
注文(ちゅうもん) 주문 受(う)ける (어떤 행위를) 받다
동사의 보통형+ことになる ~하게 되다 待(ま)つ 기다리다
~ておる ~하고 있다 *「~ている」의 겸양표현
電話(でんわ) 전화

181 この店で売るチーズは、どんなチーズですか。

(A) どこで誰が作ったかわかるチーズ
(B) どうやって作られたかわかるチーズ
(C) 専門家に選ばれた特別なチーズ
(D) 客が選んだ人気のチーズ

최신기출 5

181 이 가게에서 파는 치즈는 어떤 치즈입니까?

(A) 어디에서 누가 만들었는지 알 수 있는 치즈
(B) 어떻게 만들어졌는지 알 수 있는 치즈
(C) 전문가에게 선택받은 특별한 치즈
(D) 손님이 고른 인기 치즈

해설 | 첫 번째 문장에서 '여러분께 생산된 장소와 생산한 사람의 얼굴을 알 수 있는, 안심하고 안전한 치즈를 제공해 왔습니다'라고 했으므로, 정답은 (A)가 된다.

어휘 | 売(う)る 팔다 作(つく)る 만들다 専門家(せんもんか) 전문가 選(えら)ぶ 고르다, 선택하다 特別(とくべつ)だ 특별하다 客(きゃく) 손님

182 セール中の価格は、どうなりますか。

(A) 一部の商品が割引価格だ。
(B) 店内の全商品が割引価格だ。
(C) 毎日10番目までの客が割引になる。
(D) この広告を持って行くと割引になる。

182 세일 중의 가격은 어떻게 됩니까?

(A) 일부 상품이 할인 가격이다.
(B) 가게 안의 모든 상품이 할인 가격이다.
(C) 매일 열 번째까지의 손님이 할인이 된다.
(D) 이 광고를 가지고 가면 할인이 된다.

해설 | 중반부에서 세일 동안 가게 안의 모든 상품이 10% 할인된다고 했으므로, 정답은 (B)가 된다.

어휘 | 価格(かかく) 가격 一部(いちぶ) 일부 割引(わりびき) 할인 全商品(ぜんしょうひん) 모든 상품 毎日(まいにち) 매일 10番目(じゅうばんめ) 열 번째 *「~番目(ばんめ)」- ~번째 広告(こうこく) 광고 持(も)つ 가지다, 들다

183 千円以上買うと、どんなサービスがありますか。

(A) 買った商品の配達をしてもらえる。
(B) チーズに合うワインがもらえる。
(C) 好きなチーズがもらえる。
(D) チーズのお菓子がもらえる。

183 천 엔 이상 사면 어떤 서비스가 있습니까?

(A) 구매한 상품의 배달을 해 준다.
(B) 치즈에 맞는 와인을 받을 수 있다.
(C) 좋아하는 치즈를 받을 수 있다.
(D) 치즈 과자를 받을 수 있다.

해설 | 후반부에서 천 엔 이상 사면 치즈 쿠키를 준다고 했다. 따라서 정답은 (D)가 된다.

어휘 | 配達(はいたつ) 배달 ~てもらう (남에게) ~해 받다 合(あ)う 맞다, 어울리다 ワイン 와인 好(す)きだ 좋아하다 お菓子(かし) 과자

184 今月からこの店で何が始まりましたか。

(A) インターネット販売
(B) ワインの販売
(C) チーズ料理のレストラン
(D) チーズの料理教室

184 이달부터 이 가게에서 무엇이 시작되었습니까?

(A) 인터넷 판매
(B) 와인 판매
(C) 치즈 요리 레스토랑
(D) 치즈 요리교실

해설 | 후반부에서 '개점 1년을 기념하여 이달부터 인터넷에서의 주문도 받게 되었습니다'라고 했으므로, 정답은 (A)가 된다.

어휘 | インターネット 인터넷 販売(はんばい) 판매 料理(りょうり) 요리 レストラン 레스토랑 教室(きょうしつ) (기술 등을 가르치는) 교실

185~188 마쓰다 씨의 미용실 개점

先日、中学時代の同級生の[186]松田さんがふるさとの長野県で美容院を開店しました。昨夜は開店記念パーティーが開かれて、私も招待されました。パーティーの料理は、私の兄が経営するレストランが担当したので、[185]私はパーティーの開始1時間前に行って、料理を運んだり並べたりするのを手伝いました。松田さんは東京の専門学校を卒業して、横浜の美容院で8年間働いていましたが、今回ふるさとで店を持つため、長野に帰って来ました。横浜ではカットの実力をつけるため、休日にもよく練習していたそうです。[187]私も何度か髪を切ってもらったことがありますが、彼女の技術はとてもレベルが高いと思います。

[188]一般に、新しい美容院は開店後半年間が最も重要だそうです。その間にどれだけお客様を増やせるかで、お店がうまくいくかどうかが決まるといいます。松田さんは、パーティーの最後に「お客様に笑顔になっていただくことを一番大切にして、私も笑顔で頑張ります」とあいさつしたのですが、彼女の笑顔がずっと見られるように、私も知人に宣伝するなどしてできるだけ協力したいと思っています。

요전에 중학교 시절 동급생인 [186]마쓰다 씨가 고향 나가노현에서 미용실을 개점했습니다. 어젯밤은 개점 기념파티가 열려서 저도 초대받았습니다. 파티 요리는 제 오빠가 경영하는 레스토랑이 담당했기 때문에 [185]저는 파티 개시 1시간 전에 가서 요리를 나르거나 차리거나 하는 것을 도왔습니다. 마쓰다 씨는 도쿄에 있는 전문학교를 졸업하고 요코하마의 미용실에서 8년간 일했습니다만, 이번에 고향에서 가게를 내기 위해 나가노로 돌아왔습니다. 요코하마에서는 컷 실력을 기르기 위해 휴일에도 자주 연습했다고 합니다. [187]저도 몇 번인가 머리를 자른 적이 있습니다만, 그녀의 기술은 아주 수준이 높다고 생각합니다.

[188]일반적으로 새 미용실은 개점 후 반년간이 가장 중요하다고 합니다. 그 사이에 얼마나 손님을 늘릴 수 있는지에 따라 가게가 잘 될지 어떨지가 결정된다고 합니다. 마쓰다 씨는 파티 마지막에 "손님이 미소를 짓는 것을 가장 소중하게 생각하고 저도 웃는 얼굴로 열심히 할게요"라고 인사했습니다만, 그녀의 미소를 계속 볼 수 있도록 저도 지인에게 선전 등을 해서 가능한 한 협력하고 싶다고 생각하고 있습니다.

어휘 | 先日(せんじつ) 요전, 전번
中学時代(ちゅうがくじだい) 중학교 시절
同級生(どうきゅうせい) 동급생 ふるさと 고향
長野県(ながのけん) 나가노현 美容院(びよういん) 미용실
開店(かいてん) 개점 昨夜(ゆうべ) 어젯밤 記念(きねん) 기념
パーティー 파티 開(ひら)く (회의 등을) 열다, 개최하다
招待(しょうたい) 초대 料理(りょうり) 요리 兄(あに) 형, 오빠
経営(けいえい) 경영 レストラン 레스토랑 担当(たんとう) 담당
開始(かいし) 개시 運(はこ)ぶ 나르다
並(なら)べる (물건 등을) 늘어놓다, 나란히 놓다
手伝(てつだ)う 돕다, 도와주다 東京(とうきょう) 도쿄
専門学校(せんもんがっこう) 전문학교 卒業(そつぎょう) 졸업
横浜(よこはま) 요코하마 働(はたら)く 일하다
店(みせ)を持(も)つ 가게를 가지다[내다]
カット 컷, 머리를 자름 実力(じつりょく)をつける 실력을 기르다
休日(きゅうじつ) 휴일 よく 자주 練習(れんしゅう) 연습
髪(かみ)を切(き)る 머리를 자르다
동사의 た형+ことがある ~한 적이 있다 技術(ぎじゅつ) 기술
レベル 레벨, 수준 高(たか)い 높다
一般(いっぱん)に 일반적으로, 대체로 新(あたら)しい 새롭다
半年間(はんとしかん) 반년간 最(もっと)も 가장, 제일
重要(じゅうよう)だ 중요하다 その間(あいだ) 그 사이
どれだけ 얼마나 お客様(きゃくさま) 손님
増(ふ)やす 늘리다 うまくいく 잘 되다, 순조롭게 진행되다
決(き)まる 정해지다, 결정되다 最後(さいご) 최후, 마지막
笑顔(えがお) 웃는 얼굴, 미소 一番(いちばん) 가장, 제일
大切(たいせつ)だ 소중하다 頑張(がんば)る 열심히 하다, 노력하다
あいさつ(挨拶) 인사 ずっと 쭉, 계속 見(み)る 보다
知人(ちじん) 지인, 아는 사람 宣伝(せんでん) 선전
できるだけ 가능한 한, 되도록 協力(きょうりょく) 협력

185 この人は、パーティーが始まる前に何を手伝いましたか。
(A) 招待状を配ること
(B) 椅子や机を並べること
(C) CDを用意すること
(D) 食べ物の準備をすること

185 이 사람은 파티가 시작되기 전에 무엇을 도왔습니까?
(A) 초대장을 나누어 주는 것
(B) 의자나 책상을 늘어놓는 것
(C) CD를 준비하는 것
(D) 음식 준비를 하는 것

해설 | 초반부에서 '저는 파티 개시 1시간 전에 가서 요리를 나르거나 차리거나 하는 것을 도왔습니다'라고 했다. 따라서 정답은 (D)가 된다.

어휘 | 始(はじ)まる 시작되다 招待状(しょうたいじょう) 초대장
配(くば)る 나누어 주다, 배포하다 椅子(いす) 의자 机(つくえ) 책상
用意(ようい) 준비 食(た)べ物(もの) 음식 準備(じゅんび) 준비

186 松田さんは、どこの出身ですか。
(A) 長野
(B) 横浜
(C) 東京
(D) 名古屋

186 마쓰다 씨는 어디 출신입니까?
(A) 나가노
(B) 요코하마
(C) 도쿄
(D) 나고야

해설 | 첫 번째 문장에서 마쓰다 씨가 고향 나가노현에서 미용실을 개점했다고 했으므로, 나가노 출신이라는 것을 알 수 있다. 따라서 정답은 (A)가 된다.

어휘 | 出身(しゅっしん) 출신 名古屋(なごや) 나고야

187 この人は、何を高く評価していますか。
(A) パーティーの料理
(B) 同級生のスピーチの能力
(C) 松田さんのカットの技術
(D) 専門学校の教育レベル

187 이 사람은 무엇을 높이 평가하고 있습니까?
(A) 파티 요리
(B) 동급생의 연설 능력
(C) 마쓰다 씨의 컷 기술
(D) 전문학교의 교육 수준

해설 | 중반부에서 '저도 몇 번인가 머리를 자른 적이 있습니다만, 그녀의 기술은 아주 수준이 높다고 생각합니다'라고 했다. 즉, 머리를 자르는 기술에 대해 높이 평가하고 있으므로, 정답은 (C)가 된다.

어휘 | 評価(ひょうか) 평가 スピーチ 스피치, 연설
能力(のうりょく) 능력 教育(きょういく) 교육

188 本文の内容と合っているものは、どれですか。
(A) 松田さんが美容師になって、半年過ぎた。
(B) この人は、店の宣伝に協力するつもりはない。

최신기출 5

(C) 店の成功には、最初の6ヵ月が非常に大事だ。

(D) 最初の半年間は客が少ないに決まっている。

188 본문의 내용과 맞는 것은 어느 것입니까?

(A) 마쓰다 씨가 미용사가 된 지 반년 지났다.
(B) 이 사람은 가게 선전에 협력할 생각은 없다.
(C) 가게 성공에는 맨 처음 6개월이 대단히 중요하다.
(D) 맨 처음 반년간은 분명 손님이 적을 것이다.

해설 | 후반부에서 일반적으로 새 미용실은 개점 후 반년간이 가장 중요하다고 했다. 즉, 문을 열고 6개월의 시간이 중요하다는 뜻이므로, 정답은 (C)가 된다.

어휘 | 過(す)ぎる (시간이) 지나다 つもり 생각, 작정
成功(せいこう) 성공 最初(さいしょ) 최초, 맨 처음
非常(ひじょう)に 대단히, 매우 大事(だいじ)だ 중요하다
少(すく)ない 적다
~に決(き)まっている 분명 ~일 것이다, ~임에 틀림없다

189~192 자가용으로 통근을 하는 이유

毎朝6時、私は郊外から市内の職場に向かってハンドルを握っている。[189]道路は既に込み始めているため、スピードは常に時速10キロから20キロ。これが一日のストレスの始まりだ。それなら、公共交通機関で通勤すればいいと友人たちは言う。[190]実際私だってそう思ってバスと電車を乗り継いで通勤してみたことがあるが、3日で諦めた。ちょうどいい時刻に会社に着こうと家を出たら、バスは渋滞に引っかかり、電車は満員で、会社に着いた時はぐったりしてしまったのだ。2日目は早めに家を出てみたが、乗り換えの時に急な雨に降られて、ひどい目に遭った。3日目は何とか順調だったが、結局、[191]どうせ早めに家を出るのなら好きな音楽や語学学習のCDを聞きながら、座って通勤する方がまだいいという結論に達したというわけだ。[192]更に都合のいいことに、取引先との夕食の席で、アルコールを断りやすい。元々お酒は強くないので、これは本当に助かっている。そんなわけで、私は車通勤を続けているのである。

매일 아침 6시, 나는 교외에서 시내에 있는 직장을 향해 핸들을 잡고 있다. [189]도로는 이미 붐비기 시작하고 있기 때문에 속도는 항상 시속 10km에서 20km. 이것이 하루 스트레스의 시작이다. 그렇다면 공공교통기관으로 통근하면 된다고 친구들은 말한다. [190]실제로 나도 그렇게 생각해서 버스와 전철을 갈아타고 통근해 본 적이 있는데, 사흘 만에 단념했다. 딱 좋은 시각에 회사에 도착하려고 집을 나서면 버스는 정체에 말려들고 전철은 만원이라 회사에 도착했을 때는 녹초가 되어 버렸던 것이다. 이틀째는 조금 일찍 집을 나서 봤지만, 갈아탈 때 갑작스러운 비를 맞아서 혼났다. 사흘째는 그럭저럭 순조로웠지만, 결국 [191]어차피 조금 일찍 집을 나선다면 좋아하는 음악이나 어학학습 CD를 들으면서 앉아서 통근하는 편이 차라리 좋다는 결론에 이른 것이다. [192]또한 편리하게도 거래처와의 저녁식사 자리에서 술을 거절하기 편하다. 원래 술은 세지 않기 때문에 이것은 정말 도움이 된다. 그런 이유로 나는 차 통근을 계속하고 있는 것이다.

어휘 | 毎朝(まいあさ) 매일 아침 郊外(こうがい) 교외
市内(しない) 시내 職場(しょくば) 직장
向(む)かう 향하다, (향해) 가다 ハンドル 핸들
握(にぎ)る (손에) 쥐다, 잡다 道路(どうろ) 도로
既(すで)に 이미, 벌써 込(こ)む 붐비다, 혼잡하다
동사의 ます형+始(はじ)める ~하기 시작하다
スピード 스피드, 속도 常(つね)に 늘, 항상 時速(じそく) 시속
キロ 킬로미터, km *「キロメートル」의 준말
ストレス 스트레스 始(はじ)まり 시작 公共(こうきょう) 공공
交通機関(こうつうきかん) 교통기관 通勤(つうきん) 통근, 출퇴근
友人(ゆうじん) 친구 実際(じっさい) 실제로
乗(の)り継(つ)ぐ 갈아타다, 환승하다
諦(あきら)める 체념하다, 단념하다 ちょうど 마침, 딱
時刻(じこく) 시각 着(つ)く 도착하다 家(いえ) 집 出(で)る 나서다
バス 버스 渋滞(じゅうたい) 정체 引(ひ)っかかる 걸리다, 말려들다
電車(でんしゃ) 전철 満員(まんいん) 만원
ぐったり 지치고 녹초가 된 모양
早(はや)めに (정해진 시간보다) 조금 일찍 乗(の)り換(か)え 갈아탐
急(きゅう)だ 갑작스럽다 雨(あめ) 비
降(ふ)る (비·눈 등이) 내리다, 오다
ひどい目(め)に遭(あ)う 좋지 않은 일을 겪다, 혼나다
何(なん)とか 어떻게든, 그럭저럭 順調(じゅんちょう)だ 순조롭다
結局(けっきょく) 결국 どうせ 어차피 好(す)きだ 좋아하다
音楽(おんがく) 음악 語学(ごがく) 어학 学習(がくしゅう) 학습
聞(き)く 듣다 동사의 ます형+ながら ~하면서
座(すわ)る 앉다 まだ 차라리, 오히려 結論(けつろん) 결론
達(たっ)する 달하다, 이르다
~わけだ ~인 셈[것]이다 *부드러운 단정을 나타냄
更(さら)に 그에 덧붙여서, 또한
都合(つごう)がいい 상황이 좋다, 편리하다 ~ことに ~하게도
取引先(とりひきさき) 거래처 夕食(ゆうしょく) 저녁식사
席(せき) (무슨 일을 하는) 자리 アルコール 알코올, 술
断(ことわ)る 거절하다 동사의 ます형+やすい ~하기 쉽다[편하다]
元々(もともと) 원래 お酒(さけ) 술 強(つよ)い 세다, 강하다
助(たす)かる 도움이 되다 わけ 이유, 까닭 車(くるま) 차
続(つづ)ける 계속하다

189 この人は、毎朝何にストレスを感じますか。

(A) 早朝出勤
(B) のろのろ運転
(C) マナーの悪い運転手
(D) 工事中の道路

189 이 사람은 매일 아침 무엇에 스트레스를 느낍니까?

(A) 이른 아침 출근

(B) 거북이 운전

(C) 매너가 나쁜 운전사

(D) 공사 중인 도로

해설 | 초반부에서 출근 때 정체로 인해 차 속도가 느려지는데, 이것이 하루 스트레스의 시작이라고 했다. 따라서 정답은 (B)가 된다.

어휘 | 感(かん)じる 느끼다 早朝(そうちょう) 이른 아침 出勤(しゅっきん) 출근 のろのろ運転(うんてん) 거북이 운전 マナー 매너 悪(わる)い 나쁘다 運転手(うんてんしゅ) 운전사 工事(こうじ) 공사

190 公共交通機関(こうきょうこうつうきかん)での通勤(つうきん)について、この人(ひと)は何(なん)と言(い)っていますか。

(A) 考(かんが)えただけで疲(つか)れて実行(じっこう)しなかった。

(B) 実行(じっこう)したが、自分(じぶん)には合(あ)わなかった。

(C) 通勤手当(つうきんてあて)が出(で)ないのでやめた。

(D) 途中(とちゅう)で同僚(どうりょう)に会(あ)うのが面倒(めんどう)でやめた。

190 공공교통기관으로의 통근에 대해서 이 사람은 뭐라고 말하고 있습니까?

(A) 생각하는 것만으로 피곤해서 실행하지 않았다.

(B) 실행했지만, 자신에게는 맞지 않았다.

(C) 통근수당이 나오지 않아서 그만뒀다.

(D) 도중에 동료를 만나는 것이 성가셔서 그만뒀다.

해설 | 중반부에서 공공교통기관으로 통근을 시도해 봤지만, 자신과는 맞지 않아서 사흘 만에 단념했다고 했다. 즉, 시도는 해 보았지만 결국 그만두었다는 뜻이므로, 정답은 (B)가 된다.

어휘 | 疲(つか)れる 지치다, 피로해지다 実行(じっこう) 실행 合(あ)う 맞다, 적합하다 手当(てあて) 수당 出(で)る 나오다 や(止)める 그만두다, 관두다 途中(とちゅう) 도중 同僚(どうりょう) 동료 会(あ)う 만나다 面倒(めんどう)だ 성가시다, 번거롭다

191 この人(ひと)はなぜ、車(くるま)での通勤(つうきん)を選(えら)びましたか。

(A) 家(いえ)を出(で)る時刻(じこく)が遅(おそ)くてもいいから

(B) 家(いえ)を早(はや)く出(で)れば渋滞(じゅうたい)がないから

(C) 車内(しゃない)で好(す)きなことができるから

(D) 運転(うんてん)そのものが好(す)きだから

191 이 사람은 왜 차로의 통근을 선택했습니까?

(A) 집을 나오는 시각이 늦어도 되기 때문에

(B) 집을 일찍 나오면 정체가 없기 때문에

(C) 차 안에서 좋아하는 것을 할 수 있기 때문에

(D) 운전 그 자체를 좋아하기 때문에

해설 | 후반부에서 '어차피 조금 일찍 집을 나선다면 좋아하는 음악이나 어학학습 CD를 들으면서 앉아서 통근하는 편이 차라리 좋다는 결론에 이른 것이다'라도 했다. 즉, 차로 출퇴근을 하면서 차 안에서 유익한 시간을 보내고 싶다는 뜻이므로, 정답은 (C)가 된다.

어휘 | 車内(しゃない) 차내, 차 안 運転(うんてん) 운전

192 この人(ひと)は、何(なに)が都合(つごう)がいいと言(い)っていますか。

(A) 運転(うんてん)を理由(りゆう)に酒(さけ)を断(ことわ)れること

(B) 運転(うんてん)すると言(い)って先(さき)に帰(かえ)れること

(C) 一人(ひとり)で好(す)きな時間(じかん)に通勤(つうきん)できること

(D) 常(つね)に座(すわ)って通勤(つうきん)できること

192 이 사람은 무엇이 편리하다고 말하고 있습니까?

(A) 운전을 이유로 술을 거절할 수 있는 것

(B) 운전한다고 말하고 먼저 돌아갈 수 있는 것

(C) 혼자서 좋아하는 시간에 통근할 수 있는 것

(D) 항상 앉아서 통근할 수 있는 것

해설 | 후반부에서 '또한 편리하게도 거래처와의 저녁식사 자리에서 술을 거절하기 편하다'라고 했으므로, 정답은 (A)가 된다.

어휘 | 理由(りゆう) 이유 先(さき)に 먼저 一人(ひとり)で 혼자서

193~196 시코쿠 여행

¹⁹³大学(だいがく)の卒業記念(そつぎょうきねん)に海外旅行(かいがいりょこう)で思(おも)い出作(でづく)りをする人(ひと)は多(おお)い。私(わたし)もその一人(ひとり)になるはずだった。パスポートを用意(ようい)し、友達(ともだち)とどこへ行(い)こうか色々調(いろいろしら)べていた時(とき)、1枚(いちまい)の写真(しゃしん)が目(め)に入(はい)った。その写真(しゃしん)は父(ちち)が大学生(だいがくせい)の時(とき)に行(い)った四国(しこく)のある港町(みなとまち)の写真(しゃしん)だった。父(ちち)は四国(しこく)を何日(なんにち)かかけて歩(ある)いて回(まわ)ったそうだ。父(ちち)は、何(なに)を思(おも)いながら足(あし)を運(はこ)んだのか。リュックサックを背負(せお)って歩(ある)く父(ちち)の姿(すがた)が浮(う)かんだ。この写真(しゃしん)の父(ちち)と同(おな)じ年(とし)になった私(わたし)は、¹⁹⁴父(ちち)と同(おな)じ道(みち)を通(とお)り、一人(ひとり)でこの港町(みなとまち)を訪(たず)ねたくなった。この急(きゅう)でわがままな思(おも)いを伝(つた)えると友達(ともだち)はあきれて、他(ほか)の友達(ともだち)を誘(さそ)って海外旅行(かいがいりょこう)に行(い)った。私(わたし)は一人(ひとり)、リュックサック姿(すがた)で東京駅(とうきょうえき)を発(た)った。四国(しこく)に入(はい)り、全(すべ)て自分(じぶん)の足(あし)でとは行(い)かなかったが、写真(しゃしん)と同(おな)じ港町(みなとまち)にゴールすることができた。父(ちち)と同(おな)じ景色(けしき)が見(み)られたことは何(なに)より嬉(うれ)しかったが、¹⁹⁵旅行(りょこう)の間(あいだ)に出会(であ)った店(みせ)の人(ひと)たちや他(ほか)の旅行者(りょこうしゃ)との出会(であ)いの素晴(すば)らしさは、予想外(よそうがい)のものだった。家(いえ)に帰(かえ)って初(はじ)めて父(ちち)に四国旅行(しこくりょこう)の話(はなし)をした。行(い)った理由(りゆう)も話(はな)すと「海外旅行(かいがいりょこう)をしてくればよかったのに」と言(い)ったが、続(つづ)けて「日焼(ひや)けして顔(かお)が黒(くろ)くなったがいい顔(かお)しているな」と言(い)い、微笑(ほほえ)みを浮(う)かべた。¹⁹⁶それを見(み)て私(わたし)もさらに嬉(うれ)しくなった。

[193]대학 졸업기념으로 해외여행으로 추억 만들기를 하는 사람은 많다. 나도 그 중에 한 사람이 될 터였다. 여권을 준비해서 친구와 어디로 갈지 여러 가지로 조사하고 있을 때 한 장의 사진이 눈에 들어왔다. 그 사진은 아버지가 대학생 때 간 시코쿠의 어느 항구도시 사진이었다. 아버지는 시코쿠를 며칠인가 들여서 걸어서 돌았다고 한다. 아버지는 무엇을 생각하면서 그곳에 갔던 것일까? 배낭을 등에 메고 걷는 아버지의 모습이 떠올랐다. 이 사진의 아버지와 같은 나이가 된 나는 [194]아버지와 같은 길을 지나가며 혼자서 이 항구도시를 방문하고 싶어졌다. 이 갑작스럽고 제멋대로인 생각을 전하자, 친구는 어이없어 하며 다른 친구를 불러내서 해외여행을 갔다. 나는 혼자 배낭차림으로 도쿄역을 출발했다. 시코쿠에 들어가 모두 내 발로 간 것은 아니지만, 사진과 같은 항구도시에 도착할 수 있었다. 아버지와 같은 경치를 볼 수 있었다는 것은 무엇보다 기뻤지만, [195]여행 동안에 만난 가게 사람들이나 다른 여행자와의 멋진 만남은 예상외의 것이었다. 집에 돌아와서 처음으로 아버지에게 시코쿠 여행 이야기를 했다. 간 이유도 이야기하자 "해외여행을 갔으면 좋았을 텐데"라고 말했지만, 이어서 "햇빛에 그을려 얼굴이 까매졌지만, 얼굴이 좋네"라고 말하며 미소를 띠었다. [196]그것을 보고 나도 더욱 기뻐졌다.

어휘 | 大学(だいがく) 대학 卒業(そつぎょう) 졸업
記念(きねん) 기념 海外旅行(かいがいりょこう) 해외여행
思(おも)い出(で) 추억 명사+作(づく)り ~만들기 多(おお)い 많다
~はずだ (당연히) ~할 것[터]이다 パスポート 여권
用意(ようい) 준비 友達(ともだち) 친구
調(しら)べる 알아보다, 조사하다 写真(しゃしん) 사진
1枚(いちまい) 한 장 *「~枚(まい)」- ~장
目(め)に入(はい)る 눈에 들어오다 父(ちち) 아버지
大学生(だいがくせい) 대학생 四国(しこく) 시코쿠
港町(みなとまち) 항구도시 何日(なんにち) 며칠
かける (돈·시간·수고 등을) 들이다 歩(ある)く 걷다
回(まわ)る 돌다 품사의 보통형+そうだ ~라고 한다 *전문
足(あし)を運(はこ)ぶ (그곳에) 가다, 들르다
リュックサック 륙색, 배낭 背負(せお)う (등에) 메다
姿(すがた) 모습 浮(う)かぶ (의식 속에) 떠오르다
同(おな)じだ 같다 年(とし) 나이 道(みち) 길
通(とお)る 통과하다, 지나가다 訪(たず)ねる 방문하다
急(きゅう)だ 갑작스럽다 わがままだ 제멋대로 굴다
あきれる 어이가 없어 놀라다, 기막히다 誘(さそ)う 불러내다
発(た)つ 출발하다, 떠나다 全(すべ)て 모두, 전부
ゴールする 도착하다 景色(けしき) 경치 嬉(うれ)しい 기쁘다
出会(であ)う 만나다, 마주치다 店(みせ) 가게
旅行者(りょこうしゃ) 여행자 素晴(すば)らしさ 멋짐
予想外(よそうがい) 예상외 初(はじ)めて 처음(으로)
理由(りゆう) 이유 続(つづ)ける 계속하다
日焼(ひや)け 피부가 햇볕에 그을림 黒(くろ)い 검다, 까맣다
微笑(ほほえ)みを浮(う)かべる 미소를 띄우다 さら(更)に 더, 더욱

193 この人(ひと)は、卒業記念(そつぎょうきねん)に何(なに)をするつもりでしたか。

(A) 一人(ひとり)で自転車(じてんしゃ)の旅(たび)をすること
(B) 一人(ひとり)で日本(にほん)の島(しま)を巡(めぐ)ること
(C) 友達(ともだち)の出身地(しゅっしんち)を巡(めぐ)ること
(D) 友達(ともだち)と海外(かいがい)へ行(い)くこと

193 이 사람은 졸업기념으로 무엇을 할 생각이었습니까?
(A) 혼자서 자전거 여행을 하는 것
(B) 혼자서 일본의 섬을 도는 것
(C) 친구의 출신지를 도는 것
(D) 친구와 해외로 가는 것

해설 | 첫 번째 문장에서 '대학 졸업기념으로 해외여행으로 추억 만들기를 하는 사람은 많다. 나도 그 중에 한 사람이 될 터였다'고 했다. 즉, 이 사람도 졸업기념으로 해외여행을 갈 생각이었다는 뜻이므로, 정답은 (D)가 된다.

어휘 | 自転車(じてんしゃ) 자전거 旅(たび) 여행 島(しま) 섬
巡(めぐ)る 돌다, 여기저기 들르다 出身地(しゅっしんち) 출신지

194 この人(ひと)は、なぜ計画(けいかく)を変(か)えましたか。

(A) 昔(むかし)、行(い)きたいと思(おも)っていた所(ところ)を思(おも)い出(だ)したから
(B) 友達(ともだち)にアドバイスをされたから
(C) お父(とう)さんが旅行(りょこう)にいい場所(ばしょ)を教(おし)えてくれたから
(D) お父(とう)さんがしたような旅行(りょこう)をしたくなったから

194 이 사람은 왜 계획을 바꿨습니까?
(A) 옛날에 가고 싶다고 생각하고 있던 곳을 떠올렸기 때문에
(B) 친구에게 조언을 받았기 때문에
(C) 아버지가 여행으로 좋은 장소를 가르쳐 주었기 때문에
(D) 아버지가 한 것과 같은 여행을 하고 싶어졌기 때문에

해설 | 이 사람이 해외여행을 포기한 이유는 중반부에 나온다. 아버지가 대학 시절 갔던 시코쿠의 항구도시에 자신도 가 보고 싶어졌기 때문이므로, 정답은 (D)가 된다.

어휘 | 計画(けいかく) 계획 変(か)える 바꾸다, 변경하다
昔(むかし) 옛날
思(おも)い出(だ)す (잊고 있던 것을) 생각해 내다, 떠올리다
アドバイス 어드바이스, 조언 場所(ばしょ) 장소
教(おし)える 가르치다, 알려 주다

195 この人(ひと)にとって予想外(よそうがい)だったことは、どんなことでしたか。

(A) 旅行中(りょこうちゅう)に様々(さまざま)な人(ひと)たちと出会(であ)えたこと
(B) 全(すべ)て自分(じぶん)の足(あし)で歩(ある)けたこと
(C) 港町(みなとまち)の風景(ふうけい)が素晴(すば)らしかったこと
(D) 国内(こくない)でも外国(がいこく)のような風景(ふうけい)に出会(であ)えたこと

195 이 사람에게 있어서 예상외였던 것은 어떤 것이었습니까?
(A) 여행 중에 여러 사람들과 만날 수 있었던 것
(B) 모두 자신의 발로 걸을 수 있었던 것
(C) 항구도시의 풍경이 멋졌던 것
(D) 국내에서도 외국과 같은 풍경을 만날 수 있었던 것

해설 | 후반부에서 여행지에서 가게 사람들이나 다른 여행자와의 만남이 멋졌던 것이 예상외였다고 했다. 즉, 예상하지 못했던 사람들과의 만남이 좋았다는 뜻이므로, 정답은 (A)가 된다.

어휘 | 風景(ふうけい) 풍경 国内(こくない) 국내 外国(がいこく) 외국

196 この人は、四国旅行を終えてどう感じていますか。

(A) 海外旅行に行った方がよかった。

(B) お父さんの反応に満足している。

(C) お父さんに旅行の話をしなければよかった。

(D) 今度はお父さんと旅行がしたい。

196 이 사람은 시코쿠여행을 끝내고 어떻게 느끼고 있습니까?

(A) 해외여행을 가는 편이 좋았다.

(B) 아버지의 반응에 만족하고 있다.

(C) 아버지에게 여행 이야기를 하지 않으면 좋았었다.

(D) 이 다음에는 아버지와 여행을 하고 싶다.

해설 | 마지막 문장에서 자신의 시코쿠여행 이야기를 들은 아버지의 말과 미소 때문에 더욱 기뻐졌다고 했다. 따라서 정답은 (B)가 된다.

어휘 | 終(お)える 끝내다 感(かん)じる 느끼다
동사의 た형+方(ほう)がいい ~하는 편[쪽]이 좋다
反応(はんのう) 반응 満足(まんぞく) 만족 今度(こんど) 이 다음

197~200 K전철 팬의 입사기

私は子供の頃からK電鉄のファンだ。[197]乗り物図鑑で初めて鮮やかな赤い車両を見た時、格好いいと思った。そして、他社にはない特長を知るにつれ、ますますその魅力に取りつかれていった。K電鉄は、他の鉄道よりレールの幅が広いため、安定した走行ができるのが特長だ。また、[200]多くの鉄道会社では、電車の運行をコンピューターが管理する自動システムを導入しているが、K電鉄では状況に応じて手動管理に切り替えることができる。[198]何かトラブルが起きた時、線路や信号の切り替えなどを人間が判断して処理できるので、融通が利かない自動システムより遅延が少ないと言われている。

来年、私はK電鉄に入社する。半年前に就職活動を始めた時、一つだけ不安材料があった。それは、鉄道マニアは採用されにくいという噂だった。[199]先輩によれば、面接で鉄道に関する細かい知識をやたらと披露したり、愛を語るのは逆効果だということだった。私はその忠告を守り、何とか難関を突破できたのだ。憧れの会社に入社したからには、運転士になって乗客に快適な乗り心地を提供できるようになりたい。

나는 어릴 때부터 K전철 팬이다. [197]차량도감에서 처음으로 선명한 빨간 차량을 봤을 때 멋지다고 생각했다. 그리고 타사에는 없는 특색을 알아감에 따라 점점 그 매력에 빠졌다. K전철은 다른 철도보다 레일 폭이 넓기 때문에 안정된 주행이 가능한 것이 특징이다. 또 [200]많은 철도회사에서는 전철 운행을 컴퓨터가 관리하는 자동시스템을 도입하고 있지만, K전철에서는 상황에 따라 수동관리로 바꿀 수 있다. [198]뭔가 문제가 생겼을 때 선로나 신호의 교체 등을 인간이 판단해 처리할 수 있기 때문에 융통성이 없는 자동시스템보다 지연이 적다는 말을 듣고 있다.

내년에 나는 K전철에 입사한다. 반년 전에 취직활동을 시작했을 때 단 하나 불안 재료가 있었다. 그것은 철도 마니아는 채용되기 힘들다는 소문이었다. [199]선배에 따르면 면접에서 철도에 관한 상세한 지식을 무턱대고 드러내거나 애정을 말하는 것은 역효과라고 했다. 나는 그 충고를 지켜 그럭저럭 난관을 돌파할 수 있었다. 동경하는 회사에 입사한 이상은 운전사가 되어 승객에게 쾌적한 승차감을 제공할 수 있도록 되고 싶다.

어휘 | 子供(こども) 아이
電鉄(でんてつ) 전철 *「電気鉄道(でんきてつどう)」(전기 철도)의 준말
乗(の)り物(もの) 차량 図鑑(ずかん) 도감
初(はじ)めて 처음(으로) 鮮(あざ)やかだ 선명하다
赤(あか)い 빨갛다 車両(しゃりょう) 차량
格好(かっこう)いい 멋지다 そして 그리고
他社(たしゃ) 타사, 다른 회사 特長(とくちょう) 특장, 특색, 특징
知(し)る 알다 ~につれ ~함에 따라 ますます 점점
魅力(みりょく) 매력 取(と)りつく 홀리다, 매료되다 ~より ~보다
レール 레일 幅(はば) 폭 広(ひろ)い 넓다 安定(あんてい) 안정
走行(そうこう) 주행 鉄道会社(てつどうがいしゃ) 철도회사
電車(でんしゃ) 전철 運行(うんこう) 운행 コンピューター 컴퓨터
管理(かんり) 관리 自動(じどう) 자동 システム 시스템
導入(どうにゅう) 도입 状況(じょうきょう) 상황
~に応(おう)じて ~에 응해, ~에 따라, ~에 적합하게
手動(しゅどう) 수동 切(き)り替(か)える 새로 바꾸다
トラブル 트러블, 문제 起(お)きる 일어나다, 생기다
線路(せんろ) 선로 信号(しんごう) 신호
人間(にんげん) 인간 判断(はんだん) 판단 処理(しょり) 처리
融通(ゆうずう)が利(き)く 융통성이 있다 遅延(ちえん) 지연
少(すく)ない 적다 ~と言(い)われる ~라는 말을 듣다, ~라고 하다
来年(らいねん) 내년 入社(にゅうしゃ) 입사 半年(はんとし) 반년
前(まえ) 전, 이전 就職(しゅうしょく) 취직 活動(かつどう) 활동
始(はじ)める 시작하다 不安(ふあん) 불안 材料(ざいりょう) 재료
マニア 마니아 採用(さいよう) 채용
동사의 ます형+にくい ~하기 어렵다[힘들다] 噂(うわさ) 소문
先輩(せんぱい) 선배 ~によれば ~에 의하면, ~에 따르면
面接(めんせつ) 면접 ~に関(かん)する ~에 관한
細(こま)かい 상세하다 知識(ちしき) 지식 やたらと 무턱대고, 함부로
披露(ひろう) 피로, 공표함 愛(あい) 사랑, 애정
語(かた)る 말하다, 이야기하다 逆効果(ぎゃくこうか) 역효과
~ということだ ~라고 한다 *전문 忠告(ちゅうこく) 충고
守(まも)る 지키다 何(なん)とか 어떻게든, 그럭저럭
難関(なんかん) 난관 突破(とっぱ) 돌파 憧(あこが)れ 동경
~からには ~하는[한] 이상은 運転士(うんてんし) 운전사
乗客(じょうきゃく) 승객 快適(かいてき)だ 쾌적하다
乗(の)り心地(ごこち) 승차감 提供(ていきょう) 제공
~ようになる ~하게(끔) 되다 *변화

197 この人がK電鉄のファンになったきっかけは、何ですか。

(A) 乗り物専門の本で見たこと
(B) 鉄道好きの先輩がいたこと
(C) K電鉄の模型をもらったこと
(D) K電鉄の沿線に住んでいたこと

197 이 사람이 K전철의 팬이 된 계기는 무엇입니까?

(A) 차량 전문서적에서 봤던 것
(B) 철도를 좋아하는 선배가 있었던 것
(C) K전철 모형을 받았던 것
(D) K전철 연선에 살고 있었던 것

해설 | 두 번째 문장에서 차량도감에서 처음으로 선명한 빨간 차량을 봤을 때 멋지다고 생각했기 때문이라고 했다. 따라서 정답은 (A)가 된다.

어휘 | ファン 팬 きっかけ 계기 専門(せんもん) 전문
本(ほん) 책 명사+好(ず)き ~을 좋아함 模型(もけい) 모형
もらう (남에게) 받다
沿線(えんせん) 연선, 기차 등의 선로를 따라 있는 지역
住(す)む 살다, 거주하다

198 K電鉄はなぜ、電車の遅延が少ないのですか。

(A) ラッシュの運転本数が少ないから
(B) 最先端のコンピューター技術を使っているから
(C) 線路の幅が他の会社より広いから
(D) 人間が手作業で対応しているから

198 K전철은 왜 전철 지연이 적은 것입니까?

(A) 러시아워의 운전 대수가 적기 때문에
(B) 최첨단 컴퓨터 기술을 사용하고 있기 때문에
(C) 선로의 폭이 다른 회사보다 넓기 때문에
(D) 인간이 수작업으로 대응하고 있기 때문에

해설 | 중반부에서 그 이유를 찾을 수 있다. '뭔가 문제가 생겼을 때 선로나 신호의 교체 등을 인간이 판단해 처리할 수 있기 때문에 융통성이 없는 자동시스템보다 지연이 적다는 말을 듣고 있다'라고 했다. 따라서 정답은 (D)가 된다.

어휘 | ラッシュ 러시아워 *「ラッシュアワー」의 준말
運転(うんてん) 운전 本数(ほんすう) 대수
最先端(さいせんたん) 최첨단 技術(ぎじゅつ) 기술
使(つか)う 쓰다, 사용하다 線路(せんろ) 선로
手作業(てさぎょう) 수작업 対応(たいおう) 대응

199 就職面接の際、先輩はどんなアドバイスをしましたか。

(A) 時間にルーズではないことを強調する。
(B) 鉄道の知識をアピールしすぎない。
(C) 運転士になりたいという熱意を見せる。
(D) 質問に、はきはきと答える。

199 취직 면접 때 선배는 어떤 조언을 했습니까?

(A) 시간을 잘 지킨다는 것을 강조한다.
(B) 철도 지식을 너무 어필하지 않는다.
(C) 운전사가 되고 싶다는 열의를 보여 준다.
(D) 질문에 시원시원하게 대답한다.

해설 | 선배는 이 사람에게 철도에 관한 지식이나 애정을 무턱대고 드러내서 철도 마니아라는 것이 알려지면 오히려 역효과를 낼 수 있다고 조언해 주었다. 따라서 정답은 (B)가 된다.

어휘 | ~際(さい) ~때
時間(じかん)にルーズだ 시간을 잘 지키지 않다, 시간에 느슨하다
強調(きょうちょう) 강조 知識(ちしき) 지식 アピール 어필, 호소
熱意(ねつい) 열의 見(み)せる 보이다, 보여 주다
質問(しつもん) 질문 はきはき 시원시원, 또랑또랑
答(こた)える 대답하다

200 本文の内容と合っていないものは、どれですか。

(A) K電鉄の運行は、完全に自動システムによって管理されている。
(B) K電鉄の走行が安定しているのは、線路の幅のおかげである。
(C) この人は幼い頃、K電鉄の車両に魅了された。
(D) この人はK電鉄の入社面接で、鉄道ファンであることを伏せた。

200 본문의 내용과 맞지 않는 것은 어느 것입니까?

(A) K전철의 운행은 완전히 자동시스템에 의해 관리되고 있다.
(B) K전철의 주행이 안정되어 있는 것은 선로의 폭 덕분이다.
(C) 이 사람은 어릴 때 K전철의 차량에 매료되었다.
(D) 이 사람은 전철 입사 면접에서 철도팬인 것을 숨겼다.

해설 | 전반적인 내용을 파악해야 하는 문제. 정답은 (A)로, K전철은 다른 전철과 달리 수동시스템으로 관리되고 있다고 했으므로 틀린 내용이다. 한편, K전철은 다른 전철에 비해 선로 폭이 넓고, 이 사람은 어릴 때부터 K전철의 팬이라고 밝히고 있으며, 입사 면접에서 철도 마니아라는 사실을 숨기라는 조언을 받았다고 했으므로, 나머지 선택지는 본문과 맞는 내용들이다.

어휘 | 完全(かんぜん)だ 완전하다 管理(かんり) 관리
走行(そうこう) 주행 安定(あんてい) 안정 線路(せんろ) 선로
おかげ 덕분 幼(おさな)い 어리다 車両(しゃりょう) 차량
魅了(みりょう) 매료 伏(ふ)せる 숨기다, 감추어 두다

주요 어휘 및 표현 정리 20

＊ 읽는 법과 뜻을 확인해 보세요.

어휘 및 표현	읽는 법	뜻
□ まっすぐだ	•	곧다, 똑바르다
□ 海岸	かいがん	해안
□ 敷く	しく	깔다
□ 下げる	さげる	늘어뜨리다, 매달다
□ 折る	おる	접다
□ 入れ物	いれもの	용기, 그릇
□ 風景	ふうけい	풍경
□ 曲がる	まがる	굽다, 휘다
□ 着席	ちゃくせき	착석
□ 尖る	とがる	뾰족해지다
□ 円形	えんけい	원형
□ 剥く	むく	벗기다, 까다
□ 寝転ぶ	ねころぶ	아무렇게나 드러눕다
□ ずれる	•	어긋나다, 벗어나다
□ 制服	せいふく	제복, 교복
□ 輪になる	わになる	원형을 이루다
□ 逆立ち	さかだち	물구나무서기
□ 詰める	つめる	채우다
□ 模型	もけい	모형
□ 値札	ねふだ	가격표

주요 어휘 및 표현 정리 20

* 읽는 법과 뜻을 확인해 보세요.

어휘 및 표현	읽는 법	뜻
□ 涼しい	すずしい	시원하다
□ 返す	かえす	돌려주다
□ 日記	にっき	일기
□ 人気	にんき	인기
□ 休憩室	きゅうけいしつ	휴게실
□ 送料	そうりょう	송료, 배송료
□ 宛名	あてな	수신인명
□ 不注意だ	ふちゅういだ	부주의하다
□ 真面目だ	まじめだ	성실하다
□ 履歴書	りれきしょ	이력서
□ 息が合う	いきがあう	호흡이 맞다
□ 治療	ちりょう	치료
□ 組む	くむ	짜다, 편성하다
□ 貢献	こうけん	공헌
□ 時代遅れ	じだいおくれ	시대에 뒤떨어짐
□ 取引先	とりひきさき	거래처
□ 延期	えんき	연기
□ 人手不足	ひとでぶそく	일손부족
□ 物騒だ	ぶっそうだ	위험하다
□ 抱える	かかえる	(어려움 등을) 안다, 떠맡다

주요 어휘 및 표현 정리 20

＊ 읽는 법과 뜻을 확인해 보세요.

어휘 및 표현	읽는 법	뜻
□ 棚	たな	선반
□ 特急	とっきゅう	특급
□ 怪我(を)する	けが(を)する	다치다, 부상을 입다
□ 褒める	ほめる	칭찬하다
□ 原稿	げんこう	원고
□ 困る	こまる	곤란하다, 난처하다
□ 大体	だいたい	대개, 대략
□ 留学生	りゅうがくせい	유학생
□ 歴史	れきし	역사
□ 絵葉書	えはがき	그림엽서
□ 有料	ゆうりょう	유료
□ 実力	じつりょく	실력
□ 保険に入る	ほけんにはいる	보험에 들다
□ 知り合い	しりあい	아는 사람, 지인
□ 魅力	みりょく	매력
□ 対等だ	たいとうだ	대등하다
□ 似る	にる	비슷하다
□ 宿泊	しゅくはく	숙박
□ あり得ない	ありえない	있을 수 없다
□ ～に限る	～にかぎる	～이 제일이다[최고이다]

주요 어휘 및 표현 정리 20

＊ 읽는 법과 뜻을 확인해 보세요.

어휘 및 표현	읽는 법	뜻
□ 寝坊	ねぼう	늦잠을 잠
□ 遅刻	ちこく	지각
□ 間違える	まちがえる	잘못 알다, 착각하다
□ 出口	でぐち	출구
□ 真っ黒だ	まっくろだ	새까맣다
□ 経営	けいえい	경영
□ 原因	げんいん	원인
□ 火にかける	ひにかける	불에 올리다
□ 段階	だんかい	단계
□ 印象	いんしょう	인상
□ 実施	じっし	실시
□ 地点	ちてん	지점
□ 今にも	いまにも	당장이라도
□ ざあざあ降り	ざあざあぶり	비가 억수로 쏟아짐
□ 開催	かいさい	개최
□ 任せる	まかせる	맡기다
□ 辟易	へきえき	손듦, 질림
□ 募る	つのる	(점점) 더해지다, 심해지다
□ 抱く	いだく	(마음속에) 품다
□ 疎かだ	おろそかだ	소홀하다

주요 어휘 및 표현 정리 20

＊ 읽는 법과 뜻을 확인해 보세요.

어휘 및 표현	읽는 법	뜻
□ 流す	ながす	흘리다
□ 補う	おぎなう	보충하다
□ 電力	でんりょく	전력
□ 小柄	こがら	몸집이 작음
□ 好転	こうてん	호전
□ 遺失物	いしつぶつ	유실물
□ 동사의 た형+あげく	●	~한 끝에
□ 詳しい	くわしい	상세하다, 자세하다
□ ～ないことには	●	~하지 않고서는, ~하지 않으면
□ 宿題	しゅくだい	숙제
□ 時々	ときどき	종종, 때때로
□ 成功	せいこう	성공
□ 予約	よやく	예약
□ 定員	ていいん	정원
□ 何とか	なんとか	어떻게든
□ ～ものだ	●	~인 것[법]이다
□ 不毛だ	ふもうだ	성과가 없다
□ 勝負	しょうぶ	승부
□ 理想	りそう	이상
□ 現実	げんじつ	현실

주요 어휘 및 표현 정리 20

※ 읽는 법과 뜻을 확인해 보세요.

어휘 및 표현	읽는 법	뜻
□ 空気	くうき	공기
□ 危険だ	きけんだ	위험하다
□ 何と	なんと	뭐라고
□ 地球	ちきゅう	지구
□ 環境	かんきょう	환경
□ 屋外	おくがい	옥외
□ 酔っ払う	よっぱらう	만취하다
□ 眼鏡を取る	めがねをとる	안경을 벗다
□ 感謝	かんしゃ	감사
□ 右に出る者はいない	みぎにでるものはいない	능가할 사람이 없다
□ 自慢	じまん	자랑
□ ~に伴い	~にともない	~에 동반해
□ 大雨	おおあめ	큰비
□ ひどい目に遭う	ひどいめにあう	좋지 않은 일을 겪다, 혼나다
□ 동사의 ます형+っこない	•	~할 턱이 없다
□ ~にもかかわらず	•	~임에도 불구하고
□ 改める	あらためる	(좋게) 고치다, 개정하다
□ 首になる	くびになる	해고되다
□ 再発	さいはつ	재발
□ 防止	ぼうし	방지

주요 어휘 및 표현 정리 20

＊ 읽는 법과 뜻을 확인해 보세요.

어휘 및 표현	읽는 법	뜻
□ 甘い	あまい	달다
□ 薄い	うすい	(부피 등이) 얇다
□ 飼う	かう	(동물을) 기르다, 사육하다
□ お正月	おしょうがつ	설
□ 作家	さっか	작가
□ 休日	きゅうじつ	휴일
□ 人物	じんぶつ	인물
□ 無事だ	ぶじだ	무사하다
□ 手続き	てつづき	수속
□ 飲み込む	のみこむ	이해하다, 납득하다
□ 急激だ	きゅうげきだ	급격하다
□ 惜しい	おしい	아깝다, 애석하다
□ 手当	てあて	수당
□ ～に応じて	～におうじて	～에 응해, ～에 따라, ～에 적합하게
□ ばてる	●	지치다, 녹초가 되다
□ そっけない	●	무뚝뚝하다
□ 惨めだ	みじめだ	비참하다
□ ～ばこそ	●	～이기에, ～때문에
□ ～どころか	●	～은커녕
□ 주로 숫자 1+たりとも	●	단 ～라도

주요 어휘 및 표현 정리 20

⁎ 읽는 법과 뜻을 확인해 보세요.

어휘 및 표현	읽는 법	뜻
□ 音がする	おとがする	소리가 나다
□ びっくりする	•	깜짝 놀라다
□ 近所	きんじょ	이웃(집)
□ 留守	るす	부재중, 집을 비움
□ 話し合う	はなしあう	서로 이야기하다
□ 拾う	ひろう	줍다
□ 観光客	かんこうきゃく	관광객
□ 料金	りょうきん	요금
□ 人数	にんずう	인원수
□ 交通費	こうつうひ	교통비
□ 開店	かいてん	개점
□ 差し上げる	さしあげる	드리다
□ 同級生	どうきゅうせい	동급생
□ 店を持つ	みせをもつ	가게를 가지다[내다]
□ 増やす	ふやす	늘리다
□ 笑顔	えがお	웃는 얼굴, 미소
□ 渋滞	じゅうたい	정체
□ 助かる	たすかる	도움이 되다
□ 図鑑	ずかん	도감
□ 融通が利く	ゆうずうがきく	융통성이 있다

JPT 빈출 어휘 및 표현 1700

1 빈출 1자 한자 120

- ☐ 綿(わた) 솜
- ☐ 綿(めん) 면
- ☐ 耳(みみ) 귀
- ☐ 家(いえ) 집
- ☐ 横(よこ) 옆
- ☐ 兄(あに) 오빠, 형
- ☐ 血(ち) 피
- ☐ 泡(あわ) 거품
- ☐ 墓(はか) 무덤
- ☐ 親(おや) 부모
- ☐ 姉(あね) 언니, 누나
- ☐ 顔(かお) 얼굴
- ☐ 腕(うで) 솜씨
- ☐ 北(きた) 북쪽
- ☐ 女(おんな) 여자
- ☐ 噂(うわさ) 소문
- ☐ 証(あかし) 증명, 증거
- ☐ 幸せ(しあわ) 행복
- ☐ 幸い(さいわ) 다행
- ☐ 兆し(きざ) 조짐, 징조
- ☐ 病(やまい) 병
- ☐ 粉(こな) 가루, 분말
- ☐ 下(した) 아래
- ☐ 形(かたち) 모양, 형태
- ☐ 海(うみ) 바다
- ☐ 箱(はこ) 상자
- ☐ 穴(あな) 구멍
- ☐ 皿(さら) 접시
- ☐ 先(さき) 먼저
- ☐ 闇(やみ) 어둠, 암거래
- ☐ 命(いのち) 생명
- ☐ 油(あぶら) 기름
- ☐ 空(そら) 하늘
- ☐ 姿(すがた) 모습
- ☐ 炎(ほのお) 불길, 불꽃
- ☐ 枝(えだ) 가지
- ☐ 株(かぶ) 주식
- ☐ 影(かげ) 그림자
- ☐ 魚(さかな) 물고기, 생선
- ☐ 値(あたい) 값어치
- ☐ 雨(あめ) 비
- ☐ 雪(ゆき) 눈
- ☐ 火(ひ) 불
- ☐ 趣(おもむき) 멋, 풍취
- ☐ 東(ひがし) 동쪽
- ☐ 隅(すみ) 구석
- ☐ 脂(あぶら) 지방
- ☐ 夏(なつ) 여름
- ☐ 歌(うた) 노래
- ☐ 絵(え) 그림
- ☐ 街(まち) 거리
- ☐ 窓(まど) 창문
- ☐ 旗(はた) 깃발
- ☐ 骨(こつ) 요령
- ☐ 岩(いわ) 바위
- ☐ 港(みなと) 항구
- ☐ 公(おおやけ) 공적, 공공
- ☐ 源(みなもと) 수원, 강물이 흘러나오는 근원
- ☐ 災い(わざわ) 재앙
- ☐ 自ら(みずか) 스스로

□ 月(つき) 달
□ 内(うち) 안
□ 上(うえ) 위
□ 爪(つめ) 손톱
□ 節(ふし) (대나무 등의) 마디
□ 仲(なか) 사이, 관계
□ 霜(しも) 서리
□ 色(いろ) 색, 색깔
□ 机(つくえ) 책상
□ 木(き) 나무
□ 冬(ふゆ) 겨울
□ 湖(みずうみ) 호수
□ 跡(あと) 자국, 흔적
□ 谷(たに) 계곡
□ 癖(くせ) 버릇
□ 賭(かけ) 내기
□ 塊(かたまり) 덩어리
□ 髪(かみ) 머리카락
□ 渦(うず) 소용돌이
□ 湯(ゆ) 뜨거운 물

□ 手(て) 손
□ 神(かみ) 신
□ 川(かわ) 강
□ 力(ちから) 힘
□ 汗(あせ) 땀
□ 罪(つみ) 죄
□ 米(こめ) 쌀
□ 印(しるし) 표시
□ 右(みぎ) 오른쪽
□ 足(あし) 다리
□ 盾(たて) 방패
□ 恥(はじ) 수치
□ 都(みやこ) 수도
□ 幻(まぼろし) 환상
□ 匠(たくみ) 장인
□ 父(ちち) 아버지
□ 肘(ひじ) 팔꿈치
□ 角(かど) 모퉁이
□ 棟(むね) 용마루
□ 札(ふだ) 표, 팻말

□ 山(やま) 산
□ 石(いし) 돌
□ 前(まえ) 앞
□ 目(め) 눈
□ 土(つち) 흙
□ 虫(むし) 벌레
□ 恋(こい) 사랑
□ 器(うつわ) 그릇
□ 左(ひだり) 왼쪽
□ 境(さかい) 경계
□ 潟(かた) 개펄, 석호, 간석지
□ 里(さと) 마을
□ 底(そこ) 바닥
□ 祭(まつ)り 축제
□ 滴(しずく) 물방울
□ 母(はは) 어머니
□ 鎖(くさり) 쇠사슬
□ 嵐(あらし) 폭풍우
□ 峯(みね) 산봉우리
□ 斜(なな)め 비스듬함

2 빈출 2자 한자 120

□ 観光(かんこう) 관광
□ 待望(たいぼう) 대망
□ 組織(そしき) 조직
□ 環境(かんきょう) 환경
□ 的確(てきかく) 적확, 정확
□ 牛乳(ぎゅうにゅう) 우유
□ 大学(だいがく) 대학
□ 横断(おうだん) 횡단
□ 貴重(きちょう) 귀중
□ 解消(かいしょう) 해소
□ 行方(ゆくえ) 행방
□ 固執(こしつ) 고집
□ 内緒(ないしょ) 비밀
□ 敏感(びんかん) 민감
□ 遅刻(ちこく) 지각
□ 繁盛(はんじょう) 번성
□ 沈黙(ちんもく) 침묵
□ 恐怖(きょうふ) 공포
□ 宗教(しゅうきょう) 종교
□ 首脳(しゅのう) 수뇌

□ 人口(じんこう) 인구
□ 失敗(しっぱい) 실패
□ 交渉(こうしょう) 교섭
□ 赴任(ふにん) 부임
□ 折衝(せっしょう) 절충
□ 湿気(しっけ) 습기
□ 拍手(はくしゅ) 박수
□ 妨害(ぼうがい) 방해
□ 無言(むごん) 무언
□ 連絡(れんらく) 연락
□ 創立(そうりつ) 창립
□ 作業(さぎょう) 작업
□ 遂行(すいこう) 수행
□ 平等(びょうどう) 평등
□ 挫折(ざせつ) 좌절
□ 伝言(でんごん) 전언
□ 暖房(だんぼう) 난방
□ 模倣(もほう) 모방
□ 民族(みんぞく) 민족
□ 遺言(ゆいごん) 유언

□ 往来(おうらい) 왕래
□ 反省(はんせい) 반성
□ 進行(しんこう) 진행
□ 信仰(しんこう) 신앙
□ 旅館(りょかん) 여관
□ 請求(せいきゅう) 청구
□ 予報(よほう) 예보
□ 道路(どうろ) 도로
□ 習慣(しゅうかん) 습관
□ 控除(こうじょ) 공제
□ 徐行(じょこう) 서행
□ 容易(ようい) 용이
□ 天然(てんねん) 천연
□ 頭痛(ずつう) 두통
□ 貧困(ひんこん) 빈곤
□ 規模(きぼ) 규모
□ 逸脱(いつだつ) 일탈
□ 斬新(ざんしん) 참신
□ 始終(しじゅう) 시종
□ 卑怯(ひきょう) 비겁

- □ 民俗(みんぞく) 민속
- □ 証拠(しょうこ) 증거
- □ 工夫(くふう) 궁리
- □ 衝突(しょうとつ) 충돌
- □ 大小(だいしょう) 대소
- □ 謝罪(しゃざい) 사죄
- □ 衣装(いしょう) 의상
- □ 便利(べんり) 편리
- □ 東洋(とうよう) 동양
- □ 拒絶(きょぜつ) 거절
- □ 広告(こうこく) 광고
- □ 人柄(ひとがら) 인품
- □ 傾斜(けいしゃ) 경사
- □ 依存(いぞん) 의존
- □ 誇張(こちょう) 과장
- □ 猛獣(もうじゅう) 맹수
- □ 麻痺(まひ) 마비
- □ 諮問(しもん) 자문
- □ 漏洩(ろうえい) 누설
- □ 拉致(らち) 납치

- □ 欲求(よっきゅう) 욕구
- □ 反応(はんのう) 반응
- □ 台頭(たいとう) 대두
- □ 卒業(そつぎょう) 졸업
- □ 挑戦(ちょうせん) 도전
- □ 寿命(じゅみょう) 수명
- □ 体裁(ていさい) 외관, 체면
- □ 贈答(ぞうとう) 증답, 선사
- □ 徹夜(てつや) 철야
- □ 煙突(えんとつ) 굴뚝
- □ 衰退(すいたい) 쇠퇴
- □ 上下(じょうげ) 상하
- □ 売却(ばいきゃく) 매각
- □ 悪気(わるぎ) 악의
- □ 更迭(こうてつ) 경질
- □ 目方(めかた) 무게
- □ 悲惨(ひさん) 비참
- □ 躊躇(ちゅうちょ) 주저
- □ 苦渋(くじゅう) 고뇌, 괴로움
- □ 遮断(しゃだん) 차단

- □ 生涯(しょうがい) 생애
- □ 歴史(れきし) 역사
- □ 道徳(どうとく) 도덕
- □ 色彩(しきさい) 색채
- □ 真心(まごころ) 진심
- □ 拒否(きょひ) 거부
- □ 崩壊(ほうかい) 붕괴
- □ 病院(びょういん) 병원
- □ 勤務(きんむ) 근무
- □ 品物(しなもの) 물건
- □ 眼球(がんきゅう) 안구
- □ 思惑(おもわく) 생각
- □ 蔓延(まんえん) 만연
- □ 地盤(じばん) 지반
- □ 参拝(さんぱい) 참배
- □ 曖昧(あいまい) 애매
- □ 供養(くよう) 공양
- □ 人手(ひとで) 일손
- □ 指図(さしず) 지시
- □ 殺到(さっとう) 쇄도

3 빈출 동사 120

- □ 拾(ひろ)う 줍다
- □ 煮(に)る 삶다
- □ 欺(あざむ)く 속이다, 기만하다
- □ 朽(く)ちる (나무 따위가) 썩다
- □ 彫(ほ)る 새기다
- □ 侮(あなど)る 깔보다
- □ 覆(くつがえ)す 뒤집다
- □ 養(やしな)う 양육하다
- □ 催(もよお)す 개최하다
- □ 募(つの)る 모집하다
- □ 唆(そそのか)す 부추기다
- □ 巡(めぐ)る 둘러싸다
- □ 足(た)りる 충분하다
- □ 覗(のぞ)く 들여다보다, 엿보다
- □ 類(るい)する 비슷하다
- □ 鍛(きた)える 단련하다
- □ 設(もう)ける 설치하다
- □ 分(わ)かれる 나누어지다
- □ 防(ふせ)ぐ 막다, 방지하다
- □ 建(た)つ (건물이) 서다
- □ 響(ひび)く 울리다
- □ 憤(いきどお)る 성내다
- □ 狂(くる)う 미치다
- □ 向(む)く 향하다
- □ 割(わ)る 깨다, 나누다
- □ 営(いとな)む 경영하다
- □ 陥(おちい)る (나쁜 상태에) 빠지다
- □ 貸(か)す 빌려 주다
- □ 覚(おぼ)える 기억하다
- □ 続(つづ)ける 계속하다
- □ 倒(たお)れる 쓰러지다, 넘어지다
- □ 踏(ふ)む 밟다, 딛다
- □ 費(つい)やす 소비하다
- □ 慕(した)う 그리워하다
- □ 崩(くず)れる 무너지다
- □ 消(き)える 사라지다
- □ 染(そ)める 염색하다
- □ 妨(さまた)げる 방해하다
- □ 迎(むか)える 맞다, 맞이하다
- □ 衰(おとろ)える 쇠약해지다
- □ 凍(こお)る 얼다
- □ 腐(くさ)る 썩다, 상하다
- □ 助(たす)ける 돕다
- □ 負(ま)ける 지다
- □ 習(なら)う 배우다, 익히다
- □ 盗(ぬす)む 훔치다
- □ 操(あやつ)る 조종하다, 다루다
- □ 臨(のぞ)む 임하다
- □ 光(ひか)る 빛나다
- □ 叫(さけ)ぶ 외치다
- □ 閉(し)まる 닫히다
- □ 捨(す)てる 버리다
- □ 好(この)む 즐기다, 좋아하다
- □ 加(くわ)える 더하다
- □ 兼(か)ねる 겸하다
- □ 偏(かたよ)る 치우치다
- □ 占(し)める 차지하다
- □ 漏(も)らす 누설하다
- □ 報(むく)いる 보답하다
- □ 語(かた)る 이야기하다

- ☐ 味(あじ)わう 맛보다
- ☐ 補(おぎな)う 보충하다
- ☐ 妬(ねた)む 질투하다
- ☐ 冒(おか)す 무릅쓰다
- ☐ 捉(とら)える 파악하다
- ☐ 構(かま)える 꾸미다, 자세를 취하다
- ☐ 抑(おさ)える 억제하다
- ☐ 秀(ひい)でる 뛰어나다
- ☐ 暮(く)らす 생활하다, 살다
- ☐ 冴(さ)える 맑아지다
- ☐ 赤(あか)らむ 붉어지다
- ☐ 禁(きん)じる 금지하다
- ☐ 欠(か)ける 결여되다
- ☐ 司(つかさど)る 관장하다, 담당하다
- ☐ 脅(おびや)かす 위협하다
- ☐ 咎(とが)める 책망하다
- ☐ 強(し)いる 강요하다
- ☐ 止(や)む 그치다, 멎다
- ☐ 連(つ)れる 데리고 가[오]다
- ☐ 願(ねが)う 바라다, 원하다
- ☐ 埋(う)める 파묻다
- ☐ 装(よそお)う 치장하다
- ☐ 明(あ)かす 밝히다, 털어놓다
- ☐ 悩(なや)む 고민하다
- ☐ 譲(ゆず)る 양보하다
- ☐ 担(にな)う 짊어지다
- ☐ 恨(うら)む 원망하다
- ☐ 納(おさ)める 납입하다, 납부하다
- ☐ 整(ととの)える 조절하다
- ☐ 栄(さか)える 번영하다
- ☐ 化(ば)ける 둔갑하다
- ☐ 訴(うった)える 호소하다
- ☐ 渡(わた)す 건네다, 건네주다
- ☐ 迫(せま)る 다가오다
- ☐ 稼(かせ)ぐ 돈을 벌다
- ☐ 努(つと)める 노력하다
- ☐ 傾(かし)げる 갸웃하다
- ☐ 紛(まぎ)れる 헷갈리다
- ☐ 苦(くる)しめる 괴롭히다
- ☐ 乾(かわ)く 마르다, 건조하다
- ☐ 黙(だま)る 침묵하다
- ☐ 混(ま)ぜる 뒤섞다
- ☐ 労(いたわ)る 위로하다
- ☐ 炊(た)く (밥을) 짓다
- ☐ 脅(おど)かす 위협하다
- ☐ 戒(いまし)める 타이르다
- ☐ 率(ひき)いる 인솔하다
- ☐ 外(はず)れる 빗나가다
- ☐ 添(そ)える 첨부하다
- ☐ 長(た)ける 뛰어나다
- ☐ 交(か)わす 교환하다
- ☐ 弱(よわ)まる 약해지다
- ☐ 広(ひろ)まる 넓어지다
- ☐ 廃(すた)れる 쇠퇴하다
- ☐ 滅(ほろ)びる 멸망하다
- ☐ 奏(かな)でる 연주하다
- ☐ 犯(おか)す 범하다, 저지르다
- ☐ 滞(とどこお)る 정체되다, 밀리다
- ☐ 選(えら)ぶ 고르다, 선택하다
- ☐ 済(す)む 끝나다, 해결되다

4 빈출 복합동사 60

- □ 長引く 오래 끌다, 지연되다
- □ 取り組む 몰두하다
- □ 見直す 다시 보다, 재검토하다
- □ 込み上げる 복받치다
- □ 引き揚げる 철수하다
- □ 目指す 목표로 하다, 지향하다
- □ 見合わせる 보류하다
- □ 付け加える 덧붙이다
- □ 見せ付ける 과시하다
- □ 思い余る 생각다 못하다
- □ 受け入れる 받아들이다
- □ 引き付ける (마음을) 끌다
- □ すれ違う 스쳐 지나가다
- □ 差し引く 빼다, 공제하다
- □ 取り立てる 징수하다
- □ 待ち兼ねる 학수고대하다
- □ 受け取る 받다, 수취하다
- □ 立て替える 대신 지불하다
- □ 落ち込む (기분이) 침울해지다
- □ 取り締まる 단속하다
- □ 上回る 웃돌다, 상회하다
- □ 見習う 보고 배우다, 본받다
- □ 取り出す 꺼내다
- □ 取り消す 취소하다
- □ 食い違う 일이 어긋나다
- □ 立ち直る 회복하다
- □ 繰り返す 반복하다
- □ 振り出す 흔들어서 나오게 하다
- □ 引き取る 인수하다, 맡다
- □ 見計らう 가늠하다
- □ 乗り出す 착수하다
- □ 差し掛かる 다다르다
- □ 煽てる 치켜세우다
- □ 切り詰める 절약하다
- □ 取り付ける 설치하다
- □ 差し支える 지장이 있다
- □ 見入る 넋을 잃고 보다
- □ 仕組む 연구하여 만들다
- □ 見舞う (재난 등을) 만나다
- □ 取り立てる 특별히 내세우다
- □ 立ち退く 떠나다, 물러나다
- □ 似合う 어울리다
- □ 寄り掛かる 기대다
- □ 張り合う 경쟁하다
- □ 途絶える 두절되다, 끊어지다
- □ 見落とす 간과하다
- □ 追い抜く 앞지르다
- □ 掛け合う 교섭하다
- □ 打ち切る 중지하다
- □ 払い込む 불입하다
- □ 飲み込む 이해하다
- □ 乗り越える 극복하다
- □ 思い止まる 단념하다
- □ 言い付ける 명령하다
- □ 打ち明ける 고백하다
- □ 仕向ける (~하게) 만들다
- □ 見合う 균형이 잡히다
- □ 問い合わせる 문의하다
- □ 巻き込む 말려들게 하다
- □ 見込む 내다보다, 예상하다

5 빈출 부사 120

- □ 度々(たびたび) 자주, 종종
- □ 決して(けっ) 결코
- □ 到底(とうてい) 도저히
- □ 急に(きゅう) 갑자기
- □ 専ら(もっぱ) 오로지
- □ 更に(さら) 더욱
- □ うっかり 무심코, 깜빡
- □ 滅多に(めった) 좀처럼
- □ 是非(ぜひ) 제발, 부디
- □ 未だに(いま) 아직도, 아직까지도
- □ 少なくとも(すく) 적어도
- □ かなり 꽤, 상당히
- □ 至って(いた) 매우, 몹시
- □ せめて 하다 못해
- □ たぶん 아마, 필시
- □ 所詮(しょせん) 결국, 어차피
- □ きっと 분명히, 틀림없이
- □ 予め(あらかじ) 미리, 사전에
- □ 不意に(ふい) 돌연, 갑자기
- □ せっせと 부지런히, 열심히
- □ まさか 설마
- □ 敢えて(あ) 감히, 굳이
- □ 直ちに(ただ) 당장, 즉시
- □ 一向に(いっこう) 전혀
- □ 強いて(し) 굳이, 억지로
- □ むしろ 오히려
- □ 常に(つね) 늘, 항상
- □ 確かに(たし) 확실히
- □ 果たして(は) 과연
- □ いっそ 차라리, 숫제
- □ 徐々に(じょじょ) 서서히
- □ 一斉に(いっせい) 일제히
- □ そもそも 애초에
- □ さぞ 아마, 필시
- □ 今更(いまさら) 이제 와서
- □ ぎっしり 가득, 잔뜩
- □ ぐっすり 푹, 편하게
- □ ようやく 겨우, 간신히
- □ ほとんど 거의, 대부분
- □ あくまでも 어디까지나
- □ 殊に(こと) 특히
- □ 一応(いちおう) 우선
- □ 全然(ぜんぜん) 전연, 전혀
- □ さっぱり 전혀, 도무지
- □ 遂に(つい) 드디어
- □ 強ち(あながち) 반드시, 꼭
- □ 満更(まんざら) 그다지, 그리
- □ 却って(かえ) 도리어, 오히려
- □ ぽっかり 두둥실
- □ すっかり 완전히
- □ ひたすら 오로지, 한결같이
- □ 早速(さっそく) 당장, 즉시
- □ 仮に(かり) 가령, 만일
- □ やや 약간, 다소
- □ たとえ 설사, 설령
- □ 大分(だいぶ) 꽤, 상당히
- □ あいにく 공교롭게도
- □ ちっとも 조금도, 전혀
- □ 前以て(まえもっ) 미리, 사전에
- □ もう 이제, 이미, 벌써

□ 正(まさ)に 정말로
□ さほど 그다지
□ いかに 아무리, 어떻게
□ まして 하물며, 더구나
□ つゆほども 조금도
□ 恐(おそ)らく 아마, 필시
□ かれこれ 그럭저럭
□ 改(あらた)めて 재차, 다시
□ やたらに 무턱대고
□ もっとも 가장, 제일
□ いくぶん 어느 정도
□ 何(なん)と 참으로, 얼마나
□ 努(つと)めて 애써, 되도록
□ 案外(あんがい) 의외로, 예상외로
□ さっさと 재빠르게, 냉큼
□ ちゃんと 제대로, 확실히
□ いよいよ 마침내, 드디어
□ 正(まさ)しく 틀림없이, 확실히
□ やけに 몹시, 무척, 마구
□ なにしろ 어쨌든, 하여간

□ 次第(しだい)に 점차, 차츰
□ 毛頭(もうとう) 조금도
□ しばしば 자주
□ 割(わり)と 비교적
□ 大(たい)して 그다지
□ 直(じき)に 곧, 바로
□ いきなり 갑자기
□ てっきり 틀림없이
□ とっさに 순간적으로
□ 喜(よろこ)んで 기꺼이
□ とっくに 훨씬 전에, 진작에
□ くれぐれも 아무쪼록, 부디
□ 無性(むしょう)に 무턱대고
□ わざと 고의로, 일부러
□ いつの間(ま)にか 어느샌가
□ やたらと 무턱대고, 마구
□ 独(ひと)りでに 저절로, 자연히
□ どうやら 아무래도
□ 晴(は)れて 떳떳하게, 거리낌 없이
□ できるだけ 가능한 한

□ なまじに 어설프게, 어중간하게
□ 時折(ときおり) 때때로, 가끔
□ 大体(だいたい) 대개, 대체로
□ とにかく 어쨌든
□ 一層(いっそう) 한층 더, 더욱더
□ 一気(いっき)に 단숨에
□ はっきり 분명히
□ 折(お)り入(い)って 각별히, 긴히
□ いずれ 머지않아
□ いざ 막상, 정작
□ 変(か)わらず 여전히
□ 今(いま)にも 당장이라도
□ たっぷり 듬뿍, 가득
□ やっと 겨우, 간신히
□ 極(きわ)めて 극히, 대단히
□ 案(あん)の定(じょう) 생각했던 대로, 아니나다를까
□ ろくに 제대로, 변변히
□ なにせ 어쨌든, 여하튼
□ さも 자못, 아주, 정말로
□ 勢(いきお)い 자연히, 당연한 결과로

6 빈출 가타카나어 120

- ☐ ニーズ 니즈, 필요성, 요구
- ☐ カーテン 커튼
- ☐ サンダル 샌들
- ☐ スプーン 스푼
- ☐ ネクタイ 넥타이
- ☐ プール 수영장
- ☐ ガソリン 가솔린
- ☐ パーティー 파티
- ☐ ジレンマ 딜레마
- ☐ テーブル 테이블
- ☐ ネックレス 목걸이
- ☐ ハイキング 하이킹
- ☐ アンケート 앙케트
- ☐ ステージ 스테이지
- ☐ インタビュー 인터뷰
- ☐ コントロール 컨트롤
- ☐ スケジュール 스케줄
- ☐ プログラム 프로그램
- ☐ フィクション 픽션, 허구
- ☐ コレクション 컬렉션, 수집
- ☐ スキー 스키
- ☐ ラケット 라켓
- ☐ スカート 스커트, 치마
- ☐ フィルム 필름
- ☐ チャンス 기회
- ☐ ラジオ 라디오
- ☐ パイプ 파이프
- ☐ オフィス 오피스
- ☐ スカーフ 스카프
- ☐ レコード 레코드
- ☐ ダンス 댄스, 춤
- ☐ スライド 슬라이드
- ☐ スピーカー 스피커
- ☐ フライパン 프라이팬
- ☐ ハンサム 핸섬, 미남
- ☐ バランス 밸런스, 균형
- ☐ ピクニック 피크닉, 소풍
- ☐ ラッシュアワー 러시아워
- ☐ エレベーター 엘리베이터
- ☐ エスカレーター 에스컬레이터
- ☐ コーチ 코치
- ☐ ゼミ 세미나
- ☐ タオル 타월, 수건
- ☐ クリーム 크림
- ☐ グラフ 그래프
- ☐ エンジン 엔진
- ☐ オーダー 주문
- ☐ ポイント 포인트
- ☐ レポート 보고서
- ☐ イメージ 이미지
- ☐ ウール 울, 모직
- ☐ デパート 백화점
- ☐ ステレオ 스테레오
- ☐ ドライブ 드라이브
- ☐ ランチ 런치, 점심(식사)
- ☐ ロマンチック 로맨틱
- ☐ アイディア 아이디어
- ☐ マーケット 마켓, 시장
- ☐ パフォーマンス 퍼포먼스, 공연
- ☐ トレーニング 트레이닝, 훈련

- ☐ ビール 맥주
- ☐ カーブ 커브
- ☐ カバー 커버
- ☐ トンネル 터널
- ☐ ロッカー 로커
- ☐ ハンドル 핸들
- ☐ プラス 플러스
- ☐ アルバム 앨범
- ☐ インテリ 인텔리, 지식인
- ☐ シャッター 셔터
- ☐ スタート 스타트, 출발
- ☐ スピード 스피드, 속도
- ☐ サイレン 사이렌
- ☐ パスポート 여권
- ☐ ペット 애완동물
- ☐ セクハラ 성희롱
- ☐ マラソン 마라톤
- ☐ ポスター 포스터
- ☐ エプロン 앞치마
- ☐ ボーナス 보너스
- ☐ ノック 노크
- ☐ ボート 보트
- ☐ コピー 복사
- ☐ テスト 테스트
- ☐ カメラ 카메라
- ☐ ポスト 우체통
- ☐ ビニール 비닐
- ☐ グループ 그룹
- ☐ ユーモア 유머
- ☐ サンプル 샘플
- ☐ ルーズ 느슨함
- ☐ カロリー 칼로리
- ☐ サービス 서비스
- ☐ エチケット 에티켓
- ☐ ナンセンス 넌센스
- ☐ スムーズ 순조로움
- ☐ レジャー 레저, 여가
- ☐ パターン 패턴, 유형
- ☐ ターゲット 타깃, 표적
- ☐ カテゴリー 카테고리, 범주
- ☐ リズム 리듬
- ☐ セット 세트
- ☐ アウト 아웃
- ☐ サイン 사인
- ☐ メール 메일
- ☐ コース 코스
- ☐ コック 요리사
- ☐ ストップ 스톱
- ☐ イコール 같음
- ☐ メニュー 메뉴
- ☐ ペンキ 페인트
- ☐ プリント 프린트
- ☐ キャンセル 캔슬, 취소
- ☐ アイロン 다리미
- ☐ チェンジ 체인지
- ☐ ベテラン 베테랑
- ☐ パトカー 경찰차
- ☐ アンテナ 안테나
- ☐ トラウマ 트라우마, 정신적 외상
- ☐ レストラン 레스토랑

7 빈출 い형용사 120

□ 苦(にが)い 쓰다
□ 辛(から)い 맵다
□ 若(わか)い 젊다
□ 大(おお)きい 크다
□ 速(はや)い (속도가) 빠르다
□ 遅(おそ)い 느리다
□ 青(あお)い 푸르다
□ 眠(ねむ)い 졸리다
□ 親(した)しい 친하다
□ 厳(きび)しい 엄하다
□ まずい 맛없다
□ ひどい 심하다
□ 新(あたら)しい 새롭다
□ 緩(ゆる)い 느슨하다
□ 堅(かた)い 딱딱하다
□ 温(ぬる)い 미지근하다
□ 危(あぶ)ない 위험하다
□ 面白(おもしろ)い 재미있다
□ おかしい 이상하다
□ 甘(あま)い 달다, 무르다

□ 薄(うす)い 얇다
□ 憎(にく)い 밉다
□ 黒(くろ)い 검다
□ 白(しろ)い 희다
□ 安(やす)い 싸다
□ 狭(せま)い 좁다
□ 易(やさ)しい 쉽다
□ 小(ちい)さい 작다
□ 少(すく)ない 적다
□ 難(むずか)しい 어렵다
□ 苦(くる)しい 힘들다, 괴롭다
□ 悲(かな)しい 슬프다
□ だるい 나른하다
□ ずるい 교활하다
□ おいしい 맛있다
□ 寂(さび)しい 쓸쓸하다
□ 暖(あたた)かい 따뜻하다
□ うるさい 시끄럽다
□ 涼(すず)しい 시원하다
□ 正(ただ)しい 올바르다

□ 遠(とお)い 멀다
□ 暑(あつ)い 덥다
□ 長(なが)い 길다
□ 短(みじか)い 짧다
□ 明(あか)るい 밝다
□ 厚(あつ)い 두껍다
□ 重(おも)い 무겁다
□ 近(ちか)い 가깝다
□ 弱(よわ)い 약하다
□ 熱(あつ)い 뜨겁다
□ 暗(くら)い 어둡다
□ 細(ほそ)い 가늘다
□ 軽(かる)い 가볍다
□ 強(つよ)い 강하다
□ かゆい 가렵다
□ 冷(つめ)たい 차갑다
□ 嬉(うれ)しい 기쁘다
□ 古(ふる)い 오래되다, 낡다
□ 恐(おそ)ろしい 무섭다, 두렵다
□ 細(こま)かい 꼼꼼하다, 세심하다

- □ 情けない(なさけない) 한심하다
- □ 騒がしい(さわがしい) 시끄럽다
- □ 息苦しい(いきぐるしい) 숨막히다
- □ ぎこちない 어색하다
- □ 淡い(あわい) 엷다, 희미하다
- □ 危なっかしい(あぶなっかしい) 위태롭다
- □ 思いがけない(おもいがけない) 뜻밖이다
- □ 後ろめたい(うしろめたい) 뒤가 켕기다
- □ 等しい(ひとしい) 같다, 마찬가지이다
- □ 険しい(けわしい) 험하다, 험악하다
- □ 空しい(むなしい) 공허하다, 헛되다
- □ 心細い(こころぼそい) 마음이 불안하다
- □ 悔しい(くやしい) 분하다, 속상하다
- □ 卑しい(いやしい) 천하다, 비열하다
- □ 賢い(かしこい) 현명하다, 영리하다
- □ 痛ましい(いたましい) 가엾다, 애처롭다
- □ 何気ない(なにげない) 아무렇지도 않다
- □ あくどい 지독하다, 악랄하다
- □ しつこい 끈질기다
- □ 潔い(いさぎよい) 맑고 깨끗하다, 미련없다
- □ 鈍い(にぶい) 둔하다
- □ 幼い(おさない) 어리다, 유치하다
- □ 重たい(おもたい) 무겁다
- □ 偉い(えらい) 위대하다
- □ 快い(こころよい) 상쾌하다
- □ 怪しい(あやしい) 수상하다
- □ 著しい(いちじるしい) 현저하다
- □ 青白い(あおじろい) 창백하다
- □ 大人しい(おとなしい) 얌전하다
- □ 騒々しい(そうぞうしい) 시끄럽다
- □ 愛しい(いとしい) 사랑스럽다
- □ きつい 심하다, 꽉 끼다
- □ 惜しい(おしい) 아깝다, 애석하다
- □ 鋭い(するどい) 날카롭다, 예리하다
- □ 粗い(あらい) 엉성하다, 조잡하다
- □ 切ない(せつない) 애달프다, 안타깝다
- □ 煩わしい(わずらわしい) 번거롭다, 성가시다
- □ 羨ましい(うらやましい) 부럽다, 샘이 나다
- □ 浅ましい(あさましい) 비참하다, 비열하다
- □ 相応しい(ふさわしい) 어울리다, 걸맞다
- □ 恋しい(こいしい) 그립다
- □ 眩しい(まぶしい) 눈부시다
- □ 根強い(ねづよい) 끈질기다
- □ くだらない 시시하다
- □ はしたない 상스럽다
- □ 好ましい(このましい) 바람직하다
- □ 恨めしい(うらめしい) 원망스럽다
- □ 頼もしい(たのもしい) 믿음직하다
- □ 疑わしい(うたがわしい) 의심스럽다
- □ 図々しい(ずうずうしい) 뻔뻔스럽다, 낯 두껍다
- □ 手強い(てごわい) (상대하기에) 힘겹다, 벅차다
- □ 面倒くさい(めんどうくさい) (아주) 귀찮다
- □ みっともない 꼴불견이다
- □ 煙たい(けむたい) 냅다
- □ 詳しい(くわしい) 자세하다, 상세하다
- □ 恭しい(うやうやしい) 공손하다, 정중하다
- □ 労しい(いたわしい) 측은하다, 애처롭다
- □ 貧しい(まずしい) 가난하다
- □ 青臭い(あおくさい) 미숙하다, 유치하다
- □ くすぐったい 간지럽다

8 빈출 な형용사 120

☐ 変(へん)だ 이상하다
☐ 楽(らく)だ 편안하다, 수월하다
☐ 素敵(すてき)だ 멋지다
☐ ソフトだ 부드럽다
☐ 幸(しあわ)せだ 행복하다
☐ 確(たし)かだ 확실하다
☐ 嫌(きら)いだ 싫어하다
☐ 素直(すなお)だ 솔직하다
☐ 健全(けんぜん)だ 건전하다
☐ 便利(べんり)だ 편리하다
☐ 格別(かくべつ)だ 각별하다
☐ 心配(しんぱい)だ 걱정이다
☐ 残念(ざんねん)だ 유감스럽다
☐ 結構(けっこう)だ 훌륭하다, 좋다
☐ 必要(ひつよう)だ 필요하다
☐ 重要(じゅうよう)だ 중요하다
☐ 自然(しぜん)だ 자연스럽다
☐ 駄目(だめ)だ 안 되다, 소용 없다
☐ 無駄(むだ)だ 쓸데없다
☐ 大変(たいへん)だ 힘들다, 큰일이다

☐ 平気(へいき)だ 태연하다
☐ 自由(じゆう)だ 자유롭다
☐ 莫大(ばくだい)だ 막대하다
☐ 公平(こうへい)だ 공평하다
☐ 単純(たんじゅん)だ 단순하다
☐ 立派(りっぱ)だ 훌륭하다
☐ 当然(とうぜん)だ 당연하다
☐ 正当(せいとう)だ 정당하다
☐ 熱心(ねっしん)だ 열심이다
☐ 無事(ぶじ)だ 무사하다
☐ 切実(せつじつ)だ 절실하다
☐ 平和(へいわ)だ 평화롭다
☐ 優秀(ゆうしゅう)だ 우수하다
☐ 適当(てきとう)だ 적당하다
☐ 深刻(しんこく)だ 심각하다
☐ 有効(ゆうこう)だ 유효하다
☐ ハンサムだ 핸섬하다
☐ シンプルだ 단순하다
☐ 苦手(にがて)だ 서투르다, 잘 못하다
☐ きれいだ 예쁘다, 깨끗하다

☐ 嫌(いや)だ 싫다, 불쾌하다
☐ 暇(ひま)だ 한가하다
☐ 好(す)きだ 좋아하다
☐ 静(しず)かだ 조용하다
☐ 安全(あんぜん)だ 안전하다
☐ 元気(げんき)だ 건강하다
☐ 十分(じゅうぶん)だ 충분하다
☐ 丈夫(じょうぶ)だ 튼튼하다
☐ 親切(しんせつ)だ 친절하다
☐ 簡単(かんたん)だ 간단하다
☐ 有名(ゆうめい)だ 유명하다
☐ 不便(ふべん)だ 불편하다
☐ 複雑(ふくざつ)だ 복잡하다
☐ 有益(ゆうえき)だ 유익하다
☐ 正直(しょうじき)だ 정직하다
☐ 大丈夫(だいじょうぶ)だ 괜찮다
☐ 貴重(きちょう)だ 귀중하다
☐ 独特(どくとく)だ 독특하다
☐ 真面目(まじめ)だ 성실하다
☐ 当(あ)たり前(まえ)だ 당연하다

□ 安易(あんい)だ 안이하다
□ 残酷(ざんこく)だ 잔혹하다
□ 過剰(かじょう)だ 과잉되다
□ 不幸(ふこう)だ 불행하다
□ 豊富(ほうふ)だ 풍부하다
□ 軽率(けいそつ)だ 경솔하다
□ 肝心(かんじん)だ 중요하다
□ 謙遜(けんそん)だ 겸손하다
□ 透明(とうめい)だ 투명하다
□ 完璧(かんぺき)だ 완벽하다
□ 簡素(かんそ)だ 간소하다
□ 活発(かっぱつ)だ 활발하다
□ 強烈(きょうれつ)だ 강렬하다
□ 厳重(げんじゅう)だ 엄중하다
□ 真剣(しんけん)だ 진지하다
□ 純粋(じゅんすい)だ 순수하다
□ 冷酷(れいこく)だ 냉혹하다
□ 特殊(とくしゅ)だ 특수하다
□ 爽(さわ)やかだ 상쾌하다
□ 画期的(かっきてき)だ 획기적이다

□ 新(あら)ただ 새롭다
□ 最高(さいこう)だ 최고다
□ 豪華(ごうか)だ 호화롭다
□ 見事(みごと)だ 훌륭하다, 멋지다
□ 貧弱(ひんじゃく)だ 빈약하다
□ 曖昧(あいまい)だ 애매하다
□ 上品(じょうひん)だ 고상하다, 품위가 있다
□ 下品(げひん)だ 품위가 없다
□ 困難(こんなん)だ 곤란하다
□ 快適(かいてき)だ 쾌적하다
□ 新鮮(しんせん)だ 신선하다
□ 勤勉(きんべん)だ 근면하다
□ 異常(いじょう)だ 이상하다
□ 未熟(みじゅく)だ 미숙하다
□ 平等(びょうどう)だ 평등하다
□ 露骨(ろこつ)だ 노골적이다
□ お洒落(しゃれ)だ 멋지다, 세련되다
□ 円滑(えんかつ)だ 원활하다
□ 積極的(せっきょくてき)だ 적극적이다
□ 消極的(しょうきょくてき)だ 소극적이다

□ 冷淡(れいたん)だ 냉담하다
□ 無口(むくち)だ 과묵하다
□ 地味(じみ)だ 수수하다
□ 派手(はで)だ 화려하다
□ 勇敢(ゆうかん)だ 용감하다
□ 手頃(てごろ)だ 알맞다, 적당하다
□ 陽気(ようき)だ 명랑하다
□ 愉快(ゆかい)だ 유쾌하다
□ 神聖(しんせい)だ 신성하다
□ 膨大(ぼうだい)だ 방대하다
□ 敏感(びんかん)だ 민감하다
□ 素朴(そぼく)だ 소박하다
□ 乱暴(らんぼう)だ 난폭하다
□ 厳密(げんみつ)だ 엄밀하다
□ 頻繁(ひんぱん)だ 빈번하다
□ 順調(じゅんちょう)だ 순조롭다
□ 円満(えんまん)だ 원만하다
□ 大胆(だいたん)だ 대담하다
□ 鈍感(どんかん)だ 둔감하다
□ 大幅(おおはば)だ 대폭적이다

9 빈출 의성어 · 의태어 60

□ くよくよ 끙끙
□ ずるずる 질질
□ すらすら 술술
□ げらげら 껄껄
□ だらだら 줄줄
□ うとうと 꾸벅꾸벅
□ どやどや 우르르
□ くらくら 어질어질
□ ゆらゆら 흔들흔들
□ はらはら 조마조마
□ にこにこ 싱글벙글
□ どたばた 쿵쾅쿵쾅
□ のろのろ 느릿느릿
□ どさどさ 털썩털썩, 우르르
□ ぶるぶる 벌벌, 부들부들
□ ずきずき 욱신욱신
□ ぴんぴん 팔딱팔딱
□ ぱちぱち 깜박깜박
□ つやつや 반들반들
□ おずおず 머뭇머뭇

□ てきぱき 척척
□ だんだん 점점
□ じわじわ 서서히
□ ぐらぐら 흔들흔들
□ ぐるぐる 빙글빙글
□ ごくごく 벌컥벌컥
□ しとしと 부슬부슬
□ もぐもぐ 우물우물
□ うじうじ 우물쭈물
□ もじもじ 머뭇머뭇
□ まじまじ 말똥말똥
□ こりごり 지긋지긋
□ ぞくぞく 오싹오싹
□ ぎしぎし 삐걱삐걱
□ でこぼこ 울퉁불퉁
□ おどおど 주저주저
□ くすくす 킥킥, 낄낄
□ うつらうつら 꾸벅꾸벅
□ うろうろ 어슬렁어슬렁
□ みすみす 뻔히 알고도

□ ぞっと 오싹
□ すかすか 척척
□ ねばねば 끈적끈적
□ ねとねと 끈적끈적
□ まごまご 우물쭈물
□ ざらざら 까칠까칠
□ からから 바싹, 텅텅
□ うずうず 근질근질
□ びくびく 벌벌, 흠칫
□ こそこそ 소곤소곤
□ すくすく 무럭무럭
□ よちよち 아장아장
□ じりじり 한발한발
□ とぼとぼ 터벅터벅
□ むらむら 뭉게뭉게
□ ひそひそ 소곤소곤
□ てかてか 반들반들
□ ほかほか 따끈따끈
□ すやすや 새근새근
□ ぺらぺら 술술, 줄줄

10 빈출 문법표현 40(JLPT N3·N4·N5 수준)

- ☐ ～ませんか ～하지 않겠습니까?(권유)
- ☐ 동작성명사·ます형+に ～하러(목적)
- ☐ ～が好(す)きだ ～을 좋아하다
- ☐ ～が嫌(きら)いだ ～을 싫어하다
- ☐ ～が上手(じょうず)だ ～을 잘하다
- ☐ ～が得意(とくい)だ ～을 잘하다, ～이 자신 있다
- ☐ ～が下手(へた)だ ～이 서투르다, ～을 잘 못하다
- ☐ ～が苦手(にがて)だ ～을 잘 못하다, ～이 서투르다
- ☐ た형+方(ほう)がいい ～하는 편[쪽]이 좋다
- ☐ ～なければならない ～하지 않으면 안 된다, ～해야 한다
- ☐ ～てはいけない ～해서는 안 된다
- ☐ ～てもいい ～해도 된다
- ☐ ～てもかまわない ～해도 상관없다
- ☐ いくら～ても 아무리 ～라도
- ☐ たとえ～ても 설령 ～라도
- ☐ 보통형+ことにする ～하기로 하다
- ☐ 보통형+ことになる ～하게 되다
- ☐ 보통형+つもりだ ～할 생각[작정]이다
- ☐ ～かどうか ～일지 어떨지, ～인지 어떤지
- ☐ 기본형+のに ～하는 데에, ～하기에
- ☐ い형용사의 어간+くなる ～게 되다, ～해지다
- ☐ な형용사의 어간+になる ～게 되다, ～해지다
- ☐ ～かもしれない ～일지도 모른다
- ☐ 기본형+ところだ ～하려던 참이다
- ☐ ～ばよかった ～했으면 좋았을 텐데
- ☐ ～ないでください ～하지 말아 주십시오
- ☐ ～とは ～라고 하는 것은, ～란
- ☐ なかなか ～ない 좀처럼 ～하지 않다
- ☐ ～たり ～たりする ～하거나 ～하거나 하다
- ☐ た형+ことがある ～한 적이 있다
- ☐ ～すぎる 너무 ～하다
- ☐ 기본형+前(まえ)に ～하기 전에
- ☐ ～しかない ～할 수밖에 없다
- ☐ ～がほしい ～을 갖고 싶다[원하다]
- ☐ ～てほしい ～해 주었으면 하다
- ☐ ～ほど～(は)ない ～만큼 ～하지(는) 않다
- ☐ た형+ばかりだ 막 ～한 참이다
- ☐ ～(の)ため ～때문에, ～을 위해
- ☐ ～なくて ～하지 않아서
- ☐ ～ないで ～하지 않고, ～하지 말고

빈출 문법표현 160 (JLPT N2 수준)

□ ～かのようだ ～인 것 같다

□ ～と共(とも)に ～와 함께

□ ～に応(おう)じて ～에 응해, ～에 따라, ～에 적합하게

□ ～に応(こた)えて ～에 부응해서

□ ～に代(か)わって ～을 대신해

□ ～代(か)わりに ～대신에

□ ～に従(したが)って ～함에 따라서

□ ～に連(つ)れて ～함에 따라서

□ ～に対(たい)して ～에 대해서(대상)

□ ～について ～에 대해서(내용)

□ ～に関(かん)して ～에 관해서

□ ～に伴(ともな)って ～에 동반해서

□ ～によって ～에 의해, ～에 따라

□ ～によると ～에 의하면, ～에 따르면

□ ～を中心(ちゅうしん)に ～을 중심으로

□ ～を問(と)わず ～을 불문하고

□ ～に基(もと)づいて ～에 근거해서

□ ～を基(もと)にして ～을 근거로 해서

□ ～上(うえ)に ～인 데다가, ～에 더해

□ た형+上(うえ)で ～한 후에, ～한 다음에

□ ～上(うえ)は ～한 이상은

□ ～以上(いじょう)(は) ～한 이상은

□ ～からには ～하는[한] 이상은

□ た형+ばかりに ～한 바람에, ～한 탓에

□ ～せいで ～탓에

□ ～おかげで ～덕분에

□ ～ないことはない ～하지 않을 것은 없다

□ ～てからでないと ～한 후가 아니면, ～하지 않고서는

□ ～ないことには ～하지 않고서는, ～하지 않으면

□ ～て以来(いらい) ～한 이래

□ ～だらけ ～투성이

□ ～っぽい ～의 경향이 있다

□ ～最中(さいちゅう) 한창 ～중

□ ～だけあって ～인 만큼

□ ～一方(いっぽう)(で) ～하는 한편

□ 기본형+一方(いっぽう)だ ～할 뿐이다, ～하기만 하다

□ ～恐(おそ)れがある ～할 우려가 있다

□ ～どころではない ～할 상황이 아니다

□ ～どころか ～은커녕

□ 기본형+度(たび)に ～할 때마다

- ☐ たとえ～ても 설령 ~라도
- ☐ ～まい ~하지 않겠다, ~하지 않을 것이다
- ☐ ます형+っこない ~할 턱이 없다
- ☐ ～わけがない ~일 리가 없다
- ☐ ～わけにはいかない ~할 수는 없다
- ☐ ～わけではない (전부) ~인 것은 아니다
- ☐ ～わけだ ~인 셈[것]이다
- ☐ ～も～ば～も ~도 ~하고[하거니와] ~도
- ☐ ～さえ～ば ~만 ~하면
- ☐ ～ば～ほど ~하면 ~할수록
- ☐ ～ほど ~일수록
- ☐ ます형+がたい ~하기 힘들다
- ☐ ます형+がちだ (자칫) ~하기 쉽다, 자주 ~하다
- ☐ ～気味(ぎみ) ~기미, ~기색, ~기운
- ☐ い형용사의 어간+げ ~스러움
- ☐ ます형+かけの ~하다 만, ~하는 도중의
- ☐ ます형+切(き)る 완전히[끝까지] ~하다
- ☐ ます형+抜(ぬ)く 끝까지 ~해내다
- ☐ ～もかまわず ~도 상관하지 않고
- ☐ ～に加(くわ)えて ~에 더해
- ☐ ～において ~에 있어서, ~에서
- ☐ ～反面(はんめん) ~인 반면
- ☐ ～に反(はん)して ~에 반해서
- ☐ ます형+ながら ~하면서, ~이면서도
- ☐ ます형+つつ ~하면서, ~이면서도
- ☐ ます형+つつある ~하고 있다
- ☐ ～を契機(けいき)に ~을 계기로
- ☐ ～をきっかけに ~을 계기로
- ☐ ～ばかりか ~뿐만 아니라
- ☐ ～のみならず ~뿐만 아니라
- ☐ ～に限(かぎ)らず ~뿐만 아니라
- ☐ ～限(かぎ)り ~하는 한
- ☐ ～に限(かぎ)る ~이 제일이다[최고이다]
- ☐ ～を巡(めぐ)って ~을 둘러싸고
- ☐ ～あまり ~한 나머지
- ☐ ～ように ~하도록, ~하라고
- ☐ ～うちに ~동안에, ~사이에
- ☐ ～を込(こ)めて ~을 담아
- ☐ ～かと思(おも)ったら ~인가 싶더니[했더니]
- ☐ ～か～ないかのうちに ~하자마자

- □ た형+とたん ~하자마자
- □ ます형+次第(しだい) ~하자마자, ~하는 대로
- □ 명사+次第(しだい)だ ~에 달려 있다, ~나름이다
- □ た형+きりだ ~한 채이다, ~했을 뿐이다, ~후이다
- □ ~くせに ~인 주제에
- □ ~をはじめ ~을 비롯해
- □ ~っけ ~던가
- □ た형+あげく ~한 끝에
- □ た형+末(すえ)に ~한 끝에
- □ た형+ところ ~한 결과, ~했더니
- □ ~ついでに ~하는 김에
- □ ~に比(くら)べて ~에 비해서
- □ ~通(とお)り(に) ~대로
- □ ~を~として ~을 ~로 해서
- □ ~に相違(そうい)ない ~임에 틀림없다
- □ ~に違(ちが)いない ~임에 틀림없다
- □ ~に決(き)まっている 분명 ~일 것이다, ~임에 틀림없다
- □ ~にとって ~에게 있어서
- □ ~てたまらない 너무 ~하다
- □ ~てならない 너무 ~하다
- □ ~として ~로서
- □ ~に過(す)ぎない ~에 지나지 않다
- □ ~ずにはいられない ~하지 않고는 못 배기다
- □ ~にほかならない 바로 ~이다
- □ ~べきだ (마땅히) ~해야 한다
- □ ~向(む)き ~에 적합함
- □ ~向(む)け ~대상, ~용
- □ ~に先立(さきだ)って ~에 앞서서
- □ ~とか ~라든가
- □ ~ということだ ~라고 한다
- □ 보통형+ことになっている ~하게 되어 있다
- □ ~ことはない ~할 것은[필요는] 없다
- □ ~ことに ~하게도(감탄 · 놀람)
- □ ~ことなく ~하는 일 없이
- □ ~ことか ~던가(감탄)
- □ ~ものか ~할까 보냐
- □ 기본형+ことだ ~해야 한다(충고 · 명령 · 주장)
- □ ~ものだ ~인 것[법]이다(상식 · 진리 · 본성)
- □ 사람+のことだから ~니까
- □ ~ものだから ~이기 때문에(변명 · 일반적 이유)

□ **〜ものがある** 〜인 데가 있다

□ 가능형+**ものなら** (만일) 〜라면, 〜할 수 있다면

□ **〜ものの** 〜이지만

□ **〜というものだ** 〜라는 것이다

□ **〜にしたら** 〜입장에서는

□ **〜につき** 〜당, 〜때문에

□ 기본형+**につけ** 〜할 때마다

□ **〜の下(もと)で** 〜하에서, 〜슬하에서

□ **〜はともかく** 〜은 어찌 되었던 (간에)

□ **ない**형+**ざるを得(え)ない** 〜하지 않을 수 없다

□ **〜に沿(そ)って** 〜을 따라(방침 · 기준)

□ **ます**형+**ようがない** 〜할 수가[방법이] 없다

□ **ます**형+**かねない** 〜할지도 모른다

□ **ます**형+**かねる** 〜하기 어렵다, 〜할 수 없다

□ **〜よりほかない** 〜할 수밖에 없다

□ **〜て仕方(しかた)ない** 너무 〜하다

□ **〜やら〜やら** 〜라든가 〜라든가

□ **〜を通(つう)じて** 〜을 통해서

□ 가격+**からする** 〜나 하는

□ **〜とは** 〜라고는, 〜하다니

□ **〜にわたって** 〜에 걸쳐서(기간)

□ **〜から〜にかけて** 〜부터 〜에 걸쳐서

□ **〜にかけては** 〜에 관해서는, 〜에 관한 한(분야)

□ **〜からといって** 〜라고 해서

□ **〜からして** 〜부터가, 〜을 첫 번째 예로써

□ **〜からすると** 〜로 보면

□ **〜にしては** 〜치고는

□ **〜にしろ** 〜라고 해도, 〜더라도

□ **〜にかかわらず** 〜에 관계없이

□ **〜にもかかわらず** 〜임에도 불구하고

□ **〜を抜(ぬ)きにして** 〜을 빼고, 〜을 제외하고

□ **〜はもとより** 〜은 물론이고

□ **〜に当(あ)たって** 〜에 즈음해서

□ **〜に際(さい)して** 〜에 즈음해서

□ **〜の際(さい)は** 〜할 때는

□ **〜割(わり)には** 〜에 비해서(는), 〜치고는

□ **〜(よ)うではないか** 〜해야 하지 않겠는가, 〜하자

□ **ます**형+**得(う・え)る** 〜할 수 있다

□ **〜すら** 〜조차

□ **〜始末(しまつ)だ** 〜형편[꼴]이다(비꼬는 투)

12 빈출 문법표현 100 (JLPT N1 수준)

- □ ～いかん ～여하
- □ ～いかんによらず ～여하에 따르지 않고
- □ ～(よ)うが ～하든, ～하더라도
- □ ～(よ)うが(～まいが) ～하든 (～하지 않든)
- □ ～ではあるまいし ～은 아닐 테고
- □ ～限(かぎ)りだ ～일 따름이다
- □ ～を限(かぎ)りに ～을 끝으로
- □ ～そばから ～하자마자 바로(반복적이고 규칙적인 일)
- □ 기본형+が早(はや)いか ～하자마자
- □ 기본형+や否(いな)や ～하자마자, ～하기가 무섭게
- □ 기본형+なり ～하자마자
- □ 명사+なりに ～나름대로
- □ ただ～のみ 단지 ～일 뿐
- □ ただ～のみならず 단지 ～뿐만 아니라
- □ た형+ところで ～해 봤자, ～한들
- □ ～にしたところで ～로 해 봤자
- □ ～であれ (설령) ～이라 할지라도, ～이라 해도
- □ ～てからというもの ～하고 나서부터 (쭉)
- □ ～(よ)うにも～ない ～하려 해도 ～할 수 없다
- □ ～こととて ～라서, ～이기 때문에
- □ ～とあって ～라서, ～이기 때문에
- □ ～とあれば ～라고 하면, ～라서
- □ ～といえども ～라고 해도
- □ ～とはいえ ～라고 해도
- □ ～ときたら ～로 말하자면
- □ ～ところを ～한 것을
- □ ます형+っぱなし ～한 채로, ～상태로
- □ ～と思(おも)いきや ～라고 생각했으나 (실은…)
- □ ～かたわら ～하는 한편
- □ ～ないではすまない ～하지 않고는 끝나지 않는다
- □ ～ずにはすまない ～하지 않고는 끝나지 않는다
- □ ～ないではおかない 반드시 ～하다
- □ ～ずにはおかない 반드시 ～하다
- □ ～の至(いた)り ～의 극치, 정말 ～함
- □ ～に至(いた)って ～에 이르러
- □ ～にたえる ～할 만하다
- □ ～にたえない 차마 ～할 수 없다, ～해 마지않다
- □ ～にかかわる ～에 관계된, ～이 달린
- □ ～はおろか ～은커녕
- □ ～までもない ～할 것까지도 없다

□ ~まみれ ~투성이, ~범벅

□ ~ずくめ ~뿐, ~일색

□ ~きらいがある ~인 (나쁜) 경향이 있다

□ ~がゆえ ~이기 때문에

□ ~がてら ~하는 김에, ~을 겸해

□ ~かたがた ~할 겸, ~을 겸해

□ た형+が最後(さいご) 일단 ~했다 하면

□ ない형+んばかりだ 금방이라도 ~할 것 같다

□ ~とばかりに ~라는 듯이

□ ~ごとく ~같이, ~처럼

□ ~に(は)あたらない ~할 것은[필요는] 없다

□ ~ことなしに ~하는 일 없이, ~하지 않고

□ ~ものを ~했을 것을, ~했을 텐데(후회 · 유감)

□ ます형+ながらも ~하면서도, ~인데도

□ ~ながらに ~그대로, ~채로

□ ~つ~つ ~하기도 하고 ~하기도 하고

□ ~といい~といい ~도 (그렇고) ~도 (그렇고)

□ ~なり~なり ~든 ~든

□ ~ともなく 특별히 ~할 생각도 없이

□ ~ともなると ~정도[쯤] 되면

□ ~ないまでも ~하지 않더라도

□ ~ないものでもない ~못할 것도 없다

□ 주로 숫자 1+たりとも 단 ~라도

□ ~なくしては ~없이는

□ ~なしに ~없이

□ ~ならではの ~만의, ~이 아니고는 할 수 없는

□ ~極(きわ)まりない ~하기 짝이 없다, 정말 ~하다

□ ~といったらない ~하기 짝이 없다, 정말 ~하다

□ ~の極(きわ)み ~의 극치

□ ~に足(た)る ~하기에 충분하다, ~할 만하다

□ ~にひきかえ ~와는 달리, ~와는 반대로

□ ~にもまして ~보다 더, ~이상으로

□ ~ばこそ ~이기에, ~때문에

□ ~まじき ~해서는 안 될(상식)

□ ~べからざる ~해서는 안 될(개인적 의견)

□ ~べからず ~해서는 안 된다

□ ~べく ~하기 위해, ~할 목적으로

□ ない형+んがため ~하기 위해

□ ~までのことだ ~하면 그만이다

□ ~ばそれまでだ ~하면 그것으로 끝이다

- ☐ ～もさることながら ～도 물론이거니와
- ☐ ～をおいて ～을 제외하고
- ☐ ～を禁(きん)じ得(え)ない ～을 금할 수 없다
- ☐ ～をもって ～로써
- ☐ ～をものともせず ～을 아랑곳하지 않고
- ☐ ～をよそに ～을 아랑곳하지 않고
- ☐ ～を余儀(よぎ)なくされる 어쩔 수 없이 ～하게 되다
- ☐ 명사+めく ～다워지다
- ☐ ～あっての ～이 있어야 성립하는
- ☐ 크기 · 길이 · 무게+からある ～나 되는
- ☐ ～と相(あい)まって ～와 함께, ～와 어울려
- ☐ ～というところだ 기껏해야[고작] ～정도이다
- ☐ 직업명+たる ～인, ～된
- ☐ ～にかたくない ～하기에 어렵지 않다
- ☐ ～てやまない ～해 마지않다
- ☐ ～にして ～이면서, ～이자
- ☐ ～にあって ～에서, ～에서는
- ☐ ～に即(そく)して ～에 입각해서
- ☐ ～を皮切(かわき)りに ～을 시작으로
- ☐ ～だに ～조차

13 빈출 표현 및 관용표현 400

□ 面倒を見る 돌보다, 보살피다

□ 世話を焼く (수고를 아끼지 않고) 보살펴 주다

□ 顔が広い 발이 넓다

□ ご馳走する 대접하다

□ 声をかける 말을 걸다

□ 馬が合う 호흡이 맞다

□ ご馳走になる 대접받다

□ 恩に着る 은혜를 입다

□ 気前がいい 통이 크다

□ 口を出す 말참견을 하다

□ 腹を割る 본심을 털어놓다

□ 一杯やる 술을 한잔하다

□ 恨みを晴らす 원한을 풀다

□ 言い訳をする 변명을 하다

□ 相談に乗る 상담에 응하다

□ 大目に見る (부족한 점이 있어도) 너그럽게 봐주다

□ 相槌を打つ 맞장구를 치다

□ 最善を尽くす 최선을 다하다

□ 一目置く 상대가 고수임을 인정하다

□ 話に花が咲く 이야기꽃이 피다

□ 猫の額 아주 좁음

□ そっぽを向く 외면하다

□ 猫を被る 내숭을 떨다

□ 鼻を折る 콧대를 꺾다

□ 口に乗る 감언이설에 넘어가다, 속다

□ 目の上のこぶ 눈엣가시

□ 恥をかく 창피를 당하다

□ 喧嘩を売る 싸움을 걸다

□ よそ見をする 한눈을 팔다

□ 理屈を付ける 핑계를 대다

□ 機嫌を取る 비위를 맞추다

□ 話の腰を折る 말허리를 끊다

□ 足下を見る 약점을 간파하다

□ 涼しい顔をする 시치미를 떼다

□ 顔から火が出る 부끄러워서 얼굴이 화끈거리다

□ ありがた迷惑 달갑지 않은 친절

□ 愛想が尽きる 정나미가 떨어지다

□ ひどい目に遭う 좋지 않은 일을 겪다, 혼나다

□ 顔に泥を塗る 얼굴에 먹칠을 하다

□ 後ろ指を指される 손가락질을 받다

- ☐ 油(あぶら)を搾(しぼ)る (잘못 등을) 호되게 책망하다
- ☐ ひびが入(はい)る 금이 가다
- ☐ 例(れい)を挙(あ)げる 예를 들다
- ☐ 役(やく)に立(た)つ 도움이 되다
- ☐ 身(み)に付(つ)ける 몸에 익히다
- ☐ 間(ま)に合(あ)う 시간에 맞게 대다, 늦지 않다
- ☐ 目(め)を通(とお)す 훑어보다
- ☐ ぐるになる 한통속이 되다
- ☐ 腰(こし)を下(お)ろす 걸터앉다, 앉다
- ☐ 大(おお)きなお世話(せわ) 쓸데없는 참견[간섭]
- ☐ 腕(うで)を揮(ふ)るう 솜씨를 발휘하다
- ☐ 人目(ひとめ)を引(ひ)く 남의 눈을 끌다
- ☐ 拍車(はくしゃ)をかける 박차를 가하다
- ☐ 気(き)が付(つ)く 깨닫다, 알아차리다
- ☐ 待(ま)ちぼうけを食(く)う 기다리다가 허탕 치다, 바람맞다
- ☐ 手(て)を出(だ)す 손을 대다
- ☐ 舌(した)が回(まわ)る 막힘없이 잘 말하다
- ☐ 気(き)を取(と)り直(なお)す 기운을 다시 내다
- ☐ お辞儀(じぎ)をする 공손하게 인사하다
- ☐ 仲間外(なかまはず)れにされる 따돌림을 당하다
- ☐ 膝(ひざ)を崩(くず)す 편히 앉다
- ☐ 目(め)に付(つ)く 눈에 띄다
- ☐ 肩(かた)を持(も)つ 편을 들다
- ☐ 小耳(こみみ)に挟(はさ)む 언뜻 듣다
- ☐ 口(くち)を添(そ)える (얘기가 잘 되도록) 말을 거들다
- ☐ 念頭(ねんとう)に置(お)く 염두에 두다
- ☐ 目(め)が届(とど)く 눈길이 미치다
- ☐ 注射(ちゅうしゃ)を打(う)つ 주사를 놓다
- ☐ 注目(ちゅうもく)を浴(あ)びる 주목을 받다
- ☐ 脚光(きゃっこう)を浴(あ)びる 각광을 받다
- ☐ 口(くち)がうまい 말솜씨가 좋다
- ☐ 首(くび)を長(なが)くする 학수고대하다
- ☐ 目(め)を細(ほそ)める 눈을 가늘게 뜨다, 즐거워서 싱글벙글하다
- ☐ 是非(ぜひ)を正(ただ)す 시비를 가리다
- ☐ 本音(ほんね)を吐(は)く 본심을 털어놓다
- ☐ びくともしない 꿈쩍도 하지 않다
- ☐ 足(あし)を洗(あら)う 나쁜 일에서 손을 떼다
- ☐ 軍配(ぐんばい)が上(あ)がる 승부에서 이기다
- ☐ 本腰(ほんごし)を入(い)れる 진지한 자세로 임하다
- ☐ 肩(かた)を並(なら)べる 어깨를 나란히 하다, 어깨를 겨루다

☐ 鼻(はな)にかける 내세우다, 자랑하다

☐ 輪(わ)になる 원형을 이루다, 빙 둘러앉다

☐ 首(くび)を捻(ひね)る 고개를 갸웃하다, 의아해하다

☐ 先手(せんて)を打(う)つ 선수를 치다

☐ 汚名(おめい)を濯(すす)ぐ 오명을 씻다

☐ 口(くち)を慎(つつし)む 말을 삼가다

☐ 胡麻(ごま)をする 아첨을 하다

☐ 尻(しり)が重(おも)い 동작이 굼뜨다

☐ 目(め)がない 사족을 못 쓰다

☐ けじめを付(つ)ける 구분을 짓다

☐ しのぎを削(けず)る 극심하게 경쟁하다

☐ 手(て)も足(あし)も出(で)ない 손도 못 대다

☐ 生計(せいけい)を立(た)てる 생계를 유지하다

☐ 長(なが)い目(め)で見(み)る 긴 안목으로 보다

☐ 明(あき)らかになる 밝혀지다

☐ 名残(なごり)を惜(お)しむ 작별을 아쉬워하다

☐ 舌(した)を巻(ま)く 혀를 내두르다, 감탄하다

☐ 待(ま)ち合(あ)わせをする (약속하여) 만나기로 하다

☐ 取(と)るに足(た)りない 하찮다

☐ 目(め)を覚(さ)ます 잠에서 깨다, 자각하다

☐ 当(あ)てにする 믿다

☐ 手(て)を切(き)る 관계를 끊다

☐ 口(くち)を割(わ)る 자백을 하다

☐ 顎(あご)を出(だ)す 녹초가 되다

☐ 欲(よく)を張(は)る 욕심을 부리다

☐ 尻馬(しりうま)に乗(の)る 덩달아 행동하다

☐ 尻尾(しっぽ)を巻(ま)く 꽁무니를 빼다

☐ 耳(みみ)を澄(す)ます 귀를 기울이다

☐ 後(おく)れを取(と)る 남보다 뒤지다

☐ 意地(いじ)を張(は)る 고집을 부리다

☐ 間(ま)が悪(わる)い 타이밍이 좋지 않다

☐ 波紋(はもん)を呼(よ)ぶ 파문을 일으키다

☐ 尻餅(しりもち)をつく 엉덩방아를 찧다

☐ 大(おお)きな顔(かお)をする 잘난 체하다

☐ 手(て)が込(こ)む 세공이 치밀하다

☐ 胸(むね)を撫(な)で下(お)ろす 가슴을 쓸어내리다, 안도하다

☐ 骨(ほね)を折(お)る 뼈가 부러지다, 애쓰다

☐ 大目玉(おおめだま)を食(く)らう 심한 꾸지람을 듣다

☐ お節介(せっかい)を焼(や)く 쓸데없이 참견하다

☐ 息(いき)を抜(ぬ)く 잠시 쉬다, 휴식을 취하다

- □ 歯をきしる 이를 갈다
- □ ほらを吹く 허풍을 떨다
- □ 杖を突く 지팡이를 짚다
- □ 駄々をこねる 떼를 쓰다
- □ 口を挟む 남의 말에 끼어들다, 말참견을 하다
- □ 手をこまぬく 수수방관하다
- □ 手間がかかる 수고개[품이] 들다
- □ 大袈裟に言う 허풍을 떨다
- □ 牛耳を取る 주도권을 잡다
- □ お湯を沸かす 물을 끓이다
- □ 居眠りをする 앉아서 졸다
- □ きびすを返す 발길을 되돌리다
- □ 弱音を吐く 나약한 말을 하다, 우는 소리를 하다
- □ 目をつぶる 눈을 감다, 묵인하다
- □ 手を加える 손을 보다, 수정하다
- □ 口火を切る 도화선에 불을 댕기다, 시작하다
- □ 釘を刺す 다짐을 해 두다, 못을 박다
- □ 身を粉にする 분골쇄신하다
- □ 歯止めをかける 제동을 걸다
- □ 歯が浮く 경박한 언행을 보고 역겹다
- □ 真に受ける 곧이듣다
- □ 兜を脱ぐ 항복하다
- □ ひんしゅくを買う 빈축을 사다
- □ 仇を討つ 원수를 갚다
- □ 虫を殺す 감정을 죽이다, 화를 억누르다
- □ 不意を突く 허를 찌르다
- □ 白を切る 시치미를 떼다
- □ 目当てにする 목표로 삼다
- □ 文句を付ける 트집을 잡다
- □ 常識に欠ける 상식이 없다
- □ 見栄を張る 허세를 부리다
- □ 文句を言う 불평하다
- □ お茶を濁す 어물어물 넘기다, 얼버무리다
- □ 後回しにする 뒷전으로 미루다
- □ 目もくれない 거들떠보지 않다
- □ 大風呂敷を広げる 허풍을 떨다
- □ 油を売る 잡담으로 시간을 보내다
- □ 火に油を注ぐ 불에 기름을 붓다, 선동하다
- □ へそを曲げる 토라져서 심통을 부리다
- □ 開いた口が塞がらない 기가 막혀 말이 안 나오다

□ 身に余る 과분하다

□ 気を配る 배려하다

□ 腹が立つ 화가 나다

□ 口が過ぎる 말이 지나치다

□ 泣きべそをかく 울상을 짓다

□ 鼻であしらう 콧방귀를 뀌다

□ 足が奪われる 발이 묶이다, 오도 가도 못하게 되다

□ 愛敬を振り撒く 아양을 떨다

□ 足が遠退く 발길이 뜸해지다

□ 足下を見られる 약점을 잡히다

□ 目を逸らす 시선을 딴 데로 돌리다, 외면하다

□ 道草を食う 도중에 딴전을 피우다

□ 二の足を踏む 주저하다, 망설이다

□ 図に乗る 생각대로 되어 우쭐거리다

□ 手前味噌を並べる 자화자찬을 늘어놓다

□ 声を呑む (감동 · 긴장한 나머지) 목소리가 안 나오다

□ 白い目で見る 경멸하는 눈초리로 보다

□ 地団太を踏む 분해서 발을 동동 구르다

□ 目から鼻へ抜ける 빈틈없고 약삭빠르다

□ ぼろを出す 결점을 드러내다, 실패하다

□ 目に余る 눈꼴사납다

□ 決まりが悪い 쑥스럽다

□ 気が抜ける 맥이 빠지다

□ わき目を振る 한눈을 팔다

□ 捨て鉢になる 자포자기하다

□ 二枚舌を使う 일구이언하다

□ うわ言を言う 헛소리를 하다

□ 考えを 翻 す 생각을 고쳐먹다

□ 赤恥をかく 개망신을 당하다

□ 声を上げて泣く 목 놓아 울다

□ 踏み台にする 발판으로 삼다

□ 減らず口を叩く 억지소리를 하다

□ 無駄足を踏む 헛걸음을 치다

□ くちばしを入れる 말참견을 하다

□ 愚痴をこぼす 푸념을 늘어놓다

□ 話が逸れる 이야기가 옆길로 새다

□ 向きになる (사소한 일에) 정색하고 대들다

□ 手加減を加える (적당히) 조절하다

□ 見るに見かねる 차마 볼 수 없다

□ 止めを刺す 최후의 일격을 가하다

□ 気を落とす 실망하다
□ 気を使う 신경을 쓰다
□ 頭が切れる 두뇌 회전이 빠르다
□ 気に入る 마음에 들다
□ 気が合う 마음이 맞다
□ 見分けがつく 분간이 가다
□ 気が済む 마음이 후련하다
□ 心が弾む 마음이 설레다
□ 腹が据わる 각오가 되어 있다
□ 幸いなことに 다행스럽게도
□ やり甲斐がある 하는 보람이 있다
□ 尻込みをする 꽁무니를 빼다
□ 気が塞がる 기분이 우울하다
□ 胸が騒ぐ (근심 등으로) 가슴이 두근거리다
□ 胸を打たれる 몹시 감격하다
□ ストレスが溜まる 스트레스가 쌓이다
□ ストレスが取れる 스트레스가 풀리다
□ 有頂天になる 기뻐서 어찌할 줄을 모르다
□ 気がする 느낌이 들다
□ 心を込める 마음을 담다, 정성을 담다

□ 気を揉む 애를 태우다
□ 気が滅入る 풀이 죽다
□ 肩を落とす 낙담하다
□ 涙を飲む 눈물을 머금다
□ 気が重い 마음이 무겁다
□ 嫌気がさす 싫증이 나다
□ 気に障る 신경에 거슬리다
□ やけくそになる 자포자기하다
□ かっとする 울컥 화를 내다
□ 癪に障る 부아가 나다
□ 焼きもちを焼く 질투하다
□ 八つ当たりする 화풀이를 하다
□ 鼻につく 진력이 나다, 물리다
□ 気が遠くなる 정신이 아찔해지다
□ 気が気でない 제정신이 아니다
□ 呆気に取られる 어안이 벙벙하다
□ 虫の居所が悪い 기분이 언짢다
□ 虫が知らせる 불길한 예감이 들다
□ 虫が好かない 주는 것 없이 밉다
□ ついている 재수가 좋다, 운이 좋다

☐ 汗をかく 땀을 흘리다

☐ 喉が渇く 목이 마르다

☐ お腹が空く 배가 고프다

☐ 唖然とする 아연실색하다

☐ 骨が折れる 몹시 힘들다

☐ 腰を抜かす 깜짝 놀라다

☐ 匂いがする 냄새가 나다

☐ 涙を押さえる 눈물을 참다

☐ 胸を焦がす 애를 태우다

☐ 溜め息を吐く 한숨을 쉬다

☐ 強情を張る 고집을 부리다

☐ 髪が抜ける 머리가 빠지다

☐ なす術がない 어찌할 도리가 없다, 속수무책이다

☐ くしゃみをする 재채기를 하다

☐ 骨身に応える 뼈에 사무치다

☐ 固唾を呑む (긴장해서) 마른침을 삼키다

☐ 足が棒になる (오래 걷거나 서 있어서) 다리가 뻣뻣해지다

☐ 泣き声がする 우는 소리가 나다

☐ 大船に乗る (큰 배에 탄 듯) 안심이 되다

☐ 気になる 신경이 쓰이다, 걱정이 되다

☐ 腹が黒い 뱃속이 검다, 엉큼하다

☐ 目が高い 안목이 높다

☐ 腕が鳴る 좀이 쑤시다

☐ 息を呑む (놀람 등으로) 숨을 삼키다

☐ 息を凝らす (공포에 질려서) 숨을 죽이다

☐ 気を抜く 긴장을 늦추다

☐ ばかにならない 무시할 수 없다

☐ 眠気がさす 졸음이 오다

☐ 目が回る 몹시 바쁘다

☐ 息が詰まる 숨이 막히다

☐ 勘違いをする 착각을 하다

☐ 体がだるい 몸이 나른하다

☐ 寝言を言う 잠꼬대를 하다

☐ 寝相が悪い 험하게 자다

☐ しわを寄せる 주름살을 짓다

☐ 鳥肌が立つ 소름이 끼치다

☐ 気を取り戻す 기운을 되찾다

☐ 顔が歪む 얼굴이 일그러지다

☐ 気にする 신경을 쓰다, 걱정하다

☐ 居心地がいい (어떤 장소에 있을 때의) 느낌이 좋다

- ☐ 気(き)が速(はや)い 성급하다
- ☐ 腰(こし)が低(ひく)い 겸손하다
- ☐ 角(かど)が立(た)つ 모가 나다
- ☐ 口(くち)が軽(かる)い 입이 가볍다
- ☐ 口(くち)が重(おも)い 말수가 적다
- ☐ 口(くち)が堅(かた)い 입이 무겁다
- ☐ 気(き)が多(おお)い 변덕스럽다
- ☐ 声(こえ)がかれる 목이 쉬다
- ☐ お風呂(ふろ)に入(はい)る 목욕을 하다
- ☐ 悪寒(おかん)がする 오한이 나다
- ☐ 度胸(どきょう)がある 배짱이 있다
- ☐ 腰(こし)が重(おも)い 행동이 굼뜨다
- ☐ 辛抱強(しんぼうづよ)い 참을성이 많다
- ☐ 長居(ながい)をする 오랫동안 머물다
- ☐ 気(き)を呑(の)まれる 기세에 압도당하다
- ☐ 腹(はら)に据(す)えかねる 화를 참을 수 없다
- ☐ 根(ね)に持(も)つ 앙심을 품다
- ☐ 肩身(かたみ)が狭(せま)い 기가 죽다, 주눅이 들다
- ☐ 腹(はら)の虫(むし)が治(おさ)まらない 화가 가라앉지 않다
- ☐ 虫酸(むしず)が走(はし)る 신물이 나다, 아주 불쾌하다
- ☐ お天気屋(てんきや) 변덕쟁이
- ☐ 肝(きも)が太(ふと)い 대담하다
- ☐ ぐっすり寝(ね)る 푹 자다
- ☐ 背(せ)が高(たか)い 키가 크다
- ☐ 髭(ひげ)を剃(そ)る 수염을 깎다, 면도하다
- ☐ 目(め)が覚(さ)める 잠이 깨다
- ☐ 眠(ねむ)りが浅(あさ)い 잠이 얕다
- ☐ 一休(ひとやす)みする 잠시 쉬다
- ☐ 年(とし)を取(と)る 나이를 먹다
- ☐ 荷造(にづく)りをする 짐을 싸다
- ☐ 電気(でんき)をつける 전등을 켜다
- ☐ 見(み)る影(かげ)もない 초췌해지다
- ☐ 床(とこ)につく 잠자리에 들다
- ☐ しゃっくりをする 딸꾹질을 하다
- ☐ 具合(ぐあい)が悪(わる)い (건강) 상태가 나쁘다
- ☐ 手(て)に余(あま)る 힘에 부치다, 힘겹다
- ☐ 息(いき)が切(き)れる 벅차다, 숨이 차다
- ☐ 身(み)の毛(け)がよだつ 머리끝이 쭈뼛해지다
- ☐ 気(き)を取(と)られる 딴 곳에 마음을 빼앗기다
- ☐ 身(み)に染(し)みる 뼈저리게 느끼다

□ 口を漱ぐ 입안을 가시다, 양치질하다

□ 物心が付く 철이 들다

□ 傘を畳む 우산을 접다

□ 芋を洗うようだ 북적거리다

□ お茶を入れる 차를 끓이다

□ 味付けをする 양념을 하다

□ 朝食を抜く 아침을 거르다

□ 洋服を拵える 옷을 맞추다

□ 頭が固い 융통성이 없다

□ 融通が利く 융통성이 있다

□ 電話をかける 전화를 걸다

□ 口数が少ない 말수가 적다

□ 気配がする 인기척이 나다

□ 引っ込み思案だ 소극적이다

□ 爪に火を灯す 아주 인색하다

□ 手先が器用だ 손이 야무지다

□ 電源が切れる 전원이 끊어지다[꺼지다]

□ シャワーを浴びる 샤워를 하다

□ 甘党 단것을 좋아하는 사람

□ 目が肥える 보는 눈이 있다, 안목이 있다

□ 夢中になる 열중하다, 몰두하다

□ 癖になる 버릇이 되다

□ 手品をする 마술을 하다

□ 真似をする 흉내를 내다

□ 免許を取る 면허를 따다

□ 夢が叶う 꿈이 이루어지다

□ 旅に出る 여행을 떠나다

□ 日が暮れる 해가 저물다

□ 手垢が付く 손때가 묻다

□ 物惜しみする 인색하다

□ 朝寝坊をする 늦잠을 자다

□ 胴上げをする 헹가래를 치다

□ 病み付きになる 습관이 되어 그만두지 못하다

□ 急用ができる 급한 일이 생기다

□ ページを捲る 페이지를 넘기다

□ 予約を取り消す 예약을 취소하다

□ 好き嫌いが激しい 좋고 싫음이 심하다

□ 雰囲気が盛り上がる 분위기가 고조되다

□ 時計が進んでいる 시계가 빠르다

□ 手が塞がる 딴 일에 손댈 수 없다

- ☐ 薬を飲む 약을 먹다
- ☐ 匙を投げる 포기하다
- ☐ 腕が上がる 솜씨가 늘다
- ☐ 仮病を使う 꾀병을 부리다
- ☐ 前払いにする 선불로 하다
- ☐ 日記を付ける 일기를 쓰다
- ☐ 工夫を凝らす 머리를[생각을] 짜내다
- ☐ 診察を受ける 진찰을 받다
- ☐ 洗濯物を干す 빨래를 널다
- ☐ 洗濯物を畳む 빨래를 개다
- ☐ 点数が甘い 점수가 후하다
- ☐ 口に合う 음식이 입에 맞다
- ☐ 化粧を直す 화장을 고치다
- ☐ 化粧を落とす 화장을 지우다
- ☐ 時間をつぶす 시간을 때우다
- ☐ 電池が切れる 전지가 다 되다
- ☐ 本を返却する 책을 반납하다
- ☐ 味にうるさい 입맛이 까다롭다
- ☐ 戸締まりをする 문단속을 하다
- ☐ 写真写りがいい 사진이 잘 받다
- ☐ お金を崩す 잔돈으로 바꾸다
- ☐ 髪を編む 머리를 땋다
- ☐ 辞書を引く 사전을 찾다
- ☐ 気に食わない 마음에 들지 않다
- ☐ 単位を取る 학점을 따다
- ☐ 目薬を刺す 안약을 넣다
- ☐ アイロンをかける 다림질을 하다
- ☐ 肩が凝る 어깨가 결리다
- ☐ 頭痛がする 두통이 나다
- ☐ 化粧が濃い 화장이 짙다
- ☐ 試験を受ける 시험을 보다
- ☐ ピアノを弾く 피아노를 치다
- ☐ 読書に耽る 독서에 빠지다
- ☐ 目眩がする 현기증이 나다
- ☐ 身なりがいい 차림새가 좋다
- ☐ 吐き気がする 구역질이 나다
- ☐ 勉強ができる 공부를 잘하다
- ☐ 授業をサボる 수업을 빼먹다
- ☐ 試合を控える 시합을 앞두다
- ☐ 飲み込みが早い 이해가 빠르다

14 빈출 속담 40

- [ ] 三日坊主 작심삼일
- [ ] 犬猿の仲 견원지간
- [ ] 高嶺の花 그림의 떡
- [ ] 青雲の 志 청운의 뜻
- [ ] 蛙の子は蛙 부전자전
- [ ] 泣き面に蜂 우는 얼굴에 벌침, 설상가상
- [ ] 住めば都 정들면 고향
- [ ] 身から出た錆 자업자득
- [ ] 猫に小判 돼지 목에 진주
- [ ] 知らぬが仏 모르는 게 약
- [ ] 花より団子 금강산도 식후경
- [ ] 井の中の蛙 우물 안 개구리
- [ ] 急がば回れ 급하면 돌아가라
- [ ] 寝耳に水 아닌 밤중에 홍두깨
- [ ] 棚からぼたもち 굴러들어온 호박
- [ ] 二階から目薬 전혀 효과가 없음
- [ ] 後の祭り 소 잃고 외양간 고친다
- [ ] のれんに腕押し 아무런 효과가 없음
- [ ] 塵も積もれば山となる 티끌 모아 태산
- [ ] 馬耳東風 마이동풍, 소귀에 경읽기
- [ ] 雀の涙 새발의 피
- [ ] 鬼に金棒 범에게 날개
- [ ] 備えあれば憂い無し 유비무환
- [ ] 月とすっぽん 하늘과 땅 차이
- [ ] 焼け石に水 언 발에 오줌누기
- [ ] 灯台下暗し 등잔 밑이 어둡다
- [ ] どんぐりの背競べ 도토리 키 재기
- [ ] 安物買いの銭失い 싼 게 비지떡
- [ ] 善は急げ 좋은 일은 서둘러라
- [ ] 光陰矢の如し 세월은 화살과 같다
- [ ] 百聞は一見に如かず 백문이 불여일견
- [ ] 医者の不養生 언행이 일치하지 않다
- [ ] 仏の顔も三度 참는 데도 한계가 있다
- [ ] 濡れ手で粟 수고도 없이 손쉽게 이득을 보다
- [ ] 悪事千里を走る 나쁜 일은 금세 알려진다
- [ ] 噂をすれば影がさす 호랑이도 제 말하면 온다
- [ ] 無くて七癖 누구라도 버릇이 없는 사람은 없다
- [ ] 一寸の虫にも五分の 魂 지렁이도 밟으면 꿈틀한다
- [ ] 情けは人のためならず 남에게 잘하면 곧 나에게 돌아온다
- [ ] 壁に耳あり障子に目あり 낮말은 새가 듣고 밤말은 쥐가 듣는다